企业质量检验

教程

（第二版）

主编

韩耀斌

中国计量出版社

图书在版编目（CIP）数据

企业质量检验教程/韩耀斌主编．—2版．—北京：中国计量出版社，2010.9
ISBN 978-7-5026-3283-0

Ⅰ．①企…　Ⅱ．①韩…　Ⅲ．①企业管理—质量检验—教材　Ⅳ．①F273.2

中国版本图书馆CIP数据核字(2010)第139443号

内容提要

本书是为配合企业贯彻实施国家有关质量法律、法规，加强企业质量检验工作，培训质量检验人员和相关人员而撰写的。内容包括质量检验概述，《产品质量法》与有关法律、法规，质量检验机构及检验人员，各级人员、各部门质量职责与权限，质量检验依据，2008版ISO 9000族标准与质量检验，质量检验活动，检验误差与数据处理，抽样检验及其应用，统计技术及其应用，正交试验法，食品质量安全检验实施以及质量检验信息管理。

本书可作为企业质量部门人员、工程技术人员及有关部门领导，各级政府主管部门、各学术团体或培训机构举办质量检验人员专业技术培训的教材；也可作为质量咨询、质量监督检验及进出口商品检验人员的参考书；以及大专院校质量管理、质量检验、工业经济以及技术监督专业的教材或教学参考书。

中国计量出版社出版
北京和平里西街甲2号
邮政编码　100013
电话（010）64275360
http://www.zgjl.com.cn
北京市媛明印刷厂印刷
新华书店北京发行所发行

*
787 mm×1092 mm　16开本　印张26.5　字数643千字
2010年10月第2版　2010年10月第4次印刷
*
印数7 001—10 000　**定价：62.00元**

编 委 会

主　编　韩耀斌

副主编　王祥君

编著者　韩耀斌　王传恒　高维启
王祥君　徐建茹　任晓勇
周成北　郝丽娟　邢素贤
张凤清　赵盛瑞　郝　天
曲凤霞　王丽丽　郑凤娥
张宝明　杨春晖

第二版前言

自2006年本书初版以来，国际、国内在质量工作方面出现了一些新的发展和变化。

国际标准化组织把2000版ISO 9000族国际标准修订为2008版，我国将该族标准已分期转化为国家标准。

我国历来高度重视质量工作，尤其近几年又采取了一系列的重要举措。

2007年召开了全国质量工作会议，明确一个时期质量工作的任务，采取有力措施，努力提高我国产品质量总体水平，促进国民经济又好又快地发展。会后国务院发布了《国务院关于加强食品等产品安全监督管理特别规定》、《国务院关于加强产品质量和食品安全工作的通知》和《关于成立国务院产品质量和食品安全领导小组的通知》。

2008年制定了《中华人民共和国食品安全法》（以下简称《食品安全法》），经第十一届全国人大讨论通过，于2009年6月1日起施行。

2009年经中央经济工作会议决定，2009年在全国开展“质量和安全年”活动并制定了详细的活动方案。这是党中央和国务院抓产品质量和食品安全的重大举措。

为贯彻《食品安全法》，2010年国务院成立食品安全委员会，由三位副总理分别担任委员会主任和副主任。目前国务院正在组织制订《质量发展纲要（2011—2020年）》，为下一个阶段国家在质量工作方面的发展规划出宏伟的蓝图，坚定不移地继续实施质量兴国之路。

2010年1月份以来轰动全球的日本丰田汽车“召回门”事件在全世界造成了极坏的影响和难以预测的重大经济损失，以致陷入严重的信誉危机中。我们应该从中得到警示，必须持之以恒地坚持改进，努力抓好产品质量。

温家宝总理在2007年全国质量工作会议报告中着重指出：“坚持从源头上提高产品质量。提高产品质量，主体在企业，质量出问题，根子也在企业。所有企业必须依法从事生产经营活动，……要牢固树立“质量第一”的观念，把提高产品质量作为首要任务。”广大企业（公司）要按国务院要求抓好质量工作，要进一步加强质量检验工作，充分发挥质量检验机构的“鉴别、把关、预防和报告”四项职能作用，长期、认真地把好生产全过程的产品质量关，以确保出厂的产品质量。

本书初版以来，许多部门、有关专家、各级学术团体、广大企业、事业单位以及部分高等院校均给予较好的评价。此次修订再版，结合国内外质量工作的发展和变化，综合大家的宝贵意见和建议，对本书有关章节进行了修改、补充和完善，以便更好地满足广大读者的需要。谨对关注和支持本书的同志们再一次表示衷心的感谢！

编著者

2010年5月15日于沈阳

初版前言

进入新世纪，我国经济已进入一个新的发展阶段。无论是经济运行的总体质量，还是产品质量、工程质量和服务质量，都更加得到全社会和广大企业的关注和重视。产品质量的水平反映了国家经济的综合实力，关系到国家和民族的兴衰、人民生活的不断改善和生命财产的安全，同时也直接关系到企业的生存和发展。

国家在抓产品质量方面采取了一系列重要措施：2000 年修订后的《中华人民共和国产品质量法》（以下简称《产品质量法》）经全国人大批准后实施；1996 年国务院制定并发布了《质量振兴纲要》（1996～2010 年）；1999 年召开了全国质量工作会议，会后国务院发布了《关于进一步加强产品质量工作若干问题的决定》；为加大质量监督工作力度，强化质量监督工作的地位，国务院决定全国质量监督系统实行省以下垂直管理。所有这些，不仅明确了质量工作在国家经济建设中的地位和作用，同时从法律、法规和方针政策等方面为抓好产品质量工作提供了重要依据，奠定了良好的基础。

企业质量检验工作担负着与产品质量息息相关的鉴别、把关、预防和报告等项职能。国务院发布的《质量振兴纲要》中强调指出："要进一步加强检验工作，切实保证检验机构和检验人员依照产品标准和规章制度依法行使检验职能"。《质量振兴纲要》为加强质量检验工作指出了明确的方向，提出了严格的要求。

1985 年，由韩耀斌担任主编，撰写了由辽宁省技术经济与管理现代化研究会印刷《工业企业检验工作培训讲义》一书，该书总结了沈阳市培训大中型国营工业企业质量检验处（科）长的培训内容，并向全国各省、市、自治区广大企业进行交流。

1989 年，由韩耀斌担任主编，撰写并由冶金工业出版社出版发行了《企业质量检验培训讲义》一书，该书是为适应当时开展企业质量检验人员培训的需要编写的。

1996 年，由宋占侠担任主编，刘金声、韩耀斌担任副主编，撰写并由辽宁人民出版社出版发行了《企业质量检验工作指南》一书。该书曾被原国家技术监督局审定作为全国质量检验人员培训统编教材。中国质量检验协会以该书为教材，举办过多期质量检验人员参加的培训班。

为了配合企业贯彻执行修订后的《产品质量法》、国务院《质量振兴纲要》、国务院《关于进一步加强产品质量工作若干问题的决定》，以及 2000 版 ISO 9000 族标准，进一步加强企业检验机构建设，提高广大质量检验人员思想与业务素质，开展企业质量检验人员和相关人员培训的需要，我们组织编写人员重新调研、策划，撰写了本书。

本书在调研、策划、撰写及多次办班试讲过程中，得到了许多部门领导、有关专家，各级有关学术团体，各省市许多企、事业单位同志们以及中国计量出版社的关注与支持。在此，对关注和支持本书的同志们表示衷心的谢意。本书不足之处，请批评指正。

编著者

2005 年 10 月 1 日于沈阳

目　录

第一章

概　述

第一节　质量检验与质量管理发展概况

20 世纪 20 年代以来，随着科学技术的进步，生产的机械化、经营的规模化、市场经济的相互竞争促进了质量检验和质量管理的发展。通过近百年的实践进一步证明，质量检验与质量管理已经成为全面推进企业发展的管理科学的重要组成部分。

一、质量检验与质量管理的发展

质量检验与质量管理的发展大致经历了三个阶段。

（一）质量检验阶段

从 20 世纪的 20 年代到 40 年代为质量检验阶段。

这个阶段，生产企业一般设置检验机构，配备专职或兼职检验人员，负责产品的检验工作，在生产过程的相应环节，通过严格质量检验剔除不合格品，使转序零件及出厂的产品质量有了保证。这种单纯地依靠检验来找出废、次品的质量管理方式，虽然对产品质量起到了一定的保证作用，但是不能对生产过程起到控制和预防废、次品产生的作用。

1911 年，美国的 F. W. 泰勒（Taylor，1856 ~ 1915 年）发表了《科学管理原理》一书。泰勒倡导科学管理，并为科学管理奠定了基础。

1924 年，美国贝尔研究所的 W. A. 休哈特（Shewhart）针对质量检验方法缺乏预防性问题，运用数理统计学的理论基础，提出了控制生产过程中产品质量的“6σ”方法，即后来随之发展起来的“质量控制图”和生产过程“预防缺陷”一系列概念。休哈特还同 H. F. 道奇（Dodge）和 H. G. 罗米格（Romig）共同提出了在破坏性检验情况下，采用的抽样检验方案，最早把数理统计方法引入质量检验，并为统计质量管理阶段的形成和发展奠定了理论基础。

（二）统计质量管理阶段

从 20 世纪 40 年代初至 50 年代末为统计质量管理阶段。

统计质量管理以概率论与数理统计学为理论基础，运用数理统计方法，在生产全过程的相关环节，从产品质量波动中找出规律性，采取措施消除产生波动的异常原因，使生产过程的各个环节控制在正常（稳定）的生产状态，从而起到经济地生产出符合标准要求产品的作用。这样，就使单纯的质量检验工作发展到对生产过程进行控制、带有预防作用的统计质量管理阶段。

美国是最早运用统计质量管理的国家。早在第二次世界大战期间，美国的军工生产发展很快。但由于无法预先控制不合格品，因而产品质量低劣，影响了按期交货和军队的武器建设。美国国防部、美国标准协会、美国工程师协会等，于1941～1942年先后公布了一些《美国战时质量管理标准》，其内容包括管理方法、组织机构、控制图以及各种抽样检验方案等，要求生产军需品的各公司及企业实行统计质量管理。

实践表明，统计质量管理是保证产品质量、预防不合格品产生的一种有效方法。但是，由于过分地强调了数理统计方法的作用，而忽视了组织管理工作和人的主观能动作用，使人们误认为“质量管理就是数理统计方法”，多数文化素质较低的人感到数理统计方法“难学、难懂、难用”，在推广上受到很大的影响。

（三）全面质量管理阶段

全面质量管理阶段始于20世纪60年代初。

20世纪60年代以来，随着科学技术和管理理论的迅速发展，出现了一些关于产品质量的新概念。如“安全性”、“可靠性”与“经济性”等概念；把产品质量问题作为系统进行分析研究，出现了依靠工人自我控制的“无缺陷运动”（简称ZD运动）及质量管理QC小组活动；20世纪60年代在管理理论方面出现并不断发展的“行为科学”，主张调动人的积极性、重视“人的因素”，注意发挥人在企业生产和管理中的作用。

由于上述种种情况的出现，仅仅依靠质量检验和应用统计技术，已难以满足不断提高产品质量的社会普遍要求，促使质量检验和质量管理工作有新的发展。

最早提出全面质量管理概念的是美国通用电气公司质量经理费根堡姆（A. V. Feigenbaum）。他于1961年出版《全面质量管理》一书。在该书中他提出：“全面质量管理是为了能够在最经济的水平上并考虑到充分满足用户要求的条件下，进行市场研究、设计、生产和服务，把企业各部门的研制质量、维持质量和提高质量活动，构成为一体的有效体系”。费根堡姆在该书中强调执行质量职能是公司全体人员的责任。

费根堡姆有关全面质量管理的概念，被有迫切保证与提高产品质量要求的国家逐步接受。日本是接受和开展全面质量管理比较早的国家，于20世纪60年代初开始实行全面质量管理，并联系日本的国情，创造性地发展了全面质量管理，经过几十年的努力，收到了显著的效果，对提高日本工业产品的质量和发展新产品以及发展经济，起到了决定性的作用。

日本推行的全面质量管理的特点是质量管理与公司的生产技术、经营管理有机结合，紧密联系实际。概括起来，其特点是：

（1）对生产的全过程包括全因素，依靠全员，实行“三全管理”；

（2）生产技术、经营管理与统计技术有机结合，统计技术“工具化”；

（3）建立了以公司上层、中层及广大工人参加的管理体系，实施“系统管理”；

（4）用经济的手法研制、生产和为用户提供满意的产品，提供所需要的技术服务，视用户为“上帝”。

全面质量管理从20世纪60年代产生至今已有五十余年的时间，随着科学技术的发展和社会的进步，它的内涵和理论也在不断地完善和发展。当今，对全面质量管理的含义可以这样来表述：“以质量为中心，以全员参与为基础，目的在于通过让顾客满意和本组织所有者、员工、供方、合作伙伴或社会等相关方受益而达到长期成功的一种管理途径”。

上述全面质量管理的含义，经过几十年的实践并不断完善，具有以下要点：

（1）一个企业“以质量为中心”。产品质量是市场经济的竞争焦点，只有产品质量好、适销对路，企业才能生存和发展。

（2）“以全员参与为基础”。构成一个企业的各个部门及所有成员，对产品质量的形成都有关系，有的有直接关系，有的有间接关系，只有全员参与，并都能做好本职工作，整个企业的产品质量才能有保证，才能生产出用户满意的产品。

（3）一个企业只有“通过让顾客满意和本组织所有者、员工、供方、合作伙伴或社会等相关方受益”，这个企业才能在市场竞争中得到迅速的发展。

（4）全面质量管理是“达到长期成功的一种管理途径”。企业的管理方法和管理途径有很多种，但是能够保持长期成功的管理途径却并不多。全面质量管理经过五十余年的管理实践证实，只要坚持并认真地实施，它就能成为达到长期成功的管理途径，推动企业走向成功之路。

二、世界性的质量管理标准化新阶段

为了适应世界各国开展质量管理的需要，国际标准化组织（ISO）于1979年建立了质量保证技术委员会，即ISO/TC 176，负责制定与发布质量管理与质量保证方面的国际标准，并于1986年首次发布，1994、2000年和2008年三次修订。从此，质量管理工作在全世界的许多国家和地区广泛地推行和开展标准化，共同遵循国际标准化组织发布的一系列“质量管理和质量保证”方面的国际标准，使世界性的质量管理活动进入了一个崭新的阶段，形成了全球性的贯彻ISO 9000族标准热潮，有力地推进了产品质量、工程质量和服务质量的不断提高。

“质量管理和质量保证”系列国际标准自1986年发布以来，先后修订过3次。现将其概述如下：

1. 1986版ISO 8402术语

ISO/TC 176于1986年发布了第一个国际质量管理标准，即ISO 8402《质量管理与质量保证　术语》标准。

2. 1987版ISO 9000系列标准

包括5项标准。

（1）ISO 9000：1987《质量管理和质量保证标准　选择和使用指南》；

（2）ISO 9001：1987《质量体系　设计/开发、生产、安装和服务的质量保证模式》；

（3）ISO 9002：1987《质量体系　生产、安装和服务的质量保证模式》；

（4）ISO 9003：1987《质量体系　最终检验和试验的质量保证模式》；

（5）ISO 9004：1987《质量体系　质量管理与质量体系要素　指南》。

3. 1994版ISO 9000族标准

总共5类26个国际标准。

4. 2000 版 ISO 9000 族标准

核心标准共 4 个：

（1）ISO 9000：2000《质量管理体系　基础和术语》；

（2）ISO 9001：2000《质量管理体系　要求》；

（3）ISO 9004：2000《质量管理体系　业绩改进指南》；

（4）ISO 9011：2002《质量和（或）环境管理体系审核指南》。

5. 2008 版 ISO 9000 族标准

核心标准共 4 个：

（1）ISO 9000：2005《质量管理体系　基础和术语》；

（2）ISO 9001：2008《质量管理体系　要求》；

（3）ISO 9004：2009《质量管理体系　有效性和效率指南》；

（4）ISO 19011：2002《质量和（或）环境管理体系审核指南》。

三、我国质量管理的新发展

为了适应经济全球化和国际竞争的需要，激励和引导我国广大企业追求卓越质量，增强竞争实力，有效提高我国产品质量、工程质量、服务质量以及质量管理水平，在总结中外质量管理成功经验的基础上，我国制订和发布了 GB/T 19580—2004《卓越绩效评价准则》和 GB/Z 19579—2004《卓越绩效评价准则实施指南》。这套国家标准的发布，标志着我国新时期质量管理的新发展，对广大企业质量管理工作提出了不断发展、追求卓越的新要求。

GB/T 19580—2004《卓越绩效评价准则》为企业追求卓越绩效提供了自我评价的准则，它的制订和实施可帮助企业提高整体绩效和能力；为企业的所有者、顾客、员工、供方、合作伙伴和社会创造价值；有助于企业获得长期成功。该标准规定，可适用于国家质量管理奖的评价标准。

《卓越绩效评价准则》国家标准与 GB/T 19001《质量管理体系　要求》的最大差别在于：它不是符合性评价依据，而是为企业提供追求卓越绩效的经营管理模式，从领导、战略、顾客与市场、资源、过程管理、测量、分析与改进以及经营结果等七个方面规定了组织卓越绩效的评价要求。而且强调战略、绩效结果和社会责任。

制定《卓越绩效评价准则》国家标准的重要意义：

1.《卓越绩效评价准则》国家标准是质量管理的发展

该国家标准融合了世界有影响的少数几个发达国家质量奖评定标准的基本要求，发展了全面质量管理的基本理念和方法，在顾客与市场、以人为本、社会责任、价值观、过程管理以及经营绩效等方面都有新的发展，迎来了质量管理的新时代。

2. 反映了现代质量经营的理念

该国家标准推进了质量概念的变革，产品质量已成为顾客和社会创造价值的核心，通过竞争性质量和战略性质量观的树立，持续提高企业竞争力和实现企业的目标和经营绩效。

3. 标志我国质量工作进一步与国际接轨

我国的质量工作经历了全面质量管理及 ISO 9000 标准阶段，产品质量和质量管理水平都有明显的提高。《卓越绩效评价准则》国家标准的发布，充分证明我国的质量工作已跨入了一个新的阶段，标志着已进一步与国际质量工作先进水平接轨。

4. 更增加了以顾客为关注焦点的理念

经济全球化，反映了当今社会必须以顾客和市场为中心，并作为质量管理的第一原则，该国家标准充分体现了这一原则，更增加了以顾客为关注焦点的理念。

5. 更加强调产品质量对企业经济效益的作用

该国家标准引导企业追求卓越的经营质量，摆正质量管理与经营管理、质量与绩效的紧密关系，以产品质量追求企业效率和效益的最佳化、顾客价值的最佳化为目标。

第二节 产品质量在市场经济中的重要意义

在我国，国民经济的发展都是为了满足社会主义建设和各族广大人民群众不断增长的物质文化生活的需要。在国民经济发展的整个过程中，都必须始终坚定不移地执行注重效益、保证与提高产品质量、协调发展的方针。

整个社会各方面的发展，包括物质的丰富、产品品种的增加，都是与产品质量密不可分的，甚至都是以产品质量为前提或基础的，没有好的质量就谈不上数量，也就难以保障国民经济的稳步发展。

改革开放以来，特别是近年来，我国经济已进入一个新的发展阶段。保证与不断提高产品质量，既是满足市场需求，扩大出口和减少进口，提高国民经济运行质量和效益的关键，也是实现总体宏伟目标、增强综合国力和国际市场竞争力的必然要求。

产品质量是企业技术、管理、人员素质以及企业之间专业化协作等的综合反映。从某种意义上讲，产品质量的好坏，标志着一个企业、一个地区、一个民族的素质，乃至一个国家的综合国力。产品质量的重要意义可从以下几个方面加以概述。

(1) 产品质量关系国家形象。在对外开放情况下我国经济与世界经济的相互联系和相互影响日益加深，我们面临着更加激烈的国际竞争。我国许多企业的产品已走向世界。在国际市场上，产品质量不仅关系一个企业的信誉，也关系着国家形象。只有创造质量过得硬的名牌产品，才能扩大市场占有率，树立我国产品的良好形象。

(2) 产品质量是国家经济建设的基础，是国家实力的体现。企业作为国民经济的重要组成部分，其基本任务就是向社会和顾客提供适用的、不断满足需求的产品或服务；在满足顾客要求、实现社会效益的同时，为生产企业带来效益。因此，不仅要考虑产品的经济价值的多与少，更要考虑产品的使用价值，必须始终坚持产品的经济价值和使用价值的统一。产品的使用价值是构成社会财富的物质基础，也是构成国家综合实力的重要组成部分。没有好的产品质量，也就没有数量，也就谈不上经济价值，生产企业也就没有经济效益。为了保证国家经济建设的物资需要，不断增强国家的综合实力，生产企业必须坚持经济价值与使用价值的统一，确保产品质量。

(3) 产品质量是企业科学技术、管理和企业文化水平的综合反映。保证和不断提高产品质量，除了充分发挥企业精神和优良传统外，主要取决于企业的科学技术和管理水平，也就是通常所说的企业文化和企业素质。国内外大量成功企业的经验表明，现代产品往往是集中了现代科学技术、现代管理和企业文化发展的最新成果。产品所以能够占领市场，乃至打入国际市场，深受广大消费者和顾客的欢迎，其主要原因之一就是这些企业的科学技术、管理和文化都处于世界领先地位，为发展市场需要的新产品，保证和不断提高产品质量奠定了基础。

产品质量是企业科学技术、管理和企业文化水平的综合反映。因此，企业为了保证和不断提高产品质量，必须努力提高科学技术、管理水平和企业文化水平。

（4）产品质量是进入国内外市场的通行证。市场竞争的三大要素——质量、价格和交货期中，首先就是质量要素。产品质量是进入国内、国际市场的通行证。产品质量好，不仅可以打入市场，企业还可以根据市场及顾客的需要，持续改进和不断提高，长期占领市场，并发展新的市场，扩大市场占有率，为企业创造巨大的经济效益，为企业的发展打下牢固的基础。

在国内，产品进入市场要靠产品质量好、适销对路、顾客满意。进入国际市场，在某种意义上讲，比进入国内市场更难，要求更高，这一点企业必须更加充分认识到：必须靠一流的产品质量作为打入国际市场的通行证。

（5）产品质量是企业生存、发展的关键。近年来，我国经济已进入一个新的发展阶段，各类主要工业用品及民用商品都由卖方市场转变为买方市场。顾客和整个社会对产品质量、工程质量和服务质量的要求越来越高；这已成为全球经济一体化发展的总趋势。企业应把质量摆在首位，始终坚持“以质量求生存，以开发适销对路的新产品求发展”，向质量要效益，用更高的质量开发市场。这已经成为企业生产发展的必由之路。目前有的企业仍然放松质量检验、忽视质量管理，在生产过程中不严格按标准、工艺要求组织生产，重数量、轻质量、粗制滥造，甚至以次充好，欺骗顾客和消费者等等，必然使企业名声扫地、信誉下降，产品被挤出市场，最终企业无法生存。

（6）产品质量是顾客及消费者的重要保障。当今，产品质量已成为广大城乡人民群众生活安全幸福的重要保障。例如，食品、药品、医疗器械、保健品的质量，关系到人民的身体健康、生命安全；建筑、装饰、装修、交通设施及其工程的质量，关系到人民生活的舒适和生命财产的安全；农药、化肥和农机产品的质量，既直接关系到广大农民的切身利益，劳动收入的多与少，生活水平的提高，又影响到我国广大农村迅速脱贫奔小康的进程。

随着科学技术的迅速发展，新技术新产品的不断增加，这种关系将越来越紧密，越来越突出，越来越重要，越来越被人们、整个社会和国家所关注。生活在当今社会的人们，无不在“质量大堤”的保护之下。

第三节　与检验有关的重要术语

一、质量的基本概念

（一）“质量”的定义

GB/T 19000/ISO 9000：2005《质量管理体系　基础和术语》对“质量”的定义是：“一组固有特性满足要求的程度。”

注1：术语“质量”可使用形容词如差、好或优秀来修饰。

注 2：“固有的”（其反义是“赋予的”）是指本来就有的，尤其是那种永久的特性。

（二）对“质量”定义的理解

1. 关于“固有的”

在质量定义的注 2 中对“固有的”一词已做了说明：“固有的”就是指某事或某物中本来就有的，尤其是那种永久的特性。例如，国产某品牌手机的固有特性之一是其电池的待机时间可长达半个月，这就给使用者带来了方便。

2. 关于“特性”

特性通常是指“可区分的特征”。由于特性一词应用对象的不同，可以有各种类别的特性。如物理的特性（电性能、化学性能以及机械性能等），感官的特性（嗅觉、触觉、味觉以及听觉等），行为的特性（礼貌、诚实、正直等），时间的特性（准时性、可靠性、可用性、经济性等）。

此外，特性是可以固有的或赋予的；特性可以是定性的或定量的。

3. 关于“要求”

所谓要求，是指“明示的、通常隐含的或必须履行的需要或期望。”

（1）关于“明示的”，通常理解为是规定的要求。例如顾客明确提出的要求，程序文件中规定的要求等。

（2）关于“通常隐含的”，是生产厂、顾客和其他相关方的惯例或者是一般的做法，所考虑的需求或期望是不言而喻的。

（3）关于“必须履行的”，是指法律法规的要求或强制性标准的要求。

（4）要求可以由不同的相关方提出，不同的相关方对同一产品的要求可以是不相同的。

（5）要求可以是多方面的，如果需要特别指出时可以明确提出。例如，技术文件要求、质量管理体系要求，顾客要求等等。

二、质量管理的基本概念

（一）“质量管理”的定义

GB/T 19000/ ISO 9000：2005 标准对质量管理的定义是：“在质量方面指挥和控制组织的协调的活动。”

注： 在质量方面的指挥和控制活动，通常包括制定质量方针和质量目标，以及质量策划、质量控制、质量保证和质量改进。

（二）对“质量管理”定义的理解

（1）质量管理通常是通过建立质量方针和质量目标，并为实施规定的质量目标，建立质量管理体系，进行质量策划，实施质量控制和质量保证，以及开展质量改进等各项活动予以实现的。

（2）由于组织的基本任务是向顾客提供符合顾客和相关方要求的产品，所以组织围绕产品形成全过程实施质量管理，是组织各项管理工作的核心。组织只有深入扎实地开展质量管理，推进质量管理体系的有效运行，才能实现质量目标。

（3）质量管理涉及组织的各个方面和各个环节，有效地实施质量管理，能推进组织各项管理工作的有序进行。

三、检验的基本概念

（一）“检验”的定义

GB/T 19000/ ISO 9000：2005 标准对检验的定义是：“通过观察和判断，适当时结合测量、试验或估量所进行的符合性评价。”

（二）对“检验”定义的理解

（1）观察的方式包括了各种感观的活动内容。例如，通过嗅觉而了解食品的气味；通过触觉而感觉到机器主轴运转的发热状况；通过听觉而感觉设备的噪音；通过视觉而观看到色彩等等。

（2）“适当时结合测量、试验或估量”是指当技术标准、图样、合同等相关文件规定：如果有质量特性要求时，要选择适宜的检测仪器或工具，对其进行测量、试验或估量活动。

（3）所谓“符合性评价”，是指通过观察和评价（有质量特性要求时，结合测量或试验的结果，与规定要求进行对比）是否满足规定要求的活动。

四、试验的基本概念

（一）“试验”的定义

GB/T 19000/ ISO 9000：2005 标准，对试验的定义是：“按照程序确定一个或多个特性。”

（二）对“试验”定义的理解

（1）关于“程序”，在 GB/T 19000—2008 标准给出的定义是：“为进行某项活动或过程所规定的途径。”

注 1：程序可以形成文件，也可以不形成文件。

注 2：当程序形成文件时，通常称为书面程序或形成文件的程序。含有程序的文件可称为程序文件。

从上述关于程序的定义和注 1、注 2 不难看出，试验就是按照形成文件或不形成文件的试验程序而进行的试验活动。

（2）至于每次要进行几个特性的试验，这主要根据产品标准、图样或订货合同的规定，同时也要考虑试验方法的规定。

五、验证的基本概念

（一）“验证”的定义

GB/T 19000—2008 标准对验证的定义是：“通过提供客观证据对规定要求已得到满足的认定。”

注 1：“已验证”一词用于表示相应的状态。

注 2：验证可包括下述活动，如变换方法进行计算；将新设计规范与已证实的类似设计进行比较；进行试验和演示；文件发布前进行评审。

（二）对“验证”定义的理解

（1）关于“客观证据”，GB/T 19000—2008 标准，对“客观证据”的定义为：“支持事务存在或其真实性的数据。”

（2）关于“规定要求”是个广义的概念。比如，管理方面，通过各种文件可以提出规定要求；在技术方面，通过技术标准、图样、工艺文件等也可做出相应的技术要求，技术要求可统称为规定要求。

（3）关于认定可以理解为肯定的意义，通过提供支持事物存在或其真实性的数据，与规定要求相比，已得到满足的肯定。

六、合格的基本概念

（一）“合格”的定义

GB/T 19000—2008 标准对合格的定义是：“满足要求。”

注：该定义与 ISO/ IEC 指南 2 是一致的，但用词上有差异，其目的是为了符合 GB/T 19000 的概念。

（二）对“合格”定义的理解

合格又可称符合，是满足要求的肯定，称为合格或称符合规定要求。

由于 GB/T 19000 标准适用范围为硬件、软件、流程性材料和服务四大类，十分广泛，因此所有术语都要适用各类行业，通用性要强。合格的概念在各大类应用范围中都将采用，因此该定义的概念就是表述简短，概念含义清楚，通用性强。

七、不合格的基本概念

“不合格”的定义在 GB/T 19000—2008 标准中定义为：“未满足要求。”

不合格可称为不符合。也就是没有满足规定的要求，即称为不合格。

第四节 检验的工作内容与分类

（一）检验的工作内容

根据检验的工作规律与性质，检验的主要工作内容包括以下几方面。

1. 熟悉与掌握规定要求

首先，一项检验必须对规定要求的一项或多项特性的内容进行了解与熟悉，并将一项或几项特性要求转化为明确而具体的质量要求，选择并确定检验方法、所用计量器具或测试设备。通过对规定要求的明确和具体化，使有关检验人员掌握什么样的产品是合格品，而什么样的产品是不合格品。

2. 测量

按照规定要求，根据所选择和确定的检验方法，所采用的计量器具、测试设备或理化分析仪器，对准备检验的产品的一项或多项特性进行定量（或定性）的观察、测量、检查、试验或者度量。

3. 比较

比较就是把观察或测量的结果与规定要求（图样或标准）相比较，然后观察每一个质量特性是否符合规定要求。

4. 判定

根据比较的结果，判定被检验的产品合格或不合格。对不合格产品要做好状态标识，必要时还要做好记录。

5. 处置

检验工作的处置阶段包括以下内容：

（1）对单件（台）产品，合格品放行，并及时转入下道工序；不合格品，按其与规定要求相差的程度，分别判定为：返工、返修、降级、让步、偏离许可、放行或报废。

注：GB/T 19000—2008《质量管理体系　基础和术语》对返工、返修、降级、让步、偏离许可、放行或报废等都给出了定义。

返工的定义是："为使不合格产品符合要求而对其采取的措施。"

返修的定义是："为使不合格产品满足预期用途而对其采取的措施。"

降级的定义是："为使不合格产品符合不同于原有的要求而对其等级的变更。"

让步的定义是："对使用或放行不符合规定要求的产品的许可。"

偏离许可的定义是："产品实现前，对偏离原规定要求的许可。"

放行的定义是："对进入一个过程的下一个阶段的许可。"

报废的定义是："为避免不合格产品原有的预期用途而对其所采取的措施。"

（2）对批量产品，根据产品批质量状况和检验判定结果，分别做出接收、拒收、筛选或复检等的结论。

6. 记录

把所测量的有关质量特性的数据及判定的结果，按记录的要求或格式，认真做好记录。对未满足规定要求的产品，按判定的结果分别填写返工、返修、降级、让步、偏离许可或报废的票据。

（二）质量检验的分类

由于各个行业的不同，质量检验有许多种分类方法，下面介绍几种企业常用的分类方法。

1. 按生产过程的次序分类

（1）进货检验。进货检验是企业对进厂的原材料、外购件、外协件、配套件、辅助材料、配套产品以及半成品等入库前所进行的检验。进货检验的目的是为了防止不合格品进厂入库，防止由于使用不合格品而影响产品质量，影响企业信誉或打乱正常的生产秩序。

（2）过程检验。过程检验是产品在产品形成过程中各加工过程之间进行的检验。进行过程检验的目的在于保证各过程不合格的半成品不流入下道工序，防止成批半成品不合格，确保正常的生产秩序。由于过程检验是具体的按生产工艺及操作规程检验，所以能起到验证工艺和保证工艺规程贯彻执行的作用。

（3）最终检验。最终检验又称成品检验。最终检验包括双重含义：对每种零件、部件来讲，是在加工过程中的最后一次检验；对整台产品来讲，是指全部零、部件加工完成并已组装为成品后所进行的检验，即成品检验。最终检验的目的，是防止不合格的零件入库和不合格的产品出厂。成品检验的内容一般包括产品的外观、性能、精度、安全性和完整性等。

2. 按检验的地点分类

（1）集中检验。把被检验的零件或产品集中到一个固定的场所进行检验。例如，完工检验站把所有工序全部加工完的零件，集中到完工检验站进行检验。完工检验的任务主要有：对完工零件的主要部位及其特性进行严格把关，认真检验；查验该零件的所有过程是否都进行了加工，有无漏工序的部位；检查该零件的外观完整性的情况。又如，成品检验一般也都是集中检验的。

（2）现场检验。现场检验又称就地检验，是指在生产现场或被检验零件或产品的存放地，就地所进行的检验。

（3）巡回检验。巡回检验又称巡回流动检验或流动检验，是由检验人员到生产现场或机床进行巡回检验。

3. 按检验方法分类

（1）理化检验。理化检验是指主要依靠量检具、仪器或测试设备或化学方法对产品进行检验，获得检验结果的方法。

（2）感官检验。感官检验是指依靠检验人员的感觉器官所进行的产品质量评价或判定的检验。感官检验是通过人的感觉器官检查产品的色、味、形、手感、音响等感官特性的质量。

（3）试验性使用鉴别。试验性使用鉴别是指对产品进行实际使用效果检验。通过对产品的实际使用或试用，观察产品的使用特性的适用性情况。

4. 按样品数量分类

（1）全数检验。全数检验又称百分之百检验，是指对所提交被检验的产品逐件地按标准规定进行全数检验。

（2）抽样检验。抽样检验是按预先确定的抽样方案，从检查批中抽取规定数量的样品构成一个样本，然后将样本检查的结果与判定规则进行比较，判定批合格或批不合格。

5. 按质量特性类别分类

（1）计量检验。计量检验是指对产品的计量质量特性所进行的检验。计量质量特性是指可以连续表示的质量特性。

（2）计数检验。计数检验是指用计数方法表示产品质量的特性。例如，5 件某种零件不合格，2 台电视机质量不合格等。

6. 按检验后样品的状况分类

（1）破坏性检验。破坏性检验是指只有将受检验样品破坏后才能进行的检验，或者在检验过程中受检验样品被破坏或消耗的检验。进行破坏性检验后被检验样品完全丧失了原有的使用价值。

（2）非破坏性检验。非破坏性检验是指检验时产品不受到破坏，或虽然有损耗但对产品质量不发生实质性影响的检验。

7. 按检验目的分类

（1）生产检验。生产检验是指生产企业（供方）在产品形成的整个生产过程各个阶段所进行的检验。生产检验的目的，在于保证生产企业所生产的产品质量。

（2）验收检验。验收检验是指顾客（需方）验收生产企业（供方）提供的产品所进行的检验。验收检验的目的是顾客为了保证验收产品的质量。

（3）监督检验。监督检验是指经各级政府主管部门考核授权的独立检验机构，按质量监督管理部门制定的计划，从生产企业抽取产品或从市场抽取商品进行的检验。监督检验的目的，是为了对产品实施宏观监控。

（4）验证检验。验证检验是指经各级政府主管部门考核授权的独立检验机构，从生产企业的出厂产品中抽取样品，通过检验验证产品是否符合标准规定要求的检验。例如，产品认证中的型式试验，属于验证检验。

（5）仲裁检验。仲裁检验是指供需双方因产品质量发生争议时，由各级政府主管部门授权的独立检验机构抽取样品进行检验，向仲裁机构提供作为裁决的技术依据。

8. 按供需关系分类

（1）第一方检验。供方一般称为第一方。第一方检验是指供方对自己生产的产品进行的检验。第一方检验实际上就是生产检验。

（2）第二方检验。需方一般称为第二方。需方对购进的产品或原材料、外购件、外协件及配套产品等所进行的检验称第二方检验。

（3）第三方检验。由各级政府主管部门考核授权的检验机构，独立于供需双方进行的检验称为第三方检验。第三方检验包括监督检验、验证检验及仲裁检验等。

9. 按检验人员分类

（1）自检。所谓自检，是指由操作者自己对所加工的产品或零部件所进行的检验。自检的目的是操作者通过检验了解被加工产品或零部件的质量情况，以便生产出完全符合质量要求的产品或零部件。

（2）互检。所谓互检，是指由同班组临床操作的上、下道工序的操作者相互检验。互检的目的在于通过检验及时发现不符合工艺规程规定的质量问题，以便采取改进措施，从而保证其加工质量。

（3）专检。所谓专检，是指由企业质量检验机构直接领导，专职从事质量检验的人员所进行的检验。

10. 按检验系统组成部分分类

按检验系统的组成部分可分为逐批检验和周期检验。

（1）逐批检验

逐批检验是指对生产过程所生产的每一批产品，逐批所进行的检验。逐批检验的目的，在于判断批产品是否合格。一般情况下，逐批检验只检验产品的关键或重要质量特性。

（2）周期检验

周期检验是指以逐批检验合格的某批或若干批中按规定的时间间隔所进行的检验。周期的长短根据精度、结构要求不同而有所不同，例如周期的间隔时间可选月、季、半年或一年。周期检验的目的，在于判断周期内产品的生产过程是否稳定。

逐批检验与周期检验之间的区别有：

①周期检验是逐批检验的前提，没进行周期检验或周期检验不合格的生产过程，就不存在逐批检验。

②一般情况下，逐批检验只检验产品的重要或关键质量特性，而周期检验要检验产品的

全部质量特性以及温度、湿度、时间、辐射、霉变等环境因素对质量特性的影响。

③周期检验是为了判断生产过程中系统因素作用的检验，而逐批检验是为了判断随机因素作用的检验。

④周期检验与逐批检验相比，周期检验所需设备复杂、检验周期长、费用高。

11. 按检验的效果分类

(1) 判定性检验

判断性检验是指依据相应的检验依据，通过检验判断被检验产品是否合格的检验。

判断性检验的主要职能是把关。

(2) 信息性检验

信息性检验是指利用检验所获的信息进行质量控制的一种带有预防性的检验方法。

信息性检验是将质量检验与过程控制相结合，具有分选功能的预防作用。信息性检验具有以下特点：

①可以实现自动检验；

②指令性强，要求立即采取纠正措施；

③信息反馈的速度快。

(3) 寻因性检验

寻因性检验是指在产品的设计或工装阶段，通过充分的分析、研究和预测，寻找可能产生不合格的原因，有针对性地设计预防超差装置，从而在生产过程杜绝不合格品的产生。寻因性检验被广泛应用于自动化装置的设计以及工艺装备的设计研制阶段。

第五节 质量检验工作的作用与目的

工业企业的生产经营活动是一个复杂的过程，由于受人、机、料、法、环境与检测等主客观因素的影响，往往会引起产品质量的波动，甚至会产生不合格品。为了保证产品质量，对生产过程中的原材料、外购件、外协件、毛坯、半成品、成品以及包装等各生产环节和生产过程，进行质量检验，严格把住质量关，是企业按标准、工艺、图样组织生产的需要，是确保国家利益和顾客利益的需要，同时也是维护企业信誉和提高社会经济效益的需要。

企业只有通过严格的质量检验和试验，才有条件实现：不合格的原材料不投产，不合格的半成品不转序，不合格的零部件不装配，不合格的产品不出厂。

生产过程进行质量检验和试验的目的，不仅仅是为了挑出各生产工序中的不合格品，起到把好产品质量关的单一作用，同时通过质量检验和试验可以收集、积累和发出大量的质量信息和情报。例如，为在生产中随时发现质量异常现象，通过质量检验会及时发出警报或信息，促使生产部门迅速采取纠正及纠正措施；以及为确定过程能力，改进产品设计，调整工艺路线，计算质量成本等多方面提供重要的技术、经济与管理方面的大量数据、信息资料等。

国内外的大量实践经验表明，企业中的专职质量检验和试验，在任何情况下都是完全必要的，不可缺少的。质量管理工作就是在质量检验的基础上逐步发展起来的。开展质量管理工作绝不意味着可以削弱、合并或者取消专职检验机构，减少或者下放专职检验人员。恰恰相反，企业越是深入开展质量管理，建立、健全和不断完善质量管理体系，就越应明确质量检验机构的职能与任务，越要充实、完善和加强质量检验和试验工作，充实必备的检测仪器、设备和工具，充分调动质量检验人员的积极性和充分发挥质量检验机构的职能作用。

对产品或零部件进行检验和试验，其目的主要有：

（1）判定产品或零部件的质量合格与否。

通过对产品或零部件的抽样检查或全数检验，判定产品或零部件的质量是否合格。

（2）证实产品或零部件的符合性。

通过检验和试验证实产品或零部件是否达到规定的质量要求。

（3）产品质量评定。

通过质量检验和试验确定产品缺陷严重性程度，为质量评定和质量改进提供依据。

（4）考核过程质量。

通过对过程加工质量的检验，了解操作者贯彻执行工艺规程的情况，检查工艺纪律，考核过程质量是否处于稳定状态。

（5）获取质量信息。

通过质量检验收集大量质量数据，对检验数据进行统计、分析、计算，既可以提供产品质量统计考核指标完成情况，又可以为质量改进和广泛的质量管理活动提供有用的数据。

（6）仲裁质量纠纷。

对供需双方因产品质量问题产生的纠纷，或生产者对有关方面的质量检验提出疑义时，可进行仲裁检验，以判定质量责任，做出公正的裁决结论。

第六节　检验职能的内容和职能间的相互关系

随着科学技术的飞速发展，管理的科学化与现代化，当今检验的职能与过去传统的质量检验方式相比，有很大的发展和不断的完善，已由单纯把关的被动检验，发展为“既严格把关又积极预防”，充分运用信息管理的主动检验。

检验的职能有如下几方面的内容。

（1）鉴别职能。根据技术标准、产品图样、工艺规程、订货合同以及相关法律、法规的规定，通过观察和判断，适当时结合测量、试验或度量产品或零部件的质量特性，根据检验结果判定产品或零部件的合格与不合格，从而起到鉴别的作用。

（2）把关职能。在产品形成全过程的各生产环节，通过认真的质量检验，剔除不合格品，使不合格的原材料不投产，不合格的过程所加工的零件不转入下道工序，不合格的完工零件不装配，装配不合格的产品不出厂，把住产品质量关，实现把关职能。

（3）预防职能。通过质量检验，可获得的生产全过程的大量数据和质量信息，为质量管理与质量控制及持续改进提供依据。通过过程质量控制，把影响产品质量的异常因素加以控制与管理，实现“预防为主”的方针。

（4）报告职能。把在工厂内、外及生产全过程质量检验中所获得的质量信息、数据和情报，认真做好记录，及时进行整理、分析和评价，通过各种方式向各有关部门沟通和向领导报告生产过程及企业的产品质量状态，为质量的持续改进提供信息，为相关管理部门及领导质量决策提供依据。

检验的四项职能是相互关联、密切相关、缺一不可的，形成了一个完整、系统的概念。

（1）检验工作的首要职能就是把关。要把好原材料、外购件、外协件、配套产品入厂检验质量关；把好生产全过程质量关；把好成品出厂质量关。因此，我们说把关是检验工作的核心，是四项职能中最重要的一项职能。

（2）鉴别职能是把关职能的前提。通过鉴别才能判断产品质量的合格与否，不进行鉴别就不能确定产品质量状态，也就难以把住生产全过程质量关。

（3）报告职能是把关职能的继续和延伸。通过报告职能，把在检验中发现和收集到的产品质量存在的问题或质量状况，及时向有关部门沟通和向领导报告，为持续改进质量管理和进行质量控制提供信息，为领导决策提供重要依据。

（4）在生产全过程进行检验具有预防作用。如开展"三邦、三员"工作法和首件必检、巡回流动检验等科学的检验和质量控制方法，既可以及时发现质量问题，又可以预防潜在不合格或成批质量事故的发生，有利于把好质量关。

第二章

《产品质量法》与有关法律、法规

第一节　概　述

（一）法、法律与法规的概念

法有广义和狭义之分。广义的法，是指各种成文法和不成文法。狭义的法，是指具体的特定的法律。

法律也有广义和狭义两种说法。广义的法律与“法”同义，可以互相通用，是同一概念的不同表达方式。狭义的法律，专指国家立法机关制定、颁布的规范性文件，即特定的具体意义上的法律。在我国，专指全国人民代表大会和全国人大常委会制定的规范性文件。

法规一词也有广义和狭义两种理解。广义的法规，是宪法、法律、行政法规、地方性法规和规章等一切规范性文件的总称，亦即广义的法或法律。狭义的法规，专指从属于法律范畴的行政法规和地方性法规而言的。

总之，法学意义上的法，广义的法律或法规，它是指由国家制定或认可，体现统治阶级的意志和利益，并以国家强制力保证其实施的行为规范的总和。它是一种特殊的社会规范，具有以下特征：

（1）它是由国家制定或认可的；

（2）由国家强制力保证其实施；

（3）具有高度的规范性；

（4）规定了权利和义务；

（5）具有其确定的体制和表现形式。

（二）我国法制的基本原则

法制是指立法、执法、司法、守法和对法律实施监督等活动的总称。把我国法制的基本原则概括起来，就是“有法可依，有法必依，执法必严，违法必究”这四句话，反映了我国社会主义法制的基本要求。这4个方面的要求是互相联系、互相制约的有机整体：有法可依是前提，有法必依是核心，执法必严是关键，违法必究是保证。

在我国现行立法体制下，通过中央、地方两大层级立法，和权力机关、行政机关两大系统立法所形成的《产品质量法》，是我国法律制度的重要组成部分。它像其他法律制度一样，都必须适用我国法制的基本原则。

（三）我国产品质量法律体系

随着国民经济建设的发展，特别是改革开放以来，我国陆续制定、颁布了一系列产品质量法律、法规和规章，形成了我国产品质量法律体系的基本框架，使得我国产品质量的监督管理以及产品质量责任有了明确的法律依据。

产品质量法律制度是调整产品的生产者、销售者、消费者以及政府有关行政主管部门之间，关于产品质量的权利、义务、责任关系的法律规范的总称。这些法律规范，有的是全国人大常委会先后制定的有关产品质量方面的法律，有的是国务院制定的有关产品质量方面的行政法规，还有的是国务院有关部门，各省、自治区、直辖市及有立法权重点城市的人大常委会和政府，根据法律、行政法规所制定的一系列产品质量方面的部门规章、地方性法规和政府规章。通过这些法规群体，建立并完善了我国的产品质量法律制度，形成了我国产品质量的法律体系。概括起来，该体系包括三大部分：一是产品质量一般法，又称产品质量基本法；二是产品质量特别法，又称产品质量专门法；三是产品质量相关法。我国产品质量法律、法规，从其规范的内容上可以分为以下7类。

1. 产品质量一般法

即《中华人民共和国产品质量法》（以下简称为《产品质量法》)。该法于1993年2月22日由七届全国人大常委会第30次会议审议通过，2000年7月8日经九届全国人大常委会第16次会议决定，进行了修订。修订后的《产品质量法》自2000年9月1日起施行。

《产品质量法》是我国全面、系统地规范产品质量的一部基本法律。它的颁布、实施和修订，是我国社会经济生活中的一件大事，是我国质量法制建设的重要里程碑。

《产品质量法》总结了我国多年质量工作的实践经验，并吸收了外国产品责任法的内容，是一部包含产品质量监督管理和产品质量责任两大范畴内容的基本法，具有以下特点：

一是将行政法和民法两个法律部门的法律规范融为一体，以适应我国国情和现实社会经济生活的需要；

二是明确了国家对产品质量实行激励引导和宏观管理的措施，符合转换企业经营机制，尊重企业自主权，建立现代企业制度和市场经济体制的要求；

三是对产品责任进行了系统的法律规范，补充了我国的《民法通则》，丰富了我国产品质量的民事赔偿制度；

四是体现了严厉制裁的原则，为惩处生产、销售假冒伪劣产品的违法行为提供了强大的法律武器。

修订后的《产品质量法》，由原来的51条增加到74条。归纳起来，其内容在以下6个方面进行了修改、补充和完善：

一是进一步明确了各级人民政府在产品质量工作中的责任；

二是为建立企业产品质量的约束机制，规定了新的要求；

三是补充、完善了产品质量监督管理的行政执法手段和必要的行政强制措施；

四是加大对产品质量违法行为的法律制裁力度；

五是加强了对产品质量监督部门以及产品质量检验机构、认证机构的约束；

六是为建立产品质量社会监督机制规定了新的举措。

《产品质量法》的颁布、实施和修订，对我国经济建设和社会发展具有重要的现实意义。

（1）充分体现了党和政府全面推进依法行政，实现依法治国的基本方略；是我国质量法制建设、社会文明进步的重要标志；也是国家长治久安的重要保障。

（2）为扩大内需，增加出口，推动国企改革和发展，适应加入WTO等重大经济政策的顺利实现提供了法律保障。

（3）《产品质量法》对政府、企业和社会各方面都规定了明确的质量责任，提出了“齐抓共管、综合治理”的措施，充分体现了“质量振兴、人人有责”的基本要求。

（4）《产品质量法》的修改过程，也是社会主义民主与法制原则的集中体现，是我国质量法制建设的一项重大成果。

2. 特殊产品质量监督方面的法律、法规

——《中华人民共和国食品安全法》，于2009年2月28日第十一届全国人民代表大会常务委员会第七次会议通过。自2009年6月1日起施行。该法是为了保证食品安全，保障公众自身健康和生命安全而制定的。

——《中华人民共和国药品管理法》，于1984年9月20日第五届全国人大常委会第7次会议通过，自1985年7月1日起施行。2001年2月28日经九届全国人大常委会第20次会议决定，进行了修订。该法是为了加强药品的监督管理，保证药品质量，保障人体用药安全，维护人民身体健康和用药的合法权益而制定的。

——《中华人民共和国计量法》，于1985年9月6日第六届全国人大常委会第12次会议通过，自1986年7月1日起施行。该法是为了保证国家计量单位制的统一和量值的准确可靠，维护国家和人民利益而制定的。

——《中华人民共和国种子法》，于2000年7月8日第九届全国人大常委会第16次会议通过，2000年12月1日起施行。该法是为了保护和合理利用种子资源，规范品种选育和种子生产、经营、使用行为，维护品种选育者和种子生产者、经营者、使用者的合法权益，提高种子质量水平，推动种子产业化，促进种植业和林业的发展而制定的。

——《中华人民共和国煤炭法》，于1996年8月29日第八届全国人大常委会第21次会议通过，1996年12月1日起施行。该法是为了合理开发利用和保护煤炭资源，规范煤炭生产、经营活动，促进和保障煤炭行业的发展而制定的。

——《中华人民共和国烟草专卖法》，于1991年6月29日第七届全国人大常委会第20次会议通过，1992年1月1日起施行。该法是为了实行烟草专卖管理，有计划地组织烟草专卖品的生产和经营，提高烟草制品质量，维护消费者利益，保证国家财政收入而制定的。

——《中华人民共和国建筑法》，于1997年11月1日第八届全国人大常委会第28次会议通过，1998年3月1日起施行。该法是为了加强对建筑活动的监督管理，维护建筑市场秩序，保证建筑工程的质量和安全，促进建筑业健康发展而制定的。

——《建设工程质量管理条例》，于2000年1月30日由国务院发布，自公布之日起施行。该法是为了加强对建设工程质量的管理，保证建设工程质量，保护人民生命和财产安全，根据《中华人民共和国建筑法》而制定的。

——《医疗器械监督管理条例》，于2000年1月4日由国务院发布，自2000年4月1日起施行。该法是为了加强对医疗器械的监督管理，保证医疗器械的安全、有效，保障人体健康和生命安全而制定的。

——《棉花质量监督管理条例》，于2001年8月3日由国务院发布，自公布之日起施行。该法是为了加强对棉花质量的监督管理，维护棉花市场秩序，保护棉花交易各方的合法权益而制定的。

——《特种设备安全监察条例》，该条例是由国务院对原《锅炉压力容器安全监察暂行条例》进行修改后发布的一部重要行政法规。新条例共7章91条，自2003年6月1日起施行。新条例与旧条例相比，扩大了产品调整范围，由过去单一的锅炉、压力容器，扩大到同样涉及生命安全、危险性较大的压力管道、电梯、起重机械、客运索道、大型游乐设施。调整的领域既包括特种设备的生产（含设计、制造、安装、改造、维修)、使用，还包括检测和监督检查。新条例删去了旧条例的“事故处理”一章，增设了“法律责任”一章。新条例的法规性更加突出、完备，大大提高了法规的实用性。

——《农药管理条例》，于1997年5月8日由国务院发布，自公布之日起施行。该法是为了加强对农药生产、经营和使用的监督管理，保证农药质量，保护农业、林业生产和生态环境，维护人畜安全而制定的。

——《饲料和饲料添加剂管理条例》，于1999年5月29日由国务院发布，自公布之日起施行。该条例是为了加强对饲料、饲料添加剂的管理，提高饲料、饲料添加剂的质量，促进饲料工业和养殖业的发展，维护人民身体健康而制定的。

——《化妆品卫生管理条例》，于1989年9月26日由国务院批准，卫生部公布，自1990年1月1日起施行。

——《产品质量国家监督抽查管理办法》，于2001年12月29日由国家质量监督检验检疫总局颁布，2002年3月1日起施行。该规章是为了加强产品质量监督管理，规范产品质量国家监督抽查工作，根据《产品质量法》、《标准化法》和《计量法》的规定而制定的。

3. 产品责任方面的法律

——《中华人民共和国消费者权益保护法》，于1993年10月31日第八届全国人大常委会第4次会议通过，1994年1月1日起施行。该法是为了维护社会主义经济秩序，保护消费者合法权益，明确经营者的产品质量责任而制定的。

——《工业产品质量责任条例》，于1986年4月5日由国务院发布，自1986年7月1日起施行。该法是为了明确工业产品质量责任，维护用户和消费者的合法权益，保证商品经济健康发展，促进社会主义现代化建设而制定的。

4. 产品质量标准方面的法律

——《中华人民共和国标准化法》，于1988年12月29日第七届全国人大常委会第5次会议通过，1989年4月1日起施行。该法是为了促进技术进步，改进产品质量，维护国家和人民的利益而制定的。

5. 产品质量管理方面的法律

——《产品质量监督试行办法》，于1985年3月7日由国务院批准，原国家标准局发布施行。该法是为了加强对产品的质量监督，促使企业贯彻执行产品技术标准，提高产品质量和经济效益，以适应社会主义现代化建设和人民生活的需要而制定的。

——《中华人民共和国工业产品生产许可证管理条例》，该条例是由国务院对原《工业产品生产许可证试行条例》修改后发布的一部行政法规。修改后的条例共7章70条，自2005年9月1日起施行，原试行条例同时废止。新条例就实施生产许可证制定的产品范围、行政主管部门、申请、受理、审查和决定的程序、使用的证书和标志都做出了规定。新条例还对实施生产许可证产品的生产企业、销售企业的监督检查及生产许可证主管部门、工作人员、核查人员、检验机构及其检验人员的法律责任做出了规定。

6. 产品质量检验方面的法律

——《中华人民共和国进出口商品检验法》，于1989年2月21日第七届全国人大常委会第6次会议通过，1989年8月1日起施行。该法是为了加强进出口商品检验工作，保证进出口商品的质量而制定的。

7. 质量认证方面的法律

——《中华人民共和国认证认可条例》，于2003年8月20日国务院第18次常务会议通过，自2003年11月1日起施行。该条例是与《产品质量法》配套的一部重要行政法规。该条例由总则、认证机构、认证、认可、监督管理、法律责任、附则共7章78条构成。它是为规范认证认可活动，提高产品、服务的质量和管理水平，促进经济和社会的发展而制定的。

——《强制性产品认证管理规定》，于2001年12月3日由国家质量监督检验检疫总局颁发，2002年5月1日起施行。它是为了完善和规范强制性产品认证工作，切实维护国家、社会和公众利益而制定的部门规章。

除上述7种类型的产品质量法律、法规、规章外，在内容上与产品质量有关的法律还有《合同法》、《商标法》、《广告法》、《反不正当竞争法》等。

第二节　产品质量法律制度

（一）《产品质量法》的调整对象和适用范围

1.《产品质量法》的调整对象

法律调整的对象是社会关系。不同的法律其调整的社会关系是不同的。《产品质量法》调整的对象有两部分：

（1）产品质量监督管理关系。指法律授权的行政机关与产品的生产者、销售者之间的监督关系。这种监督与被监督的关系，是纵向的监督管理关系。它是通过法规形式，规范一系列关于产品质量方面的管理措施体现的。为此，《产品质量法》确立了质量认证制度、产品质量监督抽查制度、产品质量社会监督制度、产品质量奖励制度等管理措施。目的是规范行政机关行为，国家对产品质量依法进行管理；同时，也为企业合法经营，维护自身权益，履行产品质量义务和承担产品质量责任提供法律依据。至于企业内部的质量管理关系，如企业质量管理部门与生产车间或生产工人之间的质量监督关系，不属于《产品质量法》所调整的范围，应当依据《产品质量法》第三条的要求，建立健全企业内部约束机制，由企业内部的规章制度来调整。

（2）产品质量民事关系。指在产品质量民事活动中，产品的生产者、销售者和服务业的经营者与产品的消费者或受害人发生的社会关系。这种平等主体之间因产品质量发生的社会关系主要体现在财产关系和人身关系两个方面。为此，《产品质量法》第四章“损害赔偿”集中规范了产品质量的民事关系，确立了产品瑕疵担保责任和产品缺陷侵权赔偿责任。《产品质量法》所调整的民事关系，必须是发生在生产者、销售者和服务业的经营者与产品的消费者或产品受害人之间。至于生产者之间、销售者之间发生的民事关系，不由《产品质量法》调整，而是由其他法律如《合同法》调整。

2.《产品质量法》的适用范围

《产品质量法》第二条规定："在中华人民共和国境内从事产品生产、销售活动，必须遵守本法。本法所称产品是指经过加工、制作，用于销售的产品。建设工程不适用本法；但是，建设工程使用的建筑材料、建筑构配件和设备，属于前款规定的产品范围的，适用本法规定。"这条规定表明了如下的适用范围：

（1）适用的主体范围。主要包括三个方面。一是产品的生产者、销售者及有关经营者，具体来讲，指在中华人民共和国境内从事产品生产、销售活动的国有企业、城镇集体企业、乡镇企业、私人企业，在中国境内设立的中外合资经营、中外合作经营和外资企业，以及个体工商户。二是产品的消费者，具体来说，指购买、使用生活消费品和生产资料的单位或个人，包括因缺陷产品的消费或使用而遭受人身伤害和财产损失的所有单位或个人。三是法律授权的行政机关，主要包括产品质量监督管理部门、工商行政管理部门以及法律、行政法规规定的其他部门。

（2）适用的产品范围。指经过加工制作用于销售的产品，包括工业产品、手工业产品、农产品。未经加工制作的矿产品、初级农产品、初级畜禽产品、水产品，未投入流通自用的产品，赠予的产品，试用的产品，以及建设工程产品，军工产品不适用《产品质量法》。但是，建设工程使用的建筑材料、建筑构配件和设备，以及军工企业生产、销售的民用产品适用《产品质量法》调整的范围。

（3）适用的产品经营活动范围。《产品质量法》主要调整生产和销售两个环节。同时，对明知或应当知道是假冒伪劣产品而为其提供仓储、运输、保管便利条件，以及提供制假生产技术，在服务行业中利用假冒伪劣产品提供服务的经营活动，也属于《产品质量法调整》的范围。

（4）适用的地域范围。《产品质量法》的地域适用范围是中华人民共和国境内，包括生产出口产品的生产者和销售进口产品的销售者。但是，在香港和澳门地区从事产品生产、销售活动的，以及在中华人民共和国境外的中外合资经营企业、中外合作经营企业、中国独资企业从事产品生产、销售活动的，不适用《产品质量法》。

3.《产品质量法》与产品特别法、相关法适用时应掌握的原则

（1）特别法优先于一般法原则。面对产品质量的监督管理，《产品质量法》是一般法，《食品卫生法》、《药品管理法》、《计量法》等是特别法；而面对产品质量损害赔偿的诉讼时效，《民法通则》是一般法，《产品质量法》是特别法。所谓特别法优先于一般法原则，是指特别法有规定的，应当首先适用特别法的规定；特别法没有规定的，则适用一般法的规定。

（2）"后"法优先于"前"法原则。所谓"后"法优先于"前"法原则，是指同一种行为先前的法和后来颁布的法出现了不同的规定，且"前"、"后"法都是现行有效的法律，那么在适用法律时，一般都要首先适用"后"法的规定。

（3）效力等级原则。在实施众多的产品质量法规中，还会经常碰到法律、法规、规章对同一问题的规定不一致的情况，适用时就要按照效力等级原则，即按规章、法规不得与法律相抵触的原则来掌握。

（二）产品质量的监督

要开展产品质量监督，必须建立行之有效的监督体制，明确执行监督的主体、机构和权限，规范产品质量监督制度、监督的方式和方法。

1. 我国产品质量监督体制

《产品质量法》第八条规定："国务院产品质量监督部门主管全国产品质量监督工作。国务院有关部门在各自的职责范围内负责产品质量监督工作。""县级以上地方产品质量监督部门主管本行政区域内的产品质量监督工作。县级以上地方人民政府有关部门在各自的职责范围内负责产品质量监督工作。""法律对产品质量的监督部门另有规定的，依照有关法律的规定执行。"《产品质量法》第七条和第十条还分别对各级人民政府对产品质量的职责和产品质量的社会监督做出了规定。

从这些规定中，不难看出我国的产品质量监督体制充分体现了统一监督与分工监督、层次监督与地域监督、政府监督与社会监督相结合的原则。

2. 质量认证制度

质量认证是商品经济发展的产物，是国际上由第三方对产品质量和企业保证质量能力进行评价的活动。现代的第三方质量认证制度起始于20世纪初的英国，至今已有百年的历史。质量认证在科学技术和国际贸易发展的推动下，得到了较快的发展。采用质量认证的方式评价产品质量和企业质量管理体系，已成为世界各国普遍的做法。

我国的质量认证工作起步较晚，但起点较高，近几年发展很快。国家通过立法确立了质量认证的法律地位，形成了质量认证的法规体系，确定了开展质量认证工作的基本原则，建立了质量认证国家认可制度，组建和认可了一批质量体系认证机构、产品质量认证机构和产品认证检验实验室，形成了一支国家注册审核员和评审员队伍，卓有成效地开展了企业质量管理体系认证和产品质量认证。

（1）质量认证的意义和作用。随着质量认证制度的推行和发展，它的意义和作用被越来越多的人所认识：

第一，推行质量认证制度是国家对质量宏观调控的一项重要措施，是提高产品质量的有效手段。通过质量认证，国家激励、引导企业重视技术基础工作，应用科学的质量管理方法，不断改进、提高产品质量。

第二，推行质量认证制度可以帮助企业建立有效的质量管理体系。一个完善的质量认证制度都要由认证机构对企业的质量保证能力进行检查评定，只有当其质量管理体系符合国际质量管理体系标准时，才能取得质量认证资格。因此，质量认证的过程实质上是由质量专家对企业的质量工作的一次诊断、咨询和评价，这对企业改进质量管理是有很大帮助的。

第三，推行质量认证制度能给企业带来信誉和更多的利润。获得质量认证证书的企业或使用产品质量认证标志的产品，会受到用户、消费者的普遍信任。因此，经过认证的企业和产品，能够扩大产品的市场占有率。

第四，推行质量认证制度可以指导消费者选购自己满意的产品。经过质量认证的产品都带有特定的认证标志，提供了正确的质量信息，用户和消费者可以凭认证标志放心地选购。

第五，推行质量认证制度可以节省大量的社会检验、评价费用。一个完善的认证制度不仅要对产品进行型式试验，还要评价企业的质量管理体系，并进行认证后的监督。一般来说这些活动都能满足用户对供方的质量要求，用户只需利用第三方认证机构提供的质量信息即可，没有必要再进行重复性的检验和评价。

第六，国家通过产品安全认证实行强制性管理和市场准入，可以更加有效地保护产品使用者的安全和健康。

第七，推行质量认证制度能扩大出口，提高产品在国际市场上的竞争能力。

（2）企业质量体系认证。《产品质量法》第十四条第一款对企业质量体系认证制度进行了规定："国家根据国际通用的质量管理标准，推行企业质量体系认证制度。企业根据自愿原则可以向国务院产品质量监督部门认可的或者国务院产品质量监督部门授权的部门认可的认证机构申请企业质量体系认证。经认证合格的，由认证机构颁发企业质量体系认证证书。"由此可以看出，企业质量体系认证具有以下特征：

第一，所谓企业质量体系认证，是指依据认证标准，按照规定的程序，经过认证机构对企业的质量管理体系进行审核，并以颁发证书的方式，证明企业的质量管理体系和质量保证能力符合相应标准要求的活动。

第二，国家把企业质量体系认证制度作为一项激励引导措施积极地推行，企业根据自愿的原则实行质量体系认证。

第三，实施企业质量管理体系认证的根据是国际通用的质量管理标准，即 GB/T 19001—2008/ISO 9001：2008《质量管理体系　要求》。

第四，国务院产品质量监督部门即国家质量监督检验检疫总局对企业质量管理体系认证统一管理，认证机构具体实施认证。

第五，认证机构需要由国家质量监督检验检疫总局或国家认证认可监督管理委员会批准认可。

第六，企业质量管理体系认证的证实方式是颁发认证证书。

（3）产品质量认证。《产品质量法》第十四条第二款对产品质量认证制度进行了规定："国家参照国际先进的产品标准和技术要求，推行产品质量认证制度。企业根据自愿原则可以向国务院产品质量监督部门认可的或者国务院产品质量监督部门授权的部门认可的认证机构申请产品质量认证。经认证合格的，由认证机构颁发产品质量认证证书，准许企业在产品或者其包装上使用产品质量认证标志。"由此可以看出，产品质量认证具有以下特征：

第一，产品质量认证又称合格认证。所谓产品质量认证，是指依据产品认证标准，按照规定的程序，经过认证机构对企业申请认证的产品由指定的认证检验实验室进行检验和对现场审查，并以颁发证书和认证标志的方式，证明产品质量符合要求的活动。

第二，产品质量认证除具有企业质量体系认证的一般特征外，它还具有以下不同特征：认证的对象是产品；认证的依据除工厂的质量体系应符合相应的质量管理体系标准外，认证的产品还必须符合相当国际先进水平的国家标准或行业标准要求；产品质量认证的证实方式除颁发证书外，还允许在认证的产品或其包装上使用认证标志。

第三，产品质量认证使用的认证标志由国家质量监督检验检疫总局批准发布。目前，我国产品质量认证使用的标志有 3 种类型：一是通用标志，又叫方圆标志；二是专用标志；三是强制性产品认证标志。产品认证标志的式样见图 2 — 1、图 2 — 2 和图 2 — 3。

（4）强制性产品认证。根据《中华人民共和国产品质量认证管理条例》的规定及我国在加入 WTO 谈判中的承诺，国家对涉及人类健康和安全，动植物生命和健康，以及环境保护和公共安全的产品实行强制性认证制度，以解决长期以来存在的国产产品和进口产品认证

中国方圆认证通用标志

中国卫星地球站设备质量认证标志

中国玩具产品认证标志

中国汽车用安全玻璃认证标志

中国水泥产品质量认证标志

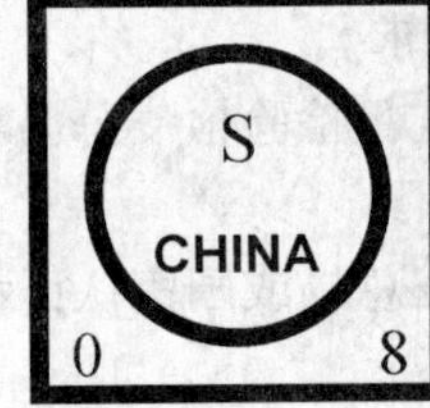

中国消防产品质量认证标志

中国轮胎产品质量认证标志

图 2 — 1　通用的方圆认证标志及其变形标志

不一致的问题。为此，国家质量监督检验检疫总局颁布了《强制性产品认证管理规定》。从该规定中可以看出：

第一，强制性产品认证实行“四个统一”原则。即对强制性认证产品实行统一目录，统一标准、技术规则和合格评定程序，统一标志，统一收费标准。

第二，强制性认证的产品目录由国家质量监督检验检疫总局批准发布。第一批列入目录的产品有电线电缆、电路开关及保护或连接用电器装置、低压电器、小功率电动机、电动工具、电焊机、家用和类似用途设备、音视频设备、信息技术设备、照明设备、电信终端设备、机动车辆及安全附件、机动车辆轮胎、安全玻璃、农机产品、乳胶制品、医疗器械产品、消防产品、安全技术防范产品等共 19 类 132 种产品。

第三，凡列入上述目录的产品，其生产者、销售者和进口商要向指定的认证机构申请认证。认证所依据的标准、规则和程序执行统一规定。产品经认证合格，取得认证证书，并加施认证标志后，方可出厂销售、进口和在经营性活动中使用。

第四，强制性产品认证使用统一的“CCC”标志，其式样如图 2 — 3。原来实行的“长城标志”，“CCIB”标志将逐步被取代。

第五，强制性产品认证实行统一收费标准，以解决内、外有别，重复收费的问题。

中国电工产品
认证标志

中国电子元器件
质量认证标志

中国环境标志认证标志

中国药品品种GMP认证标志

中国药品生产企业(车间)GMP认证标志

中国医疗器械产品认证标志
(安全认证标志)

中国医疗器械产品认证标志
(合格认证标志)

图 2 — 2　产品认证专用标志

图 2 — 3　强制性产品认证标志

3. 产品质量监督检查制度

《产品质量法》第十五条规定："国家对产品质量实行以抽查为主要方式的监督检查制度，对可能危及人体健康和人身、财产安全的产品，影响国计民生的重要工业产品以及消费者、有关组织反映有质量问题的产品进行抽查。抽查的样品应当在市场上或者企业成品仓库内的待销产品中随机抽取。监督抽查工作由国务院产品质量监督部门规划和组织。县级以上地方产品质量监督部门在本行政区域内也可以组织监督抽查。法律对产品质量的监督检查另有规定的，依照有关法律的规定执行。”“国家监督抽查的产品，地方不得另行重复抽查；上级监督抽查的产品，下级不得另行重复抽查。”“根据监督抽查的需要，可以对产品进行检验。检验抽取样品的数量不得超过检验的合理需要，并不得向被检查人收取检验费用。监督抽查所需检验费用按照国务院规定列支。”“生产者、销售者对抽查检验的结果有异议的，可以自收到检验结果之日起15日内向实施监督抽查的产品质量监督部门或者其上级产品质量监督部门申请复检，由受理复检的产品质量监督部门做出复检结论。”第十六条规定“对依法进行的产品质量监督检查，生产者、销售者不得拒绝。”第十七条规定“依照本法规定进行监督抽查的产品质量不合格的，由实施监督抽查的产品质量监督部门责令其生产者、销售者限期改正。逾期不改正的，由省级以上人民政府产品质量监督部门予以公告；公告后经复查仍不合格的，责令停业、限期整顿；整顿期满后经复查产品质量仍不合格的，吊销营业执照。”“监督抽查的产品有严重质量问题的，依照本法第五章的有关规定处罚。”

根据《产品质量法》的上述规定，我国对产品质量实行以抽查为主要方式的监督检查制度。其主要内容包括：

（1）产品质量监督检查是法律授权的部门和机构代表政府履行职责，对生产和流通领域的产品质量实施监督的一种具体行政行为。它既是一项强制性行政措施，又是一项强化产品质量监督的法制手段。

（2）采取以抽查为主的方式，重点抽查的产品范围：一是可能危及人体健康和人身、财产安全的产品，如食品、药品、电器、易燃易爆产品；二是影响国计民生的重要工业产品，包括工业原材料、基础件、农业生产资料、重要的民用工业品；三是消费者和有关组织包括消费者权益保护组织反映有质量问题的产品。

（3）监督抽查应当由产品质量监督部门统一规划和组织，不得重复抽查；检验所用的样品数量要合理，并不得向被检查人收取检验费用，以减轻企业负担。

（4）为切实保护被抽查的生产者、销售者的合法权益，避免因错检造成损失，《产品质量法》设定了抽查结果的复检制度。

（5）为确保产品质量监督的有效性，《产品质量法》设定了对抽查不合格产品的后处理制度。明确了处理程序：由有关的产品质量监督部门规定一个期限，责令限期改正；逾期不改正的，由省级以上产品质量监督部门予以公告，公告的方式包括通过新闻媒体公布曝光；公告后经复查仍不合格的，由省级以上产品质量监督部门责令停业，限期整顿；整顿期满经复查产品质量仍不合格的，由工商行政管理部门吊销营业执照，监督抽查结果为产品质量存在严重问题的，依法进行处罚。

（6）修订后的《产品质量法》针对该法多年实施的经验和当前产品质量监督活动出现的一些新情况、新问题，通过第十八条至第二十一条、第二十四条及第二十五条，设定了一些为确保产品质量监督有效实施的强制措施。这些措施归纳起来，一是赋予县级以上产品质量监督部门、工商行政管理部门对涉嫌违法的生产、销售活动调查取证和查封扣押的权力；二是为保证产品质量检验机构、认证机构出具的检验结果和认证证明的客观性、公正性，对其必须具备的条件和执业规则进行了规范；三是对产品质量监督抽查的结果，规定由省级以上产品质量监督部门定期进行公告；四是禁止产品质量监督部门或者其他国家机关以及产品质量检验机构向社会推荐生产者的产品，禁止以对产品进行监制、监销等方式参与产品经营活动。

产品质量监督检查制度的具体实施，按《国家监督抽查产品质量规定》进行。

4. 产品质量社会监督制度

《产品质量法》第二十二条规定："消费者有权就产品质量问题向产品的生产者、销售者查询；向产品质量监督部门、工商行政管理部门及有关部门申诉，接受申诉的部门应当负责处理。"第二十三条规定："保护消费者权益的社会组织可以就消费者反映的产品质量问题建议有关部门负责处理，支持消费者对因产品质量造成的损害向人民法院起诉。"《产品质量法》的这些条文是对消费者和保护消费者权益的社会组织在产品质量社会监督方面行使权力的规定。

(1) 产品质量的社会监督是产品质量法制的重要组成部分。这种包括来自个人、企事业单位、社会团体及其他组织的社会监督，虽然不像政府部门监督那样具有规范性、强制性的特点，但却有广泛的群众性。在产品质量的社会监督活动中，保护消费者权益组织和新闻媒体的监督发挥着重要的作用。

(2) 查询权和申诉权是消费者享有的基本权利，是消费者对产品质量实施社会监督的体现。所谓查询权是指消费者就产品质量存在的问题，有权向生产者、销售者进行询问，了解其真实情况；所谓申诉权是指消费者就产品质量存在的问题，有权向质量监督部门、工商行政管理部门和有关行业主管部门进行投诉举报。接受投诉举报的部门应及时处理。这是法律对这些部门规定的必须履行的职责。

(3) 建议处理权和支持起诉权是法律赋予保护消费者权益组织对产品质量的社会监督权。这里所说的建议处理权，是指对消费者投诉举报的产品质量问题，保护消费者权益组织如果无力解决，有权建议有关部门处理；这里所说的支持起诉权，是指当产品质量存在缺陷，造成人身伤害、财产损失时，保护消费者权益组织有权对受害人提供帮助、咨询，使受害人能够通过诉讼得到及时、合理的赔偿，保护受害人的合法权益。

(4) 消费者和保护消费者权益组织对产品质量实施社会监督的形式多种多样，其实施社会监督的权利，《中华人民共和国消费者权益保护法》对其进一步做出了规定。

(三) 生产者的法定产品质量义务

《产品质量法》第三章第一节对产品的生产者规定了产品质量义务。法律对生产者规定的产品质量义务归纳起来有5个方面：一是应当对所生产的产品质量负责；二是应当保证所生产产品的质量符合法定要求；三是应当保证产品或者包装上的标识符合要求；四是对特殊产品要保证其包装符合要求；五是不得违反产品质量法的禁止性规范。

1. 生产者应当对所生产的产品质量负责

《产品质量法》第二十六条第一款规定："生产者应当对其生产的产品质量负责。"这一规定包括两方面的含义：一是指生产者必须履行其保证产品质量的法定义务；二是指生产者不履行或不完全履行其产品质量法定义务时，必须承担相应的法律后果，即产品质量责任。产品质量责任是一种综合责任，包括行政责任、民事责任和刑事责任。

生产者作为市场经济活动的主体，通过从事产品的生产活动以获取利润，谋求发展。生产者所生产的产品最终要进入消费领域，为消费者使用。生产者只有严格按照《产品质量法》第三条的要求，建立健全内部质量管理制度，努力使自己生产的产品在适用性、安全性、可靠性、维修性、经济性等质量指标都符合相应标准要求，才能满足消费者的需要，实现产品的价值；生产者才能取得相应的经济效益，在激烈的市场竞争中求得生存和发展。鉴于生产者是产品的直接创造者，产品的设计、开发和制造是产品质量的决定因素，因此，法律规定生产者必须对其生产的产品质量负责，这是生产者的首要义务。

2. 生产者应保证其生产的产品质量符合法定要求

按照《产品质量法》第二十六条第二款的规定，生产者应保证其生产的产品符合下述要求：

（1）不存在危及人身、财产安全的不合理的危险，有保障人体健康和人身、财产安全的国家标准、行业标准的，应当符合该标准。这是法律对产品质量的最基本的要求，也是法律对生产者保证产品质量义务的强制性规定。对这一强制性规定，生产者不得以合同约定或其他方式免除或减轻自己的此项法定义务。生产者如果违反了这一规定，将受到严厉的法律制裁。因此，生产者必须确保其产品的安全性，不得存在设计上、制造上和指示上的缺陷。

（2）具备产品应当具有的使用性能。所谓具备产品应当具有的使用性能，是指某一特定产品应当具有基本使用性能和在正常使用条件下的合理使用寿命。这主要体现在两个方面：一是在产品标准、合同、规范、图样和其他技术文件中明确规定的使用性能；二是隐含需要的使用性能，即指消费者对产品使用性能的合理期望，这通常是被人们公认的、不言而喻的、不必做出规定的使用性能。具备产品应当具有的使用性能是《产品质量法》对生产者保证产品质量所规定的又一法定义务。但是，当生产者对产品使用性能的瑕疵做出说明时，可以免除生产者的此项义务。这里所说的瑕疵，是指产品质量的部分使用性能不符合产品标准、产品说明、实物样品等明示担保条件，并不存在危及人身、财产安全的不合理危险和丧失产品原有的使用价值。

（3）产品质量应当符合明示的质量状况。即“符合在产品或者其包装上注明采用的产品标准，符合以产品说明书、实物样品、广告宣传等向社会明确表示的保证和承诺。”这些产品质量明示担保条件，也是合同条款的组成部分。当生产者没有履行或者没有完全履行产品质量明示担保义务时，就要依法承担违约责任。

3. 产品标识应当保证产品或产品包装符合要求

产品标识是产品质量的重要组成部分，如果产品标识不当或存在欺骗性，则容易引起消费者误解，产生质量纠纷。因此，《产品质量法》第二十七条规定，产品或者其包装上的标识必须真实，并应符合下述要求：有产品质量检验合格证明；有用中文标明的产品名称、生产厂厂名和厂址；根据产品特点，标明产品规格、等级、所含成分名称和含量；需要事先让消费者知道的，应标明或提供产品使用说明、维护保养方法；限时使用的产品，应当在显著位置标明生产日期和安全使用期或失效日期；使用不当容易造成产品本身损坏或者可能危及人身、财产安全的产品，应当有警示标志或者中文警示说明。

4. 对特殊产品的包装应符合规定要求

《产品质量法》第二十八条规定：“易碎、易燃、易爆、有毒、有腐蚀性、有放射性等危险物品以及储运中不能倒置和其他有特殊要求的产品，其包装质量必须符合相应要求，依照国家有关规定做出警示标志或者警示说明，标明储运注意事项。”这是法律对生产者设定的又一项重要质量义务。众所周知，产品包装好坏，直接关系到被包装产品固有质量的保持。因此，法律规定，特殊产品的包装质量必须符合规定要求，并应有相应的警示标志、警示说明和储运注意事项。国家对特殊产品的包装质量要求、包装标志要求和储运图示要求都制定了相应的国家标准和行业标准，企业可以按照这些标准规定，搞好产品包装。

5. 生产者不得违反禁止性规范

《产品质量法》第二十九条至第三十二条是对生产者设定的禁止性规范。禁止性规范是生产者不得作为的法定产品质量义务。其内容包括：

（1）不得生产国家明令淘汰的产品。国家明令淘汰的产品多属于性能落后，耗能高，环境污染较大，毒副反应大，对人体健康、人身财产安全和动植物安全危害较大的产品。为维护国家和社会公共利益，生产者不得继续生产国家明令淘汰的产品。否则，将依法追究生产者的法律责任。

（2）不得伪造产地，伪造或者冒用他人的厂名、厂址。伪造产品的产地或者伪造、冒用他人的厂名、厂址是典型的欺骗行为，是法律所不允许的。

（3）不得伪造或者冒用质量标志。这一规定包括伪造质量标志和冒用质量标志两种禁止行为。“伪造”是指制造、编造实际上并不存在的质量标志；“冒用”是指未取得而谎称取得并擅自使用质量标志。任何以非法手段使用、冒充质量标志的行为，都是法律所禁止的。(目前我国比较常见的质量标志是产品质量认证标志)

（4）不得掺杂、掺假，以假充真，以次充好，以不合格产品冒充合格产品。这里的“掺杂、掺假”是指在产品中掺入不属于该产品应有成分，会导致产品品质下降的行为；“以假充真”是指以非此种产品冒充此种产品的行为；“以次充好”是指以低等级、低档次的产品冒充高等级、高档次的产品的行为；“以不合格产品冒充合格产品”是指以不符合强制性产品标准或明示的产品标准冒充符合强制性产品标准或明示的产品标准的行为。这些行为都是故意欺骗行为，是法律所不允许的。

（四）销售者的法定产品质量义务

《产品质量法》第三章第二节对销售者应承担的产品质量义务做出了规定，主要包括4个方面：一是建立并执行进货检查验收制度；二是保持销售产品的质量；三是销售的产品标识应符合规定；四是不得销售禁止销售的产品。

1. 建立并执行进货检查验收制度

按照《产品质量法》第三十三条的规定，销售者应当建立并执行进货检查验收制度，验明产品合格证明和其他标识。这一规定，是法律对销售者设定的首要产品质量义务。其目的不仅是为了对货源进行把关，遏制假冒伪劣产品进入市场，也是销售者保护自身合法权益，降低产品质量责任风险的有效措施。因此，销售者必须认真建立并执行进货检查验收制度。

进货检查验收的内容主要包括：验明产品是否有真实的合格证明；产品的标识是否符合规定；通过感观检查，确定产品质量是不是符合要求；必要时对产品的内在质量进行抽样检验。通过检查验收，发现产品不符合要求时，销售者可以依据合同法对生产者、供货方提出异议，以合理解决问题。

2. 保持销售产品的质量

按照《产品质量法》第三十四条的规定，销售者应当采取措施，保持销售产品的质量。这一规定的目的，是为了促使销售者增强对产品质量的责任感，要针对产品特点，采取措施，确保产品在运输、贮存等销售环节保持原有的质量，防止变质、损坏。

3. 销售的产品的标识应符合规定

按照《产品质量法》第三十六条的规定，销售者销售的产品的标识应符合《产品质量法》第二十七条的规定。法律之所以做出这样的规定，是基于当产品完成进货检查验收之后，产品的所有权已转移到销售者。销售者对所销售的产品，包括产品标识在内必须负责。为此，销售者在进货时，必须认真检查产品标识，并不得擅自将产品标识进行更换、涂改。

4. 不得销售规定禁止销售的产品

按照《产品质量法》第三十五条、第三十七条至第三十九条的规定：销售者不得销售国家明令淘汰并停止销售的产品和失效、变质的产品；不得伪造产地，不得伪造或者冒用他人的厂名、厂址；不得伪造或者冒用认证标志等质量标志；不得掺杂、掺假，以假充真、以次充好，不得以不合格产品冒充合格产品。法律对销售者所设定的这些禁止性规范是销售者不得作为的法定产品质量义务。这里所说的“失效”是指产品失去了本来应当具有的效力、作用；“变质”是指产品内在质量发生了物理、化学变化，失去了应当具备的使用价值。其余的六个“不得”禁止性规范，同时生产者的要求是一样的，这里不再重述。

（五）产品质量的民事责任

《产品质量法》第四章系统地规范了产品质量的民事责任。其主要内容包括3个方面：一是产品瑕疵担保责任；二是产品侵权损害赔偿责任；三是解决产品质量纠纷的途径。

1. 产品瑕疵担保责任

产品不具备应当具有的使用性能，不符合明示的产品标准或者不符合以产品说明、实物样品等方式表明的质量状况，即称产品存在瑕疵。应当指出，“产品瑕疵”与即将提到的“产品缺陷”是两个完全不同的概念。“缺陷”是指产品存在着危及人身、财产安全的不合理危险，若产品有保障人体健康，人身、财产安全的国家标准、行业标准的，则是指不符合该标准。也可以说，产品缺陷的实质是产品欠缺安全性。而产品瑕疵是指产品存在除安全性之外的其他质量问题。

产品瑕疵担保责任是指违反产品质量的承诺或保证，担保方应负的法律责任。换句话说，就是产品在买卖关系中，出卖方为了承担质量义务，向买受方做出的承诺或保证，若产品存在瑕疵，出卖产品的担保方应承担由此引起的法律后果。从这里不难看出，瑕疵担保责任是基于合同关系发生的。它是调整买卖双方当事人合同违约责任的一种法律关系。

(1) 销售者承担瑕疵担保责任的条件。《产品质量法》第四十条对销售者承担瑕疵担保责任的条件做了规定：一是不具备产品应当具有的使用性能而事先未做说明的。也就是说，产品不具备应当具有的使用性能，或者产品存在瑕疵，但仍有一定的使用价值而事先未明示告知是“处理品”、“等外品”的，这时销售者就要承担责任。二是产品不符合所采用的产品标准的，销售者要承担责任。三是产品不符合以产品说明、实物样品等方式表明质量状况的，销售者要承担责任。

(2) 销售者承担瑕疵担保责任的方式。《产品质量法》中规定销售者承担瑕疵担保责任的方式概括起来就是8个字——修理、更换、退货、赔偿，即产品在质量保证期限内存在瑕疵，销售者就要负责“修理、更换、退货、赔偿”。这里的赔偿是指由于产品存在瑕疵，在修理、更换、退货过程中发生的运输费、交通费、误工费等直接经济损失的补偿。这里所说的质量保证期限，是指生产者、销售者通过产品标准、产品使用说明、质量保证卡、产品广告等方式所明示的“三包”期限。还有一些耐久性产品的“三包”期限，由国家有关部门做出统一规定，例如《部分商品修理、更换、退货责任规定》、《农业机械产品修理、更换、退货责任规定》、《移动电话机商品修理、更换、退货责任规定》、《固定电话机商品修理、更换、退货责任规定》等。产品质量保证期限实际上就是产品出卖方对买受方的一种承诺和担保。因此，产品在质量保证期限内存在瑕疵，销售者就应当首先承担瑕疵担保责任。销售者在依法履行了瑕疵担保责任后，如属生产者、供货者责任的，销售者有权再向生产者、供货者追偿。销售者如果不履行瑕疵担保责任，由产品质量监督部门或工商行政管理部门责令其改正。

2. 产品侵权损害赔偿责任

《产品质量法》第四章第四十一条至四十六条集中规定了产品侵权损害赔偿责任（又称产品责任）。产品责任是指因产品存在缺陷，造成人身、财产损害，缺陷产品的生产者、销售者应当承担的法律责任。它是我国处理产品侵害人与受害人之间产品责任问题的基本准则。这种产品责任与产品质量责任不同。后者包含了前者；两者的责任性质，承担责任的条件，判定责任的依据都是不同的。

（1）产品责任的构成要件。构成产品责任必须同时具备3个要件，缺一不可：一是产品存在缺陷；二是因产品缺陷造成了人身、财产损害；三是产品缺陷与损害事实有因果关系。判定产品是否存在缺陷，以是否符合国家或行业的强制性安全标准为依据；如果没有相应的强制性安全标准，则以公众期望的安全要求为依据。产品缺陷一般表现为设计缺陷、制造缺陷和指示缺陷。如果产品存在缺陷，但并未造成损害事实，则构不成产品责任。这时消费者只能按瑕疵担保责任，追究生产者、销售者的责任。

（2）生产者的产品责任。《产品质量法》第四十一条是对生产者产品责任的具体规定。这一规定，明确和隐含了以下内容：一是生产者对产品缺陷造成损害实行严格责任原则，也称无过错责任原则。它是指在产品责任中，只要产品对人身、财产造成了损害，即使生产者主观上无过错也要承担侵权损害赔偿责任。法律对生产者实行严格责任的归责原则，目的是为了切实保护受害人的合法权益，能及时、合理获得损害赔偿。二是生产者的免责条件，即必须由生产者自己举证，并能提供有效证据，才能免除生产者的产品责任。否则，法律推定生产者应承担侵权损害赔偿。法律采取这种举证倒置和过错推定原则，使产品责任在诉讼中实行严格责任的归责原则得以实现，从而为受害人得到合理赔偿提供了法律依据。

（3）销售者的产品责任。《产品质量法》第四十二条对销售者的产品责任是这样规定的："由于销售者的过错使产品存在缺陷，造成人身、他人财产损害的，销售者应当承担赔偿责任。""销售者不能指明缺陷产品的生产者，也不能指明缺陷产品的供货者的，销售者应当承担赔偿责任。"显然，法律通过本条第一款对销售者采用的是过错责任的归责原则，这一点是与生产者的无过错责任的归责原则是不同的。也就是说，只有受害人能够举证证明构成产品责任的要件是销售者的过错造成的，销售者才承担赔偿责任。本条第二款对销售者采用的是无过错责任的归责原则，也就是说，如果销售者举证不出缺陷产品的生产者或供货者，则法律推定销售者应当承担赔偿责任。因此，我国《产品质量法》对销售者的产品责任，实行的是过错责任和无过错责任相结合的归责原则。

《产品质量法》第四十三条从方便消费者维护自己合法权益的角度出发，还做出了受害人要求损害赔偿的两个途径和先行赔偿人有追偿权的规定。

（4）产品责任的赔偿范围。按照《产品质量法》第四十四条规定，产品责任的赔偿范围包括两个部分：一是造成受害人人身伤亡的赔偿范围；二是造成受害人财产损失的赔偿范围。

造成人身伤害的，侵害人应当赔偿医疗费、治疗期间的护理费、因误工减少的收入等费用；造成残疾的，还应当支付残疾者生活自助具费、生活补助费、残疾赔偿金以及由其扶养的人所必需的生活费等费用；造成受害人死亡的，应当支付丧葬费、死亡赔偿金，以及由死者生前扶养的人所必需的生活费等费用。

造成受害人财产损失的，侵害人应当恢复原状或者折价赔偿。受害人因此遭受其他重大损失的，侵害人应当赔偿损失。

（5）产品侵权损害赔偿的时效。按照《产品质量法》第四十五条的规定，因产品存在缺陷造成损害要求赔偿的诉讼时效期为 2 年，自当事人知道或者应当知道其权益受到损害时起计算。法律还规定，因产品存在缺陷造成损害要求赔偿的请求权，在造成损害的缺陷产品交付最初消费者满 10 年丧失；但是，尚未超过明示的安全使用期的除外。换句话说，就是受害人请求产品侵权损害赔偿的权利，其有效期为 10 年。超过 10 年期限，即使产品发生侵权损害，受害人也就丧失了请求赔偿的权利。但是，明示的安全使用期超过 10 年的不在此限。从这里不难看出，10 年是法律对产品安全保证期的规定。

3. *产品瑕疵担保责任与产品侵权损害赔偿责任的区别*

产品瑕疵担保责任和产品侵权损害赔偿责任同属于民事责任，却有不同的特征。搞清它们的区别，对于维护当事人的合法权益，正确处理产品质量纠纷，提高执法、司法水平都有十分重要的意义。为此，根据相关法律的规定，将它们的主要不同点列于表 2—1 中进行比较。通过比较，可以进一步加深对这两种民事责任的理解。

表 2—1　产品瑕疵担保责任与产品侵权损害赔偿责任比较

项　目	产品瑕疵担保责任	产品侵权损害赔偿责任
性　质	产品质量违约	产品侵犯人身权、财产权
责任主体	产品销售者	产品生产者、销售者
权利主体	瑕疵产品买受人	缺陷产品受害人
归责原则	实行过错责任原则	对生产者实行无过错责任原则；对销售者实行过错责任和无过错责任相结合的原则
责任条件	（1）产品不具备应当具备的使用性能，且事先未做声明； （2）产品不符合明示的质量状况	（1）产品存在缺陷； （2）发生了因产品缺陷造成的损害； （3）产品缺陷与损害事实存在因果关系。 三个条件缺一不可
免责条件	瑕疵产品事先做了声明，并按处理品或等外品销售	生产者举证： （1）缺陷产品未投入流通； （2）产品投入流通时缺陷尚不存在； （3）产品投入流通时的社会科学技术尚不能发现缺陷存在。 销售者能举证产品存在缺陷不是销售者的过错
责任期限	产品三包（包修、包换、包退）期	产品安全保证期 10 年

续表

项　目	产品瑕疵担保责任	产品侵权损害赔偿责任
承担责任方式	修理、更换、退货，给购买产品的用户、消费者因此造成直接经济损失的，并应赔偿经济损失	造成人身伤害的，应当赔偿医疗费、治疗期间的护理费、因误工减少的收入等费用；造成残疾的，还应当支付残疾者生活自助具费、生活补助费、残疾赔偿金以及由其扶养的人所必需的生活费等费用；造成死亡的，并应当支付丧葬费、死亡赔偿金以及由死者生前扶养的人所必需的生活费等费用。 造成受害人财产损失的，应当恢复原状或者折价赔偿。受害人因此遭受其他重大损失的，侵害人应当赔偿损失
诉讼时效	1年	2年
举证责任	由产品买受人负责举证	（1）由产品的生产者负责举证； （2）销售者有过错，由缺陷产品受害人举证；销售者无过错，由销售者举证

4. 解决产品质量民事纠纷的途径和处理纠纷的技术依据

根据《产品质量法》第四十七条的规定，解决产品质量民事纠纷的途径是协商、调解、申请仲裁或向人民法院起诉。

（1）协商。因产品质量发生纠纷，当事人各方首先应本着互谅互让的精神，协商解决争议，自行和解。采用这种途径，可以迅速解决纠纷，化解矛盾，减少当事人为解决纠纷所耗费的时间、精力和费用，有利于保持市场经济秩序的稳定。

（2）调解。因产品质量发生纠纷，当事人的任何一方都可以请当地有关部门、保障消费者权益组织等进行调解。调解必须是当事人各方自愿。自愿达成调解协议的，当事人各方都应当积极履行协议。

（3）协议申请仲裁或向人民法院起诉。当事人不愿通过协商、调解解决产品质量争议，或者协商、调解不成的，双方可以协议向仲裁机构申请仲裁，或者单方向人民法院起诉。根据仲裁法和有关法律规定，我国对民事案件实行或审或裁制度，即只要协议申请仲裁的，当事人再向人民法院起诉，法院不予受理；已向人民法院起诉的，仲裁机构也不再受理仲裁申请。但是，根据民事诉讼法的规定，法院对仲裁裁决有监督的权利。

（4）处理产品质量纠纷的技术依据。仲裁或审理产品质量纠纷，是一项专业性很强的技术性工作，需要由有关的技术检验机构协助仲裁机构或人民法院完成。为此，《产品质量法》第四十八条规定，仲裁机构或人民法院在受理产品质量纠纷时，可以委托有资格的产品质量检验机构对争议涉及的产品的质量进行检验，以取得技术数据，作为处理产品质量争议的依据。

（六）产品质量的行政责任

产品质量的行政责任是指行为人违反了产品质量法律、法规、规章所规定的义务，对其作为或不作为应当承担的行政法律后果。产品质量行政责任具有以下特征：

（1）产品质量行政责任是产品质量法律关系主体违反了产品质量方面的义务而应受到的行政制裁，其违法行为未超出限度构成犯罪。

（2）产品质量行政责任主要是调整非平等主体之间的法律关系，体现了行政制裁性，具有强制实施的威慑力。

（3）产品质量行政责任只能由法律、法规授权的行政机关追究，执行行政处罚必须符合法定条件和程序。

1.《产品质量法》对产品质量行政责任的规定

《产品质量法》第五章对生产者、销售者、服务经营者未履行法定义务应承担的行政责任做出了规定。在这一章里，法律还对产品质量检验机构、质量认证机构、国家机关、从事产品质量监督管理的国家工作人员、行政管理相对人的违法行为应承担的行政责任做出了规定。归纳起来，行为人对以下18类违法行为要承担行政责任：

（1）生产、销售不符合保障人体健康和人身、财产安全的国家标准、行业标准的产品的；

（2）生产者、销售者在产品中掺杂、掺假，以假充真、以次充好，或者以不合格产品冒充合格产品的；

（3）生产、销售国家明令淘汰的产品的；

（4）销售失效、变质产品的；

（5）生产者、销售者伪造产品产地的；

（6）生产者、销售者伪造或者冒用他人厂名、厂址的；

（7）生产者、销售者伪造或者冒用认证标志等质量标志的；

（8）产品标识不符合《产品质量法》第二十七条的规定的；

（9）产品质量检验机构、认证机构及其工作人员伪造检验结果或者出具虚假证明的；

（10）产品质量检验机构、认证机构出具的检验结果或者证明不实的；

（11）产品质量认证对不符合认证标准的产品未依法撤销其使用的认证标志资格的；

（12）知道或者应当知道属于《产品质量法》规定禁止生产、销售的产品而为其提供便利条件或者为以假充真的产品提供制假生产技术的；

（13）服务业的经营者将《产品质量法》规定禁止销售的产品用于经营性服务的；

（14）隐匿、转移、变卖、损毁被行政部门查封、扣押的物品的；

（15）超过规定的数量索取样品或者违法收取检验费用的；

（16）产品质量监督部门或者其他国家机关、产品质量检验机构向社会推荐产品和参与产品的经营活动的；

（17）拒绝接受依法进行的产品质量监督检查的；

（18）在广告中对产品质量做虚假宣传的。

2. 产品质量违法的行政处罚

《产品质量法》对行政相对人违法设定了责令停止生产，责令停止销售，责令停业整顿，吊销营业执照，取消资格，没收产品，没收违法所得，没收制假的原辅材料、包装物和生产工具，罚款，警告，责令改正等行政处罚。

法律针对上述（1）至（7）类的违法行为，对生产者和销售者设定了严厉的行政制裁；对违法的产品质量检验机构、认证机构、为制假提供方便条件的单位和人员，也设定了较为严厉的行政处罚；对销售者销售禁止销售的产品，有充分证据证明其不知道为禁止销售产品并能如实说明其进货来源的，可以从轻或者减轻处罚。

3. 产品质量行政执法的主体

行政执法主体是指对违反法律、法规规定的义务的行政相对人实施行政处罚职权的机关。《产品质量法》第七十条规定："本法规定的吊销营业执照的行政处罚由工商行政管理部门决定，本法第四十九条至五十七条、第六十条至六十三条规定的行政处罚，由产品质量监督部门或者工商行政管理部门按照国务院规定的职权范围决定。法律、行政法规对行使行政处罚权的机关另有规定的，依照有关法律、行政法规的规定执行。"根据该条规定，《产品质量法》的行政执法主体分别为：

（1）吊销营业执照的行政处罚由工商行政管理部门决定。即对生产、销售不符合保障人体健康和人身、财产安全的国家标准、行业标准产品，在产品中掺杂掺假、以假充真、以次充好或者以不合格产品冒充合格产品，伪造产品产地，伪造或者冒用他人厂名厂址，伪造或者冒用认证标志等质量标志的行为，需要吊销营业执照的，由工商行政管理部门负责处罚。

（2）吊销营业执照以外的停止生产、停止销售、没收产品、没收违法所得、罚款等行政处罚，按照国务院批准的"三定"方案的职权范围实施处罚。

（3）法律、行政法规对行使行政处罚权的机关另有规定的，依照有关法律、行政法规的规定执行。这主要指依照《食品卫生法》、《药品管理法》、《种子法》、《化妆品卫生管理条例》、《兽药管理条例》等专门法律、行政法规，对某些特殊产品的质量违法行为，由卫生行政管理部门、药品监督管理部门、农业行政管理部门实施处罚。

（七）产品质量的刑事责任

《产品质量法》第五章关于刑事责任的规定共有 8 条。其中涉及生产、销售伪劣产品构成犯罪，应该追究刑事责任的有 5 条；涉及政府工作人员、产品质量监督部门或者工商行政管理部门的工作人员构成犯罪，应该追究刑事责任的有 2 条；涉及以暴力、威胁方法阻碍产品质量监督部门或者工商行政管理部门的工作人员依法执行职务构成犯罪，应该追究刑事责任的有 1 条。

《产品质量法》所规定的"构成犯罪的，依法追究刑事责任"，具体来说就是对违法生产、销售产品的质量构成犯罪的，要按《刑法》第一百四十条至第一百五十条生产、销售伪劣商品罪追究刑事责任。

第三节 质量政策

改革开放以来，国家通过立法把质量纳入法制管理的轨道。国务院为提高质量，颁发了《质量振兴纲要》、《关于进一步加强产品质量工作若干问题的决定》、《国务院关于加强食品等产品监督管理的特别规定》及《国务院关于加强产品质量和食品安全工作的通知》等。国家颁布的这些法规、法令和决定，充分地体现了我国的质量政策。

（一）质量奖惩政策

对产品质量实行奖惩，这是我国的一贯政策。国家对产品质量实行奖惩政策，概括起来有以下几个方面：

（1）通过立法，设定激励引导措施，确立质量奖惩政策。《产品质量法》第六条规定"国家鼓励推行科学的质量管理方法，采用先进的科学技术，鼓励企业产品质量达到并且超过行业标准、国家标准和国际标准。""对产品质量管理先进和产品质量达到国际先进水平、成绩显著的单位和个人，给予奖励。”为此，国家对企业设立了质量管理“先进奖”、“名牌产品”评价和“产品免检”制度，实施了企业质量体系认证和产品质量认证制度，引导和激励企业根据自愿原则，通过质量认证、名牌产品评价和产品免检，提高产品信誉及市场占有率，取得更好的经济效益。

（2）通过国发［1999］24号文《国务院关于进一步加强质量工作若干问题的决定》所确定的质量奖惩政策有：

① 各地区、各部门要继续开展全面质量管理、质量改进和降废减损活动，鼓励企业制定具有竞争能力、高于现行国家标准的企业内控标准，要不断总结、推广质量管理的先进经验，表彰质量先进企业和个人。

② 对产品质量长期稳定、市场占有率高、企业标准达到或严于国家有关标准，以及连续三次监督抽查合格的产品，可以确定为免检产品，使用免检标志，产品在一定时期内免于各种形式的检查。

③ 对监督抽查不合格的企业和产品要及时向社会公告，责令限期整改；企业的主导产品连续两次抽查不合格的，吊销营业执照，向社会公布企业及其主要负责人名单，按法定程序免去其法定代表人或负责人职务，并自免职之日起3年内任何企业不得再聘任其为企业法定代表人。

④ 突出重点，严厉打击制假售假违法犯罪行为。对为制假售假提供场地、设备、仓储、运输、物资资金等手段和条件的单位或个人，要依法从严从重处罚；对有过制假售假行为的经理（厂长）和直接责任者，一律不得以其名义注册任何新的企业。

⑤ 要继续组织开展好“质量月”、“质量万里行”、“3·15”、“百城万店无假货”、“放心一条街”等活动，打击假冒，保护名优；各地可制定打假奖励办法，对举报制假售假有功的单位和个人予以重奖。

（3）根据《标准化法》“国家鼓励积极采用国际标准”的规定，企业可以享受以下的优惠政策：

① 对重点产品采用国际标准需要进行技术改造的，有关部门可以按照规定，优先纳入各级技术改进计划。

② 企业开发新产品积极采用国际标准的，根据规定可以优先列入各级新产品开发计划。

③ 列入技术改造、技术引进和新产品开发计划的采用国际标准的项目，可以按照规定享受在贷款、纳税等方面的优惠待遇。

④ 对经济效益和社会效益显著的采用国际标准的项目，可以按照规定申报国家、部门和地方的科技进步奖。

（4）为了严厉打击和惩处生产、销售假冒伪劣产品的违法犯罪活动，国家除通过质量立法追究违法犯罪者的行政责任、民事责任和刑事责任外，国务院还以国发［1989］61号、国发［1992］38号、国发［1993］68号和国办发［1996］10号文，先后发出了《国务院关于严厉打击在商品中掺杂使假的通知》、《国务院关于严厉打击生产和经销假冒伪劣商品违法行为的通知》、《国务院关于整顿边地贸易经营秩序制止假冒伪劣商品出境的通知》和《国务院办公厅转发国家经贸委等部门关于深入开展打击生产和经销假冒伪劣商品违法行为的意见的通知》，以及第八届全国人大第二次会议做出了《关于惩治生产、销售伪劣商品犯罪的决定》。这些“通知”和“决定”，充分地体现了我国对生产、销售假冒伪劣产品的违法犯罪行为实行严打重罚的惩处政策。

（二）采用国际标准

《标准化法》第四条规定："国家鼓励积极采用国际标准"。积极采用国际标准是我国一项重大的技术经济政策，也是技术引进的重要组成部分。为了贯彻这项政策，早在1984年，原国家标准局就制定发布了《采用国际标准管理办法》。根据形势发展的需要，在认真总结我国多年采用国际标准经验的基础上，于1993年和2001年先后两次对该"办法"进行了修订。修订后的《采用国际标准管理办法》规定了采用国际标准的基本原则、工作程序和方法，确立了鼓励采用国际标准的措施。它是我国在加入WTO这一重要历史时期开展采用国际标准活动的依据。

采用国际标准是指将国际标准的内容经过分析研究和试验验证，等同或修改转化为我国标准（包括国家、行业、地方和企业标准），并按我国标准审批发布程序审批发布。这里所说的国际标准，是指国际标准化组织（ISO）、国际电工委员会（IEC）和国际电信联盟（ITU）所制定发布的标准，以及ISO确认并公布的40个其他国际组织所制定的标准。国际标准是按照严格的程序制定出来的，代表了当时的科学技术发展水平，包含着科技成果的先进经验。它所规定的各项质量经济技术指标，并非都是世界最先进水平，因而它能够为大多数成员国所接受。对大多数发展中国家来说，这样的标准经过努力是可以达到的，不是高不可攀的。所以说，采用国际标准具有广泛的现实意义。

1. 采用国际标准的意义和作用

（1）采用国际标准有利于促进我国技术进步，提高产品质量和经济效益。国际标准是经过世界上有关国家的专家试验研究，相互协商，得到大多数成员国表决同意制定出来的。它反映了经济发达国家20世纪80年代或90年代达到的先进技术水平。因此，采用国际标准是获得技术转让最为有利的途径。

近几年来，我国采用国际标准的工作取得了较快的发展。到2000年末，在19278项国家标准中，就有8386项是采用国际标准制定的，占43.5%。电子、电工、石化、冶金、家电等行业的产品采标率都在60%至80%。实践证明，采用国际标准有力地推动了企业技术基础工作的进步，对于加快企业技术改造，提高产品质量和经济效益发挥了很大作用。

（2）采用国际标准有利于消除贸易技术壁垒，加快与国际惯例接轨，扩大产品出口，发展国际贸易。标准是国际交往的工具，是国际贸易的共同语言。当今世界，由于科学技术的进步，国际贸易的发展，产品的竞争越来越激烈，这就必然要求标准在各国间统一起来，按照国际上统一的标准组织生产。如果各国标准不一致，就会给国际贸易带来障碍。这种障碍，国际上称之为"贸易中的技术壁垒"。为了消除这种贸易中的技术壁垒，《关税及贸易总协定》的缔约国签订了《关于贸易中技术壁垒的协定》。该协定第二条规定："参加国应保证技术规程和标准的拟定、采用和应用不是为了在国际贸易中制造障碍"，"在一切需要有技术规程或标准的地方，以及有关的国际标准已经存在或即将制定出来的地方，参加国均应以这些国际技术规程或标准或其中的有关部分作为制定有关技术规程或标准的依据"。可见，采用国际标准已成为消除贸易的技术壁垒的重要手段。采用国际标准的工作，越来越被各国所重视。毫无疑问，我国加入WTO后，更加会加快采用国际标准的步伐。

2. 采用国际标准的原则

我国采用国际标准"应当符合我国的有关法律、法规，遵循国际惯例，做到技术先进、经济合理、安全可靠”。根据这一基本原则，在具体采用时，应注意符合以下要求：

(1) 制定我国标准应当以相应的国际标准为基础。应当优先采用国际标准中的通用的基础性标准、试验方法标准；采用国际标准中的安全标准、卫生标准、环保标准制定我国标准时，应当以保障国家安全、防止欺骗、保护人体健康和人身财产安全、保护动植物的生命和健康、保护环境为正当目标。

(2) 采用国际标准时，应当尽可能等同采用。当由于某些原因对国际标准进行修改时，应当将修改的差异控制在合理的、必要的最小范围内。

(3) 我国的一个标准应当尽可能采用一个国际标准，当我国一个标准必须采用几个国际标准时，应当说明该标准与所采用的国际标准的对应关系。

(4) 采用国际标准制定我国标准，应当尽可能与相应的国际标准的制定同步，并可采用标准制定的快速程序。

(5) 采用国际标准应当同我国的技术引进、企业的技术改造、新产品开发、老产品改进相结合。

(6) 企业为了提高产品质量和技术水平及在国际市场的竞争力，对于贸易需要的产品标准，如果没有相应的国际标准或国际标准不适用时，可以采用国外先进标准。

3. 采用国际标准程度及其表示方法

我国标准采用国际标准的程度分为等同采用和修改采用两种。

(1) 等同采用指与国际标准在技术内容和文本结构上相同，或者与国际标准在技术内容上相同只存在少量编辑性修改。其采用程度代号为“IDT”。

(2) 修改采用指与国际标准之间存在技术性差异，并清楚地标明这些差异以及解释其产生的原因，允许包含编辑性修改。其采用程度代号为“MOD”。

(3) 我国标准与国际标准的对应关系除等同、修改外，还包括非等效。非等效不属于采用国际标准，只表明我国标准与相应国际标准的对应关系，这一点要特别注意。

非等效指与相应国际标准在技术内容和文本结构上不同，它们之间的差异没有被清楚地标明。非等效还包括我国标准中只保留了少量或者不重要的国际标准条款的情况。非等效的代号为“NEQ”。

(4) 采用国际标准的我国标准的编号方法：等同采用国际标准的我国标准，采用双编号的表示方法。如：

GB ×××××—×××××/ISO ×××××：××××

修改采用国际标准的我国标准，只使用我国标准编号。

采用国际标准制定我国标准，还有许多其他应遵守的规则。这些规则在GB/T 20000.2—2009《标准化工作指南　第2部分：采用国际标准》中做出了明确详细的规定。

(三) 工业产品生产许可证制度

工业产品生产许可证制度是指由国家特定的行政机关，根据国家产业政策，为保证国家需要控制的重要工业产品的质量，经过对企业质量体系检查和对产品质量检验，对符合要求的企业，以颁发证书的形式，批准其生产的一种许可制度。

我国的生产许可证制度是20世纪80年代初建立发展起来的。1984年4月，国务院颁布了《工业产品生产许可证试行条例》，随后，原国家经委发布了《工业产品生产许可证管理办法》，原国家标准局、国家工商行政管理局等部门联合发布了《严禁生产和销售无生产许可证产品的规定》，原国家技术监督局、财政部联合发布了《查处无生产许可证产品的实施细则》以及国家质量监督检验检疫总局制订发布的《食品生产加工企业质量安全监督管理实施细则（试行）》，自 2005 年 9 月 1 日起施行。这些行政法规和部门规章，确立了国家需要控制的重要工业产品从发证到发证后实施监督管理的一整套生产许可证制度。实践证明，这项制度的建立和实施对加强重要工业产品的质量管理，配合国家产业政策的实施，调整产业结构，促进经济发展起到了重要作用。

为了使工业产品生产许可证制度更好地贯彻国家产业政策，保证公共安全、人体健康、生命财产安全，促进社会主义市场经济健康、协调发展，国务院对原《工业产品生产许可证试行条例》进行了修订。修订后的《中华人民共和国工业产品生产许可证管理条例》规定对生产下列重要工业产品的企业实行生产许可证制度：

（1）乳制品、肉制品、饮料、米、面、食用油、酒类等直接关系人体健康的加工食品；

（2）电热毯、压力锅、燃气热水器等可能危及人身、财产安全的产品；

（3）税控收款机、防伪验钞仪、卫星电视广播地面接收设备、无线广播电视发射设备等关系金融安全和通讯质量安全的产品；

（4）安全网、安全帽、建筑扣件等保证劳动安全的产品；

（5）电力铁塔、桥梁支座、铁路工业产品、木工金属结构、危险化学品及其包装物、容器等影响生产安全、公共安全的产品；

（6）法律、行政法规要求依照本条例的规定实行生产许可证管理的其他产品。

该“条例”同时规定，工业产品的质量安全通过消费者自我判断、企业自律和市场竞争能够有效保证的，或者工业产品的质量安全通过认证认可制度能够有效保证的，不实行生产许可证制度。国家实行生产许可证的工业产品目录，由国务院工业产品生产许可证主管部门会同国务院有关部门制定，并征求消费者协会和相关产品行业协会的意见，报国务院批准后向社会公布。

为了贯彻国务院关于加强新阶段“菜篮子”工作和实施食品药品放心工程及国务院关于进一步加强食品安全工作的决定，国家质量监督检验检疫总局根据国务院的部署，于 2003 年运用生产许可证、市场准入标志、强制检验等手段，建立了食品市场准入制度，颁布了《食品生产加工企业质量安全监督管理办法》。食品市场准入制度是我国工业产品生产许可证制度的重要组成部分。该“办法”对食品生产加工企业必备条件，食品生产许可、食品质量安全检验、食品质量安全标志、食品质量安全监督、审查人员和检验人员的要求都做了详尽的规定。目前，列入质量安全市场准入的食品有：小麦粉、大米、食用植物油、酱油、食醋、肉制品、乳制品、饮料、调味品（糖、味精）、方便面、饼干、罐头制品、冷冻饮品、速冻面米食品、膨化食品、糖果制品、茶叶、葡萄酒及果酒、啤酒、黄酒、酱腌菜、蜜饯、炒货食品、蛋制品、可可制品、焙炒咖啡、水产加工品、淀粉及淀粉制品等共 28 大类。

企业取得生产许可证应当符合下列基本条件：

（1）有营业执照；

（2）有与所生产产品相适应的专业技术人员；

（3）有与所生产产品相适应的生产条件和检验检疫手段；

（4）有与所生产产品相适应的技术文件和工艺文件；

(5) 有健全有效的质量管理制度和责任制度;

(6) 产品符合有关国家标准、行业标准以及保障人体健康和人身、财产安全的要求;

(7) 符合国家产业政策的规定,不存在国家明令淘汰和禁止投资建设的落后工艺、高耗能、污染环境、浪费资源的情况。

企业申请生产许可证的具体必备条件、申请和管理、审查与决定的程序,在各类产品的生产许可证审查细则及依据该“条例”所制定的生产许可证实施办法中有具体规定。

(四) 名牌战略

鼓励和支持企业实施名牌战略,是我国的一项重要的质量政策。生产名牌产品,是企业追求的质量目标,是企业发展的根本出路。为推动名牌战略的实施,规范中国名牌产品的评价工作,促进中国名牌产品的发展壮大,增强我国产品的市场竞争能力,国家质量监督检验检疫总局颁布了《中国名牌产品评价管理办法》。该“办法”对名牌产品的条件、评价的指标、评价的程序做出了具体规定。

所谓中国名牌产品是指实物质量达到国际同类产品先进水平,在国内同类产品中处于领先地位,市场占有率和知名度居行业前列,顾客满意程度高,具有较强市场竞争能力的产品。

1. 实施名牌战略的重要意义

(1) 实施名牌战略是市场竞争的需要。市场经济运行的重要规则是商品的等价交换、平等竞争、优胜劣汰、遵守价值规律。从某种意义上讲,市场经济就是竞争的经济。市场竞争靠的是产品,产品竞争靠的是名牌,而名牌产品是市场经济发展的产物。名牌战略是一种现代的商品营销策略。它是在市场经济条件下,一个国家、地区或一个企业开拓市场,占领市场,获得经济效益无以匹敌的竞争手段。因此,实施名牌战略是市场竞争的需要,是发展社会主义市场经济的需要,也是振兴民族工业之路。

(2) 实施名牌战略是有效利用资源,优化产品结构,提高国民经济实力重要的一环。国内外的经验表明,名牌是一种商誉,它具有巨大的吸引力和凝聚力,可以大大提高企业产品的市场占有率和经济效益。因此,以名牌产品为中心,引导企业通过兼并、改组、联合等方式,发挥优势互补,形成企业集团,带动企业组织结构的调整;以名牌产品为龙头,可以通过专业化分工和协作,促进生产要素的优化组合,形成规模经济优势,取得一个地区的最佳经济效益和国民经济实力。

(3) 实施名牌战略是企业全面提高素质,获得发展的必由之路。名牌的实质是产品质量和企业良好信誉的结合,是企业市场竞争能力的综合体现。名牌蕴涵着企业高超的经营策略,科学的管理方法,先进的技术装备和杰出的人员素质,它是企业整体素质的集中反映。企业要实施名牌战略,争创名牌产品,就必须千方百计地推进企业技术进步,实现资源和人才的合理配置,建立行之有效的质量管理体系。因此,实施名牌战略,争创名牌产品,可以推动企业扎实地搞好各项技术基础工作,全面提高企业素质。这是在市场经济大潮中,企业立于不败之地,获得长足发展的根本。

2. 名牌产品的评价、管理机构及其职责

(1) 国家质量监督检验检疫总局负责制定中国名牌产品推进工作的目标、工作原则和计划,对中国名牌战略推进委员会的工作进行监督,并依法对创名牌产品成绩突出的生产企业进行表彰。

(2) 国家质量监督检验检疫总局授权中国名牌战略推进委员会统一组织实施中国名牌

产品的评价、管理工作。该委员会由有关的全国性社团组织、政府部门、新闻单位和有关方面专家组成。秘书处设在国家质量监督检验检疫总局。

（3）中国名牌战略推进委员会根据工作需要，聘任有关方面专家组成若干专业委员会，按产品类别负责制定中国名牌产品评价实施细则，确定评价方案，进行具体评价工作。

3. 名牌产品的条件

中国名牌产品的评价工作坚持企业自愿申请，科学、公正、公平、公开，不搞终身制，不向企业收费，不增加企业负担的原则。申请中国名牌产品称号应具备下列条件：

（1）符合国家有关法律法规和产业政策的规定。

（2）产品实物质量在同类产品中处于国内领先地位，并达到国际先进水平；市场占有率、出口创汇率、品牌知名度居国内同类产品前列。

（3）年销售额、实现利税、工业成本费用利润率、总资产贡献率居本行业前列。

（4）企业具有先进可靠的生产技术条件和技术装备，技术创新、产品开发能力居行业前列。

（5）产品按照采用国际标准或国外先进标准的我国标准组织生产。

（6）企业具有完善的计量检测体系和计量保证能力。

（7）企业质量管理体系健全并有效运行，未出现重大质量责任事故。

（8）企业具有完善的售后服务体系，顾客满意程度高。

4. 名牌产品的评价指标

名牌产品建立以市场评价、质量评价、效益评价和发展评价为主要评价内容的评价指标体系。具体为：

（1）市场评价：主要评价申报产品的市场占有水平、用户满意水平和出口创汇水平。

（2）质量评价：主要评价产品实物质量水平和企业的质量管理体系。

（3）效益评价：主要对申报企业实现利税，工业成本费用利润水平和总资产贡献水平等方面进行评价。

（4）发展评价：主要评价申报企业的技术开发水平和企业规模水平。评价指标向拥有自主知识产权和核心技术的产品适当倾斜。

5. 名牌产品的评价程序

（1）中国名牌产品评价工作每年进行一次。每年一季度由中国名牌战略推进委员会公布开展评价的产品目录和申请的起始和截止日期。

（2）企业在自愿的基础上填写“中国名牌产品申请表”，提供有关证明材料，并按规定日期报本省、自治区、直辖市质量技术监督局。

（3）由省、自治区、直辖市质量技术监督局在规定的日期内，组织行业主管部门和有关社团，按照申报条件和评价细则提出评价推荐意见，统一上报中国名牌战略推进委员会。

（4）由中国名牌战略推进委员会秘书处组织初审，确定初审名单，分送有关专业委员会。各专业委员会进行综合评价，提出名牌产品建议名单。

（5）由中国名牌战略推进委员会全体委员对建议名单进行审议，提出初选名单，通过媒体向社会公示，征求意见。

（6）将征求社会意见后确定的名单，再次提交全体委员审议、确定并公布。最后，以国家质量监督检验检疫总局的名义授予“中国名牌产品”称号，颁发证书及奖牌。

第三章

质量检验机构及检验人员

第一节　质量检验机构

一、质量检验机构的主要工作范围

围绕检验的基本职能，结合企业机构的设置和所确定的各部门职责权限，就可以确定质量检验部门的主要工作范围和活动内容。

（一）负责宣传贯彻产品质量法律、法规、方针、政策、决定或指示

质量检验部门是既代表企业，又代表用户和国家对产品进行检验的部门。为搞好质量检验工作，既要对企业负责，还要对用户、消费者和国家负责，质量检验部门中的每一个人都要认真学习、并且广泛宣传和认真贯彻执行产品质量法律、法规、方针、政策、决定或指示。

（二）负责组织编制质量检验程序文件和有关规章制度

质量检验程序文件是企业质量管理体系文件中的重要组成部分。检验程序文件和规章制度是企业质量检验部门在执行检验工作时必须遵循的规范或准则。

检验程序文件的内容，就是将企业中质量检验要做哪些工作，有哪些具体要求或规定，系统地写成程序文件，人们习惯地称为管理标准、工作标准或管理制度。

检验程序文件和有关规章制度的编制，一般应由企业质量检验部门起草，质量管理部门组织协调，主管厂长（或经理）批准后纳入企业质量管理体系文件。

（三）负责质量检验用文件的准备和管理

质量检验用文件是进行质量检验工作不可缺少的依据。为了开展质量检验工作，质量检验部门必须备齐现行的、有效的下列质量检验用文件：

1. 设计部门提供的文件

（1）产品标准；

（2）产品图样（成套的）；

（3）产品制造与验收技术条件；

（4）关键件与易损件清单；

（5）产品使用说明书；

（6）产品装箱单中有关备品品种与数量清单等。

2. 工艺部门提供的文件

（1）工艺规程；

（2）检验规程；

（3）工艺装备图样；

（4）工序控制点的有关文件等。

3. 销售部门提供的文件

（1）产品订货合同中有关技术与质量要求；

（2）用户特殊要求等。

4. 标准化部门提供的文件

（1）有关国家标准；

（2）有关行业标准；

（3）有关企业标准；

（4）有关标准化方面资料等。

5. 质量管理部门提供的文件

（1）质量手册；

（2）程序文件；

（3）支持性文件；

（4）其他管理方面文件等。

根据产品生产的不同阶段，配齐不同的质量检验用文件。例如，产品试制阶段，应配齐试制用产品图样、有关标准；成批投产阶段，应配齐正式投产用产品图样、产品标准、工艺规程及有关国家标准及行业标准等。

当对设计文件或工艺文件进行修改时，应及时对质量检验部门使用的设计文件或工艺文件一并进行修改，以保证质量检验部门使用的各类质量检验用文件长期处于有效的并符合“完整、正确、齐全和统一”的要求，确保质量检验结果的准确。

（四）负责检测设备的配备和管理

检验和试验所需的计量器具、测试设备和各种专用量、检具等的合理配置，正确使用和严格管理是确保质量检验结果准确、可靠的重要基础条件。检验部门应按照产品或零部件的精度要求，根据企业检定系统的规定，会同设计部门、工艺部门等研究确定应配备的计量器具和测试设备；而工艺过程各工序的质量检验所用量具、检具应由工艺部门编制工艺规程时确定。应组织有关质量检验人员学习，掌握正确的使用方法和做好维护保养工作。

对检验用的计量器具、测试设备等必须进行定期检定或校准并妥善管理，确保准确可靠。

二、质量检验机构的权限和责任

（一）质量检验机构的权限

为了开展好质量检验工作，实现质量职能，根据有关法律、法规及政策规定，企业法人代表应赋予质量检验部门必要的权限，其中主要有：

（1）有权在企业内认真贯彻产品质量方面的方针、政策，执行检验标准或有关技术标准。

（2）按照有关技术标准的规定，并依据检验结果，有权决定产品或零部件的合格与否。

（3）对入厂的各种生产用原材料、外购件、外协件及配套产品，有权按照有关规定进行检验，根据检验结果确定合格与否。

（4）对缺少标准或相应技术文件的零部件或产品，有权拒绝接收检验。

（5）对产品或零部件的材料代用，有参与审批权。

（6）对于忽视产品质量，以次充好，弄虚作假等行为，有权制止，限期改进，视其情节建议有关领导给予处分。

（7）对产品质量事故，有权追查产生的原因，找出责任者，视其情节提出给予处分的建议。

（8）对生产中产生的各种不合格品，有权如实进行统计与分析，针对存在的问题要求有关责任部门提出改进措施。

（二）质量检验机构的责任

（1）对由于未认真贯彻执行厂长或总经理有关产品质量方面的授权，执行标准或规定不认真、不严格，致使产品质量低劣或出现产品质量事故负责。

（2）对在生产过程中由于错检、漏检或误检而造成的损失和影响负责。

（3）对由于组织管理不善，在生产中造成压检，影响生产进度负责。

（4）对由于未执行首件必检和及时进行流动检验，造成成批质量事故负责。

（5）因对不合格品的管理不善，废品未按要求及时隔离存放，给生产造成混乱和影响产品质量负责。

（6）对统计上报的质量报表、质量信息的正确性、及时性负责。

（7）对在生产中发现的忽视产品质量的行为或质量事故，不反映、不上报，甚至参与弄虚作假，而造成的影响和损失负责。

（8）对明知是以次充好、假冒伪劣的产品，还给予检验并签发检验合格证书的行为负责。

三、质量检验机构的设置

（一）质量检验部门的性质

企业为了建立正常生产秩序，提高生产效率，降低成本，确保产品质量和向用户、社会实现质量保证的需要，必须设置独立行使职权的质量检验机构。

企业的质量检验部门，是企业质量管理体系的主要组成部分，是独立行使检验职权的专职职能部门。

对企业内部，它是按标准、按工艺、按合同的规定，站在客观的立场上，在生产全过程中进行质量把关的部门；而对企业外部，它是代表企业向用户、法定检验机构、质量监督部门提供产品质量证据的部门。质量检验部门职能的两重性，使它在企业中处于特殊的、相对独立的地位。

（二）质量检验部门的地位

1. 在企业内部组织结构中的地位

（1）质量检验部门由企业法人代表或负责人直接领导，并授权独立行使检验职权。

（2）质量检验部门是企业质量把关的重要部门，它掌握整个企业产品制造的质量情况最直接、最及时、最全面，对产品能否全面达到标准要求负有重要责任。

因此，质量检验机构在企业质量管理体系的组织结构中处于既不能缺少，又不能削弱的重要地位。它是唯一独立行使检验职能的部门，它在执行质量标准，判定检验结果时，不受企业内外部任何方面的干扰。

2. 在企业外部的地位

质量检验部门代表企业向用户、向消费者、向法定检验机构及质量监督部门提供产品质量证据，实现质量保证，是维护国家利益和人民利益的部门。它的工作受到法律的保护，受到社会广大消费者和用户的尊重。因此，任何干扰和阻止检验人员独立行使职权，甚至打骂行使职责的检验人员的行为都是违法的，都要受到法律的制裁。

（三）质量检验机构设置的基本要求

当前，企业为适应市场经济的需要，加强和完善质量检验机构，在产品形成的全过程严格实行质量检验，实现检验的鉴别、把关、预防和报告四项职能，已经是保证和提高产品质量不可缺少的重要环节。衡量一个企业的质量检验机构是否健全和有效，检验机构的设置是否合理，应符合以下基本要求：

（1）专职检验机构应在法人代表的直接领导下。企业负责人应支持与保证检验机构能独立、公正地行使职权，并为检验机构提供必要的工作环境与工作条件，使其工作有秩序地进行。质量检验机构负责人的任免，应按德、才兼备的要求配备、衡量与考核。

（2）明确职能与职责，确定其工作范围。专职检验机构必须明确四项基本职能、权限和应负的责任，确定其工作和职责范围。

（3）科学合理地搞好检验机构内部设置，建立完善的检验工作系统。根据开展检验工作的需要，配备符合要求的各专业质量检验人员。

（4）制定和完善质量检验的程序文件及相应的规章制度。为了确保质量检验工作按要求有秩序地进行，应建立和不断完善质量检验方面的管理标准、工作标准及相应的规章制度，作为企业质量管理体系的支持性文件，并认真贯彻执行。

（5）配备能满足开展质量检验所需的计量器具、测试设备及有关物质资源。

《中华人民共和国企业法》规定，企业有权决定企业内部机构的设置，不强调上下对口。因此，企业有权根据本企业的实际情况和确保产品质量的需要，决定检验机构的设置方式，合理安排检验机构的内部设置。

国内外的大量经验和事实告诫我们，质量检验的职能不能削弱，检验机构不能与其他部门合并，检验人员不能下放，质量指标不能承包。任何削弱检验把关的做法都是不符合保证与提高产品质量要求的，是不利于企业的生存与发展的。

（四）质量检验机构设置示例

由于各行业特点、企业规模、产品结构以及生产经营方式的不同，企业质量检验机构的设置也不完全一样，一般有以下几种类型。

1. 集中领导型质量检验机构

企业的质量检验机构在法人代表、厂长的直接领导下，全部专职检验人员统归质量检验处、科领导（见图3—1），负责从原材料、外购件、外协件、配套产品入厂开始整个生产过程的质量检验工作。

集中领导型质量检验机构的内部设置，还有两种形式：

（1）按职能划分的检验机构

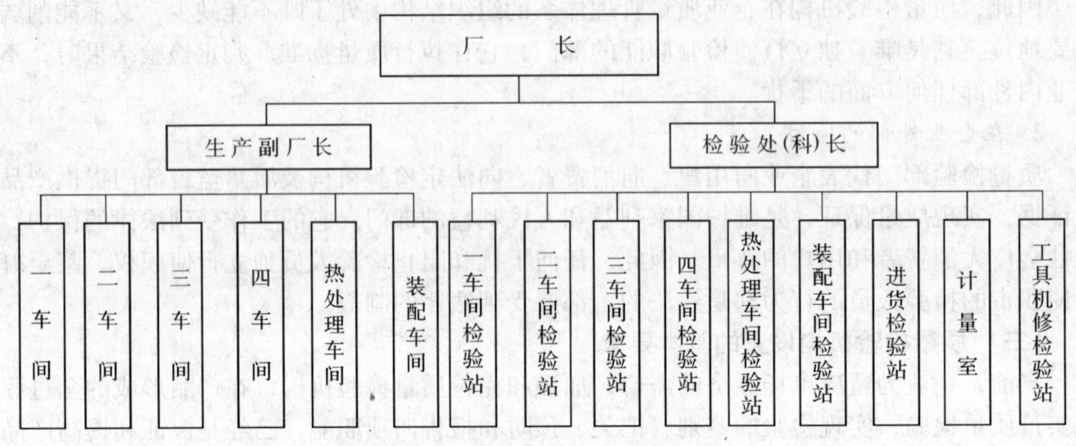

图 3 —1　集中领导型的质量检验机构

集中领导型质量检验机构的内部设置，按职能划分为：进货检验站、工序检验站、成品检验站及计量室等，见图 3 — 2 所示。

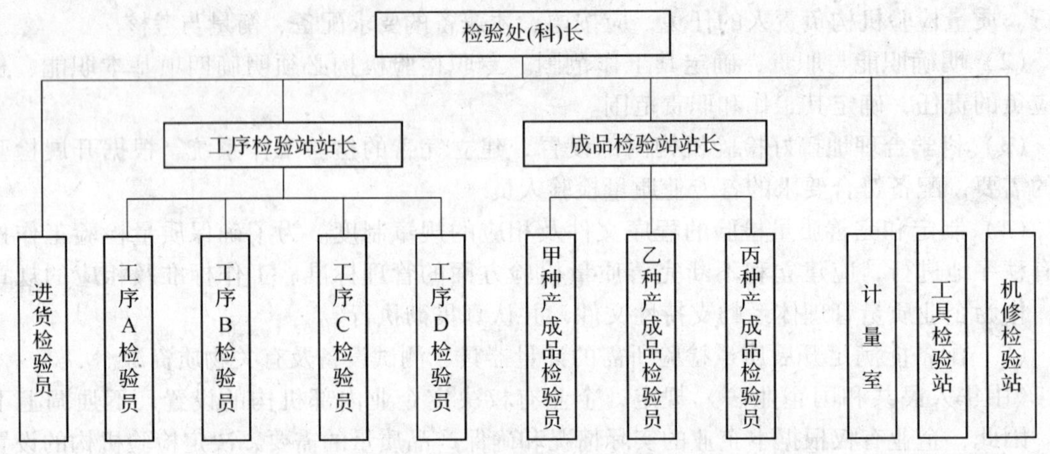

图 3 — 2　按职能划分的质量检验机构

(2) 按产品划分的检验机构

集中领导型质量的检验机构的内部设置，根据企业设置独立出产品的封闭车间或分厂、检验机构的设置，则按产品划分内部机构。例如：进货检验站、甲产品检验站、乙产品检验站、丙产品检验站、计量室等，见图 3 — 3 所示。

2. 集中与分散相结合型的质量检验机构

这种类型的质量检验的工作范围，是负责原材料、外购件、外协件、配套产品的入厂检验；零、部件的完工检验；成品性能检验；产品出厂包装检验；计量室等的检验人员由检验处、科长直接领导，而中间工序的质量检验人员，行政上受车间领导，而其质量检验业务工作接受质量检验处、科的指导，见图 3 — 4 所示。

3. 两种类型质量检验机构的比较

(1) 集中领导型质量检验机构的优缺点

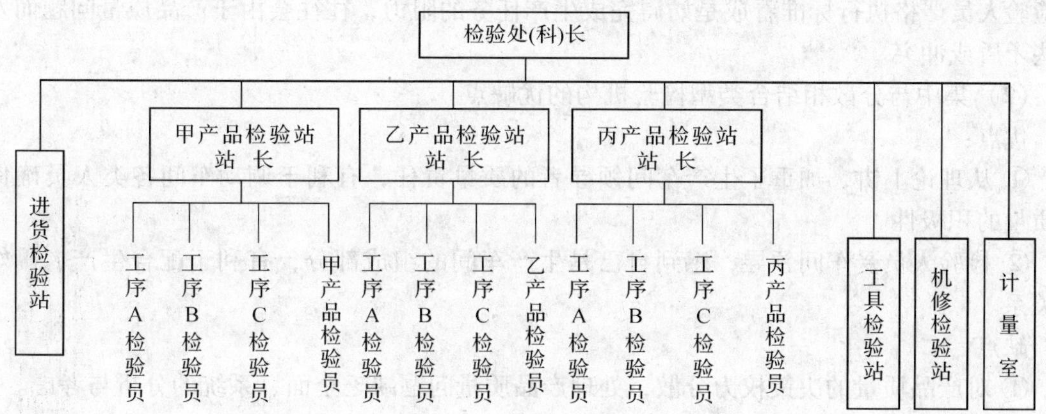

图 3 — 3 按产品划分的质量检验机构

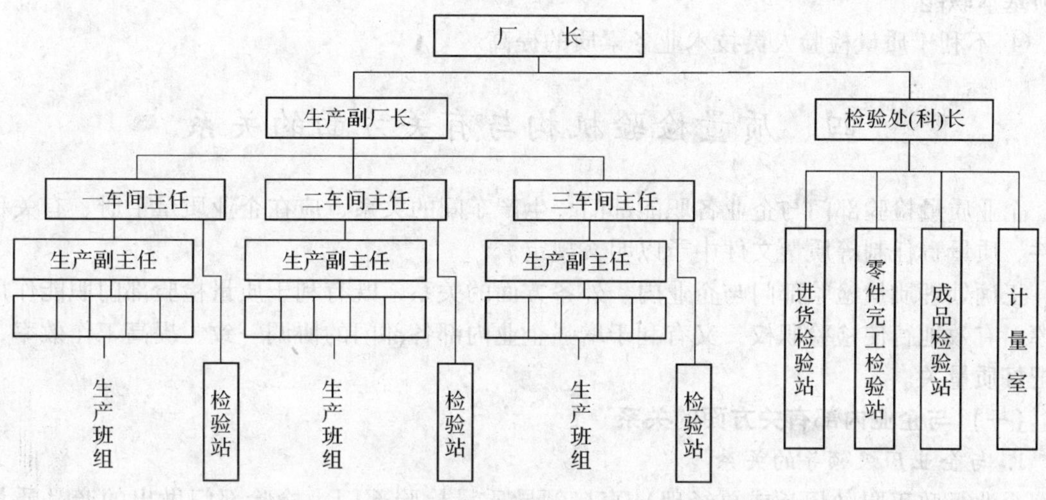

图 3 — 4 集中与分散相结合型的质量检验机构

优点：

① 有利于质量把关。在集中领导下的质量检验机构，产品质量合格与否的决策权集中，有利于把住质量关。

② 判断质量问题不受干扰。质量检验人员在判断产品质量问题时，可以不受完成生产任务与否的影响。

③ 有利于质量检验系统的统一性和协调性。由于检验人员集中统一领导，能保证整个生产过程执行各类标准的一致性和检验要求的协调性和统一性。

④ 有利于检验人员技术业务素质的不断提高。检验员集中统一领导，不断进行培训教育和业务交流，有利于质量检验人员技术业务素质的不断提高。

缺点：

① 易形成“你把关”、“我闯关”的状态。

② 易发生一些矛盾或冲突。部分忽视产品质量的生产管理人员或生产工人，常常把专

职检验人员严格执行标准看成是妨碍完成生产任务的阻力，往往会由于产品质量问题而发生一些矛盾或冲突。

(2) 集中与分散相结合类型检验机构的优缺点

优点：

① 从理论上讲，加重了生产车间领导者的质量责任，有利于调动车间各类人员确保产品质量的积极性。

② 检验人员受车间领导，感到自己是生产车间的组成部分，有利于配合生产、搞好工检关系。

缺点：

① 对产品质量的决策权力分散，处理产品质量问题缺乏全面、系统的分析与考虑。

② 不利于质量检验工作的协调性与统一性。

③ 检验人员归车间领导，受完成任务和奖励等因素的影响，难以全面实现质量检验的四项基本职能。

④ 不利于质量检验人员技术业务素质的提高。

四、质量检验机构与有关方面的关系

企业质量检验部门与企业各职能部门、生产车间的关系，应在企业质量手册、有关程序文件、质量责任制等质量文件中予以明文规定。

正确处理质量检验部门与企业内、外各方面的关系，既有利于质量检验部门职能作用的发挥，有效地行使检验职权，又有利于增强企业内部各部门的协调一致，提高工作效率，共同把好质量关。

(一) 与企业内部有关方面的关系

1. 与企业厂级领导的关系

企业行政正职（厂长或总经理）直接领导质量检验部门，检验部门做出的产品质量检验结论应对厂长（或总经理）负责。一些行业系统和企业都做出规定，惟有厂长（总经理）有权以书面的形式对质量检验部门的检验结论做出否决，质量检验部门有权就重大质量分歧向上级主管机构报告。

分管生产的副厂长（或副总经理），对产品质量负有较大的责任，在指挥生产的同时，也应指导车间保证产品质量；质量检验部门职能作用的发挥，需要生产副厂长的支持。在产品质量的具体问题上，有时生产副厂长也会与质量检验部门发生分歧，做出相应的决定，这时需要请示厂长由厂长（总经理）做出最后的裁决。

企业设有技术副厂长或总工程师的，一般由技术副厂长（或总工程师）协助厂长分管质量检验部门的技术工作，负责组织解决全厂质量方面的关键问题，并主持处理质量检验中发现的技术与质量问题，并有权做出决定。

质量检验机构应定期与不定期向厂长或有关厂级领导汇报产品质量情况，并针对存在的质量问题提出改进意见，以取得厂级领导对产品质量工作的重视与支持。

2. 与设计部门的关系

(1) 设计部门提供质量检验部门产品图样、有关产品标准、制造验收技术条件以及产品内控标准等标准或资料，作为质量检验的依据。

（2）质量检验部门从设计部门取得有关产品修改通知单，及时修改现行的产品图样等技术文件，以保证质量检验部门使用图样的正确性。

（3）质量检验部门就发现的产品图样与产品标准不合理之处，及时向设计部门反馈。

（4）质量检验部门将质量分析报告、达不到设计要求的产品零件的加工质量情况及时提供给设计部门。

（5）设计部门指派负责设计的人员给质量检验人员讲解新投产产品结构、性能及主要精度要求。

3. 与工艺部门的关系

（1）工艺部门及时提供给质量检验部门工艺装备图样、工艺规程、产品零件加工定额，以便质量检验部门进行工艺装备检验、加工过程检验以及计算废品率之用。质量检验部门是这些工装或工艺的执行者。

（2）工艺部门及时提供给质量检验部门有关工序控制点建设、分布情况等资料。

（3）质量检验部门派员参加新设计的工艺装备的生产验证工作，对加工完的零件进行认真检验，得出合格与否的结论。

（4）在加工中发现属于工艺编制或工装设计不合理的问题，及时转给工艺部门。

（5）及时转给工艺部门质量分析报告以及有关质量统计资料。

4. 与质量管理部门的关系

（1）质量检验部门与质量管理部门都是企业质量管理体系中的专职职能部门，共同肩负企业的质量控制、质量管理与质量保证任务。

（2）两个部门又各有侧重：质量管理部门主要任务是保证企业质量管理体系的正常运转、各项质量职能的实施，并着重质量管理方面的策划、组织、协调、控制、审核和改进等方面工作。而质量检验部门主要履行鉴别职能，对产品形成全过程进行检验把关，形成生产过程中不可缺少的重要环节。

（3）送交质量管理部门下列材料：

① 月、季、年企业产品质量情况总结；

② 产品质量分析报告；

③ 各项质量指标完成情况统计报表及有关分析材料；

④ 重大质量事故调查处理报告；

⑤ 与质量检验部门有关的质量目标完成情况。

（4）质量检验机构派员参加产品质量审核、工序质量审核以及产品质量突击性检查等。

（5）质量管理部门对企业质量管理体系中有关质量检验要素的有效性负有指导与检查的责任，并支持质量检验部门独立行使职权，把好产品质量关。

5. 与计划销售部门的关系

（1）从计划销售部门取得以下材料：

① 年、季、月质量考核计划指标；

② 企业长远发展规则；

③ 企业年、季、月生产计划；

④ 用户对产品质量的意见和要求等。

(2) 将各项质量指标完成情况，按月、季、年报计划销售部门。

(3) 实行“三包”的产品，质量检验部门为“三包”产品进行鉴别。

(4) 对顾客要求比较多的产品，质量检验部门应参加合同评审。

6. 与生产管理部门的关系

(1) 生产管理部门负责企业生产的计划编制、组织实施和督促检查；质量检验部门应协助生产部门执行生产管理部门编制并经批准的生产计划。

(2) 质量检验部门从生产管理部门取得以下资料：

① 企业及各生产车间年、季、月生产计划；

② 新产品及轮翻生产产品的技术准备图表；

③ 出口产品明细表；

④ 外加工任务计划及其图样、标准等资料。

(3) 质量检验部门向生产管理部门提供企业及各生产车间月、季、年产品质量情况总结；产品质量事故分析报告；各项产品质量指标完成情况。

(4) 生产管理部门在检查企业及各车间生产计划完成情况的同时，应检查产品质量情况，发现影响产品质量的问题或隐患，应及时与质量检验部门联系。

(5) 生产管理部门在部署生产计划时，应着重考虑在保证产品质量的前提下做好各项准备工作。

(6) 生产管理部门召开生产调度会时，在检查、总结生产任务完成情况的同时，还应检查与总结产品质量情况。

7. 与供应部门的关系

(1) 供应部门负责企业生产用各种原材料、外购件的订货与采购工作。质量检验部门从供应部门取得外购进厂生产用原材料、外购件等原生产厂家出厂合格证或质量保证资料。

(2) 质量检验部门参与由供应部门组织的合格供方的评审工作。

(3) 质量检验部门负责对供应部门采购的生产用原材料、外购件的检验，经检验合格，方准验收入库；检验确定不合格的原材料、外购件应及时办理退货手续。

(4) 质量检验部门应将生产中发现的因外购件、外协件因素影响产品质量的问题，及时提交供应部门。

8. 与设备动力部门的关系

(1) 设备动力部门负责企业机械动力设备的统一管理，其工作职责主要有：

① 负责编制及汇总全厂设备修理计划，并检查考核设备修理计划的执行情况；

② 负责企业设备的更新改造和购置；

③ 负责对企业各种设备的监督、检查使用与维护保养；

④ 负责组织各种设备事故的调查，并进行处理；

⑤ 参与专用设备设计评审，以及制造中的检查考核；

⑥ 负责领导设备修理车间。

(2) 质量检验部门按设备检修计划及时配合对修复设备的检查验收。

(3) 质量检验部门负责外购、外协设备和备件的入厂验收及自制配件的检查工作。

(4) 质量检验部门派员参加与产品质量有关的设备事故的调查及分析处理。

9. 与生产制造部门的关系

（1）生产制造是产品质量形成最重要的环节，其主要质量职责是：用经济的方法，按规定的要求组织均衡生产和文明生产，严格贯彻产品技术要求和工艺文件，实施质量控制，按计划要求的数量和时间，生产出质量符合图样和标准要求的产品。

（2）质量检验工作的重点是生产过程的质量检验，质量检验机构与生产制造部门关系最为密切，每时每刻都直接发生接触和联系。因此，两者必须相互配合和密切协作。

（3）对生产制造部门来讲，要支持质量检验机构的工作，必须做好以下各项工作：

①生产制造部门在努力完成产品生产的同时，要抓好产品质量，确保产品质量符合规定的要求；

② 生产制造部门应按规定主动、及时地交验产品，未经检验或检验不合格的零件或产品，不得转入下道工序，更不能擅自放行；

③ 生产制造部门要主动配合专职检验人员的工作，并组织生产工人广泛开展自检、互检活动，做到自盖工号，及时隔离废、次品，确保出厂产品或零件的质量；

④ 不得干涉质量检验机构的正常检验活动和检验结果的判定。凡未经检验合格的产品或零件不得入库和计算产值、产量；未完成质量考核指标的，应与未完成生产计划指标一样进行严格考核与处罚。

（4）质量检验机构应做好以下几点：

① 严格贯彻执行“五不准”规定。坚持按产品标准、产品图样、工艺文件、订货合同等质量检验依据进行检验。

② 按生产计划进度要求，按期完成交验零件或产品的检验，保证生产进度不受影响。

③ 配合与指导生产车间搞好自检和互检，做到专群结合共同把好产品质量关。充分发挥专职质量检验人员的作用，做到既是质量检查员、质量宣传员，又是技术辅导员。

④ 协助车间和工艺部门检查工艺纪律，有权督促生产工人执行“三按”（指按标准、按图样、按工艺）生产，发现违反工艺纪律而产生废品时，应及时提出制止意见，并立即报告有关领导采取纠正措施。

⑤ 应主动、及时地向生产车间反馈各种质量信息；参加车间质量分析会；帮助车间发现并解决产品质量存在的问题，做到把关和预防相结合。

（二）与企业外部有关方面的关系

1. 与用户的关系

（1）当合同规定用户对供货企业生产过程进行监督以及产品进行检查验收时，由质量检验部门负责与用户代表进行接洽，提供有关证据、交验产品，接受用户有关质量方面的评价意见，并及时通知生产车间采取改进措施。

（2）当合同规定用户对采购物资进行验证时，质量检验部门派员陪同用户代表赴物资生产企业进行验证。

（3）当合同有要求的情况下，若使用或返修不合格品，一般由质量检验部门向用户提出让步申请。

2. 与供货方的关系

（1）在合同有规定时，质量检验部门代表企业赴供货方对原材料或产品进行监制和验收；分承包方作为受检方，应按规定项目进行交验，并负责处理在交验中发现的质量问题。

（2）企业在使用供货方生产的产品时，若发现质量问题，质量检验部门应协助供应部门负责与供货方联系解决，包括返修、退换或接受供货方让步申请等事项。

（3）当供货方生产的产品质量低劣、难以达到合同中规定的有关质量要求时，由质量检验部门提出质量检验报告，提交与供货方签订协议的部门办理终止合同手续。

3. 与法定或公正检验机构的关系

（1）当企业生产法规规定应由法定检验机构、或合同规定经公正检验机构检验产品质量时，质量检验部门将代表企业按规定检验项目向这些机构的代表提交产品检验，提供质量证据，并接受其意见，若发现质量问题，通知生产车间及时纠正。

（2）对于出口产品，若合同中规定需经国外的一些检验机构检验或验收时，质量检验部门将代表企业履行上述职责，与国外的这些机构建立工作联系。

4. 与质量监督部门的关系

当国家、省或市等质量监督管理部门或质量监督检验机构赴企业进行质量监督时，质量检验部门代表企业接受质量监督，提供相关支持，并负责与质量监督管理部门或质量监督检验机构的联系。

第二节　质量检验人员

质量检验是企业质量管理体系的重要组成部分，是生产必不可少的过程。质量检验人员是站在生产第一线防范发生质量问题的战士，也是质量信息的主要提供者，对确保产品质量负有直接的责任。其工作质量好坏，直接影响企业的生产活动、质量信誉和经济效益。因此，企业必须重视质量检验人员的配备和培训。检验人员种类、数量和素质的配置应当合理，同生产发展相适应。

一、质量检验人员的类别和配置原则

（一）质量检验人员的类别

（1）从工作性质划分，企业的质量检验人员可以分为两类：一类是从事检验管理，包括主管检验的负责人，检验组织调度、检验技术、检验统计在内的技术管理人员；另一类是直接从事检验工作的工程技术人员和检验工人。

（2）从专、兼职上划分，企业的质量检验人员可以划分为专职检验人员和兼职检验人员两类。专职检验人员一般都是隶属于检验处（科）领导；兼职检验人员一般都由生产班组长担任。

（3）从工作场所划分，企业的质量检验人员也可以划分两类：一类是处在生产第一线从事外购物资检验、过程检验，零部件和半成品及成品检验的人员；另一类是处在二线从事物理检验、化学分析的人员。

（4）从检验工种划分，生产流程性材料的企业，一般应当配备理化检验、产品包装检验和感观检验人员；生产硬件产品的企业，根据产品特点和结构的不同，一般应配备原材料和外购件检验、零部件和成品检验、产品性能检验人员。

（5）企业的质量检验机构若兼管计量工作，还应当建立计量室，配备专职计量检定和计量器具修理人员。

（二）质量检验人员的配置原则

（1）质量检验人员类型配置原则，应当与企业的质量检验计划相一致。企业的质量检验计划是质量管理体系文件的组成部分，其内容规定了本企业从原材料、外购件、半成品到成品的检验流程、检验控制点和检验项目，并且要规定出哪些项目是企业自检，哪些项目是外委检验。因此，一个企业究竟要配备哪些类型的检验人员，应当同企业的质量检验计划相适应。

（2）质量检验人员数量配置原则，应当与生产相适应。由于行业不同，企业的规模不同，产品的结构特点千差万别，国家不可能对企业的质量检验人员的配备数量做出统一规定。因此，企业只能结合本企业的实际情况，按照或参照国家规定配备足够数量的检验人员。根据对一些企业的调查，生产稳定、工艺先进的企业，检验人员的配备一般占职工总数的2%～4%；产品品种较多，工艺水平较低，质量不够稳定的企业，一般为7%～10%或更多一些。

（3）质量检验人员的技术等级配置原则，一般应当高于全厂同工种技术工人的平均等级。因为质量检验人员既要检验产品质量，还要帮助工人分析不合格品产生的原因，指导和帮助工人解决碰到的实际质量问题。所以，企业配备检验人员时，应当选派那些思想好、技术水平高、责任心强的技术人员或技术工人。有的企业把检验人员的工作视为逍遥自在，将一些年老体弱不符合要求的人员配备为检验人员的作法，是极端错误的，必须认真纠正。

二、质量检验人员的素质

质量检验人员在企业生产活动中，起着不可替代的重要作用。他们不仅要当好质量检查员，还要当好质量宣传员和技术辅导员。他们既要完成产品检验的繁重任务，还要在生产第一线随时宣传“质量第一”的思想，指导、帮助生产工人分析产生不合格品的原因，商定措施，解决遇到的质量问题。因此，企业检验人员的思想素质、文化素质、技术业务素质和身体素质都应当具备规定的条件，以适应检验工作的开展。

1. 思想素质

质量检验是一项法制性很强的工作。它要求质量检验人员必须具备责任心强，办事公道，坚持原则，不徇私情的职业道德；它要求检验人员熟悉我国的质量法律、法规，热爱本职工作；在任何情况下，都能一丝不苟地依据标准进行检验和判定。

2. 文化素质

质量检验人员一般应当具备高中以上文化程度，能够掌握质量管理和质量检验基本知识，有一定的生产实际经验和较强的质量分析判断能力。并且能够钻研技术业务，更新知识，不断提高检验技术水平。

3. 技术业务素质

质量检验是一项技术性很强的工作。它要求检验人员应当具有与其所承担的检验工作相适应的生产技术技能，熟悉所承担检验工作的基本理论和技术知识，熟悉有关的技术标准和管理标准，能够熟练地掌握有关的检验、测试技术，会正确使用检验测试设备、仪器仪表和量具；接受过专门的检验培训，并取得了上岗资格证书；工作中，不仅能检验产品，还能够分析影响质量的原因，提出解决的办法。

4. 身体素质

处在生产第一线的质量检验人员，其工作是很繁重的。有的检验人员，一个班次要走很多的路，要搬动很多的零部件，要同生产紧密结合，协调动作，检查和处理随时遇到的问题。因此，检验人员要有健康的身体。并且不得有妨碍检验的任何身体缺陷和疾病，如色盲、高度近视等。

根据上述要求，生产硬件产品的企业，其第一线的检验人员一般地是从同工种的技术工人中选调；而承担硬件产品的理化检验、成品性能测试及生产流程性材料的企业的理化检验人员，一般地是从受过专业技术培训的大、中专毕业生中选调。检验人员应当相对稳定，不应轻易调动，以保持企业检验工作的连续性和稳定性。

三、质量检验处、科长任职条件

质量检验机构是企业的重要职能部门。企业质量管理体系的许多活动，都要由质量检验机构去完成，它在企业的生产经营活动中占有重要的地位。原国家经委颁发的《工业企业全面质量管理暂行办法》规定企业质量检验机构具有监督、检验、报告的重要职责，特别强调“质量检验处、科长的任免，在征得上一级领导机关同意下进行”。原机械工业部、化学工业部、国家建材局、医药管理局等工业主管部门在其质量管理的规章中，也都对企业质量检验负责人的条件和任免做出了明确的规定。因此，企业领导应当按照规定的任职条件，选配好质量检验处、科长。

质量检验处、科长除应当具备检验人员的基本素质外，还应当具备下列条件：

1. 具有履行职责所需要的政治理论水平

坚持用马克思列宁主义、毛泽东思想、邓小平理论指导工作，政治素质好。

2. 熟悉产品质量法律、法规与质量方针政策

我国陆续颁布了《产品质量法》、《标准化法》、《计量法》、《食品安全法》、《药品管理法》、《进出口商品检验法》等许多产品质量法律、法规和规章。这些都是企业实施产品质量法制管理的依据。作为肩负企业重要质量职责的检验处、科长，必须认真学习和掌握这些质量法律、法规和政策，这样才能依法履行自己的职责，当好企业领导的参谋和助手，把好质量关。

3. 文化与专业技术素质

企业的质量检验机构，既是一个质量管理部门，又是一个技术机构。因此，许多工业主管部门在其颁发的部门规章中都明确规定，企业质量检验处、科长应当具备大专以上文化水平，并具备中级以上技术职称。规定这样的条件，是十分必要的。

4. 资历与组织能力

一般来说，大、中型企业的质量检验机构都下设多个检验站、试验室，有的企业还将计量室、计量站也划归质量检验机构管理。其工作范围涉及检验的组织准备，技术准备，人员培训，工艺装备和工艺方法的验证，新产品试制鉴定，原材料、外购件、半成品、成品检验，对不合格品的处理和纠正等等，可以说在生产企业里质量检验机构是业务范围较广、工作量较大、人数众多的一个处、科。因此，质量检验处、科长应当由资历较深、组织能力较强的中层领导来担任。

5. 工作方法与工作作风

企业的质量检验是生产的第一线，质量检验处、科长天天都要同生产车间以及设计、工艺、供应、生产调度等部门打交道，发生着质量与数量、质量与生产进度、质量与成本效益的矛盾。因此，身处矛盾焦点的检验处、科长，必须要有良好的工作方法与工作作风，具有较强的协调能力，才能在坚持“质量第一”的原则下，正确处理好同各方面的关系。在企业负责人领导下，共同搞好企业的质量工作。

四、质量检验人员的培训与考核

GB/T 19001—2008 标准“资源管理”一章强调，对所有从事对质量有影响的工作人员都要进行培训。对从事特殊工作的人员应按所要求的教育、培训和/或经历进行资格考核。质量检验是特殊工作岗位，质量检验人员的工作质量直接影响着产品质量。我国的工业主管部门都十分重视检验人员素质，在其颁发的质量管理规章中，对检验人员都要求经过专门培训，严格考核，领到检验操作证后，方可上岗操作。

（一）质量检验人员培训

1. 培训内容

对检验人员开展培训要有明确的目的性和针对性，要有计划有步骤地进行。应当本着理论联系实际，干啥学啥，缺啥补啥，学以致用的原则，不仅要开展技术业务培训，也要注意思想教育和职业道德教育。培训的内容可以是：

（1）产品质量法律、法规知识；

（2）GB/T 19000—2008 族标准；

（3）企业的《质量手册》、质量程序文件或技术标准、管理标准等；

（4）质量检验技术，包括原材料、外购件、零部件、半成品、成品的检验、试验方法；

（5）数理统计技术；

（6）检验、试验设备、仪器的操作使用维护方法，以及计算机的应用；

（7）公差配合与技术测量知识。

2. 培训方式

（1）岗位培训，分上岗培训和上岗后补课培训。具体说，可以采取师傅带徒弟，岗位练兵，经验交流，技术讲座等形式。

（2）课堂培训。可以采取请进来、派出去的方法，按照培训计划，系统地组织检验人员学习有关业务、技术知识。

（3）电化教育。为方便职工培训，我国的企业主管部门和各种传媒举办了各种内容的电化培训，企业可以有选择地组织检验人员参加培训。

（二）质量检验人员考核

为了提高质量检验人员素质，保证检验工作质量，企业应当建立检验人员工作考核制度。检验人员上岗前，必须经过培训，考核合格，取得资格证书，发给检验印章，方可上岗独立工作。对检验人员工作业绩考核，应当依据其检验任务完成情况和检验工作质量。那种把企业的产品质量指标承包给质量检验机构，或者把检验人员的工作绩效同企业的产品质量指标挂钩的作法是错误的；把检验人员的工资、奖金同产品质量指标拴在一起更是不可取的。这些作法，不利于调动检验人员工作积极性，不利于检验人员发现质量问题，不利于发挥检验把关的职能作用。

（三）质量专业技术人员职业资格考试制度

为适应加入世贸组织和市场经济需要，科学、公正、客观地评价和选拔质量专业技术人才，加强质量专业技术人员队伍建设，提高产品质量水平和产品竞争力，人事部和原国家质量技术监督局决定从2001年1月1日起，对工程系列质量专业实行全国统一的职业资格考试制度。为此，两部门联合颁发了《质量专业技术人员职业资格考试暂行规定》和《质量专业技术人员职业资格考试实施办法》。

建立质量专业技术人员职业资格考试制度，是加强质量专业队伍建设，提高我国质量专业人员业务素质的重大举措，也是我国按照国际通行的作法评价质量专业人才，完善现行的专业职务聘任制度的一项重大改革。这项制度的建立，为企业客观、公正地评价和选拔人才，吸引优秀人才从事质量工作提供了依据。

质量专业技术人员职业资格实行全国统一考试制度。由国家统一组织、统一时间、统一大纲、统一试题、统一标准、统一证书。实行一考多用原则，凡通过质量专业资格考试并获得该专业相应级别职业资格证书的工程技术人员，表明其已具备质量专业相应岗位职业资格和担任相应级别工程技术职务的水平和能力，用人单位可根据工作需要，从获得质量专业资格证书的人员中择优聘任。

质量专业资格目前分为初级资格和中级资格两级。取得初级资格，作为质量专业岗位职业资格的上岗证，可根据《工程技术人员职务试行条例》的有关规定，聘任工程技术人员或助理质量工程师职务；取得中级资格，作为某些重要产品生产企业关键质量岗位职业资格的必备条件，可根据《工程技术人员职务试行条例》的有关规定，聘任质量工程师职务。

参加质量专业资格考试的人员，必须遵守宪法和各项法律，认真贯彻执行国家质量工作的方针、政策和有关质量的法律法规，热爱质量专业工作，恪守职业道德。其中，参加初级资格考试的人员，除具备这些基本条件外，还必须具备中专以上学历；参加中级资格考试人员，除具备这些基本条件外，还必须具备下列条件之一：第一，取得大学专科学历，从事质量专业工作满5年；第二，取得大学本科学历，从事质量专业工作满4年；第三，取得双学士学位或研究生班毕业，从事质量专业工作满2年；第四，取得硕士学位，从事质量专业工作满1年；第五，取得博士学位；第六，本规定发布前，按国家统一规定已受聘担任助理工程师职务，从事质量专业工作满5年。

质量专业资格考试每年6月份进行全国统一考试。报名考试和考前培训，由各省、自治区、直辖市人事局和质量技术监督局分别负责组织。培训按统一考试大纲和指定的考试专用教材，报考者可自愿报名参加培训。

质量专业资格考试合格者，将取得国家质量专业技术人员职业资格证书。该证书在全国范围内有效。它是质量专业技术人员学识、技术、能力的认可，是求职、任职、独立开业和单位录用的主要依据。

第四章

各级人员、各部门质量职责与权限

第一节　明确质量职责与权限的意义

随着我国社会主义市场经济的发展和经济体制改革的深入，特别是我国已加入 WTO，参与国际市场竞争的形势更加严峻。国内外的实践和市场竞争的现实告诉我们：质量就是企业的生命。产品质量的好坏，决定着企业自身经济效益的高低，最终决定着企业能否在国内、外激烈的竞争中生存和发展。

产品质量对一个企业来说，是这个企业的科学技术、企业文化和管理水平的综合反映。企业要生产出在国内、外市场有竞争能力、受社会欢迎的产品，必须科学地划分和明确以企业厂长（经理）为首，包括各级领导、各部门以及广大生产工人的质量职责和权限，充分发挥全企业广大职工的作用，用良好的工作质量，去保证与提高产品质量。

一、明确质量职责与权限的意义

所谓质量职责与权限，是指企业决策层（厂级干部）、中层干部、技术人员、各类管理人员、操作工人及后勤人员和有关部门，在产品质量职能中应承担的责任和行使的权利。

企业明确质量职责和权限有以下目的与作用：

（1）是企业开展经营管理、组织文明生产、维护生产正常秩序、保证产品质量等诸多方面不可缺少的重要内容。

（2）使企业厂长（经理）、各级干部、工程技术人员以及广大生产工人，明确各自岗位在质量工作中的任务、责任和权限，以便实现全员参与。

（3）有利于制定和实施质量方针，达到或实现质量目标，充分发挥领导在质量工作中的作用。

（4）可以把对保证产品质量和产品质量形成全过程有影响的主要活动的具体要求，以及应达到的目标，落实到各级干部、每个部门及每个岗位职工。

（5）明确质量职责，在发生产品质量事故时，有利于查找造成质量事故的原因，分清各级责任者的责任和及时采取有效的改进措施。

（6）有利于把质量工作和产品质量责任建立在广泛群众性的基础之上，使各项质量工作落实到每个部门和每个岗位，并成为共同关心的自觉行动。

（7）根据质量要求，有利于达到、保持并寻求不断改进其产品质量，以不断满足用户需要。

（8）有利于提高企业的经济效益。

二、确定质量职责与权限的基本要求

企业在确定从厂长（经理）开始，包括各级干部、工程技术人员、各岗位生产工人以及各部门的质量职责与权限时，必须遵循以下几点基本要求：

1. 具有政策性

确定质量职责与权限，应严格遵守国家与地方的法律、法规以及有关政策。《中华人民共和国全民所有制工业企业法》第三十八条规定："企业必须保证产品质量和服务质量，对用户和消费者负责。"

《全民所有制工业企业厂长工作条例》第二十一条规定："厂长应通过严格的质量管理，保证产品质量达到国家规定的标准或合同要求。"第三十四条规定："由于厂长忽视产品质量，多次发生重大质量事故。应当区别情节轻重，给予处分"。

《中华人民共和国产品质量法》第十二条规定："产品质量应当检验合格，不得以不合格产品冒充合格产品。"第二十六条规定："生产者应当对其生产的产品质量负责。"

《国务院关于加强质量工作的决定》第八条指出："企业提高质量的关键在厂（矿）长、经理。没有高度质量意识的人不能当厂（矿）长、经理。厂（矿）长、经理是质量第一责任人，要把企业的质量状况作为考核厂（矿）长、经理业绩的重要内容。"

这些都是确定质量职责与权限的政策依据。

2. 符合有关标准规定

确定质量职责与权限，应根据国际、国家、行业、地方及企业标准的规定。

GB/T 19001—2008 idt ISO 9001：2008《质量管理体系　要求》，对最高管理者提出必须抓好的一些内容。

第五章管理职责一章提出：

管理承诺：最高管理者应通过以下活动，对其建立、实施质量管理体系并持续改进其有效性的承诺提供证据：

a）向组织传达满足顾客和法律法规要求的重要性；

b）制定质量方针；

c）确保质量目标的制定；

d）进行管理评审；

e）确保资源的获得。

以顾客为关注焦点：最高管理者应以增强顾客满意为目的，确保顾客的要求得到确定并予以满足。

质量方针：最高管理者应确保质量方针：

a）与组织的宗旨相适应；

b）包括对满足要求和持续改进质量管理体系有效性的承诺；

c）提供制定和评审质量目标的框架；

d）在组织内得到沟通和理解；

e）在持续适宜性方面得到评审。

3. 根据上级主管部门的规定或人员安排

企业上级主管部门有关产品质量和质量管理的规定，决策层干部的编制与人事安排等是确定质量职责与权限的依据之一。

4. 依照企业的机构设置与人员配备

确定企业各部门、各类人员的质量职责与权限，应根据企业设置的机构、人员配备及各部门的职责条例确定。

5. 遵循厂长（经理）指示及工作安排

厂长（经理）是企业法人的代表，对企业负有全面责任。企业实行厂长负责制，依据国家法律规定，对企业的生产指挥和经营管理工作统一领导，全面负责。厂长（经理）有权根据企业的实际需要对管理机构的设置、调整、撤销及人员编制等做出决策。

6. 应具有可行性

在划定质量职责与权限时，应将经实践证明是行之有效的、经过努力可以实现的内容，纳入到相应的程序文件（管理标准或岗位工作标准）中去。

7. 具有可检查性

在确定质量职责与权限时，规定的内容既便于执行，又便于检查考核，在定性的基础上应尽量量化，并提出“质、量、期”的具体要求。

第二节 各级人员、各部门质量职责与权限

一、企业的质量责任与义务

按照国家法律、法规的规定，企业的质量责任和义务主要有如下方面。

（一）承担法律所规定的生产者、销售者的产品质量责任

《中华人民共和国全民所有制工业企业法》第三十八条规定：“企业必须保证产品质量和服务质量，对用户和消费者负责。”

《中华人民共和国产品质量法》第三章规定了生产者和销售者的产品质量责任和义务。

第二十六条 生产者应当对其生产的产品质量负责。

产品质量应当符合下列要求：

（一）不存在危及人身、财产安全的不合理的危险，有保障人体健康和人身、财产安全的国家标准、行业标准的，应当符合该标准；

（二）具备产品应当具备的使用性能，但是，对产品存在使用性能的瑕疵做出说明的除外；

（三）符合在产品或者其包装上注明采用的产品标准，符合以产品说明、实物样品

等方式表明的质量状况。

第二十七条　产品或者其包装上的标识必须真实，并符合下列要求：

(一) 有产品质量检验合格证明；

(二) 有中文标明的产品名称、生产厂厂名和厂址；

(三) 根据产品的特点和使用要求，需要标明产品规格、等级、所含主要成分的名称和含量的，用中文相应予以标明；需要事先让消费者知晓的，应当在外包装上标明，或者预先向消费者提供有关资料；

(四) 限期使用的产品，应当在显著位置清晰地标明生产日期和安全使用期或者失效日期；

(五) 使用不当，容易造成产品本身损坏或者可能危及人身、财产安全的产品，应当有警示标志或者中文警示说明。

裸装的食品和其他根据产品的特点难以附加标识的裸装产品，可以不附加产品标识。

第二十八条　易碎、易燃、易爆、有毒、有腐蚀性、有放射性等危险物品以及储运中不能倒置和其他有特殊要求的产品，其包装质量必须符合相应要求，依照国家有关规定做出警示标志或者中文警示说明，标明储运注意事项。

第二十九条　生产者不得生产国家明令淘汰的产品。

第三十条　生产者不得伪造产地、不得伪造或者冒用他人的厂名、厂址。

第三十一条　生产者不得伪造或者冒用认证标志等质量标志。

第三十二条　生产者生产产品，不得掺杂、掺假，不得以假充真、以次充好，不得以不合格产品冒充合格产品。

第三十三条　销售者应当建立并执行进货检查验收制度，验明产品合格证明和其他标识。

第三十四条　销售者应当采取措施，保持销售产品的质量。

第三十五条　销售者不得销售国家明令淘汰并停止销售的产品和失效、变质的产品。

第三十六条　销售者销售的产品的标识应当符合本法第二十七条的规定。

第三十七条　销售者不得伪造产地，不得伪造或者冒用他人的厂名、厂址。

第三十八条　销售者不得伪造或者冒用认证标志等质量标志。

第三十九条　销售者销售产品，不得掺杂、掺假，不得以假充真，以次充好，不得以不合格产品冒充合格产品。

(二) 承担法律所规定的损害赔偿责任

《中华人民共和国产品质量法》第四章规定了生产者和销售者的损害赔偿责任。

第四十条　售出的产品有下列情形之一的，销售者应当负责修理、更换、退货；给购买产品的消费者造成损失的，销售者应当赔偿损失：

(一) 不具备产品应当具备的使用性能而事先未作说明的；

(二) 不符合在产品或者其包装上注明采用的产品标准的；

（三）不符合以产品说明、实物样品等方式表明的质量状况的。

销售者依照前款规定负责修理、更换、退货、赔偿损失后，属于生产者的责任或者属于向销售者提供产品的其他销售者（以下简称供货者）的责任的，销售者有权向生产者、供货者追偿。

销售者未按照第一款规定给予修理、更换、退货或者赔偿损失的，由产品质量监督部门或者工商行政管理部门责令改正。

生产者之间，销售者之间，生产者与销售者之间订立的买卖合同、承揽合同有不同约定的，合同当事人按照合同约定执行。

第四十一条　因产品存在缺陷造成人身、缺陷产品以外的其他财产（以下简称他人财产）损害的，生产者应当承担赔偿责任。

生产者能够证明有下列情形之一的，不承担赔偿责任：

（一）未将产品投入流通的；

（二）产品投入流通时，引起损害的缺陷尚不存在的；

（三）将产品投入流通时的科学技术水平尚不能发现缺陷的存在的。

第四十二条　由于销售者的过错使产品存在缺陷，造成人身、他人财产损害的，销售者应当承担赔偿责任。

销售者不能指明缺陷产品的生产者也不能指明缺陷产品的供货者的，销售者应当承担赔偿责任。

第四十三条　因产品存在缺陷造成人身、他人财产损害的，受害人可以向产品的生产者要求赔偿，也可以向产品的销售者要求赔偿。属于产品的生产者的责任，产品的销售者赔偿的，产品的销售者有权向产品的生产者追偿。属于产品的销售者的责任，产品的生产者赔偿的，产品的生产者有权向产品的销售者追偿。

第四十四条　因产品存在缺陷造成受害人人身伤害的，侵害人应当赔偿医疗费、治疗期间的护理费、因误工减少的收入等费用；造成残疾的，还应当支付残疾者生活自助具费、生活补助费、残疾赔偿金以及由其扶养的人所必需的生活费等费用；造成受害人死亡的，并应当支付丧葬费、死亡赔偿金以及由死者生前扶养的人所必需的生活费等费用。

因产品存在缺陷造成受害人财产损失的，侵害人应当恢复原状或者折价赔偿。受害人因此遭受其他重大损失的，侵害人应当赔偿损失。

第四十五条　因产品存在缺陷造成损害要求赔偿的诉讼时效期间为两年，自当事人知道或者应当知道其权益受到损害时起计算。

因产品存在缺陷造成损害要求赔偿的请求权，在造成损害的缺陷产品交付最初消费者满十年丧失；但是，尚未超过明示的安全使用期的除外。

第四十六条　本法所称缺陷，是指产品存在危及人身、他人财产安全的不合理的危险；产品有保障人体健康和人身、财产安全的国家标准、行业标准的，是指不符合该标准。

第四十七条　因产品质量发生民事纠纷时，当事人可以通过协商或者调解解决。当事人不愿通过协商、调解解决或者协商、调解不成的，可以根据当事人各方的协议向仲裁机构申请仲裁；当事人各方没有达成仲裁协议或者仲裁协议无效的，可以直接向人民法院起诉。

第四十八条　仲裁机构或者人民法院可以委托本法第十九条规定的产品质量检验机构，对有关产品质量进行检验。

（三）企业违反国家质量法律法规要受到处罚

《中华人民共和国产品质量法》对生产者和销售者违反质量法律法规的行为做出明确的处罚规定（详见附录《中华人民共和国产品质量法》第五章罚则）。企业要以国家的质量法律法规约束自己的生产和销售行为，严格执行国家标准和行业标准，一旦违反国家质量法律法规，就要承担违法责任，接受法律的处罚。

二、企业领导层的质量职责与权限

（一）厂长（最高管理者、负有执行职责的管理者、企业法人，下同）**的质量职责与权限**

身为企业的厂长（经理）应根据有关法律、法规和标准的要求，认真履行自己在企业内的质量职责与权限，抓好企业的质量工作，确保或努力提高产品质量，生产用户满意的产品。

企业厂长的质量职责与权限，有如下几方面：

（1）全面承担国家法律、法规以及政策规定的企业质量责任、义务及损害赔偿的责任。并将这些质量责任、义务及损害赔偿的责任，通过企业内部立法落实到各级领导、技术人员、管理人员、各生产岗位的生产工人以及各部门。

（2）负责在企业中贯彻执行国家、上级主管机关有关产品质量的法律、法规、条例、规定、方针政策等，确保本企业生产、销售的产品符合标准，并满足用户要求。

（3）针对企业内、外环境和市场情况，组织制定并发布企业一个时期的质量方针、目标和对质量的承诺，作为企业在经营活动中的质量宗旨，全体职工的行为准则和努力方向，并对质量方针的实施做出承诺。

（4）持之以恒地以顾客为关注焦点，理解顾客当前的和未来的需求，满足顾客要求并争取超越顾客期望。

（5）应当创造并保持使全体员工能充分参与实现企业质量目标的内部环境。只有企业全员参与，才能使全体员工的才干为企业带来收益。

（6）组织策划企业质量管理体系的建立，并做出决策。其中包括审批质量管理体系建立的总体设计方案；组织质量管理体系的建立、健全和运行；委派管理者代表；组织编写并批准质量手册等。

（7）对有关质量的资源的投入和质量管理体系的组织结构进行决策。亲自主持对质量管理体系的评审（管理评审）；委派管理者代表定期组织质量管理体系审核；对企业质量管理体系的适应性、有效性负责。

（8）负责领导企业质量检验部门和综合质量管理部门的工作，支持并保证这些部门能独立地行使其职权，充分发挥它们的职能。

（9）抓好本企业与产品质量有关的各项基础管理工作，为企业搞好质量检验、开展质量管理和质量保证做出决策。

（10）对于出现的严重质量事故和重大质量问题，责成有关部门查清事实，对有关领导和直接责任者要严肃处理，制定行之有效的改进措施。并及时向行政主管部门通报情况。

（11）对上级主管部门及质量监督部门有关产品质量问题的处理或处罚等，承担责任。

（12）因生产销售不合格产品，给用户、消费者造成人身损害、财产损失负赔偿责任。情节严重的应负刑事责任。

（13）对用户因产品质量问题提出的合理要求或索赔等，承担责任。

（14）对企业完不成上级下达的质量指标负责。

（15）对企业重大质量奖惩事宜进行决策。

（16）抓好企业持续的质量改进活动，对重大改进项目进行决策。

（17）抓好企业职工，特别是管理人员的质量意识教育。督促各级干部、管理人员、技术人员和有关人员，认真学习质量管理体系国家标准，并以自己良好的质量行为，作为企业全体职工的表率。

（18）选配具备条件的质量检验部门负责人。

（19）对进一步充实、完善产品检测、计量、理化仪器设备等进行决策。

（20）对企业在产品质量工作中做出贡献的有关人员和部门予以表彰。

（21）对企业不执行国家质量法律、法规、有关方针政策，不执行本企业质量方针，完不成质量目标的有关人员或部门，视情节进行严肃处理。

（二）技术副厂长（或总工程师，下同）的质量职责与权限

技术副厂长在厂长的领导下，是厂长管理质量工作的助手。对产品开发、设计、制造及质量检验等过程中的质量工作负责。其质量职责与权限如下：

（1）在企业具体贯彻执行国家有关产品质量的法律、法规、规章及规定，负责贯彻厂长下达的有关技术管理、质量管理及质量检验方面的指示或指令。

（2）负责贯彻执行技术工作及标准化工作的法律、法规、规章及规定，负责企业标准化工作的组织领导。

（3）认真抓好新产品开发和老产品技术改造，从企业的实际需要出发，从战略的高度，积极采用国际标准或国外先进标准，为提高产品质量水平打下良好的基础。

（4）协助厂长组织制定产品质量目标计划、提高产品质量的技术进步计划、新产品开发和老产品改造计划、采用国际标准和国外先进标准计划等，这些计划正式下达后，认真组织实施。

（5）负责组织贯彻国家标准、行业标准、地方标准与企业标准；组织制定和审批企业标准；建立、健全和不断完善技术标准体系，并检查其贯彻执行情况，以保证和不断提高产品质量。

（6）负责组织制定产品名牌战略计划，并组织认真贯彻执行。

（7）组织编制技术引进计划，主持论证和审定项目建议书及可行性分析，并组织有关部门实施。

（8）负责组织论证、审批重大工艺方案和工艺改造措施；教育职工严肃工艺纪律，并监督执行。

（9）组织解决生产中的技术关键和重大产品质量问题；组织有关部门制定和实施技术

攻关计划。

(10) 组织制定并实施技术人员和技术工人的教育培训计划，为保证与提高产品质量打下良好基础。

(11) 有权审批各种有关技术方面的规划、计划及文件，并检查其贯彻执行的情况。

(12) 有权对各种技术问题的处理做出决定并对厂长负责。

(13) 有权拒绝执行不符合国家质量法律、法规、规章及本厂质量目标的工作任务；有权抵制不利于保证与提高产品质量的工作或活动。

(14) 对在产品质量工作中做出贡献的有关人员和部门，有权建议厂长予以表扬或奖励。

(15) 对由于缺少预见性，领导不力，使企业的各项技术工作不能适应发展品种、保证与提高产品质量，从而影响企业产品销售和信誉的行为负责。

(三) 生产副厂长的质量职责与权限

生产副厂长是厂长指挥生产方面的助手，根据厂长的安排或指示，具体负责组织或指挥生产，在质量工作方面的职责与权限如下：

(1) 在组织生产产品形成的全过程中，负责贯彻执行企业制定的质量方针、质量计划、质量指标计划以及质量手册等指令性文件，对产品的加工质量负责。

(2) 在指挥生产和生产管理中，坚持“质量第一”的方针。当生产任务与产品质量发生矛盾时，把质量放在第一位。对因生产管理混乱造成的产品质量问题或出现的产品质量事故负责。

(3) 坚持组织均衡生产和文明生产，接受厂长或上级有关部门对均衡生产与文明生产的考核。

(4) 组织制定和实施改善生产环境与生产条件的计划。对因生产环境差而影响产品质量的后果负责。

(5) 在检查生产计划完成情况的同时，检查产品质量情况。

(6) 在指挥生产过程中及时掌握产品质量情况，支持质量检验人员与质量检验部门的工作。

(7) 负责组织安全生产，对因不能安全生产而影响产品质量的行为负责。

(8) 加强设备、动力管理，组织编制与实施设备维修计划，贯彻设备的三级保养和开展“三好四会”活动，使设备经常处于完好状态，为保证产品质量打下良好的基础。

(9) 有权拒绝使用不合格的原材料、外购件或外协件；有权拒绝生产国家已明令淘汰的产品；有权不生产既没有标准，又未签订订货合同、无检验依据的产品；有权拒绝未经质量检验机构检验或检验结果不合格的产品出厂。

(10) 有权奖励在生产中一贯保持优质高产人员，以及在生产中对保证与提高产品质量做出贡献的人员。

(11) 对在生产中只追求数量、不保证产品质量的有关人员，予以批评教育，情节严重的按有关规定予以处分。

(12) 负责组织生产工人的岗位练兵、技术培训，提高生产工人的技术素质，以促进产品质量的不断提高。

（四）经营副厂长（或总经济师，下同）的质量职责与权限

经营副厂长在厂长的领导下，是厂长抓企业经营管理工作的助手。其质量职责与权限如下：

（1）协助厂长制定企业经营方针、企业长远发展规划，负责产品开发和市场预测等工作，对因市场预测失误，生产的产品销售形势不好，出现大批积压，而造成的经济损失负责。

（2）协助厂长负责企业的质量目标中有关提高产品质量、改造老产品、发展新产品及重大技术改造项目的资金落实。

（3）根据市场预测和用户要求，有权提出企业生产产品的方向，确定生产重点以及调整年度生产计划。

（4）根据企业质量方针和目标，组织全企业各部门，建立层层负责制，并主持定期检查、考核与评定。

（5）组织企业计划、质量管理等部门，利用计划评审等科学管理方法，以保证企业质量目标的实施。

（6）在产品销售和签订订货合同之前进行合同评审，对合同中应明确的技术标准和有关技术要求的准确性负责。

（7）对产品销售工作中的签订销售合同、谈判、合同实施等全过程的工作质量负责。

（8）对企业质量管理体系中有关经营、销售的质量管理内容负责。

（9）督促有关部门建立完整的销售网络和用户服务网络，并建立与销售相关的用户信息及用户服务档案，为厂长经营决策提供可靠的信息。

（10）有权拒绝销售质量不合格的、国家明令淘汰的、未经质量检验或检验结果不合格的及伪造商标、假冒名牌、以次充好的产品。

（11）对因销售不合格的产品，给用户或消费者造成人身伤害或财产损失，赔偿用户或消费者的经济损失负责。

（五）管理者代表的职责与权限

负有执行职责的管理者即厂长，应指定一名管理者为管理者代表，不论其在其他方面职责如何，应明确以下权限：

（1）确保质量管理体系所需的过程得到建立、实施和保持；

（2）向最高管理者报告质量管理体系的业绩和任何改进的需求；

（3）确保在整个组织内提高满足顾客要求的意识。

此外，管理者代表的职责可包括与质量管理体系有关事宜的外部联络。

三、各有关部门的质量职责与权限

（一）设计部门的质量职责与权限

1. 质量职责

（1）根据国内、外市场信息，结合企业现状，参与制定企业发展新产品计划、产品更新改造计划以及技术改造计划，并按月、季、年组织实施，以不断设计并生产满足用户需求的产品。

（2）在总工程师的直接领导下，积极采用国际标准和国外先进标准，制定高于国家标准、行业标准的企业内控标准，以不断提高产品的总体水平，对制定各级标准的水平和质量负责。

(3) 承担本企业新产品的开发设计、有关产品的科研试验和测试，以及老产品生产技术服务工作，收集信息，改进和提高产品质量。

2. 权限

(1) 对新产品的科研开发策划，确保产品质量，满足市场需求，有建议权。

(2) 对科研、产品图样以及各类技术文件，按规定的文件化程序有修改权。

(3) 对企业贯彻执行技术标准、产品标准，有解释权和监督权。

(二) 工艺部门的质量职责与权限

1. 质量职责

(1) 负责编制先进的确保产品质量的工艺发展规划、工艺科研规划和工艺技术攻关规划，并负责组织贯彻实施及做好协调工作。

(2) 为确保产品质量，审查产品设计的工艺性，制订新产品工艺方案，编制材料消耗定额。

(3) 根据工艺发展规划，制订工艺技术改造方案、车间工艺路线调整方案、车间平面布置方案等，从而为保证产品质量打下良好的基础。

(4) 负责编制先进合理、确保产品质量的生产工艺，负责设计专用工艺装备、工位器具及专用设备，并对其设计的正确性、及时性负责。

(5) 对所设计的工艺方案、工艺文件以及工艺装备的齐全性、完整性、正确性及统一性，特别是对满足产品质量要求负责。

(6) 负责组织解决产品生产过程各环节出现的工艺问题及产品质量关键问题。

(7) 对因工艺方案或工艺文件编制不当，而影响产品质量的后果负责。

(8) 对生产技术服务不及时或技术指导错误而影响产品质量负责。

(9) 对因工艺文件、工装图样修改不及时，影响产品质量负责。

(10) 负责组织工艺人员、车间技术人员和操作者，进行过程能力分析，并针对存在的问题，分析产生的原因，提出改进措施。

(11) 按产品质量特性重要性分级，编制工序质量表，指导有关部门组建过程质量控制点，负责质量控制点的指导与管理工作。

2. 权限

(1) 对工艺规程、工艺路线的调整，以及落实企业下达的有关工艺方面要求的情况，有监督检查权。

(2) 对经总工程师批准下达的各种工艺文件，有解释权和修改权。

(3) 有权参加各车间对所出现的重大质量问题的调查、分析和处理工作。

(4) 对违反工艺规程及作业指导书，影响产品质量的行为有权制止。

(5) 执行厂长及总工程师临时赋予的权力。

(三) 标准化部门的质量职责与权限

1. 质量职责

(1) 负责提出贯彻执行上级关于标准化工作方针、政策、规定或办法的具体措施和方案，为保证和提高产品质量打下良好基础。

（2）组织贯彻国家标准、行业标准、地方标准及企业标准，以实现企业按标准生产，确保产品质量。对贯彻执行各级标准的质量负责。

（3）负责编制并不断完善企业标准体系表。对编制的标准体系表的质量负责。

（4）负责制定标准化工作长远规划和年度计划，并督促检查年度计划的实施情况。

（5）负责组织制定采用国际标准和国外先进标准的计划，并督促按计划执行。

（6）对企业的技术标准、管理标准和工作标准实行统一管理、统一格式、统一编号、统一发布方式，全面提高企业标准化管理水平和企业管理水平。

（7）负责对产品图样、工艺文件等进行标准化审查工作，并对审查的及时性与正确性负责。

（8）对不符合标准化管理规定的产品图样、技术文件等有权不予签字，不经标准化部门签字的产品图样或技术文件，不能在生产中使用。

2. 权限

（1）对违反《标准化法》或有关规定的行为，有权制止，并提出处理意见，必要时向厂长或总工程师报告。

（2）对本企业标准有解释权；对国家标准、行业标准及地方标准在贯彻执行中遇到的问题，有责任向上级主管部门询问并统一给予解释。

（3）若发现企业标准与国家标准、行业标准的内容相抵触时，应立即组织查清原因，找出责任者，并有权及时予以纠正。

（4）有权合理使用标准化经费。

（四）质量管理部门的质量职责与权限

1. 质量职责

（1）认真贯彻执行"质量第一"、"用户至上"以及国家有关质量工作的方针、政策与规定，切实做到为用户提供优质产品，提供优质服务。

（2）协助厂长制定企业质量方针和目标，并由厂长正式行文发布，作为企业总的质量宗旨和质量方向，并在相应的管理层次上建立质量目标。

（3）根据企业质量方针、目标的规定，组织有关部门制定企业创名牌战略计划，并在实施创名牌战略计划过程中做好组织协调和督促检查工作，确保其实现。

（4）在生产技术和经营管理各项活动中，针对质量关键和管理上的薄弱环节，广泛开展群众性的 QC 小组活动，以不断提高产品质量，减少不合格品损失和提高企业管理水平。

（5）积极组织有关人员深入学习 GB/T 19000 族国家标准，结合企业实际建立质量管理体系，编写质量手册和程序文件，经常检查质量管理体系的运行状况。

（6）协助开展管理评审，由厂长就质量方针和目标，对质量管理体系的现状和适应性进行正式评价。对管理评审中发现的问题，及时找出原因，制定改进措施，并督促其实现。

（7）开展质量管理体系审核、过程质量审核、产品质量审核及服务质量审核活动，确定质量活动和有关结果是否符合计划的安排，以及这些安排是否有效地实施。

（8）对由于组织协调不够、督促检查不力，致使产品质量目标和规划未能按期实现负责。

（9）对由于督促检查不够，致使企业各项文件化程序（管理标准、工作标准及有关规章制度）没有认真贯彻执行负责。

（10）对因企业开展质量管理不力、群众性质量教育不联系企业实际或没进行质量教育，而造成产品质量波动负责。

（11）对由于没开展或未及时开展质量管理体系审核、产品质量审核或过程质量审核，而造成的后果负责。

（12）对群众性的质量管理活动组织不得力负责。

（13）对各种质量信息反馈不及时负责。

（14）对各种统计报表的及时性、正确性负责。

2. 权限

（1）对质量方针、目标和有关规划、计划的贯彻执行有督促检查权。

（2）对各项文件化程序（管理标准、工作标准和规章制度）的贯彻执行情况有监督、检查权。

（3）受最高管理者的委托，有权开展质量管理体系审核、产品质量审核及过程质量审核。

（4）有权在全厂范围内按计划开展群众性的质量管理教育活动。

（5）有权在企业广泛开展群众性的质量管理小组活动。

（6）有权督促和检查纠正措施和预防措施的实施情况。

（五）质量检验部门的质量职责与权限

质量检验部门的质量职责与权限，详见第三章第一节与第六章质量管理体系中有关质量检验中心职能要素内容。

（六）采购部门的质量职责与权限

1. 质量职责

（1）根据企业生产、基建、科研、技术改造、设备维修、工具制造等方面的需要，编制各项物资供应计划，并对编制计划的全面性、正确性负责。

（2）对生产用采购物资应根据满足采购物资要求的能力评价和选择供货方，包括对供货方质量管理体系和特定的质量保证能力要求。定期评定并公布合格供方名单，只允许在合格供方名单中采购生产用物资。

（3）负责按物资管理体制与供应渠道及时提出各种物资申请，积极开展采购工作，签订物资订货合同，并对采购的各种物资的品种、质量、价格以及交货期等负责。

（4）认真搞好合同管理，在签订合同中应规定：供应物资的品种、规格、质量标准、数量、交货期、交货方式、运输方式、验收方法、货款支付方式以及违反合同处置等事项，适时组织各种物资进厂，以保证生产、基建、科研、技术改造、设备维修、工具制造等方面的物资供应，并对上述各环节的质量负责。

（5）负责所管物资的入厂验收、清点、整理以及保管、保养等工作，并对上述各项工作的质量负责。

（6）负责对各种采购、合同入厂物资或材料，组织质量检验部门检查验收，对经检验确定不合格的物资或材料，不能入库，及时办理退或换货手续。

（7）对由于供应的各类物资品种、规格、质量等不符合要求，而影响产品质量和生产计划负责。

（8）对由于不按计划采购，影响产品质量所造成的经济损失负责。

2. 权限

（1）在年度计划范围内，有权代表企业签订分管物资经济合同与协议。

（2）有对各用料单位的材料预算、领料的核准权，以及对厂内物资的调剂使用权。

（3）有权对企业各用料单位材料使用的合理性与库存储备情况进行检查。

（4）对企业内各用料单位不合理使用材料或浪费材料的现象，有权制止和提出处理意见。

（5）厂长、经营副厂长为搞好企业供应工作临时赋予的权力。

（七）生产部门的质量职责与权限

1. 质量职责

（1）负责编制企业年度、季度、月份生产作业计划，根据企业生产能力，合理安排，做到均衡生产。对因生产作业计划编制失误、生产不均衡而影响产品质量负责。

（2）组织企业各有关部门贯彻执行生产管理方面的法规、规章、企业文件化程序，对执行的正确性和有效性负责。

（3）在督促检查生产计划完成情况的同时，检查产品质量情况。

（4）在指挥和组织生产过程中，坚持“质量第一”的方针，当质量与数量、质量与生产进度发生矛盾时，应采取有效措施服从质量，确保产品质量。

（5）根据合同要求的质量保证能力评价和选择外协件、外购件的协作厂（供货方）；坚持执行对外协件、外购件入厂检查验收制度，不合格的一律不准验收入库。对因违反检查验收制度，将不合格的外协件或外购件投产而造成的后果负责。

（6）对随意允许违反工艺规程操作，而造成的质量事故负责。

（7）负责督促检查生产现场的文明生产、工艺纪律等情况，对由于生产管理混乱而影响产品质量负责。

（8）对因生产库房管理混乱，而影响产品质量负责。

2. 权限

（1）有权不安排生产已明令淘汰的产品，以及没有质量标准或检验依据的产品。

（2）有权拒绝使用不合格的原材料、外购件、外协件及配套产品。

（3）有权根据合同要求的质量保证能力评价和选择协作厂（供货方）。

（4）对生产现场违反工艺规程的现象，有权纠正或制止。

（5）有权制止生产车间影响文明生产和均衡生产的乱指挥现象。

（6）有权阻止在生产现场开展不利于产品质量稳定的各种宣传活动。

（7）对各车间、分厂生产作业计划完成情况和产品质量指标完成情况，有督促检查权。

（八）设备动力部门的质量职责与权限

1. 质量职责

（1）组织全厂各有关车间、分厂认真贯彻执行有关设备动力方面的法规、规章及企业有关规章制度，对执行的正确性与有效性负责。

（2）负责企业机械动力设备的统一管理，对管理的准确性负责。

（3）负责编制设备修理计划，对设备修理计划编制的正确性、周密性负责。

（4）负责对企业各种设备使用与维护保养情况的监督、检查。

（5）负责各种设备事故调查的组织，分析造成事故的原因，并提出处理意见。

（6）负责企业设备的更新改造及购置，对更新及购置设备的适用性负责。

（7）参与专用设备的设计评审及制造中的检查验收。对专用设备的适用性及制造质量负责。

（8）对因设备管理不善、维修保养质量低、检修不及时，致使设备不能正常运转而影响零部件加工质量负责。

（9）对无故完不成设备检修计划，而影响生产任务按时完成和影响产品质量负责。

2. 权限

（1）为保证设备的正常运转，对生产设备的正常使用有检查、监督权。在违反工艺规程有可能发生设备、人身事故的情况下，有权停止设备运转，查清原因，找出责任者。

（2）对因违反操作规程所造成的设备事故或重大设备事故，有权查清原因，并对所在单位及直接责任者，分别给予不同的处分或经济处罚。

（3）对大、精、稀等关键设备，由于所在使用单位管理不善，使用、维护、保养不当，影响设备精度和使用寿命，有权停止其操作，对责任单位及直接责任者给予必要的处分或经济处罚。

（4）对不符合技术条件和安全要求的新安装设备，有权要求返修，否则拒绝验收。

（5）享有厂长、主管副厂长临时赋予的权力。

（九）销售部门的质量职责与权限

1. 质量职责

（1）负责进行市场调查和收集行业有关信息，分析和预测市场对本企业产品的需求，以及产品质量对市场占有率的影响。

（2）按企业合同评审程序，在合同签订前评审每一项合同。

（3）负责对外订货和销售合同管理，销售合同的内容对各项要求应明确：产品型号、技术要求、验收标准和方法等。

（4）负责售后为用户服务工作，根据用户需要，提供安装、调试、维修技术等，对服务的质量和及时性负责。

（5）负责产成品的发运和仓库管理。对发运的正确性、及时性以及仓库管理的规范性负责。

（6）负责产品的宣传、广告业务，对宣传内容的真实性、可信度负责。

2. 权限

（1）有权按产品销售计划，开展各种形式的产品销售业务。

（2）有权在合同签订前，评审每一份合同。

（3）有权拒绝销售下列产品：

① 经检验机构检验确认为不合格的产品；

② 国家已明令淘汰的产品；

③ 未经质量检验部门检验的产品；

④ 以次充好，以旧充新的产品；

⑤ 伪造商标、假冒名牌、假冒认证标志或生产许可证标志的产品；

⑥ 超期变质的产品等。

(4) 有权按有关规定实施产品“三包”。

(十) 劳动工资部门的质量职责与权限

1. 质量职责

(1) 根据上级主管部门下达的劳动人事计划指标，按期编制与呈报企业年、季劳动、人事、工资计划，并组织贯彻实施。对编制的各种计划的质量负责。

(2) 负责企业劳动、人事工资统计工作，按期编制与呈报企业劳动、人事工资统计报表。对编制与呈报的劳动、人事工资统计报表内容的质量（包括准确性、及时性）负责。

(3) 根据上级主管部门批准的劳动计划，负责新工人的招收、录用和工人调配、呈办工人调转、离职、退休手续。在新工人的招收、录用和工人调配等工作中坚持用人岗位任职标准，确保人事调配工作质量。

(4) 按企业组织机构设置，编制各类岗位定员，实现优化组合，并会同有关部门组织实施。对编制的各岗位定员应符合高效、统一、协调、优化等质量要求。

(5) 严格执行各项工资政策，合理使用工资基金，对工资基金使用的正确性与合理性负责。

(6) 呈办职工转正，定级和职工工资晋级、调整工作，并负责技术工人的考核工作。

(7) 负责全厂职工考勤，检查劳动纪律，呈办对违犯纪律、因工作过失和产品质量事故受行政处分的手续。对职工考勤、劳动纪律检查、违纪职工处分等项工作的质量负责。

(8) 对劳动工资计划安排不当，措施不力，影响生产计划的完成和影响产品质量负责。

(9) 对提供的劳动工资计划、各种统计报表数字、工时定额等资料，不及时、不准确、不齐全等所造成的后果负责。

(10) 对全厂各工种工人比例配备不当，发生严重窝工、损失浪费及配备的人员素质差，不能胜任工作要求，而影响生产任务按时完成或影响产品质量负责。

2. 权限

(1) 根据上级主管部门和厂长批准的劳动工资计划，有权向全厂各单位下达工资、奖励、定额、定员、劳动指标，并监督检查执行情况。

(2) 对劳动工资关系范围内有关人员，有合理使用、任免、晋升、调动、奖惩等建议权。

(3) 有权要求企业有关单位，按期提供必要的计划以及统计、技术等方面的资料。

(十一) 教育部门的质量职责与权限

1. 质量职责

(1) 贯彻执行党和国家关于职工教育的方针、政策和有关规定，组织开展职工的教育培训，为提高职工素质和确保产品质量打下良好基础。

(2) 根据上级主管部门下达的教育培训计划和企业科研、生产、技术与经营管理不断发展对人才的需要，负责组织制定职工培训长远规划和年度实施计划，并组织贯彻实施。对长远规划和年度实施计划的质量与效果负责。

(3) 按照企业职工全员培训的长远规则和年度实施计划，组织职工全员培训和专业教育，提高广大职工的政治和文化素质，不断培养出企业自身需要的各类人才。

(4) 负责统一领导和管理企业自办的各种教育和职工专业技术培训。对确保各种教育培训的质量负责。

（5）负责建立教育培训管理文件化程序和有关规定，贯彻执行各类人员工作标准和新工人转正定级的考试、考查办法。对上述规定、办法等的贯彻执行效果负责。

（6）根据企业质量方针和目标，制定企业关于《质量管理体系》国家标准的教育培训计划，对各类人员进行培训，以增强全员质量意识，确保产品质量。

（7）对贯彻执行党和国家的教育方针、政策及规定，抓的不实、组织不力，造成不良后果或影响职工素质提高负责。

（8）对在企业中没有全面开展教育培训，缺乏长远教育计划，或虽有计划而随意不按教学计划办事，教学质量低的状况负责。

（9）对由于教师水平低或教师备课不充分，而影响教学质量的后果负责。

2. 权限

（1）负责企业长远教育计划的编制和组织实施，有权抓好企业全面教育培训和确保教学质量。

（2）为确保教学质量，有权根据教学需要，安排专、兼职教师的培训、进修及送有关学习班学习。

（3）按企业质量方针和目标的规定，有权在企业进行强化质量教育。

四、生产车间的质量职责与权限

（一）车间主任的质量职责与权限

1. 质量职责

（1）按企业下达的品种、质量、数量计划的要求，完成和超额完成计划。

（2）完成各项经济技术指标，其中包括：

① 劳动生产率；

② 工时利用率；

③ 废品率；

④ 优等品率；

⑤ 产品等级品率；

⑥ 质量损失率；

⑦ 成本计划；

⑧ 原材料消耗；

⑨ 物资节约；

⑩ 工具消耗指标。

（3）认真搞好车间各项管理，其中包括：

① 计划管理；

② 劳动管理；

③ 技术管理；

④ 质量管理；

⑤ 设备管理；

⑥ 档案管理；

⑦ 车间成本管理和班组经济核算；

⑧ 技术、业务、文化教育；

⑨ 安全、防火环境和保密管理；

⑩ 车间在制品管理；

⑪ 工具及工装管理；

⑫ 计划生育工作等。

（4）对无故不能按质、按期、按品种完成生产作业计划负责。

（5）对不重视产品质量，忽视质量管理教育，而出现的产品质量事故负责。

（6）对不重视安全生产和文明生产，出现设备事故负责。

（7）对因忽视安全教育，而出现安全事故负责。

2. 权限

（1）有权组织车间职工按质、按量、按期和按品种完成或超额完成企业下达的生产作业计划。

（2）有权搞好产品质量，对忽视产品质量、以次充好、弄虚作假等产品质量事故，提出批评教育、经济处罚或行政处分的意见。

（3）有权对全车间职工进行质量意识教育，以增强质量责任感。

（4）有权对车间职工进行安全生产、文明生产教育，以及加强设备管理、严格遵守操作规程等方面的教育。

（5）有人事调配权，根据车间各工种的生产任务情况，通过企业劳动人事管理部门调整车间内不平衡的工种人员。

（6）对不合格的原材料、外购件、外协件及配套产品，有权拒收、拒用。

（7）对不合格的工具、设备、工装等，车间有权拒收或拒用。

（8）对国家明令淘汰的产品有权拒绝生产。

（9）对严重影响车间按质、按量、按期完成生产任务的各项规定、通知、计划、工艺文件等因素，有权向主管部门提出及时解决的要求，并报告主管厂长。

（二）工段长（班组长）的质量职责与权限

1. 质量职责

（1）按车间下达的品种、质量、数量计划，组织全体职工努力完成和超额完成。

（2）完成车间下达的各项经济技术指标，其中包括：

① 劳动生产率；

② 工时利用率；

③ 废品率；

④ 优等品率；

⑤ 设备完好率；

⑥ 成本计划；

⑦ 原材料消耗；

⑧ 各种物资节约指标；

⑨ 工具消耗指标等。

（3）努力搞好工段（班组）各项管理，其中包括：

① 各项计划、统计管理；

② 劳动管理；

③ 技术管理；

④ 质量管理；

⑤ 设备管理；

⑥ 工段（班组）成本管理和经济核算；

⑦ 安全、卫生、防火和文明生产管理；

⑧ 在制品管理；

⑨ 工具及工装管理；

⑩ 各种原材料、毛坯、外购件及外协件、配套产品管理；

⑪ 计划生育工作；

⑫ 职工生活、福利等。

（4）参加车间生产调度会，及时并如实反映工段（或班组）生产计划，包括品种、质量、数量完成情况和存在的问题。

（5）对随时出现的薄弱环节、产品质量问题，自己能解决的及时解决，解决不了的及时向车间反映，提出解决要求。

（6）严格遵守操作规程和有关技术标准的规定，确保加工质量，完成各项质量指标。

（7）督促操作者正确使用各种工、夹、刃、量、模具，并做好维护保养、保管。

（8）督促操作者正确使用各种设备，并做好维护保养工作，注意安全生产和文明生产。

（9）对无故不能按质、按量、按期、按品种完成车间下达的计划的情况负责。

（10）对因不重视产品质量、忽视质量管理，而造成的产品质量事故负责。

（11）对不重视安全生产、文明生产，而出现的设备事故和安全事故负责。

2. 权限

（1）有权按车间下达的生产作业计划，按质、按量、按期和按品种完成和超额完成。

（2）有权严格遵守工艺规程，确保加工质量。

（3）有权搞好产品质量，对忽视产品质量、违反工艺规程或以次充好，以不合格品冒充合格品的行为，给予批评或提请车间处理。

（4）对不合格的原材料、外购件、外协件及配套产品，有权拒用，并提请有关领导研究、解决。

（5）对不合格的工、夹、刃、量具，生产设备以及工艺装备等有权拒绝使用，并应及时提请有关部门解决。

（6）对严重影响产品质量的各项因素，有权提出改进建议，并报告主管车间主任。

（三）生产工人的质量职责和权限

1. 质量职责

（1）努力完成与超额完成车间或班组下达的品种、质量、数量计划。

（2）完成车间下达的优等品率、废品率、设备完好率、工具消耗及各种物资消耗等指标。

（3）严格按照工艺规程、产品（或零件）图样、作业指导书进行加工，对自己加工的产品或零件的质量做好自检。

（4）对成批或大量生产的产品，要认真做好首件检验，并交专职检验员进行首件必检。

（5）正确使用各种工、夹、刃、量、模具，并做好维护、保管。

（6）正确使用各种设备，并做好维护保养工作，注意安全生产和文明生产。

（7）若在“特殊过程”岗位生产，应严格按照“特殊过程”管理规定要求进行操作。

（8）对因马虎大意而出现的产品质量事故负责。

（9）对在“特殊过程”岗位生产，没按质量管理要求进行操作，而出现不合格品的后果负责。

2. 权限

（1）有权按质、按量、按期完成和超额完成车间或班组下达的生产作业计划。

（2）对不合格的工具、设备、工装等，有权拒绝使用。但应及时向相关人员报告。

（3）对不合格的原材料、外购件、外协件等，有权拒绝使用或继续加工。但应及时向有关人员报告。

（4）有接受教育包括接受质量教育的权利。

（5）有权严格遵守工艺规程、作业指导书等文件，确保加工质量。

第五章

质量检验依据

质量检验的主要任务是鉴别与验证产品、零部件以及原材料等是否符合设计与规定的技术要求。即质量检验起着鉴别其符合性质量的作用。

质量检验的依据是技术标准（包括管理标准）、产品图样、制造工艺、标样以及有关技术文件等。但对外购件、外协件以及有特殊要求的产品，需要根据订货合同或购销协议的规定进行检验。

第一节　标准化的基本概念

（一）关于标准

1. 标准的定义

标准的定义是标准化活动中的最基本的概念。

在我国 GB/T 20000. 1—2002《标准化工作指南　第 1 部分：标准化和相关活动的通用词汇》中对标准的定义是："为了在一定范围内获得最佳秩序，经协商一致制定并由公认机构批准，共同使用的和重复使用的一种规范性文件"。

注：标准宜以科学、技术和经验的综合成果为基础，以促进最佳的共同效益为目的。

从上述定义可以明确：标准是一种文件，而且是一种规范性文件。其特性主要表现在以下几个方面：

（1）标准是经过公认机构批准的文件。

从标准的定义中可以充分了解无论是哪级有效的标准，都必须经过审批，而且是由公认机构批准。

例如：国际标准（ISO 标准）是由国际标准化组织（ISO）批准的标准；国际电工委员会标准（IEC 标准）是由国际电工委员会（IEC）批准的标准；中华人民共和国国家标准（GB 及 GB/T 标准），是由中华人民共和国国家质量监督检验检疫总局批准发布的标准。

（2）表明了标准产生的基础。

定义的注中指出标准产生的基础是科学技术和实践经验的综合成果。也就是说，标准是以科学技术和实践经验的综合成果为制定的基础，在制定过程中经有关方面协商一致的前提下产生的。这里所讲的"综合成果"包括以下两方面的内容：

第一，是指科学研究的新成果，技术进步、科学管理的新成就以及生产实践中所取得的先进经验等等，都应纳入相关的标准。

第二，无论是科学研究的新成果，技术进步、科学管理的新成就或者生产实践中所取得的先进经验等等，不是不加以分析地一律都纳入标准，而是要通过分析、比较、选优以后（有的还要进行技术经济分析、甚至要进行论证），适合的部分或内容才能纳入相应的标准。

以上两个方面的内容越充分，制定的标准本身的质量和水平也就越好和越高，在实践中贯彻实施也就越顺利，其效果也就更好。

（3）定义中表明标准是共同使用的和重复使用的一种规范性文件。

所谓共同使用，是指标准的使用范围十分广泛，既可以生产企业使用，又可以用户、消费者使用，还可以其他方面使用，例如，监督检验机构、认证机构等许多方面使用。

所谓重复使用，是表明现行有效的标准，供各个相关方可以多次反复使用，即重复使用。所谓“重复”是指同一事物反复多次出现的性质。

标准是一种规范性文件。

规范性文件的定义在 GB/T 20000. 1—2002 中定义为：“为各种活动或其结果提供规则、导则或规定特性的文件。”

注 1：“规范性文件”是诸如标准、技术规范、规程和法规等这类文件的通称。

注 2：“文件”可理解为记录有信息的各种媒体。

注 3：界定各种规范性文件的术语，是将文件及其内容作为单一整体来定义的。

（4）表明标准制定要经有关方面协商一致。

标准中所包含的内容不应是局部的经验，也不能只保护局部的利益。标准在起草和制定过程中不能只凭少数人的主观意见确定标准内容，而应该有有关方面及有关人员，如科研设计开发、科技情报、加工制造、采购供应、销售、质量检验以及有代表性的产品使用单位或用户，科研机构、高等院校等单位熟悉情况的专业技术人员、科研人员参加，进行深入细致的分析、研究和讨论，充分协商，最后从全局利益出发做出规定。这样制定出的标准既体现科学性，又体现民主性和重视实践性，便于标准批准发布后的贯彻执行，收到预期的效果。

（5）着重指出制定标准的目的。

在一定的范围内获得最佳秩序，以促进最佳的共同效益是制定标准并建立标准体系的主要目的。即通过实施标准使标准对象有序化，发挥最佳的功能，产生预期的效果。

2. 对标准的论述

标准是标准化活动的主体和核心，标准的应用领域和范围，随着科学技术的发展和管理科学的进步越来越广泛。

对标准的论述，人们普遍理解为：标准是对重复性事物和概念所做的统一规定。它以科学、技术和实践经验的综合成果为基础，经有关方面协商一致，由主管部门批准，以特定形式发布，作为共同遵守的准则和依据。

（二）关于标准化

1. 标准化的定义

在我国 GB/T 20000. 1—2002《标准化工作指南　第 1 部分：标准化和相关活动的通用词汇》中对标准化的定义是：“为了在一定的范围内获得最佳秩序，对现实问题或潜在问题制定共同使用和重复使用的条款的活动”。

注 1：上述活动主要包括编制、发布和实施标准的过程。

注 2：标准化的主要作用在于为了预期目的和改进产品、过程或服务的适用性，防止贸易壁垒，并促进技术合作。

上述国家标准对标准化的定义和注中包含以下内容：

（1）标准化是个活动的过程。

标准化不是一个孤立的事物，而是一个活动的过程，这个过程包括标准的制定、发布、实施以及修订的全部活动内容。标准的修订表明，标准化活动过程不是一次就完成了，而是根据标准实施情况及客观条件的发展和变化等多方面因素，不断地进行修订，也就是不断地发展、循环和螺旋式上升。每经过一次循环，标准的水平就提高了一步。标准化就是根据客观情况的变化，不断地促进这个循环的进行和发展。

（2）标准化的目的是为了获得最佳秩序。

上述标准化的定义指出了标准化是为了在一定的范围内获得最佳秩序。所指的“一定范围”是指该标准的适用范围。在标准的适用范围通过制定、发布、实施、修订标准，达到统一，才能获得最佳秩序。由于在标准的适用范围达到统一，获得了最佳秩序，生产企业严格按标准组织生产、检验，做到完全符合标准的产品才能出厂，这将给用户带去效益。如果制定了再多、再先进的标准，在生产实践中没有实施，或者没有被运用，则该标准的任何作用与效果也不会有。因此，实施标准在标准化的全过程中，是个非常重要且不可缺少的过程或环节。

（3）标准化是个相对的概念。

标准化是个相对的概念，既表现在深度上，也表现在广度上。

从标准化的深度上来讲，无论是某一个单项标准，还是整个标准体系，都是随着实践经验的积累和客观发展的需要，对改进产品、过程和服务的适用性，都在逐步向更深的层次发展。标准化在深度上是没有止境的，它的目的是追求最佳和实现最佳。

从标准化的广度上来讲，即使企业制定了某种比较先进、科技含量高的产品标准，也不能认为标准化的目的已经达到了。我们说只有一项产品标准，标准化的目的还是不容易实现的。制定了产品标准以后，还必须把与其相关的一系列标准都建立起来，形成技术标准体系。例如，与该产品标准密切相关的原材料标准、外购件标准、外协件标准、配套产品标准、工艺标准（或工艺规程）、工装标准以及成品质量标准等等。若没有这一系列的各项标准相协调配合，产品标准制定得再先进、再科学，也难以生产出好的符合产品标准的产品。因此，每一项标准都不是孤立存在的，都要与大量的相关标准相协调配合，都要向深度和广度发展，并有效实施这些标准，才能在一定范围内获得最佳。

2. 对标准化的论述

上个世纪以来，随着科学技术和管理科学的迅速发展，标准化已被社会各界广泛地关注，对它的内涵和概念也都在认真地研究和探讨。

对标准化的论述，人们通俗地理解为：在经济、技术、科学及管理等社会实践中，对重复性的事物和概念，通过制定、发布和实施标准，达到统一，以获得最佳秩序和社会效益。

第二节 标准的分类

所谓标准的分类，是指按照一定的方法，将标准分成不同的类别。由于标准的用途和种类极其繁多，根据不同的目的和要求，从不同的角度对标准进行分类。

一、层级分类法

所谓层级分类法，是指将标准系统中的标准，按照其发生作用的有效范围划分为不同的层次，这种层次关系被称之为标准的级别。

（一）世界范围的标准

世界范围的标准有：国际标准、区域性或国家集团标准、各个国家的国家标准。国际标准，其应用范围涉及世界各国和人类社会活动的各个领域。各国的国家标准，由于各国科学技术水平、管理体制等方面的国情不同，标准的层次划分并不完全相同。

1. 国际标准

所谓国际标准，是指国际标准化组织（ISO）和国际电工委员会（IEC）所制定的标准，以及国际标准化组织公布的国际组织和其他国际组织规定的某些标准。

（1）国际标准化组织所制定的标准。国际标准化组织（ISO）设有技术委员会（TC）、分委员会（SC）和工作组（WG）等技术组织。这些技术组织和国际标准组织中央秘书处、标准化原理委员会制定的标准，其应用范围涉及人类社会活动的各个领域，包括农业、矿业、机械、石油、化学化工、土木、轻工、纺织、食品、交通运输、环境保护、医疗卫生和科学管理等方面的标准。但基本上不包括电气和电工专业方面的标准。

国际标准的内容非常重视基础标准的制定，尤其术语标准、符号标准、互换性标准占相当的比重；而测试方法标准占有极其重要的位置；特别是安全标准和卫生标准突出反映标准化的目的，即保证人类的安全、健康，保护消费者利益和社会的公共利益。

（2）国际电工委员会所制定的标准。国际电工委员会（IEC）制定标准的范围，是电气和电子领域。技术委员会（TC）和分委员会（SC）负责标准的制定和修订工作，而工作组（WG）具体负责标准的起草工作。

国际电工委员会非常重视安全、卫生标准等基础性标准的制定；测试方法标准占有极其重要的位置，有的技术委员会制定的标准，绝大多数是测试方法标准。

（3）国际标准化组织公布的国际组织规定的某些标准。国际标准化组织制定的《国际标准题内关键词索引》，即《ISO KWIC》第三版中，印发了除ISO、IEC以外的其他27个国际组织所制定的1 200多条国际标准关键词题录。现将这27个国际组织的名称及其代号列于表5—1中。

应着重说明的是：

第一，《ISO KWIC》中列入的国际组织和标准数并非固定不变，而是随着国际标准化工作的发展有所变化，索引也不断出版新的版本。

第二，27个国际组织发布的标准，并不都是国际标准，只有经过国际标准化组织认可，并列入《ISO KWIC》中的标准，才是国际标准。

第三，27个国际组织与国际标准化组织有关的技术委员会相互间有着密切的联系，都是有计划地进行，而不是各搞一套。

表5—1 27个国际组织名称及其代号

序号	国际组织名称	代号
1	国际计量局	BIPM
2	国际人造纤维标准局	BISFA
3	食品法典委员会	CAC

续表

序　号	国际组织名称	代　号
4	关税合作理事会	CCC
5	国际电气设备合格认证委员会	CEE
6	国际照明委员会	CIE
7	国际无线电咨询委员会	CCIR
8	国际无线电干扰特别委员会	CISPR
9	国际电报咨询委员会	CCITT
10	国际原子能机构	IAEA
11	国际空运联合会	IATA
12	国际民航组织	ICAO
13	国际辐射单位与测量委员会	ICRU
14	国际乳制品联合会	IDF
15	国际图书馆协会联合会	IFLA
16	国际制冷学会	IIR
17	国际劳工组织	ILO
18	国际海事组织	IMO
19	国际橄榄油委员会	IOOC
20	国际辐射防护委员会	ICRP
21	国际兽疫防治局	OIE
22	国际法制计量组织	OIML
23	国际葡萄与葡萄酒局	IWO
24	国际铁路联盟	UIC
25	联合国教科文组织	UNESCO
26	世界卫生组织	WHO
27	世界知识产权组织	WIPO

（4）其他国际组织规定的某些标准。有些国际组织规定的某些标准，虽然未列入《ISO KWIC》，但这些标准已被世界上许多国家所公认，具有世界先进水平。我国也把这些国际组织规定的某些标准列入国际标准的范围。这些国际组织是：

国际电信联盟（TIU）；

万国邮政联盟（UPU）；

联合国粮农组织（UNFAO）；

国际羊毛局（IWS）；

国际棉花咨询委员会（ICAC）。

2. 国外先进标准

所谓国外先进标准，是指国际上有权威的区域性标准，世界主要经济发达国家的国家标准和通行的团体标准，以及其他国际上先进的标准。

国际上有权威的区域性标准，是指如欧洲标准化委员会（CEN）、欧洲电工标准化委员会（CENLEC）、欧洲广播联盟（EBU）等区域标准化组织制定的标准。

世界主要经济发达国家的国家标准，是指美国国家标准（ANSI）、德国国家标准（DIN）、英国国家标准（BS）、日本工业标准（JIS）、法国国家标准（NF）、原苏联国家标准（ГОСТ）等。此外，还有其他国家的某些世界先进标准，例如，瑞士的手表材料国家标准，瑞典的轴承钢国家标准，比利时的钻石标准等。

国际上通行的团体标准，如美国试验与材料协会标准（ASTM）、美国石油学会标准（API）、美国电子工业协会标准（EIA）、美国军用标准（MIL）、美国保险商实验室安全标准（UL）、英国劳氏船级社《船舶人级规范和条例》（LR）等。

国际标准的发展速度很快，在20世纪50年代平均每年增加20个标准，60年代平均每年增加120个标准，70年代平均每年增加300个标准，80年代则平均每年增加800余个标准。

3. 国际标准化组织制定的标准代号

（1）常见标准代号：

ISO ××××/△—□□□□

其中：ISO——“国际标准化组织”的英文缩略语；

×——阿拉伯数字，表示标准的顺序号；

△——罗马数字或粗体的阿拉伯数字，表示具有多项内容的标准中的第几部分；

□——阿拉伯数字，表示标准的制、修订年代。

（2）较为常见的标准代号：

ISO/R ××××/△—□□□□

其中：R——“推荐”英文单词的字头，统称为“推荐标准”，其他与常见标准的代号相同。

（3）不常见的标准代号：

① ISO/TR ××××/△—□□□□

其中：TR——“技术报告”的英文缩略语，表示标准方面的技术报告，其他与常见标准的代号相同。

4. 国际电工委员会制定的标准代号

（1）常见的标准代号：

IEC ×××—△○（□□□□）

其中：IEC——“国际电工委员会”的英文缩略语；

×——阿拉伯数字，表示标准的顺序号；

△——阿拉伯数字，表示具有多项内容的标准的第几部分；

○——大写拉丁字母，表示该标准按字母顺序的第几次补充；

□——阿拉伯数字，表示标准的制、修订年代。

（2）有时也会见到的标准代号：

IEC ×××—△—△○（□□□□）

其中：△——阿拉伯数字，表示具有多项内容的标准中某部分的第几节，其他与常见的标准代号相同。

（二）我国的标准

我国《标准化法》规定标准分为国家标准、行业标准、地方标准和企业标准4级。

1. 国家标准

对需要在全国范围内统一的技术要求，应当制定国家标准。

所谓国家标准，是指对国家经济、技术有重大意义，需要在全国范围内统一技术要求而制定的标准（含标准样品的制作）。

制定国家标准的范围，《标准化法》条文的释文中提出，以下一些技术要求应当制定国家标准：

（1）通用技术术语符号、代号（含代码）文件格式、制图方法等通用技术要求和互换配合要求；

（2）保障人身健康和人身、财产安全的技术要求；

（3）基本原料、燃料、材料的技术要求；

（4）通用基础件的技术要求；

（5）通用的试验方法、检验方法；

（6）工农业生产、工程建设、信息、能源、资源和交通运输等通用的管理技术要求；

（7）工程建设的勘察、规划、设计、施工及验收的重要技术要求；

（8）国家需要控制的其他主要产品和工程建设的通用技术要求。

在我国，国家标准是国家最高一级的规范性技术文件，同时也是一种技术法规。

国家标准由国家质量监督检验检疫总局编制计划，组织起草，统一审批、编号和发布。

以下一些国家标准的审批、编号和发布的分工是：

药品、兽药的国家标准，由国务院卫生主管部门、农业主管部门审批、编号、发布；

食品卫生、环境保护国家标准，分别由卫生主管部门、环境保护主管部门审批，国务院标准化行政主管部门编号、发布；

工程国家标准，由工程建设主管部门审批，由国务院标准化行政主管部门统一编号，国务院标准化行政主管部门和工程建设主管部门联合发布。

国家标准分为强制性国家标准和推荐性国家标准两种。强制性国家标准，必须贯彻执行。不符合强制性标准的产品，禁止生产、销售和进口。推荐性国家标准，国家鼓励企业自愿采用。

为了便于对标准的使用、整理、贮存、检索和管理，需要对每个标准规定特定的代号和编号。

我国工农业方面的国家标准代号为“GB”，是“国标”两个字的汉语拼音的第一个字母。国家标准中的内部标准代号为“GBn”，其中小写字母“n”为“内”字汉语拼音的第一个字母。工程建设方面的国家标准代号为“GBJ”其中字母“J”为“建”字汉语拼音的第一个字母。国家军用标准的代号为“GJB”，其中字母“J”为“军”字汉语拼音的第一个字母。

国家标准的编号采用代号、顺序号和年代号的顺序排列。表示方法如下：

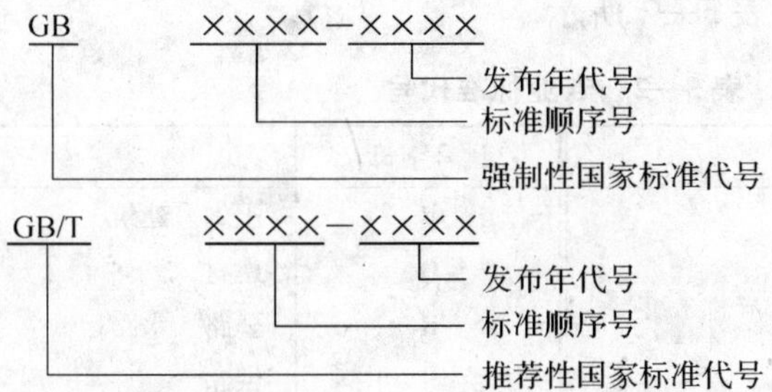

[例5—1] GB 19151—2003《机动车用三角警告牌》

[例5—2] GB/T 19001—2008《质量管理体系　要求》

2. 行业标准

所谓行业标准，是指对没有国家标准而又需要在全国某个行业范围内统一的技术要求，可以制定行业标准（含标准样品的制作）。

制定行业标准的项目，由国务院有关行政主管部门确定。制定行业标准的范围，主要包括以下一些技术要求：

(1) 技术术语、符号、代号（含代码）、文件格式、制图方法等通用技术语言；

(2) 工、农业产品的品种、规格、性能要求、质量指标、试验方法以及安全、卫生要求；

(3) 工、农业产品的设计、生产、检验、包装、储存、运输、使用、维修方法以及生产、储存、运输过程中的安全、卫生要求；

(4) 通用零件的技术要求；

(5) 产品结构要素和互换配合要求；

(6) 工程建设的勘察、规划、设计、施工及验收的技术要求和方法；

(7) 信息、能源、资源、交通运输的技术要求及其管理技术等要求。

行业标准由国务院有关行政主管部门编制计划、组织起草、统一审批、编号和发布，并报国务院标准化行政主管部门备案。

行业标准不得与国家标准相抵触，各有关行业之间的标准应保持协调、统一，不得重复；当有关相应的国家标准实施后，该行业标准则自行废止。

行业标准的编号方法沿用了原来专业标准的代号，即用汉语拼音字母“ZB”表示强制性行业标准，用汉语拼音字母“ZB/T”表示推荐性行业标准。

行业标准的编号由行业标准代号、标准顺序号及年代号组成。表示方法如下：

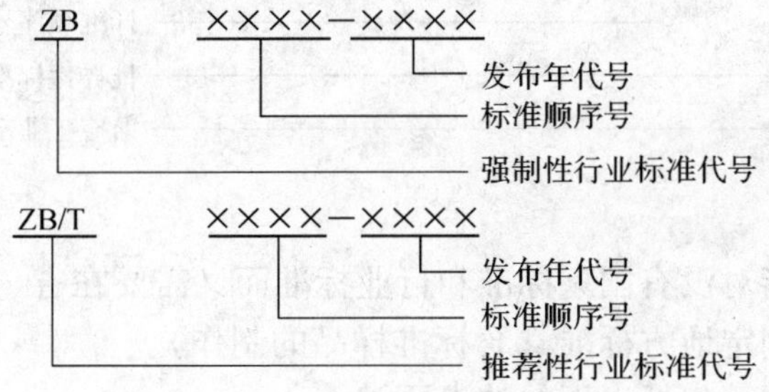

目前仍沿用的专业标准代号见表5—2所示。

表5—2　专业标准代号

代号字母	专　业	代号字母	专　业
A	综合	P	土木、建筑
B	农林	Q	建材
C	医药、卫生、劳动保护	R	公路、水路运输
D	矿业	S	铁路
E	石油	T	车辆
F	能源、核技术	U	船舶
G	化工	V	航空、航天
H	冶金	W	纺织
J	机械	X	食品
K	电工	Y	轻工、文化与生活用品
L	电子基础、计算机与信息处理	Z	环境保护
M	通信、广播	GJB	军工
N	仪器、仪表		

部（委、局）行业标准代号规定用部（委、局）名字的两个汉语拼音字母表示，标准代号以顺序号和年代号表示。表示方法如下：

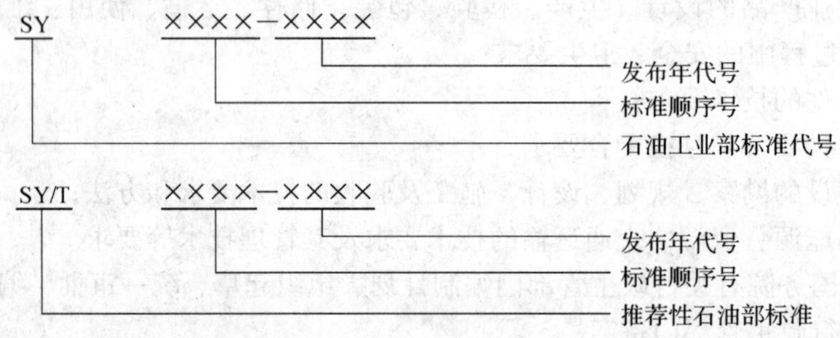

有些部（委）的专业局还颁布了一些技术性的指导性文件，这些指导性文件的代号是以部（委）标准代号为分子，以“指”字的汉语拼音第一个字母“Z”为分母，加标准顺序号再加年代号表示。表示方法如下：

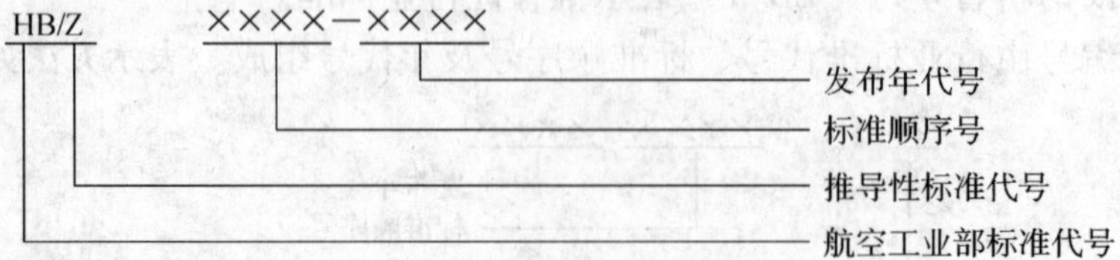

3. 地方标准

所谓地方标准，是指对没有国家标准和行业标准而又需要在省、自治区、直辖市范围内统一的技术要求，可以制定地方标准（含标准样品的制作）。

制定地方标准的范围，包括以下的技术要求：

（1）工业产品的安全、卫生要求；

（2）药品、兽药、食品卫生、环境保护、节约能源、种子等法律、法规规定的要求；

（3）其他法律、法规的要求。

国家设有地方标准，是由于我国地域辽阔，沿海和内地，南方与北方的差异都很大，考虑到各个地方不同的自然条件和特点，例如各类资源、自然生态环境、气候、文化、科学、技术、生产水平以及地方经济发展等的具体情况，国家才规定地方这一级标准。

地方标准分为强制性标准和推荐性标准。

法律、法规规定强制执行的地方标准，为强制性标准；规定不是强制执行的地方标准，为推荐性标准。

地方标准由各省、自治区、直辖市人民政府标准化行政主管部门编制计划、组织草拟，统一审批、编号、发布。

地方标准的编号，以“地标”两字汉语拼音的第一个字母“DB”，加标准发布的顺序号和年代号组成。表示方法如下：

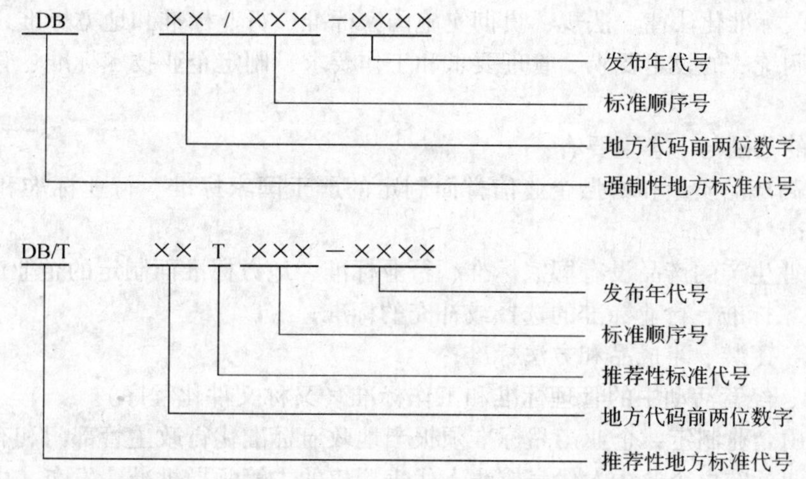

按GB/T 2260—2002《中华人民共和国行政区划代码》的规定，省、自治区、直辖市的代码见表5—3。

表5—3 省、自治区、直辖市代码表

名 称	代 码	名 称	代 码
北京市	110000	湖南省	430000
天津市	120000	广东省	440000
河北省	130000	广西壮族自治区	450000
山西省	140000	海南省	460000
内蒙古自治区	150000	四川省	510000
辽宁省	210000	贵州省	520000
吉林省	220000	云南省	530000
黑龙江省	230000	西藏自治区	540000
上海市	310000	陕西省	610000

续表

名　称	代　码	名　称	代　码
江苏省	320000	甘肃省	620000
浙江省	330000	青海省	630000
安徽省	340000	宁夏回族自治区	640000
福建省	350000	新疆维吾尔自治区	650000
江西省	360000	台湾省	710000
山东省	370000	香港特别行政区	810000
河南省	410000	澳门特别行政区	910000
湖北省	420000		

4. 企业标准

企业标准是企业组织生产、经营活动的依据。企业标准化工作的基本任务，既要认真贯彻执行国家有关标准化法律、法规，贯彻实施国家标准、行业标准和地方标准，又要对企业范围内需要协调统一的技术要求、管理要求和工作要求，制定企业技术标准、管理标准和工作标准。

企业标准的范围与内容主要有：

（1）为提高产品质量和增强企业信誉而制定的严于国家标准、行业标准和地方标准的企业产品标准；

（2）因企业生产的产品没有国家标准、行业标准、地方标准而制定的企业产品标准；

（3）对国家标准、行业标准的选择或补充的标准；

（4）工艺、工装、半成品和方法标准；

（5）生产、经营活动中的管理标准和工作标准（又称文件化程序）。

企业标准由企业制定，企业产品标准须报当地政府标准化行政主管部门和有关行政主管部门备案。企业标准由企业法人代表或法人代表授权的主管领导批准、发布，由企业法人代表授权的标准化部门统一管理。

二、按标准化的性质分类

按照标准化的性质，一般以物、事和人为对象，分为技术标准、管理标准和工作标准。技术标准、管理标准和工作标准可按其各自的性质、内容和用途的不同，又可分为不同的标准。

（一）技术标准

所谓技术标准，是指对标准化领域中需要协调统一的技术事项所制定的标准。

技术标准主要包括以下几方面的内容：

1. 基础标准

所谓基础标准，是指在一定范围内作为其他标准的基础并普遍使用，具有广泛指导意义的标准。应当指出的是，在企业管理标准、企业工作标准的分类中，也都有相应的基础标准。

对企业来讲，技术基础标准是企业范围内，作为企业制定技术标准、管理标准和生产技术活动的基础。技术基础标准的内容包括：

（1）标准化工作导则。系指指导企业开展标准化工作的指导性标准。包括：

① 标准编写、出版印刷的通用规定。如 GB/T 1.1～1.2；

② 各大类标准的通用编写规定。如 GB 1.3～1.8；

③ 企业技术标准的编写规定。

企业除执行《标准化工作导则》等国家标准外，还可从实际情况出发，自行制定企业的标准化工作导则，以有效指导企业标准化工作的开展。例如作业指导书编写方法。

（2）通用技术语言标准。系指为了使技术语言达到统一、简化、准确，以便于互相交流和正确理解，提高工作效率而制定的标准。包括：

① 术语标准。术语标准一般规定术语定义（或解释性说明）和对应的外文名称。包括：全国通用的综合性术语标准，行业通用的术语标准，企业术语标准。

② 符号、代号、代码、标志标准。

③ 技术制图标准。

（3）量和单位标准。对于量和单位国家标准应强制执行，企业可直接采用，也可根据需要选择部分内容，转化为企业标准。

（4）数值与数据标准。包括：在企业生产技术与质量检测中各种数值的修约规则，生产经营中各种极限数值的制定与表示的标准，包括有特性值和数据表的标准。

（5）互换性与精度标准及实现系列化的标准。

（6）环境保护与安全通用标准。

（7）信息技术、人类工效学、价值工程和工业工程等标准。

（8）各专业的技术指导通则或导则。

（9）技术法规及国际惯例。

2. 产品标准

产品标准，系指对产品结构、规格、质量和检验方法所做的技术规定。它可以规定一个产品或一组产品应满足的要求，以确定其对用途的适应性的标准。

产品标准内容包括：

（1）产品出厂标准。企业产品出厂标准系指作为产品出厂检验、验收和仲裁检验用的标准。

应当着重指出的是，产品出厂标准必须符合《标准化法》要求的合法标准。如：强制性的国家标准、行业标准；安全卫生要求的地方标准或地方技术法规；企业声明执行的推荐性国家标准、行业标准、地方标准；经备案的企业产品标准。

所说有企业声明，是指在产品或其包装上或在产品的声明书、质量证明书、产品说明书、装货清单、交货单、标签上注明采用的产品标准。

经备案的企业生产标准包括：产品没有国家标准和行业标准时制定的企业产品标准；企业为提高产品质量、增强市场竞争力，制定严于国家标准和行业标准，并作为出厂交货依据的企业产品标准；对国家标准、行业标准加以补充规定，并作为出厂交货依据的企业产品标准。

（2）产品内控标准。产品内控标准系指为保证和提高产品质量，企业制定严于国家标准、行业标准的内控标准。

产品内控标准包括：作为企业内部质量控制用，但并不作为出厂检验依据的标准；作为企业产品出厂检验依据，但不作为交货依据的标准。顾客判定产品质量是否合格或国家监督检查，仍以企业执行的产品出厂标准为依据。

应说明的是，企业可根据需要，把内控标准确定为产品出厂检验依据或产品质量内控依据，并在标准的“范围”中说明。

3. 方法标准

所谓方法标准，是指以产品性能、质量方面的检测、试验方法为对象而制定的标准。其内容包括检测或试验的类别、检测规则；抽样、取样、测定、操作、精度要求等方面的方法规定。还包括所用仪器、设备、检测和试验的条件、方法、步骤、数据分析、结果的计算、评定、合格标准、复验规则等。

4. 安全、卫生与环境保护标准

（1）安全标准。安全标准是以保护人和物的安全为目的而制定的标准。内容包括：安全标志、安全色、劳动保护、安全规程、安全管理、安全方面的质量要求、试验方法等项标准。

（2）卫生标准。卫生标准是保护人的健康，对食品、医药及其他方面的卫生要求而制定的标准。其范围包括：食品卫生标准、药物卫生标准、生活用水卫生标准、工业企业卫生标准等。

（3）环境保护标准。环境保护标准是为保护环境和有利于生态平衡，对大气、水、土壤、噪声、振动等环境质量、污染源、检测方法以及其他事项而制定的标准。其内容包括：环保基础标准、环境质量标准、污染物排放标准、环保方法标准等。这些标准一般都是强制制定和强制贯彻执行的。

（二）管理标准

1. 管理标准的基本概念

所谓管理标准，是指对企业标准化领域中需要协调统一的管理事项所制定的标准。管理事项主要指在营销、设计、采购、工艺、生产、检验、能源、安全、卫生环保等管理中与实施技术标准有关的重复性事物和概念。

企业中管理事项涉及的范围广、内容多，为了开展科学管理，建立、健全和不断完善正常的生产经营秩序，制定管理标准是十分必要的。为了适应企业制定管理标准、工作标准的需要，国家质量监督检验检疫总局于2003年修订、发布了国家标准GB/T 15498—2003《企业标准体系　管理标准和工作标准体系》。

2. 管理标准的种类

为适应企业贯彻国家标准、行业标准、地方标准和企业技术标准而制定的涉及广泛内容的各项管理标准，其种类主要有：管理基础标准、营销管理、设计开发管理、采购管理、生产管理标准、设备管理标准、产品检验管理、测量和测试设备管理、不合格及纠正措施管理、科技档案管理、人员管理、安全管理、环保卫生管理、质量成本管理、能源管理以及搬运、贮存、标志、包装、安装、交付售后服务管理等。详见图5—1所示。

（1）管理基础标准。企业管理基础标准是企业范围内作为企业制定各项标准的基础。管理基础标准包括：术语、标准化工作导则、图形符号和量符号、数理统计、网络计划技术、价值工程、可靠性工程、计算机软件工程、企业管理信息系统以及工业工程等。

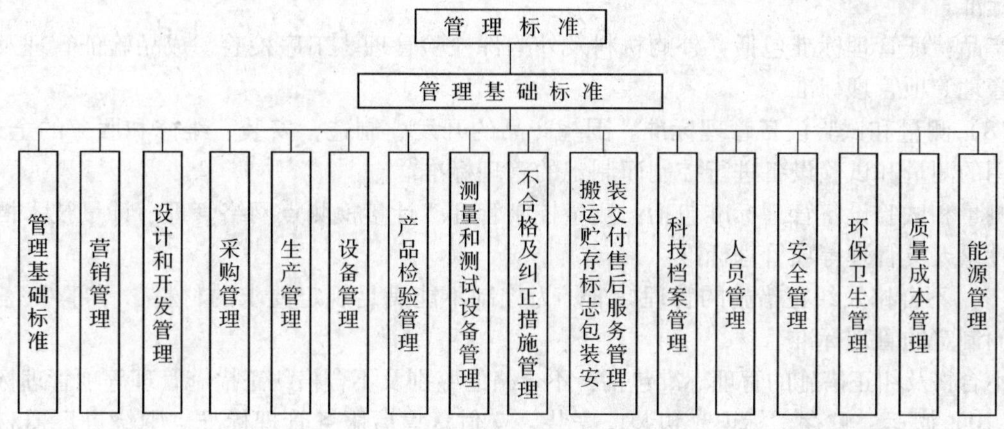

图5—1　管理标准的种类

（2）营销管理标准。在企业营销范围内，围绕市场调研、产品建议书和顾客信息反馈等管理要求所制定的标准。

营销管理标准包括：市场调研与预测、合同详审与管理、产品建议书的编制、销售管理以及经营效益评价等项管理标准。

（3）设计与开发管理标准。对为实现设计与开发各阶段的技术要求而需要协调统一的管理事项所制定的标准。

设计与开发管理标准包括：设计计划和目标管理、设计程序、设计方案的编制、设计评审、产品的鉴定管理、销售准备状态的评审、设计更改的控制、设计复审管理、新产品开发管理、技术革新和合理化建议管理、科技成果管理和奖励以及技术引进管理等项管理标准。

（4）采购管理标准。对企业生产过程中所用原材料、零部件的采购活动中需要协调统一的管理事项所制定的标准。

采购管理标准包括：采购计划的编制、订货合同管理、选择合格的供方、质量保证协议管理、验证方法协议管理、质量争议处理、进货控制及库房管理等项管理标准。

（5）生产管理标准。生产管理是企业生产活动的计划、组织和控制工作，一般是指对生产产品或提供劳务的生产过程对象的管理。生产管理标准则是对企业生产技术准备、原材料投入、工艺加工直至产品或劳动完成的具体活动过程所进行的管理而制定的标准。

生产管理标准包括：工艺方案的编制、工艺规程（操作方法、作业指导书）的编制、工序能力验证、工艺验证和评定、工艺更改、工艺装备管理、公用设施环境管理、定置管理、物资可追溯性管理、特殊工序管理、生产记录管理、生产调度、生产综合计划管理、生产统计以及生产库房管理等项管理标准。

（6）设备管理标准。对设备的选择、控制、维护、保养、改造和报废处理全过程的管理工作而制定的标准。

设备管理标准包括：设备购置管理、设备控制维修保养管理，设备改造与报废管理、设备评级、设备事故管理、设备备品备件管理、锅炉及压力容器管理、设备技术档案管理等项管理标准。

（7）产品验证管理标准。围绕外购材料、外购件的验证、工序检验、成品验证管理制定的标准。

产品验证管理标准包括：外购材料及外购件检验管理、工序检验、成品验证管理及检验报告管理等项管理标准。

（8）测量和试验设备管理标准。围绕产品的开发、制造、安装、维修和服务的全过程，对使用的测量和试验设备进行控制而制定的管理标准。

测量和试验设备管理标准包括：测量控制管理、计量检测点网络管理、计量技术档案管理及计量人员管理等项管理标准。

（9）不合格及纠正措施的管理标准。为控制不能满足规定要求的材料、零部件、工序、成品而制定的管理标准。

不合格及纠正措施的管理标准包括：不合格的鉴别及不合格纠正措施管理等项管理标准。

（10）搬运、贮存、标识、包装、安装、交付、售后服务管理标准。围绕进厂器材，在制品、半成品及成品的搬运、贮存、标识、包装、安装、交付及售后服务，市场信息和产品监督等管理制定的标准。

这一类管理标准包括：搬运管理、贮存管理、标识管理、包装管理、安装管理、交付管理、售后服务管理以及市场信息和产品监督管理等项管理标准。

（11）科技档案管理标准。围绕企业生产经营等技术活动中形成的具有归档保存价值的文字、图表、数据、声像、软盘等资料的管理而制定的标准。

科技档案管理标准包括：科技档案归档管理、质量文件和记录管理以及科技信息管理等项管理标准。

（12）人员管理标准。围绕对企业各类人员培训、资格评定、劳动定额管理而制定的管理标准。

人员管理标准包括：人员培训、特殊作业（包括工序、检验、试验）人员资格评定、调动人员积极性管理及劳动定额管理等项管理标准。

（13）安全管理标准。以保护人和物的安全为目的而制定的管理标准。

安全管理标准的种类包括：产品安全和责任管理、安全教育管理、安全检查、安全技术措施管理、事故管理、危险品毒品管理、安全防火管理及劳保用品使用管理等项管理标准。

（14）环保卫生管理标准。为保护人的健康，以食品、医药及其他方面卫生要求的管理为对象制定的标准。以保护环境和有利于生态平衡对大气、水、土壤、污染源、检测方法以及其他事项的管理为对象制定的标准。

环保卫生管理标准包括：职业卫生管理、“三废”排放与环境监测环境、卫生、文明生产等项管理标准。

（15）能源管理标准。对能源的生产、分配、转换和消耗的全过程进行科学的计划、组织、指挥、监督和调节等管理事项所制定的标准。

能源管理标准包括：能源计划编制、能源计量管理、节能技术改造管理、能源定额管理、企业合理用能评价、润滑技术与燃动装置管理、企业能源利用监测管理以及能源审计管理等项管理标准。

（16）质量成本管理标准。围绕运行质量成本和外部质量保证成本进行管理所制定的标准。

质量成本管理标准的范围包括：质量成本的分类、质量成本的统计与计算、质量成本报告内容和时间的要求、监控及审核评价程序、质量成本分析等项管理标准。

3. 管理标准的内容构成

GB/T 15498—2003《企业标准体系　管理标准和工作标准体系》对管理标准的内容构成做了明确规定。

单项工作标准的内容构成：封面、首页及印刷方面的要求，应符合标准关于印刷方面的规定。在尺寸规格方面不强求与标准的尺寸规格相一致，但在一个企业所有的工作标准规格应统一。

（三）工作标准

1. 工作标准的基本概念

所谓工作标准，是指对企业标准化领域中需要协调统一的工作事项所制定的标准。“工作事项”主要指在执行相应管理标准和技术标准时，与工作岗位的职责、岗位人员基本技能、工作内容、要求与方法、检查与考核等有关的重复性事务和概念。

2. 工作标准的种类

工作标准是以人为对象，按岗位制定的标准。因此涉及的面宽、范围十分广泛。既涉及企业决策层领导干部、中层干部、一般管理干部，又涉及生产车间中的各类人员。详见图5 — 2所示。

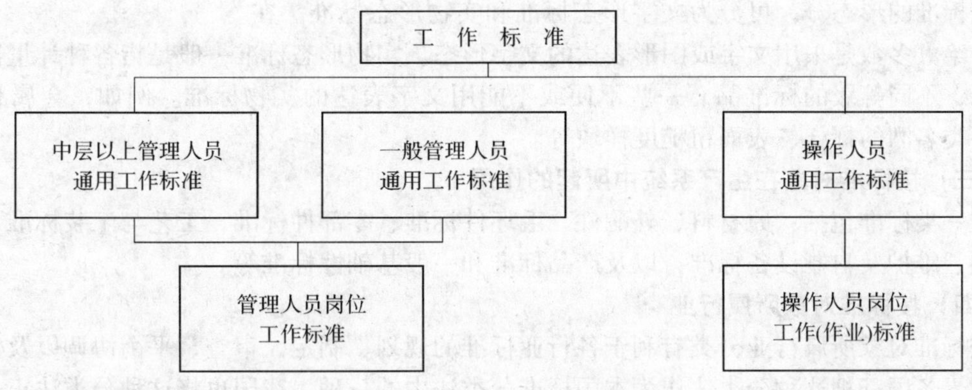

图 5 — 2　企业工作标准和种类

3. 工作标准的内容构成

GB/T 15498—2003《企业标准体系　管理标准和工作标准体系》对工作标准的内容构成做了明确规定。

工作标准的一般内容构成和编写顺序如下：

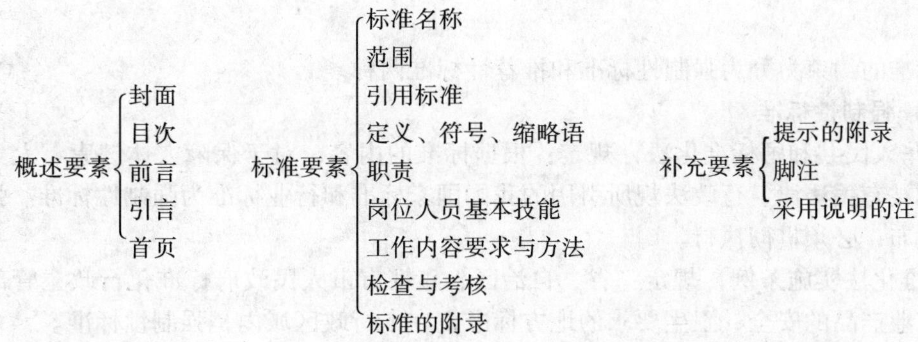

应该说明的是，由于企业各类人员岗位、工作性质、工作地点、环境与条件等的不同，工作标准的构成形式不仅可以采用上述介绍的条文叙述式，还可以采用表格式、表格与条文叙述相结合、图形与文字叙述相结合等形式。

三、按标准的对象分类

按标准的对象分类又称按标准的内容分类。这种分类法主要是按照标准化的对象或其内容而进行的分类。

由于标准的种类繁多，不可能分得很细，所以一般只按标准对象的特征、形态，在生产系统中的作用以及按标准对象所属行业分为四大类。

（一）按标准对象特征与内容

按标准的特征和内容，可分为基础标准、产品标准、方法标准、安全卫生与环境保护标准、管理标准和工作标准。各种标准所包含的内容前面都已做介绍。三种标准之间的关系如图5—3所示。

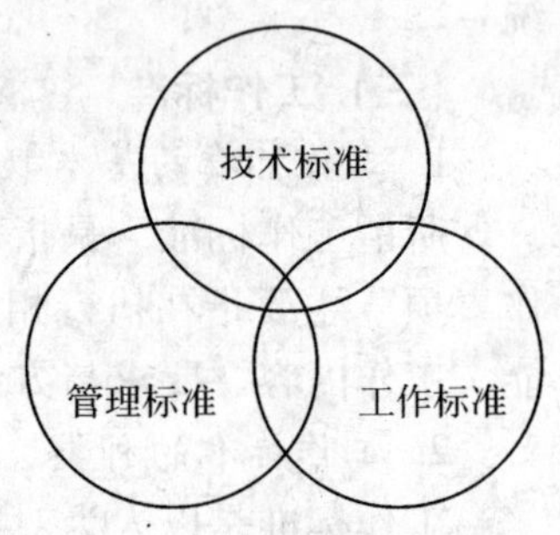

图5—3 三种标准之间的关系

（二）按标准的形态

按标准的形态分，可分为文字形态标准和实物形态标准。在标准中绝大多数是采用文字或图形表达的文字形态。实物形态标准一般是指各种计量器具的基准品，不同等级的标准品，一些不便或不能用文字表达的实物标准。例如，金属材料标样、各类名酒的标样、表面粗糙度样块等。

（三）按标准对象在生产系统中所起的作用

这一类标准包括：原材料、外购件、毛坯件标准、零部件标准，工艺与工装标准，设备的使用、维护及自制设备标准，以及产品标准和一般基础性标准等。

（四）按标准对象所属行业

按标准对象所属行业分类有利于各行业标准的规划、制定、审查、平衡协调以及管理。

世界各国都把这种分类法作为本国标准分类法中的一种。我国也将这种分类法正式作为标准文献分类法。按《中国标准文献分类法》的分类体系，由三级标准所组成：一级主类以行业为主，设置24大类，用24个拉丁字母表示。例如，综合为“A”，农业、林业为“B”，医药、卫生、劳动保护为“C”……

四、按约束力分类

按标准的约束力分为强制性标准和推荐性标准两种。

（一）强制性标准

《中华人民共和国标准化法》规定：根据标准的内容，对于保障人体健康、人身财产安全的，和被有关法律、行政法规所引用的我国国家标准和行业标准为强制性标准。强制性标准一经发布，必须贯彻执行。

《标准化法实施条例》规定：省、自治区、直辖市市人民政府标准化行政主管部门制定的关于工业产品的安全、卫生要求的地方标准，在本行政区域内是强制性标准。

国家发布的军用标准，一经发布各有关部门都必须严格贯彻执行。

强制性标准发布后，在管辖范围内，凡从事科研、生产、经营的单位和个人，都必须严格贯彻执行。对于不符合强制性标准要求的产品，严禁生产、销售和进口。

（二）推荐性标准

《标准化法》规定，除强制性标准以外的标准是推荐性标准。

推荐性标准具有与强制性标准相同的完整性，而其内容的全部或部分内容一般具有超前性，由于是推荐采用，所以不具有法律的约束力。但是，当推荐性标准一经被采用或在合同中被引用时，被采用或被引用的那部分内容就必须严格执行，将受到《合同法》或有关经济法规的约束。

《标准化法》颁布以前，我国实行的是单一的强制性标准，那是为了适应计划经济的需要。随着市场经济的发展，单一的强制性标准已不适应其发展，而必须实行强制性和推荐性两种性质的标准。这是我国标准化工作的一项重大改革。实行两种性质的标准，既可以将该严的标准管严、管住，同时又可以使那些不该管的标准放开搞活。这将会促进市场经济的迅速发展。

第三节　产品图样

产品图样，以前叫图纸，因标准的更改，将图纸改为产品图样。

所谓产品图样，是指根据几何投影方法绘制的用于产品制造或工程施工的工程图样，称为产品图样，简称图样。

图样是表达技术思想、设计构思的重要工具，是现代化大生产的重要技术文件，同时也是进行质量检验最基本的技术依据。

图样既要符合有关标准和法规，又要表达产品组成的结构、零部件的配合关系和完整的轮廓。而且图样还要达到完整、齐全、清晰和准确无误、协调统一的要求。

以机械制造业为例，产品图样中应标注的内容包括：尺寸、公差、形状、表面粗糙度、材质硬度以及制造工艺、检验要求等。

图样中既包括相关标准，又是相关标准的反应。图样与标准一样，都是质量检验的依据。图样中标注的尺寸、公差、表面粗糙度、形位公差等技术要求是进货检验、过程检验、零部件检验、成品检验以及出厂检验等的重要依据。

一、对产品图样的基本要求

产品图样对保证产品质量起着决定性的作用，它必须符合以下基本要求：

（1）应符合国家有关法律、法规的规定；

（2）除应达到完整、正确、统一、齐全、清晰的要求外，还应符合国家、行业及地方的有关标准和要求；

（3）产品图样、设计文件的有关图形、符号、标准及绘制等均应符合现行的国家标准或国际标准等一系列标准规定；

(4) 产品图样、设计文件的内容符合六项互换性基础标准的规定;

(5) 图样上的技术要求应符合该产品所遵循的技术标准;

(6) 图样上标注的计量单位应符合法定计量单位;

(7) 为保证其性能可靠,制造经济,维修方便,在设计产品或零部件时,应根据使用要求,最大限度地采用标准件、通用件以及外购件;

(8) 图样必须能清楚地表达产品及零部件的结构、轮廓、尺寸和各部分的相互关系;

(9) 图样上填写的产品及零部件名称,应达到简短、确切,并符合有关标准;

(10) 图样的签署栏内,应按规定技术责任制的分工,由相关人员签署等等。

二、产品图样的分类

产品图样用途和种类繁多,由于产品结构的复杂程度及用途、行业等的不同,产品图样的分类方法也不同。下面介绍几种常见的产品图样的分类方法。

(一) 按产品图样表示的对象分类

按产品图样表示的对象进行分类,图样的种类有:零件图、简图、装配图、总图、外形图与安装图等。

1. 零件图

零件图是用途最多的一种图样。零件图的用途主要是用来制造与检验零件加工质量的图样。

零件图中应标注尺寸、公差、形状、形位公差、表面粗糙度、材质、硬度以及有关加工工艺、检验等方面的技术要求。

2. 简图

简图是用规定的图形符号、代号和简化画法绘制的示意图样的总称。简图的种类有:系统图、方框图、接线图、原理图、表格图。

(1) 系统图。系统图一般是以注释的方框形式,表达产品或成套设备组成部分某个具有完成共同功能的体系中,各元器件或产品间联结程序的一种简图。

(2) 方框图。方框图,通常是用带注释的围框形式,表明产品或成套设备中各组成部分之间的相互关系、布置情况的一种简图。

(3) 接线图。接线图是根据电气原理图表明整个系统或部分系统中,各电气元件之间安装、连接以及布线等的工作图样。

(4) 原理图。原理图是用来表达产品工作程序功能及各组成部分的结构、动作原理的一种简图。

(5) 表格图。表格图是用表格表示两个或两个以上形状相同的零、部件或产品。表格中包括必要的数据和相关技术要求的工作图样。

3. 装配图

装配图分部分装配图与总装配图。

部分装配图是表达组成产品的某一部分,其各零、部件之间的连接及其技术要求的图样。

总装配图，是表达组成一个完整产品的各部分及所有零、部件的相互连接的图样。还应包括产品装配与检验所必须的数据和技术要求。

4. 总图

总图是表达产品及各组成部分概况、相互关系和基本性能的图样。

当在总图中标注有产品及其各组成部分的外形、安装和连接尺寸时，也可兼作外形图使用。

5. 外形图

外形图是标注有产品外形、安装和连接尺寸的产品轮廓图样。

6. 安装图

安装图是产品在使用地点进行安装用的图样。安装图应包括：产品及其各组成部分的轮廓图形，安装时所必需的数据、零件、材料以及技术要求、说明等。

（二）按产品设计过程分类

按产品设计过程分为设计图样与工作图样两种。

1. 设计图样

设计图样是产品初步设计和技术设计时绘制的图样。

2. 工作图样

工作图样的种类包括：样机（样品）试制图样、小批生产试制图样及正式生产图样等。

工作图样是指在工作图设计时绘制的，包括产品及其各组成部分在制造、检验时所必需的结构尺寸、数据和技术要求的图样。

（三）按图样完成的方法和使用特点分类

按图样完成的方法和图样使用特点，分为原图（稿）、底图（稿）、副底图（稿）及复印图（稿）几种。

1. 原图（稿）

原图（稿）是供描底图用的图样或技术文件。

2. 底图（稿）

底图（稿）是完成规定签署手续，供用来制作复印图（稿）用的图样或技术文件。

3. 副底图（稿）

副底图（稿）是指与底图（稿）完全一致的底图（稿）副本。

4. 复印图（稿）

复印图（稿）是指能保证用与底图或副底图（稿）完全一样的方法制出的图样或技术文件。

第四节　工艺文件

在工业生产中将各种原材料、半成品加工成产品的方法和过程，被称为工艺，所形成技术性材料为工艺文件。

工艺文件包括工艺规程和基准。

（一）工艺规程

所谓工艺规程，是指规定产品或零件制造工艺过程和操作方法的工艺文件。工艺规程包括：工艺过程路线表、工序卡片、检验卡片、工艺装备图样以及铸、锻毛坯图样等。

工艺规程应包括的内容有：

（1）整机、部件、零件的名称和代号；包括单台数量、材料、所用机床设备；所使用的工、夹、刃、量具名称、规格及代号。

（2）绘制零件工序简图，标注的内容主要有：

① 定位基础（包括主基准、导向基准及止推基准）和夹紧部位；

② 用加粗实线或其他方法表示被加工表面；

③ 标注原始尺寸、测量尺寸和检测基准；

④ 标注被加工表面的尺寸公差、形位公差及表面粗糙度；

⑤ 填写不适宜用形位公差表示的特殊技术要求、热处理及表面处理要求等。

（3）规定工序加工的内容，划分工步、工位，明确走刀次数和切削用量。

（4）规定单件加工工时定额。对精度较高零件有的工序还要规定工件技术等级。

（5）附注、填写其他需要说明的问题。

在生产过程中，操作者严格按工艺规程生产，检验人员认真按工艺规程进行检验，才能生产符合工艺规程要求的合格产品。

（二）基准

所谓基准，是指零件上用来确定其他点、线、面位置的那些点、线、面。然而，作为基准的点、线、面在零件上不一定直观表现出来。例如，孔的中心通常用一些具体的方法体现的。若检验一个有内孔的轴的径向跳动量是通过其内孔的表面体现轴线的，内孔表面就被称为检验基准面。

基准是进行质量检测的基础，只有找准基准才能得出准确可靠的检验结果。

根据基准的作用，可分为设计基准和工艺基准两类。

1. 设计基准

设计基准，是指在零件图上用来确定其他点、线、面的基准。设计基准是由该种零件在产品总体结构中所起的作用来确定的。

2. 工艺基准

工艺基准是指零件在加工、测量和装配等过程中，所依据的零件本身的点、线、面。

工艺基准又可分为定位基准、检测基准和装配基准 3 种。

（1）定位基准。零件在加工过程中，用来决定被加工件位置的点、面、线，被称为定位基准，例如，在车床上车削加工一曲轴，车床前、后顶尖所顶的曲轴的两端中心孔，就是车削加工的定位基准。

（2）检测基准。在测量零件加工部位的尺寸和位置时，所依据零件本身上的点、线、面，被称为检测基准。如上例中，车削加工曲轴外圆，在测量其外圆径向跳动量时，其定位基准，轴的两端中心孔，就作为检测基准。

（3）装配基准。在进行产品装配时，用来确定零部件在整机中的位置所依据的点、线、面，被称为装配基准。

在生产加工过程中，为减小乃致消除由于基准不重合而产生的误差，应尽量使设计基准、定位基准与装配基准相重合，使定位基准与检测基准相重合。

第五节 购销合同

产品应严格按照技术标准、产品图样及工艺文件进行检验验收。但是，当标准的规定满足不了要求、无标准或有特殊需要时，供需双方可签订购销合同，作为生产与检验验收的依据。

（一）与购销合同有关的法律、法规

在签订购销合同时，应严格遵守国家有关购销合同的经济法律和法规。

1.《中华人民共和国合同法》

1999 年 10 月 1 日实施的《中华人民共和国合同法》是为了维护合同当事人的合法权益，维护社会经济秩序，促进社会主义现代化建设。该合同法与 1991 年 12 月 13 日第五届全国人大第四次会议通过的《中华人民共和国经济合同法》有较大的变化。它增加了许多与现实经济活动密切相关的条款，以适应市场经济条件下签订与执行各类合同的需要。

2.《国务院工矿产品购销合同条例》

国务院于 1984 年 1 月 23 日发布了《工矿产品购销合同条例》，该条例第十三条明确规定供方应对产品质量负责的条件和期限。对成套产品，在合同中应明确规定附件的质量要求。对某些必须安装后才能发现内在质量缺陷的产品，除主管部门另有规定者外，合同中应具体规定提出质量异议的条件和时间。第十四条供方应对提供产品的质量负责。供方交货时，应将产品合格证（或质量保证书）和双方商定的必要的技术资料随同产品或运单交需方据以验收。需方在验收中，如发现没有合格证（或质量保证书）和必要的技术资料，在托收承付期内有权拒付这部分产品的货款，并将产品妥为保管，立即向供方索要，供方应及时补送给需方。

（二）签订合同主要条款

根据《中华人民共和国合同法》的规定，合同的内容由当事人约定，一般应包括以下条款：

（1）当事人的名称或者姓名、住址；

（2）标的；

（3）数量；

（4）质量；

（5）价款或者报酬；

（6）履行期限、地址和方式；

（7）违约责任；

（8）解决争论的方式。

当事人可以参照各类合同的示范文本，订立相应的合同。

（三）签订加工承揽合同主要条款

签订“加工承揽经济合同”应包括以下主要条款：

（1）加工承揽的品名或项目；

(2) 数量、质量、包装和加工方法;

(3) 原材料的提供及其规格、数量和质量;

(4) 价款或酬金;

(5) 履行的期限、地点和方法;

(6) 验收标准和方法;

(7) 结算方式、开户银行和账号;

(8) 违约责任;

(9) 双方约定的其他条款。

在工矿产品的购销活动中，近几年来大量的纠纷，往往是由于签订的合同中没有清楚而明确地写上质量要求和验收条款而引起的。由于合同条款内容不全，给仲裁机构进行仲裁带来很大困难。为了防止纠纷，在签订购销合同时必须写明产品质量条款和验收条款。

(四) 进口商品签订质量检验条款的内容

进口商品签订质量检验条款的主要内容包括:

(1) 出口方的检验报告：其内容包括商品数量、重量、质量以及包装要求。

(2) 进口方检验：合同中应明确规定由中华人民共和国某某进口商品检验局检验或由商检机构指定的检验机构检验。

(3) 检验标准和技术要求。它是到货验收和检验的技术依据，也是发生索赔、诉讼、仲裁等的重要根据。

(五) 出口合同中的商品检验条款

出口合同中的商品质量检验条款一般包括以下内容:

(1) 检验标准：依据哪国什么标准应注明其标准名称及标准号。

(2) 检验机构：确定由哪个商检机构负责。

(3) 检验权与复验在合同中都应填写清楚。

(4) 检验时间和地点要写清楚。

(5) 检验证书：商检部门检验合格应颁发检验证书。

我国出口合同及协议中，有时又把商检和索赔一起予以规定，称为“商检与索赔”条款。

第六节 标准样品

标准样品由于受行业的影响又被称为标准样件、样块或试样等。

在某些行业，被检验产品的质量特性使用检测仪器或检测工具进行检验比较困难时，往往采用标准样品进行检验。例如，喷漆的颜色往往采用“色标”，即颜色标准进行对比检验；又如，检验磨或研磨加工精度较高的金属表面，在生产现场检验其粗糙度（又称表面光洁度）比较简单易行的方法是采用表面粗糙度样块进行对比检验，有经验的检验人员也可得出比较理想的检验结果。

选择或使用标准样品应注意以下几点:

(1) 在企业内使用标准样品作为检验依据时，应由工艺部门编制“标准样品”使用规则，指导生产工人和检验员如何使用和界定合格与否。

（2）在使用标准样品界定产品合格与否，生产工人与检验人员发生分歧时，应采用其他检验方法进行校准。

（3）若与厂外供方或顾客使用标准样品作为检验依据时，应由供、需双方共同商议并认可。对标准样品的选择、认定和管理，也应有相应的规定。

（4）标准样品作为检验依据，应由检验部门编号、上账并妥善保管，编制检定周期，定期进行校准。

（5）为让使用标准样品的人，包括生产工人、检验人员及有关人员，熟悉掌握标准样品的正确使用方法，得出比较准确的观察结果，应对相关人员进行标准样品正确使用的培训。

第六章

2008版ISO9000 族标准与质量检验

第一节　ISO 9000 族标准概述

（一）2008 版 ISO 9000 族标准的构成

2008 版 ISO 9000 族标准在组成结构上与 2000 版标准比较变化不大，只在文词上做了仔细推敲，加以改动或补充，其目的旨在更准确、清楚地表述标准的意图。标准包括：

第一部分：核心标准。

ISO 9000：2005《质量管理体系　基础和术语》；

ISO 9001：2008《质量管理体系　要求》；

ISO 9004：2009《质量管理体系　有效性和效率指南》；

ISO 19011：2002《质量和（或）环境管理体系审核指南》。

第二部分：其他标准。

ISO 10012：2001《测量控制系统》。

第三部分：技术报告。

目前已发布的转入技术报告的有 ISO/TR 10013：2001《质量管理体系　文件指南》。其他部分将根据 ISO/TC 176 的计划，进行修订后发布。

（二）2008 版 ISO 9000 族核心标准简介

1. ISO 9000：2005《质量管理体系　基础和术语》

本标准明确了质量管理的八项原则是组织改进其业绩的框架，它能帮助组织获得持续成功，也是 ISO 9000 族质量管理体系标准的基础。标准还表述了建立和运行质量管理体系应遵循的 12 个方面的质量管理体系基础知识。标准给出了有关质量的 84 个词条，分 10 个部分，阐明了质量管理领域所用术语的概念。在提示的附录中，用概念图表达了每一部分概念中各个术语的相互关系，帮助使用者形象地理解相关术语之间的关系，系统地掌握其内涵。

本标准代替了 ISO 9000：2000 标准。

2. ISO 9001：2008《质量管理体系　要求》

本标准规定了对质量管理体系的要求，供组织需要证实其具有稳定地提供满足顾客要求和适用法律法规要求产品的能力时应用。组织可通过体系的有效应用，包括持续改进体系的过程及确保符合顾客与适用法律的要求，增强顾客满意。

标准应用了以过程为基础的质量管理体系模式的结构，鼓励组织在建立、实施和改进质量管理体系及提高其有效性时，采用过程方法，通过满足顾客要求增强顾客满意。过程方法的优点是对质量管理体系中诸多单个过程之间的联系及过程的组合和相互作用进行连续的控制，以达到质量管理体系的持续改进。

PDCA模式（又称工作循环）适用于所有的过程：

P：策划——根据顾客要求和组织方针，为提供结果建立必要的目标和过程；

D：实施——实施过程；

C：检查——根据方针、目标和产品要求，对过程和产品进行监视和测量，并报告结果；

A：改进——采取措施，以持续改进过程业绩。

本标准是用于审核和第三方认证的唯一ISO 9000族标准。它可用于内部和外部（第一、二、三方）评价组织提供满足组织自身要求和顾客、法律法规要求的产品的能力。

3. ISO 9004：2009《质量管理体系　有效性和效率指南》

该标准尚未转化为我国国标。

4. ISO 19011：2002《质量和（或）环境管理体系审核指南》

该标准合并了1994版ISO 10011－1《质量体系审核指南　第一部分：审核》、ISO 10011－2《质量体系审核指南　第二部分：质量体系审核审核员的评定准则》、ISO 10011－3《质量体系审核指南　第三部分：审核工作管理》3个分标准，并取代了1996版的ISO 14010、ISO 14011和ISO 14012。遵循“不同管理体系可以有共同管理和审核要求”的原则。该标准对于质量管理体系和环境管理体系审核的基本原则，审核方案的管理，环境和质量管理体系审核的实施，以及对环境和质量管理体系审核员的资格要求提供了指南。它适用于所有运行质量和（或）环境管理体系的组织，指导其内审和外审的管理工作。

该标准在术语和内容方面兼容了质量和环境管理体系的特点，在对审核员的基本能力及审核方案的管理中，均增加了了解、确定法律和法规要求。

第二节　质量管理原则、基础和术语

一、八项质量管理原则

（一）以顾客为关注焦点

组织依存于顾客，因此，组织应当理解顾客当前和未来的需求，满足顾客要求并争取超越顾客期望。

任何组织（工业、商业、服务或行政组织）均应提供满足顾客要求和期望的产品（包括软件、硬件、流程性材料、服务或它们的组合）。如果没有顾客，组织将无法生存。

应用“以顾客为关注焦点”的原则，组织将会采取如下活动：

（1）调查、识别并理解顾客的需求和期望；

（2）确保组织的目标与顾客的需求和期望相结合；

（3）确保在整个组织内沟通顾客的需求和期望；

（4）测量顾客的满意程度并根据结果采取相应的活动或措施；

（5）系统地管理好与顾客的关系。

（二）领导作用

领导者应确保组织的目的与方向的一致。他们应当创造并保持良好的环境，使员工能充分参与实现组织目标的活动。

在组织的管理活动中，可分为：制定方针和目标、规定职责权限、建立管理体系、实现策划活动、控制并改进等活动。

运用“领导作用”原则，组织通常采取下列措施：

（1）确保组织的目的与方向的一致；

（2）为本组织的未来描绘清晰的远景，确定富有挑战性的目标；

（3）在组织的所有层次上建立价值共享、公平、公正和道德伦理观念；

（4）为员工提供所需的资源和培训，并赋予职责范围内的自主权。

（三）全员参与

各级人员都是组织之本，只有他们的充分参与，才能使他们为组织的利益发挥其才干。

人是管理活动的主体，也是管理活动的客体。人的积极性、主观能动性、创造性的充分发挥，人的素质的全面发展和提高，既是有效管理的基本前提，也是有效管理应达到的效果之一。

运用“全员参与”原则，组织将会采取下列措施：

（1）让每个员工了解自身贡献的重要性及其在组织中的角色；

（2）以主人翁的责任感去解决各种问题；

（3）使每个员工根据各自的目标评估其业绩状况；

（4）使员工积极地寻找机会增强他们自身的能力、知识和经验。

（四）过程方法

将活动和相关的资源作为过程进行管理，可以更高效地得到期望的结果。

利用资源并通过管理，将输入转化为输出的一组活动，均可视为一个过程。系统地识别和管理组织所应用的过程，特别是这些过程之间的相互作用，可称之为“过程方法”。

运用“过程方法”组织将会采取下列活动：

（1）系统地识别所有活动，使其取得预期结果；

（2）要明确管理活动的职责及权限；

（3）具备分析和测量关键活动的能力；

（4）识别组织职能之间和职能内部活动的接口；

（5）注重改进组织活动的各种因素。比如人力资源、测试方法、统计技术的应用以及原材料的采用等。

（五）管理的系统方法

将相互关联的过程作为系统来看待、理解和管理，有助于组织提高实现目标的有效性和效率。

所谓系统方法，它包括三大环节：系统分析、系统工程、系统管理。就是将收集到的数据及资料或客观事实加以分析，确定所要达到的优化目标，即系统分析；然后通过系统工程即为达到目标所采取的各项措施和步骤以及资源的配置等，进行设计或策划，形成方案；最后在实施中加以系统管理而取得较高的有效性和效率。

运用“管理的系统方法”组织将会采取以下的管理措施：

(1) 建立一个以过程方法为主体的质量管理体系；

(2) 明确并理解体系内各过程的互相作用的依赖关系协调一致；

(3) 控制并协调体系各过程的运行，特别关注体系内的关键或特殊过程，应规定其运作的方法和程序；

(4) 通过体系的测量和评审，采取措施以持续改进体系的有效性，提高组织的业绩。

(六) 持续改进

持续改进总体业绩应当是组织的一个永恒目标。

事物是在不断向前发展的，都会经历一个由不完善而走向完善，直到更新的过程。人类对过程结果的要求也在不断地变化和提高。这就需要持续改进体系。

应用“持续改进”原则，组织将会采取以下的措施：

(1) 在整个组织范围内采用始终如一的方法推行持续改进组织的业绩；

(2) 为员工提供有关持续改进的方法和手段的培训；

(3) 使产品、过程和体系的持续改进成为组织内每位成员的业绩；

(4) 为跟踪持续改进规定测量目标；

(5) 对改进结果进行评定并对有功员工给予通报表扬和奖励。

持续改进的最终目的是改进组织的质量管理体系的有效性，改进过程的能力，提高产品质量，增强顾客满意度。

(七) 基于事实的决策方法

有效决策是建立在数据和信息分析的基础上。

数据、信息作为过程的输入，决策方案即为过程的输出。输出决策方案的正确性取决于输入数据和信息的分析程度，也就是决策活动的水平。

应用“基于事实的决策方法”，组织将会采取以下活动：

(1) 确保数据和信息有足够的精确度和可靠性；

(2) 让数据和信息能为使用者利用；

(3) 应用统计技术方法对数据和信息进行分析；

(4) 根据对事实的分析、过去的经验和直觉判断做出决策，并采取行动。

(八) 与供方互利的关系

组织与供方是相互依存的，互利的关系可增强双方创造价值的能力。

合适的供方对组织的供货业绩起到相当重要的作用。在专业化和协作日益发展、供应链日趋复杂的今天，与供方的互利关系将会影响到组织对市场的快速能力。因此，对供方不能只讲控制不讲合作，特别是关键的供方，更应建立互利关系，这对组织与供方都有利。

应用“与供方互利的关系”原则，组织将会采取以下的措施：

(1) 识别和选择关键供方；

(2) 在建立与供方关系时，既要考虑短期收益也要考虑长远利益，在综合平衡的基础上，建立互利关系；

（3）与供方共享专门技术、信息和资源；

（4）创造一个通畅和公开的沟通渠道；

（5）对供方所做出的改进和取得的成果给予评价和鼓励。

二、质量管理体系基础

质量管理体系基础在 ISO 9000：2005 标准第 2 章中列出了 12 条，其内容主要包括两大部分：一是八项质量管理原则具体应用于质量管理体系的理论说明，二是对其他问题的说明。

（一）质量管理体系的理论说明

质量管理体系的理论是基础的总纲，共说明了 4 个方面的问题。

（1）说明建立质量管理体系的目的是为了帮助组织增强顾客满意。

（2）说明顾客对组织的重要性。

（3）说明顾客对组织持续改进的影响。顾客的需求和期望是不断变化的，这就驱使组织要持续改进其产品和过程。

（4）说明了质量管理体系的重要作用。

（二）质量管理体系要求与产品要求

ISO 9000 族标准将质量管理体系要求与产品要求区分开了。两种要求具有不同的性质。

ISO 9001：2008 标准是对质量管理体系的要求。这种要求是通用的，适用于各种行业或部门，提供各种不同类别的产品（包括硬件、软件、服务和流程性材料等）和各种不同规模（包括大型、中型、小型等）的组织。ISO 9001 本身并不规定产品要求。组织应根据自己的具体情况建立质量管理体系。

产品要求可由顾客规定，或由组织通过预测顾客的要求规定，或由法规规定。产品要求和有关过程要求可包含在诸如技术规范、产品标准、过程标准、合同协议和法规等要求之中。

对于一个组织来说，产品要求和质量管理体系要求缺一不可，不能互相取代，只能相辅相成。

（三）质量管理体系方法

质量管理体系方法是管理的系统方法的原则在建立和实施质量管理体系时的具体应用。

在 ISO 9000 标准中，建立和实施质量管理体系的方法包括以下 8 个步骤：

（1）确定顾客和其他相关方的需求和期望；

（2）建立组织的质量方针和质量目标；

（3）确定实现质量目标必需的过程和职责；

（4）确定和提供实现质量目标必需的资源；

（5）规定测量每个过程的有效性和效率的方法；

（6）应用这些方法确定每个过程的有效性和效率；

（7）确定防止不合格并消除产生原因的措施；

（8）建立和应用持续改进质量管理体系的过程。

上述方法也适用于保持和改进现有的质量管理体系。

采用上述方法的组织能够对其过程能力和产品质量树立信心，为持续改进提供基础，从而增进顾客和其他相关方满意，并使组织得到成功。

（四）过程方法

所谓过程就是：一组将输入转化为输出的相互关联或相互作用的活动。所谓过程方法就是：系统地识别和管理组织所应用的过程，特别是这些过程之间的相互作用。通常，一个过程的输出将直接成为下一个过程的输入。在 ISO 9000 标准中，以过程为基础的质量管理体系模式图表示了质量管理体系的四大过程即：管理职责过程，资源管理过程，产品实现过程，测量、分析和改进彼此相连的过程。标准鼓励组织采用此方法管理组织。这样，组织就明确了主要过程，以便进一步展开、细化，并对过程进行连续控制，从而改进体系的有效性。

（五）质量方针和质量目标

所谓质量方针就是由组织的最高领导者正式发布的该组织总的质量宗旨和方向。

所谓质量目标就是在质量方面所追求的目的。

质量方针是组织在质量方面所追求的方向，是定性要求。一般来说，语言应精练、词句应简短、容易记牢。它应包括组织的产品要求、质量管理、顾客满意、持续改进等内容。质量方针应为建立和评审质量目标提供框架。而质量目标则应定量化，是可测量的要求，一般来说 3 ~ 5 条即可。按 ISO 9001 标准要求，质量目标应在适当层次上进行展开、细化，为评审质量方针完成情况提供数据依据。质量目标的实现对产品质量、体系运行有效性，以及财务业绩都有积极的影响作用。

（六）最高领导者在质量管理体系中的作用

组织的最高领导层，具有决策、指挥和控制的职责和权力。因此，他们应在质量管理体系运行中充分发挥其领导作用，为全体员工创造一个充分参与活动的良好环境，使他们能够在体系运行中发挥其主动性、积极性和创造性。在 ISO 9000 标准中对最高领导者应发挥以下 9 个方面的作用：

（1）制定并保持组织的质量方针和质量目标；

（2）通过在整个组织内宣传质量方针并促进质量目标的实现，增强员工的意识、积极性和参与程度；

（3）确保整个组织关注顾客要求；

（4）确保实施适宜的过程，以满足顾客和其他相关方要求并实现质量目标；

（5）确保建立、实施和保持一个有效和高效的质量管理体系以实现这些质量目标；

（6）确保获得必要资源；

（7）定期评审质量管理体系；

（8）决定有关质量方针和质量目标的措施；

（9）决定改进质量管理体系的措施。

（七）文件

所谓文件就是信息及其承载媒体。

文件的价值能够传递信息，沟通意图、统一行动。其使用有助于：

（1）满足顾客要求和质量改进；

（2）提供适宜的培训；

（3）重复性和可追溯性；

（4）提供客观证据；

（5）评价质量管理体系的有效性和持续适宜性。

编制文件的最终目的是因为它是一项增值的活动。文件的多少及复杂程度取决于组织的规模大小、人员的技能水平和培训的需要等因素。文件必须要在质量管理体系的运行实施中加以使用，才能产生效果。

在质量管理体系中所形成的文件类型有以下几种：

（1）质量手册：其内容应覆盖 ISO 9001 标准要求。它是组织对内部及外部提供质量管理体系一致信息的文件。

（2）质量计划：表述质量管理体系如何应用于特定产品、项目或合同的文件。

（3）规范：是阐明要求的文件。

（4）指南：是阐明推荐的方法或建议的文件。

（5）程序、作业指导书和图样：是提供始终如一的信息文件。

（6）记录：为完成活动或达到的结果提供客观证据的文件。

文件的多少和详略程度及使用媒体，取决于下列因素：

（1）组织的规模和类型；

（2）过程的复杂性和相互作用；

（3）产品的复杂性；

（4）顾客的要求和期望；

（5）适用的法律法规要求；

（6）经证实的人员能力；

（7）满足质量管理体系要求所需证实的程度。

（八）质量管理体系评价

对质量管理体系的适宜性、充分性和有效性进行系统的定期评价。包括下列 4 个方面内容：

1. 体系过程评价

过程是否已被识别并适当地规定；职责是否已被分配；程序是否得到实施和保持；在实现所要求的结果方面过程是否有效等内容。

2. 体系审核

体系审核可分第一、二、三方审核 3 种类型。第一方审核是组织内部审核；第二方审核是顾客审核；第三方审核是国家授权的审核机构进行审核并颁发审核证书。

审核应获得审核证据并对其进行客观评价，确定满足审核准则的程度。是具有系统的、独立的过程，并形成文件。“审核准则”一般是指 ISO 9001 标准及组织的质量手册、程序文件及适用的法律法规文件。

通过体系审核可发现体系运行情况与审核准则的符合程度，以寻求体系改进机会，评价并确定体系运行的有效性、充分性和符合性。

3. 体系评审

体系评审也就是 ISO 9001 标准中所提的管理评审，由组织的最高管理者主持，以会议形式进行定期（按计划间隔时间）的系统评价体系运行的适宜性、充分性、有效性以及效率情况。这种评审可包括考虑修改质量方针和质量目标的需求以响应相关方需求和期望的变化。

管理评审输入内容包括内部审核报告和其他信息源（如顾客需求、产品质量、预防和纠正措施等）；管理评审的输出是体系改进或修改的内容。

4. 自我评定

组织自我评定是一种参照质量管理体系或优秀模式对组织活动和结果所进行的全面、系统的评审。自我评定结果可提供一种对组织业绩和质量管理体系成熟程度的总的看法，可帮助组织优先确定改进的领域和所要开展的事项。

（九）持续改进

持续改进质量管理体系的目的在于增加顾客和其他相关方满意的机会。持续改进包括下列活动步骤：

（1）分析和评价现状，以识别改进区域；
（2）确定改进目标；
（3）寻找可能的解决办法，以实现这些目标；
（4）评价这些解决办法并做出选择；
（5）实施选定的解决办法；
（6）测量、验证、分析和评价实施结果，以确定这些目标已经实现；
（7）正式采纳更改；
（8）必要时，对结果进行评审，以确定进一步改进的机会。

（十）统计技术的作用

建立质量管理体系，并对体系运行情况进行控制，使之处于稳定状态条件下运行。稳定不是没有变异。了解变异，解决变异中存在的问题，有助于组织提高体系运行的有效性和效率。应用统计技术了解变异情况，从而找到解决问题的途径。

在许多活动的状态和结果中，都可以看到变异情况，而这些变异就是通过产品或过程的特性得到测量和观察。这些变异有的影响产品或过程质量，有的不会影响产品或过程质量。如何判定就要应用统计技术来加以识别。

统计技术有助于对变异情况进行测量、描述、分析、解释和建立数学模型，甚至在数据相对有限的情况下也可实现。这种数据的统计分析能对更好地理解变异的性质、程度和原因提供帮助，从而帮助组织采取相应的措施，解决已出现的问题。甚至还可以预防由于变异而产生的问题，促进持续改进。

统计技术是促进持续改进产品质量、过程和体系的有效性的有力工具。

（十一）质量管理体系与其他管理体系的关注点

组织的管理体系由诸多管理体系组成，其中质量管理体系是重要的组成部分，它致力于与质量目标有关的结果适当地满足相关方的需求、期望和要求。其他管理体系如：财务管理体系、环境管理体系、职业卫生与安全管理体系等，它们的目标是相辅相成的，构成了组织的整体管理体系，这将有利于策划、资源配置、确定互补的目标并评价组织的整体有效性。

在评价组织管理体系时，可以分别对照相关标准要求进行审核评价，也可以合并为一体进行整体审核评价。

（十二）质量管理体系与优秀模式之间的关系

ISO 9000 族标准与美、日经济发达国家所推行的优秀质量管理模式，如美国波多里奇评选国家质量奖的标准、全面质量管理（TQM）、日本戴明奖（国家质量管理奖）等，它们之间有共同之处，也有不同之处。共同之处是两种方法所依据的原则相同，即：

（1）使组织能够识别它的强项和弱项；

（2）包含按通用模式进行评价的规定；

（3）为持续改进提供基础；

（4）包含外部承认的规定。

而不同之处是它们的应用范围不同：

ISO 9000 族标准提出了对质量管理体系的要求和业绩改进指南，通过体系评价可确定这些要求是否得到满足。

优秀模式包含能够对组织业绩进行比较评价的准则，并能适用于组织的全部活动和所有相关方。优秀模式评定准则提供了一个组织与其他组织的业绩相比较的基础。

以上 12 条质量管理体系基础，对我们理解 ISO 9000 族标准内容很有指导性作用。特别是理解八项质量管理原则如何在质量管理体系中应用。有些则是对质量管理体系的某些方面的说明。

三、质量管理体系术语

术语是理解 ISO 9000 族标准的基础，它统一了各国使用者采取国际标准对内容的理解。随着国际标准的变化，质量管理的术语标准也得到变化不大的修改，更加准确、科学和易于理解、使用。

（一）术语标准的总体变化

2008 版的术语标准与 2000 版术语标准比较，其主要变化表现在：

对某些原文术语作了文字或编排位置上的调整，还有的术语增加了注解，这样更有利于对术语内容的准确理解。

另外新增的三个术语是：

（1）**合同**（3.3.8）contract：有约束力的协议。

注：在本标准中所定义的合同的概念是通用的。在 ISO 的其他文件中，本词汇的使用可能更加具体。

（2）**审核计划**（3.9.12）audit plan：对**审核**（3.9.1）活动和安排的描述。

（3）**能力**（3.1.6）competence：经证实的应用知识和技能的本领。

注 1：在本标准中，所定义的能力的概念是通用的。在 ISO 的其他文件中本词汇的使用可能更加具体。

注 2：在 GB/T 19000 族标准中，**术语能力**（capability）（3.1.5）特指组织、体系或过程的“能力”，而**能力**（competence）（3.1.6）则特指人员的“能力”。

取消的三个术语是：准则、审核员资格、合格审核员。

（二）术语的代替规则

2008 版的术语标准第 3 章“术语和定义”中所定义的术语，如果出现在其他术语中，该定义将使用黑体字表示，并在其后括号中附原词条号。这种以黑体字表示的术语，可以用其完整的定义所替代。例如：

产品的定义是：**过程**（3.4.1）的结果。如果将“过程”的定义代入其中，则产品的定义即是：一组将输入转化为输出的相互关联或相互作用的活动的结果。

有的术语中可能会涉及多个其他术语，最好一次替代一至两个术语，如果将所有涉及的多个术语全部替代的话，将使该术语很繁琐，并难以理解。例如：

设计和开发的定义是：将**要求**（3.1.2）转化为**产品**（3.4.2）、**过程**（3.4.1）或**体系**（3.2.1）的规定的**特性**（3.5.1）或**规范**（3.7.3）的一组**过程**（3.4.1）。其中涉及 7 个其他术语，都一次性加以替代，就将使该术语变得很繁琐，并很难理解了。

（三）术语的概念关系与概念图

术语之间不是互相独立的，在概念之间有相互联系的关系。在 ISO 9000 标准的附录 A 中列出了三种主要形式：属种关系、从属关系和关联关系。

1. 属种关系

在层次结构中，下层概念继承了上层概念的所有特性，并包含有将其区别于上层和同层概念的特性的表述。这类关系用一个没有箭头的扇形或树形图表示。例如：季节与春、夏、秋、冬，见图 6—1；体系与管理体系、质量管理体系；文件与规范、质量手册、质量计划、程序文件和记录等。

图 6 — 1　属种关系

2. 从属关系

在层次结构中，下层概念是上层概念的组成部分。这类关系通过一个没有箭头的耙形图表示。例如：年与春、夏、秋、冬，见图 6 — 2；质量管理与质量策划、质量控制、质量保证和质量改进；相关方与供方、顾客，纠正与返工、降级等。

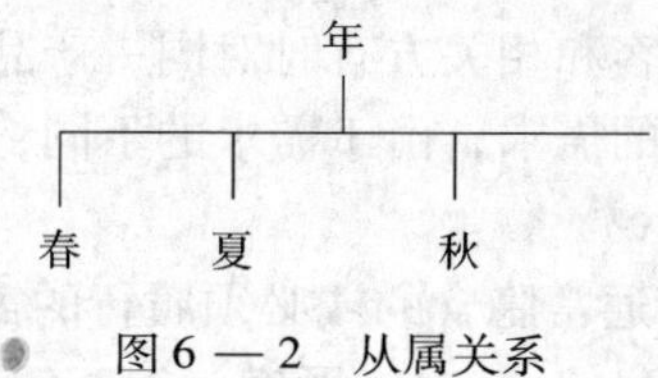

图 6 — 2　从属关系

3. 关联关系

关联关系在概念体系中，虽然不像属种关系和从属关系那样提供简单的表述，但是它有助于识别概念体系中一个概念与另一个概念之间关系的性质。这类关系用一条在两端带有箭头的线绘出的关系图表示。例如：阳光和夏天，见图 6 — 3；过程和程序、过程和产品、不合格和缺陷、不合格和合格、不合格和纠正、不合格和报废等等。

阳光 ←——→ 夏天

图 6 — 3　关联关系

四、主要术语

（一）质量（3.1.1）

一组固有**特性**（3.5.1）满足**要求**（3.1.2）的程度。

注1：术语质量可使用形容词如差、好或优秀来修饰。

注2："固有的"就是指存在于某事或某物中的，尤其是那种永久的特性。

在质量术语的定义描述中，涉及了其他两个术语，那就是"特性"和"要求"，了解这两个术语的定义能帮助我们更好地理解"质量"术语。

（1）特性的定义是可区分的特征。

注1：特性可以是固有的或赋予的。

注2：特性可以是定性的或定量的。

注3：有各种类别的特性。如：

——物理的（如机械的、电的、化学的或生物的特性）；

——感官的（如嗅觉、触觉、味觉、视觉、听觉）；

——行为的（如礼貌、诚实、正直）；

——时间的（如准时性、可靠性、可用性）；

——人体工效的（如生理的特性或有关人身安全的特性）；

——功能的（如飞机的最高速度）。

从上述定义再来理解"质量"术语时，需要注意三个方面：

①质量的广义性。在质量管理体系所涉及的范畴内，组织的相关方对组织的产品、过程或体系都可能提出要求，而产品、过程和体系又都具有其各自不同的固有特性。因此，质量不仅是指产品质量，同时也包括过程和体系的工作质量。

②质量的时效性。组织的顾客和相关方对组织的产品、过程和体系的需求和期望是不断变化的或者说要求在不断提高。因此，组织就应不断地改进和提高质量要求。比如：顾客原本认为组织的产品质量或工作（服务）质量都很好，但由于要求提高了，就不再那样认为，那么组织就要不断提高质量以适应或满足顾客的要求和期望。

③质量的相对性。组织的顾客和相关方有时对同一产品的功能提出不同的需求，也可能对同一产品的同一功能提出不同的需求，由于需求的不同，质量要求也就不同了。只要满足需求就应该认为是质量好。

（2）要求的定义是明示的，通常隐含的或必须履行的需求或期望。

注1："通常隐含"是指**组织**（3.3.1）、**顾客**（3.3.5）和其他**相关方**（3.3.7）的惯例或一般做法，所考虑的需求或期望是不言而喻的。

注2：特定要求可使用限定词表示，如：产品要求、质量管理要求、顾客要求。

注3：规定要求是经明示的要求，如：在**文件**（3.7.2）中阐明。

注4：要求可由不同的**相关方**（3.3.7）提出。

注5：本定义与ISO IEC导则第2部分：2004的3.12.1中给出的定义不同。3.12.1要求：表达应遵守的准则的条款。

综上所述，通常人们单纯以质量"好"与"差"或者"坏"来评价衡量质量或给质量下定义是不全面的。

（二）产品（3.4.2）

过程（3.4.1）的结果。

注 1：有下述 4 种通用的产品类别：

——服务（如运输）；

——软件（如计算机程序、字典）；

——硬件（如发动机机械零件）；

——流程性材料（如润滑油）。

许多产品由不同类别的产品构成。服务、软件、硬件或流程性材料的区分取决于其主导成分。例如：外供产品“汽车”是由硬件（如轮胎）、流程性材料（如燃料、冷却液）、软件（如发动机控制软件、驾驶员手册）和服务（如销售人员所做的操作说明）所构成。

注 2：服务通常是无形的，并且是在**供方**（3.3.6）和**顾客**（3.3.5）接触面上至少需要完成一项活动的结果。例如，服务的提供可涉及：

——在顾客提供的有形产品（如维修的汽车）上所完成的活动；

——在顾客提供的无形产品（如为准备税款申报书所需的收益表）上所完成的活动；

——无形产品的交付（如知识传授方面的信息提供）；

——为顾客创造氛围（如在宾馆和饭店）。

软件由信息组成，通常是无形产品，并可以以方法、论文或**程序**（3.4.5）的形式存在。硬件通常是有形产品，其量具有计数的**特性**（3.5.1）。流程性材料通常是有形产品，其量具有连续的**特性**（3.5.1）。硬件和流程性材料经常被称之为货物。

注 3：**质量保证**（3.2.11）主要关注预期的产品。

理解产品的定义：过程的结果和活动的输出均可构成产品。

ISO 9000 标准中，在对产品定义的注解里把产品类别分成服务、软件、硬件、流程性材料等 4 种。

服务通常是无形的。在供方、顾客和供方与顾客之间发生的一项或多项活动，这类活动可认为是服务提供的过程，活动的结果即是服务。服务提供所涉及的活动通常有：

（1）在为顾客提供的有形产品（如汽车的维修、物品的寄存和搬运等）上完成的活动；

（2）在为顾客提供的无形产品（如为准备税款申报书所需的收益表、律师的辩护等）上所完成的活动；

（3）无形产品的交付（如技能的培训、信息的提供等）上完成的活动；

（4）为顾客创造氛围（如在宾馆、饭店、机场、火车站和购物商场等）上完成的活动。

软件由信息组成。软件通常是无形的产品，体现在一定的承载媒体上（如纸、光盘），可以以方法、论文或程序的形式存在。

硬件通常是有形产品，可以分离，可以定量计数。

流程性材料通常是有形产品，一般是连续生产，其状态是液体、气体、粒状、线状、块状或板状产品。

以上 4 种类别的产品多数是由两类以上形成的产品，究竟属于哪类产品取决于其主导成分。例如：客运航空公司的产品即航空服务在飞行服务中也提供饮料、点心以及毛毯等硬件，主要的还是为乘客提供服务。

再从产品的用途来看，产品又可以分外部产品，即组织提供给顾客的产品和内部产品，即组织在产品实现过程中所形成的产品。

（三）过程（3.4.1）

一组将输入转化为输出的相互关联或相互作用的活动。

注1：一个过程的输入通常是其他过程的输出。

注2：**组织**（3.3.1）为了增值通常对过程进行策划并使其在受控条件下运行。

注3：对形成的**产品**（3.4.2）是否**合格**（3.6.1）不易或不能经济地进行验证的过程，通常称之为“特殊过程”。

理解过程有三个要点：

（1）从过程的定义来看，过程是由输入通过活动再输出结果即产品。活动就必须要有一定的资源投入条件；组织为了增值，应对过程首先进行策划，要确定过程的输入、预期输出和所需开展的活动以及相关的资源，也要明确所需的测量方法和验收准则，同时，要用PDCA循环的方法对过程实施控制和改进。

（2）过程与过程之间存在一定的关系。这种关系不是简单的关联而是一个较复杂的网络结构；一个过程的输出可能成为多个过程的输入，而几个过程的输出也可能成为一个过程的输入；或者也可说成，一个过程与多个部门的职能有关，一个部门的职能与多个过程有关。

（3）组织在建立质量管理体系时，必须首先确定为增值所需的直接过程和支持过程，以及相互间的关联关系即接口关系和职责、权限，一般可用流程图来表示；对所确定的过程进行策划、管理、控制和改进的目的，是为确保质量管理体系的有效性。

（四）程序（3.4.5）

为进行某项活动或**过程**（3.4.1）所规定的途径。

注1：程序可以形成文件，也可以不形成文件。

注2：当程序形成文件时，通常称为“书面程序”或“形成文件的程序”。含有程序的**文件**（3.7.2）可称为“程序文件”。

从过程和程序的定义理解它们之间的关系：

（1）过程是由将输入转化为输出需经过的活动组成。大过程包括小过程。组织为了高效地获得所期望的过程输出，就应对这些过程实行控制。

（2）程序是活动或过程所规定的途径。这些规定可以是口头的，也可以是书面的，形成文件的可称“书面程序”或“程序文件”。文件中通常应规定活动的目的和范围，做什么和由谁来做，何时何地和如何做，应使用什么材料、设备和文件等，并都应加以记录，从而达到控制活动的目的。

（3）过程和程序的关系是：程序中会有一个或多个过程的活动给予规定的途径，达到组织在体系运行中的控制，以持续改进质量管理体系，满足顾客要求和期望。

一个组织的程序的多少与详略程度，取决于组织的规模、产品的特点、过程的复杂程度和员工能力。程序文件的编制可采用任何形式或类型的媒体。

（五）质量策划（3.2.9）

质量管理（3.2.8）的一部分，致力于制定**质量目标**（3.2.5）并规定必要的运行**过程**（3.4.1）和相关资源以实现质量目标。

注：编制**质量计划**（3.7.5）可以是质量策划的一部分。

由定义可理解质量策划和质量管理构成的关系。质量策划的目的是为制定并采取措施实现组织的质量目标。质量目标是在质量方针的框架下建立的。

质量计划是“对特定的项目、产品、过程或合同，规定由谁及何时应使用哪些程序和相关资源的文件”。这些程序通常包括所涉及的那些质量管理过程和产品实现过程。

（六）管理体系（3.2.2）

建立方针和目标并实现这些目标的**体系**（3.2.1）。

注：一个**组织**（3.3.1）的管理体系可包括若干个不同的管理体系。如**质量管理体系**（3.2.3）、财务管理体系或环境管理体系。

组织由多个管理体系构成。它们都具有各自的方针和目标，为实现这些目标而建立管理体系。这些管理体系将围绕着各自的要求开展活动，通过过程、程序、规定、计划等来控制并实现方针和目标。例如：质量管理体系是在质量方面指挥和控制组织的管理体系，那么首先就要建立质量方针和质量目标，策划实现这些目标所应有的过程，编制其文件并加以控制，使体系具有持续改进的功能。

管理体系是组织的必然产物，无管理体系的组织将不存在。管理体系有大有小，其分工的方式也不同，要根据组织规模、设施以及员工数量、产品需要而定。

（七）质量方针（3.2.4）

由组织（3.3.1）的最高管理者（3.2.7）正式发布的有关质量（3.1.1）方面的全部意图和方向。

注1：通常质量方针与组织的总方针相一致，并为制定质量目标（3.2.5）提供框架。

注2：本标准中提出的质量管理原则可以作为制定质量方针的基础。

组织的质量方针必须与组织的总方针相一致。通常质量方针是定性要求，为组织制定质量目标提供框架；而质量目标则是定量的，即可测量的数据要求，以评价质量方针是否达到了预计方向。

质量方针的内容应包括产品宏观要求、组织管理手段、顾客要求和期望的程度以及组织所建立的质量管理体系的持续改进要求。同时也应包括组织向顾客的质量承诺。

（八）持续改进（3.2.13）

增强满足**要求**（3.1.2）的能力的循环活动。

注：制定改进目标和寻求改进机会的**过程**（3.4.1）是一个持续过程，该过程使用**审核发现**（3.9.5）和**审核结论**（3.9.6）、数据分析、**管理评审**（3.8.7）或其他方法，其结果通常导致**纠正措施**（3.6.5）或**预防措施**（3.6.4）。

在本章的第二节八项质量管理原则和12条质量管理体系基础中，已对持续改进做了详细的阐述，在这里就不再做更多的重复解释。

（九）纠正措施（3.6.5）

为消除已发现的**不合格**（3.6.2）或其他不期望情况的原因所采取的措施。

注1：一个不合格可以有若干个原因。

注2：采取纠正措施是为了防止再发生，而采取**预防措施**（3.6.4）是为了防止发生。

注3：**纠正**（3.6.6）和纠正措施是有区别的。

纠正与纠正措施在组织实际使用中，在理解的概念上常常混淆不清。纠正和纠正措施是有区别的。在审核时发现不合格，以“就事论事”的方式将不合格改过来就算完成，所采取的这种措施是“纠正”，而不是纠正措施；而纠正措施则是以“举一反三”的方式，分析其造成不合格的原因，针对其原因而采取防止同类事件再次发生的措施是纠正措施。这在审核发现不合格的处理上应特别引起注意。

（十）审核（3.9.1）

为获得**审核证据**（3.9.4）并对其进行客观的评价，以确定满足**审核准则**（3.9.3）的程度所进行的系统的、独立的并形成文件的**过程**（3.4.1）。

注1：内部审核有时称第一方审核，由**组织**（3.3.1）自己或以组织的名义进行，用于管理评审和其他内部目的，可作为组织**自我合格**（3.6.1）声明的基础。在许多情况下，尤其在小型组织内，可以由与正在被审核的活动无责任关系的人员进行，以证实独立性。

注2：外部审核通常所说的“第二方审核”和“第三方审核”。第二方审核由组织的相关方，如**顾客**（3.3.5）或由其他人员以相关方的名义进行。第三方审核由外部独立组织进行，如提供符合 GB/T 19001 或 GB/T 24001 要求认证的机构。

注3：当两个或两个以上的**管理体系**（3.2.2）被一起审核时，称为“多体审核”。

注4：当两个或两个以上**审核组织**（3.3.1）合作，共同审核同一个**受审核方**（3.9.8）时，这种情况称为“联合审核”。

第三节　质量管理体系的要求

理解、实施 ISO 9001：2008 标准对质量管理体系的要求，应从 8 个方面进行探讨，前 3 个方面是对建立质量管理体系的范围、引用标准和所采用的术语定义给予规定，第四个方面是对质量管理体系的要求，后 4 个方面是建立质量管理体系的 4 大版块或说成建立质量管理体系必须具备的 4 大过程。下面分述如下。

一、范　围

组织按 ISO 9001：2008 标准建立质量管理体系的目的是为了证实其有能力稳定地提供满足顾客和适用的法律法规要求的产品；通过体系的有效运行，达到顾客满意和期望的要求。

ISO 9001：2008 标准适用于各种不同类型、不同规模提供产品的组织。其标准内容不适用时可以考虑其删减，删减仅限于产品实现中那些不影响组织提供满足顾客和适用法律法规要求的产品的能力或责任，删减必须阐明删减理由，理由应充分。当组织有外委加工或外包特定产品实现过程时，组织亦应阐明其控制方法。

二、规范性引用文件

组织在建立质量管理体系时所引用的规范性文件应是最新版的 ISO 9000 族标准，同时也可引用本组织的相关文件。例如质量手册。

三、术语和定义

在 ISO 9000：2005《质量管理体系 基础和术语》标准中的术语和定义的词条，适用于组织的都应采用。同时，亦可根据组织的需要将行业或企业适用的术语和定义在组织的质量手册中列出。

在术语中“产品”分 4 种类别，即硬件、软件、流程性材料和服务。这里特别强调是“服务”亦可作为组织的“产品”。而组织也可称为顾客的“供方”，即取代 1994 版的供方——分承包方。

供应链描述为：供方→组织→顾客，与 1994 版的标准是不同的。

四、质量管理体系

（一）总要求

组织应按本标准要求建立质量管理体系，将其形成文件，加以实施和保持，并持续改进有效性。组织应：

（1）识别质量管理体系所需的过程及其在组织中的应用；

（2）确定这些过程的顺序和相互作用；

（3）确定所需的准则和方法，以确保这些过程的运行和控制有效；

（4）确保可以获得必要的资源和信息，以支持这些过程的运行和监视；

（5）监视、测量（适用时）和分析这些过程；

（6）实施必要的措施，以实现所策划的结果和这些过程的持续改进。

组织应按本标准的要求管理这些过程。

组织如果选择影响产品符合性要求的任何过程外包，应确保对这些过程的控制。对此类外包过程控制的类型和程度应在质量管理体系中加以规定。

按以上 6 条要求组织的做法是：

（1）识别建立质量管理体系所需的全过程。这些过程有的对产品质量影响较大，有的影响则较小；有的是简单过程，有的是复杂过程；有的是关键或特殊过程，也包括有无外包过程。同时也要识别哪些是可以删减的过程。

（2）对已识别的过程，确定其顺序和相互作用的关系即接口关系，使诸多过程形成一个过程网络，明确过程间的职责，防止接口间相互扯皮的现象发生。

（3）为确保各过程的有效运行和控制，应确定所需的准则和方法。即对各过程进行策划，包括具体特性、参数值、所要达到的目标以及所需编制的文件等。

（4）对策划结果安排必要的活动。这些活动需要提供必要的资源和信息，支持各过程有效地运行，并进行监视，使其正常运行。

（5）监视和测量、分析这些过程，是为评价过程运行的符合性及对过程的持续改进。

（6）为使过程达到策划目标，在开展监视、测量和分析的基础上，对各过程采取必要的措施，以实现对这些过程的策划结果，不断改进质量管理体系的有效性。

以上 6 条要求采用其过程方法来实现所策划的结果，符合 ISO 9001：2008 标准中 02 条款注中所提出的PDCA循环的方法。

下面简述PDCA循环方法：

质量管理体系可视为一个大过程，在大过程中含有很多过程，对这些过程以PDCA循环方法来描述，如图6—4所示。

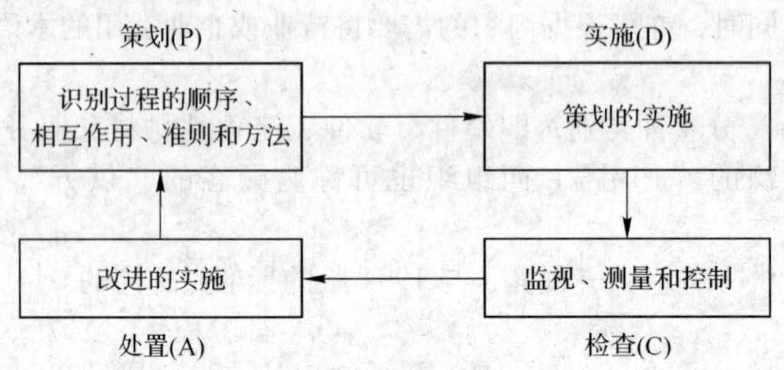

图6—4　PDCA循环

经过处置后的过程，进入下次循环。这是质量管理体系持续改进的方法，可提高质量管理体系运行的效果和效率。

关于外包过程，组织识别后，也应同其他过程一样加以控制。外包过程包括：外委加工、外部工艺性协作和合作生产等。还有些“外包过程”不属于加工、协作，而属于修理、仓储、搬运、检验和试验等，组织也应在建立质量管理体系时加以识别和控制。

（二）文件要求

质量管理体系文件应包括：

（1）形成文件的质量方针和质量目标；

（2）质量手册；

（3）本标准所要求的形成文件的程序和记录；

（4）组织确定的为确保其过程的有效策划、运行和控制所需的文件，包括记录。

注1：本标准出现“形成文件的程序”之处，即要求建立该程序，形成文件，并加以实施和保持。一个文件可包括对一个或多个程序的要求。一个形成文件的要求可以被包含在多个文件中。

注2：不同组织的质量管理体系文件的多少与详略程度可以不同，取决于：

a）组织的规模和活动的类型；

b）过程及其相互作用的复杂程度；

c）人员的能力。

注3：文件可采用任何形式或类型的媒体。

1. 质量方针和质量目标

组织的质量方针和质量目标一般形成独立的文件，也可形成文件后放在质量手册的前页上。但其内容必须符合下列要求：

质量方针是组织在质量方面所要求的总的宗旨和方向。应由组织最高领导者以“文件”形式正式发布。质量方针的内容是在质量管理八项原则的基础上制定的，与组织总的经营方针相一致，并为制定质量目标提供框架。为便于全体员工记牢，一般在既符合质量管理八项原则要求，又结合组织产品（服务）的实际情况下，编制成几句在质量方面定性的规定。

例如，某组织的质量方针为：

真材实料，精细加工；全员参与，质量管理。

持续改进，质量体系；顾客满意，实现目标。

质量目标是组织在质量方面所追求和努力实现的目的，是在质量方针的框架下制定的，其内容包括满足产品要求所需的内容，以便于测量、考核组织质量方针实现情况，评价组织质量管理体系运行的有效性。例如，某组织的质量目标为：

（1）产品一次交检合格率达96%以上；

（2）库存产品监督抽查合格率100%；

（3）顾客对产品和服务满意率达98%以上；

（4）质量承诺：产品实行三包（包修、包换、包退）。

根据 ISO 9001：2008 标准要求，组织的质量目标应在相关职能和层次上展开，这个展开就是组织质量的总目标。要在相关职能和层次上给予具体规定，以确保总目标的实现。

组织为表达对顾客满意的关注，一般在质量方针和质量目标建立后，还制定了质量承诺。质量承诺即是组织在质量方面对顾客的宿愿。例如：产品实行"三包"、"产品质量"、"顾客满意"将是我们永恒的追求等等。

2. 质量手册

质量手册是组织必须编制的文件，并加以保持。其主要内容应包括：

（1）质量管理体系的范围；

（2）所引用的规范性文件；

（3）质量管理体系过程之间的相互作用的表述。

在编制组织的质量手册时的主要依据是：

（1）GB/T 19001—2008 idt ISO 9001：2008《质量管理体系 要求》的内容要求，组织的质量手册应覆盖该标准要求；

（2）结合本组织产品（服务）的实际所策划的过程、人力资源的具体情况。对不能满足标准要求条件，应给予补充满足标准要求。

质量手册是组织质量管理体系运作的总规则，也是编制其他相关文件的依据，或可称做是组织在质量方面的法规性文件，全体员工必须遵守规定。

3. 程序文件

在 ISO 9001：2008 标准中，要求组织应编写并受控的程序文件有 6 个：

（1）文件控制程序（标准 4.2.3 条款要求）；

（2）记录控制程序（标准 4.2.4 条款要求）；

（3）内部审核程序（标准 8.2.2 条款要求）；

（4）不合格品控制程序（标准 8.3 条款要求）；

（5）纠正措施程序（标准 8.5.2 条款要求）；

（6）预防措施程序（标准 8.5.3 条款要求）。

程序文件编写的格式，一般包括 6 个章节：

（1）目的；

（2）范围；

（3）职责；

（4）程序要求（或工作内容）；

（5）相关文件；

（6）记录。

也可以根据组织的习惯编写成其他格式，但内容应全面包括，每个程序文件编写内容应符合标准条款要求的内容。

4. 管理文件

这是组织为确保其过程的有效策划、运行和控制所需的其他文件。一般包括管理制度、技术管理文件、管理标准、工作标准（或岗位责任制）等。其编写格式，视组织需要，也可按程序文件格式加以改写章节标题。

5. 记录

记录是一种特殊的文件。一般用表格形式以记录体系运行中所测量或记录实际结果，作为证据来评价体系运行情况。

以上 5 类文件是组织在建立质量管理体系时必须编制的文件。还有一种是外来文件，它包括：外部索取或提供的文件，如上级标准、法律法规规定；顾客所提供的文件。这些文件不需要组织编写，只需要管理。

（三）文件和记录的控制

组织对所建立的质量管理体系文件，必须加以控制，其控制要求包括：

（1）文件发布前得到批准，以确保文件是充分与适宜的；

（2）必要时对文件进行评审与更新，并再次批准；

（3）确保文件的更改和现行修订状态得到识别；

（4）确保在使用处可获得适用文件的有关版本；

（5）确保文件保持清晰，易于识别；

（6）确保外来文件得到识别，并控制其分发；

（7）防止作废文件的非预期使用，若因任何原因而保留作废文件时，对这些文件进行适当的标识；

（8）记录应有其标识、贮存、保护、检索、保存期限和处置等规定。

上述要求都应在文件控制程序和记录控制程序里得到具体的规定。例如：对文件的编制、审核、会签、批准、发布、编号、发放、持有、更改、复制、归档、借阅、回收、处置等环节的具体规定；对记录的标识、贮存、保护、检索、保存期限和处置的规定。

在 ISO 9001：2008 标准中，有 21 处明示了应建立质量记录。记录是质量管理体系运行活动的证据，它可以提供验证和为可追溯性提供依据，同时也为考虑采取纠正和预防措施所使用。

五、管理职责

（一）管理承诺

管理承诺是一个组织决策按 ISO 9001：2008 标准要求建立本组织的质量管理体系的重要标志，也是领导作用原则在组织质量管理体系中的重要体现，是建立、实施和持续改进组织质量管理体系有效性的重要保证。

管理承诺的内容包括：

(1) 向组织各部门传达满足顾客和法律、法规要求的重要性;
(2) 制定质量方针;
(3) 确保质量目标的制定;
(4) 进行管理评审;
(5) 确保资源的获得。

(二) 以顾客为关注焦点

以顾客为关注焦点是质量管理八项原则的第一条原则，也是在市场经济条件下的重要理念。做好以顾客为关注焦点要做到以下几个环节:

(1) 采用各种渠道和方法了解顾客的需求和期望;
(2) 通过与产品(服务)有关的评审，确定顾客要求;
(3) 将顾客的要求化为组织自身的要求;
(4) 监视和测量顾客满意的程度并持续改进;
(5) 顾客满意将是组织全体员工永恒的追求。

(三) 质量方针

组织的最高领导者应确保质量方针满足下列原则:

(1) 与组织的宗旨相适应;
(2) 包括对满足要求和持续改进质量管理体系有效性的承诺;
(3) 提供制定和评审质量目标的框架;
(4) 在组织内得到沟通和理解;
(5) 在持续适宜性方面得到评审。

质量方针是建立、实施和改进组织质量管理体系的总纲领和先决条件，是组织经营管理方针的一部分。

在制定组织的质量方针时，应满足上述原则。质量方针的语言要简练，语句要高度概括，便于在组织内部得到沟通，易于员工记牢并理解。其制定的具体内容在前面文件要求中曾做过详细解释，这里不再重复。

(四) 策划

策划包括两个方面的策划:

(1) 对质量目标的策划;
(2) 对质量管理体系的策划。

在策划质量目标时，最高管理者应确保在组织各相关职能和层次上建立质量目标，其内容应包括满足产品要求，目标应是可测量的，具有可操作性和可评审性，是在质量方针的框架下制定的。

在策划质量管理体系时，最高管理者应确保质量管理体系能满足质量目标和建立质量管理体系总要求的规定。当质量管理体系在实施过程中发生变更时，应保持质量管理体系的完整性。

(五) 职责、权限和沟通

1. 职责和权限

最高管理者应确保组织内各层次的职责和权限得到规定和沟通，防止相互间发生扯皮现象，影响体系正常运行。明确各层次上及各类人员间的接口关系，有效地开展质量管理体系所涉及的各项活动。

职责和权限可在质量手册中规定，也可专设管理文件规定。

2. 管理者代表

最高管理者应指定一名本组织管理层中的管理者做为管理者代表，并授予下列职责和权限：

（1）确保质量管理体系所需的过程得到建立、实施和保持；

（2）向最高管理者报告质量管理体系的业绩和任何改进的需求；

（3）确保在整个组织内提高满足顾客要求的意识；

（4）根据需要负责与质量管理体系有关事宜的外部联络。

3. 内部沟通。

最高管理者应确保在组织内建立适当的沟通过程，并确保对质量管理体系的有效性进行沟通。沟通应采取有主有次、多种多样的方式进行。例如：以会议和文件进行沟通为主，亦可以通过发简报、布告、广播、内部刊物、声像媒体等手段进行沟通。

（六）管理评审

1. 评审要求

（1）最高管理者应确保按策划的时间间隔亲自主持管理评审活动；

（2）评审应评定组织质量管理体系是否达到了“三性”要求，即：体系的适宜性、充分性和有效性；

（3）评价体系的改进机会和必要性；

（4）评审质量方针和质量目标完成情况，并持续的适宜性；

（5）应保持管理评审的记录。

2. 评审的输入内容应包括的信息

（1）审核结果；

（2）顾客反馈；

（3）过程的业绩和产品的符合性；

（4）预防和纠正措施的状况；

（5）以往管理评审的跟踪措施；

（6）可能影响质量管理体系的变更；

（7）改进的建议。

3. 评审的输出应包括的有关决定和措施

（1）质量管理体系有效性及其过程有效性的改进；

（2）与顾客要求有关的产品的改进；

（3）资源需求。

六、资源管理

（一）资源提供

组织应确定并提供以下方面所需的资源：

（1）实施、保持质量管理体系并持续改进其有效性；

（2）通过满足顾客要求，增强顾客满意。

资源是组织运作质量管理体系过程的重要保障。只有投入相应的资源，质量管理体系过程的活动才能开展，过程也才能运作，目标才能达到与实现。一般资源包括：人力资源、基础设施、工作环境、信息提供、原材料、财务资源以及供方或合作方的配合等。

（二）人力资源

人力资源包括两个方面：对从事影响产品质量的工作人员应是能够胜任的；对人员的能力、意识的培训。

基于适当的教育、培训、技能和经验来评价与确定人的岗位能力，组织应：

（1）确定从事影响产品要求符合性工作的人员所需的能力；

（2）适用时，提供培训或采取其他措施以获得所需的能力；

（3）评价所采取措施的有效性；

（4）确保员工认识到所从事活动的相关性和重要性，以及为实现质量目标而做出贡献；

（5）保持教育、培训、技能和经验的适当记录。

（三）基础设施

组织应确定、提供并维护为达到产品符合要求所需的基础设施。适用时，基础设施包括：

（1）建筑物、工作场所和相关设施；

（2）过程设备（硬件和软件）；

（3）支持性服务（如运输或通讯）。

基础设施是指组织在生产经营活动运作时所必须的设施、设备和后勤服务系统。并对这些设施、设备和支持性服务进行管理。管理包括：

（1）对需求进行分析与策划；

（2）确定与提供（包括编制计划、审批、合同、采购、验收等环节）；

（3）加强管理（包括：建立台账、档案以及管理制度等）；

（4）开展维护与保养，并进行维修活动；

（5）处置（包括：封存、报废等）。

（四）工作环境

组织应确定并管理为达到产品符合性要求所需的工作环境。

工作环境包括对温度、湿度、光线、空气、噪声、振动、粉尘、清洁度等要求，同时也包括涉及安全感、防护措施、人体工效、心理和社会影响等因素。组织对这些要求应结合实际情况加以识别，满足工作需要并进行有效管理，以提高人的能动性，保证质量管理体系的有效运行。

七、产品实现

（一）产品实现的策划

组织应策划和开发产品实现所需的过程。产品实现的策划应与质量管理体系其他过程的要求相一致。在产品实现进行策划时，组织应确保以下方面的适当内容：

（1）产品的质量目标和要求；

（2）针对产品确定过程、文件和资源的需求；

（3）产品所要求的验证、确认、监视、测量、检验和试验活动，以及产品接收准则；

（4）为实现过程及其产品满足要求提供证据所需的记录。

策划的输出形式应适合于组织的运作方式。

产品实现的策划应从两个方面来理解：

（1）组织在初始建立质量管理体系时，质量管理体系的策划要从产品实现的策划入手，即对体系所包括的具体产品逐个识别、确定产品实现过程，哪些过程应删减，哪些是外包过程，从而为组织的质量管理体系范围的确定及整体结构奠定基础。

（2）当组织已经建立起质量管理体系，而需增加新的产品时，这时新产品实现的策划就比较简单，无需考虑已确定并安排的过程，只针对原体系无法满足的过程加以补充。一般则采用质量计划的方式加以实施。

质量计划是“对特定的项目、产品、过程或合同，规定由谁及何时应使用哪些程序和相关资源的文件”。

产品实现策划的输出是什么？笼统地说就是产品实现过程所需的一系列规范文件。这些文件的形式，根据组织的产品（服务）需要而定。具体来说一般有：过程的流程图、程序图、工艺或作业指导书、守则、卡片、操作规程等。

（二）与顾客有关的过程

与顾客有关的过程可以分别从以下两个方面来理解：

（1）与产品有关要求的确定。组织应：

① 顾客规定的要求，包括交付及交付后活动的要求；

② 顾客虽然没有明示，但规定的用途或已知的预期用途所必须的要求；

③ 与产品有关的法律法规要求；

④ 组织认为必要的任何附加要求。

以上 4 个方面要求是标准中的规定。顾客要求一般有两种情况：一种是明示的，在招标、询价、洽谈时落实在合同或协议书上的文件要求；而另一种就是不明示的。

那么什么是明示要求呢？顾客对产品的功能、性能的固有质量特性要求；还包括人员、设备、程序、过程和体系的特定要求；也包括对产品的交付要求（如交货期、地点、包装、运输方式、验收方法等）；最后还有产品的售后服务等活动。

什么是不明示要求？这种要求顾客不必明示，而需要组织去认别和确定的隐含要求。比如家用电器产品，除了规定用途的有关条件必须满足外，它还具有家什装饰用途的美学要求、感官特性等。这些需要组织在市场调查了解竞争对手、水平对比等过程，加以识别和确定。组织有时为竞争需要在产品技术要求方面制定了内控标准即高于国家或国际标准或其他附加要求等。

（2）与产品有关要求的评审。评审要在组织向顾客做出提供产品的承诺之前进行。组织要确保：

① 产品要求已得到规定；

② 与以前表述不一致的合同或订单的要求已得到解决；

③ 组织有能力满足规定的要求。

评审结果及评审所引起的措施的记录应予保持。

若顾客提供的要求没有形成文件，组织在接受顾客要求前应对顾客要求进行确认。

若产品要求发生变更，组织应确保相关文件得到修改，并确保相关人员知道已变更的要求。

关于“评审”，在 ISO 9001 标准中有管理评审、顾客要求评审、设计和开发评审、不合格品评审等。而对与产品有关要求的评审其目的是：

① 确保组织能够准确地理解和规定顾客要求；

② 对产品要求以文件形式把它规定下来（比如，签定标书、合同、订单、开发计划、任务书等形式）；

③ 表示组织有能力满足产品的使用、交付和售后服务方面的要求。

（3）顾客沟通。组织对以下有关方面，确定并实施与顾客沟通的有效安排：

① 产品信息；

② 问询、合同或订单的处理，包括对其修改；

③ 顾客反馈，包括顾客抱怨。

组织与顾客沟通的目的在于：

① 能够准确地了解顾客要求，以便于确定并满足顾客要求；

② 掌握顾客对组织所提供的产品满意程度的有关信息，以便组织实施持续改进活动；

③ 提高顾客满意率，以达到组织质量目标的要求。

与顾客沟通的形式和方法，一般为：电话沟通、走访顾客、向顾客发放顾客满意度调查表以及网络沟通等。

（三）设计和开发

设计和开发是将要求转换为产品、过程或体系的规定的特性或规范的一组过程。设计是策划与安排，而开发则是经过实践把策划和安排的结果做出来，达到设计和开发的目的。

1. 设计和开发策划

组织应对产品的设计和开发进行策划和控制。

组织在进行产品设计和开发策划时应确定：

（1）设计和开发阶段；

（2）适合于每个设计和开发阶段的评审、验证和确认活动；

（3）设计和开发的职责和权限。

组织应对参与设计和开发不同小组之间的接口进行管理，以确保有效的沟通，并明确职责分工。

随设计和开发的进展，在适当时，策划的输出应予以更新。

对于中小企业设计和开发往往都被删除了，原因是无设计和开发能力及条件，这是 ISO 9001标准所准许的。但对于有设计和开展能力及条件的企业，设计和开发过程应按标准要求去执行。

设计和开发的策划应根据组织产品的特点和组织能力以及以往经验等因素，明确划分设计和开发的阶段；规定每个阶段的工作内容及要求，需开展适当评审、验证和确认的活动；然后要明确各有关部门和人员的职责和权限以及接口关系等，确保各负其责有效衔接与信息正确交流。

策划结果的输出可以采用文件形式，如设计开发计划。也可以采用其他方式。随设计开发的进展，可能发生设计要求的变更或情况变化，因此必须适时地修改或更新策划的输出。

2. 设计和开发输入

应确定与产品要求有关的输入，并保持记录。这些输入应包括：

(1) 功能要求和性能要求；

(2) 适用的法律法规要求；

(3) 适用时，来源于以前类似设计的信息；

(4) 设计和开发所必需的其他要求。

应对这些输入的充分性与适宜性进行评审。要求应完整、清楚，并且不能自相矛盾。

设计和开发的输入主要基于产品要求，着重描述产品的预期使用要求，比如：产品的设计寿命，首次大修期，产品的可靠性等。适用的法律法规要求，比如：安全、健康、环保、计量等方面要求。

设计和开发输入的评审，就是对产品输入的要求进行评审，评审方式可以组织相关部门以会议形式进行评审，也可以由授权责任人进行审查批准的方式进行。在评审中发现问题，经过沟通、协商、调整加以解决，必要时，可采用仲裁决策方式解决。

设计和开发输入所形成的文件。如：设计任务书、开发计划任务书等。

3. 设计和开发输出

设计和开发的输出应以能够针对设计和开发的输入进行验证的方式提出，并应在放行前得到批准。

设计和开发输出应：

(1) 满足设计和开发输入要求；

(2) 给出采购、生产和服务提供的适当信息；

(3) 包含或引用产品接收准则；

(4) 规定对产品的安全和正常使用所必需的产品特性。

设计和开发的输出是产品设计和开发的成果，提供了所设计和开发产品的固有特性的全面信息，必须加以控制。其方法是得到授权人的审查和批准。设计和开发输出的文件多少及复杂程度由产品而定，但必须为采购、生产和服务提供适当信息，比如产品所需的材质、结构、标准件明细表、外购件明细表等，为采购提供要求和指南；设计和开发输出的产品图样、产品规范、服务规范等，为生产和服务提供必要的信息；设计给定的有关产品安全和正常使用的重要特性，为产品或服务提供了过程控制要求的信息；设计和开发输出所引用或包含的接收准则，为采购和生产或服务提供了过程中的监视、测量、检验和试验的依据性信息。

4. 设计和开发评审

在适宜的阶段，应依据所策划的安排对设计和开发进行系统的评审，以便：

(1) 评价设计和开发的结果满足要求的能力；

(2) 识别任何问题并提出必要的措施。

评审的参加者应包括与所评审的设计和开发阶段有关的职能部门代表。评审结果及任何必要措施的记录应予保持。

设计和开发评审的目的，在于评价设计和开发各阶段成果满足要求的能力，以确定是否能转入设计和开发的下一阶段，并识别问题，采取改进措施。因此，组织应规定在适宜阶段开展系统的设计和开发评审。

设计和开发评审的对象是在设计和开发活动的各阶段的成果。评审的内容是各阶段成果达到策划目标的适宜性、充分性和有效性。

对不同产品、不同设计类型和不同的设计和开发阶段，评审的范围、内容要求、方式等都可能有所不同。比如，简单产品一次评审就可能满足要求，而复杂产品可能要进行多次分级分阶段的评审。因此，在设计和开发策划时，就应对适宜阶段开展评审活动做出安排。一般应考虑评审点的选择、评审方式、评审人员、评审准备、评审要求和主要内容、评审结果的形成以及评审意见的处理等。

5. 设计和开发验证

为确保设计和开发输出满足输入的要求，应依据所策划的安排，对设计和开发进行验证。验证结果及任何必要措施的记录应予保持。

设计和开发验证的目的是确定设计和开发输出是否满足输入的要求；验证的方式是通过所提供的客观证据对规定要求已得到满足程度的认定。比如，采用变换方法进行计算，新的设计规范与已证实的类似设计规范相比较，进行试验和演示，设计文件发布前的评审等。

当验证结果不能满足输入要求时，应采取有效措施满足输入要求（包括更改设计）。

6. 设计和开发确认

为确保产品能够满足规定的使用要求或已知的预期用途的要求，应依据所策划的安排，对设计和开发进行确认。只要可行，确认应在产品交付或实施之前完成。确认结果及任何必要措施的记录应予保持。

设计和开发确认的目的在于确保所设计和开发的产品能够满足规定或预期使用的要求。确认的方式是通过所提供的客观证据对特定的预期用途或使用要求已得到满足程度的认定。确认通常在产品预定的使用条件下进行，使用条件可以是实际的，也可以是应用各种技术手段模拟的。对确认的内容、方式、条件和确认点，应在设计和开发策划时予以确定。

当确认结果表明设计和开发的输出不能或不能充分满足预期使用要求时，应采取有效的措施予以满足要求（包括变更或重新设计）。

7. 设计和开发更改的控制

应识别设计和开发的更改，并保持记录。适当时，应对设计和开发的更改进行评审、验证和确认，并在实施前得到批准。设计和开发更改的评审应包括评价更改对产品组成部分和已交付产品的影响。

更改的评审结果及任何必要措施的记录应予以保持。

设计和开发的更改主要是指对已经评审、验证或确认的设计结果的更改，这些更改的记录必须加以保持。当发生更改时，应对更改做评审、验证和确认，并实施管理和控制。其内容包括：

（1）更改的提出要有依据，要履行手续，且得到授权人批准后实施；

（2）更改应进行评审、验证和确认；

（3）更改要照顾全局，要考虑到每一更改对产品所组成部分以及已经生产和交付的产品的影响，做出相应的决策；

（4）更改应形成更改过程记录。包括：更改的提出、评审、验证、确认活动与结果，以及针对所发现的问题确定解决办法等。

（四）采购

1. 采购过程

组织应确保采购的产品符合规定的采购要求。对供方及采购的产品控制的类型和程度应取决于采购的产品对随后的产品实现或最终产品的影响。

组织应根据供方按组织的要求提供产品的能力，评价和选择供方。应制定选择、评价和重新评价的准则。评价结果及评价所引起的任何必要措施的记录应予以保持。

采购产品的质量对组织生产的产品质量有着不可忽视的影响，因此必须加以控制。其控制方法是：

（1）对提供产品的供方的能力进行评价与选择；

（2）要制定评价、选择供方的准则，确定合格供方；

（3）评价结果记录予以保持。

采购过程一般是不可删减的，组织对采购过程的控制应：

（1）根据组织产品要求，编制采购计划；

（2）到合格供方去实施采购产品；

（3）对所采购的产品进行质量检验和验证合格后，方可使用；

（4）所采购的产品可分等级加以控制，对直接影响组织产品质量的外购产品要严加控制，对不直接影响组织产品质量的辅助产品，可根据组织要求，加以识别，确定检验要求，制定检验规定（包括对外协产品的检验）；

（5）保持检验和验证记录。

2. 采购信息

采购信息应表述拟采购的产品，适当时包括：

（1）产品、程序、过程和设备的批准要求；

（2）人员资格的要求；

（3）质量管理体系的要求。

在与供方沟通前，组织应确保所规定的采购要求是充分和适宜的。

什么是采购信息？采购信息是组织向供方所提供的采购要求。适当时包括：

（1）有关产品的质量要求或外包服务要求。

（2）有关产品提供的程序要求。如：供方提交产品的程序、生产或服务提供的过程要求，设备要求等。

（3）有关人员资格要求。

（4）有关质量管理体系要求等。

采购信息在与供方沟通前，组织应采取必要的控制手段确保采购要求是充分和适宜的。制定的采购信息形式可以是采购合同、订单、技术协议书（含技术文件、图样等）、询价单及采购计划等。这些采购文件一定在与供方沟通前经过组织内部的评审过程或由相应责任人审批以确保采购要求的充分性和适宜性。

3. 采购产品的验证

组织应确定并实施检验或其他必要的活动，以确保采购的产品满足规定的采购要求。

当组织或其顾客拟在供方的现场实施验证时，组织应在采购信息中对拟验证的安排和产品放行的方法做出规定。

对采购产品（包括外协、外包的产品）满足采购要求的验证是组织的职责，也是质量管理体系过程的规定要求。至于验证活动的方式方法，在不违反法律、法规和行业规范的前提下，可由组织自行决定。验证活动可在组织方也可在供方，但在供方现场进行验证时必须在采购信息中规定并做出安排，规定产品放行方法。

（五）生产和服务提供

1. 生产和服务提供的控制

组织应策划并在受控条件下进行生产和服务提供。适用时，受控条件应包括：

（1）获得表述产品特性的信息；

（2）必要时，获得作业指导书；

（3）使用适宜的设备；

（4）获得和使用监视和测量设备；

（5）实施监视和测量；

（6）实施产品放行、交付和交付后活动。

标准要求对生产和服务提供进行控制，对怎么控制应进行策划。也就是说在生产和服务提供过程中都应控制哪些内容，即受控条件应包括：

（1）获得表述产品特性的信息。生产和服务部门和人员可从产品规范、图样、服务规范等文件中获得。当信息中有对产品正常使用至关重要的特性和安全特性时，在生产和服务提供中应予以重点关注和控制。

（2）必要时，应获得在生产和服务提供过程的作业指导文件。这些文件的多少和复杂程度取决于组织的大小和人员的技能水平。但文件缺少将会影响产品生产或服务提供过程的有效运作和有效控制。因此，必须备有适应的指导文件，这类文件主要是指产品过程实现规范（如工艺文件、操作规程等）、服务提供规范、质量控制规范等。

（3）使用适宜的设备。设备应满足工艺文件要求，并对设备有计划的进行维修，以确保产品在加工过程达到规定要求。

（4）获得和使用监视和测量装置。监视和测量装置是对产品实现过程对产品特性变化的控制，进而通过调整和修正等措施将这些特性控制在规定的范围内，满足工艺文件规定要求。

（5）实施监视和测量。监视和测量不仅对产品实现过程进行监视和测量，对作业人员、作业过程及工作环境等各方面都要进行监视和测量，特别是对某些特殊生产和服务提供过程更应加以着重控制，以确保生产和服务提出的输出满足要求。

（6）放行、交付和交付后活动的实施。对这一要求的控制，组织应做出具体规定。如未经检验合格或验证满足要求的产品不得放行或交付，向顾客提交产品时，应按规定的交付方式并确保交货期。对不同产品和服务的特点，应规定其交付后的活动。如国家规定的最基本的“三包”（即包换、包退、包修）要求，保护消费者利益。根据组织的具体情况还可做出其他的服务规定，以满足顾客要求，提高顾客满意度。

2. 生产和服务提供过程的确认

当生产和服务提供过程的输出不能由后续的监视或测量加以验证，使问题在产品使用后或服务交付后才显现时，组织应对任何这样的过程实施确认。

确认应证实这些过程实现所策划的结果的能力。

组织应对这些过程做出安排。适用时包括：

（1）为过程的评审和批准所规定的准则；

（2）设备的认可和人员资格的鉴定；

（3）特定的方法和程序的使用；

（4）记录的要求；

（5）再确认。

在 ISO 9000：2005 标准 3.4.1 术语“过程”的注 3 中给出：对形成的产品是否合格不易或不能经济地进行验证的过程，通常称之为“特殊过程”。

本条款所指对过程的输出不能由后续的监视和测量加以验证或仅在产品使用或服务已交付之后问题才显现的过程，可理解为“特殊过程”。“特殊过程”在不同行业表现亦不同，标准中要求无论什么行业在被确认为“特殊过程”时，都应对这样的“过程”的实施适用时，做出如下安排：

（1）过程能力合格水平的评价要求；

（2）过程设备认可方法及过程人员资格水平的鉴定；

（3）确认时应采用的方法和程序；

（4）必要的记录；

（5）是否需要再确认（如定期确认）。

3. 标识和可追溯性

适当时，组织应在产品实现的全过程中使用适宜的方法识别产品。

组织应针对监视和测量要求识别产品的状态。

在有可追溯性要求的场合，组织应控制并记录产品的唯一性标识，并保持记录。

注：在某些行业，技术状态管理是保持标识和可追溯性的一种方法。

一般标识可分为两种：一是产品标识，二是状态标识。产品标识是指通过标志、标记或记录来识别产品的特性或状态。所提到的产品不仅是最终产品，而是指生产和服务提供全过程的采购产品、中间产品和成品。状态标识是指生产和服务提供过程经监视和测量后，对产品的合格与否的状态进行标识。

其标识方式方法可根据组织需要及产品的具体情况而采取适宜方法。比如采购产品本身已有标识，在生产过程中使用就可以不予标识，对有些在采购后及加工过程中容易混淆的产品，造成错用的，就必须给予标识。一般标识为产品名称、规格、型号、数量，必要时标上精度等级、操作者或检验员签字等，可采用随工单、增减卡方式记录或在产品上加标记，以便过后需追溯时了解情况。状态标识方式方法可采用区域标识的标牌，区别那些经测量后是合格品、不合格品、报废产品或待检、待处理的产品。

产品可追溯性是指通过记载的标识，可追溯产品历史以及应用状况，所处场所能力等。组织应加以控制并记录产品的唯一性标识。比如，产品所涉及的原材料，零部件的来源，加工过程的历史，产品交付后的分布场所等。一般采用记录方式记载产品的个体或批次时间，实现唯一性标识要求。

在某些行业，特别是大型复杂系统的生产企业或重大项目承担单位，采用技术状态管理的方法，对产品进行标识和可追溯性管理。技术状态管理就是运用管理和技术手段，建立各种程序，对产品的技术状态实施有目的、有计划、有步骤的管理，包括产品结构和技术状态项目选择、技术状态项目文件、编码、技术状态基础的建立等。这些内容中，文件、编码涉及对产品状态的标识。

4. 顾客财产

组织应爱护在组织控制下或组织使用的顾客财产。组织应识别、验证、保护和维护供其使用或构成产品一部分的顾客财产。如果顾客财产发生丢失、损坏或发现不适用的情况时，组织应报告给顾客，并保持记录。

注：顾客财产可包括知识产权和个人信息。

顾客财产是指顾客所拥有的、为满足合同要求交由组织控制的或提供给组织使用的财产。

顾客财产一般分为两类：其一是在组织控制之下而由顾客使用的顾客财产，如手机、座机、储蓄卡等；其二是顾客提供给组织使用的顾客财产。组织使用的顾客财产又可分为两种情况，一种是构成组织向顾客提供产品的组成部分，如顾客提供的原材料、原器件、配件或附件等；另一种是顾客提供给组织使用但又不构成组织向顾客提供产品的组成部分，如顾客提供的文件、资料、设备和工装等。

无论是哪类顾客财产，组织都应做到：

(1) 识别——进行登记，做出标识，加以管理与控制。

(2) 验证——对所提供的财产加以质量检验、核对数量、验证有关状态等。

(3) 保护——在管理或使用期间，如发生丢失、损坏、变质等意外情况，组织应及时与顾客取得联系，妥善处理。

(4) 维护——在保管期要对顾客财产认真进行维护。如放在可靠的保存库，定期进行清点，保养以防意外。

(5) 使用——组织应正确使用顾客所提供的财产。

关于顾客提供财产的知识产权问题，组织应承担保密责任，不得向第三方提供，更不能作为自身财产向外推荐。

5. 产品防护

组织应在产品内部处理和交付到预定的地点期间对其提供防护，以保持符合要求。适用时，这种防护应包括标识、搬运、包装、贮存和保护。防护也应适用于产品的组成部分。

组织对产品的防护，应为从原材料及其他采购产品、中间产品、成品到包装全过程的防护。防护活动包括：

(1) 标识——是为防止产品的混淆所采取的必要措施。如标明产品名称、规格、型号、数量、出厂日期及生产厂等。

(2) 搬运——是对产品的移动过程应采取适宜的手段，防止产品损坏。

(3) 包装——是为防止产品损坏、变质而采取的必要措施，给搬运和贮存创造有利条件。

（4）贮存——是指产品在贮存期间，组织应提供必要的环境和设施条件，加强管理控制，防止产品损坏、变质或误用。

（5）保护——是指对产品堆放、摆放方法应是适宜可靠的，防止意外损坏产品。

对某些特殊产品，在产品防护上应提出特殊要求。如电子产品在贮存、搬运上都应明确标识：产品朝上、轻放、防雨、防潮等特殊要求。

（六）监视和测量设备的控制

组织应确定需实施的监视和测量以及所需的监视和测量设备，为产品符合确定的要求提供证据。

组织应建立过程，以确保监视和测量活动可行并以与监视和测量的要求相一致的方式实施。

为确保结果有效，必要时，测量设备应：

（1）对照能溯源到国际或国家标准的测量标准，按照规定的时间间隔或在使用前进行校准或检定（验证）。当不存在上述标准时，应记录校准或检定的依据；

（2）必要时进行调整或再调整；

（3）具有标识，以确定其校准状态；

（4）防止可能使测量结果失效的调整；

（5）在搬运、维护和贮存期间防止损坏或失效。

此外，当发现设备不符合要求时，组织应对以往测量结果的有效性进行评价和记录。组织应对该设备和任何受影响的产品采取适当的措施。校准和验证结果的记录应予保持。

当计算机软件用于规定要求的监视和测量时，应确认其满足预期用途的能力。确认应在初次使用前进行，并在必要时予以重新确认。

监视和测量设备直接影响产品或过程测量监视结果的正确性，因此，组织应予以控制以保持其测量能力与测量要求的一致性。

组织应根据本组织产品实际需要确定所要开展的监视和测量活动，以及监视和测量设备，同时亦应明确监视和测量要求。

这些活动包括本组织提供的，也包括外包和利用顾客提供的，活动结果应与监视和测量要求相一致。

测量设备是指为实现监视和测量活动所必需的测量仪器、软件、测量标准、测量物质或辅助设备或它们的组合。在测量过程中，测量设备用来确定量值。对测量设备的控制要求是：

（1）测量设备应按国家有关规定（即中华人民共和国计量法）进行定期检定或校准，并取得合格证书。

（2）有些测量设备在使用时，需要进行调整或再调整。如调整零位、设备的平衡等。

（3）识别测量设备的状态是否处于校准状态，有无标识。

（4）当发现测量结果有疑义时，应及时检查测量设备是否偏离校准状态，使测量结果失误。应采取措施防止偏离校准状态。

（5）存放测量设备的环境条件应满足要求；当需要搬运或移动测量设备时，应注意保持测量设备平稳，防止损坏。对测量设备要定期实施维护和保养，使之处于良好状态。

上述控制要求是对那些监视和测量结果对产品质量有直接影响的测量设备而言，对一般性所使用的计量器具，如钢板尺、卷尺、万用表等只要有出厂合格证即可，不必进行定期检定，只作管理上的要求。

当计算机软件用于监视和测量活动时，在初次使用前对其满足预期用途的能力加以确认就可以了。

校准和验证结果的记录应予以保持。

八、测量、分析和改进

（一）总要求

组织应策划并实施以下方面所需的监视、测量、分析和改进过程：

（1）证实产品要求的符合性；

（2）确保质量管理体系的符合性；

（3）持续改进质量管理体系的有效性。

这应包括对统计技术在内的适用方法及其应用程度的确定。

测量、分析和改进对组织了解所建立的质量管理体系运行实施的符合性及有效性是至关重要的，进而找出组织质量管理体系持续改进的目标与方向。

为证实这一实施过程，组织应进行过程策划。一般需考虑监视、测量、分析和改进活动的项目、内容、方法、频次及必要的记录等。策划的结果应形成文件，包括应用统计技术在内的适用的方法，开展监视、测量、分析和改进活动的信息。

（二）监视和测量

1. 顾客满意

作为对质量管理体系绩效的一种测量，组织应对顾客有关组织是否满足其要求的感受的相关信息进行监视，并确定获取和利用这种信息的方法。

顾客满意是指顾客要求得到满足的程度的感受。组织通过监视和测量顾客满意度，可衡量自身的业绩，并寻求质量管理体系改进的机会，以营造市场竞争的优势。

调查和收集顾客满意信息的方式、方法可包括：

（1）接受顾客反馈投诉和意见（包括抱怨）。

（2）与顾客进行沟通。如：走访、问卷调查等。

（3）市场调研。如参加消费者组织、媒体及行业组织的报告会，收集市场信息等。

对以上所收集到的信息进行分析和利用，从而寻求组织质量管理体系改进的目标与机会。

2. 内部审核

组织应按策划的时间间隔进行内部审核，以确定质量管理体系是否：

（1）符合策划的安排、本标准的要求以及组织所确定的质量管理体系的要求；

（2）得到有效实施与保持。

考虑拟审核的过程和区域的状况和重要性，以及以往审核的结果，应对审核方案进行策划。应规定审核的准则、范围、频次和方法。审核员的选择和审核的实施应确保审核过程的客观性和公正性。审核员不应审核自己的工作。

策划和实施审核以及报告结果和保持记录的职责和要求应在形成文件的程序中做

出规定。

负责受审区域的管理者应确保及时采取措施，以消除所发现的不合格及其原因。跟踪活动应包括对所采取措施的验证和验证结果的报告。

注： 作为指南，参见 GB/T 19021.1、GB/T 19021.2 及 GB/T 19021.3。

内部审核是组织内部人员对本组织的质量管理体系运行情况所进行的审核。其目的是为了查明质量管理体系实施效果是否达到了规定要求，及时地发现存在的问题，并采取纠正措施，使组织质量管理体系持续有效运行。

内部审核程序及要求包括：

（1）组织应考虑拟审核的过程、区域状况和重要性，以及以往审核结果，策划审核方案（审核计划），规定其审核时间间隔最长不应超过 12 个月。

（2）根据“审核计划”安排，编制“审核实施计划”。其内容应包括：审核目的、审核依据（准则）、审核范围、审核组成员，以及审核日程安排等。

审核人员应是由取得“内审员证书”和经过授权的人员担任，并不得审核自己的工作。

（3）由内审员负责编制“现场审核检查表”，根据标准要求编写“抽样计划”。

（4）审核实施。由内部审核组长负责主持内部审核会议（首次会议），组织领导层及各部门领导及相关人员参加，宣布“内审实施计划”内容及安排，经确认无疑时，会议结束。会议一般不超过 30 分钟。然后下现场审核。

（5）按“抽样计划”进行安排，经审核发现不合格（不符合）项，内审员碰头确认后，填写“不符合报告单”，通知责任部门进行采取纠正或纠正措施，以消除不符合及产生原因，杜绝其再发生。

（6）召开末次会议，参加人同首次会议，由内审组长宣布审核结果，并令其各部门的“不符合项”在规定时间内实施纠正、纠正措施的完成。

（7）内部审核组负责对不符合项的跟踪验证活动，并在验证栏内填写评语。

（8）内审组在 1 周内写出“内审报告”，完成内部审核过程。内部审核结果应输入管理评审。

内部审核记录应予以保持。

3. 过程的监视和测量

组织应采用适宜的方法对质量管理体系过程进行监视，并在适用时进行测量。这些方法应证实过程实现所策划的结果的能力。当未能达到所策划的结果时，应采取适当的纠正和纠正措施，以确保产品的符合性。

在质量管理体系的运作中有很多相互关联和相互作用的过程，对这些过程进行监视和测量，及时了解体系运作中存在的问题，及时采取措施给予纠正或采取纠正措施，保证过程结果满足策划能力要求，以确保产品的符合性。

过程的监视和测量适宜的方法有：

（1）对过程进行审核评价，确认过程能力满足所策划的要求。

（2）通过质量检验活动，控制其产品及工作质量，使过程的输出满足要求。

（3）应用统计技术，描述过程特性或参数波动和变化的趋势，及时掌握过程能力变化，当出现异常现象时，通过分析采取措施，使过程始终处于受控状态。

（4）采用仪器、仪表、计算机等对过程参数、因素（如时间、温度、压力等），进行直接的监视或自动控制。

(5) 对过程所用设备、工装、计量器具等进行定期或不定期的检定加以确认，确认其处于完好状态。

4. 产品的监视和测量

组织应对产品的特性进行监视和测量，以验证产品要求已得到满足。这种监视和测量应依据所策划的安排，在产品实现过程的适当阶段进行。

应保持符合接收准则的证据。记录应指明有权放行产品以交付给顾客的人员。

除非得到有关授权人员的批准，适用时得到顾客的批准，否则在策划的安排已圆满完成之前，不应放行产品和交付服务。

对产品的监视和测量是指对产品特性进行监视和测量的活动。这些活动是在产品实现的各阶段（过程）中完成，证实产品满足所策划的安排，即产品要求得到满足。

有关产品的监视和测量的记录应予保持。记录中产品放行人员应予签字，是产品放行的授权人。一般情况下，有权放行产品的人员是指具有资格经过授权并在自己的职责范围内行使权力的检验人员。

（三）不合格品控制

组织应确保不符合产品要求的产品得到识别和控制，以防止其非预期的使用或交付。应编制形成文件的程序，以规定不合格品控制及不合格品处置的有关职责和权限。

组织应通过下列一种或几种途径。处置不合格品：

(1) 采取措施，消除已发现的不合格品；

(2) 经有关授权人员批准，适用时经顾客批准，让步使用、放行或接收不合格品；

(3) 采取措施，防止其原预期的使用或应用；

(4) 当在交付或开始使用后发现产品不合格时，组织应采取与不合格的影响或潜在影响的程度相适应的措施。

应保持不合格的性质以及随后所采取的任何措施的记录，包括所批准的让步记录。

在不合格品得到纠正之后应对其再次进行验证，以证实符合要求。

不合格品即是“未满足产品要求的产品”。这些产品可能发生在采购产品、过程中间产品和最终产品中。对不合格品的控制一般包括：判定、标识、记录、评审和处置等方法，在处置不合格品时可采用以下一种或几种方式：

(1) 返工/返修消除不合格。应进行再次验证其符合性。

(2) 让步使用、放行或接收不合格品。需由授权人或顾客批准。

(3) 降级使用或报废。

对服务行业中的不合格服务的处置方式是中止不合格服务、道歉、适当赔偿或给予适当的优惠条件等。

在交付或开始使用后发现产品不合格时，组织仍有责任采取适当措施解决问题，以消除由于产品不合格给顾客造成的影响或潜在影响。这些措施包括：负责修理、更换产品、退货至赔偿等。

标准要求对不合格品的控制应制定“不合格品控制程序”。在程序中规定不合格品控制活动以及职责权限、要求等。

（四）数据分析

组织应确定、收集和分析适当的数据，以证实质量管理体系的适宜性和有效性，并评价在何处可以持续改进质量管理体系的有效性。这应包括来自监视和测量的结果，以及其他有关来源的数据。

数据分析应提供以下有关方面的信息：

（1）顾客满意；

（2）与产品要求的符合性；

（3）过程和产品的特性及趋势，包括采取预防措施的机会；

（4）供方。

数据分析是将监视、测量活动及其他有关来源所收集到的原始数据或信息，依据评价结果采用适当的统计分析方法，进行数据分析、评价，加工成可利用的数据的过程。

例如：

（1）在衡量质量目标完成情况的产品一次交检合格率、产成品合格率、废品率、库存产品抽检合格率等；

（2）在工序过程中连续的监视记录数据在控制图上打点，以观察其过程参数的波动状态的趋势等；

（3）在对顾客满意度的测量时，对所调查信息情况的分析；

（4）在市场调查中，同类产品的市场动态，以及竞争对手的产品和过程的信息等。

数据是构成信息的核心内容。在质量管理体系的运作过程中存在着大量的原始数据，这是形成信息的主要源泉。只要认真做好数据收集、数据分析，就会为证实质量管理体系的适宜性、有效性，以及寻找持续改进的机会发挥其应有的作用。

数据分析的方法主要是应用统计技术的方法。常用的统计技术方法有：

（1）排列图；

（2）直方图；

（3）控制图；

（4）过程能力分析；

（5）散布图；

（6）回归分析等。

还有用于非数字资料的统计方法如调查表、因果图、流程图、对策表……。需根据组织的需要而选择。

（五）改进

1. 持续改进

组织应利用质量方针、质量目标、审核结果、数据分析、纠正、纠正和预防措施以及管理评审，持续改进质量管理体系的有效性。

持续改进质量管理体系的有效性是组织的一个永恒的目标。组织为追求卓越的总体业绩必须按本条款要求持续改进其有效性，保持质量管理体系适应生产发展的需要，在激烈的市场竞争中，立于不败之地。

持续改进的方法是组织在质量管理体系运作的各环节上善于发现问题，找到改进机会，然后确定所要达到的目标，制定纠正和预防措施，有计划地加以实施、验证、评价效果，必要时进入下次循环。这就是持续改进的循环活动。

持续改进的目的是持续保持质量管理体系的有效性。

2. 纠正措施

组织应采取措施，以消除不合格的原因，防止不合格的再发生。纠正措施应与所遇到不合格的影响程度相适应。

应编制形成文件的程序，以规定以下方面的要求：

(1) 评审不合格（包括顾客抱怨）；

(2) 确定不合格的原因；

(3) 评价确保不合格不再发生的措施的要求；

(4) 确定和实施所需的措施；

(5) 记录所采取措施的结果；

(6) 评审所采取的纠正措施的有效性。

组织应编制形成文件的纠正措施程序，并加以贯彻实施，防止不合格再次发生。

纠正措施实施应采取以下步骤：

(1) 识别和评审不合格（包括体系不合格、产品质量不合格，特别注意顾客抱怨所引发的不合格的评审）；

(2) 通过调整、分析，确定不合格的原因；

(3) 确定为防止不合格再发生所应采取的措施；

(4) 确保所采取的措施得到实施；

(5) 跟踪并记录所采取纠正措施的结果；

(6) 评价纠正措施的有效性。

3. 预防措施

组织应确定措施，以消除潜在不合格的原因，防止不合格的发生。预防措施应与潜在问题的影响程度相适应。

应编制形成文件的程序，以规定以下方面的要求：

(1) 确定潜在不合格及其原因；

(2) 评价防止不合格发生的措施的需求；

(3) 确定和实施所需的措施；

(4) 记录所采取措施的结果；

(5) 评审所采取的预防措施的有效性。

组织应编制形成文件的预防措施程序，并加以贯彻实施，防止潜在不合格的发生。

预防措施的实施应采取以下步骤：

(1) 识别并确定潜在不合格并分析其原因；

(2) 评价采取措施的必要性和可行性；

(3) 研究确定需采取的预防措施，并落实其实施；

(4) 跟踪并记录所采取预防措施的结果；

(5) 评价预防措施的有效性，并做出文件更改或进一步采取措施的决定。

第四节　ISO 9000 标准中与检验部门有关的内容

在 GB/T 19001—2008/ISO 9001：2008 标准中，与检验部门有关的内容及实施要点包括：

4.2　文件要求

4.2.1　总则

质量管理体系文件应包括：

质量手册、程序文件、支持性文件、质量记录等 4 大部分。检验部门应具有上述文件。

4.2.3　文件控制

检验部门的质量管理体系文件应是受控版本，并按控制要求实行。

4.2.4　记录控制

检验部门应建立完善的进货、过程及最终检验记录的相关记录，并妥善保管。

5.4.1　质量目标

按组织统一安排，检验部门在认真落实工厂质量目标的同时应建立本部门的质量目标，并努力达到或超过质量目标的要求。

5.5.1　职责与权限

检验部门应有明确的本部门及各级人员的质量职责与权限规定。

5.5.3　内部沟通

检验部门应明确与组织各部门需要沟通的事项内容，以及沟通方式及时间要求等。

5.6　管理评审

作为管理评审输入的 7 项内容之一是：

过程的业绩和产品质量的符合性，应由检验部门提出作为管理评审的输入内容。

6　资源管理

6.2　人力资源

检验部门的人员培训应列入组织统一教育培训计划，并支持检验人员参加培训。

7　产品实现

7.1　产品实现的策划

该项策划应对在整个生产过程的每个阶段所需要进行检验、测量或控制的内容做出明确规定。

7.2.2　与产品有关要求的评审

（1）检验部门应参加重要的及有特殊要求的合同评审。

（2）供应部门应把顾客的特殊要求及时转给检验部门。

7.2.3　顾客沟通

对顾客反馈的产品质量问题，以检验部门为主做出检验结果，与顾客进行沟通。

7.3　设计和开发

检验部门应参加设计和开发全过程中的一些活动：

(1) 设计输入的评审；

(2) 设计验证；

(3) 设计确认；

(4) 根据设计各阶段的需要对零部件或成品进行检验或试验。

7.4　采购

7.4.3　采购产品的验证

检验部门应负责采购产品的验证工作，并做出采购产品合格与否的结论。

7.5　生产和服务提供

7.5.1　生产和服务提供的控制

参与和支持在受控条件下进行生产和服务提供。所参与的主要工作有：

(1) 熟悉与掌握有关表述产品特性的信息；

(2) 对工人操作使用的作业指导书应有所了解；

(3) 通过加工产品的检验，掌握设备的精度和使用情况；

(4) 对在生产过程中使用的监视和测量装置，有权检查其是否经计量部门检定并取得合格证；对无计量检定合格证的计量器具，有权禁止其使用，并向计量部门反映情况，以便得到及时的处理；

(5) 对生产全过程按策划的规定、工艺规程要求、产品图样的检验依据实施监视和测量；

(6) 在放行、交付产品时，应按有关规定实施检验。

7.5.2　生产服务提供过程的确认

对特殊过程重点实施控制的内容有：

(1) 特殊过程的操作工人、检验人员应有资格鉴定证书，设备应有设备认可证明(合格证)；

(2) 对使用的特定方法和程序，应了解并重点检验实施情况；

(3) 特殊过程的检验记录要认真填写，并加以保存。

7.5.3　标识和可追溯性

对生产全过程进行检验时，对产品标识的正确性要进行必要的监督检查，以防止标识混乱；状态标识由检验部门负责并认真执行。标识是实现可追溯性的依据。

7.5.4　顾客财产

对顾客财产应按“合同”规定对其进行入厂检验，并判定是否符合相应规定要求，给予适当处置。

7.5.5　产品防护

对生产全过程的产品防护应按有关规定要求进行检查。

7.6　监视和测量装置的控制

分 2 种情况：

(1) 检验部门负责计量工作时，对该条款为归口管理部门，按规定要求实施；

(2) 检验部门不负责计量工作时，只对本部门使用的监视和测量装置，按规定周期送计量部门实施周期检定后，方可使用。并妥善做好保管、保养。

8　测量、分析和改进

8.2.1　顾客满意

尽管“对顾客满意的调查”条款不属于检验部门负责的范围，但检验部门应特别关注此条款的调查结果。因为有许多顾客反映的质量问题与检验把好质量关有着密切的关系。

8.2.2　内部审核

检验部门接受内部审核后，对提出的不符合项及存在的问题，要及时采取纠正或纠正措施。

8.2.3　过程的监视和测量

按策划的安排进行监视和测量。

8.2.4　产品的监视和测量

该条款由检验部门归口管理。它是检验部门的主业，应按产品的监视和测量有关文件规定认真实施。

8.3　不合格品控制

该条款由检验部门归口管理，应按不合格品处置规定执行，并对组织的不合格品实施统一管理，防止不合格品流入生产现场或出厂。

8.4　数据分析

很多数据是由检验部门提供的，这些数据有的由检验部门负责进行数据分析，有的由其他有关部门进行数据分析，检验部门应做好配合。数据分析采用统计技术、统计方法或统计工具进行数据分析后，提供给有关部门采取纠正或预防措施，以提高产品质量，持续改进质量管理体系的运行有效性。

8.5　改进

8.5.1　持续改进

检验部门应及时向有关部门提供生产全过程产品质量存在问题的信息，并进行必要的分析（如前述数据分析）作为持续改进的依据。

8.5.2　纠正措施

包括两部分：

（1）在审核（内、外部）时，发生不符合项应采取纠正或纠正措施，并有记录；

（2）在质量管理体系运行中，产生的不符合文件要求的不合格项，与检验有关的内容应配合其他部门采取纠正措施，并应有记录。

8.5.3　预防措施

预防措施是当发现潜在不合格现象存在时要采取的预防措施。一般多发生在生产过程中。发现潜在不合格应及时与有关部门配合，及时采取措施，防止或消除不合格的发生。

第七章

质量检验活动

在 GB/T 19000—2008/ISO 9000：2005 标准中，对质量检验和质量管理体系给予的定义是：

质量—— 一组固有特性满足要求的程度。

检验——通过观察和判断，适当时结合测量、试验或估量所进行的符合性评价。

由此可理解质量检验是在质量方面通过观察和判断，适当时结合测量、试验所进行的符合性评价的活动。

对产品而言，质量检验可分为以下几个阶段：

（1）熟悉与掌握规定要求，选择检验方法，制定检验规程；

（2）观察、测量或试验；

（3）记录；

（4）比较和判定；

（5）确认和处置。

对确认后的处置方法有：

（1）对合格品准予放行，对不合格品做出返修、返工或报废处置。

（2）对批量产品做出接收、拒收、复检等处置。

质量管理体系——在质量方面指挥和控制组织的管理体系。

管理体系——建立方针和目标并实现这些目标的体系。

质量管理体系是组织在质量方面的管理体系。组织有若干个管理体系。例如财务管理体系、环境管理体系、职业卫生与安全管理体系等。

由此可知，质量检验活动是质量管理体系活动的一部分；质量管理体系也是组织管理体系中的一个重要方面的管理。它们都在围绕着组织的方针和目标开展活动，为组织的发展而努力工作。

第一节　质量检验与质量管理体系的关系

（一）质量检验在质量管理体系中的地位

组织为实施质量管理的需要，必须建立、健全和不断完善质量管理体系，使其持续有效地运行，实现组织的质量方针和质量目标，以及质量承诺，达到不断改进与提高产品质量的目的，为顾客提供满意和期望的产品与服务。质量检验在质量管理体系中的地位，具体表现在以下几个方面。

1. 质量检验部门是建立质量管理体系的重要组成部门

组织的职能部门一般由技术、生产、检验、供销等主要部门组成。其中质量检验部门按《产品质量法》的要求，独立行使检验职能，组织检验人员开展检验工作。组织的最高领导者（企业法人），应对产品质量负责，是质量检验部门的直接领导者。

2. 质量检验是质量管理体系过程中的一部分

在 GB/T 19001—2008/ISO 9001：2008 标准中，明确地规定了监视和测量过程，不合格品控制以及对监视和测量设备的控制等过程，这些过程是衡量、评价质量管理体系有效性的重要过程。除此之外，通过鉴别、把关、预防及报告等监视和测量活动，以及与质量管理体系中其他若干过程相联系，发现问题，及时为持续改进质量管理体系提出建议和意见，从而使质量管理体系不断地得到完善。

3. 质量检验在质量管理体系中建立并制定了文件化程序

所谓程序，是指"为进行某项活动或过程所规定的途径"。程序通常包括活动的目的和范围；应做什么事，由谁来做，何时、何地、如何做；应使用什么材料、什么设备以及采用哪些文件等；如何对活动进行控制并加以记录等内容。

质量检验所制定的文件化程序，一般包括：

（1）进货检验程序；

（2）过程检验程序；

（3）最终检验程序；

（4）产品检验指导书或检验规程等。

4. 在质量管理体系职能分配表中明确规定了质量检验部门所应承担的职能

一般情况下，质量检验部门在组织的质量管理体系职能分配上，承担其体系的日常归口管理部门的责任较多。另外在 GB/T 19001—2008 标准的职能分配中明确规定：

7.6　监视和测量设备的控制

8.2　监视和测量

8.3　不合格品控制

8.4　数据分析

各条款的归口管理，是由质量检验部门负责。

5. 在质量管理体系中明确地规定了质量检验部门应配备的资源

为达到产品质量要求，满足顾客的期望，质量检验部门应配备如下资源：

（1）配备足够的并满足要求的质量检验人员，即检验人员应经过培训，并使其能力符合要求。检验人员应由组织授权，才能担任检验工作；

（2）检测、试验设备齐全，处于完好状态，并进行定期保养与鉴定；

（3）具备符合要求的检验设施及场地；

（4）配备所需资金。

（二）质量检验活动在质量管理体系运行中的作用

1. 把关作用

检验人员通过对产品实现的全过程（从原材料、外购件、外协件、半成品以及成品）进行检验活动，鉴别、分选、剔除不合格品，严把各环节的质量关，做到：进厂原材料不合格不进厂；中间工序不合格不转序；成品不合格不出厂。

2. 预防作用

检验人员通过在产品实现全过程的检验活动，及时发现工序质量出现的问题，并进行分析，找出产品质量波动的原因，采取措施预防不良品的产生，防止不合格品流入下道工序，造成不应有的损失。

3. 评价作用

质量检验即是对产品质量通过观察和判断，适当时结合测量、试验所进行的符合性评价；或对产品质量水平给予评价，并借以评价质量管理体系运行的符合性、适宜性及有效性。

4. 信息反馈作用

通过对产品生产全过程的质量检验和试验活动，搜集大量数据，认真做好记录，应用统计技术方法，对数据进行统计、分析后，向有关部门及领导及时发出质量信息，以便让生产中存在的问题及早得到处理。信息反馈是各部门相互联系、解决体系运行中存在问题的重要手段，有着不可替代的作用。

5. 实现产品的可追溯性

通过质量检验活动，可实施产品标识和检验后的状态标识。产品标识的目的是为了区分不同类别、不同批次、不同炉号等产品，即能有效地识别从投料到产成品全过程的产品，防止混用或误用。而检验状态标识则是将经过检验后或未经检验的产品按其状态分为：

（1）未经检验或待检验产品；

（2）经检验合格产品；

（3）经检验不合格或待处理产品；

（4）不合格产品。

在有可追溯性要求的场合，产品标识和状态标识可实现产品的可追溯性。在某些行业，技术状态管理也是保持标识和可追溯性的一种方法。

第二节　质量检验计划

质量检验计划是组织质量工作的一部分，也是组织生产技术准备工作的重要内容之一，应在生产准备阶段完成其编制工作。这样在新产品投入生产时，可用最经济的方法保证产品质量达到质量特性的要求。

质量检验计划是对检验所涉及的活动、过程和资源做出规范化的书面规定，用以指导检验活动正确、有序、协调地进行。

质量检验计划是组织对检验工作的系统策划和总体安排的结果，一般采用文字或图表的形式明确规定检验站（组）的设置、人员的配备、检验和试验设备（包括仪器、仪表、量检具等）的配置、检验或试验方式方法及工作量等。以指导质量检验人员开展检验工作。

一、编制质量检验计划的目的

为了保证产品质量，组织在生产活动的各阶段都必须由检验人员来完成各项检验工作，而这些人员首先应熟悉和掌握产品及检验工作的基本情况和要求，比如产品和零件的用途、质量特性、产品功能、技术标准、检验方法等，才能保证检验质量。为此，就需要编制质量检验计划，用以指导检验人员的工作。

为了部门之间密切配合，有序衔接，也应编制质量检验计划予以保证。

二、质量检验计划的作用

质量检验计划是对检验和试验活动带有规划性的总体统筹安排，对保证产品的符合性质量起着重要作用。

（1）检验和试验计划按照产品加工流程及物流的流程，充分利用企业现有的资源和条件，统筹安排、设置检验和试验站点，可以节约质量成本中的鉴别费用，降低产品成本。

（2）根据产品和工艺要求，合理地选择检验和试验项目、方式和方法，合理地配备和使用人员、设备、仪器仪表和量检具，有利于调动每位检验和试验人员的积极性，提高检验和试验的工作质量和工作效率，降低物质和劳动消耗。

（3）确定产品质量缺陷严重性分级标准和产品质量缺陷严重性分级表。实行产品缺陷严重性分级，并实施管理，更能充分发挥检验职能的有效性和企业质量管理的综合效能，在保证产品质量的前提下，可使产品制造成本得到降低。

（4）可使检验和试验工作逐步实现规范化、科学化和标准化，使产品制造过程的质量更好地处于受控状态。

三、质量检验计划的内容

质量检验计划是对检验和试验活动的统筹安排，企业的技术、生产、计划等部门的有关计划都应该提供给质量检验部门，质量检验部门根据这些资料及新产品的重要和复杂程度，以及与老产品的差异程度来编制检验和试验计划。其基本内容有：

（1）绘制检验和试验流程图，确定检验和试验活动流程，检验和试验站点的设置，选择检验和试验方式方法等。

（2）编制检验用产品质量缺陷严重性分级标准和分级表，并据此实施管理。

（3）编制检验和试验指导书，为重要的检验和试验作业活动提供具体的指导。

（4）编制检验和试验的配置计划，包括仪器仪表、量具、检具、装备等的配置计划。

（5）人员的配备、培训、资格认证等事项的安排。

（6）其他需要特殊安排的事宜。

（一）编绘检验和试验流程图

检验和试验流程图是检验和试验计划中确定检验和试验的流程，检验站点设置，选定检验和试验方式、方法及其相互关联的程序表达方式。例如，图7—1所示为起重机总装配检验流程图。

在产品生产技术准备过程中，对产品、零部件都要进行工艺分析，划定工艺路线，并绘制工艺流程图。产品检验和试验活动应在此基础上，把产品检验和试验程序也以流程图的方式简要地表达出来，使检验和试验工作达到标准化、程序化、规范化。检验和试验流程图一般以工艺流程图为参考，也可以在工艺流程图上直接绘出所需的检验和试验标识符号。

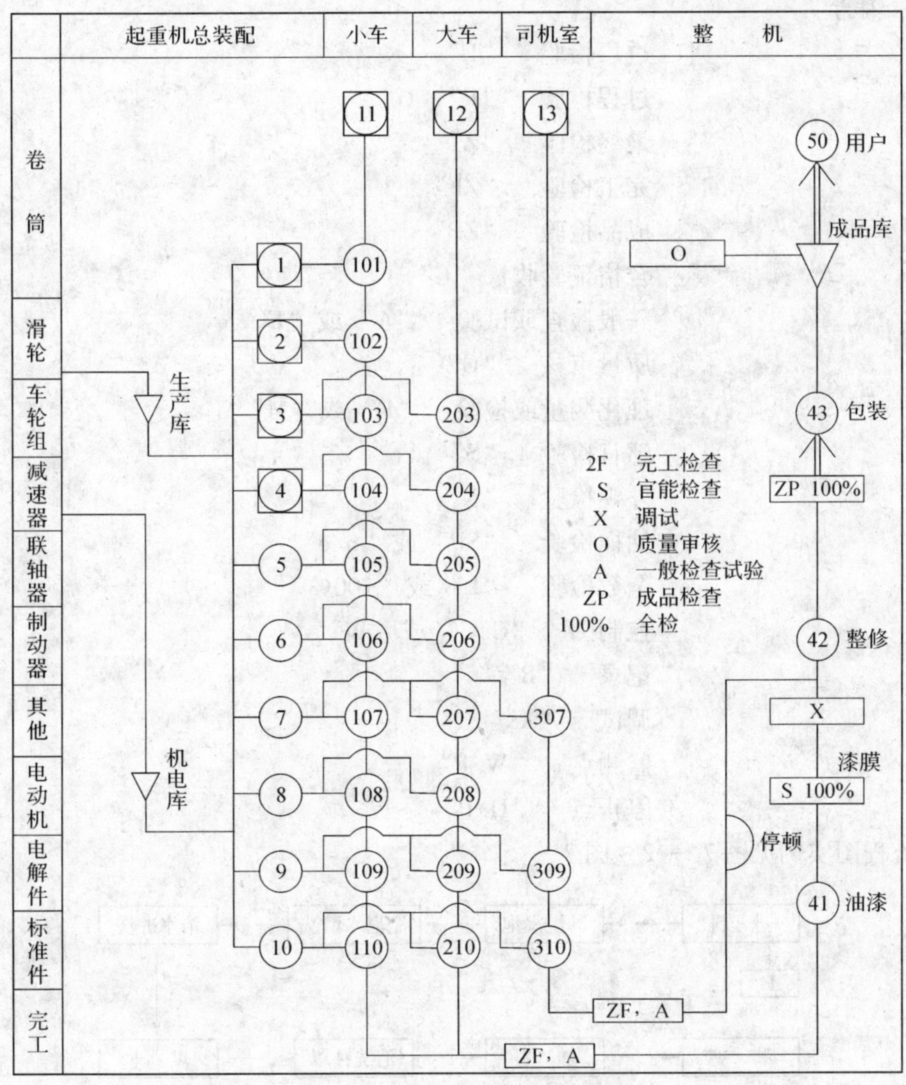

图 7—1 起重机总装配检验流程图

检验和试验标识符号应尽可能采用标准规定的符号，以便于统一。企业也可自行规定企业内部的检验和试验流程图的标识符号，但企业内部必须统一。

1. 顺序符号

流程是由连续的顺序过程构成的，顺序过程的不同状态应以不同的符号加以标识：

作业 “○”

停留 “D”

运输 “⇒”

贮存 “▽”

检查 “□”或“◇”

综合活动 “⊡”或“◈”

2. 检验符号

进厂检验　“E”

过程检验　“P”

最终检验　“Z”

完工检验　“ZF”

成品检验　“ZP”

合格证验收　“C”

一般检查或试验　“A”或“I”

质量审核　“O”

理化测量或检验　“F”或“M”

感官检验　“S”

外观检验　“N”

抽样检验　“SP”或“n/e”

全数检验　“L”或“100%”

控制图　“C. C”或“W”

记录　“R”

调试　“X”

监测点　“W. P”

停止点　“H. P”

检验流程图实例见图7—2～图7—5。

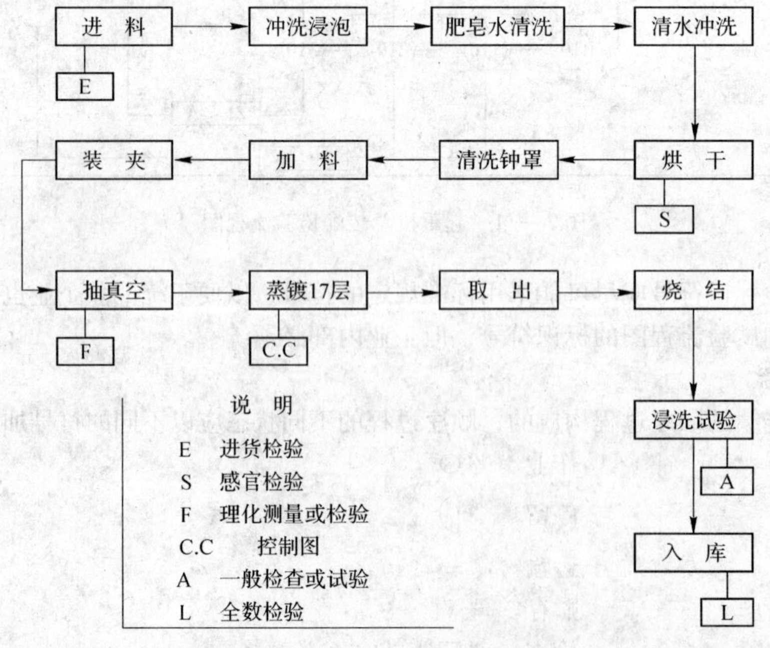

图7—2　手术无影灯检验流程图

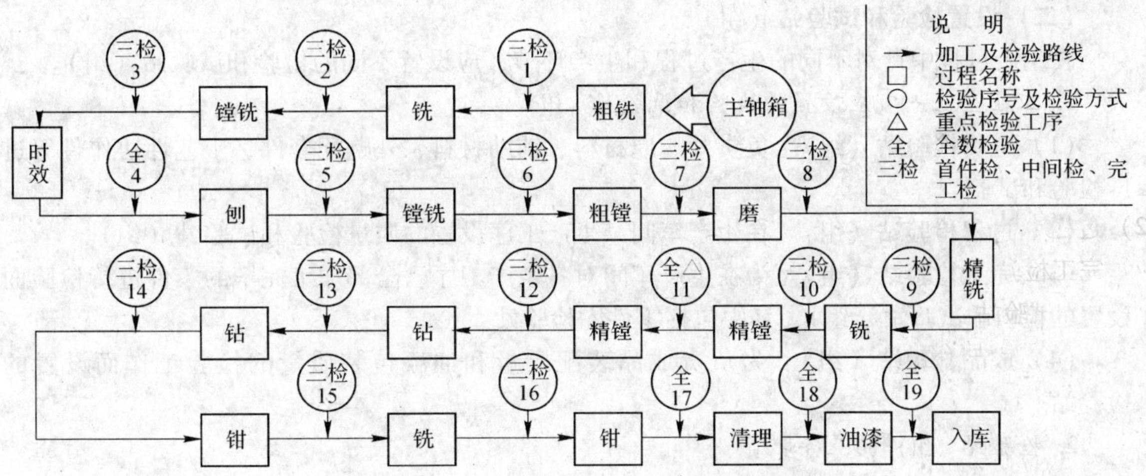

图 7—3　主要件主轴箱检验流程图

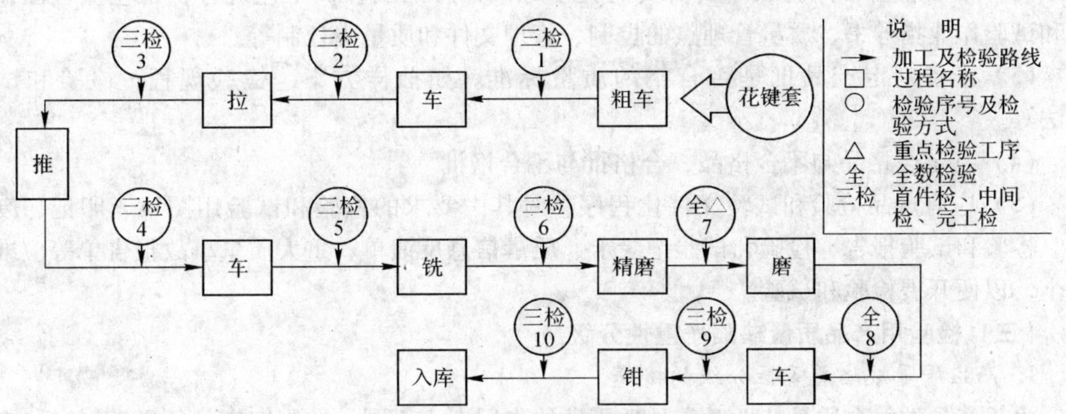

图 7—4　主要件花键套检验和试验流程图

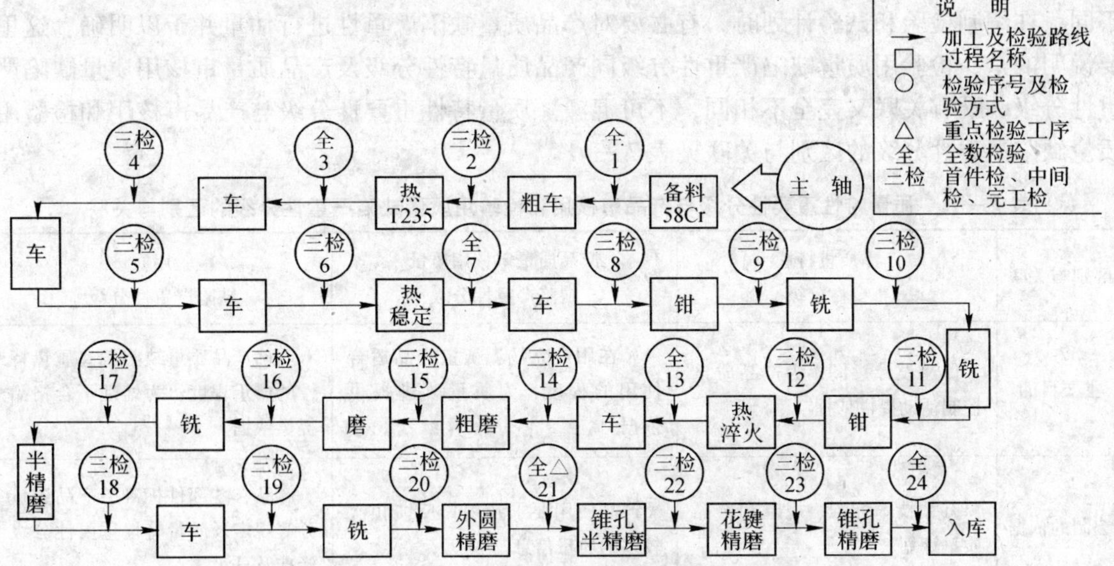

图 7—5　主要件主轴检验和试验流程图

（二）设置检验和试验站（组）

在生产过程中针对不同的生产过程和生产环节，应设置不同的检验和试验站（组）。

1. 工业企业一般应设置的检验和试验站（组）

（1）进货检验站（组）。负责外购原材料、辅助材料、外购配套件、工艺性协作件等进厂检验和试验。

（2）过程检验站（组）。在生产车间某生产工序设置的质量检验和试验站（组）。

（3）完工检验站（组）。为在生产车间对各生产工序已全部加工完毕的零件进行检验而设置的检验和试验站（组），其中包括零件库检验站。

（4）成品检验站（组）。为负责成品装配质量和油漆包装质量的检验工作而设置的检验站。

2. 检验站（组）的业务职责

（1）明确本检验站（组）的业务范围，以及所应负责检验产品的哪些质量特性。

（2）准备检验和试验工作所需要的技术标准，产品图样，工艺规程，工艺流程图，检验和试验作业指导书，质量管理点的控制、管理文件和质量责任制等。

（3）准备判定产品批是否合格的质量标准。如抽样方案，检验规程，检验和试验方法等。

（4）判定合格品与不合格品，合格批与不合格批。

（5）应有产品检验和试验文件化程序，对其中要求的检验和试验用图章、印记、废品单、检验和试验报告、检验和试验记录卡、质量信息反馈单、重大质量事故报告单等应准备齐全，以便开展检验和试验。

（三）检验用产品质量缺陷严重性分级

1. 产品质量缺陷严重性分级的概念

由于产品的每个质量特性对产品适用性的作用大小不同，在制定产品质量计划时，需要对产品质量特性重要性进行分级。同理，由于产品质量缺陷对产品适用性及生产活动的影响不同，在编制检验和试验计划时，有必要对产品质量缺陷严重性进行估量并予以明确。这里要说明的是，检验用质量缺陷严重性分级同产品质量特性分级及产品质量审核用质量缺陷严重性分级，既有关联又完全不相同，不可混淆。质量特性重要性分级与产品审核用和检验用质量缺陷严重性分级的区别与关联见表7—1。

表7—1　质量特性重要性分级与产品审核用和检验用质量缺陷严重性分级的区别与关联

区别与关联	产品质量特性重要性分级	产品质量审核用质量缺陷严重性分级	检验用质量缺陷严重性分级
主要目的	传递设计意图，为产品质量控制活动提供依据	站在用户立场、衡量产品适合使用的程度，为质量改进提供依据	明确产品质量缺陷偏离质量特性的严重程度，为处理不合格品提供依据
编制的依据	有关技术标准、规范和产品质量计划	产品使用要求及用户反馈频次较多的质量信息	产品、零部件标准、产品质量分等规定及质量特性重要性分级标准及分级表

续表

区别与关联	产品质量特性重要性分级	产品质量审核用质量缺陷严重性分级	检验用质量缺陷严重性分级
分级的侧重	对产品安全性、功能性及对生产过程的影响 对有关质量法规、法令的满足程度	对产品使用质量和产品信誉、企业声誉的影响程度	对产品技术规格的满足程度 对产品符合性质量的影响程度
用　途	指导工序质量控制计划、产品检验和试验计划的编制及指明外购货品的质量控制重点	指导产品质量审核活动的实施及确定产品质量水平	指导检验与试验活动中对质量缺陷严重性的判定及不合格处理权限与程序
关　联	指导检验用质量缺陷严重性分级与管理，为产品质量审核提供重点	主要是站在用户的立场衡量产品适用性的程度，但不违背产品质量特性重要性分级与检验用质量缺陷严重性分级	贯彻产品质量特性重要性分级的意图，主要是指导不合格品的处理

实行产品质量缺陷严重性分级并实施管理，对发挥检验职能的有效性和企业质量管理综合效能都有重要作用。

2. 质量缺陷严重性分级原则

质量缺陷严重性分级，首先，需要考虑的是规范所规定的质量特性的重要程度。这是因为质量缺陷是偏离规范的表现。高等级的质量特性发生的质量缺陷，其严重性也高。其次，质量缺陷严重性分级还要考虑对产品适用性的真正影响程度。这主要是考虑产生质量缺陷如何处理。所以，质量缺陷严重性分级不能单纯由质量特性的重要程度来决定。

每个企业应从行业和产品的特点出发，在不断总结经验的基础上，制定出明确的质量缺陷严重性分级原则（标准），为实施质量缺陷严重性分级提供依据。

为了便于制定质量缺陷严重性分级标准，在这里提供一个质量缺陷严重性分级标准模式，供实施管理参考。详见表 7 — 2。

表 7 — 2　检验用产品质量缺陷严重性分级标准

××××产品质量缺陷严重性分级								共　页 第　页	
级别	严重性	缺陷分析	对产品功能的影响	对外观质量的影响	对包装质量的影响	对下道工序的影响	处理权限	检验严格性	
A	关键的	100	肯定高度影响产品功能，会造成安全事故，用户要求索赔的	用户肯定会发现并进行申诉的	错装、漏装零部件，装不牢，在运输中造成损坏，用户肯定会申诉的	肯定将引起重要混乱的	总质量师	100% 严格检验、加严检验	
B	重要的	50	可能高度影响产品功能或肯定轻度影响产品功能的	用户可能会发现或可能会申诉的	包装涂漆不良有可能引起锈蚀，用户很不满意的，或可能会申诉的	可能引起重要混乱，但肯定引起次要混乱的	检验部门负责人	严格检验、正常检验	

续表

××××产品质量缺陷严重性分级							共　页	
							第　页	
级别	严重性	缺陷分析	对产品功能的影响	对外观质量的影响	对包装质量的影响	对下道工序的影响	处理权限	检验严格性
C	一般的	10	可能轻度影响产品功能的	用户可能会发现，但不会申诉的	错、漏装一般紧固件，用户可以自己解决或不会申诉的	可能引起次要混乱的	检验工程师	一般检验、抽样检验
D	次要的	1	不影响产品功能的	不会被用户发现的	不会申诉的	不会引起混乱的	检验站(组)长	抽样检验、放宽检验

3. 产品质量缺陷严重性分级表

产品质量缺陷严重性分级原则（标准）是企业一种管理规范性质的文件，并不是某种产品检验和试验计划的构成文件；而反映某产品质量缺陷严重性的分级表才是该产品检验和试验计划的构成部分。质量缺陷严重性分级表应明确列出缺陷项目、状况及严重性级别。表7—3为产品质量缺陷严重性分级表实例。

表7—3　产品质量缺陷严重性分级表

产品质量缺陷严重性分级		共　页			
		第　页			
质量缺陷分级指导书					
序号	质量缺陷	缺陷等级			
		A	B	C	D
一、	性能				
1.	主电机折断	×			
2.	横销各变速轴卡圈脱落	×			
3.	主轴箱、立柱夹紧失灵	×			
4.	大手柄自动进给不脱车	×			
二、	装配				
5.	埋头螺钉突出零件表面，固定销末突出于零件表面			×	
6.	金属软管扭成麻花形，管接头联结不牢，软管脱落			×	
7.	各导线接头压接不牢，松动后影响导电			×	
8.	压接导线的螺钉没拧紧，受震后容易脱落			×	
9.	电气按钮固定帽松动			×	
10.	热继电器、空气自动开关的脱扣器额定电流未调到规定值		×		
11.	接地线螺母锁紧压线时无弹簧垫，容易松动			×	
12.	冷却泵电机烧坏			×	
三、	材质				
13.	横臂导轨面、外柱表面、底座台面、工作台面有轻微砂眼		×		

续表

产品质量缺陷严重性分级		共　页			
		第　页			
质量缺陷分级指导书					
序号	质量缺陷	缺陷等级			
		A	B	C	D
14.	用作贮油池的铸铁有漏油现象	×			
四、	文明生产				
15.	横臂导轨面、外柱表面、主轴套、底座台面及工作面研伤深度在0.1 mm以上者	×			
16.	上述部位有轻微毛道			×	
17.	粗糙度 $\overset{1.60}{\bigtriangledown}$ 以上表面有轻微磕、碰、划伤、锈			×	
18.	外柱表面大面积锈蚀		×		
19.	用于贮油池的铸件有型砂，粘结物清理不干净			×	
20.	电镀件表面严重划伤，有麻点等		×		
21.	电镀件表面局部轻微划伤，光洁度稍差			×	
22.	法兰件表面有划伤现象			×	
23.	电气壁龛内有铁屑、污染等不清洁情况的				×
24.	导线两端线号管污染、字迹不清				×
25.	外露零件表面有轻微磕、碰、划、伤或有浮锈				×
五、	外观质量				
26.	法兰件表面色泽不一致，影响外观质量				×
27.	金属手轮缘和操纵手柄未抛光或未镀上防锈层				×
28.	零件部分的刻度、数字和标记不准确，不均匀、不清晰			×	
29.	各种标牌、铭牌固定不平整、不牢固或歪等情况				×
六、	油漆质量				
30.	漆层脱落起泡		×		
31.	漆面发白，失光及光洁度低于80%		×		
32.	漆面不平整、有流挂、桔皮及漆面存有砂布道子的痕迹			×	
33.	油漆结合得不分明，内部表面涂漆不均匀				×
七、	包装与标志				
34.	包装箱的外部尺寸和重量不符合铁路运输部门的有关规定	×			
35.	包装箱标志不齐全、不正确、不明显、不整齐、不清晰			×	
36.	机床零件及附件在箱内固定不牢			×	
37.	机床零件及附件涂封防锈、防雨及通风防潮等不符合技术要求的				×
38.	随机附件与装箱单不符		×		
39.	包装箱强度不够，起吊几次破碎	×			

（四）编制检验和试验指导书

检验和试验指导书是检验和试验的必备文件，是用来指导检验和试验人员正确实施检验和试验活动的规范性文件，是产品检验和试验计划的重要组成部分。它使产品检验和试验规程在某些重要检验和试验环节上更加细化，是有些企业编制检验和试验手册的补充文件，其目的就是为重要的检验和试验活动提供具体的指导。

检验和试验作业指导书的内容一般包括：

（1）检验对象。受检零部件的名称、图号及其检验和试验流程图的项目编号。

（2）质量特性。需要检验和试验的项目，需要鉴别的质量特性，以及涉及的产品质量缺陷严重性程度的级别等。

（3）检验和试验方法。受检物检验和试验基准（或基面）、检验程序与方法、检验和试验频次及抽样检验时的 AQL 值等。

（4）检测手段。检验和试验所使用的量具、检具、设备（装备），以及它们应处的状态和使用中需要指明的注意事项等。

（5）检验和试验判断。数据处理和判定产品质量合格与否的程序和权限，以及判定比较的方法、原则和注意事项等。

（6）记录与报告。需要记录的事项、方法和记录表格式，要求报告的内容、程序、方式及时间要求等。检验指导书实例详见表 7 — 4。

表 7 — 4　主要件检验指导书

主要件检验指导书					共　页
件　号	46301	零件名称	主　轴	检验指导书	第　页

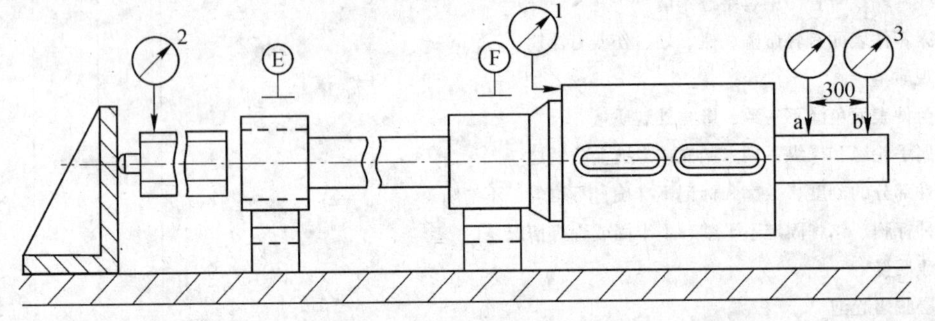

工　序	特　性　值	检　具	检　验　方　法
磨	1. 0.80▽ 端面与 E、F 外圆跳动 0. 01	测微表	检验前将主轴擦干净，准备好须有合格证的量检具，且擦净。 1. 将主轴颈放在两个 V 形铁上，以钢球为支撑点，使主轴轴向定位，安装千分表，使其侧头顶在被测面的边缘处旋转主轴进行检验，千分表最大与最小读数差即为端面跳动误差
	2. ϕ40dd 与 E、F 的跳动 0. 03	测微表	2. 将千分表侧头顶在主轴的花键定心直径上，旋转主轴进行检验，千分表最大与最小读数差即为径向跳动误差
椭	3. 锥孔轴线与 E、F 轴颈轴线径向跳动 a：端部 0. 05 b：距端 300 处 0. 015	测微表	3. 在主轴锥孔中插入检棒，使千分表侧头顶在检验棒轴线 a、b 两处位置上，旋转主轴进行检验，退出检棒，旋转 90°重新插入主轴锥孔，依次重复检验三次，误差值以测微表四次读数的算术平均值即为主轴锥孔径向跳动误差
	4. E、F 轴径的椭圆度圆柱度	J37/ 杠杆卡规	4. 用卡规在轴径的横截面的三个方向上进行测量，卡规的读数的最大差值作为单个截面的椭圆度误差，按上述方法测量三个截面，取其中单个截面最大的读数值作为椭圆度误差 按上述方法进行测量，取各截面所测得的所有读数中最大与最小读数的差值，即为圆柱度误差

（五）编制增添检测手段计划

1. 增添检测手段的必要性

简要介绍增添检测手段的必要性。在考虑企业现有的测量和试验手段的基础上，对产品检测需要增添的设备、仪器、装置、专用检具、人员配备和技术水平等概况应进一步说明。

2. 增置检测设备、仪器、仪表、装置等的技术论证

对增置的检测设备、仪器仪表、装置等对发展新产品、提高检测水平及产品质量的重要性，特别是提高企业经济效益方面进行充分的技术论证，对保证检验和试验正常进行是很必要的。

3. 编制增置检测仪器、设备明细表

把需要增置的仪器、设备列出明细表。明细表实例见表 7—5。

表 7—5 ××××产品主要件检具明细表

46304 主轴套检具明细表					
序号	量准具名称	规格	精度	级别	数量
1	游标卡尺	0－150	0.02	1	1
2	测深卡尺	0－200	0.05	1	1
3	千分尺	75－100	0.01	1	1
4	齿距卡板	E 483－4			1
5	对表规	E 421－2			1
6	测微表	0.1	0.001		1
7	内径千分表	50－100	0.001		1
8	垂直检具	E 442－12			1
9	百分表	0－10	0.01	1	1
10	千分尺	0－25	0.01	1	1
11	千分表	0－3	0.001	1	1

第三节 进货检验

一、进货检验的目的与作用

企业所需的各种原材料、零部件、配套产品以及辅助材料等不可能都由本企业自己加工或制造，而是适应专业化生产方式，在广泛协作的基础上，采用择优采购的方式来满足生产需要。所以，企业既是生产者，又是采购者。

外购或外协的原材料、配套件等的质量和交货期对主机产品的质量特性起着重要甚至是决定性的作用。为确保所采购的产品符合规定要求，除根据满足合同要求的能力评价和选择

供货单位以外，外购、外协产品入厂时，应按规定的进货检验的程序文件，进行进货检验。

二、进货检验的要求与内容

GB/T 19001—2008/ISO 9001：2008 7.4.3“采购产品的验证”中要求“组织应确定并实施检验或其他必要的活动，以确保采购的产品满足规定的采购要求。”进货检验的要求有：

（1）进货检验是对供方是否完成合同规定质量要求的一种验证手段。对采购的产品并不要求全部由采购方进行检验和试验。还可以对供方提交的检验报告进行审核确认等。应按照质量计划和文件化程序进行验证。

（2）在确定进货检验的数量和性质，制定检验计划或程序文件时，应将在供方处采取的控制手段及有关证明文件考虑在内。

（3）通常不允许使用未经验证合格的外购、外协产品。只有在生产急需而又来不及验证，且一旦发现不符合规定要求，能及时追回和更换的条件下才允许放行。这时要在该项产品上做出明确标识，做好记录，并经相应授权人员批准。这种做法习惯上被称为“紧急放行”。

三、原材料的检验

（一）明确入厂原材料的检验依据

（1）进货检验时，检验人员按国家标准、行业标准、企业标准以及GB/T 19001—2008中的7.4.2“采购信息”的规定作为进货检验的依据之一。

（2）若对原材料的质量有特殊要求，采购人员在订货时应首先提出质量要求。如将质量特性的质量指标、检验项目、检验方法、合格与否的判别准则、质量索赔条款等一并写入合同中，并作为材料入厂检验的依据。

（二）原材料进厂检验的程序和方法

1. 原材料入厂检验程序

按企业形成的文件化程序进行入厂检验并办理入库手续。图7—6所示为某机械厂入厂原材料检验程序。具体规定如下：

（1）供应部门应按国家标准、行业标准以及本企业的技术要求采购原材料。

（2）原材料入厂后，仓库管理人员应及时填写“入厂原材料和外购件送检单”，连同所附合格证及质量检验报告等质量证明材料，交检验员作为送检手续。表7—6所示为某厂入厂原材料和外购件送检单。

表7—6　某厂原材料及外购件送检单

进货名称		送验单编号	
供货单位		合　同　号	
进货日期		报验人员	
按何种技术标准检验		抽样方案	
检验结果简述			

续表

按合同规定的协议检验		抽样方案	
检验结果简述			
仓库检查工接到报验单的日期			
检验员		检验日期	
备注			

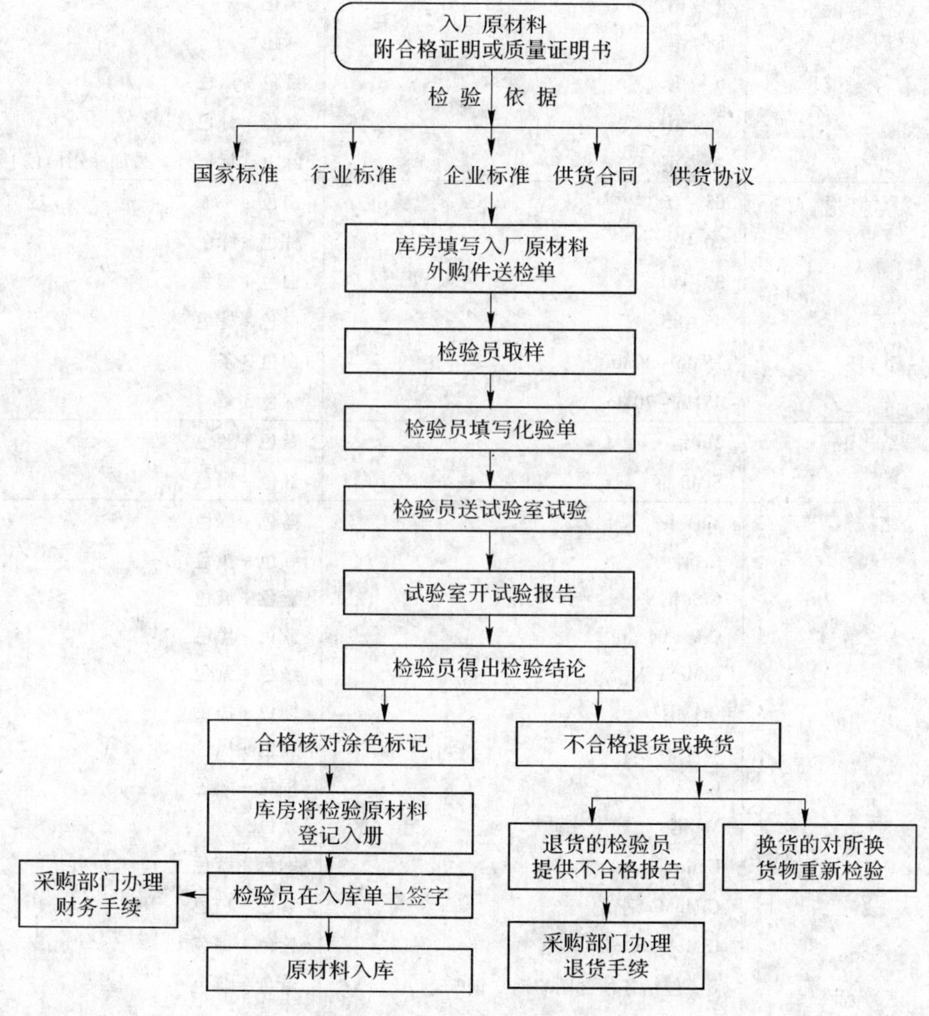

图 7 — 6　某机械厂入厂原材料检验程序

(3) 检查员收到"入厂原材料及外购件送检单"及质量证明材料后，应及时取样化验。

(4) 理化试验室接到检验员送来的试样，应及时按要求进行试验，并填写"试验报告单"，转回原材料检验员。

(5) 原材料检验员将检验报告的结果与所依据的标准相比较，做出是否合格的判定。

(6) 对原材料检验员判定为不合格的原材料应提供检测数据，由原订货采购员负责办理退货或换货手续。

(7) 对检验判定为合格并可入库的原材料，必须核对材料涂色标记。然后，仓库管理人员要对其进行分类堆码，并妥善保管。表7—7为主要金属材料的涂色标记。

表7—7　主要金属材料的涂色标记

材料名称	牌号或组别	标记颜色
普通碳素钢	1号钢	蓝色
	2号钢	黄色
	3号钢	红色
	4号钢	黑色
	5号钢	绿色
	6号钢	红色+黑色
	7号钢	红色+棕色
	特类钢	除上述标记外，另加涂铝白色1条
优质碳素结构钢	05~15	白色
	20~25	棕色+绿色
	30~40	白色+蓝色
	45~85	白色+棕色
	15Mn~40Mn	白色2条
	45Mn~70Mn	绿色3条
合金结构钢	Mn钢	黄色+蓝色
	SiMn钢	红色+黑色
合金结构钢	MnV钢	蓝色+绿色
	Cr钢	绿色+黄色
	CrSi钢	蓝色+红色
	CrMn钢	蓝色+黑色
	CrMnSi钢	红色+紫色
	CrV钢	绿色+黑色
	CrMnTi钢	黄色+黑色
	CrWV钢	棕色+黑色
	Mo钢	紫色
	CrMo钢	绿色+紫色
	CrMnMo钢	紫色+白色
	CrMoV，CrSiMoV钢	紫色+棕色
	B（包括各种含硼的钢）钢	紫色+蓝色
	CrMoWV钢	紫色+黑色

续表

材料名称	牌号或组别	标记颜色
铬滚珠轴承钢	GCr_6	绿色1条+白色1条
	GCr_9	白色1条+黄色1条
	GCr_9SiMn	绿色2条
	GCr_{15}	蓝色1条
	$GCr_{15}SiMn$	绿色1条+蓝色1条
不锈、耐酸钢		
	Cr	宽铝色条+窄色条
	CrTi	铝色+黑色
	CrMn	铝色+黄色
	CrMo	铝色+绿色
	CrNi	铝色+白色
	CrMnNi	铝色+红色
	CrNiTi，CrNiNb	铝色+棕色
	CrMoTi	铝色+蓝色
	CrMoV	铝色+白色+黄色
	CrNiMoTi，CrMoVCo	铝色+红色+黄色
	CrNiCuTi	铝色+紫色
	CrNiMoCuTi	铝色+蓝色+白色
	CrNiMoCuNb	铝色+黄色+绿色
耐热钢		宽色条+窄色条
	CrSi	红色+白色
	CrMo	红色+绿色
	CrSiMo	红色+蓝色
	Cr	铝色+黑色
	CrMoV	铝色+紫色
	CrNiTi	铝色+蓝色
	CrAlSi	红色+黑色
	CrSiTi	红色+黄色
	CrSiMoTi，CrSiMoV	红色+紫色
	CrAl	红色+铝色
	CrNiWMoTi，CrNiWMo	红色+棕色
	CrNiWTi	铝色+白色+红色
高速工具钢	$W_{12}Cr_4V_4Mo$	棕色1条+黄色1条
	$W_{18}Cr_4V$	棕色1条+蓝色1条
	$W_9Cr_4V_2$	棕色2条
	W_9Cr_4V	棕色1条
铅锭	Pb—1	红色2条
	Pb—2	红色1条

续表

材料名称	牌号或组别	标记颜色
铅锭	Pb — 3	黑色 2 条
	Pb — 4	黑色 1 条
	Pb — 5	绿色 2 条
	Pb — 6	绿色 1 条
锌锭	Zn — 01	红色 2 条
	Zn — 1	红色 1 条
	Zn — 2	黑色 2 条
	Zn — 3	黑色 1 条
	Zn — 4	绿色 2 条
	Zn — 5	绿色 1 条
工业纯铝	L_1	白线 1 条
	L_2	白线 2 条
	L_3	红线 1 条
	L_4	红线 2 条
生铁	P_{08}	白色 1 条
	P_{10}	白色 2 条
	D_{08}	黄色 1 条
	D_{19}	黄色 2 条
	J_{08}	紫色 1 条
	J_{13}	紫色 2 条
	Z_{35}	绿色 1 条
	Z_{30}	绿色 2 条
	Z_{25}	红色 1 条
	Z_{20}	红色 2 条
	Z_{15}	红色 3 条
	L_{08}	蓝色 1 条

注：碳素工具钢的涂色标记由双方协议规定。合金工具钢及弹簧钢不采用涂色标记方法，而凡是 $\phi \geqslant 30$ mm 的，则在钢材末端打以钢印标志；$\phi < 30$ mm 的，则在每捆包装上悬挂标牌。

（8）购进的原材料经检验合格后，由检验员在其入库单上盖章之后，方能办理入库和财务手续。凡未经上述程序处理的，财务部门将拒绝办理财务报销手续。

2. 原材料标识管理

（1）任何生产过程在开始时，要核实材料的标识与规定色泽是否相符。若无标识或标识不清，操作者有权拒绝接受，保管员有权拒绝验收，拒绝入库。

（2）入库的材料其标识应定向放置，并用白色铅油圈定，以便于识别。

（3）材料因生产需分割发放，其标识也需移植。

（4）原材料标识要存入产品质量档案，以备查阅。

四、外购件的检验

（一）对供方的评价和选择

根据 GB/T 19001—2008/ISO 9001：2008 7.4.1 **采购过程**，第二段“组织应根据供方按组织的要求提供产品的能力评价和选择供方。应制定选择、评价和重新评价的准则”的要求，认真选择外购件生产厂家的质量保证能力，实行择优采购，并对进厂的外购产品认真地进行检验。

组织应根据能否满足合同要求（包括质量管理体系和特定的质量管理要求）的能力评价和选择供方。

通过对供方的评价和选择，建立起供货网点，维护良好的供需关系，这是保证主机厂能在确保产品质量的基础上，确保供方按期、按量及以便宜的价格和良好的服务供给各类外购件的有效措施。对供方的要求是：

（1）供应符合质量要求的产品，并且其质量持续稳定；

（2）交货及时，符合合同要求；

（3）发货数量准确；

（4）产品价格经济合理；

（5）提供认真负责的服务等。

为了确保外购件、外协件及配套产品质量，对供方满足合同要求的能力，其中包括质量管理体系和特定的质量保证要求，要进行评价和选择。

经过评价和选择符合要求的供方后，才能建立供货关系。而对临时或零星采购的零部件，也应选择质量稳定的厂家的产品，并实行严格的入厂检验和试验的措施，严防不合格或假冒产品进入本厂。

（二）首批外购件（样品）**的检验**

对供方经过评价和选择，初步确认后，其首批（件）样品对组织来讲是至关重要的。

（1）为了确保外购产品全面符合所规定的质量要求，供方应在第一批产品发货前，适当提前发出首批（件）样品，组织可利用这段提前期及时发现首批样品的符合性质量及缺陷，并分析、预测今后可能发生的潜在缺陷。这样，可以在外购件成批交货前，纠正现存缺陷和预防潜在缺陷的发生。

（2）首批样品的数量由供需双方根据外购件的生产类型、制造条件、复杂程度、批量特点及交货方式等协商或按合同进行。

（3）首批样品必须是供方已进行了严格的检验，并随带产品合格证明和必要的试验报告，证明能满足组织质量要求规定的产品。

（4）组织对供方提交的首批样品的质量特性，按合同确定的检验依据进行全面的检验，并认真做好记录，做到能够提供检验结果。

（5）对首批样品进厂检验中发现的问题或缺陷，以书面形式正式反馈给供方，作为纠正和改进质量的依据。

（三）批量外购件的检验

在外购件入厂检验中，经常会遇到单位产品和产品批两种不同的概念。所谓单位产品是指为了实施抽样检验而划分的基本单位。例如，一个螺钉、一个轴承、一个叶片等。这些单位产品的质量是用质量特性来度量的。

所谓产品批是指为了实施抽样检验而汇集起的单位产品。或者说，由若干个单位产品组成产品批。

对于外购件的成批检验，应在供需双方签订供货合同时，双方商定选用适合的抽样方案。

（四）不合格外购件的处理

外购件经检验确定其为质量不合格件（批），应查阅采购合同条款中对不合格的处理办法，例如退货、索赔等条款内容，严格按合同执行。

五、外协件的检验

（一）选择合格的协作方（供方）

（1）协作方能力和质量管理体系的现场评价；

（2）产品样品评价；

（3）对比类似产品的历史评价；

（4）对比类似产品的试验结果；

（5）对比其他使用者的使用情况（经验）。

（二）质量保证协议

（1）信任协作方（供方）的质量管理体系。

（2）随发货物提交规定检验数据及过程控制记录。

（3）由协作方进行100%的检验。

（4）由协作方进行批次接收抽样检验。

（5）由协作方实施组织正式质量管理体系。

（6）由组织第二方审核或第三方对协作方的质量管理体系审核注册。

（三）验证方法协议

组织应与协作方（供方）就验证方法达成明确协议，以验证是否符合质量要求。协议中还包括双方交换检验和试验数据，以进一步改进产品质量。

第四节　过程检验

（一）过程检验的目的与作用

过程检验是企业检验工作中涉及范围广、工作量最大，对产成品有重要影响的检验。GB/T 19001—2008/ISO 9001：2008 8.2.4 **产品的监视和测量**中规定：“组织应对产品的特性进行监视和测量，以验证产品要求已得到满足。这种监视和测量应依据所策划的安排，在产品实现过程的适当阶段进行。”因此，过程检验的目的与作用有：

（1）按企业质量计划或形成文件的程序的要求，对进行检验的产品，符合质量要求的放行，并转入下一过程。

（2）在生产过程中进行监视与测量，以避免不合格品的产生；对出现的不合格品可以及时进行纠正，避免流转到下一过程，造成更大的损失。

（3）有利于企业实现过程控制（GB/T 19001—2008 中6.3，6.4，7.5.1，7.5.2），确保影响质量的生产过程符合有关标准、法规、质量计划和形成文件的程序，在受控状态下进行。

（4）可以实施对不合格品的控制（GB/T 19001—2008 中 8.3）。控制不合格品的标识、记录、评价、隔离和处置，并通知有关部门，作为纠正和制定纠正措施的依据。

（5）在有产品标识和可追溯要求的场合，通过过程检验，可以实现生产过程中对每个或每批产品都有唯一性标识。

（二）过程检验的程序

1. 单件小批生产过程检验程序

（1）操作者将交检零件放置指定地点；

（2）检验员按加工路线单校对零件的图样、图号是否与加工路线单上规定的相符；

（3）按图样、工艺规程或技术标准的规定要求进行检验；

（4）选择检验基准和确定检验方法；

（5）根据图样、工艺规程规定的质量要求，选择合适的量检具或测试仪器；

（6）进行测量或计算；

（7）检测数据的整理、分析及处理；

（8）得出检验结论，判定合格与否；

（9）对判定合格的零件放行，转入下一过程，对判定不合格的零件，按不合格控制程序的规定执行；

（10）做好检验记录。

2. 成批大量生产过程检验程序

（1）首件必检。首件检验是对加工的第一件产品必须进行检验。首件包括当班生产首件，设备调整后首件，更换原材料或工艺装备后首件，以及更换操作者后加工的首件。其目的是及早发现质量缺陷，查明缺陷原因，采取改进措施。

（2）巡回检验。巡回检验是检验员在生产现场，按一定的时间间隔对有关过程进行流动检验。其检验的重点是关键工序和重点工序。

（3）完工检验。完工检验是对一批加工完的产品（零件、部件）进行全面的检验。其目的是发现和剔除不合格品，使合格品继续转入下道工序。

（4）按规定的格式填写好检验记录。

第五节 工序质量控制

GB/T 19000—2008/ISO 9000：2005 中对**质量控制**的定义是："质量管理的一部分，致力于满足质量要求"。质量控制是为满足质量要求所采取的作业技术和活动。其目的在于监视过程并排除质量环中所有阶段中导致不满意的原因，以取得经济效益。

一、工序质量控制的概念

生产实践表明，工序因素——人、机、料、法、环和检测（简称5 MIE）即使处于标准状态下，由同一工序制造出来的同一种零件其质量特性总是存在着差异，这是因为工序因素（5 MIE）不是绝对保持不变的，这些因素的变化引起了质量的波动。对于不可分割或最终才能形成的产品，通常指工艺质量特性，如化工产品生产反应装置的温度、压力、浓度和时间等。因此，产品质量波动是客观存在的。

我们把5 MIE对产品工序产生的影响，引起质量波动称为工序质量。把这些影响质量波动的因素限制在一定范围内，称为工序质量控制。因此，工序质量控制的对象实质上是对工序因素的控制，特别是对主要因素的控制。实践证明，控制住主要因素，工序就能稳定，就可能使产品质量在生产过程中处于受控状态，达到稳定产品质量的目的。

二、对影响工序质量因素的控制

（一）对人的因素的控制

对人的因素进行严格的控制，对保证产品制造过程质量具有决定性的作用。这就要求生产现场的操作人员、检验和试验人员、管理人员和服务人员必须掌握特定产品、特定工序、特定生产条件下的操作要领和质量控制要求。因此，必须严格贯彻岗位培训，要求生产现场各类人员上岗或转岗之前进行培训，培训内容和要求应针对不同岗位的需要而定。按ISO 9001：2008标准要求，对从事特殊过程工作岗位的人员除按要求进行相应的培训外，还要对这类人员进行资格考核和认可，只有通过考核、认可、持证才能上岗作业或工作。

（二）对设备因素的质量控制

1. 设备的选用

工艺部门根据产品和零部件加工的特点及质量特性的要求，正确选择和配置设备和工夹模具，以保证产品和零部件或质量特性值所规定的性能、形状和尺寸公差等要求。在选择和配置设备和工夹模具时，既要考虑到产品的质量，又要考虑成本和效率，三者缺一不可。

2. 设备的维护与保养

设备的维护与保养（清扫、检查、润滑、紧固、调整）是保持设备精度和技术状况的一项重要措施。设备维护与保养工作的原则是以预防为主，维护和计划检修并重。它是延长设备使用寿命的重要手段。

设备保养的主要内容是“整齐、清洁、润滑、安全”等“四项要求”。设备保养可划分为三级，即例行保养（日常检查）、一级保养和二级保养，一般称之为“三级保养”。定期开展设备的预检预修，可以减少设备故障的发生；定期的一、二级保养可以保持设备的精度；按点检卡进行日常点检和润滑，可以保持设备的良好状态。

3. 机械能力的定期检查

机械能力就是工序在受控状态下，机器保证产品质量的固有能力。所谓受控状态是指控制机器设备以外的人、料、法、环、测等诸因素，使之都保持相对稳定的良好状态。

机械能力是通过其产品质量特性值的分布来衡量的，通常用$8\sigma_m$表示，σ_m表示工序中仅由机器设备引起的质量特性值的标准偏差。

机械能力一般是用机械能力指数来表示的。机械能力指数是表示机械能力满足质量规格的程度，用 c_m 表示，计算公式为：

$$c_m = \frac{T}{8\sigma_m}$$

式中　σ_m——标准偏差；

T——被测量参数的精度要求。

当 $c_m \geqslant 1$，机械能力判定为充足；

当 $c_m < 1$，机械能力判定为不足。

（三）材料因素的质量控制

主要从材料订购、进货验收、入库、保管、领料发料、标识、移植及材料代用等环节加以严格控制，使之在配料、加工、流转和贮存情况下都符合质量要求。

（四）作业方法的质量控制

按规定程序发布的所有工艺规程、工艺守则、作业指导书等工艺文件是生产制造的依据。对作业方法因素的质量控制，主要在于控制好工艺文件的编制、审核、批准、发放、修改、作废。维持正常的生产秩序应强调两点，一是建立健全贯彻工艺的条件，如工艺文件必须正确、统一和完善，通过培训使有关人员掌握工艺要求；二是坚持严格的检查和考核制度，并与企业经济责任制相联系。

（五）环境因素的质量控制

1. 文明生产

文明生产主要包括厂区环境文明、作业环境文明和岗位操作文明 3 个方面。

2. 均衡生产

组织均衡生产是控制生产节奏，稳定生产秩序的重要手段。应做好以下 3 个方面工作：

（1）编制先进合理的期量标准，严格控制物流。

（2）编制先进合理的生产作业计划，及时进行平衡与调度。

（3）加强调度，控制生产条件。

3. 定置管理

定置是对生产现场各种物品科学地确定其摆放区域或固定位置。定置管理是对人、物、场所结合状态的管理，其目的是使生产现场的管理达到科学化、系统化、规范化。定量管理是促进三者良好结合的一种科学的管理方法。

（1）定置管理的对象

生产现场定置“物”的对象，如产成品、半成品、在制品、不合格品、机床设备、附件、原材料、辅材、刀具、夹具、量检具、工装、工位器具、设备调整修理工具、铁屑、垃圾、周转零部件用的运输工具、吊具等。

（2）定置管理的原则

① 有利于提高生产效率和工作效率；

② 有利于放置物规范化、标准化、科学化；

③ 有利于安全生产。

（3）定置管理的特点

自始至终坚持搞好“5S”活动，使人、物、环境三者处于良好状态。

(4) 定置管理的内容

① 确定“物”所放置的场所；

② 确定“物”所放置的方式；

③ 确定定置物的标志。

(5) 定置管理的分类

① A 类——紧密结合类；

② B 类——待用或待加工类；

③ C 类——代管类；

④ D 类——待清除类。

(六) 检测因素的质量控制

(1) 合理选用、配备相应的检验、测量和试验设备。

(2) 对所有的检验、测量和试验设备按规定的周期进行检定或校准，建立周期检定日程表。

(3) 规定校准或检定的检验、测量和试验设备的型号、标识、地点、检定周期、校验方法、验收准则等内容。

(4) 加强对检验、测量和试验设备的维护、保养和管理。建立管理台账，维护、保养记录。

(5) 保证检验、测量和试验设备在适宜的环境条件下工作。特别是一些精密测试，其数据是否准确可靠受环境因素如温度、湿度、振动、屏蔽、隔音等影响较大，因此要采取措施，消除或减少环境对测试结果的影响到允许的范围内。

(6) 做好并保存检验、测量和试验设备的检测或校准记录。

三、工序质量控制的内容和方法

生产质量的控制的重点是工序质量控制。通过产品工艺性审查、工序能力调查、工序因素分析等一系列质量活动，明确控制对象和目标，选定加工方法、检测方法和工艺手段，并对影响工序质量的主导因素和条件进行控制。当产品发生质量问题时，能及时找出原因并采取纠正措施，使加工过程处于受控状态，保证产品加工质量。

(一) 工序能力

在生产加工过程中，工序是产品质量形成的基本环节。因此，对生产加工过程中各工序的质量状态进行工序能力调查、工序分析和工序能力评价，对掌握生产制造过程中各工序的质量保证能力，为生产技术准备和工序质量控制提供可靠的根据。

1. 工序能力的概念

工序能力是指工序处于控制状态下的实际加工能力。它是体现工序质量保证能力的重要参数。

2. 工序能力的数量表示

通常用质量特性分布的 6 倍总体标准偏差值来表示工序能力的数量值，即：

$$工序能力 = 6\sigma$$

σ 是工序处于控制状态下工序的总体标准偏差。当工序处于受控状态下，可用样本的标准偏差 s 代替。那么：

$$工序能力 = 6s$$

3. 工序能力指数

工序能力指数是表示工序能力满足公差范围要求程度的量值。一般用符号“c_p”表示，则：

$$c_p = \frac{公差范围}{工序能力} = \frac{T}{6\sigma} \quad (7—1)$$

式中　T ——表示公差范围；

σ ——表示总体标准偏差。

计算工序能力指数时，当产品质量特性值服从正态分布，工序处于受控状态下且当测量数据较多时（样本数 $n \geqslant 50$），工序总体的均值 μ 和标准偏差 σ 可以近似用样本的均值 $\overline{X}$ 和标准偏差 s 来代替。

（1）双向公差，工序分布中心与公差中心重合，即无偏移的情况，$M = \overline{X}$，$\overline{X}$ 为样本均值（分布中心），M 为公差中心值$\left(M = \frac{T_U - T_L}{2}\right)$。如图 7 — 7 所示。此时：

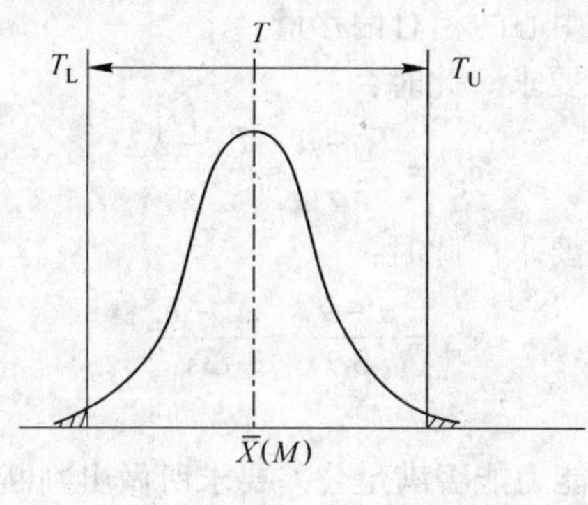

图 7 — 7

$$c_p = \frac{T}{6\sigma} \approx \frac{T_U - T_L}{6s} \quad (7—2)$$

式中　T_U ——上偏差；

T_L ——下偏差。

（2）双向公差，工序分布中心与公差中心有偏移，如图 7 — 8 所示。此时，工序能力指数用符号 c_{pk} 表示。则：

$$c_{pk} = (1-k)\ \frac{T}{6\sigma} \approx (1-k)\ \frac{T}{6s} \quad (7—3)$$

$$k = \frac{\varepsilon}{\frac{T}{2}} = \frac{|\ \overline{X} - M\ |}{\frac{1}{2}\ (T_U - T_L)} \quad (7—4)$$

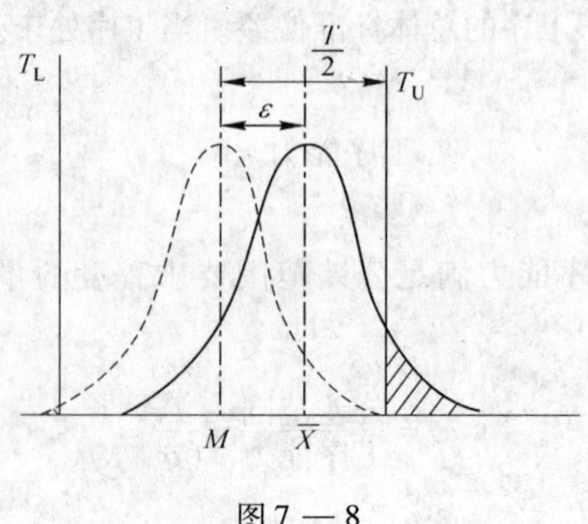

图 7 — 8

将 $k=\dfrac{\varepsilon}{\frac{T}{2}}$ 代入上式得：

$$c_{pk}=\frac{T-2\varepsilon}{6\sigma} \tag{7—5}$$

式中 c_{pk}——修正后的工序能力指数；

ε——分布中心与公差中心的绝对偏移量；

k——分布中心与公差中心的相对偏移量。

（3）单向公差，只有上限要求。此时：

$$c_{pU}=\frac{T_U-\mu}{3\sigma}\approx\frac{T_U-\overline{X}}{3s}$$

（4）单向公差，只有下限要求。此时：

$$c_{pL}=\frac{\mu-T_L}{3\sigma}\approx\frac{\overline{X}-T_L}{3s}$$

4. 工序能力判断

工序能力判断是指对工序能力能否满足公差要求所做出判断，以衡量生产过程的工序质量水平。为了便于判断，可以根据工序能力指数的大小给出工序能力判定标准，见表7 — 8。

表 7 — 8 工序能力判断标准

工序能力指数	工序能力满足公差要求的程度
$c_p \geqslant 1.67$	工序能力过剩
$1.67 > c_p \geqslant 1.33$	工序能力理想
$1.33 > c_p \geqslant 1.00$	工序能力正常
$1.00 > c_p \geqslant 0.67$	工序能力不足
$0.67 > c_p$	工序能力严重不足

当分布中心与公差中心有偏离时，工序能力的判断标准见表 7 — 9。

表 7 — 9　有偏离系数工序能力判断标准

工序能力指数 c_p	偏离系数判断标准	对平均值应采取的措施
$1.33 < c_p$	$0 < k < 0.25$	工序不需调整
$1.33 < c_p$	$0.25 < k < 0.50$	工序应引起注意
$1.00 < c_p \leq 1.33$	$0 < k < 0.25$	工序应密切观察
$1.00 < c_p \leq 1.33$	$0.25 < k < 0.50$	工序应采取措施

（二）工序能力调查

1. 工序能力调查的程序

（1）明确调查目的。

（2）确定调查人员。

（3）编制调查计划。

（4）工序标准化。

（5）按标准操作。

（6）收集数据。

（7）数据分析与判定。采取规定的统计技术对数据进行分析，并按数据判定原则判定工序是否处于受控状态。

（8）计算工序能力指数 c_p 或设备能力指数 c_m，并判定和处置。

2. 调查工序能力的方法和步骤

调查工序能力是件比较复杂而且又很细致的工作，涉及的因素比较多，各项要求都很严格。可以把调查工序能力的方法和步骤程序化，并分步实施。可参见表 7 — 10。

表 7 — 10　调查工序能力的方法与步骤

序号	项　目	主　要　内　容
1	目的	调查加工工序能力，以确定工艺是否满足零件加工质量的要求
2	要求	调查工序能力时的记录、表格、画图用纸、文字符号等等，应尽量按统一的格式进行
3	抽样及量具选择	在进行工序能力的调查时，通过对该工序质量的抽样分析，正确选择量具
	（1）抽样	（1）按零件的加工顺序，测量应在加工的现场进行。 （2）抽样数一般应在 50～100 件范围之内
	（2）量具选择	在选择测量工具的精度时，要使量具的刻度值满足下式要求： $\Delta = (0.1 \sim 0.15)T$ 式中　Δ——量具的刻度值； T——被测零件公差
	（3）对抽样的几点要求	① 取样时间不要相隔过长，一般应在 3 天之内取完一次样；但又不要相隔太近，不能在半个班完成。 ② 每次抽样应保持相同的加工条件。 ③ 在连续抽样过程中，加工条件发生变化时，应认真做好记录。如：变化显著，影响较大，最好重新取样

续表

<table>
<tr><th>序号</th><th>项　目</th><th>主　要　内　容</th></tr>
<tr><td rowspan="8">4</td><td>按计算和画直方图的步骤进行数据的整理与计算</td><td>按照画直方图的步骤,进行数据的整理加工,并求出分布的特性值</td></tr>
<tr><td>(1) 分组及求组距</td><td>① 根据抽样件数的多少,确定分组数,以 K 表示分组数。
② 按下面的公式求组距 h:
$h=\frac{L-S_0}{K}$
式中 L——抽样组中数据最大值;
S_0——抽样组中数据最小值;
K——分组数</td></tr>
<tr><td>(2) 求各组的上下界限值</td><td>① 组界值单位应取测量单位值的一半。
② 分组界限应包括数据的最大值与数据的最小值。
③ 从数据的最小值开始,依次加上组距算出各组的界限尺寸</td></tr>
<tr><td>(3) 求组中值</td><td>组中值又称组中心值,其计算公式如下:
$u_i=\frac{\text{某组的上界限值}+\text{某组的下界限值}}{2}$</td></tr>
<tr><td>(4) 统计各组频数</td><td>从所测量零件的整批数据中,按所分组的界限值为界限,统计每组的频数(即件数)以 f 表示。
将各组的频数填入频数分布表内</td></tr>
<tr><td>(5) 计算各组的 X_i 值</td><td>X 值按下述公式计算:
$X_i=\frac{\text{各组中心值 } u_i-X_0}{h}$
式中 X_i——各组的变量代换值;
X_0——频数最多的一组中心值;
h——组距</td></tr>
<tr><td>(6) 计算 f_i,X_i 值</td><td>将频数 f_i 与 X_i 值相乘的积填入频数分布表中</td></tr>
<tr><td>(7) 计算 f_i,X_i^2 值</td><td>将频数 f_i 与 X_i^2 值相乘的积填入频数分布表中</td></tr>
<tr><td rowspan="3">5</td><td>求算术平均数 $\overline{X}$ 和标准偏差 s</td><td>采用频数分布表中已经求出的数据,求算术平均数 $\overline{X}$ 和标准偏差 s</td></tr>
<tr><td>(1) 求 $\overline{X}$ 值</td><td>按下式求算术平均数 $\overline{X}$:
$\overline{X}=\frac{\Sigma f_i X_i}{\Sigma f_i}\cdot h+X_0$
式中 h——组距;
X_0——频数最多一组的中心值</td></tr>
<tr><td>(2) 求 s 值</td><td>标准偏差按下式求出:
$s=h\times\sqrt{\frac{\Sigma f_i X_i^2}{\Sigma f_i}-\left(\frac{\Sigma f_i X_i}{\Sigma f_i}\right)^2}$
上式中的 Σf_i,$\Sigma f_i X_i$ 及 $\Sigma f_i X_i^2$ 在频数分布表中都已求出,故 s 很容易计算出来</td></tr>
<tr><td>6</td><td>画直方图</td><td>根据已求出来的数据,按画直方图的方法画出直方图</td></tr>
</table>

续表

<table>
<tr><th>序号</th><th>项 目</th><th>主 要 内 容</th></tr>
<tr><td rowspan="10">7</td><td>画 $\overline{X}-R$ 管理图，并进行有关的计算</td><td>为画 $\overline{X}-R$ 管理图，需实测15组到20组的零件，并进行下列各项计算</td></tr>
<tr><td>(1) 确定抽样件数 n</td><td>通常取 $n=5$，即每次抽5件</td></tr>
<tr><td>(2) 求样本的平均数 $\overline{X}$</td><td>样本的平均数按下式计算：
$$\overline{X}=\frac{X_1+X_2+X_3+X_4+X_5}{n}$$
式中 $X_1,\cdots,X_5$——零件实测尺寸；
n——样本的件数</td></tr>
<tr><td>(3) 求分散范围 R</td><td>按下式计算样本的分散范围：
$$R=X_{\max}-X_{\min}$$
式中 $X_{\max}$——样本组中最大尺寸；
$X_{\min}$——样本组中最小尺寸</td></tr>
<tr><td>(4) 求各样本中 $\overline{X}$ 的平均数 $\overline{\overline{X}}$</td><td>按下式计算各样本中平均数 $\overline{X}$ 的平均值 $\overline{\overline{X}}$：
$$\overline{\overline{X}}=\frac{\overline{X}_1+\overline{X}_2+\cdots+\overline{X}_K}{K}$$
式中 $\overline{X}_1,\overline{X}_2,\cdots\overline{X}_K$——各样本的算术平均数；
K——样本组数</td></tr>
<tr><td>(5) 求各样本分散范围 R 的平均数 $\overline{R}$</td><td>按下式计算各样本分散范围 R 的平均数 $\overline{R}$：
$$\overline{R}=\frac{R_1+R_2+\cdots+R_K}{K}$$
式中 $R_1,R_2,\cdots,R_K$——各样本分散范围；
K——样本组数</td></tr>
<tr><td>(6) 计算 $\overline{X}$ 图的中心线与管理界限</td><td>① 计算 $\overline{X}$ 管理图的中心线CL如下：
$$\text{CL}=\overline{\overline{X}}$$
② 管理上限UCL：
$$\text{UCL}=\overline{\overline{X}}+A_2\overline{R}$$
③ 管理下限LCL
$$\text{LCL}=\overline{\overline{X}}-A_2\overline{R}$$
式中 A_2——系数，与样本件数有关，查 $\overline{X}-R$ 图系数表</td></tr>
<tr><td>(7) 计算 R 管理图的中心线与管理界限</td><td>① 中心线CL：
$$\text{CL}=\overline{R}$$
② 管理上限UCL：
$$\text{UCL}=D_4\overline{R}$$
③ 管理下限LCL：
$$\text{LCL}=0$$
式中 D_4——系数，查 $\overline{X}-R$ 图系数表</td></tr>
<tr><td>(8) 画 $\overline{X}-R$ 管理图</td><td>在专用的管理图用纸上或米格纸上画出 $\overline{X}$ 图与 R 图。$\overline{X}$ 图在上方，R 图在下方，并且要求上、下对正</td></tr>
<tr><td>(9) 将每次抽样的 $\overline{X}$ 值与 R 值，分别标注在 $\overline{X}$ 图与 R 图上</td><td>$\overline{X}$ 图的点子用“O”符号标记，R 图的点子用“X”符号标记。然后将点子分别用线连接起来
对于已超出管理界限的点子，用圈圈起来，表明是异常情况</td></tr>
</table>

续表

序号	项　目	主　要　内　容
8	判断工艺的稳定性	通过观察$\overline{X}$图与 R 图上各点子的位置分布情况，分析与判断工艺过程的稳定情况
	（1）工艺稳定时点子的分布特征	点子的分布为： ① 没有点子超出管理界限； ② 绝大多数点子在中心线的上下波动； ③ 少部分点子接近管理界限； ④ 点子的分布并没有规律性
	（2）工艺不稳定点子的分布特征	点子的异常表现为： ① 有点子已超出管理界限； ② 在中心线的一侧（上方或下方）连续出现 7 个以上的点子； ③ 在中心线的上方或下方连续 11 个点当中有 10 个以上的点； ④ 点子有连续 7 个以上的点有上升或下降的倾向； ⑤ 点子有周期性的波动
9	计算 c_p 值（公差中心与分布中心重合时）	工序能力指数 c_p 值按下式计算： $c_p=\dfrac{T}{6s}$ 式中　T——零件的加工公差； s——标准偏差
	计算 c_pk（公差中心与分布中心不重合时）	零件实际尺寸分布中心与公差中心偏移量为 ε 时，工序能力指数为 c_pk，其计算公式如下： $c_pk=c_p\cdot\left(1-\dfrac{2\varepsilon}{T}\right)$ 式中　k——修正指数； T——零件加工公差； ε——中心偏移量； c_p——公差中心与分布中心重合时的工序能力指数
10	工序能力判定为不适合公差要求时	要及时找出造成点子异常的原因，并且采取相应的措施加以消除，使工艺稳定，提高工序能力，以适应加工件公差要求
11	工序能力调查结束应具备的记录、图表等有关资料	① 测量零件的实测记录 ② 频数分布表 ③ 直方图 ④ $X-R$ 管理图 ⑤ 工序能力指数计算记录，并确定该工序的生产能力

（三）工序分析

工序分析就是在工序调查中，对工序能力不能满足公差要求的工序，应用因果分析图或试验设计法等统计技术进行工序因素分析，找出影响工序质量特性的主导因素，进而采取相应措施消除异常因素，把这些主导因素按相应的标准进行控制，使工序处于稳定的受控状态。

工序分析是工序质量控制的一项基础工作，对保证工序能力满足质量要求具有重要的意义。

工序分析的步骤：

（1）判断重要工序和一般工序并确认正确与否；

（2）对工序进行解剖，找出质量偏差的形成和产生的环节；

（3）由主管工艺员负责，会同车间施工员、操作人员和检验人员一起对工序进行分析；

（4）对分析出的主导因素进行确认；

（5）决定重要工序，并确认是否处于受控状态；

（6）制定对策，采取纠正措施，决定试验方案；

（7）对现场采用统计技术进行验证；

（8）对经验证的结果系统归纳，编制工序质量分析表，见表 7 — 11。

表 7 — 11　工序质量分析表

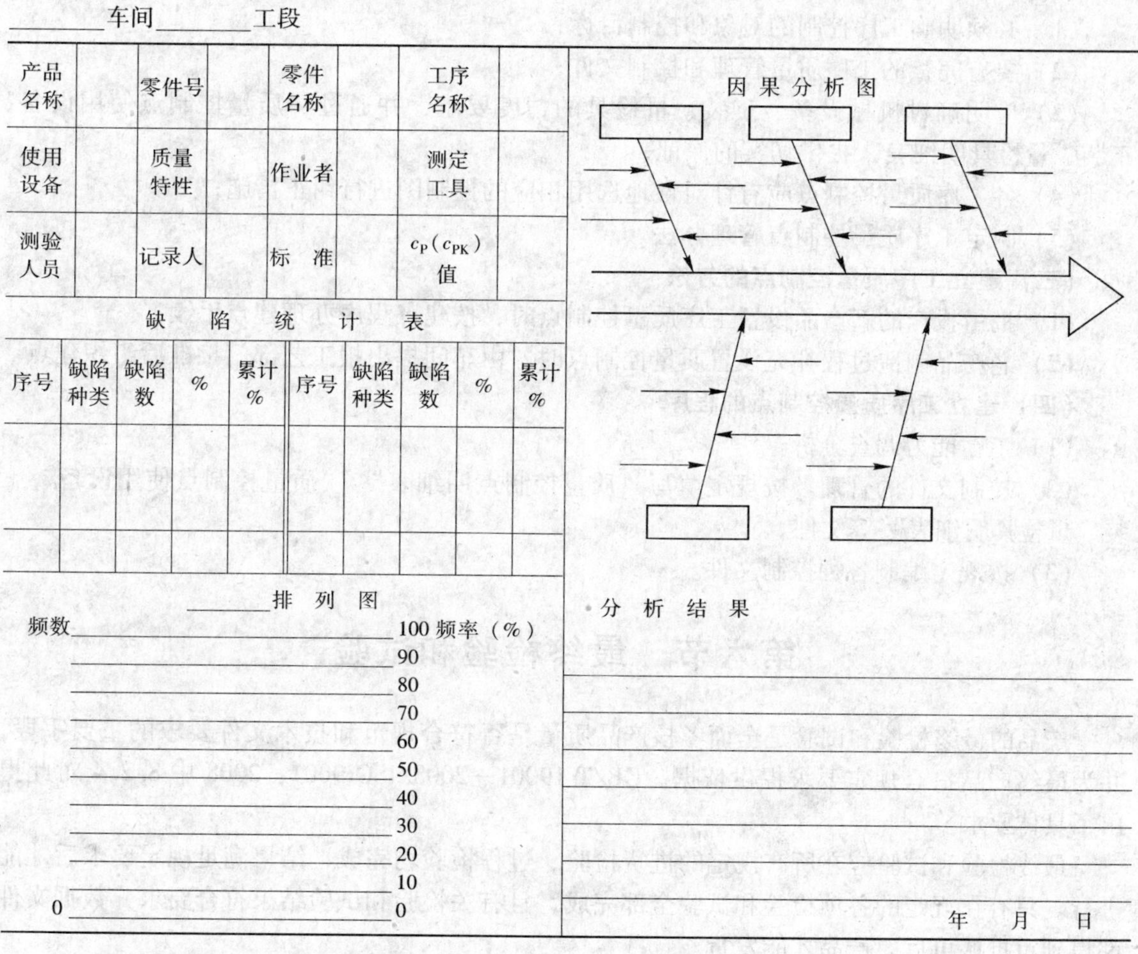

______车间 ______工段

产品名称		零件号		零件名称		工序名称	
使用设备		质量特性		作业者		测定工具	
测验人员		记录人		标　准		$c_P(c_{PK})$ 值	

缺　陷　统　计　表

序号	缺陷种类	缺陷数	%	累计%	序号	缺陷种类	缺陷数	%	累计%

（四）工序质量基本控制方法

（1）贯彻首件必检、中间检、完工检专检“三检制”。

（2）贯彻自检、互检、专职检工检结合的“三检制”。

（3）开展“三自（自检、自分、自作标记）一控（控制自检正确率）”活动。

（4）不合格品统计管理。

（5）调查表、直方图、控制图、正态概率纸等质量控制和预测的控制方法。

（6）工序诊断调节法。

四、工序质量控制点

（一）工序质量控制点的建立原则

（1）产品质量特性重要性分级为A级的项目或关键部位；

（2）工艺上有特殊要求，或对下道工序有较大影响的部位；

（3）质量信息反馈中发现不合格较多的项目或部位。

（二）对工序质量控制点的要求

（1）必须明确工序控制的对象和控制目标；

（2）要有完整的工序质量管理和控制文件；

（3）应明确对机械设备、工装、量检具的精度要求，并通过“质量控制点使用设备、工装、量检具明细表”提供切实的保证；

（4）各工序质量控制点应有针对性地选用相应的控制图进行纠正措施；

（5）制定工序质量控制点管理办法。

（三）建立工序质量控制点的方法

（1）批量投产的新产品设置工序质量控制点时，按建点程序办理建点手续；

（2）老产品制造过程补充设置质量控制点时，由车间提出报工艺部门批准后组织建点。

（四）建立工序质量控制点的程序

（1）工序能力调查分析。

（2）控制文件的管理。按规定填写“质量控制点明细表”、“质量控制点使用设备、工装、量检具明细表”等文件。

（3）按规定编制各种控制文件。

第六节　最终检验和试验

产品的最终检验和试验是全面考核产品质量是否符合规范和技术文件要求的重要手段，并为最终产品符合规定要求提供依据。GB/T 19001—2008/ISO 9001：2008 中 8.2.4 对此提出了具体要求。

最终检验和试验应在所有规定的进货检验、过程检验均完成，结果满足规定要求后才能进行。只有在规定的各项检验和试验全部完成，且有关检验和试验结果符合要求，数据文件都得到审批认可后，产品才能发货。

一、装配过程检验和试验

按规定的技术要求，将零件或部件进行配合或连接成为半成品或成品的工艺过程称为装配。

在生产过程中，装配工序一般作为产品的进货检验及零部件加工过程检验均完成且结果满足规定要求后的最后一道工序。装配工序对产品的质量具有决定性的影响。虽然零部件、配套件的质量符合规范和技术文件规定的要求，但在装配过程中，由于不遵守工艺规程和不符合技术文件规定的要求，将导致产品质量不合格。要保证装配工序的装配质量，在功能上完全满足设计要求，装配过程的检验是十分重要的。

装配过程主要依据产品图样和装配工艺规程进行装配活动。装配检验除了按产品图样和装配工艺规程进行检验之外，还需要规定是全部检验还是抽样检验。对不同的生产规模在装配过程中规定的检验方法也不同。

（一）装配过程检验的主要内容

以工业机械电子行业为例，主要有部件装配、总装检验和型式试验。

1. 部件装配

部件装配又称部装，它是把零件装配成部件的过程。部件装配的依据是产品图样和装配工艺规程。为了保证部件装配质量，在装配工艺规程中详细列出了部件装配的过程和技术要求。因此，按产品图样和装配工艺进行装配是保证部件装配达到技术要求的基本条件。同样，部件装配检验的依据也是产品图样和装配工艺规程。

2. 总装

把零件和部件按装配工艺规程装配成最终产品的过程称为总装。而检验装配质量的工序称总装检验。

部件装配完工后，按规定经部件装配检验完成，结果满足规定要求后才能转入总装工序。在总装过程中，把零件、部件和组件连接成完整的一台机器。总装完成后，对整机还要进行一系列的检验。检验的依据为产品图样和装配工艺规程。总装完成的整机产品的精度、性能、外观和噪声等都必须满足规定的技术要求，这些技术要求和标准在装配工艺规程中都有明确的规定。

3. 型式试验

所谓型式试验，是根据产品试验鉴定大纲或设计要求，对产品的各项质量指标所进行的全部试验或检验。通过型式试验，评定产品技术性能是否达到设计功能的要求，并对产品的可靠性、安全性、可维修性进行数据分析或综合评价。它是制造过程中或产品出厂前所做的一种试验。如机床行业通过对机床主轴加载的方法，测量其变形大小的静刚度试验，就是型式试验的一种形式。又比如机电产品所进行的高低温环境试验，亦是型式试验的一种形式。

（二）装配过程检验和试验的质量要求

（1）所有投入装配的主要件，检查人员应首先检查其是否有合格证及磕碰、划伤、生锈等缺陷。代用品应符合代用手续。

（2）装配检验人员必须遵守工艺，按工序检验部件，合格后做出标记。

（3）凡经检验合格的部件或总装成品，事后发现某种件或某一项质量特性存在质量问题需要复检时，生产车间应及时拆卸交检验人员复检。

（4）在试车过程中发生故障或切削后几何精度发生变形的产品，在修理或调试后应重新试车、切削并检查有关精度，确认其必须满足技术要求。

（5）产品装配完成后，应对其装配的完整性、外观和部分项目进行全面检验。

（6）产品检验合格后，应按其实测值填写“合格证书”，由检验工段转包装检验员随机包装。

（7）“装配成品精度检验记录单”、“主要件检验记录单”应按出厂编号整理后送检验部门归档。

二、成品检验和试验

组织应按质量计划和形成文件的程序进行全部的最终检验和试验，也提供成品符合规定要求的证明。

在最终检验和试验的质量计划和文件化程序中，应要求所有规定的检验和试验均已完成，且结果满足规定要求，产品才能发出。

成品检验和试验是产品出厂前最终的一次检验，企业应重视成品检验和试验工作。对防止不合格产品出厂，维护用户利益和生产企业的声誉起着极其重要的作用。

（一）成品外观质量检验

机械行业产品外观一般是指造型、色调、光泽和图案等。其质量检验是凭人的视觉、触觉、感觉等感官检验感觉到的质量特性。产品外观质量评定具有一定的主观性。因此，必须要按照感官检验的要求进行：主要是造型美观大方、色彩适宜和光洁。

（二）成品精度的质量检验

1. 精度检验和试验的主要内容

对不同产品其结构和性能要求不同，对其精度的要求也不同。因此，精度检验的内容也不同。精度检验可根据产品标准或产品质量分等规定所要求的检验项目、方式和方法进行。其精度检验一般包括几何精度检验和工作精度检验两项内容。几何精度检验是指对最终影响产品工作精度的那些主要零部件的精度进行检验，其中包括尺寸形状、位置和相互间的运动精度。工作精度检验是通过对规定的试件或工件进行加工，然后进行检测，判定是否满足规定要求。

2. 精度的可靠性检验

产品经过较长时间工作后，检验其精度是否能保持满足规定的要求，当产品精度指标超出规定的范围，则应对造成精度指标下降的原因进行因素分析，以便采取纠正措施，不断提高产品精度的可靠性。

（三）成品性能的检验

1. 成品性能的主要内容

（1）成品的功能。包括正常功能、特殊功能和效率3个方面的内容。

（2）主要零部件的物理性能。如化学成分、几何精度。

（3）结构。是指产品便于装卸，便于维修，及其空间位置、抵御环境的能力。

（4）操作。主要要求操作简便、轻巧灵活。

（5）外观。造型美观大方，色彩适宜和光洁。

2. 成品性能检验和试验方法

成品性能的检验和试验方法主要包括结构受力试验、空运转试验、负载试验、精度检验、高低温试验、温度冲击试验、耐湿试验、防霉试验、防尘试验、密封试验、振动试验等12种。

（1）结构受力试验。结构受力试验一般用于承受外力的产品进行机械力学性能试验。试验时模拟外界受力的状态进行静力和动力等试验。试验时，往往加载到结构破坏时测定其结构的强度，验证产品设计及参数计算的正确性。

（2）空运转试验。空运转试验包括主运动机构、进给机构、快速移动机构3个空运转试验。空运转试验时，主运动机构从最低速度起，做低、中、高速运转，每级速度按规定时间运转；进给机构做低、中、高进给量的空运转；快速移动机构做快速移动的空运转。

在试验过程中，要检验的内容有：检验工作机构的平移性、可靠性和准确性；检验主运动和进给机构的起动、停止、制动、自动动作的灵活性和可靠性；检验变速转换的可靠性和准确性；检验重复定位、分度和转位动作的准确性；检验自动循环动作的可靠性；检验夹紧装置、快速移动机构、读数指示装置和其他附属装置的可靠性；检验刻度装置的手轮反向空量程；检验手轮和手柄的操纵力；检验安全防护装置和保险装置的可靠性；检验电气、液压、气动、润滑、冷却系统和光学及自动测量装置的工作情况。

（3）负载试验。负载试验是按照设计编制的试验规范和产品质量分等规定所规定的试验方法，对承载零件最大重量的运转（主传动系统最大扭矩）、最大切削主分力和主传动系统最大功率进行试验，试验后把试验数据记录在产品合格证书上。

（4）精度检验。精度检验包括几何精度检验和工作精度检验。几何精度检验是在负载试验前后进行。工作精度检验是在负载试验后进行，不做负载试验的产品在空运转试验后进行。最后一次精度检验的实测数值记入产品合格证书中，并根据产品标准和产品质量分等规定判定产品精度的等级。

（5）高低温试验。产品高低温试验一般都是按产品技术标准或技术协议规定的要求进行检验评定。产品高温试验通常是把产品置于恒温箱或恒温室内进行，它是检验和评定产品在高温条件下工作的可靠性。产品低温试验通常是在低温箱（或室）内进行，它是检验和评定产品在模拟寒冷地区、冬季或高空条件下工作的可靠性。

（6）温度冲击试验。进行温度试验时，产品一般要处于非工作状态，且交替置于低温和高温箱或室内，按所要求的高低温度和保温时间进行若干循环试验，在最后一次循环的高温结束时，将产品取出箱外，待温度恢复到常温后对产品进行检验和评定。产品温度冲击试验是衡量产品在温度冲击条件下的工作适应性及结构的承受能力。

（7）耐潮试验。耐潮试验一般是把产品置于湿热试验箱或室内进行，其湿度是靠喷雾水或使水加热蒸发来调节。产品耐潮试验是检验和评定产品在受潮湿空气影响的条件下抵抗的能力。耐潮试验的目的是防止产品的绝缘材料在潮湿空气条件下绝缘性能显著降低和金属零件锈蚀等现象的发生。

（8）防霉试验。产品在使用和贮存中，在长期高温和高湿的环境条件下，外表面可能有霉菌生长，霉菌生长后菌丝吸收潮湿气体和分泌有机酸性物质使产品的绝缘性能遭到破坏，并加速金属零件的腐蚀作用。光学玻璃上长菌后会使光聚性能下降。因此，要进行产品的防霉试验。

防霉试验是把非工作状态下的产品和易于长菌的对比样件同时放入霉菌试验箱内，然后将按规定配制好的霉菌溶液均匀地喷到产品表面和对比样件上，试验后根据产品生霉情况检验和评定产品抵抗霉菌侵蚀的能力。

（9）防腐试验。产品的防腐试验是把产品置入喷射盐水雾的盐雾试验箱或室内，其试验温度、盐溶液的组成、浓度、喷雾量和喷雾方式等按产品技术条件来决定，检验和评定产品对含盐水分或大气腐蚀的抵抗能力。其目的是防止产品在沿海地区含盐水分或大气侵袭条件下，产品的金属零件受到电化学腐蚀的现象发生。

（10）防尘试验。任何产品在风沙或灰尘环境条件下都会受到风沙和灰尘的影响。当沙粒或尘埃进入转动或滑动部位时，将会增大这些部位的摩擦力和摩擦程度，使这些部位出现动作失灵或卡死现象，容易造成油路和气路的堵塞，还会影响电路接点的接触性能。为此，要进行产品防尘试验，提高工作的可靠性。防尘试验是在防尘试验室内进行，试验后检验和评定产品在风沙或灰尘环境条件下其防尘结构的密封性和工作的可靠性。要求产品打开密封后无尘埃，无妨碍产品正常工作的一切故障。

（11）密封试验。某些产品在使用中，可能会被浸入水中或被雨淋，水的渗透会使产品发生故障或被破坏。为此，这些产品要进行密封性试验。密封性试验有两类。一类是淋雨试验：把产品放入试验室内，用一定水压或水量的水以一定的角度或任意方向喷淋在产品上，经一定时间后取出，检验和评定产品的防漏性。试验后的产品要求内部不应有渗透和积水存在，同时应无妨碍产品正常工作的一切故障发生。另一类是漏气和漏液的试验。试验是根据产品结构和要求的不同，采用不同的检漏试验。密封试验的目的是鉴定产品的防漏能力。

（12）振动试验。产品在运输和使用过程中，将会受到由旋转冲击和振动诸力所产生的谐和振动的影响。当产品构件受到周期性干扰力后，各构件都会被激振动，甚至有些构件会产生谐振；当弹性构件产生振动后，构件承受了反复载荷，从而影响构件的寿命，甚至很快产生断裂；由于振动的作用可能使产品各构件的连接部位松动、脱落，甚至破坏；振动还会使滑动或转动构件间摩擦力增大或产生附加摩擦运动而加速磨损；装在产品上的电器部件由于振动而造成导线、插头、焊头或连线片松动或脱落；以至于产品上的仪器仪表可能因振动而不能正常工作。

产品进行振动试验时，把产品固定在振动试验台上，使其在 3 个互相垂直、故障最易暴露的轴向依次振动。有减震装置的产品应带减震器进行试验。试验的目的是确定产品经受振动的适应性，评价产品结构的完好性。

（四）成品安全环保检验

1. 成品安全检验

成品的安全性是指产品在使用过程中保证安全的程度。成品安全性一般包括产品对使用人员是否会造成伤害事故，是否会影响人体健康，是否会产生公害或污染周围环境等的可能性。它需要按规定要求进行检验和评定。

为了使产品在使用过程中确保安全，避免带来人身事故和经济损失，要求产品必须符合安全操作规程和有关安全标准，配备有必要的、可靠的安全防护设施。

2. 成品环保检验

（1）噪声的检验。成品噪声的检验应按产品技术标准和产品质量分等规定的要求进行。检验时可使用声级计进行检测，并评定成品噪声的级别。

（2）粉尘浓度的检验。成品粉尘浓度应按产品技术标准进行检测。成品粉尘浓度的检测可采用滤膜测量法测量产品工作时产生的粉尘浓度。检验是按设计规定的最大工作规范条件下工作半小时以后进行。

第七节 成品入库和出厂检验

(一)成品包装检验

所谓成品包装是指包容产品的器具和包扎物。它的基本功能是为了保护产品制造质量，便于贮存和运输，是商品的重要组成部分。

产品包装是生产制造过程的最后一道工序，它的质量是产品质量的一个重要组成部分。包装的质量既影响产品的质量，又影响产品在市场上的可销性和产品价格。包装质量不好，如包装材料不符合质量标准，包装设计不合理，包装标准规定不严密或不适当等，都会使产品在运输过程和仓储过程中造成产品损坏、锈蚀、散失部件，有的甚至发生霉变等，这都会造成严重的浪费和经济损失。因此，必须要加强成品包装质量的检验工作，确保产品质量。

1. 成品包装的种类和要求

成品包装分为保护商品的包装、产品容器的包装和美化商品的包装3种。

保护商品的包装其作用是要保证商品完整无损地运送到用户手中。

产品容器的包装与产品是一个整体，一般要在产品全部消费完毕后才失去包装的作用。

美化商品的包装不仅作为产品的容器或外包装，而且还是不同形式的工艺美术品。以其新颖别致的外形，千姿百态的装潢给人以享受，从而大大吸引顾客。不仅扩大销路，又能创出高的价格。

产品包装质量检验的一般要求：

(1) 在产品开发设计的过程中，必须同时考虑包装的有关内容，明确产品包装的技术要求，制定产品包装技术条件，提供产品包装或产品包装设计图样及有关技术文件。

(2) 产品的包装必须根据保证产品不会受到损坏的原则，做到包装结构稳定、固定牢固、防震、防潮、防淋、防爆等措施可靠。

(3) 产品包装应在运输、装卸试验研究的基础上进行设计，保证运输安全，便于搬运、装卸作业。

(4) 产品的包装应合理利用国家的资源和物力，尽可能地采用“集装”技术。

(5) 产品包装的标志应齐全、清晰、醒目，标识符号应符合标准要求。

(6) 产品包装施工过程中必须实行质量控制，在质量检验的同时辅以监督控制措施。

2. 成品包装检验的主要内容

首先检验包装的设计质量：考虑包装是否设计合理，还要考虑产品是否需要防震、防潮、防锈和防压等要求；其次检验包装的制造质量：是否严格按照包装图纸制造，并按规定的工艺规程进行操作，检验人员要进行检查验收；再次要检验包装的使用质量：保证包装在使用、运输、仓储过程中产品不会受到损坏。

机械电子产品的包装国家有统一的标准，各专业可结合本专业产品的特点制定相应的包装技术要求，并根据包装技术标准进行检验。

(二)成品入库检验

成品入库存在两种状态，一种是产品在完成成品包装等全部作业后入库；另一种是成品在完成全部加工和油封、油漆处理后入库。

成品入库检验应做到：

(1) 成品入库应按产品合同交货期和生产计划期接收入库。

(2) 入库时，应验证产品质量检验手续的完备及质量证明文件的齐全有效。

(3) 核对产品包装质量状态，保证入库产品的完好。

(4) 对分箱包装的产品，应该对入库的成套性进行检验。一般分包装不齐全的产品不应接收。

(5) 依据企业的产品质量审核计划，应考虑接收审核产品的入库提前期，以保证产品质量审核按期完成。

(三) 成品出厂检验

成品出厂检验主要有成品包装前的准备和成品物卡相符的检验。

1. 成品包装前的准备

在成品包装前应根据产品的特点，按产品图样和包装工艺文件的要求，采用不同的包装形式和防护办法，对成品进行清洗、油封、防潮、防震及紧固。

2. 成品物卡相符的检验

产品进行包装时，按产品装箱单项目内容进行全面清点核对，做到物卡相符后将主机、附件和随机文件等按工艺文件要求位置固定在包装箱内。

第八节　检验和试验记录及检验证书管理

(一) 检验和试验记录

检验和试验记录是为证明满足质量要求的程度或为质量管理体系运行的有效性提供客观证据的文件；检验和试验记录还可为有追溯性要求的场合和采取纠正和预防措施时提供证实。因此，供方应制定并执行质量记录的标识、收集、编目、借阅、归档、存贮、防护和处理的文件化程序。

1. 检验和试验记录的作用

(1) 检验和试验原始记录记录了各项质量活动的真实状况，为质量指标的统计与考核工作提供依据。

(2) 检验和试验原始记录是实行统计的最初依据。所以说，完备的检验和试验原始记录是保证统计数准确、及时的重要条件。

(3) 检验和试验记录是质量管理体系运行有效性的重要证实文件，是表明企业实施质量控制和最终产品符合质量要求的证据。所以，它是企业质量管理的基础工作。

2. 检验和试验记录的种类及内容

(1) 进货检验和试验记录。用于外购件、外协作件和配套件进厂检验。记录的内容一般包括：产品名称、零件名称、零件号、供货单位、订货单号、抽样数、不合格件数、不合格原因、日期及签章等。

(2) 生产现场检验和试验记录。用于生产过程中检验人员记录产品零件、部件或成品最终检验和试验的结果。包括：

① 铸、锻、焊、热处理件检验记录；

② 零件检验和试验记录；

③ 主要零件的主要尺寸检查记录；

④ 完工零件入库检验记录；

⑤ 成品装配检验记录。

3. 检验和试验记录的管理

（1）检验和试验记录是质量管理体系中质量记录的一部分，所以应按质量管理体系程序文件的要求，认真填好每一张检验和试验记录单、使记录真实、有效，并保存完好。

（2）按照质量记录控制程序的要求对检验和试验记录进行标识、收集、编目、归档、贮存、防护、借阅和处理的管理。

（3）按检验和试验计划和检验和试验规范要求及时向有关部门及领导传递。

（二）检验证书的管理

1. 合格证书

合格证书一般包括制造厂名称，有关购货合同号或批号，根据购货协议条款规定的货物标志、检验和试验结果，日期及签章等。

常用的合格证书有：

（1）质量证书。是制造单位说明产品质量检验结果的证书。

（2）品种规格证书。是制造单位证明所发交货品与合同条款一致的证书，证书中不记录任何检验和试验记录。

（3）检验和试验证书。是制造单位出具合同规定的所有检验和试验结果的证书。检验和试验结果是由批中抽出的样品进行检验和试验的结论。

（4）接受证书。是由供货单位和接收单位的代表共同签字的证书。

2. 合格证标签

为了证明产品质量，在产品上粘贴或栓系印制的合格证标签，以证明产品质量合格。

第九节　不合格品控制

（一）检验和试验状态

只有合格的原材料、外购、配套件才能投入生产，只有合格的零部件才能转序或组装，只有合格的产品才能出厂，不合格的产品不能计算产量和产值。因此，要正确区分和管理产品所处的检验和试验状态，并以恰当的方式标识，以标明产品是否经过检验和试验，检验和试验是否合格。要按质量计划或文件化程序规定妥善保护检验和试验状态的标识，确保合格产品才能装运、使用或安装。

1. 检验和试验状态的种类

检验和试验状态一般分为 4 种：

（1）产品未经检验或待检状态；

（2）产品已经检验但尚待判定的状态；

（3）产品通过检验合格的状态；

（4）产品经检验判定为不合格的状态。

2. 验证状态标识

验证状态指的是产品所处的符合性状态。验证状态一般有待检未检，经检但未判定合格与否，经检合格，经检判定为不合格 4 种状态。验证状态的标识形式可应用标记、标签、印章、生产路线卡等以及划分存放地点。要特别注意识别和保护标识，防止涂改，消失而造成不同状态产品的误用或混用。

产品标识是指产品在整个生产过程中自始至终保持不变的唯一标识，当需要时可以追溯。通过在产品上做出标记或挂上标签，或用随行文件标识。对大量生产或流程性材料也可以用投料批号、熔炼炉号、反应缸号等标识。

产品标识与检验和试验状态标识之间的区别见表 7 — 12。

表 7 — 12　产品标识与验证状态标识的区别

标识种类 内　容	产品标识	检验状态标识
目的	防止不同类型产品混淆，必要时可以追溯	防止不同检验状态产品混淆，错用不合格品
标识可变性	生产过程中应保持不变，是唯一的标识	生产过程中，状态变化标识也相应变化
必要性	产品必要时才标识	凡需检验和试验的产品都要标识

（二）不合格品的控制

GB/T 19000—2008/ISO 9000：2005 中对**不合格**的定义是“未满足要求”。凡成品、半成品、原材料、外购外协件对照产品图样、工艺文件、技术标准进行检验和试验，被判定为未满足要求，统称为不合格。不合格分为不合格品与不合格项，不合格品是针对产品的，而不合格项是针对质量管理体系的。

质量检验工作的一个重要任务，就是在整个生产制造过程中剔除和隔离不合格品，可确保防止误用或安装不合格的产品。

1. 不合格品的评审与处置

GB/T 19001—2008/ISO 9001：2008 中 8. 3 规定“组织应确保不符合产品要求的产品得到识别和控制，以防止其非预期的使用或交付。”不合格控制以及不合格品处置的有关职责和权限应在形成文件的程序中做出规定。

组织应通过下列一种或几种途径处置不合格品：

（1）采取措施，消除已发现的不合格；

（2）经有关授权人员批准，适当时经顾客批准，让步使用、放行或接收不合格品；

（3）采取措施，防止其原预期的使用或应用。

对不合格进行评审与处置的职责与职权应在控制文件化程序中明确：谁负责、谁参加，对发现的不合格根据其严重程度，造成损失的大小，决定由哪级进行处理。

2. 不合格品的控制程序

（1）一旦发现不合格品要及时做出标识，以便识别。

（2）做好不合格品记录，确定不合格的范围。如生产时间、地点、产品批次、零部件号、生产设备等。

（3）评价不合格品，提出对不合格品的处置方法，决定返工、返修、让步、降级、报废与拒收等处置并做好记录。

（4）对不合格品要进行及时隔离存放，严防误用或误装。

（5）根据不合格品的处置方法，对不合格作处理并监督实施。

（6）通报与不合格品有关的职能部门，必要时通知用户。

3. 不合格品的隔离

（1）检验部门所属各检验站（组）应设有不合格隔离室、隔离区或箱。

（2）一旦发现不合格品要及时做出标识，并立即进行隔离存放。严禁个人、小组或车间随意贮存不合格品。

（3）及时或定期组织有关人员进行评审和处置不合格品。

（4）对确认为拒收和报废的不合格品，应严加隔离和管理。

（5）根据对不合格品的处置意见及时处理。

4. 不合格的判定与处理

一般企业按不合格品判定与处理文件化程序进行。对军工企业或大企业一般都设置不合格品评审委员会机构，根据不合格品严重程度，分别由检验部门、不合格品评审委员会审批处理。

（三）检验的印鉴管理

1. 产品质量等级印鉴的管理

产品质量等级印鉴分为合格品、一等品、优等品、废品印鉴。成品检验后，根据产品质量等级在零件上或工作单等检验和试验文件上加盖印鉴，以作为符合产品质量等级的证明。

为此，企业要加强产品质量等级印鉴的管理，要明确使用范围及责任人员等。

2. 检验和试验职能人员印鉴的管理

进货检验和试验、过程检验和试验、最终检验和试验后，责任检验人员在填写质量检验和试验记录时都要加盖检验和试验人员印鉴，以对检验和试验结果负责。每个检验和试验人员都有自己的印鉴，由车间代号和检验人员代号两部分组成。这类印鉴由个人使用和保管。

3. 检验和试验职能部门印鉴的管理

最终检验和试验合格后，都要填写产品出厂合格证书，并加盖产品检验专用章，以作为产品满足要求的证据。检验部门代表生产单位对产品质量负责。

检验和试验印鉴的使用范围见表 7 — 13。

表 7 — 13　检验和试验印鉴使用范围明细表

序　号	印　鉴　名　称	使　用　人　员	使　用　范　围
1	厂长名章 （检）	检验部门 指派专人盖章	产品出厂合格证
2	检验部门 主管领导名章	检验部门 指派专人盖章	产品出厂合格证
3	检查工长 名　章	各检查工长	不合格品、返修品通知单，装配完工单
4	检查员 名　章	原材料、外购件 检查人员	原材料检查质量证明书，外购零件、外购器材、进厂检查成绩单
5	检查员名章	成品包装检查人员	装箱单 入库单

续表

序号	印鉴名称	使用人员	使用范围
6	“超差特许”专用章 （件）	各检查工段 零件检查人员	超差特许零件
7	检查员 检　印	各检查工段 零件检查人员	各种检验原始凭证 及加工路线单
8	“超差特许”专用章 （单）	各检查 工段长	不合格品通知单
9	零件库检查员 检　印	零件库 检查员	加工路线单

第八章

检验误差与数据处理

第一节　检 验 误 差

（一）检验误差的基本概念

所谓检验，是对产品或服务的一种或多种特性进行测量、检查、试验、度量，并将这些特性与规定的要求进行比较以确定其符合性的活动。

检验的实质是借助于某种手段或方法，测量产品的质量特性，获取质量特性数据后进行比较和判定的活动。

众所周知，一个检验员用同一种方法，在同样条件下，对同一种产品的某种质量特性进行多次检验，每次检验所得数值不可能完全相同；即使是技术很熟练的检验员，用最完善的方法和最精密的仪器，对同一产品的某种质量特性进行多次检验，其测量结果也不会完全一样。检验结果在一定范围内波动，这说明检验过程的测量误差是客观存在着。随着科学水平的提高，人们的经验、专门知识的丰富和测量手段、测量方法的不断完善，测量误差可以被控制得愈来愈小，但是不可能降低为零。

误差公理：测量结果都具有误差，误差自始至终存在于一切科学实验和测量的过程之中。

误差分为绝对误差和相对误差。

1. 绝对误差

某量值的绝对误差定义为该量的给出值与其客观真值之差。即：

$$\text{绝对误差} = \text{给出值} - \text{真值} \quad (8-1)$$

式中给出值包括测量值、实验值、示值、标称值，计算近似值等。

真值：在观测的瞬时条件下，产品某特性量所具有的真实大小。真值是个理想的概念，一般说来，真值是未知的，因此误差也就未知。但在有些情况从相对的意义上来说，真值是可知的，如：

（1）理论真值：三角形内角之和恒等于180°；理论设计值和理论公式表达值等。

（2）约定真值：由国际计量大会定义的单位就是约定真值。

（3）相对真值：高一级标准器的误差与低一级标准器的误差相比，为1/5（或1/3～1/20）时，则可认为前者是后者的相对真值。标准物质证书上所给出的标准值亦是相对真值。

绝对误差是有名数，有单位。测量结果大于真值，误差为正；测量结果小于真值，误差为负。误差的大小是衡量测量结果准确性高低的尺度。

2. 相对误差

相对误差表示绝对误差在真值中所占的比例。即：

$$相对误差 = \frac{绝对误差}{真值} \quad (8—2)$$

它不仅能反映误差大小，而且能反映测量的准确度，即相对误差愈小，表示测量的准确度愈高。

（二）检验误差产生的原因

检验误差产生的原因是多方面的，主要表现在：

（1）计量器具、设备和试剂误差。这是由于仪器设备本身不够精确产生的误差。如仪表刻度不准，计量器具未经校准，仪器的稳定性、精确度、灵敏度不够，在检验过程中就会产生检验误差。

化学计量中，试剂、蒸馏水不纯，含有被检物质或干扰物质，亦必然会影响检验结果。

（2）环境条件误差。检验环境条件直接影响检测结果。如温度、湿度、气压、振动噪声、电磁场、风效应和尘埃等。测量越精密，环境条件改变对检验结果影响越明显。

（3）方法误差。这种误差是由于检验方法本身不完善所造成。例如，不正确地安置工件而引起的测量误差；在重量分析中，沉淀的溶解损失或吸附某些杂质而产生的误差。

（4）检验员误差。由检验员本身的一些主观因素造成的误差。如观测方向歪斜产生观测误差；实验条件控制不严格，不按操作规程检验产生的误差等。

（5）受检产品误差。抽样检验是从整批产品中抽取少量产品进行检验，并对整批做出是否合格的判断。由于批内单位产品质量特性往往具有波动性，其均匀性、稳定性随时都在发生微小变化，抽样代表性的差异，必将影响检验结果。

（三）检验误差的分类

根据误差的特性，把误差分为系统误差、随机误差、粗大误差3类。

1. 系统误差

在重复条件下，对同一被测量进行无限多次测量所得结果的平均值与被测量的真值之差，称之为系统误差。

按照变化规律分类，系统误差可分为恒定系统误差和可变系统误差。

恒定系统误差是指符号、大小不变的系统误差。

可变系统误差是指符号、大小按一定规律改变的系统误差。它包括线性变化的系统误差，周期性变化的系统误差和复杂规律变化的系统误差。

按照掌握的程度分类，系统误差可分为已定系统误差和未定系统误差。

已定系统误差是指那些方向已知，绝对值已知，数值本身带有符号的系统误差。

未定系统误差是指那些方向未知，绝对值未知，通常可估计其界限的系统误差。

由此可见，能够修正的系统误差只有已定系统误差一种，其余的系统误差都不能修正，但有的可以在测试中加以消除。增加测定次数不能使系统误差减小。

2. 随机误差

测量结果与在重复条件下，对同一被测量进行无限多次测量所得结果的平均值之差，称为随机误差。

随机误差是由于许多互不相关的独立因素引起微小变化综合作用的结果。引起随机误差的因素是无法控制的，因此这类误差也不能修正。随机误差具有统计规律，可用统计学的数学方法来估计它，并可通过增加测定次数的办法在某种程度上将它减小。

3. 粗大误差

超过规定条件下预计的误差，称为粗大误差。

如测错，读错，记错，算错，实验条件未达到预想的指标（如真空度未达要求）草草实验都会带来粗大误差。含有粗大误差的测量值称为坏值。坏值必须剔除。所以，在做误差分析时，要估计的误差通常只有系统误差和随机误差两类。

（四）精密度、正确度和准确度

精密度与准确度的含意不同，容易混淆。

精密度是指在一定条件下进行多次测量时，所得结果之间的分散程度。是反映随机误差大小的程度。通常用随机不确定度来表示。

正确度是表示测量中的系统误差大小的程度。正确度是指在规定的条件下，在测量中所有系统误差的综合。理论上对已定系统误差可用修正值来消除，对未定系统误差可用系统不确定度来估计。

准确度是指测量值接近真值的程度。反映随机误差和系统误差合成大小的程度。若已修正所有已定系统误差，则准确度可用合成不确定度来表示。

在一组测定值中，精密度高的正确定不一定高，正确度高的精密度也不一定高，但准确度高则精密度与正确度都高。

以打靶作比喻，精密度、正确度与准确度的关系见图 8 —1。

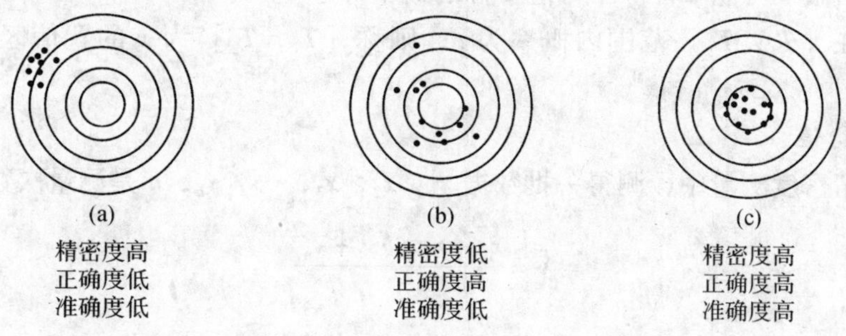

图 8 —1　精密度、正确度与准确度的关系

图中内圆表示靶心。图 8 —1（a）中，弹着点密集，精密度高，但离靶心很远，可能是枪的准心未经校正，存在着较大系统误差，正确度低。若将靶心视为被检物的真值，一号射手命中率低，准确度很低；图 8 —1（b）中，系统误差小而随机误差大，即正确度高而精密度低；图 8 —1（c）中，弹着点几乎落在靶心上，系统误差与随机误差都小，即准确度高。

第二节　随机误差的基本性质

（一）基本概念

1. 总体（母体）

所研究对象的全体。

2. 样本（子样）

总体中的一部分。

3. 个体（样品）

总体中的一个单位。

4. 随机事件

在相同条件下，对同一实验的几次观测中可能出现的各种结果称为事件。如果在一定条件下，某事件可能发生，也可能不发生，这事件称为随机事件。在测量中随机误差取值的大小就是随机事件。

5. 事件的概率

一个随机事件发生的概率是描写这个事件发生可能性大小的量度。若事件A在 n（次）实验中发生了 m（次），当实验次数 n 很大时，就可认为$\frac{m}{n}$为此事件的概率，记作：

$$P(\mathrm{A})=\frac{m}{n}$$

对任意事件A的概率 P（A）应满足：

$$0\leqslant P(\mathrm{A})\leqslant 1$$

在每次试验中一定发生的事件叫做必然事件。必然事件的概率等于1。在每次实验中不会发生的事件叫做不可能事件。不可能事件的概率等于0。

若量 x 落在［T_1，T_2］范围内概率为 p，则称［T_1，T_2］为 x 的置信区间，p 为置信概率。

6. 算术平均值

在一组等精密度测量中，测得一批数据 x_1，x_2，x_3，…，x_n，n 是测量次数，则称：

$$\overline{X}=\frac{x_1+x_2+\cdots+x_n}{n} \qquad (8—3)$$

$\overline{X}$为该批测量值的算术平均值。算术平均值是描述一批数据集中位置的极为重要的数值。可以证明$\overline{X}$是真值的最佳估计值或最可信赖值。

7. 标准偏差

用天平称量某物体的质量，测得两组数据如表8—1所示。

表8—1　比较精密度不同的两组数据

组别	测 量 值	$\overline{X}$	波动范围
Ⅰ	150.68 150.53 150.54 150.66 150.62 150.57 150.56 150.63 150.61 150.58	150.598	150.53～150.68（0.15）
Ⅱ	151.08 150.03 149.54 149.00 150.62 150.57 151.22 151.63 151.11 151.18	150.598	149.00～151.63（2.63）

两组测量值的$\overline{X}$相同，但第二组数据分散，波动范围较大。用统计方法处理数据时，广

泛采用标准偏差来衡量数据的分散程度。标准偏差的数学表达式为：

$$\sigma = \sqrt{\frac{\sum_{i=1}^{n}(X_i - \mu)^2}{n}} \tag{8—4}$$

式中 σ——标准偏差；

μ——总体平均值；

X_i——单次测量值；

n——样本容量，即样本中所含测量值的数目。

在产品检验中，测量值一般不多。若以样本的平均值$\bar{X}$代替总体平均值μ，则样本标准偏差的数学表达式为：

$$s = \sqrt{\frac{\sum_{i=1}^{n}(X_i - \bar{X})^2}{n-1}} \tag{8—5}$$

单次测量结果的相对标准偏差（或称变异系数）为：

$$相对标准偏差 = \frac{s}{\bar{X}} \tag{8—6}$$

（二）正态分布

随机误差一般遵循正态分布规律，如图 8—2 所示。

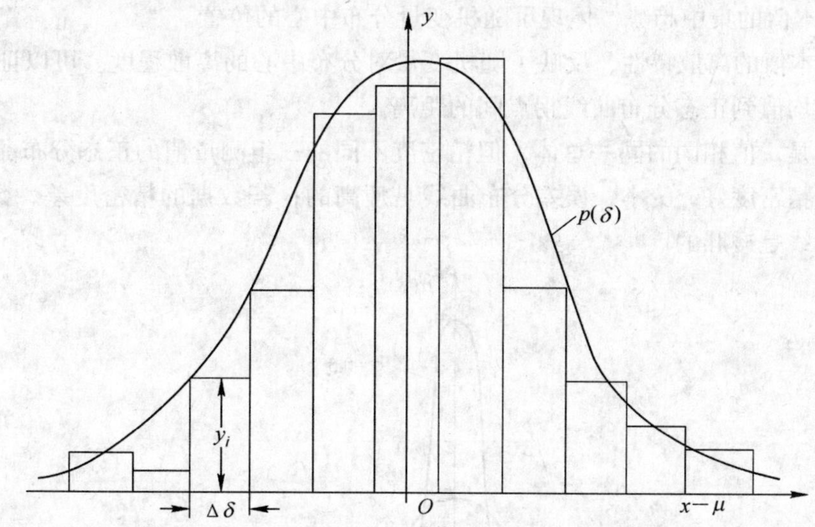

图 8—2 随机误差的正态分布曲线（随机误差的概率密度曲线）

根据概率统计学原理，可推导出随机误差的正态分布曲线的数学表达式为：

$$y = p(\delta) = \frac{1}{\sigma\sqrt{2\pi}}e^{-\frac{(x-\mu)^2}{2\sigma^2}} \tag{8—7}$$

式中　y——误差的概率密度函数，以 $y=p(\delta)$ 表示；

x——随机样本测量值；

μ——总体平均值；

$x-\mu$——单次测量值的误差；

σ——总体标准偏差；

π——圆周率；

e——自然对数的底，约为2.718。

从随机误差的正态分布曲线清楚地反映出随机误差的特征是：

（1）单峰性：绝对值小的误差出现的概率比绝对值大的误差出现的概率大。

（2）对称性：正误差与负误差出现的次数大致相等。

（3）有界性：在一定条件下的有限次测量中，误差的绝对值实际上不超过一定的界限。

（4）抵偿性：在相同条件下，对同一量进行 n 次测量，其误差的算术平均值，随着测量次数的无限增加而趋于零。

$$\frac{\lim\limits_{n\to\infty}\sum\limits_{i=1}^{n}\delta_i}{n}=0 \tag{8—8}$$

抵偿性是随机误差的最本质的统计特性。

由图8—2及式（8—7）可见，μ 和 σ 是两个很重要的参数。当给出了总体平均值 μ 和标准偏差 σ，正态分布就完全被确定了。记作 N（μ，σ）。

μ 表示样本值的集中趋势，体现了随机变量分布中心的位置。

σ 表示样本值的离散特性，反映了随机变量对分布中心的离散程度。可以证明，标准偏差恰是总体平均值到正态分布曲线拐点间的距离。

图8—3是 μ 值相同的同一总体，但精密度不同的三组测量值的正态分布曲线。由图可见，若数据的精密度好，σ 小，误差分布曲线是瘦高的；若数据的精密度差，数据分散，σ 大，则分布曲线是矮胖的。

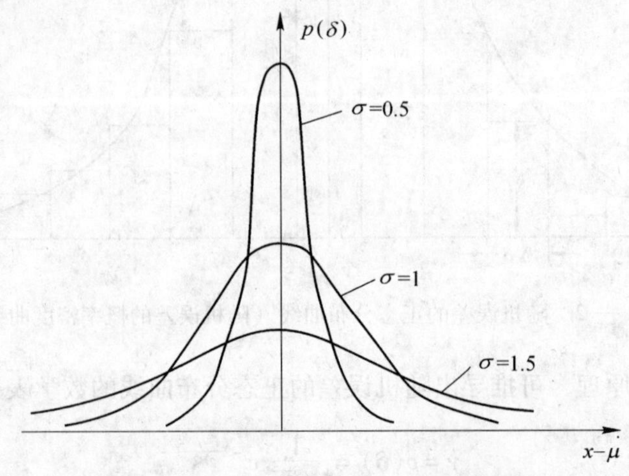

图8—3　随机误差概率分布的分散性

（三）概率计算

由图8—4可知，随机误差的正态分布曲线下面所包围的总面积，相当于全部误差出现的概率，等于1或100%。怎样求出误差δ落在δ_1到δ_2，这个区间的概率呢？求图中阴影部分的面积，由式（8—7）积分可得：

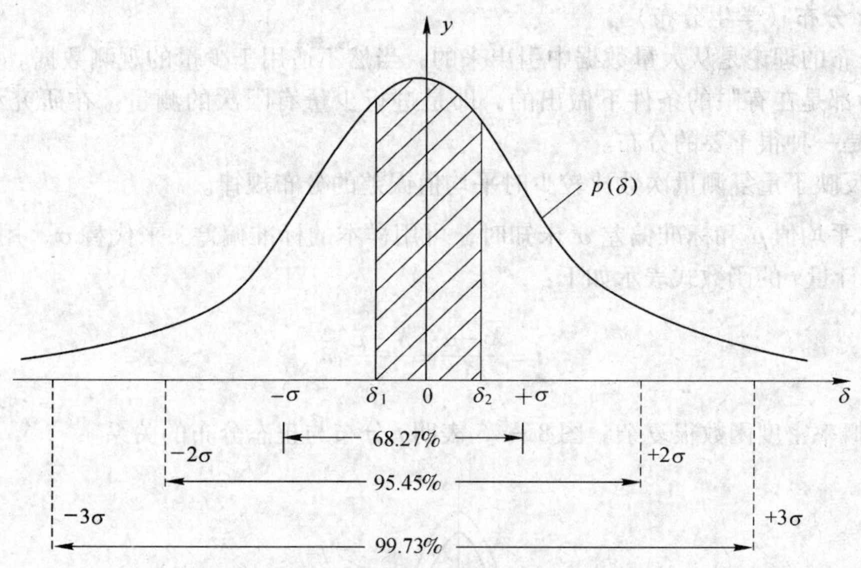

图8—4　随机误差在各范围内的概率

$$p(\delta_1 < \delta < \delta_2) = \int_{\delta_1}^{\delta_2} \frac{1}{\sqrt{2\pi}} e^{-\frac{1}{2}\left(\frac{\delta}{\sigma}\right)^2} d\left(\frac{\delta}{\sigma}\right) \qquad (8—9)$$

由此可以求得误差δ落在$\pm c\sigma$或$-c\sigma$到$c\sigma$中的概率是：

随机误差$\pm\sigma$范围内概率是0.682 7；

随机误差$\pm 2\sigma$范围内概率是0.954 5；

随机误差$\pm 3\sigma$范围内概率是0.997 3。

这里p或$1-\alpha$称为置信概率；α称为显著性水平；k或c称为置信因子；$c\sigma$称为置信限或极限误差；$\pm c\sigma$称为置信区间。若给定p可求得c；反之给定c，亦可求p。见表8—2。

表8—2　正态分布k，p对应值

α	p（%）或$1-\alpha$		k或c
0.317 3	68.27	0.682 7	1
0.05	95	0.95	1.96
0.045 5	95.45	0.954 5	2
0.01	99	0.99	2.58
0.002 7	99.73	0.997 3	3

这些概率值表明，出现大于2σ的误差其可能性很小，仅有5%，即22次测定中最多只

有1次机会。出现大于3σ的误差，可能性更小，在370次测量中，误差超过3σ的机会只有1次。实际上，一般测量只进行十数次，可以认为小概率事件在少量的实验中是不可能出现的。若个别测定值的误差大于3σ，这时有99.7%的把握断定，该误差的出现是有问题的，应设法给予清除。

(四) t分布（学生分布）

正态分布的理论是从大量数据中引出来的，当然不适用于少量的观测数据。实际上，产品质量检验都是在有限的条件下做出的，即是进行少量有限次的测量。在研究小子样问题中，t分布是一种很重要的分布。

t分布反映了重复测量次数比较少时平均值误差的分布规律。

当总体平均值μ和标准偏差σ未知时，可用样本的标准偏差s来代替σ，用平均值$\overline{X}$代替μ，则统计量t的函数式表示如下：

$$t=\frac{\overline{X}-\mu}{s_{\bar{x}}}=\frac{\overline{X}-\mu}{s}\sqrt{n} \qquad (8-10)$$

t分布概率密度函数很复杂。图8—5表明t分布与正态分布的关系。

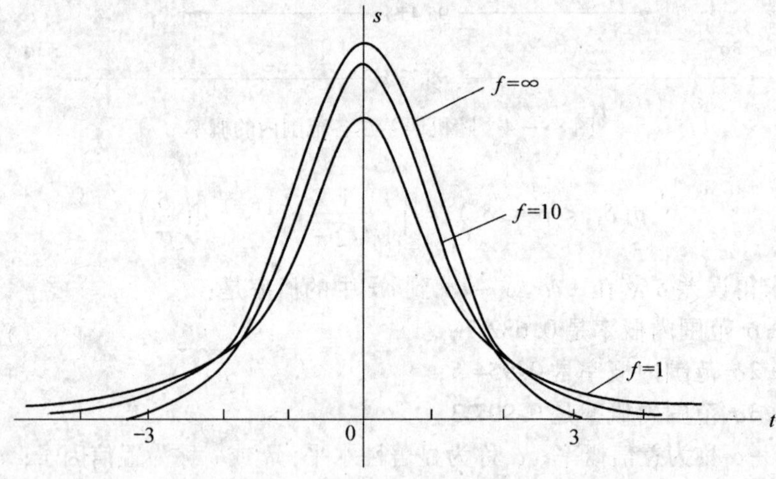

图8—5　$f=1$，10，∞的t分布曲线

t分布曲线比正态分布曲线扁平，但当样本容量增大时就接近正态分布曲线，当n为无穷大时t分布曲线就与正态分布曲线重合。可以说正态分布就是t分布的极限分布。

在实际应用上，为方便起见，t分布在不同置信概率p与自由度f的$t_p(f)$值（t值）列于表8—3。

表8—3　t分布的$t_p(f)$值（t值）

f \ p	68.27[a]	90	95	95.45[a]	99	99.73[a]
1	1.84	6.31	12.71	13.97	63.66	235.80
2	1.32	2.92	4.30	4.53	9.92	19.21
3	1.20	2.35	3.18	3.31	5.84	9.22

续表

f \ p	68.27[a]	90	95	95.45[a]	99	99.73[a]
4	1.14	2.13	2.78	2.87	4.60	6.62
5	1.11	2.02	2.57	2.65	4.04	5.51
6	1.09	1.94	2.45	2.52	3.71	4.90
7	1.08	1.89	2.36	2.43	3.50	4.53
8	1.07	1.86	2.31	2.37	3.36	4.28
9	1.06	1.83	2.26	2.32	3.25	4.09
10	1.05	1.81	2.23	2.28	3.17	3.96
11	1.05	1.80	2.20	2.25	3.11	3.85
12	1.04	1.78	2.18	2.23	3.05	3.76
13	1.04	1.77	2.16	2.21	3.01	3.69
14	1.04	1.76	2.14	2.20	2.98	3.64
15	1.03	1.75	2.13	2.18	2.95	3.59
16	1.03	1.75	2.12	2.17	2.92	3.54
17	1.03	1.74	2.11	2.16	2.90	3.51
18	1.03	1.73	2.10	2.15	2.88	3.48
19	1.03	1.73	2.09	2.14	2.86	3.45
20	1.03	1.72	2.09	2.13	2.85	3.42
25	1.02	1.71	2.06	2.11	2.79	3.33
30	1.02	1.70	2.04	2.09	2.75	3.27
35	1.01	1.70	2.03	2.07	2.72	3.23
40	1.01	1.68	2.02	2.06	2.70	3.20
45	1.01	1.68	2.01	2.06	2.69	3.18
50	1.01	1.68	2.01	2.05	2.68	3.16
100	1.005	1.660	1.984	2.025	2.626	3.077
∞	1.000	1.645	1.960	2.000	2.576	3.000

(a)：对期望 μ_z 标准差 σ 正态分布描述量 Z，当 $k=1$，2，3 时，$\mu_z \pm k\sigma$ 区间分别包含分布的 68.27%，95.45%，99.73%。

（五）平均值的精密度

如前所述，单次测量的精密度可以以标准偏差表示，s 越小，表示精密度越高。

平均值既然是最可信赖值，所以通常以此来估计总体平均值 μ。容易理解，样本平均值的分散程度，一定比任一样本内单次测定结果分布的分散程度小。关于平均值的误差问题就其本质来讲是一个函数误差问题，其平均值的精密度同样可以以标准偏差表示。可以证明：

$$s_{\bar{x}} = \frac{s}{\sqrt{n}} \tag{8—11}$$

即平均值的标准偏差等于单次测量值的标准偏差与测量次数 n 的平方根的商。

就随机误差而论，增加平行测定的次数，能够提高检验结果的准确度。可是增加测量次数很快会遇到麻烦，因为稍微提高一点精密度，就需要付出很大代价，消耗许多精力和时间，如表 8 — 4、图 8 — 6 所示。

表 8 — 4　$s_{\bar{x}}$ 随测定次数的变化

次数	1	4	9	16	25
$s_{\bar{x}}$	0.006	0.003	0.002	0.001 5	0.001 2

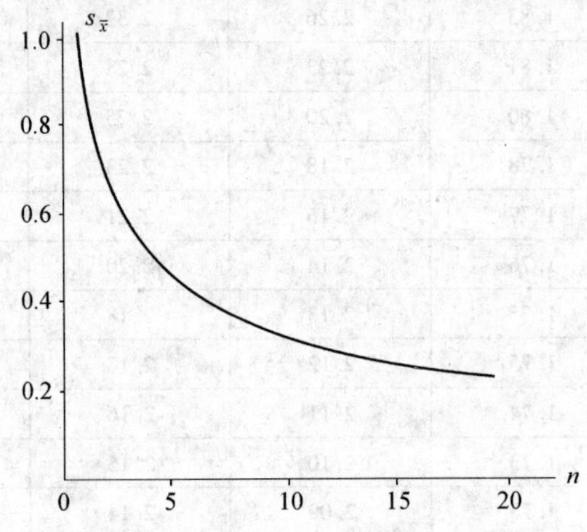

图 8 — 6　平均值的标准偏差与测定次数的关系

在实际工作中，平行测定 2 ~ 4 次即可。当检验结果准确度要求较高时，可测定 5 ~ 9 次就足够了。

（六）不等精密度的平均值及其标准偏差

等精密度测量即每次测量都是在同一条件下进行的测量，数据处理方法如上所述。若每次测量的条件不同，如不同人，在不同时间不同实验室，用不同方法和不同设备，得到不同精密度的数据，那么数据应如何处理呢？

例如测量某零件厚度，得到下列结果：

$$\bar{X}_1 = 1.53\ \text{mm} \qquad s_1 = 0.06\ \text{mm}$$
$$\bar{X}_2 = 1.47\ \text{mm} \qquad s_2 = 0.02\ \text{mm}$$

显然该零件厚度并非是 1.50 mm。

如何处理不等精密度的数据呢？其方法是根据不同数据的不同可靠程度分别地（即非等同地）加以考虑。为了处理不同精密度的数据，必须引入“权”的概念。所谓权就是表示测定列中测定值相应可靠程度的一种参数。数据的权越大，则它就越可靠。应该注意，对不等精密度的数据做加权处理时，每一数据的权的绝对值是没有什么意义的，主要在于它们间的相对值。

例如，在检验中，测量值为 X_1，X_2，X_3，…，X_n，其对应的权分别为 W_1，W_2，W_3，…，W_n，其加权平均值即单次测量加权标准偏差和加权平均值标准偏差如下为：

$$\overline{X}_W = \frac{W_1X_1 + W_2X_2 + W_3X_3 + \cdots + W_nX_n}{W_1 + W_2 + W_3 + \cdots + W_n} = \frac{\sum_{i=1}^{n} W_iX_i}{\sum_{i=1}^{n} W_i} \tag{8—12}$$

$$s_W = \sqrt{\frac{\sum_{i=1}^{n} W_i(X_i - \overline{X}_W)^2}{n-1}} \tag{8—13}$$

$$s_{\overline{x}_W} = \frac{s_W}{\sqrt{\sum_{i=1}^{n} W_i}} \tag{8—14}$$

求加权平均值中的权，其中一个办法是可按权数与精密度平方成反比公式计算：

$$W = \frac{1}{s^2} \tag{8—15}$$

求出权数后再求加权平均值。

例如，计算本节示例的加权平均值：

$$\because W = \frac{1}{s^2} \quad \therefore W_1 = \frac{1}{0.06^2} = 277$$

$$W_2 = \frac{1}{0.02^2} = 2\,500$$

$$W_1 : W_2 = 277 : 2\,500 = 3 : 25$$

$$\therefore \overline{X}_W = \frac{3 \times 1.53 + 25 \times 1.47}{3 + 25} = 1.48\ \text{mm}$$

第三节　如何提高检验结果的准确度

每个检验员都希望获得准确的检验结果，可是客观上又存在检验误差，这是准确测量中需要关注的一个问题的两个方面。只有仔细分析误差产生的原因，就误差产生的各种因素予以控制，以使误差缩小到最低限度，方能有效地提高检验结果的准确度。

一、系统误差的消除

测量结果的准确度，不仅取决于随机误差，而且还取决于系统误差。有时系统误差比随机误差往往会大一个数量级，系统误差对测量结果的影响比随机误差更大，若不预先通过实验加以消除或校正，如上节所述，对随机误差的统计处理就没有多大意义了。系统误差的消除是一非常重要又比较复杂的问题，通常可以采取以下方法：

(1) 对照检验。它是用来检验系统误差存在的有效方法。对照检验的方式很多。可以用已知结果的试样（严格讲，应该采用标准样品或标准器）与被检样品一起进行对照检验，或用不同方法，或由不同人员、不同实验室对照检验。若检验结果符合公差，说明操作与设备均无问题，检验结果是可靠的。否则，求出未知量与标准量的差值，然后进行修正。

（2）校准仪器。对检验用的所有计量器具如天平砝码，滴定管、容量瓶等热、力、长、电、温度、光学、化学各类计量器具都应按时送各计量部门进行检定，合格后方可使用。求出的示值修正值，应在处理检验结果时采用。

（3）检验结果的校正。温度对于检验结果影响很大，可以应用经验公式或已知的温度影响校正表，计算出对测试值的影响，并从检验结果中扣除。

某些检验方法的系统误差还可用其他方法进行校正。如重量分析时，使被测组分沉淀绝对完全是不可能的，应该将滤液中残留量进行比色后加到重量分析结果中。

由试剂、水、器皿、环境等带入的杂质引起的系统误差，可以通过空白实验来消除或减少。所谓空白试验是在不加试样的情况下，与受检样品平行检验，求得空白值后，从检验结果中扣除空白值。

（4）在测量过程中，选择适当的测量方法，可消除可变系统误差。对随时间变化的线性误差，用对称计量法即将计量程序针对某时刻对称地再做一次，即可消除随时间变化的线性误差。

对周期性变化的系统误差，可以每经半个周期进行偶数次测量，即可有效消除。

对其他规律性变化系统误差，可以求出其变化函数关系，进行基本修正。

二、检验环境和检验过程测量条件的控制

产品质量检验应在符合技术要求的实验室中进行，要有合适的空间，除保证 24 h 供电、供水、照明、通风外，还要保证恒温、恒湿、防振、防噪声、防电磁辐射和净化空气，越是精密的测量，对环境条件要求越高。

对检验过程的测量条件必须加以严格控制。如电源电压的波动，使测量仪表产生随时间变化的漂移误差，为此必须安装稳压装置。在使用自动连续化分析仪器时，往往产生前一个被测样品对仪器的玷污，造成下一个被测定样品虚假的高值，产生储存误差，为此必须设法消除记忆效应。

三、设备和计量器具的选择控制

检验手段是评定一个单位检验能力的主要根据之一。检验手段的选择主要应考虑测量的准确度和是否经济这两个因素。在满足准确度的前提下，应选择相应级别的设备和计量器具经济地进行测量。若是用高级别的计量器具测量性能要求低的产品，会使测量费用增加；反之，用低级别的计量器具测量性能要求高的产品，检验结果达不到规定的准确度，也不符合标准要求。

必须指明，由于不同工厂，生产不同产品，所以对检验准确度的要求是不同的。即使是同一工厂，在产品制造的不同阶段，对检验准确度的要求也是不同的。在炼钢厂，炉前产品质量控制的快速检验是主要的方面，所以炉前分析多采用湿式快速分析仪或光电光谱仪；而中心化验室主要承担成品分析，考核检验，对照实验，仲裁分析，准确度是主要方面，毫无疑问，采用高精度光机电一体化，由电脑控制测试过程，并由电脑处理测试结果的现代分析

仪器，定会获得准确的检验结果。

四、检验方法的选择

从检验过程中的每一个步骤，正确观察读数，选择合适的量程到检验全过程都需要认真加以研究。例如，在长度计量中，应正确选择测量基准面，遵循基面统一原则，使设计、工艺和测量基面一致，采用零件的同一个面，就能有效地防止或减少系统误差；在化学计量中，若分析方法的选择性差，样品中其他组分同样参加反应，就会得到虚假的高值，因此必须进行分离，消除干扰。产品检验的依据是产品标准，在标准中对各项技术要求如何进行测试，都做了明确规定，必须严格执行。

五、对检验员检验误差的防止措施

减少测量误差，提高检验结果的准确度，关键在于人的素质。人是检验过程中最活跃，最富于创造性的因素。只有严格要求、训练有素的人，才能高质量完成检验任务。

在产品质量检验过程中，由于主观因素的影响，检验员的检验误差是经常发生的。国外一些企业的调查表明，检验误差使检验质量特性的准确性约为80%。也就是说，检验员一般仅能挑出产品实际质量问题的80%，而其余的20%质量问题往往被漏掉。

为确保产品质量，在质量检验工作中，重视调查和分析检验员的检验误差，并针对存在问题，采取有效的防止措施，是提高检验员工作质量，把好产品质量关，降低废品损失和提高企业经济效益的一项重要内容。

检验员的检验误差有以下几种类型：

(1) 技术性误差；

(2) 粗心大意性误差；

(3) 程序性误差。

发现检验员检验误差的方法一般有以下几种：

(1) 重复检验。由检验员本人对自己检验过的产品或零部件，根据其主要程序，重复检验1~2次。

(2) 循环检验。由几名检验员对同一批产品或零部件进行检验。

(3) 复核检验。由技术水平较高的检验员或检验技术人员，复核检验员已经检验过的合格品或不良品，以考核检验员的检验结果。

(4) 改变检验条件。检验员采用某种检验方法检验后，再采用精度较高或可靠性更好的检测手段重新检测。

(5) 建立标准品。经常用标准品作比较，以便及时发现有缺陷的产品或零部件。

(一) 技术性误差的防止措施

1. 技术性误差的概念

技术性误差是指由于检验员缺乏检验技能而造成的误差。造成技术性误差的原因有以下几方面：

(1) 缺乏必要的技术知识、生产和加工工艺知识，对生产中易出现的质量问题不了解。

(2) 检验技术不熟练。不能熟练地掌握经常使用的检测设备，测试工具。

(3) 生理上有缺陷。例如，检验员视力不正常，看不准量具的读数。

(4) 缺乏检验经验。比如精磨一种精度高的零件，操作工人把零件外圆磨小了，零件经加温，表面又经冷却处理后交检验员检验，有经验的检验员则不立即检验，而是把零件放置一定时间后检验，这样就可发现零件尺寸超差。

2. 防止技术性误差的措施

技术性误差的防止措施有：

(1) 按照检验员应知应会标准，选择适合做检验工作的人员来担任检验员；

(2) 组织检验员岗位练兵和技术业务学习，不断提高技术业务水平，使之胜任检验工作；

(3) 经常对检验员进行应知应会考核及工作质量考核，合格者才可从事检验工作；

(4) 对有生理缺陷与技术业务水平低的不宜做检验工作的专职检验员，可调离做其他工作；

(5) 经常总结与推广检验工作经验，提高检验人员的工作水平。对厂内出现的典型错检、漏检问题，组织检验人员进行讨论分析，找出产生的原因，提出防止再发生的措施。

(二) 粗心大意性误差的防止措施

1. 粗心大意性误差

由于检验员马虎大意而造成的检验误差称为粗心大意性误差。产生这种误差有以下原因：

(1) 由于检验项目的精度要求高，检验员精神过于紧张。

(2) 生产任务重，时间紧，车间或生产调度人员催检时，检验员经验不多或责任心不强。

(3) 检验员情绪不好。

(4) 检验员在检验工作中抱着满不在乎的态度。

2. 防止粗心大意性误差的措施

防止粗心大意性误差，常采用以下一些措施：

(1) 把复杂的检验内容化为简单的检验内容。按照相关与检验的先后顺序把复杂的检验项目划分为若干个检验程序，每个程序的检验内容就较简单了，不会由于检验员手忙脚乱而造成检验误差。实践证明，对同一个检验员，检验的质量特性少，零件形状又简单时，发生粗心大意性误差就较少；相反则较多。

(2) 采用不易出差错的检验方法。

(3) 采用自动化检验装置。

(4) 采用感官放大器。对于一些不易观察、听辨等的检验项目，可采用放大镜、扩音器及其他检测放大仪器或装置。

(5) 建立标准件或标准样品。

(6) 采用通用或专用量、检具。

(7) 合理安排检验员的工作时间。检验员连续工作时间过长，会因疲劳而产生误检、错检。因此，需要规定合理的间歇时间。

(8) 保持检验工作场所的良好工作秩序。有些复杂的检验项目，需要在较安静的环境下检验，因此，保持工作场所良好的秩序是提高检验工作效率和防止检验误差的有效措施之一。

（三）程序性误差的防止措施

1. 程序性误差产生的原因

程序性误差是指由于生产不均衡及管理混乱而造成的检验误差。比如，由于生产不均衡，月初松，月末突击，被检产品或零件过于集中；待检产品和已检产品放置混乱，标志不清，造成已检与未检，合格品与不良品混淆。

2. 防止程序性误差的措施

（1）加强企业管理，实现均衡生产。

（2）区分堆放。将待检、已检的零件（或产品）按指定区域堆放，并有明显的界限，以防在忙乱中拿错。

（3）区别标志。以不同的堆放方式或将不合格、返修品等分别涂上规定的颜色以示区别，防止调度错误。

（4）发放标志。根据产品质量水平，可实行发放合格证、优质品证的办法，防止程序误差的产生。

（5）严格调运手续。建立调度人员责任制，严格执行调运手续。发现调度错误，及时追查，找出原因，采取改进措施，并对直接责任者以经济处罚进行教育。对一贯重视产品质量，不出差错的人员予以表扬或奖励。

第四节　测量不确定度的评定与表示

（一）测量不确定度

测量不确定度（Uncertainty of Measurement）简称不确定度。

在日常生活、生产、科研中，人们在进行频繁地测量，其测量结果的质量如何是大家很关心的问题。尤其在校准、鉴定（仲裁）、索赔及国际交往等涉及的重要测量中，当报告测量结果时，必须对测量结果的质量给出定量的表达，这是非常重要的。目前，国际上普遍采用测量不确定度对测量结果的质量进行定量表征。测量结果的可用性很大程度上取决于不确定度的大小，当不确定度愈小、测量结果的质量愈高，其使用价值愈高；不确定度愈大，测量结果的质量愈低，其使用价值愈低。

测量不确定度意指对测量结果正确性的可疑程度。测量不确定度曾采用过以下两个定义：

（1）由测量结果给出的被测量的估计值中可能误差的量度。

（2）GB/T 19022—1994 规定，测量不确定度是指“通常按给定的似然估计，表征被测量的真值所处的量值范围的评定结果”。

由于测量结果是被测量真值与该测量结果的误差之代数和，因而测量不确定度实际上表明了真值可能出现的量值区间。以上测量不确定度的表述是与测量结果的误差和被测量真值相联系的，易于理解。但真值是个理想化的概念，是不可知量，从而不具有可操作性而被放弃。

1980 年，国际计量局起草了一份建议书，即 INC—1（1980），该建议书向各国推荐了不确定度的表示原则，从而使测量不确定度的表示方法逐渐趋于统一。

1993 年，7 个国际组织联合制定了通用指导性标准——《测量不确定度表示指南》（缩写为 GUM），由国际标准化组织（ISO）出版并正式发布。这 7 个国际组织分别是国际标准化组织、国际电工委员会、国际计量局、国际法制计量组织、国际理论化学与应用化学联合会、国际理论物理与应用物理联合会、国际临床化学联合会。该指南是当前国际上表示测量结果及其不确定度的统一准则。它使不同国家、地区、学科、领域在表示测量结果及其不确定度时具有一致的含义，并可进行相互比对。

原国家质量技术监督局非常重视这个指南，原则上等同采用了 GUM 的基本内容，于 1999 年 1 月批准发布了适合我国国情的《测量不确定度评定与表示》计量技术规范（JJF 1059—1999）。该国家计量技术规范对科学研究、工程技术及商贸中大量存在的测量结果与表示，均具有适用性。

测量不确定度在 JJF 1059—1999 中定义为：表征合理地赋予被测量之值的分散性，与测量结果相联系的参数。按此定义，不确定度是指合理地对被测量进行测量所得出的结果产生的分散性。所谓“合理”，是指在统计控制状态下进行的测量，即随机状态下合理给出被测量的值不止一个而是多个，测量结果以某一概率在一个量值区间出现就是分散性。在测量结果的完整表述中，应包括测量不确定度。上述定义，它着眼于测量结果及其变动，因而被认为具有可操作性。

表征分散性的参数可以是标准差或其倍数，或说明了置信水平的区间的半宽度。

用标准偏差表示的不确定度称为标准不确定度。测量不确定度由多个分量组成，它们都会对测量结果的分散性做出贡献。其数值按评定方法不同可归入两类：

不确定度的 A 类评定：用测量列中测量结果的统计分布评定，以实验标准偏差表征。

不确定度的 B 类评定：用经验或其他信息按估计的概率分布评定，也用标准偏差表征。

合成标准不确定度是指当测量结果是由若干个其他量的值求得时，按其他各量的方差和协方差算得的标准不确定度。以 u_c 表示。

扩展不确定度是指：确定测量结果区间的量，合理赋予被测量之值的大部分可望含于此区间，以 U 表示。当扩展不确定度在给定的置信概率 p 值下，以置信区间的半宽给出时，以 U_p 表示。如置信概率 $p=95\%$ 与 $p=99\%$ 时，可写成 U_{95} 与 U_{99}。

扩展不确定度与合成标准不确定度的比值称为包含因子。包含因子有时也称覆盖因子，按定义可分为两种：$k=U/u_c$；$k_p=U_p/u_c$。包含因子的范围一般在 2 ~3 内。

应当指出，测量误差与测量不确定度是两个不同的概念，不应混淆。其主要区别见表8 — 5。

表 8 — 5 测量误差与测量不确定度的主要区别

序 号	测 量 误 差	测 量 不 确 定 度
1	表明测量结果偏离真值	表明被测量值的分散性
2	客观存在，不以人的认识程度而改变	与人们对被测量、影响量及测量过程的认识程度有关
3	是有正号或负号的量值	是无符号的参数
4	由于真值未知，往往不能准确得到	可由人们根据实验、资料、经验等信息进行评定，从而可以定量确定。评定方法有 A，B 两类
5	按性质可分为随机误差和系统误差两类	不确定度分量评定时一般不区分性质
6	已知系统误差的估计值时可以对测量结果进行修正，得到已修正的测量结果	不能用不确定度对测量结果进行修正，在已修正测量结果的不确定度中应考虑修正不完善而引入的不确定度

（二）测量不确定度的评定

1. 标准不确定度的 A 类评定

通常，被测量 Y（输出量）与 N（个）可测量 X_1，X_2，…，X_N（输入量）有函数关系：

$$Y=f(X_1, X_2, \cdots, X_N) \tag{8—16}$$

若输入量 X_i 的估计值为 x_i，被测量 Y 的估计值为 y，则有：

$$y=f(x_1, x_2, \cdots, x_N) \tag{8—17}$$

对被测量 X，在重复性条件或复现性条件下进行 n（次）独立重复测量，则算术平均值为：

$$\bar{x}=\frac{1}{n}\sum_{i=1}^{n}x_i \tag{8—18}$$

由贝塞尔公式计算得单次测量的实验标准偏差为：

$$s(x_i)=\sqrt{\frac{1}{n-1}\sum_{i=1}^{n}(x_i-\bar{x})^2} \tag{8—19}$$

实验方差 s^2 是总体方差 σ^2 的无偏差估计，其正平方根 $s(x_i)$ 表征 x_i 的分散性，确切地说，是在最佳估计值 $\bar{x}$ 上下的分散性。通常以独立观测列的算术平均值作为测量结果，以平均值的实验标准偏差 $s(\bar{x})$ 作为测量结果的标准不确定度，即 A 类标准不确定度，记为：

$$s(\bar{x})=s(x_i)/\sqrt{n}=u(\bar{x}) \tag{8—20}$$

2. 标准不确定度的 B 类评定

上述用统计方法进行的评定，称为 A 类评定。用其他非统计方法评定出来的不确定度称为 B 类标准不确定度。掌握 B 类评定方法，要求具备实践经验和判断能力。

在测量工作中，对不能重复测量或不需重复测量时，需根据有关信息，进行科学判断和估计。这些信息包括：

（1）从前的测量数据；

（2）有关资料和对仪器性能的了解和经验；

（3）制造说明书；

（4）校准、检定证书提供的数据，准确度的等别或级别；

（5）手册中给出的参考数据及其不确定度；

（6）规定实验方法的国家标准或类似技术文件中给出的重复性限 r 或复现性限 R。

B 类不确定度的评定方法有：

（1）通过扩展不确定度 U 或 U_p 以及包含因子 k 或 k_p 评定标准不确定度。

如估计值 x_i 来源于制造厂的技术说明书、校准证书、手册或其他资料，同时在这些资料中给出了扩展不确定度 U，及包含因子 k 的大小，则标准不确定度为：

$$u(x_i)=U/k \tag{8—21}$$

如果资料中给出了 U_{95} 或 U_{99}，除另有说明外，可用正态分布来评定标准不确定度：

$$u(x_i)=U_p/k_p \tag{8—22}$$

k_p 之值可自表 8—2 查出。

（2）如果校准证书中既给出了 U_p，又给出了自由度，这时必须按 t 分布处理：

$$u(x_i) = U_p / t_p(f) \tag{8—23}$$

临界值 $t_p(f)$ 作为扩展不确定度评定中包含因子，可自表 8 —3 查出。

（3）其他几种常见的分布。

如已知信息表明 x_i 之值及 x_i 分散区间的半宽 a，且 x_i 落于 $x_i - a$ 至 $x_i + a$ 区间的概率 p 为 100%，即全部落在此范围中，通过对其分布的估计，可以得出标准不确定度：

$$u(x_i) = a/k \tag{8—24}$$

因为 k 与分布状态有关。见表 8 — 6。

表 8 — 6　常用分布与 k，$u(x_i)$ 的关系

分布类别	p（%）	k	$u(x_i)$
正态分布	99.73	3	$a/3$
三角分布	100	$\sqrt{6}$	$a/\sqrt{6}$
梯形分布（β=0.71）	100	2	$a/2$
矩形分布（均匀）	100	$\sqrt{3}$	$a/\sqrt{3}$
反正弦分布	100	$\sqrt{2}$	$a/\sqrt{2}$
两点分布	100	1	a

表 8 — 6 中，β 为梯形的上底与下底之比。对于梯形分布来说，$k = \sqrt{6/(1+\beta^2)}$，特别当 β 等于 1 时，梯形分布变为矩形分布；当 β 等于 0 时，变为三角分布。

3. 合成标准不确定度的评定

被测量 Y 的估计值 y 的标准不确定度，可由相应输入估计值 x_1，x_2，…，x_N 的标准不确定度 $u(x_1)$，$u(x_2)$，…，$u(x_N)$ 适当合成求得。其 $u(x_i)$ 既可由 A 类方法获得，也可由 B 类方法获得。估计值 y 的合成标准不确定度 $u_c(y)$，表征合理赋予被测量估计值 y 的分散性。

当全部输入量 X_i 是彼此独立时，合成标准不确定度 $u_c(y)$ 是合成方差 $u_c^2(y)$ 的正平方根：

$$u_c^2(y) = \sum_{i=1}^{N}\left(\frac{\partial f}{\partial x_i}\right)^2 u^2(x_i) \tag{8—25}$$

式中，偏导数 $\partial f/\partial x_i$ 是在 $X_i = x_i$ 时评定的，称为灵敏系数，记为 c_i。

当 X_i 明显相关时，就必须考虑其相关性，计算协方差估计值及相关系数估计值。

合成标准不确定度的自由度称为有效自由度，符号为 ν_{eff}，可由韦尔奇 – 萨特思韦特公式计算：

$$\nu_{eff} = \frac{u_c^4(y)}{\sum_{i=1}^{N}\frac{u_i^4(y)}{\nu_i}} \tag{8—26}$$

4. 扩展不确定度的评定

扩展不确定度由合成标准不确定度乘以包含因子 k 得到：

$$U = k u_c(y) \tag{8—27}$$

从而测量结果可以方便地表示成:

$$Y = y \pm U \tag{8—28}$$

y 是被测量 Y 的最佳估计值，可以期望大部分测量结果会含于此区间，即 $y - U \leqslant Y \leqslant y + U$。包含因子的取值一般不是 2 就是 3，扩展不确定度 U 只是合成标准不确定度 u_c 的 k(倍)，U 和 $u_c(y)$ 所包含的信息一样。

当给定置信概率 p 时，置信区间的半宽:

$$U_p = k_p u_c(y) \tag{8—29}$$

若被测量 Y 可能值的概率分布作近似正态分布的估计，则 k_p 可用 t 分布临界值表示。

如果可以确定被测量 Y 的可能值 y 的分布并非正态分布而是某种其他分布，例如三角分布、梯形分布、均匀分布、两点分布等较为典型而且规则的分布时，则绝不应取 $k = 2 \sim 3$ 给出 U，也不应取 $k_p = t_p(f)$ 来计算 U_p，因为那样将导致 U 或 U_p 不合理地过大。此时应估计 U_i 接近某种分布，按表 8—6 所示，乘以相应的包含因子 k，可得 U_{99}。

（三）测量不确定度的报告与表示

完整的测量结果应当包含两个基本量，一是被测量 Y 的最佳估计值 y，另一个就是描述该测量结果分散性的量。前者由测量列的算术平均值给出，后者由测量不确定度表示。

完整的测量结果报告格式在 JJF 1059—1999 中做了明确规定。应按具体情况要求提供足够多的信息。

1. 用合成标准不确定度报告测量结果

合成标准不确定度 $u_c(y)$ 的报告可用以下 4 种形式之一。

例如，砝码的标称质量为 100 g，测量结果为 100.021 47 g，合成标准不确定度 $u_c(m_s)$ 为 0.35 mg。则:

（1）$m_s = 100.021\ 47$ g；合成标准不确定度为 $u_c(m_s)$ 为 0.35 mg。

（2）$m_s = 100.021\ 47(35)$ g；括号内的数是 $u_c(m_s)$ 的数值，其末位与前面结果内末位数对齐。

（3）$m_s = 100.021\ 47(0.000\ 35)$ g；括号中的数是 $u_c(m_s)$ 的数值，与前面结果有相同计量单位。

（4）$m_s = (100.021\ 47 \pm 0.000\ 35)$ g；其中 ± 号后的数值是 $u_c(m_s)$ 的数值，它并非置信区间。

2. 用扩展不确定度 U 或 U_p 报告测量结果

当用扩展不确定度 $U = ku_c(y)$ 报告测量结果时，可用以下 2 种形式。

例如，$u_c(y) = 0.35$ mg，取包含因子 $k = 2$，$U = 2 \times 0.35\ \text{mg} = 0.70$ mg。则:

（1）$m_s = 100.021\ 47$g，$U = 0.70$ g；$k = 2$

（2）$m_s = (100.021\ 47 \pm 0.000\ 70)$ g，$k = 2$

当用 $U_p = k_p u_c(y)$ 报告，可用以下 4 种形式之一。

例如，$u_c(y) = 0.35$ mg，自由度为 9，按置信概率 $p = 95\%$，查表 8—3 得 $k_p = t_{95}(f) = 2.26$，$U_{95} = 2.26 \times 0.35\ \text{mg} = 0.79$ mg。则:

（1）$m_s = 100.021\ 47$ g；$U_{95} = 0.79$ mg；$f = 9$。

（2）$m_s = (100.021\ 47 \pm 0.000\ 79)$ g；$f = 9$，括号内第二项为 U_{95} 之值。

（3）$m_s = 100.021\ 47(49)$ g；$f = 9$，括号内为 U_{95} 之值，其末位与前面结果内末位

数对齐。

（4）$m_s = 100.021\ 47(0.000\ 79)$ g；$f = 9$，括号内为 U_{95} 之值，与前面结果有相同计量单位。

请注意：通常 $u_c(y)$ 和 U 最多为两位有效数字。

第五节　检验数据的处理和检验结果的表示

一、粗差的剔除

可疑数据的剔除是数据处理中的一个基本问题。对产品某特性进行多次测量，得到了一批数据，数据间有一定离散是正常现象，且有时会出现一个或另一个明显偏高或明显偏低的数据。对于这种情况，在未查明该数据是离散或是离群前，不能随心所欲地进行取舍。若保留了错误的数据，或剔除了有用的数据都将影响到检验结果的真实性。对可疑数据是否离群，必须借用统计方法，做出正确的判断。目前常用的方法有以下几种：

（一）3σ 原则

在一定条件下，多次重复测量，有99.75%的可能性，测量值会落在 $[\mu - 3\sigma,\ \mu + 3\sigma]$ 范围内。如果个别数据越出了这个范围，可视该数据可疑，可以剔除之。

（二）狄克逊准则

又称 Q 检验法，适于测定次数为3～10次的检验。其具体处理步骤如下：

（1）将测得的数据由小到大依次排列为：$x_1 \leqslant x_2 \leqslant \cdots \leqslant x_{n-1} \leqslant x_n$，设其 x_1 或 x_n 为可疑数据。

（2）求出最大与最小数据之差：$x_n - x_1$。

（3）求出可疑数据与邻近数据之差 $x_2 - x_1$ 或 $x_n - x_{n-1}$。

（4）计算统计量。

x_1 可疑时：

$$Q_0 = \frac{x_2 - x_1}{x_n - x_1} \tag{8—30}$$

x_n 可疑时：

$$Q_0 = \frac{x_n - x_{n-1}}{x_n - x_1} \tag{8—31}$$

（5）根据测定次数 n 和要求的置信概率查表8—7，得临界值 $Q_{(p,n)}$ 值。

表8—7　Q 检验临界值表

测定次数 n	置信概率 p			
	90%（$Q_{0.90}$）	95%（$Q_{0.95}$）	99%（$Q_{0.99}$）	99.5%（$Q_{0.995}$）
3	0.886	0.941	0.988	0.994
4	0.679	0.765	0.889	0.926

续表

测定次数 n	置信概率 p			
	90%（$Q_{0.90}$）	95%（$Q_{0.95}$）	99%（$Q_{0.99}$）	99.5%（$Q_{0.995}$）
5	0.557	0.642	0.780	0.821
6	0.482	0.560	0.698	0.740
7	0.434	0.507	0.637	0.680
8	0.479	0.554	0.683	0.725
9	0.441	0.512	0.635	0.677
10	0.409	0.477	0.597	0.639

（6）判断。

当 $Q_0 \geqslant Q_{(p,n)}$，弃去可疑数据；

当 $Q_0 < Q_{(p,n)}$，保留可疑数据。

［例 8—1］测定某药物中钴的含量（mg/kg），测得结果如下：1.25，1.27，1.31，1.40。试问 1.40 这个数据应否保留？

解：计算统计量 $Q_0 = \dfrac{1.40-1.31}{1.40-1.25} = 0.60$；

已知 $n=4$，$p=95\%$，查 Q 值表，得 $Q_{(0.95,4)} = 1.05$。

因为 $Q_0 < Q_{(0.95,4)}$，所以 1.40 这个数据应该保留。

（三）格拉布斯准则

格拉布斯检验离群值所使用的统计量公式为：

若 X_1 为可疑数据时：

$$G = \frac{\overline{X} - X_1}{s} \tag{8—32}$$

若 X_n 为可疑数据时：

$$G = \frac{X_n - \overline{X}}{s} \tag{8—33}$$

由表 8—8 查 $G(p,n)$ 值，如果统计量 $G \geqslant G(p,n)$，则可疑数据可以弃去；否则应保留。

［例 8—2］测定某产品的含铁量（%），测得结果如下：0.42，0.43，0.40，0.43，0.42，0.43，0.39，0.30，0.40，0.43，0.42，0.41，0.39，0.39，0.40。试问 0.30 这个数据应否保留？

解：重复测量 15 次，计算得：

$$\overline{X} = 0.404$$
$$s = 0.033$$

计算统计量：

$$G = \frac{0.404 - 0.30}{0.033} = 3.15$$

当 $n=15$，置信概率为 95% 时，查 $G(p,n)$ 值表得 2.41。

因为 $G(3.15) > G(p,n)$（2.41），所以 0.30 这个数据应该剔除。

在进行可疑数据剔除时，若一个数据剔除后拟剔除第二个数值时，应对其余数据重新计算平均值和标准偏差，之后再做上述判断。后两个准则，将测量次数和置信概率联系起来，方法的准确性较高。

表8—8　格拉布斯检验法的 $G(p,n)$ 值表

测定次数 n	置信概率（p）		测定次数 n	置信概率（p）	
	95%	99%		95%	99%
3	1.15	1.15	17	2.47	2.79
4	1.46	1.49	18	2.50	2.82
5	1.67	1.75	19	2.53	2.85
6	1.82	1.94	20	2.56	2.88
7	1.94	2.10	21	2.58	2.91
8	2.03	2.22	22	2.60	2.94
9	2.11	2.32	23	2.62	2.96
10	2.18	2.41	24	2.64	2.99
11	2.23	2.48	25	2.66	3.01
12	2.29	2.55	30	2.75	
13	2.33	2.61	35	2.82	
14	2.37	2.66	40	2.87	
15	2.41	2.71	45	2.92	
16	2.44	2.75	50	2.96	

二、有 效 数 字

（一）有效数字的意义

在产品质量测试和数据计算中，表示测试结果和计算结果的数字并非给出位数越多越好。检验方法、测试仪表本身有一定精度，检验员感官亦有一定限制，在测试中只能读取一定位数。

[例8—3] 坩埚重21.354 2 g，6位有效数字；机械零件内径7.65 mm，3位有效数字。

由于万分之一的天平能称至±0.000 1 g，百分表能度量至±0.01 mm，所以坩埚重21.354 g是所加砝码直接读的值，零件内径7.6 mm是直接度量值，只有最后一位数字“2”或“5”是测量中估计出来的，是可疑的。

由此可知，有效数字是指在检验工作中实际能测量到的数字。记录数据和计算结果保留几位有效数字，需根据检验方法和使用仪器的准确程度来决定。

[例8—4]

1.000 4	91 077	5位有效数字
0.300 0	24.53%	4位有效数字
0.073 0	3.84×10^{-8}	3位有效数字
0.073	0.60%	2位有效数字，

0.4	2×10^4	1位有效数字
8 400	3 000	有效数字位数较含糊

必须指正，在上述数据中，“0”起的作用是不同的，有的情况是有效数字，有的情况就不是有效数字。在“1.000 4”中，3个“0”“0.300 0”中后3个“0”都是有效数字。在“0.073 0”中，前面的“0”起定位作用，不是有效数字，最后一位“0”确是有效数字。

（二）有效数字的运算规则

在处理数据时，需遵守如下规则：

（1）记录测量数据和计算检验结果时，应根据检验方法和仪器的准确度，只保留1位可疑数字。

（2）当有效数字位数确定后，其余数字（尾数）一律舍去。

（3）计算有效数字位数时，若数据的首位等于8或大于8，则有效数字的位数可多保留1位。

（4）加减法：当几个数据相加或相减时，其和或差的有效数字位数应以小数点后位数最少（即绝对误差最大的）的数据为依据。

[例8—5] 2.74，0.009 3，43.213三数相加，2.74中的4已是可疑数字，三数相加后，第二位小数已属可疑，其余两个数可按规则（2）的方法整理，只保留2位小数。

则 $2.74+0.01+43.21=45.96$。

（5）乘除法：当n（个）数据相乘除时，积或商的有效数字位数应以有效数字位数最少（即相对误差最大）的那个数为依据。

[例8—6] 3.58，12.125 89，0.078 12三数相乘，应为 $3.58\times12.1\times0.0781=3.38$。

（6）在对数计算中，所取对数位数应与真数的有效数字位数相等。

（7）在计算式中常数π，e及$\sqrt{2}$，$\frac{1}{2}$等有效数字位数，可以无限制，需要几位就写几位。

（8）表示准确度和精密度时，在多数情况只取1位有效数字即可，最多取2位有效数字。

（三）检验工作中有效数字运用遵循的导则

中华人民共和国国家标准《标准化工作导则》第3部分“产品标准编写规定”第6.5.2.5条规定：试验结果数据应与技术要求量值的有效位数一致。产品检验是以标准为依据，为此应根据产品标准上所标明的技术参数的有效位数，来决定实验记录和计算中数值的有效位数。

三、数值修约规则

（一）“四舍六入五成双”规则

当有效数字位数确定之后，就要将它后面多余的数字舍弃。数值修约规则在过去，人们习惯采用“四舍五入”，现在采用“四舍六入五成双”规则。前者的缺点是见五就进，必然会使修约后的测量值系统偏高。而现行规则为逢五时有舍有入，则由五的舍入所引起的误差本身可以相互抵消。

[例8—7] 将下列各测量值修约为3位有效数字。

2.324 1	2.32	(四舍)
2.326 2	2.33	(六入)
2.325 1	2.33	(五后非零则进一)
13.35	13.4	(单进双)
13.25	13.2	(双不进)
13.05	13.0	
7.354 546	7.35	

不允许连续修约。不正确的做法如:

7.354 546→7.354 55→7.354 6→7.355→7.36

由上可知,数字修约规则的口诀是:

4 要舍;
6 就上;
5 后有数进一位;
5 后没数看单双;
单数在前进为 1;
偶数在前全舍光;
数字修约有规定;
连续修约不应当。

(二) 0.5 单位修约和 0.2 单位修约

修约间隔是确定修约保留位数的一种方式。修约间隔的数值一经确定,修约值即应为该数值的整数倍。一般情况,若修约间隔为 1,系指明将数值修约到个数位。必要时,可采用 0.5 单位修约和 0.2 单位修约。

1. 0.5 单位修约

系将拟修约数值乘以 2,对指定数位按数字修约规则修约,所得数值再除以 2。

[例 8 —8] 将下列数字修约到个数位的 0.5 单位(即修约间隔为 0.5)。

拟修约数值 (*A*)	乘以 2 (2*A*)	2*A* 修约值 (修约间隔为 1)	修约值 (修约间隔为 0.5)
20.25	40.50	40	20.0
20.38	40.76	41	20.5
-20.75	-41.50	-42	-21.0

2. 0.2 单位修约

系将拟修约数值乘以 5,对指定数位按数字修约规则修约,所得数值再除以 5。

[例 8 —9] 将下列数字修约到百数位的 0.2 单位(即修约间隔为 20)。

拟修约数值 (*A*)	乘以 5 (5*A*)	5*A* 修约值 (修约间隔为 100)	*A* 修约值 (修约间隔为 20)
430	2 150	2 200	440
442	2 210	2 200	440
-530	-2 650	-2 600	-520

四、数据处理的内容、程序与不确定度

对产品某特性量进行测量，可得到一组测量值。但测量值并不是检验结果，检验结果包括测量的最佳值（算术平均值）和总不确定度。为了正确表示检验结果，必须按如下程序处理数据：

（1）剔除粗差；

（2）计算测量值的算术平均值；

（3）修正可以修正的系统误差；

（4）计算标准偏差和算术平均值的标准偏差；

（5）按数值评定方法不同可得 A 类和 B 类标准不确定度；

（6）确定测量结果的合成标准不确定度；

（7）需要时给出扩展不确定度。其包含因子 k_p 可采用 t 分布临界值，一般在 2 ~ 3 之间，具体大小按所需置信概率高低选定；

（8）将测量的算术平均值按其测量的不确定度水平截取有效位数；

（9）报告测量结果及合成标准不确定度或扩展不确定度，并说明 y 及 $u_c(y)$ 或 U 是如何获得的。

［例 8 — 10］用零级千分尺测量某轴轴径（mm），测得数据如下：

7.970，7.974，7.967，7.975，7.960

求测量结果。

解：

（1）求算术平均值：

$$\overline{x} = 7.969$$

（2）求单次测量的标准偏差：

$$s_x = 0.006$$

（3）求测量列算术平均值的标准偏差：

$$s_{\overline{x}} = \frac{s_x}{\sqrt{n}} = \frac{0.006}{\sqrt{5}} = 0.003$$

（4）剔除粗差：

若怀疑 7.960 为异常数据，可用格拉布斯准则判断。依公式（8 — 32）作统计量计算：

$$G = \frac{\overline{x} - x_1}{s} = \frac{7.969 - 7.960}{0.006} = 1.50$$

当 $p = 95\%$，$n = 5$，查表（8 — 8）得 $G(p,n)$ ＝1.67。

因为 $G < G(p,n)$，所以该值不是异常值，应予以保留。

（5）修正可以修正的系统误差：

因本次测量的已定系统误差很小，可忽略不计。

（6）求 B 类标准不确定度：

该零级千分尺，估计 B 类分量 $u \approx 0.001$。

（7）求合成标准不确定度：

$$u_c(y)=\sqrt{0.003^2+0.001^2}=0.003$$

（8）求扩展不确定度：

$$U=ku_c(y)=2.78\times0.003=0.008$$

取置信概率95%，由 t 分布临界值得 $k=2.78$。

（9）报告检验结果：

$$(7.969\pm0.008)\ \text{mm},\ p=95\%$$

第六节　极限数值的表示及判定

（一）极限数值的表示方法

技术要素是产品标准的核心部分，而要求是标准的技术要素中非常重要的要素。在标准中，要求对产品特性凡可定量表示的指标或参数都做出了明确规定，给出了符合标准要求的数值范围界限。其规定的极取数值表达方式有下面3种。

（1）基本表达式：

基本用语	符号	涵义
大于 A	$>A$	A 值不符合标准要求
小于 A	$<A$	A 值不符合标准要求
大于或等于 A	$\geqslant A$	A 值符合标准要求
小于或等于 A	$\leqslant A$	A 值符合标准要求

（2）辅助表达式：

允许用语	符号	涵义
从 A 到 B	$A\leqslant x\leqslant B$	A，B 符合标准要求
超过 A 到 B	$A<x\leqslant B$	A 不符合，B 符合标准要求
至少 A 不足 B	$A\leqslant x<B$	A 符合，B 不符合标准要求
超过 A 不足 B	$A<x<B$	A，B 不符合标准要求

（3）带有极限偏差值的数值表示式：

① A^{+b1}_{-b2}，指从（$A-b_2$）到（$A+b_1$）符合标准要求。

② $A^{+b1}_{-b2}\%$，指实测值或其计算值 R 对于 A 的相对偏差值（$R-A$）/A 从 $-b_2\%$ 到 $+b_1\%$ 符合标准要求。

③ B（不含 B），指某极限偏差值 B 已超出标准要求。

[例 8 — 11] 88^{+2}_{-1}（不含2）mm，指从87 mm到接近但不足90 mm符合标准要求。

（二）检验结果的判定方法

根据GB/T 8170—2008《数值修约规则与极限数值的表示与判定》，在判定检验结果是否符合标准要求时，应将检验所得的测定值或其计算值与标准规定的极限数值作比较。比较的方法有两种：

（1）修约值比较法。将测定值或其计算值进行数值修约，其修约位数应与标准规定的极限数值书写位数一致。然后将修约后的数值与标准规定的极限数值进行比较，以判定实际指标或参数是否符合标准要求。见表8 — 9。

表8—9　修约值比较法示例

项目	指标（极限数值）	测定值或其计算值	修约值	是否符合标准要求
抗拉强度/MPa	≥56×10	555 559	56×10 56×10	符合 符合
锰含量/%	0.30~0.60	0.299 0.605	0.30 0.60	符合 符合
盘条直径/mm	10.0±0.1	9.89 10.10	9.9 10.1	符合 符合

(2) 全数值比较法。将检验所得的测定值或其计算值不经过修约处理，有时虽可作修约处理，但应表明它是经舍、进或未进未舍而得，然后用数值的全部数字与标准规定的极限数值作比较，只要越出规定的极限数值（不论越出的程度大小），都判定为不符合标准要求。见表8—10。

表8—10　全数值比较法示例

项目	指标极限数值	测定值或其计算值	修约值	是否符合标准要求
抗拉强度/MPa	≥56×10	555 559	560（-） 560（-）	不符 不符
锰含量/%	0.30~0.60	0.299 0.605	0.30（-） 0.60（+）	不符 不符
盘条直径/mm	10.0±0.1	9.89 10.10	9.9（-） 10.1	不符 符合

比较表8—9和表8—10，可以看出，对同样的极限数值，若它本身属于标准要求，则全数值比较法比修约值比较法相对严些。对附有极限偏差值的数值，对牵涉到安全性能指标和计算仪器中有误差传递的指标或其他重要指标，应优先采用全数值比较法。

第九章 抽样检验及其应用

第一节 抽样检验基本概念

一、抽样检验

1. 抽样检验的概念

抽样检验是检验产品或零件质量状态的方法。

所谓抽样检验是指按选定抽样标准及抽样方案，从一批被检验产品中随机抽取一定数量的样品进行检验，并据此样品的检验结果，按抽样方案规定判定该批产品是否合格的活动。

2. 抽样检验的特点

（1）抽样检验的对象是批产品；

（2）抽样检验应用数理统计技术推断产品批合格与否；

（3）抽样检验容易发生错判的可能，合格批中可能包含不合格品，不合格批中仍可能含合格品；

（4）成批大量生产的产品，用抽样检验可以大大节省检验时间、人力与物力等的消耗。

3. 抽样检验的适用范围

（1）成批大量生产的产品，数量多，全数检验工作量很大的检验；

（2）流程性材料的检验，如油漆、涂料、酒类产品等；

（3）需要进行破坏性产品检验的，如产品寿命试验、材料的疲劳试验、零件的强度试验及产品的可靠性试验等；

（4）全数检验费用很高或不适用全数检验的一些场合。

4. 使用抽样检验应具备的条件

抽样检验方法有其固有的特点，其应用需具备一定的条件。主要条件有：

（1）经检验判定为合格的产品批中，在技术上和经济上都允许存在一定数量的不合格产品。也就是说，在经检验合格接收批中允许存在不合格产品，而不致造成质量事故的场合。

（2）在提交检验的产品批中，能够随机地抽取一定数量的样本。

二、名 词 术 语

1. 计量检验

根据给定的技术标准或检验依据，将单位产品的质量特性（如长度、重量、热量等）

用连续尺度测量出其具体数值并与标准或检验依据对比的检验。

2. 计数检验

根据给定的技术标准或检验依据，将单位产品划分为合格或不合格的检验。

3. 单位产品

所谓单位产品，是指为实施抽样检验的需要而划分的基本单位。例如，一个螺钉、一台电视机、一部手机等。对于一些连续产品或流程性产品，则应结合工艺或包装特点人为地规定其产品单位。例如，一吨钢水、一匹布、一瓶酒等。

4. 检验批

所谓检验批，是指为实施抽样检验而汇集起来的单位产品，简称批。

检验批一般按生产或流程通过自然形成的产品批，如投料批、生产批等来划分。批应由生产条件基本稳定的过程生产的同种（规格、型号等）产品构成。否则，在批中所抽取的样本就缺乏代表性，难于做出正确的判断。

5. 批量

所谓批量，是指批中单位产品的数量，用符号 N 表示。

6. 缺陷

指单位产品未满足规定或预期规定用途有关的要求，构成缺陷。

7. 不合格

所谓不合格，是指单位产品的任何一个质量特性不符合规定要求。按质量特性的重要性或其不符合的严重程度，不合格可分三类：

A 类不合格　单位产品的极重要特性不符合规定，或单位产品的质量特性极严重不符合规定。

B 类不合格　单位产品的重要特性不符合规定，或单位产品的质量特性严重不符合规定。

C 类不合格　单位产品的一般质量特性不符合规定，或单位产品的质量特性轻微不符合规定。

8. 不合格品

所谓不合格品，是指有一个或一个以上不合格的单位产品。按不合格类型，不合格品一般可分为三类：

A 类不合格品　有一个或一个以上 A 类不合格，也可能还有 B 类不合格和（或）C 类不合格的单位产品。

B 类不合格品　有一个或一个以上 B 类不合格，也可能还有 C 类不合格，但没有 A 类不合格的单位产品。

C 类不合格品　有一个或一个以上 C 类不合格，但没有 A 类不合格，也没有 B 类不合格的单位产品。

9. 不合格品率

不合格品总数除以被检验单位产品总数，即：

$$\text{不合格品率}=\frac{\text{不合格品总数}}{\text{被检验单位产品总数}} \tag{9—1}$$

10. 不合格品百分数

不合格品总数除以被检验单位产品总数，再乘以100%，即：

$$不合格品百分数=\frac{不合格品总数}{被检验单位产品总数}\times 100\% \qquad (9—2)$$

11. 每百单位产品不合格数

不合格总数除以被检验单位产品总数，再乘以100，即：

$$每百单位产品不合格数=\frac{不合格总数}{被检验单位产品总数}\times 100 \qquad (9—3)$$

12. 抽样方案

规定样本量 n 和有关接收准则的一个具体方案。

第二节　接收概率和风险率

一、接 收 概 率

1. 什么是接收概率

所谓接收概率，是指根据规定的抽样方案，把具有给定质量水平的交验批判为合格的概率。

在计数抽样检验中，接收概率是批不合格品率 p 的函数，通常记为 $L(p)$。我们可以理解为：用已确定的抽样方案（n，A）（其中，n 为样本量，A 为批合格判定数）去检验批量为 N、批不合格品率 p 已知的连续批时，将被检验批判为合格并接收的概率为 $L(p)$。

接收概率的计算方法有三种，即：超几何分布计算法、二项分布计算法、泊松分布计算法。

2. 用超几何分布计算接收概率

当批量很小时，抽样方案的接收概率可采用超几何分布计算。计算公式如下：

$$L(p)=\sum_{d=0}^{A}\frac{\binom{Np}{d}\binom{N-Np}{n-d}}{\binom{N}{n}} \qquad (9—4)$$

式中　$\binom{Np}{d}$——从批的不合格品数 Np 中抽取 d 个不合格品的全部组合数；

$\binom{N-Np}{n-d}$——从批的合格品数（$N-Np$）中抽取（$n-d$）个合格品的全部组合数；

$\binom{N}{n}$——从批量为 N 的一批产品中抽取 n 个单位产品的全部组合数。

3. 用二项分布计算接收概率

当批量 N 很大或为无限总体时，接收概率可采用二项分布法计算。若对一批批量很大的产品采用抽样检验，已知抽样方案为（n，A），又设批中不合格品率为 p，则接收概率为：

$$L(p)=\sum_{d=0}^{A}\binom{n}{d}p^{d}(1-p)^{n-d} \qquad (9-5)$$

式中　$\binom{n}{d}$——从样本量 n 中抽取 d 个不合格品的全部组合数；

p——批不合格品率。

4. 用泊松分布计算接收概率

利用泊松分布计算接收概率，主要应用于计点抽样检验，也可用于计件抽样检验的近似计算。泊松分布计算接收概率的计算公式：

$$L(p)=\sum_{d=0}^{A}\frac{(np)^{d}}{d!}e^{-np} \qquad (9-6)$$

式中　$e=2.718\,3\cdots$。

二、抽检特性曲线

批接收概率 $L(p)$ 随批不合格品率 p 变化的曲线，称为抽检特性曲线，或称 OC 曲线。

有一个抽样方案，就一定能给出一条与之相对应的 OC 曲线。OC 曲线用来表述一个抽样方案对一个产品批质量的判别能力。如果用横坐标表示自变量 p 值，纵坐标表示相应的接收概率 $L(p)$，则 p 和 $L(p)$ 构成的一系列点子连成的曲线，就是 OC 曲线。

在计数抽样检验中，一个抽样方案的 OC 曲线由 N，n，A 三个参数决定。N 表示批量，n 表示样本大小，而 A 为判断批合格与否的合格判定数。N，n 和 A 不相同时，OC 曲线的形状也会不同。形状不同的 OC 曲线，对批质量的判别能力也不一样。抽样方案的宽严程度也可通过 OC 曲线反映出来。

［例 9—1］已知 $N=1\,000$，采用抽样方案（50，1），把检测数据绘成曲线，称为抽样方案（50，1）的抽检特性曲线，如图 9—1 所示。

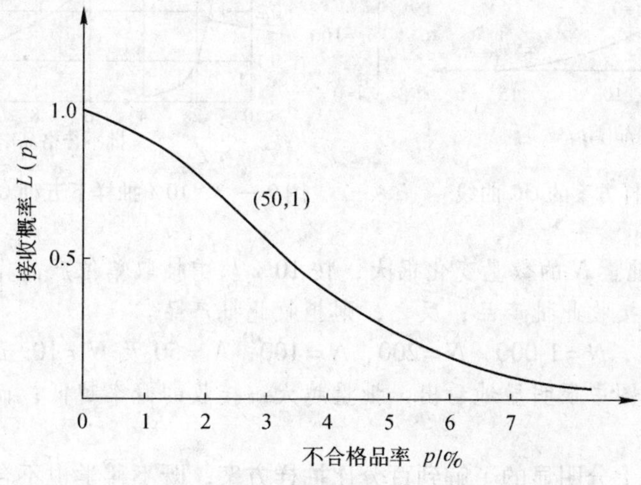

图 9—1　抽样方案（50，1）的 OC 曲线

三、百分比抽样的不合理性

所谓百分比抽样，是指不论产品的批量 N 是多少，均按同一百分比，例如3%、5%等抽取单位产品组成样本，而对样本中的不合格判定数 A 都规定一个固定数（例如为0或1）。

［例9—2］设供方有批量 N 大小不同，但批的不合格品率相同（$p=5\%$）的三批产品交验，这三批均按10%抽取样品，规定 $A=0$，这样就将得到三个抽样方案如下：

$N=900$ $n=90$ $A=0$；

$N=300$ $n=30$ $A=0$；

$N=90$ $n=9$ $A=0$。

对上述三个抽样方案，从表面上看不出有什么问题，但是观察一下这三个抽样方案的三条OC曲线（图9—2），却有很大的差距。可以发现批量 N 越大，接收概率 $L(p)$ 越小，抽样方案越严；而批量 N 越小，接收概率 $L(p)$ 越大，抽样方案也就越松。可见，对于批量 N 大的批，相当于提高了验收标准，而对于批量小的批，却降低了验收标准。

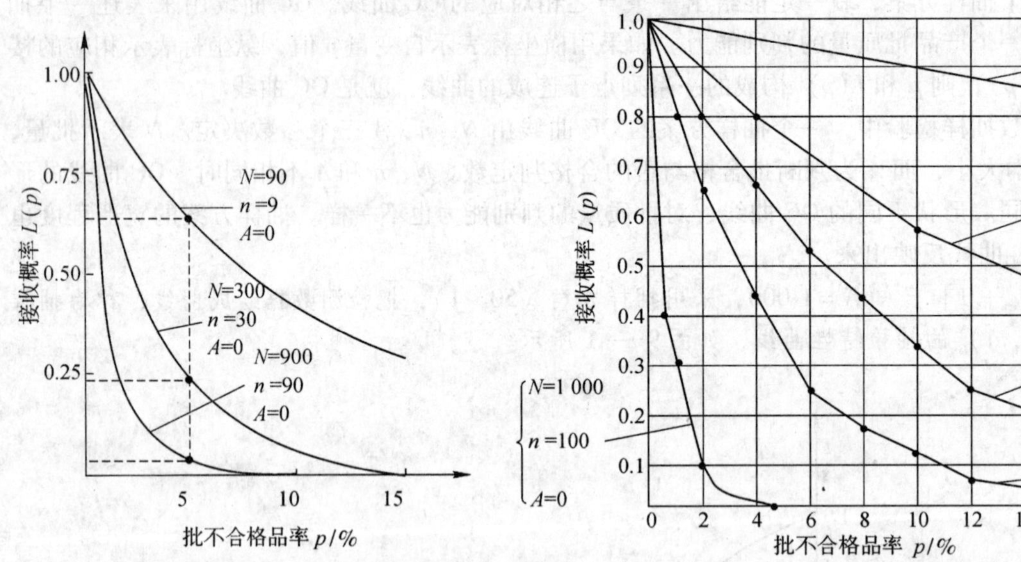

图9—2 百分比抽样方案的OC曲线　　图9—3 10%抽样下五种OC曲线的比较

［例9—3］设批量 N 的数量变化很大，按10%从中抽取单位产品作样本。若样本中没有发现不合格品，则接收此批产品；反之，则拒收此批产品。

采用10%抽样时，$N=1\,000$，$N=200$，$N=100$，$N=50$ 及 $N=10$ 五批的抽样特性曲线如图9—3所示。从图中很明显地看出，批量越大，接收的概率越低；而批量越小，接收概率越大。

从上述两个例子十分明显的了解到百分比抽样方案，既不科学也不合理。百分比抽样方案没有理论基础，不能随意采用。

四、两种错误判断和风险率

在采用抽样方案进行抽样检验时，由于存在抽样误差，会发生两种错误判断。

第一种错误判断，是将合格批判断为不合格批，即以好批当坏批的错误判断。发生这类错误判断时会使供货方蒙受损失，故将其发生概率称为生产方风险率，以 α 表示。

第二种错误判断，是将坏批（不合格批）判断为合格批，即以坏批当好批的错误判断。发生这类错误判断时会使消费者蒙受损失，故将其发生概率称为消费方风险率，以 β 表示。

图 9 — 4 描述了发生上述两种错误判断可能性的大小。

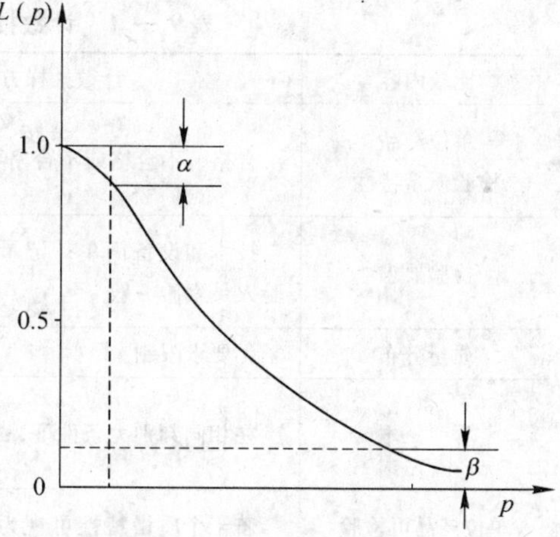

图 9 — 4　两种错误判断概率

一般在设计抽样方案时，取生产方风险率 α 为 5% 左右，而取消费方风险率 β 为 10% 左右。

第三节　抽样检验方案的分类

经过世界各国许多专业人员和科学家们几十年的探讨研究，已形成具有不同特点和用途的许多抽样系统和抽样方案。为了使抽样检验充分发挥其经济性、科学性的特点，对生产方和使用方都提供合理的保护，根据被检验产品的具体情况，选择合适的抽样标准和恰当的抽样方案是十分重要的。

一、按质量的判定基准分类

由于质量的判定基准分计数值和计量值两种，因此，相应的抽样方案也有计数抽样方案和计量抽样方案两种。

（一）计数抽样方案

是指从产品批中抽取样本，把样本中的单位产品通过检验，区分为合格品或不合格品；或者只计算其不合格数，然后将不合格数与抽样方案中所规定的合格判定数相比较，再根据比较的结果判定产品批的合格与否。这类利用计数检验结果，以不合格的个数为基准判定产品批合格与否的抽样方案，称为计数抽样方案。

（二）计量抽样方案

是指从产品批中抽取样本，用连续的计量值检验样本中每个单位产品的质量特性，计算样本的统计量，如平均值、极差和标准偏差等，然后将这些值与抽样方案中规定的合格判定值相比较，再根据比较的结果判定产品批的合格与否。这种利用计量检验结果判定产品批合格与否的抽样方案，称为计量抽样方案。

（三）计数抽样方案与计量抽样方案的比较

计数抽样方案与计量抽样方案，各有其特点和应用场合，表9—1对两种抽样方案进行了分析比较。

表9—1 计数抽样方案与计量抽样方案的分析比较

比较内容	计数抽样方案	计量抽样方案
单位产品检验质量特性	合格、不合格或不合格数	通过质量特性值计算统计量（平均值、极差与标准偏差等）
检验要求	技术和设备简单；记录与计算方便；检验人员素质一般	技术与设备较复杂；记录与计算较复杂；检验人员素质要求较高
质量分布	无要求限制	首先假设质量特性服从正态分布
样　　本	在相同判别力条件下，样本量较大	一般都较小，在单位产品取一个质量特性的一次抽样，比计数抽样少30%
单位产品可检验的质量特性个数	若干个质量特性可视为一类，得出一个结论：合格或不合格	每个质量特性分别统计、计算统计量
抽样方案	采用一个抽样方案	每个质量特性各需采用一个抽样方案
质量信息	只获得样本不合格数，提供质量信息较少	为质量控制提供较多信息
应用场合	一般产品通常都采用计数抽样方案	检验费用较大的产品、需作破坏试验的贵重产品

二、按照抽样的次数分类

按照抽样的次数分，常用的抽样方案有一次、二次和多次抽样方案等种类。

一次抽样方案，是从批中只抽取一个样本，根据样本的检验结果，判定批合格与否；二次抽样方案，是根据第一个样本的检查结果，判定批合格、不合格或再作检验；若判定再作检验，从批中再抽取一个样本，根据第一个和第二个样本的检验结果，再判定批合格或不合格。

一次、二次和多次抽样方案的比较，详见表9—2。

表9—2 一次、二次和多次抽样方案的比较

比较内容	一次抽样	二次抽样	多次抽样
平均检验数	大	比一次抽样可减少10%~15%	比二次抽样可减少30%左右
样本大小	不变	略变	变的较多
生产方生产承受力	只有一次机会，承受力差	适当	由于犹豫不决，会受到批评
实施记录	简单	较多	较复杂

续表

比较内容	一次抽样	二次抽样	多次抽样
获得产品批的质量情况	最多	少于一次抽样	最少
抽样特性	接近一致	接近一致	接近一致
管理费用	低	中	高
适用范围	单位产品检验费用低；检验费时较多	单位产品检验费用较大	单位产品检验费用很高

三、按检验指标分类

在抽样检验中经常应用的检验指标有，合格质量水平 AQL、无差异质量水平 IQL、批允许不合格品率 LTPD 以及平均检出质量上限 AOQL，从而形成四个方案。

1. 合格质量水平 AQL 方案

所谓合格质量水平，是指为了抽样检验而指定的一个认为满意的最大的过程平均不合格品率，或最大的每百单位产品不合格数。也就是说，合格质量水平 AQL 是在抽样检验中被认为满意的过程平均上限值。

所谓过程平均，是指一系列提交检验批的平均质量，即过程平均不合格品率、每百单位产品不合格数或每百单位产品不合格品数。

过程平均不合格品率由下式计算：

$$\bar{p}=\frac{D_1+D_2+\cdots+D_k}{N_1+N_2+\cdots+N_k} \tag{9—7}$$

式中 $\bar{p}$——过程平均不合格品率；

D_1，D_2，…，D_k——各批所含不合格的单位产品的个数；

N_1，N_2，…，N_k——k 批产品的各批批量。

但是，在实际抽样检验中很难计算出 $\bar{p}$ 值，一般采用它的无偏估计值 $\hat{p}$ 来替代。$\hat{p}$ 值利用提交检验的各批样本的质量特性来计算：

$$\hat{p}=\frac{d_1+d_2+\cdots+d_k}{n_1+n_2+\cdots+n_k} \tag{9—8}$$

式中 $\hat{p}$——无偏估计过程平均不合格品率；

d_1，d_2，…，d_k——各批样本中的不合格品；

n_1，n_2，…，n_k——k 批抽样中各批样本大小。

上述公式可通过各批样本的检验结果计算出来。

2. 无差异质量水平 IQL 方案

所谓无差异质量水平，是指抽样方案中与接收概率为 50% 相对应的合格品率，将其作为质量好批与质量坏批的界限。也就是说，无差异质量水平确定为抽样方案的接收概率为 50% 时的质量水平。

以 IQL 为质量指标设计的抽样方案，称为 IQL 方案。IQL 抽样方案的特点是，生产方与使用方承担相同的风险。

3. 批允许不合格品率 LTPD 方案

所谓批允许不合格品率 LTPD，是指被判为不合格批的批不合格品率的下限值。也就是批不合格品的下限值。

批允许不合格品率 LTPD，又称极限不合格品率，极限质量 LQ 或不合格质量水平 RQL，即拒收质量水平。

批允许不合格品率 LTPD 方案的设计原则：当送检验的产品批不合格品率等于或大于 LTPD 时，则该批产品将以高概率被拒收，接收的概率将被控制在一个范围，不大于某个指定的数值 β（一般取 $\beta=10\%$）。

4. 平均检出质量上限 AOQL 方案

平均检出质量上限 AOQL，又称检后平均不合格品率上限。它是平均检出质量 AOQ 的最大值。

所谓平均检出质量 AOQ，是指经抽样检验后所接受的各产品批的不合格品率的平均值。

四、按检验的实施方式分类

按检验的实施方式，抽样检验方案分为标准型、挑选型、调整型及连续生产型四类。

1. 标准型抽样方案

所谓标准型抽样方案，是指对所要求的批不合格品率上限 p_0 和批不合格品率下限 p_1，都给定相应的生产方风险率 α 值和使用方风险率 β 值。所制定的抽样方案，称为标准型抽样方案。

标准型抽样方案对孤立的批产品可同时控制两种风险率，同时可兼顾对供方和使用方都实行保护。一般取 $\alpha=5\%$，$\beta=10\%$。

标准型抽样方案的适用条件：

（1）对孤立批的检验　指使用方从生产方得到单独一批产品，但缺少这种产品的历史质量水平资料；

（2）使用方对每批产品的质量都要求严格，但对生产方的产品质量水平资料不了解。

2. 挑选型抽样方案

所谓挑选型抽样方案，是指在实施抽样检验时，凡是被判为不合格的批，该批必须进行全数挑选，并将批中的不合格品剔除，换以合格品后，再予以接收。

挑选型抽样方案有批允许不合格品率 LTPD 方案和平均检出质量上限 AOQL 方案两种。

挑选型抽样方案的适用条件：

（1）只适用于非破坏性检验的产品；

（2）使用方接收的产品质量水平，比供方生产过程的平均质量要好。

3. 调整型抽样方案

调整型抽样方案，由正常、加严和放宽三种方案构成，并设有三种方案间的调整转换规则。

调整转换规则是：当生产批质量稳定正常时，采用正常抽样方案进行检验；而当批质量变坏时，转换使用加严抽样方案，使使用方风险减少，以保护使用方，警告供方；而当批质量变好，持续优于所要求的质量时，则转换采用放宽的方案，并减小样本大小。

调整型抽样方案，根据交验批产品质量的变化，而采取转换规则，使用正常、加严和放宽三种不同抽样方案，以保证接收批产品的质量。

4. 连续生产型抽样方案

所谓连续生产型抽样方案，适用于连续生产的生产线，由于节拍很快，产品不能成批进行交验，只能在生产过程中进行检验。

连续生产型抽样方案的典型抽样程序是：在检验开始时，连续检验一定数量的单位产品，若全部合格，则转换为抽样检验，并在相邻的一定数量的单位产品中抽检若干个单位产品。若无不合格品时，则转换为抽样检验；若发现不合格品，则重新转入起始时的检验方式，连续检验一定数量的单位产品。

第四节　逐批检验计数抽样标准 GB/T 2828.1—2003 的使用

一、标准概述

国家标准 GB/T 2828.1—2003《计数抽样检验程序　第 1 部分：按接收质量限（AQL）检索的逐批检验抽样计划》，是代替 GB/T 2828—1987《逐批检查计数抽样程序及抽样表》的新标准。

1. 质量指标

该标准以合格质量水平 AQL 为质量指标，用每百单位产品不合格品数或不合格数表示。

2. 标准类型

GB/T 2828.1 抽样标准，属验收类计数调整型抽样方案。

二、适用范围

该标准适用于连续系列批的逐批检验。常用于下列场合：

（1）产品的最终检验；

（2）进货检验，例如对原材料、外购件、元器件的入厂检验；

（3）协作厂的交货检验；

（4）生产过程中间工序的检验；

（5）在制品、库存产品的检验等。

三、术语、符号、缩略号及实施程序

1. 术语、符号及缩略号

该标准的术语较多，经常应用的术语、符号有：

N——批量；

n——样本量；

A_c——接收数；

AQL——接收质量（以不合格品百分数或每百单位产品不合格数表示）；

AOQ——平均检出质量（以不合格品百分数或每百单位产品不合格数表示）；

CRQ——使用方风险质量（以不合格品百分数或每百单位产品不合格数表示）；

d——从批中抽取的样本中发现的不合格品数或不合格数；

D——批不合格品数或不合格数；

LQ——极限质量（以不合格品百分数或每百单位产品不合格数表示）；

p——过程平均；

p_x——接收概率为 x 的质量水平，此处 x 为一个分数；

P_a——接收概率（以百分数表示）；

R_e——拒收数。

2. GB/T 2828.1 实施程序

GB/T 2828.1 标准的术语、符号以及涉及的因素较多，为方便初学和使用者，提供 GB/T 2828.1 实施程序先后顺序流程图，如图 9—5 所示。

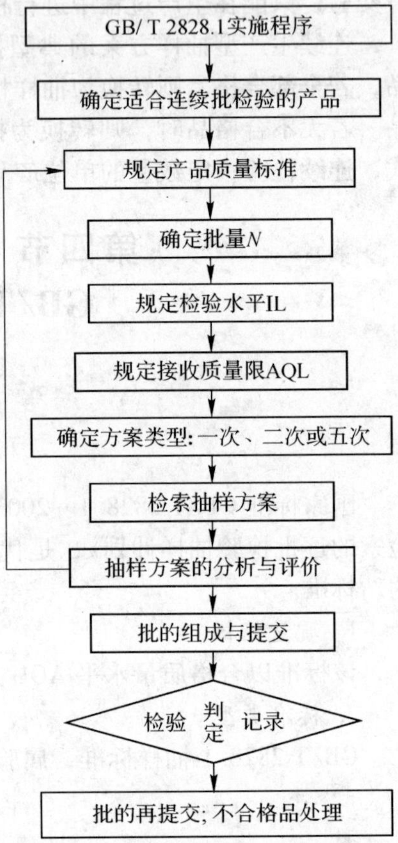

GB/T 2828.1实施程序
↓
确定适合连续批检验的产品
↓
规定产品质量标准
↓
确定批量N
↓
规定检验水平IL
↓
规定接收质量限AQL
↓
确定方案类型：一次、二次或五次
↓
检索抽样方案
↓
抽样方案的分析与评价
↓
批的组成与提交
↓
检验 判定 记录
↓
批的再提交；不合格品处理

图 9—5　GB/T 2828.1 实施程序流程图

四、不合格的表示方法

1. 不合格的表示

以不合格品百分数或每百单位产品的不合格数，表示不合格的程度。

2. 不合格的分类

不合格分类应考虑的内容：

（1）根据术语“不合格”定义中的分类来划定不合格类型；

（2）对于不合格类型的数目、不合格类型的指定和给每个类型选择的接收质量 AQL，应适合特定要求的质量特性；

（3）在验收抽样时，往往涉及一个以上的质量特性，要充分考虑这些特性对质量、经济效果的影响程度。

五、接收质量限（AQL）

1. AQL 的应用

（1）AQL

AQL 为可允许的最差过程平均质量水平。它是抽样计划的一个系数。

（2）AQL 的应用

① GB/T 2828.1 使用 AQL 和样本量字码检索所需要的抽样方案和抽样计划；

② 在为某个不合格或一组不合格指定一个规定的 AQL 值时，当质量水平（不合格品百分数或每百单位产品不合格数）不大于指定的 AQL 值时，则抽样计划会接收绝大多数的提交批；

③ 所提供的抽样方案，对给定的 AQL 值在 AQL 处的接收概率依赖于样本量，也就是说，大样本的接收概率要高于小样本量的接收概率。

（3）AQL 与过程平均

过程平均是指描述过程操作水平的平均过程。为避免过多的批被拒收，要求过程平均比 AQL 更好。

2. AQL 的规定

（1）所使用的 AQL 值应在合同中或由负责部门指定。

（2）AQL 的指定：

① 给不合格组或单个的不合格，指定不同的 AQL 值；

② 除了给单个的不合格指定 AQL 值外，还可以给不合格组指定 AQL；

③ 当以不合格品百分数表示质量水平时，AQL 值应不超过 10% 不合格；

④ 当以每百单位产品不合格数表示质量水平时，可使用 AQL 值，最高可达每百单位产品中有 1 000 个不合格。

3. 优先的 AQL

GB/T 2828.1 标准所提供的抽样方案表中所给出的接收质量水平 AQL 值，称为优先的 AQL 系列。

该标准规定，对任何产品，如果指定的接收质量水平 AQL 不是这些数值中的某一个，则这些表不适用。

六、提交抽样产品

1. 批的组成

（1）抽样产品应汇集成可识别的批、子批或可交付的其他形式。

（2）每个批应由同型号、同等级、同类、同尺寸和同成分，而且应在基本相同的时间和一致的条件下加工的产品组成。

2. 批的提出

（1）对于批的组成、批量以及识别方式，应经供方负责部门指定或批准。

（2）必要时，供方应对每个批提供足够且合适的储存条件。

七、接收与否

1. 批的可接收性

GB/T 2828.1 标准规定，批的接收性应通过使用一个或多个抽样方案来确定，而且用术语“不接收”代替“拒收”。

2. 不接收批的处置

相关部门应确定如何处置不接收的批。处置办法包括：报废、分选（替换或不替换不合格品)、返工或者再评定等。

3. 不合格

(1) 若交验批已被接收，有权不接收在检验中发现的任何不合格品；

(2) 所发现的不合格品，可以返工或以合格品代替；

(3) 经负责部门批准，可按负责部门规定的方式再次提交检验。

4. 不合格或不合格品的分类

GB/T 2828.1 标准规定，对于两类或两类以上的不合格或不合格品的特别规定，要求使用一组抽样方案。通常，这组抽样方案有一个公共的样本量。应指出的是，各类具有不同的 AQL 值，它们有不同的接收数，见本章附表（一）表 2、表 3 和表 4。

5. 对致命不合格类的特制保留条款

GB/T 2828.1 标准对致命不合格类型，专门规定了特殊条款：

(1) 对这些指定的不合格类型，有权保留检验提交的每个产品，并且只要发现一个这种类型的不合格，有立即不接收该批的权利；

(2) 有权对指定的不合格类，抽取供方提交的每个批，而且只要从一个批取出的样本中发现包含一个或一个以上这种致命不合格，就不接收任何批。

6. 批的再提交

(1) 如果发现一个批是不可接收的，应立即通知所有各方；

(2) 在所有产品被重新检验或重新试验，而且确信供货方已剔除所有不合格品并以合格品代替或者已校正所有的不合格品之前，这样的批不能再提交；

(3) 这时，负责部门应确定再检验时应使用哪种抽样方案，是正常检验还是加严检验，再检验是包含所有类型不合格还是只包含最初造成不合格的个别类型。

八、样本的抽取

1. 样本的抽选

(1) 应按简单随机抽样从批中抽取作为样本的产品；

(2) 如果交验批由子批或按某个合理的准则识别的层组成时，应使用分层抽样，也就是在子批或层中抽取样品；

(3) 在子批或层抽取样本量大小，按各子批或层的样本量与子批或层的大小成比例来确定。

2. 抽取样本的时间

样本可在产品批生产出来以后抽取，也可在产品批生产过程中抽取。

上述两种抽取时间均应按本标准规定的样本的抽取条款规定内容，抽取规定比例的样本量。

3. 二次或多次抽样

当使用二次或多次抽样时，每后继的样本，应从一次抽样同一批的剩余部分中随机抽选。

九、正常、加严或放宽检验

1. 检验的开始

在正常情况下，开始检验时，应采用正常检验。

2. 检验的继续

在正常情况下，对接连的批，按正常、加严或者放宽检验，应继续不变。

批质量变化时，按转移程序要求改变检验的严格度。转移程序应分别用于各类不合格或不合格品。

3. 转移规则

（1）正常检验转移到加严检验的条件

交检批中连续 5 批或少于 5 批中有 2 批是不可接收的。

（2）加严检验转移到暂停检验的条件

在加严检验从严控制时，出现累计 5 批不可接收的。

（3）从暂停检验到加严检验的条件

供货方通过暂停检验，加强了质量管理、改变了产品质量，转入加严检验而开始检验。

（4）从加严检验转移到正常检验的条件

在加严检验中接连 5 批产品被接收。

（5）从正常检验到放宽检验的条件

在正常检验转移得分至少是 30 分且产品质量稳定；负责部门分析认为放宽检验可取，能保证接收质量。

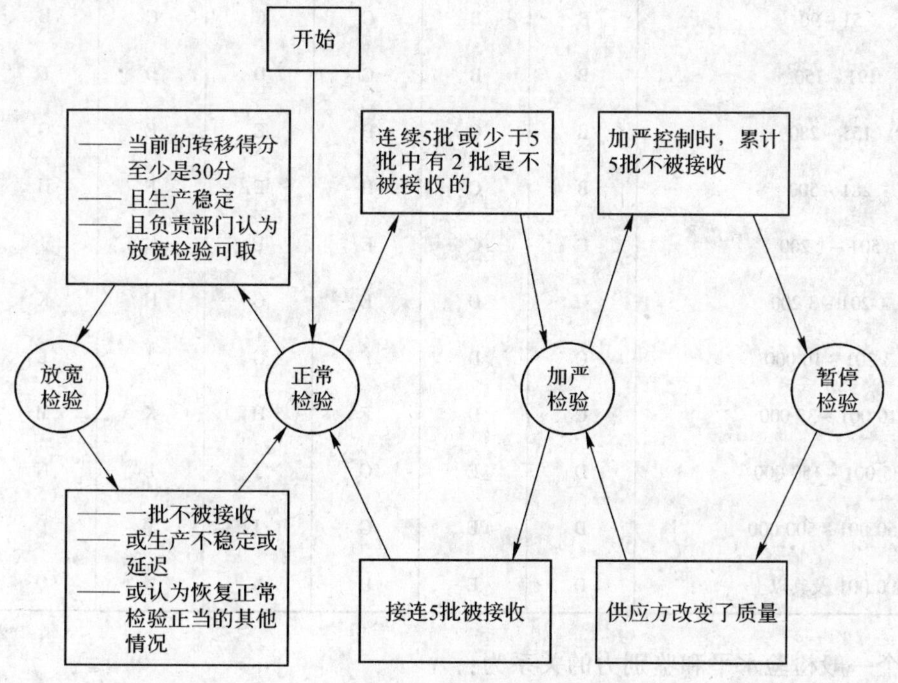

图 9 — 6　转移规则示意图

（6）从放宽检验到正常检验的条件

在放宽检验过程中出现一批产品不被接收；生产过程不稳定或延迟；或认为由放宽检验恢复正常检验正当的其他情况。

请参阅转移规则示意图（图9—6），以更加明确正常、加严、暂停及放宽检验的转移条件。

十、抽样方案

所谓抽样方案，是指所使用的样本量和有关批接收准则的组合。

1. 检验水平

检验水平，标志着检验量。

（1）本标准给出了3个一般检验水平和4个特殊检验水平，详见表9—3。

表9—3　样本量字码

批　　量	特殊检验水平				一般检验水平		
	S-1	S-2	S-3	S-4	Ⅰ	Ⅱ	Ⅲ
2~8	A	A	A	A	A	A	B
9~15	A	A	A	A	A	B	C
16~25	A	A	B	B	B	C	D
26~50	A	B	B	C	C	D	E
51~90	B	B	C	C	C	E	F
91~150	B	B	C	D	D	F	G
151~280	B	C	D	E	E	G	H
281~500	B	C	D	E	F	H	J
501~1 200	C	C	E	F	G	J	K
1 201~3 200	C	D	E	G	H	K	L
3 201~10 000	C	D	F	G	J	L	M
10 001~35 000	C	D	F	H	K	M	N
35 001~150 000	D	E	G	J	L	N	P
150 001~500 000	D	E	G	J	M	P	Q
500 001 及其以上	D	E	H	K	N	Q	R

①3个一般检验水平和鉴别力的关系为：

检验水平Ⅰ——要求鉴别力较低时使用；

检验水平Ⅱ——在正常检验时使用；

检验水平Ⅲ——当要求鉴别力较高时使用。

②4个特殊检验水平S-1、S-2、S-3和S-4的使用条件是，用于样本量必须相对的小，而且能容许较大抽样风险的情形。

(2) 检验水平的选择与检验的严格度完全不同。当在正常、加严和放宽检验间进行转移时，已规定的检验水平应保持不变。也就是说，在每一检验水平，应运用转移规则规定的条件，进行正常、加严和放宽检验。

(3) 应注意的是，在指定特殊检验水平S-1至S-4时，应小心避免AQL值同这些特殊检验水平的不协调。

例如，从表9—3，得S-1特殊检验水平字码顺序未超过D；而从本章附表（一）表1—A得样本量字码为D时，样本量为8；若规定AQL值为0.1%时，从表1—A AQL为0.1位置向下看，箭头指在［0，1］，然后向左看，样本量为125，因此指定S-1特殊检验水平是无效的。

2. 样本量字码

GB/T 2828.1标准规定，样本量由样本量字码确定。对已知的批量和规定的检验水平使用表9—3查找适量的字码，由字码从本章附表（一）表1—A、表2、表3等表即可查到样本量。

3. 抽样方案的查找

查找抽样方案，使用AQL和样本量字码，从本章附表（一）表1—A、表2、表3等表中查找。也就是说，对已规定的AQL和给定的批量，使用AQL和样本量字码的同一组合，便可顺利地从正常、加严和放宽抽样方案表查找到相应的抽样方案。

检索方法：

(1) 对已知的批量和规定的检验水平，使用表9—3，查找到相应的样本量字码；

(2) 在相应的正常、加严及放宽抽样方案表中，由已查找到的样本量字码所在行向右，在样本量栏内读出样本量n的数字，再以样本量字码所在行和指定的接收质量限AQL值所在列相交处，读出接收数A_c和拒接收数R_e；

(3) 若在样本量字码所在行和指定的AQL值所在列相交处是箭头，则沿着箭头方向读出箭头所指的第一个接收数A_c和拒收数R_e，然后由此接收数和拒收数所在行向左看，在样本量栏内读出相应的样本量n的数值。

该标准指出，若当一组给定的AQL和样本量字码无抽样方案可用时，应使用一个不同的字码，而且应按新的样本量字码确定所使用的样本量。

4. 抽样方案的类别

本章附表（一）表1、表2和表3分别给出了一次、二次和五次三种类型的抽样方案。

对于给定的AQL值和样本量字码，若有几种不同类型的抽样方案时，可以使用其中任何一种。选择抽样方案时，应通过比较这几类方案的平均样本量和管理上难易程度来决定。GB/T 2828.1给出的抽样方案，多次抽样方案的平均样本量小于二次抽样方案的样本量，二次和多次抽样方案的平均样本量均小于一次抽样方案的样本量。一般来说，一次抽样的管理难度和每个产品的抽样费用，均低于二次和多次抽样方案。

十一、可接收性的确定

可接收性的确定，又称检验结果的判定。抽样检验最终是对批的判定。

1. 一次抽样方案的判定

若样本中发现的不合格品数小于或等于接收数，应判该批是可接收的；而样本中发现的不合格品数大于或等于拒收数，则应判该批是不可接收的。

应指出的是，抽样检验所检验的样品数量必须等于抽样方案给出的样本量。

用每百单位产品不合格品数表示批质量，进行批合格与否的判断时，一次正常、加严抽样方案为：

若　$d \leqslant A_c$　　判批合格；

若　$d \geqslant R_e$　　判批不合格。

其中，d 为样品中发现的不合格品数；A_c 为接收数（合格判定数）；R_e 为拒收数（不合格判定数）。

［例 9—4］某种产品零件活塞，采用 GB/T 2828.1，规定批量 100，检验水平Ⅱ，接收质量限 AQL=0.4，选定一次抽样方案见表 9—4。

由于批量 $N=100$，检验水平Ⅱ，从表 9—3 检索到样本量字码为 F；然后在附表（一）表 1—A 中，以样本量字码 F，查找到样本量为 20，又查到接收数 A_c 为 0，拒收数 R_e 为 1，得表 9—4。

表 9—4　一次抽样方案及检验结果判定表

批量 N	检验水平	接收质量限 AQL	抽样方案			检验判定		
			n	A_c	R_e	不合格品数	判定	对批的判定
100	Ⅱ	0.4	20	0	1	0	接收	由于不合格品数为 0，未超过合格判定数，故批判接收

按已选定的抽样方案，随机抽取 20 个样本，并按规定要求的质量特性逐件进行了检验，没发现不合格品。

由于 20 件抽样检验结果，不合格品数为零，抽样方案合格判定数 A_c 规定为零，故判定该批零件为合格批。

2. 二次抽样方案的判定

GB/T 2828.1 提出，第一次检验的样本数量，应等于抽样方案给出的样本量。

检验结果，若样本中发现的不合格品数小于或等于接收数，应判该批为合格，即为可接收的批；而如果第一样本中发现的不合格品数大于或等于拒收数，应判该批为不可接收批。

若第一样本中发现的不合格品数介于第一接收数与第一拒收数之间，应检验第二样本，并累计第一样本和第二样本中发现的不合格品数，如果累计不合格品数小于或等于第二接收数，则判该批是可接收批；如果累计不合格品数大于或等于第二拒收数，则判该批为不可接收批。

二次正常、加严抽样方案进行批合格与否的判断归纳为：

若 $d_1 \leqslant A_{c1}$ 判批合格；

若 $d_1 \geqslant R_{e1}$ 判批不合格；

若 $A_1 < d_1 < R_{e1}$ 则抽取并检验第二样本；

若 $d_1 + d_2 \leqslant A_{c2}$ 判批合格；

若 $d_1 + d_2 \geqslant R_{e2}$ 判批不合格。

其中，d_1、d_2 分别为第一样本和第二样本中发现的不合格品；A_{c1}、A_{c2} 分别为第一和第二合格判定数；R_{e1}、R_{e2} 分别为第一和第二不合格判定数。

3. 五次抽样方案的判定

五次抽样方案的程序类似二次抽样方案中规定的程序。五次抽样方案最迟在检验第五样本后，做出是否接收的判定。

4. 特殊规定

（1）放宽检验的特殊规定

用放宽检验判为不合格的批，必须使用特宽检验重新判断。

如果使用的是一次抽样方案，把检验的结果按特宽检验做出判断；而使用的是二次抽样或五次抽样方案时，除按相应的特宽检验做出判断外，有可能还要继续抽样，直到做出判断。

（2）样本大小等于或大于批量的规定

当抽样方案的样本大小等于或大于批量时，将批量看做样本大小，抽样方案的判断组保持不变。

十二、逐批检验后的处置

（1）判为合格的批，就整批接收，允许订货方在协商的基础上向供货方提出某些附加条件。

（2）判为不合格的批，原则上全部退回供货方，或由供货方与订货方协商解决。

（3）对于经逐批检验合格，但暂时入库尚未立即交付订货方的产品，若在库房存放超过一定的时间（具体超过时间在产品技术标准或订货合同中规定），则必须重新进行逐批检验，合格后才能交付订货方。对于重新进行逐批检验合格的批，按再次提交检验批处理。

（4）不合格品的再提交。在抽样检验时发现的不合格品，不管是整批接收或拒收，也不管不合格品是否是样本的一部分，只要是检验时发现的不合格品，订货方就有权拒绝接收。被拒绝接收的不合格品可以修理或更换，经订货方同意后，可按规定方式再次提交检验。

（5）不合格批的再提交。供货方在对不合格批进行百分之百检验的基础上，将发现的不合格品剔除、更换合格品或修理好后，允许再次提交检验。

对于再次提交检验的批，是使用正常检验还是加严检验，是检验所有类型的不合格还是只检验成批不合格的某些类型的不合格，均由订货方决定。

第五节 周期检验计数抽样标准 GB/T 2829—2002 的使用

一、标准概述

GB/T 2829—2002《周期检验计数抽样程序及表》，是代替 GB/T 2829—1987《周期检查计数抽样程序及抽样表》的新标准。

1. 质量指标

该标准以不合格质量水平 RQL 为质量指标，用每百单位产品不合格数或不合格品百分数表示。

2. 适用范围

该标准适用于对生产过程稳定性的检验。常用于下列场合：

（1）为判断在规定周期内，按时间规定（也可按制造的单位产品数量规定）的生产过程的稳定性是否符合规定要求，从逐批检验合格的某个批或若干批中抽取样本的周期检验；

（2）为判断某一个生产线，能否成批生产符合质量要求的产品，而进行的周期与逐批检验（称为生产定型检验）；

（3）为判断某一个生产线，在生产定型检验通过后，能否继续保持成批生产符合规定质量要求的产品的周期与逐批检验（称为批量生产检验）。

3. 标准类型

GB/T 2829—2002 属验收类计数周期检验。

周期检验，是指在规定的周期（一般可规定月、季、年等周期），为判断生产过程稳定性是否符合规定质量要求，从逐批检验合格的若干批中抽取样本的检验。

二、术语与符号

周期检验计数抽样标准的术语比较多，经常应用又比较主要的术语与符号有：

N——批量；

n——样本量；

A_c——合格判定数；

R_e——不合格判定数；

p——批质量；

P_a——批接收概率；

DL——判别水平，判别生产过程稳定性不符合规定要求的能力大小的等级；

RQL——不合格质量水平，指不可接受的批质量下限值；

ASN——平均样本量。

抽样方案类型：一、二、五次。

一次抽样方案判定数组 $[A_c: R_e]$；

二次抽样方案判定数组 $\begin{bmatrix} A_1:R_1 \\ A_2:R_2 \end{bmatrix}$；

五次抽样方案判定数组 $\begin{bmatrix} A_1:R_1 \\ A_2:R_2 \\ A_3:R_3 \\ A_4:R_4 \\ A_5:R_5 \end{bmatrix}$。

三、检验程序与检验实施

（一）检验的程序

GB/T 2829—2002 规定的检验程序是：

（1）规定检验的周期；

（2）选择试验项目并组成试验组；

（3）规定试验方法和质量特性；

（4）规定不合格的分类；

（5）规定不合格质量水平；

（6）规定判别水平；

（7）选择抽样方案类型；

（8）检索抽样方案；

（9）抽取样本；

（10）检验样本；

（11）判断周期检验合格或不合格；

（12）周期检验后的处置。

（二）检验的实施

按规定的检验程序实施检验。

1. 检验周期的规定

在产品技术标准或者订货合同中，应根据该产品生产过程稳定的大约持续时间、试验时间和试验费用，适当规定检验周期。一般规定检验周期为一个月、两个月、三个月、半年甚至规定一年或两年不等。

确定检验周期通常要考虑以下因素：

（1）该产品生产过程持续稳定的时间。由于产品的生产过程受人、机、料、法、环等诸多因素的影响，应进行综合分析和评价，以便规定生产过程稳定性持续时间。

（2）试验时间的长短。试验时间长的检验周期适当长些；而试验周期短的，检验周期可适当缩短些。

（3）试验所用的费用。试验费用高，检验周期适当加长；而试验费用较低的，检验周期可适当的减少。

（4）综合以上各因素规定检验周期为一个月、两个月、三个月、半年，甚至规定一年或两年。

2. 试验项目的选择和试验组的组成

在选择试验项目时，应充分考虑产品技术标准或订货合同中规定的质量特性，根据该产品质量特性和确保产品质量的实际需要，以及实施上的可能性，来选择试验项目。应注意的是，为确保实施上的可能性和操作上的方便，应将一些试验项目归并成尽可能少的试验组。

3. 规定试验方法和质量特性

对已选择并确定的试验项目，应规定相应的试验方法和所用仪器、检测设备，并对每个样本（单位）规定质量特性，如技术性能、技术指标、外观等技术要求。

4. 不合格的分类

不合格的分类，应与产品的质量特性重要度分级相适应。例如，依照每个试验组的具体情况，将不合格区分为A类、B类和C类三种类别。在单位产品比较简单时，可区分为两种类别的不合格，甚至也可不区分不合格的类别；在产品结构比较复杂、精度要求又较高，必要时也可区分多于三种类别的不合格。

5. 规定不合格质量水平RQL

（1）不合格质量水平

不合格质量水平以RQL表示，RQL是计数周期检验判断生产过程稳定程度的质量指标。若生产过程的不合格品率p大于RQL时，则抽样方案要以高概率判生产过程不稳定，即表明周期检验不合格；若生产过程的不合格品率p小于RQL时，则抽样方案以较高概率判生产过程处于稳定，表明周期检验合格。

RQL是用来评价生产过程是否稳定的过程质量的界限值。

（2）不合格质量水平的确定

① RQL值应由供需双方协商确定；

② 原则上每个试验组应分别规定RQL值；

③ 还可以考虑同一试验组中的不同试验项目可以规定的RQL值；

④ 通常对不合格分类为A类的，规定的RQL要小于对B类规定的RQL；而对C类规定的RQL要大于对B类规定的RQL。

应指出的是，本章附表（二）表1～5中，RQL值小于100的，可以是不合格品百分数，也可以是每百单位不合格数；而RQL值大于或等于100的，仅仅是每百单位产品不合格数。

还应指出的是，在上述这些表中给出的不合格质量水平数值是优先值；若规定的不合格质量水平不是优先值，则这些表都不适用。

6. 规定判别水平DL

（1）判别水平

判别水平是指当做出周期检验合格的判断时，生产过程的稳定程度。若做出周期检验合格时，生产过程的稳定程度高，则判别水平高；而相反，若做出周期检验不合格的判断，表明生产过程稳定程度低，判别水平低。

（2）判别水平的等级

判别水平规定为三级，即DL-Ⅰ，判别水平Ⅰ；DL-Ⅱ，判别水平Ⅱ；DL-Ⅲ，判别水平Ⅲ。其中判别水平Ⅲ能力最强，其次是判别水平Ⅱ，再次是判别水平Ⅰ。

（3）判别水平的选择

在需要的判别能力强，而且经济上允许的情况下，采用判别水平Ⅲ；在需要的判别力比较强，或者虽需要的判别力强，但经济上却不能完全允许的情况下，采用判别水平Ⅱ；而在需要的判别力不强，或经济又不允许采用判别水平Ⅱ或Ⅲ的情况下，采用判别水平Ⅰ。

应当指出，一般对所有试验组规定一个统一的判别水平。往往在特殊情况下，可以考虑对不同试验组规定不同的判别水平。

7. 选择抽样方案类型

GB/T 2829—2002 给出了一次、二次和五次三种类型抽样方案。一次抽样方案见本章附表（二）表 1 ~ 3，二次抽样方案见表 4 ~ 6，五次抽样方案见表 7 ~ 9。

（1）对于给定的一组不合格质量水平和判别水平，可以选择不同类型的对应抽样方案。

（2）往往根据比较各种不同类型对应抽样方案的管理费用、平均试验时间以及平均样本量的多少，决定采用一次、二次或者五次抽样方案中的某一种。

（3）三种类型抽样方案平均样本量的比较：一次抽样方案的平均样本量大于对应的二次抽样方案的平均样本量，而二次抽样方案的平均样本量大于对应的五次抽样的平均样本量。也就是说五次抽样方案的平均样本量在三种类型抽样方案中是最少的，如表 9 — 5 所示。

（4）三种类型抽样方案平均试验时间的比较：一次抽样方案的平均试验时间小于对应的二次抽样方案的平均试验时间，二次抽样的平均试验时间小于对应的五次抽样方案的平均试验时间。也就是说三种类型抽样方案的平均试验时间相比较，五次抽样方案最长。

（5）三种类型抽样方案管理费用的比较：五次抽样方案的管理费用高于对应的二次抽样方案，二次抽样方案又高于对应的一次抽样方案。也就是说五次抽样方案的管理费用，在三种类型抽样方案中最高。

本标准强调，只要规定的不合格质量水平和判别水平相同，不管选择和使用了三种类型对应抽样方案的哪一种进行检验，对生产过程稳定性是否符合规定要求的鉴别力基本上是相同的。

表 9 — 5　一次、二次和五次抽样方案样本量关系对应表

样本量顺次	1	2	3	4	5	6	7	8	9	10	11	12	13	14	15	16	17	18	19	20	21
一次抽样方案样本量 n_1	1	2	3	4	5	6	8	10	12	16	20	25	32	40	50	65	80	100	125	160	200
二次抽样方案样本量 n_2				2	3	4	5	6	8	10	12	16	20	25	32	40	50	65	80	100	125
五次抽样方案样本量 n_5								2	3	4	5	6	8	10	12	16	20	25	32	40	50

8. 检索抽样方案

GB/T 2829—2002 是根据不合格质量水平 RQL 和判别水平 DL，在本章附表（二）表 1 ~ 9中检索抽样方案。

(1) 一次抽样方案的检索

检索判别水平Ⅰ、Ⅱ和Ⅲ的一次抽样方案，分别使用附表（二）表1、表2和表3。

检索方法：

在指定使用的抽样方案表中，以能够承受的试验费用和试验设备的现有能力为基础；由规定的不合格质量水平，从表中由上到下所确定的一系列一次抽样方案中，选择一个适当的抽样方案。

［例9—5］在某种元件的例行试验中，采用GB/T 2829—2002，规定不合格质量水平RQL=30，判别水平DL=Ⅲ。求用于例行试验某试验组的一次抽样方案。

解：① 由于规定DL=Ⅲ，所以必须使用本章附表（二）表3进行检索。

② 在表3中，由RQL=30从上到下所确定的一系列一次抽样方案为：

a. $n=6$，$A_c=0$，$R_e=1$；

b. $n=12$，$A_c=1$，$R_e=2$；

c. $n=16$，$A_c=2$，$R_e=3$；

d. $n=20$，$A_c=3$，$R_e=4$；

e. $n=25$，$A_c=4$，$R_e=5$；

f. $n=32$，$A_c=6$，$R_e=7$。

③ 由所承受的试验费用与试验设备的现有能力，认为选$n=12$，$A_c=1$，$R_e=2$为例行试验某试验组的一次抽样方案比较合适。

(2) 二次抽样方案的检索

检索判别水平Ⅰ、Ⅱ和Ⅲ的二次抽样方案，分别使用附表（二）表4、表5和表6。

检索方法有两种：

第一种方法，依照一次抽样方案的检索方法进行检索。

第二种方法，按照本章附表（二）表1和表4、表2和表5，表3和表6中一次与二次抽样方法的一一对应，根据由相同的RQL从上到下所确定的一系列一次和二次抽样方案是一一对应的关系，由已选好的一次抽样方案检索二次抽样方案。

［例9—6］与［例9—5］条件相同的情况下，求用于例行试验某试验项目的二次抽样方案。

解：由于规定DL=Ⅲ，故要使用本章附表（二）表6进行检索。

在表6中，当RQL=30时，从上到下所确定的一系列二次抽样方案是：

a. $n=6$，$A_c=0$，$R_e=1$；

b. $n_1=8$，$A_1=0$，$R_1=2$；

$n_2=8$，$A_2=1$，$R_2=2$；

c. $n_1=10$，$A_1=0$，$R_1=3$；

$n_2=10$，$A_2=3$，$R_2=4$；

d. $n_1=12$，$A_1=1$，$R_1=3$；

$n_2=12$，$A_2=4$，$R_2=5$；

e. $n_1=16$，$A_1=1$，$R_1=5$；

$n_2=16$，$A_2=5$，$R_2=6$；

f. $n_1=20$，$A_1=3$，$R_1=6$；

$n_2=20$，$A_2=7$，$R_2=8$。

（3）五次抽样方案的检索

检索判别水平Ⅰ、Ⅱ、Ⅲ的五次抽样方案，应分别使用附表（二）表7、表8和表9。

检索方法：

① 可以仿照一次抽样方案的方法进行检索。

② 也可以按照本章附表（二）表1和表7、表2和表8、表3和表9中一次与五次抽样方案的一一对应，根据由相同的RQL从上到下所确定的一系列一次和五次抽样方案是一一对应的关系，由事先已选好的一次抽样方案，检索五次抽样方案。

[例9—7] 与 [例9—5] 相同的条件下，求例行试验某试验组的五次抽样方案。

解：由于规定DL=Ⅲ，故使用本章附表（二）表9进行检索。

在表9中，当RQL=30时，从上到下所确定的一系列五次抽样方案分别是：

a. $n=6$，$A_c=0$，$R_e=1$；

b. $n_1=3$，$A_1=\#$，$R_1=2$，
$n_2=3$，$A_2=\#$，$R_2=2$，
$n_3=3$，$A_3=0$，$R_3=2$，
$n_4=3$，$A_4=0$，$R_4=2$，
$n_5=3$，$A_5=2$，$R_5=3$；

c. $n_1=4$，$A_1=\#$，$R_1=2$，
$n_2=4$，$A_2=0$，$R_2=3$，
$n_3=4$，$A_3=0$，$R_3=3$，
$n_4=4$，$A_4=1$，$R_4=3$，
$n_5=4$，$A_5=3$，$R_5=4$；

d. $n_1=5$，$A_1=\#$，$R_1=3$，
$n_2=5$，$A_2=0$，$R_2=3$，
$n_3=5$，$A_3=1$，$R_3=4$，
$n_4=5$，$A_4=2$，$R_4=5$，
$n_5=5$，$A_5=4$，$R_5=5$；

e. $n_1=6$，$A_1=\#$，$R_1=3$，
$n_2=6$，$A_2=0$，$R_2=4$，
$n_3=6$，$A_3=1$，$R_3=5$，
$n_4=6$，$A_4=4$，$R_4=6$，
$n_5=6$，$A_5=5$，$R_5=6$；

f. $n_1=8$，$A_1=\#$，$R_1=4$，
$n_2=8$，$A_2=1$，$R_2=6$，
$n_3=8$，$A_3=3$，$R_3=6$，
$n_4=8$，$A_4=6$，$R_4=8$，
$n_5=8$，$A_5=7$，$R_5=8$。

注：“#”号表示此时不能做出合格的判断。

9. 抽取样本

周期检验计数抽样所抽取的样本，应具备以下必要条件：

(1) 应从本周期制造的并经逐批检验合格的某个批或若干批中抽取；

(2) 抽取样本时，要保证所得到的样本能代表本周期的实际技术水平；

(3) 考虑到抽样具有代表性，最好从本周期各个不同时间里分散抽取样本单位，组成周期检验的样本；

(4) 在某些特殊情况下，必须固定时间集中抽取样本时，也应在本周期计划生产单位产品数量超过一半之后进行；

(5) 在使用二次和五次抽样方案时，各个样本要同时抽取。

10. 检验样本

首先，在进行周期检验前，必须对所有样本单位按逐批检验项目进行逐项检验。如果发现样本单位有不合格，则应以本周期正常生产的单位产品代替。将这种情况记入周期检验报告，但不作为判断周期检验合格与否的根据。

其次，在进行周期检验时，应按产品技术标准或订货合同中规定的试验项目、试验方法和顺序分组进行。试验结束后，再按技术要求对每个经过试验的样本单位逐个进行检验。

最后，以试验组为单位分别累计不合格品总数。若不合格分为不同的类时，应分别累计。

11. 判断周期检验合格与否

(1) 判断方法

根据不合格质量水平和判断水平确定的抽样方案，用不合格品百分数表示批质量和用每百单位产品不合格数表示批质量提供的方法进行判断，只有确定的全部抽样方案判断是合格的，才最终判断周期检验所代表的产品周期检验合格。否则，就判断该周期检验所代表的产品周期检验不合格。

(2) 用不合格品百分数表示批质量的情形

① 一次抽样方案

根据样本检验的结果，按下列规则进行判断：

a. 若样本中发现的不合格品数小于或等于合格判定数，则判定该批合格；

b. 若在样本中发现的不合格品数大于或等于不合格判定数，则判该批为不合格。

② 二次抽样方案

根据样本检验的结果，按下列规则进行判断：

a. 若在第一样本中发现的不合格品数小于或等于第一合格判定数，则判定该批为合格；

b. 若在第一样本中发现的不合格品数大于或等于第一不合格判定数，则判该批为不合格；

c. 若在第一样本中发现的不合格品数，大于第一合格判定数同时又小于第一不合格判定数，这时则抽第二样本进行检验。

若在第一和第二样本中发现的不合格品数总和小于或等于第二合格判定数，则判定该批合格；若在第一和第二样本中发现的不合格品数总和大于或等于第二不合格判定数，则判定该批不合格。

③ 五次抽样方案

根据五次抽样样本检验的结果，按下列规则进行判断：

ⅰ）若在第一样本中发现的不合格品数小于或等于第一合格判定数，则判该批合格；若在第一样本中发现的不合格品数大于或等于第一不合格判定数，则判定该批为不合格。

ⅱ）若在第一样本中发现的不合格品数，大于第一合格判定数同时又小于第一不合格判定数，则抽第二个样本进行检验。

a. 若在第一和第二样本中发现的不合格品数总和小于或等于第二合格判定数，这时则判定该批合格；

b. 若在第一和第二样本中发现的不合格品数总和，大于或等于第二不合格判定数，则判定该批不合格。

ⅲ）如果在第一和第二样本中发现的不合格品数总和，大于第二合格判定数同时又小于第二不合格判定数，则抽第三样本进行检验。

a. 若在第一、第二和第三样本中发现的不合格品数总和，小于或等于第三合格判定数，则判定该批为合格；

b. 若在第一、第二和第三样本中发现的不合格品数总和，大于或等于第三不合格判定数，则判该批为不合格。

ⅳ）如果在第一、第二和第三样本中发现的不合格数总和，大于第三合格判定数同时又小于第三不合格判定数，则抽第四样本进行检验。

a. 若在第一、第二、第三和第四样本中发现的不合格品数总和，小于或等于第四合格判定数，则判该批合格；

b. 若在第一、第二、第三及第四样本中发现的不合格品数总和大于或等于第四不合格判定数，则判定该批为不合格。

ⅴ）如果在第一至第四批样本中发现的不合格品数总和，大于第四合格判定数同时又小于第四不合格判定数，则抽第五样本进行检验。

a. 若在第一至第五样本中发现的不合格品数总和，小于或等于第五合格判定数，则判定该批为合格；

b. 若在第一至第五样本中发现的不合格品数总和，大于或等于第五不合格判定数，则判定该批为不合格。

12. 周期检验后的处置

（1）周期检验与逐批检验的关系

① 若在技术标准或者订货合同中，同时都规定有周期检验与逐批检验时，那么逐批检验必须在周期检验合格的基础上才能进行；

② 对于生产过程比较稳定的产品，本标准规定可以在本周期的周期检验结束前，参照上周期的周期检验结果进行逐批检验，但最终必须以本周期的周期检验结果作为能否进行逐批检验的依据；

③ 对于周期检验与逐批检验的上述关系，应在技术标准或订货合同中作明确规定。

（2）周期检验合格后的处置方法

本标准规定，经本周期的周期检验合格后，该周期检验所代表的产品经逐批检验合格的批，可整批交付使用方或暂时入库，同时允许使用方在协商的基础上，向生产方就整批合格的产品提出某些附加条件。

(3) 周期检验不合格后的处置方法

如果本周期的周期检验不合格时，则生产方的质量管理或质量检验部门，要及时调查周期检验不合格的原因，并报告上级主管领导。

针对不合格原因，采取本标准规定的方法进行处置。

附表(一)　GB/T 2828.1—2003 抽样方案(节选)

表 1—A　正常检验一次抽样方案(主表)

样本量字码	样本量	接收质量限(AQL) 0.010	0.015	0.025	0.040	0.065	0.10	0.15	0.25	0.40	0.65	1.0	1.5	2.5	4.0	6.5	10	15	25	40	65	100	150	250	400	650	1 000
		A_c R_e	A_c R_e	A_c R_e	A_c R_e	A_c R_e	A_c R_e	A_c R_e	A_c R_e	A_c R_e	A_c R_e	A_c R_e	A_c R_e	A_c R_e	A_c R_e	A_c R_e	A_c R_e	A_c R_e	A_c R_e	A_c R_e	A_c R_e	A_c R_e	A_c R_e	A_c R_e	A_c R_e	A_c R_e	A_c R_e
A	2	⇩	⇩	⇩	⇩	⇩	⇩	⇩	⇩	⇩	⇩	⇩	⇩	⇩	⇩	0 1	⇩	⇩	1 2	2 3	3 4	5 6	7 8	10 11	14 15	21 22	30 31
B	3	⇩	⇩	⇩	⇩	⇩	⇩	⇩	⇩	⇩	⇩	⇩	⇩	⇩	0 1	⇧	⇩	1 2	2 3	3 4	5 6	7 8	10 11	14 15	21 22	30 31	44 45
C	5	⇩	⇩	⇩	⇩	⇩	⇩	⇩	⇩	⇩	⇩	⇩	⇩	0 1	⇧	⇩	1 2	2 3	3 4	5 6	7 8	10 11	14 15	21 22	30 31	44 45	⇧
D	8	⇩	⇩	⇩	⇩	⇩	⇩	⇩	⇩	⇩	⇩	⇩	0 1	⇧	⇩	1 2	2 3	3 4	5 6	7 8	10 11	14 15	21 22	30 31	44 45	⇧	⇧
E	13	⇩	⇩	⇩	⇩	⇩	⇩	⇩	⇩	⇩	⇩	0 1	⇧	⇩	1 2	2 3	3 4	5 6	7 8	10 11	14 15	21 22	30 31	44 45	⇧	⇧	⇧
F	20	⇩	⇩	⇩	⇩	⇩	⇩	⇩	⇩	⇩	0 1	⇧	⇩	1 2	2 3	3 4	5 6	7 8	10 11	14 15	21 22	⇧	⇧	⇧	⇧	⇧	⇧
G	32	⇩	⇩	⇩	⇩	⇩	⇩	⇩	⇩	0 1	⇧	⇩	1 2	2 3	3 4	5 6	7 8	10 11	14 15	21 22	⇧	⇧	⇧	⇧	⇧	⇧	⇧
H	50	⇩	⇩	⇩	⇩	⇩	⇩	⇩	0 1	⇧	⇩	1 2	2 3	3 4	5 6	7 8	10 11	14 15	21 22	⇧	⇧	⇧	⇧	⇧	⇧	⇧	⇧
J	80	⇩	⇩	⇩	⇩	⇩	⇩	0 1	⇧	⇩	1 2	2 3	3 4	5 6	7 8	10 11	14 15	21 22	⇧	⇧	⇧	⇧	⇧	⇧	⇧	⇧	⇧
K	125	⇩	⇩	⇩	⇩	⇩	0 1	⇧	⇩	1 2	2 3	3 4	5 6	7 8	10 11	14 15	21 22	⇧	⇧	⇧	⇧	⇧	⇧	⇧	⇧	⇧	⇧
L	200	⇩	⇩	⇩	⇩	0 1	⇧	⇩	1 2	2 3	3 4	5 6	7 8	10 11	14 15	21 22	⇧	⇧	⇧	⇧	⇧	⇧	⇧	⇧	⇧	⇧	⇧
M	315	⇩	⇩	⇩	0 1	⇧	⇩	1 2	2 3	3 4	5 6	7 8	10 11	14 15	21 22	⇧	⇧	⇧	⇧	⇧	⇧	⇧	⇧	⇧	⇧	⇧	⇧
N	500	⇩	⇩	0 1	⇧	⇩	1 2	2 3	3 4	5 6	7 8	10 11	14 15	21 22	⇧	⇧	⇧	⇧	⇧	⇧	⇧	⇧	⇧	⇧	⇧	⇧	⇧
P	800	⇩	0 1	⇧	⇩	1 2	2 3	3 4	5 6	7 8	10 11	14 15	21 22	⇧	⇧	⇧	⇧	⇧	⇧	⇧	⇧	⇧	⇧	⇧	⇧	⇧	⇧
Q	1 250	0 1	⇧	⇩	1 2	2 3	3 4	5 6	7 8	10 11	14 15	21 22	⇧	⇧	⇧	⇧	⇧	⇧	⇧	⇧	⇧	⇧	⇧	⇧	⇧	⇧	⇧
R	2 000	⇧	⇧	1 2	2 3	3 4	5 6	7 8	10 11	14 15	21 22	⇧	⇧	⇧	⇧	⇧	⇧	⇧	⇧	⇧	⇧	⇧	⇧	⇧	⇧	⇧	⇧

⇩——使用箭头下面的第一个抽样方案。如果样本量等于或超过批量，则执行100%检验；⇧——使用箭头上面的第一个抽样方案。

A_c ——接收数；R_e ——拒收数。

表1—B 加严检验一次抽样方案(主表)

样本量字码	样本量	0.010	0.015	0.025	0.040	0.065	0.10	0.15	0.25	0.40	0.65	1.0	1.5	2.5	4.0	6.5	10	15	25	40	65	100	150	250	400	650	1 000
		接收质量限(AQL)																									
		A_c R_e	A_c R_e	A_c R_e	A_c R_e	A_c R_e	A_c R_e	A_c R_e	A_c R_e	A_c R_e	A_c R_e	A_c R_e	A_c R_e	A_c R_e	A_c R_e	A_c R_e	A_c R_e	A_c R_e	A_c R_e	A_c R_e	A_c R_e	A_c R_e	A_c R_e	A_c R_e	A_c R_e	A_c R_e	A_c R_e
A	2	↓	↓	↓	↓	↓	↓	↓	↓	↓	↓	↓	↓	↓	↓	↓	0 1	↓	↓	1 2	2 3	3 4	5 6	8 9	12 13	18 19	27 28
B	3	↓	↓	↓	↓	↓	↓	↓	↓	↓	↓	↓	↓	↓	↓	0 1	↓	↓	1 2	2 3	3 4	5 6	8 9	12 13	18 19	27 28	41 42
C	5	↓	↓	↓	↓	↓	↓	↓	↓	↓	↓	↓	↓	↓	0 1	↓	↓	1 2	2 3	3 4	5 6	8 9	12 13	18 19	27 28	41 42	↑
D	8	↓	↓	↓	↓	↓	↓	↓	↓	↓	↓	↓	↓	0 1	↓	↓	1 2	2 3	3 4	5 6	8 9	12 13	18 19	27 28	41 42	↑	↑
E	13	↓	↓	↓	↓	↓	↓	↓	↓	↓	↓	↓	0 1	↓	↓	1 2	2 3	3 4	5 6	8 9	12 13	18 19	27 28	41 42	↑	↑	↑
F	20	↓	↓	↓	↓	↓	↓	↓	↓	↓	↓	0 1	↓	↓	1 2	2 3	3 4	5 6	8 9	12 13	18 19	↑	↑	↑	↑	↑	↑
G	32	↓	↓	↓	↓	↓	↓	↓	↓	↓	0 1	↓	↓	1 2	2 3	3 4	5 6	8 9	12 13	18 19	↑	↑	↑	↑	↑	↑	↑
H	50	↓	↓	↓	↓	↓	↓	↓	↓	0 1	↓	↓	1 2	2 3	3 4	5 6	8 9	12 13	18 19	↑	↑	↑	↑	↑	↑	↑	↑
J	80	↓	↓	↓	↓	↓	↓	↓	0 1	↓	↓	1 2	2 3	3 4	5 6	8 9	12 13	18 19	↑	↑	↑	↑	↑	↑	↑	↑	↑
K	125	↓	↓	↓	↓	↓	↓	0 1	↓	↓	1 2	2 3	3 4	5 6	8 9	12 13	18 19	↑	↑	↑	↑	↑	↑	↑	↑	↑	↑
L	200	↓	↓	↓	↓	↓	0 1	↓	↓	1 2	2 3	3 4	5 6	8 9	12 13	18 19	↑	↑	↑	↑	↑	↑	↑	↑	↑	↑	↑
M	315	↓	↓	↓	↓	0 1	↓	↓	1 2	2 3	3 4	5 6	8 9	12 13	18 19	↑	↑	↑	↑	↑	↑	↑	↑	↑	↑	↑	↑
N	500	↓	↓	↓	0 1	↓	↓	1 2	2 3	3 4	5 6	8 9	12 13	18 19	↑	↑	↑	↑	↑	↑	↑	↑	↑	↑	↑	↑	↑
P	800	↓	↓	0 1	↓	↓	1 2	2 3	3 4	5 6	8 9	12 13	18 19	↑	↑	↑	↑	↑	↑	↑	↑	↑	↑	↑	↑	↑	↑
Q	1 250	↓	0 1	↓	↓	1 2	2 3	3 4	5 6	8 9	12 13	18 19	↑	↑	↑	↑	↑	↑	↑	↑	↑	↑	↑	↑	↑	↑	↑
R	2 000	0 1	↑	↓	1 2	2 3	3 4	5 6	8 9	12 13	18 19	↑	↑	↑	↑	↑	↑	↑	↑	↑	↑	↑	↑	↑	↑	↑	↑
S	3 150			1 2																							

⇩——使用箭头下面的第一个抽样方案。如果样本量等于或超过批量，则执行100%检验。

⇧——使用箭头上面的第一个抽样方案。

A_c——接收数。

R_e——拒收数。

表 1—C 放宽检验一次抽样方案(主表)

样本量字码	样本量	接收质量限 (AQL) 0.010	0.015	0.025	0.040	0.065	0.10	0.15	0.25	0.40	0.65	1.0	1.5	2.5	4.0	6.5	10	15	25	40	65	100	150	250	400	650	1 000
		A_c R_e	A_c R_e	A_c R_e	A_c R_e	A_c R_e	A_c R_e	A_c R_e	A_c R_e	A_c R_e	A_c R_e	A_c R_e	A_c R_e	A_c R_e	A_c R_e	A_c R_e	A_c R_e	A_c R_e	A_c R_e	A_c R_e	A_c R_e	A_c R_e	A_c R_e	A_c R_e	A_c R_e	A_c R_e	A_c R_e
A	2	↓	↓	↓	↓	↓	↓	↓	↓	↓	↓	↓	↓	↓	↓	0 1	↓	↓	1 2	2 3	3 4	5 6	7 8	10 11	14 15	21 22	30 31
B	2	↓	↓	↓	↓	↓	↓	↓	↓	↓	↓	↓	↓	↓	0 1	↑	↓	↓	1 2	2 3	3 4	5 6	7 8	10 11	14 15	21 22	30 31
C	2	↓	↓	↓	↓	↓	↓	↓	↓	↓	↓	↓	↓	0 1	↑	↓	↓	1 2	2 3	3 4	5 6	6 7	8 9	10 11	14 15	21 22	↑
D	3	↓	↓	↓	↓	↓	↓	↓	↓	↓	↓	↓	0 1	↑	↓	↓	1 2	2 3	3 4	5 6	6 7	8 9	10 11	14 15	21 22	↑	↑
E	5	↓	↓	↓	↓	↓	↓	↓	↓	↓	↓	0 1	↑	↓	↓	1 2	2 3	3 4	5 6	6 7	8 9	10 11	14 15	21 22	↑	↑	↑
F	8	↓	↓	↓	↓	↓	↓	↓	↓	↓	0 1	↑	↓	↓	1 2	2 3	3 4	5 6	6 7	8 9	10 11	↑	↑	↑	↑	↑	↑
G	13	↓	↓	↓	↓	↓	↓	↓	↓	0 1	↑	↓	↓	1 2	2 3	3 4	5 6	6 7	8 9	10 11	↑	↑	↑	↑	↑	↑	↑
H	20	↓	↓	↓	↓	↓	↓	↓	0 1	↑	↓	↓	1 2	2 3	3 4	5 6	6 7	8 9	10 11	↑	↑	↑	↑	↑	↑	↑	↑
J	32	↓	↓	↓	↓	↓	↓	0 1	↑	↓	↓	1 2	2 3	3 4	5 6	6 7	8 9	10 11	↑	↑	↑	↑	↑	↑	↑	↑	↑
K	50	↓	↓	↓	↓	↓	0 1	↑	↓	↓	1 2	2 3	3 4	5 6	6 7	8 9	10 11	↑	↑	↑	↑	↑	↑	↑	↑	↑	↑
L	80	↓	↓	↓	↓	0 1	↑	↓	↓	1 2	2 3	3 4	5 6	6 7	8 9	10 11	↑	↑	↑	↑	↑	↑	↑	↑	↑	↑	↑
M	125	↓	↓	↓	0 1	↑	↓	↓	1 2	2 3	3 4	5 6	6 7	8 9	10 11	↑	↑	↑	↑	↑	↑	↑	↑	↑	↑	↑	↑
N	200	↓	↓	0 1	↑	↓	↓	1 2	2 3	3 4	5 6	6 7	8 9	10 11	↑	↑	↑	↑	↑	↑	↑	↑	↑	↑	↑	↑	↑
P	315	↓	0 1	↑	↓	↓	1 2	2 3	3 4	5 6	6 7	8 9	10 11	↑	↑	↑	↑	↑	↑	↑	↑	↑	↑	↑	↑	↑	↑
Q	500	0 1	↑	↑	↓	1 2	2 3	3 4	5 6	6 7	8 9	10 11	↑	↑	↑	↑	↑	↑	↑	↑	↑	↑	↑	↑	↑	↑	↑
R	800	↑	↑	↑	1 2	2 3	3 4	5 6	6 7	8 9	10 11	↑	↑	↑	↑	↑	↑	↑	↑	↑	↑	↑	↑	↑	↑	↑	↑

⇩—使用箭头下面的第一个抽样方案。如果样本量等于或超过批量，则执行100%检验。

⇧—使用箭头上面的第一个抽样方案。

A_c—接收数。

R_e—拒收数。

表 2　正常检验二次抽样方案(主表)

样本量字码	样本	样本量	累计样本量	接收质量限(AQL)																									
				0.010	0.015	0.025	0.040	0.065	0.10	0.15	0.25	0.40	0.65	1.0	1.5	2.5	4.0	6.5	10	15	25	40	65	100	150	250	400	650	1 000
				A_c R_e	A_c R_e	A_c R_e	A_c R_e	A_c R_e	A_c R_e	A_c R_e	A_c R_e	A_c R_e	A_c R_e	A_c R_e	A_c R_e	A_c R_e	A_c R_e	A_c R_e	A_c R_e	A_c R_e	A_c R_e	A_c R_e	A_c R_e	A_c R_e	A_c R_e	A_c R_e	A_c R_e	A_c R_e	A_c R_e
A				↓	↓	↓	↓	↓	↓	↓	↓	↓	↓	↓	↓	↓	↓	*	↓	↓	*	*	*	*	*	*	*	*	*
B	第一	2	2	↓	↓	↓	↓	↓	↓	↓	↓	↓	↓	↓	↓	↓	*	↑	↓	0 2	0 3	1 3	2 5	3 6	5 9	7 11	11 16	17 22	25 31
	第二	2	4																	1 2	3 4	4 5	6 7	9 10	12 13	18 19	26 27	37 38	56 57
C	第一	3	3	↓	↓	↓	↓	↓	↓	↓	↓	↓	↓	↓	↓	*	↑	↓	0 2	0 3	1 3	2 5	3 6	5 9	7 11	11 16	17 22	25 31	↑
	第二	3	6																1 2	3 4	4 5	6 7	9 10	12 13	18 19	26 27	37 38	56 57	
D	第一	5	5	↓	↓	↓	↓	↓	↓	↓	↓	↓	↓	↓	*	↑	↓	0 2	0 3	1 3	2 5	3 6	5 9	7 11	11 16	17 22	25 31	↑	↑
	第二	5	10															1 2	3 4	4 5	6 7	9 10	12 13	18 19	26 27	37 38	56 57		
E	第一	8	8	↓	↓	↓	↓	↓	↓	↓	↓	↓	↓	*	↑	↓	0 2	0 3	1 3	2 5	3 6	5 9	7 11	11 16	17 22	25 31	↑	↑	↑
	第二	8	16														1 2	3 4	4 5	6 7	9 10	12 13	18 19	26 27	37 38	56 57			
F	第一	13	13	↓	↓	↓	↓	↓	↓	↓	↓	↓	*	↑	↓	0 2	0 3	1 3	2 5	3 6	5 9	7 11	11 16	↑	↑	↑	↑	↑	↑
	第二	13	26													1 2	3 4	4 5	6 7	9 10	12 13	18 19	26 27						
G	第一	20	20	↓	↓	↓	↓	↓	↓	↓	↓	*	↑	↓	0 2	0 3	1 3	2 5	3 6	5 9	7 11	11 16	↑	↑	↑	↑	↑	↑	↑
	第二	20	40												1 2	3 4	4 5	6 7	9 10	12 13	18 19	26 27							
H	第一	32	32	↓	↓	↓	↓	↓	↓	↓	*	↑	↓	0 2	0 3	1 3	2 5	3 6	5 9	7 11	11 16	↑	↑	↑	↑	↑	↑	↑	↑
	第二	32	64											1 2	3 4	4 5	6 7	9 10	12 13	18 19	26 27								
J	第一	50	50	↓	↓	↓	↓	↓	↓	*	↑	↓	0 2	0 3	1 3	2 5	3 6	5 9	7 11	11 16	↑	↑	↑	↑	↑	↑	↑	↑	↑
	第二	50	100										1 2	3 4	4 5	6 7	9 10	12 13	18 19	26 27									
K	第一	80	80	↓	↓	↓	↓	↓	*	↑	↓	0 2	0 3	1 3	2 5	3 6	5 9	7 11	11 16	↑	↑	↑	↑	↑	↑	↑	↑	↑	↑
	第二	80	160									1 2	3 4	4 5	6 7	9 10	12 13	18 19	26 27										
L	第一	125	125	↓	↓	↓	↓	*	↑	↓	0 2	0 3	1 3	2 5	3 6	5 9	7 11	11 16	↑	↑	↑	↑	↑	↑	↑	↑	↑	↑	↑
	第二	125	250								1 2	3 4	4 5	6 7	9 10	12 13	18 19	26 27											
M	第一	200	200	↓	↓	↓	*	↑	↓	0 2	0 3	1 3	2 5	3 6	5 9	7 11	11 16	↑	↑	↑	↑	↑	↑	↑	↑	↑	↑	↑	↑
	第二	200	400							1 2	3 4	4 5	6 7	9 10	12 13	18 19	26 27												
N	第一	315	315	↓	↓	*	↑	↓	0 2	0 3	1 3	2 5	3 6	5 9	7 11	11 16	↑	↑	↑	↑	↑	↑	↑	↑	↑	↑	↑	↑	↑
	第二	315	630						1 2	3 4	4 5	6 7	9 10	12 13	18 19	26 27													
P	第一	500	500	↓	*	↑	↓	0 2	0 3	1 3	2 5	3 6	5 9	7 11	11 16	↑	↑	↑	↑	↑	↑	↑	↑	↑	↑	↑	↑	↑	↑
	第二	500	1 000					1 2	3 4	4 5	6 7	9 10	12 13	18 19	26 27														
Q	第一	800	800	*	↑	↓	0 2	0 3	1 3	2 5	3 6	5 9	7 11	11 16	↑	↑	↑	↑	↑	↑	↑	↑	↑	↑	↑	↑	↑	↑	↑
	第二	800	1 600				1 2	3 4	4 5	6 7	9 10	12 13	18 19	26 27															
R	第一	1 250	1 250	↑	↑	0 2	0 3	1 3	2 5	3 6	5 9	7 11	11 16	↑	↑	↑	↑	↑	↑	↑	↑	↑	↑	↑	↑	↑	↑	↑	↑
	第二	1 250	2 500			1 2	3 4	4 5	6 7	9 10	12 13	18 19	26 27																

⇩ — 使用箭头下面的第一个抽样方案。如果样本量等于或超过批量，则执行100%检验。

⇧ — 使用箭头上面的第一个抽样方案。

A_c — 接收数。

R_e — 拒收数。

* — 使用对应的一次抽样方案(或者使用下面适用的二次抽样方案)。

表 3 正常检验多次抽样方案(主表)

样本量字码	样本	样本量	累计样本量	0.010	0.015	0.025	0.040	0.065	0.10	0.15	0.25	0.40	0.65	1.0	1.5	2.5	4.0	6.5	10	15	25	40	65	100	150	250	400	650	1 000
				A_c R_e	A_c R_e	A_c R_e	A_c R_e	A_c R_e	A_c R_e	A_c R_e	A_c R_e	A_c R_e	A_c R_e	A_c R_e	A_c R_e	A_c R_e	A_c R_e	A_c R_e	A_c R_e	A_c R_e	A_c R_e	A_c R_e	A_c R_e	A_c R_e	A_c R_e	A_c R_e	A_c R_e	A_c R_e	A_c R_e
A				↓	↓	↓	↓	↓	↓	↓	↓	↓	↓	↓	↓	↓	↓	*	↓	↓	↓	*	*	*	*	*	*	*	*
B				↓	↓	↓	↓	↓	↓	↓	↓	↓	↓	↓	↓	↓	*	↑	↓	↓	++	++	++	++	++	++	++	++	++
C				↓	↓	↓	↓	↓	↓	↓	↓	↓	↓	↓	↓	*	↑	↓	↓	++	++	++	++	++	++	++	++	++	↑
D	第一	2	2	↓	↓	↓	↓	↓	↓	↓	↓	↓	↓	↓	*	↑	↓	# 2	# 2	# 3	# 4	0 4	0 5	1 7	2 9	4 2	6 16	↑	↑
	第二	2	4	↓	↓	↓	↓	↓	↓	↓	↓	↓	↓	↓	*	↑	↓	0 2	0 3	0 3	1 5	1 6	3 8	4 10	7 14	11 19	17 27	↑	↑
	第三	2	6	↓	↓	↓	↓	↓	↓	↓	↓	↓	↓	↓	*	↑	↓	0 2	0 3	1 4	2 6	3 8	6 10	8 13	13 19	19 27	29 38	↑	↑
	第四	2	8	↓	↓	↓	↓	↓	↓	↓	↓	↓	↓	↓	*	↑	↓	0 2	1 3	2 5	4 7	5 9	9 12	12 17	20 25	28 34	40 48	↑	↑
	第五	2	10	↓	↓	↓	↓	↓	↓	↓	↓	↓	↓	↓	*	↑	↓	1 2	3 4	4 5	6 7	9 10	12 13	18 19	26 27	37 38	56 57	↑	↑
E	第一	3	3	↓	↓	↓	↓	↓	↓	↓	↓	↓	↓	*	↑	↓	# 2	# 2	# 3	# 4	0 4	0 5	1 7	2 9	4 12	6 16	↑	↑	↑
	第二	3	6	↓	↓	↓	↓	↓	↓	↓	↓	↓	↓	*	↑	↓	0 2	0 3	0 3	1 5	1 6	3 8	4 10	7 14	11 19	17 27	↑	↑	↑
	第三	3	9	↓	↓	↓	↓	↓	↓	↓	↓	↓	↓	*	↑	↓	0 2	0 3	1 4	2 6	3 8	6 10	8 13	13 19	19 27	29 38	↑	↑	↑
	第四	3	12	↓	↓	↓	↓	↓	↓	↓	↓	↓	↓	*	↑	↓	0 2	1 3	2 5	4 7	5 9	9 12	12 17	20 25	28 34	40 48	↑	↑	↑
	第五	3	15	↓	↓	↓	↓	↓	↓	↓	↓	↓	↓	*	↑	↓	1 2	3 4	4 5	6 7	9 10	12 13	18 19	26 27	37 38	56 57	↑	↑	↑
F	第一	5	5	↓	↓	↓	↓	↓	↓	↓	↓	↓	*	↑	↓	# 2	# 2	# 3	# 4	0 4	0 5	1 7	2 9	↑	↑	↑	↑	↑	↑
	第二	5	10	↓	↓	↓	↓	↓	↓	↓	↓	↓	*	↑	↓	0 2	0 3	0 3	1 5	1 6	3 8	4 10	7 14	↑	↑	↑	↑	↑	↑
	第三	5	15	↓	↓	↓	↓	↓	↓	↓	↓	↓	*	↑	↓	0 2	0 3	1 4	2 6	3 8	6 10	8 13	13 19	↑	↑	↑	↑	↑	↑
	第四	5	20	↓	↓	↓	↓	↓	↓	↓	↓	↓	*	↑	↓	0 2	1 3	2 5	4 7	5 9	9 12	12 17	20 25	↑	↑	↑	↑	↑	↑
	第五	5	25	↓	↓	↓	↓	↓	↓	↓	↓	↓	*	↑	↓	1 2	3 4	4 5	6 7	9 10	12 13	18 19	26 27	↑	↑	↑	↑	↑	↑
G	第一	8	8	↓	↓	↓	↓	↓	↓	↓	↓	*	↑	↓	# 2	# 2	# 3	# 4	0 4	0 5	1 7	2 9	↑	↑	↑	↑	↑	↑	↑
	第二	8	16	↓	↓	↓	↓	↓	↓	↓	↓	*	↑	↓	0 2	0 3	0 3	1 5	1 6	3 8	4 10	7 14	↑	↑	↑	↑	↑	↑	↑
	第三	8	24	↓	↓	↓	↓	↓	↓	↓	↓	*	↑	↓	0 2	0 3	1 4	2 6	3 8	6 10	8 13	13 19	↑	↑	↑	↑	↑	↑	↑
	第四	8	32	↓	↓	↓	↓	↓	↓	↓	↓	*	↑	↓	0 2	1 3	2 5	4 7	5 9	9 12	12 17	20 25	↑	↑	↑	↑	↑	↑	↑
	第五	8	40	↓	↓	↓	↓	↓	↓	↓	↓	*	↑	↓	1 2	3 4	4 5	6 7	9 10	12 13	18 19	26 27	↑	↑	↑	↑	↑	↑	↑

(表头"接收质量限 (AQL)"横跨 0.010 至 1 000 各列。)

⇩— 使用箭头下面的第一个抽样方案。如果样本量等于或超过批量，则执行100%检验。

⇧— 使用箭头上面的第一个抽样方案。

A_c — 接收数。

R_e — 拒收数。

* — 使用对应的一次抽样方案(或者使用下面适用的二次抽样方案)。

++— 使用对应的二次抽样方案(或者使用下面适用的多次抽样方案)。

\# — 此样本量不允许接收。

续表

样本量字码	样本	样本量	累计样本量	接收质量限(AQL) 0.010	0.015	0.025	0.040	0.065	0.10	0.15	0.25	0.40	0.65	1.0	1.5	2.5	4.0	6.5	10	15	25	40	65	100	150	250	400	650	1 000
				A_c R_e	A_c R_e	A_c R_e	A_c R_e	A_c R_e	A_c R_e	A_c R_e	A_c R_e	A_c R_e	A_c R_e	A_c R_e	A_c R_e	A_c R_e	A_c R_e	A_c R_e	A_c R_e	A_c R_e	A_c R_e	A_c R_e	A_c R_e	A_c R_e	A_c R_e	A_c R_e	A_c R_e	A_c R_e	A_c R_e
H	第一	13	13	↓	↓	↓	↓	↓	↓	↓	*	↑	↓	# 2	# 2	# 3	# 4	0 4	0 5	1 7	2 9	↑	↑	↑	↑	↑	↑	↑	↑
	第二	13	26											0 2	0 3	0 3	1 5	1 6	3 8	4 10	7 14								
	第三	13	39											0 2	0 3	1 4	2 6	3 8	6 10	8 13	13 19								
	第四	13	52											0 2	1 3	2 5	4 7	5 9	9 12	12 17	20 25								
	第五	13	65											1 2	3 4	4 5	6 7	9 10	12 13	18 19	26 27								
J	第一	20	20	↓	↓	↓	↓	↓	↓	*	↑	↓	# 2	# 2	# 3	# 4	0 4	0 5	1 7	2 9	↑	↑	↑	↑	↑	↑	↑	↑	↑
	第二	20	40										0 2	0 3	0 3	1 5	1 6	3 8	4 10	7 14									
	第三	20	60										0 2	0 3	1 4	2 6	3 8	6 10	8 13	13 19									
	第四	20	80										0 2	1 3	2 5	4 7	5 9	9 12	12 17	20 25									
	第五	20	100										1 2	3 4	4 5	6 7	9 10	12 13	18 19	26 27									
K	第一	32	32	↓	↓	↓	↓	↓	*	↑	↓	# 2	# 2	# 3	# 4	0 4	0 5	1 7	2 9	↑	↑	↑	↑	↑	↑	↑	↑	↑	↑
	第二	32	64									0 2	0 3	0 3	1 5	1 6	3 8	4 10	7 14										
	第三	32	96									0 2	0 3	1 4	2 6	3 8	6 10	8 13	13 19										
	第四	32	128									0 2	1 3	2 5	4 7	5 9	9 12	12 17	20 25										
	第五	32	160									1 2	3 4	4 5	6 7	9 10	12 13	18 19	26 27										
L	第一	50	50	↓	↓	↓	↓	*	↑	↓	# 2	# 2	# 3	# 4	0 4	0 5	1 7	2 9	↑	↑	↑	↑	↑	↑	↑	↑	↑	↑	↑
	第二	50	100								0 2	0 3	0 3	1 5	1 6	3 8	4 10	7 14											
	第三	50	150								0 2	0 3	1 4	2 6	3 8	6 10	8 13	13 19											
	第四	50	200								0 2	1 3	2 5	4 7	5 9	9 12	12 17	20 25											
	第五	50	250								1 2	3 4	4 5	6 7	9 10	12 13	18 19	26 27											
M	第一	80	80	↓	↓	↓	*	↑	↓	# 2	# 2	# 3	# 4	0 4	0 5	1 7	2 9	↑	↑	↑	↑	↑	↑	↑	↑	↑	↑	↑	↑
	第二	80	160							0 2	0 3	0 3	1 5	1 6	3 8	4 10	7 14												
	第三	80	240							0 2	0 3	1 4	2 6	3 8	6 10	8 13	13 19												
	第四	80	320							0 2	1 3	2 5	4 7	5 9	9 12	12 17	20 25												
	第五	80	400							1 2	3 4	4 5	6 7	9 10	12 13	18 19	26 27												

⇩—— 使用箭头下面的第一个抽样方案。如果样本量等于或超过批量，则执行100%检验。

⇧—— 使用箭头上面的第一个抽样方案。

A_c —— 接收数。

R_e —— 拒收数。

* —— 使用对应的一次抽样方案(或者使用下面适用的二次抽样方案)。

++—— 使用对应的二次抽样方案(或者使用下面适用的多次抽样方案)。

—— 此样本量不允许接收。

续表

样本量字码	样本	样本量	累计样本量	0.010	0.015	0.025	0.040	0.065	0.10	0.15	0.25	0.40	0.65	1.0	1.5	2.5	4.0	6.5	10	15	25	40	65	100	150	250	400	650	1 000
				A_c R_e	A_c R_e	A_c R_e	A_c R_e	A_c R_e	A_c R_e	A_c R_e	A_c R_e	A_c R_e	A_c R_e	A_c R_e	A_c R_e	A_c R_e	A_c R_e	A_c R_e	A_c R_e	A_c R_e	A_c R_e	A_c R_e	A_c R_e	A_c R_e	A_c R_e	A_c R_e	A_c R_e	A_c R_e	A_c R_e
N	第一	125	125	↓	↓		↑	↓	# 2	# 2	# 3	# 4	0 4	0 5	1 7	2 9	↑	↑	↑	↑	↑	↑	↑	↑	↑	↑	↑	↑	↑
	第二	125	250						0 2	0 3	0 3	1 5	1 6	3 8	4 10	7 14													
	第三	125	375			*			0 2	0 3	1 4	2 6	3 8	6 10	8 13	13 19													
	第四	125	500						0 2	1 3	2 5	4 7	5 9	9 12	12 17	20 25													
	第五	125	625						1 2	3 4	4 5	6 7	9 10	12 13	18 19	26 27													
P	第一	200	200	↓		↑	↓	# 2	# 2	# 3	# 4	0 4	0 5	1 7	2 9	↑	↑	↑	↑	↑	↑	↑	↑	↑	↑	↑	↑	↑	↑
	第二	200	400					0 2	0 3	0 3	1 5	1 6	3 8	4 10	7 14														
	第三	200	600		*			0 2	0 3	1 4	2 6	3 8	6 10	8 13	13 19														
	第四	200	800					0 2	1 3	2 5	4 7	5 9	9 12	12 17	20 25														
	第五	200	1 000					1 2	3 4	4 5	6 7	9 10	12 13	18 19	26 27														
Q	第一	315	315		↑	↓	# 2	# 2	# 3	# 4	0 4	0 5	1 7	2 9	↑	↑	↑	↑	↑	↑	↑	↑	↑	↑	↑	↑	↑	↑	↑
	第二	315	630				0 2	0 3	0 3	1 5	1 6	3 8	4 10	7 14															
	第三	315	945	*			0 2	0 3	1 4	2 6	3 8	6 10	8 13	13 19															
	第四	315	1 260				0 2	1 3	2 5	4 7	5 9	9 12	12 17	20 25															
	第五	315	1 575				1 2	3 4	4 5	6 7	9 10	12 13	18 19	26 27															
R	第一	500	500	↑	↑	# 2	# 2	# 3	# 4	0 4	0 5	1 7	2 9	↑	↑	↑	↑	↑	↑	↑	↑	↑	↑	↑	↑	↑	↑	↑	↑
	第二	500	1 000			0 2	0 3	0 3	1 5	1 6	3 8	4 10	7 14																
	第三	500	1 500			0 2	0 3	1 4	2 6	3 8	6 10	8 13	13 19																
	第四	500	2 000			0 2	1 3	2 5	4 7	5 9	9 12	12 17	20 25																
	第五	500	2 500			1 2	3 4	4 5	6 7	9 10	12 13	18 19	26 27																

⇩— 使用箭头下面的第一个抽样方案。如果样本量等于或超过批量，则执行100%检验。

⇧— 使用箭头上面的第一个抽样方案。

A_c — 接收数。

R_e — 拒收数。

* — 使用对应的一次抽样方案(或者使用下面适用的二次抽样方案)。

++— 使用对应的二次抽样方案(或者使用下面适用的多次抽样方案)。

— 此样本量不允许接收。

表4　正常检验的生产方风险

（对一次抽样方案以未接收批的百分数表示）

样本量字码	样本量	接收质量限（AQL）																									
		0.010	0.015	0.025	0.040	0.065	0.10	0.15	0.25	0.40	0.65	1.0	1.5	2.5	4.0	6.5	10	15	25	40	65	100	150	250	400	650	1 000
A	2															12.2 12.6	7.15* 7.19*	9.45*	9.02	4.74	4.31	1.66	1.19	1.37	1.73	1.41	1.35
B	3														11.3 11.5	6.85* 6.87*	9.45* 9.39*	7.54	4.05	3.38	1.48	1.19	0.667	1.03	0.607	0.979	0.627
C	5													11.8 11.9	7.15* 7.17*	10.8* 10.8*	9.02 8.15	4.05	3.83	1.66	1.83	1.37	1.03	0.940	1.35	2.17	
D	8												11.3 11.4	7.15* 7.16*	10.5* 10.5*	9.63 9.10	4.74 3.81	3.38	1.66	1.68	1.77	1.73	0.607	1.35	1.73		
E	13											12.2 12.2	6.85* 6.86*	10.8* 10.8*	9.63 9.32	5.41 4.80	4.31 3.42	1.48	1.83	1.77	2.62	1.41	0.979	2.17			
F	20										12.2 12.2	7.15* 7.16*	9.45* 9.45*	9.02 8.82	4.74 4.39	4.31 3.74	1.66 1.13	1.19	1.37	1.73	1.41						
G	32									12.0 12.0	7.63* 7.64*	10.5* 10.5*	8.42 8.30	4.74 4.52	4.11 3.77	1.96 1.58	1.68 1.17	1.04	1.73	1.20							
H	50								11.8 11.8	7.15* 7.15*	10.8* 10.8*	9.02 8.94	4.05 3.92	3.83 3.62	1.66 1.44	1.83 1.47	1.37 0.935	1.03	0.940								
J	80							11.3 11.3	7.15* 7.15*	10.5* 10.5*	9.63 9.58	4.74 4.66	3.38 3.26	1.66 1.52	1.68 1.47	1.77 1.43	1.73 1.23	0.607									

续表

样本量字码	样本量	接收质量限（AQL）																									
		0.010	0.015	0.025	0.040	0.065	0.10	0.15	0.25	0.40	0.65	1.0	1.5	2.5	4.0	6.5	10	15	25	40	65	100	150	250	400	650	1 000
K	125						11.8 11.8	6.41* 6.41*	10.1* 10.1*	9.02 8.99	4.92 4.87	3.83 3.74	1.25 1.18	1.48 1.36	1.37 1.19	1.95 1.60	0.940 0.626										
L	200					12.2 12.2	7.15* 7.15*	9.45* 9.45*	9.02 9.00	4.74 4.71	4.31 4.25	1.66 1.60	1.19 1.13	1.37 1.26	1.73 1.52	1.41 1.13											
M	315				11.8 11.8	7.44* 7.44*	10.2* 10.2*	8.20 8.19	4.56 4.54	3.92 3.89	1.83 1.80	1.55 1.50	0.936 0.882	1.52 1.41	1.02 0.883												
N	500			11.8 11.8	7.15* 7.15*	10.8* 10.8*	9.02 9.01	4.05 4.04	3.83 3.81	1.66 1.63	1.83 1.79	1.37 1.32	1.03 0.971	0.940 0.857													
P	800		11.3 11.3	7.15* 7.15*	10.5* 10.5*	9.63 9.63	4.74 4.73	3.38 3.37	1.66 1.64	1.68 1.66	1.77 1.74	1.73 1.68	0.607 0.570														
Q	1 250	11.8 11.8	6.41* 6.41*	10.1* 10.1*	9.02 9.02	4.92 4.92	3.83 3.82	1.25 1.24	1.48 1.47	1.37 1.35	1.95 1.91	0.940 0.907															
R	2 000	7.15* 7.15*	9.45* 9.45*	9.02 9.02	4.74 4.74	4.31 4.30	1.66 1.65	1.19 1.18	1.37 1.36	1.73 1.71	1.41 1.38																

注 1：生产方风险是不接收质量为 AQL 的批的概率。

注 2：上面的表值适合于每百单位产品不合格数检验，并且基于泊松分布。下面的表值适合于不合格品百分数检验，并且基于二项分布。

注 3：上标 * 表示该值适合于供选择的分数接收数一次抽样方案。

表 5　正常检验的使用方风险质量

（对一次抽样方案以不合格品百分数表示，适合于不合格品百分数检验）

样本量字码	样本量	接收质量限（AQL）															
		0.010	0.015	0.025	0.040	0.065	0.10	0.15	0.25	0.40	0.65	1.0	1.5	2.5	4.0	6.5	10
A	2															68.4	69.0*
B	3														53.6	54.1*	57.6*
C	5													36.9	37.3*	39.8*	58.4
D	8												25.0	25.2*	27.0*	40.6	53.8
E	13											16.2	16.4*	17.5*	26.8	36.0	44.4
F	20										10.9	11.0*	11.8*	18.1	24.5	30.4	41.5
G	32									6.94	7.01*	7.50*	11.6	15.8	19.7	27.1	34.0
H	50								4.50	4.54*	4.87*	7.56	10.3	12.9	17.8	22.4	29.1
J	80							2.84	2.86*	3.07*	4.78	6.52	8.16	11.3	14.3	18.6	24.2
K	125						1.83	1.84*	1.97*	3.08	4.20	5.27	7.29	9.24	12.1	15.7	21.9
L	200					1.14	1.16*	1.24*	1.93	2.64	3.31	4.59	5.82	7.60	9.91	13.8	
M	315				0.728	0.735*	0.788*	1.23	1.68	2.11	2.92	3.71	4.85	6.33	8.84		
N	500			0.459	0.464*	0.497*	0.776	1.06	1.33	1.85	2.34	3.06	4.00	5.60			
P	800		0.287	0.290*	0.311*	0.485	0.664	0.833	1.16	1.47	1.92	2.51	3.51				
Q	1 250	0.184	0.186*	0.199*	0.311	0.425	0.534	0.741	0.940	1.23	1.61	2.25					
R	2 000	0.116*	0.124*	0.194	0.266	0.334	0.463	0.588	0.769	1.00	1.41						

注 1：在使用方风险质量处，预期 10% 的批会被接收。

注 2：所有表值均基于二项分布。

注 3：上标 * 表示该值适合于供选择的分数接收数一次抽样方案。

附表（二）　GB/T 2829—2002 抽样方案（节选）

表 1　判别水平 I 的一次抽样方案

样本量	不合格质量水平（RQL）																														
	1.0	1.2	1.5	2.0	2.5	3.0	4.0	5.0	6.5	8.0	10	12	15	20	25	30	40	50	65	80	100	120	150	200	250	300	400	500	650	800	1 000
	A_c R_e	A_c R_e	A_c R_e	A_c R_e	A_c R_e	A_c R_e	A_c R_e	A_c R_e	A_c R_e	A_c R_e	A_c R_e	A_c R_e	A_c R_e	A_c R_e	A_c R_e	A_c R_e	A_c R_e	A_c R_e	A_c R_e	A_c R_e	A_c R_e	A_c R_e	A_c R_e	A_c R_e	A_c R_e	A_c R_e	A_c R_e	A_c R_e	A_c R_e	A_c R_e	A_c R_e
1																		0 1			1 2		2 3	3 4	4 5	5 6	6 7	9 10	11 12	14 15	18 19
2																	0 1			1 2		2 3	3 4	4 5	5 6	6 7	9 10	11 12	14 15	18 19	23 24
3																0 1			1 2		2 3	3 4	4 5	5 6	6 7	9 10	11 12	14 15	18 19	23 24	
4															0 1			1 2		2 3	3 4	4 5	5 6	6 7	9 10	11 12	14 15	18 19	23 24		
5														0 1			1 2		2 3	3 4	4 5	5 6	6 7	9 10	11 12	14 15	18 19	23 24			
6													0 1			1 2		2 3	3 4	4 5	5 6	6 7	9 10	11 12	14 15	18 19	23 24				
8												0 1			1 2		2 3	3 4	4 5	5 6	6 7	9 10									
10											0 1			1 2		2 3	3 4	4 5	5 6	6 7											
12										0 1			1 2		2 3	3 4	4 5	5 6	6 7												
16									0 1			1 2		2 3	3 4	4 5	5 6														
20								0 1			1 2		2 3	3 4	4 5	5 6															
25							0 1			1 2		2 3	3 4	4 5	5 6																
32						0 1			1 2		2 3	3 4	4 5	5 6																	
40					0 1			1 2		2 3	3 4	4 5	5 6																		
50				0 1			1 2		2 3	3 4	4 5	5 6																			
65			0 1			1 2		2 3	3 4	4 5	5 6																				
80		0 1			1 2		2 3	3 4	4 5	5 6																					
100	0 1			1 2		2 3	3 4	4 5	5 6																						
125			1 2		2 3	3 4	4 5	5 6																							
160		1 2		2 3	3 4	4 5	5 6																								
200	1 2		2 3	3 4	4 5	5 6																									

A_c——合格判定数；R_e——不合格判定数。

表2　判别水平Ⅱ的一次抽样方案

样本量	不合格质量水平(RQL) 1.0	1.2	1.5	2.0	2.5	3.0	4.0	5.0	6.5	8.0	10	12	15	20	25	30	40	50	65	80	100	120	150	200	250	300	400	500	650	800	1 000
	A_c R_e	A_c R_e	A_c R_e	A_c R_e	A_c R_e	A_c R_e	A_c R_e	A_c R_e	A_c R_e	A_c R_e	A_c R_e	A_c R_e	A_c R_e	A_c R_e	A_c R_e	A_c R_e	A_c R_e	A_c R_e	A_c R_e	A_c R_e	A_c R_e	A_c R_e	A_c R_e	A_c R_e	A_c R_e	A_c R_e	A_c R_e	A_c R_e	A_c R_e	A_c R_e	A_c R_e
1																				0 1			1 2	2 3	3 4	4 5	5 6	7 8	9 10	12 13	16 17
2																			0 1			1 2	2 3	3 4	4 5	5 6	7 8	9 10	12 13	16 17	21 22
3																		0 1			1 2	2 3	3 4	4 5	5 6	7 8	9 10	12 13	16 17	21 22	
4																	0 1			1 2	2 3	3 4	4 5	5 6	7 8	9 10	12 13	16 17	21 22		
5																0 1			1 2	2 3	3 4	4 5	5 6	7 8	9 10	12 13	16 17	21 22			
6															0 1			1 2	2 3	3 4	4 5	5 6	7 8	9 10	12 13	16 17	21 22				
8														0 1			1 2	2 3	3 4	4 5	5 6	7 8									
10													0 1			1 2	2 3	3 4	4 5	5 6	7 8										
12												0 1			1 2	2 3	3 4	4 5	5 6												
16											0 1			1 2	2 3	3 4	4 5	5 6													
20										0 1			1 2	2 3	3 4	4 5	5 6														
25									0 1			1 2	2 3	3 4	4 5	5 6															
32								0 1			1 2	2 3	3 4	4 5	5 6																
40							0 1			1 2	2 3	3 4	4 5	5 6																	
50						0 1			1 2	2 3	3 4	4 5	5 6																		
65					0 1			1 2	2 3	3 4	4 5	5 6																			
80				0 1			1 2	2 3	3 4	4 5	5 6																				
100			0 1			1 2	2 3	3 4	4 5	5 6																					
125		0 1			1 2	2 3	3 4	4 5	5 6																						
160	0 1			1 2	2 3	3 4	4 5	5 6																							
200			1 2	2 3	3 4	4 5	5 6																								

A_c——合格判定数；R_e——不合格判定数。

表3 判别水平Ⅲ的一次抽样方案

样本量	不合格质量水平（RQL） 1.0	1.2	1.5	2.0	2.5	3.0	4.0	5.0	6.5	8.0	10	12	15	20	25	30	40	50	65	80	100	120	150	200	250	300	400	500	650	800	1 000
	A_c R_e	A_c R_e	A_c R_e	A_c R_e	A_c R_e	A_c R_e	A_c R_e	A_c R_e	A_c R_e	A_c R_e	A_c R_e	A_c R_e	A_c R_e	A_c R_e	A_c R_e	A_c R_e	A_c R_e	A_c R_e	A_c R_e	A_c R_e	A_c R_e	A_c R_e	A_c R_e	A_c R_e	A_c R_e	A_c R_e	A_c R_e	A_c R_e	A_c R_e	A_c R_e	A_c R_e
1																					0 1			1 2	2 3	3 4	4 5	6 7	8 9	11 12	14 15
2																				0 1			1 2	2 3	3 4	4 5	6 7	8 9	11 12	14 15	19 20
3																			0 1			1 2	2 3	3 4	4 5	6 7	8 9	11 12	14 15	19 20	
4																		0 1			1 2	2 3	3 4	4 5	6 7	8 9	11 12	14 15	19 20		
5																	0 1			1 2	2 3	3 4	4 5	6 7	8 9	11 12	14 15	19 20			
6																0 1			1 2	2 3	3 4	4 5	6 7	8 9	11 12	14 15	19 20				
8															0 1			1 2	2 3	3 4	4 5	6 7	8 9								
10														0 1			1 2	2 3	3 4	4 5	6 7	8 9									
12													0 1			1 2	2 3	3 4	4 5	6 7											
16												0 1			1 2	2 3	3 4	4 5	6 7												
20											0 1			1 2	2 3	3 4	4 5	6 7													
25										0 1			1 2	2 3	3 4	4 5	6 7														
32									0 1			1 2	2 3	3 4	4 5	6 7															
40								0 1			1 2	2 3	3 4	4 5	6 7																
50							0 1			1 2	2 3	3 4	4 5	6 7																	
65						0 1			1 2	2 3	3 4	4 5	6 7																		
80					0 1			1 2	2 3	3 4	4 5	6 7																			
100				0 1			1 2	2 3	3 4	4 5	6 7																				
125			0 1			1 2	2 3	3 4	4 5	6 7																					
160		0 1			1 2	2 3	3 4	4 5	6 7																						
200	0 1			1 2	2 3	3 4	4 5	6 7																							

A_c——合格判定数；R_e——不合格判定数。

表 4 判别水平 I 的二次抽样方案

样本	样本量	不合格质量水平（RQL）																														
		1.0	1.2	1.5	2.0	2.5	3.0	4.0	5.0	6.5	8.0	10	12	15	20	25	30	40	50	65	80	100	120	150	200	250	300	400	500	650	800	1 000
		A_c R_e	A_c R_e	A_c R_e	A_c R_e	A_c R_e	A_c R_e	A_c R_e	A_c R_e	A_c R_e	A_c R_e	A_c R_e	A_c R_e	A_c R_e	A_c R_e	A_c R_e	A_c R_e	A_c R_e	A_c R_e	A_c R_e	A_c R_e	A_c R_e	A_c R_e	A_c R_e	A_c R_e	A_c R_e	A_c R_e	A_c R_e	A_c R_e	A_c R_e	A_c R_e	A_c R_e
																			*			*		*	*	*	*	*	*	*	*	*
																		*			*		*	*	*	*	*	*	*	*	*	*
																	*			*		*	*	*	*	*	*	*	*	*	*	
第一	2															*			0 2		0 3	1 3	1 5	2 5	3 6	5 8	6 9	7 11	9 14	12 17		
第二	2																		1 2		3 4	4 5	5 6	6 7	7 8	11 12	13 14	18 19	23 24	29 30		
第一	3														*			0 2		0 3	1 3	1 5	2 5	3 6	5 8	6 9	7 11	9 14	12 17			
第二	3																	1 2		3 4	4 5	5 6	5 7	7 8	11 12	13 14	18 19	23 24	29 30			
第一	4													*			0 2		0 3	1 3	1 5	2 5	3 6	5 8	6 9	7 11	9 14	12 17				
第二	4																1 2		3 4	4 5	5 6	6 7	7 8	11 12	13 14	18 19	23 24	29 30				
第一	5												*			0 2		0 3	1 3	1 5	2 5	3 6	5 8									
第二	5															1 2		3 4	4 5	5 6	6 7	7 8	11 12									
第一	6											*			0 2		0 3	1 3	1 5	2 5	3 6											
第二	6														1 2		3 4	4 5	5 6	6 7	7 8											
第一	8										*			0 2		0 3	1 3	1 5	2 5	3 6												
第二	8													1 2		3 4	4 5	5 6	6 7	7 8												
第一	10									*			0 2		0 3	1 3	1 5	2 5														
第二	10												1 2		3 4	4 5	5 6	6 7														
第一	12								*			0 2		0 3	1 3	1 5	2 5															
第二	12											1 2		3 4	4 5	5 6	6 7															
第一	16							*			0 2		0 3	1 3	1 5	2 5																
第二	16										1 2		3 4	4 5	5 6	6 7																
第一	20						*			0 2		0 3	1 3	1 5	2 5																	
第二	20									1 2		3 4	4 5	5 6	6 7																	
第一	25					*			0 2		0 3	1 3	1 5	2 5																		
第二	25								1 2		3 4	4 5	5 6	6 7																		
第一	32				*			0 2		0 3	1 3	1 5	2 5																			
第二	32							1 2		3 4	4 5	5 6	6 7																			
第一	40			*			0 2		0 3	1 3	1 5	2 5																				
第二	40						1 2		3 4	4 5	5 6	6 7																				
第一	50		*			0 2		0 3	1 3	1 5	2 5																					
第二	50					1 2		3 4	4 5	5 6	6 7																					
第一	65	*			0 2		0 3	1 3	1 5	2 5																						
第二	65				1 2		3 4	4 5	5 6	6 7																						
第一	80			0 2		0 3	1 3	1 5	2 5																							
第二	80			1 2		3 4	4 5	5 6	6 7																							
第一	100		0 2		0 3	1 3	1 5	2 5																								
第二	100		1 2		3 4	4 5	5 6	6 7																								
第一	125	0 2		0 3	1 3	1 5	2 5																									
第二	125	1 2		3 4	4 5	5 6	6 7																									

*——使用对应的一次抽样方案；A_c——合格判定数；R_e——不合格判定数。

表5　判别水平II的二次抽样方案

样本	样本量	不合格质量水平(RQL)																												
		1.0	1.2	1.5	2.0	2.5	3.0	4.0	5.0	6.5	8.0	10	12	15	20	25	30	40	50	65	80	100	120	150	200	250	300	400	500	650	800	1 000
		A_c R_e	A_c R_e	A_c R_e	A_c R_e	A_c R_e	A_c R_e	A_c R_e	A_c R_e	A_c R_e	A_c R_e	A_c R_e	A_c R_e	A_c R_e	A_c R_e	A_c R_e	A_c R_e	A_c R_e	A_c R_e	A_c R_e	A_c R_e	A_c R_e	A_c R_e	A_c R_e	A_c R_e	A_c R_e	A_c R_e	A_c R_e	A_c R_e	A_c R_e	A_c R_e	A_c R_e
																					*			*	*	*	*	*	*	*	*	*
																				*			*	*	*	*	*	*	*	*	*	*
																			*			*	*	*	*	*	*	*	*	*	*	
第一	2																	*			0 2	0 3	1 3	1 5	2 5	3 6	5 8	6 10	9 13	11 16		
第二	2																				1 2	3 4	4 5	5 6	6 7	9 10	11 12	15 16	19 20	26 27		
第一	3																*			0 2	0 3	1 3	1 5	2 5	3 6	5 8	6 10	9 13	11 16			
第二	3																			1 2	3 4	4 5	5 6	6 7	9 10	11 12	15 16	19 20	26 27			
第一	4															*			0 2	0 3	1 3	1 5	2 5	3 6	5 8	6 10	9 13	11 16				
第二	4																		1 2	3 4	4 5	5 6	6 7	9 10	11 12	15 16	19 20	26 27				
第一	5														*			0 2	0 3	1 3	1 5	2 5	3 6									
第二	5																	1 2	3 4	4 5	5 6	6 7	9 10									
第一	6													*			0 2	0 3	1 3	1 5	2 5	3 6										
第二	6																1 2	3 4	4 5	5 6	6 7	9 10										
第一	8												*			0 2	0 3	1 3	1 5	2 5												
第二	8															1 2	3 4	4 5	5 6	6 7												
第一	10											*			0 2	0 3	1 3	1 5	2 5													
第二	10														1 2	3 4	4 5	5 6	6 7													
第一	12										*			0 2	0 3	1 3	1 5	2 5														
第二	12													1 2	3 4	4 5	5 6	6 7														
第一	16									*			0 2	0 3	1 3	1 5	2 5															
第二	16												1 2	3 4	4 5	5 6	6 7															
第一	20								*			0 2	0 3	1 3	1 5	2 5																
第二	20											1 2	3 4	4 5	5 6	6 7																
第一	25							*			0 2	0 3	1 3	1 5	2 5																	
第二	25										1 2	3 4	4 5	5 6	6 7																	
第一	32						*			0 2	0 3	1 3	1 5	2 5																		
第二	32									1 2	3 4	4 5	5 6	6 7																		
第一	40					*			0 2	0 3	1 3	1 5	2 5																			
第二	40								1 2	3 4	4 5	5 6	6 7																			
第一	50				*			0 2	0 3	1 3	1 5	2 5																				
第二	50							1 2	3 4	4 5	5 6	6 7																				
第一	65			*			0 2	0 3	1 3	1 5	2 5																					
第二	65						1 2	3 4	4 5	5 6	6 7																					
第一	80		*			0 2	0 3	1 3	1 5	2 5																						
第二	80					1 2	3 4	4 5	5 6	6 7																						
第一	100	*			0 2	0 3	1 3	1 5	2 5																							
第二	100				1 2	3 4	4 5	5 6	6 7																							
第一	125			0 2	0 3	1 3	1 5	2 5																								
第二	125			1 2	3 4	4 5	5 6	6 7																								

*——使用对应的一次抽样方案；A_c——合格判定数；R_e——不合格判定数。

表 6　判别水平Ⅲ的二次抽样方案

样本	样本量	不合格质量水平（RQL）																														
		1.0	1.2	1.5	2.0	2.5	3.0	4.0	5.0	6.5	8.0	10	12	15	20	25	30	40	50	65	80	100	120	150	200	250	300	400	500	650	800	1 000
		A_c R_e	A_c R_e	A_c R_e	A_c R_e	A_c R_e	A_c R_e	A_c R_e	A_c R_e	A_c R_e	A_c R_e	A_c R_e	A_c R_e	A_c R_e	A_c R_e	A_c R_e	A_c R_e	A_c R_e	A_c R_e	A_c R_e	A_c R_e	A_c R_e	A_c R_e	A_c R_e	A_c R_e	A_c R_e	A_c R_e	A_c R_e	A_c R_e	A_c R_e	A_c R_e	A_c R_e
																						*			*	*	*	*	*	*	*	*
																					*			*	*	*	*	*	*	*	*	*
																				*			*	*	*	*	*	*	*	*	*	
第一	2																		*			0 2	0 3	1 3	1 5	3 6	4 7	6 9	7 11	10 15		
第二	2																					1 2	3 4	4 5	5 6	7 8	10 11	13 14	18 19	24 25		
第一	3																	*			0 2	0 3	1 3	1 5	3 6	4 7	6 9	7 11	10 15			
第二	3																				1 2	3 4	4 5	5 6	7 8	10 11	13 14	18 19	24 25			
第一	4																*			0 2	0 3	1 3	1 5	3 6	4 7	6 9	7 11	10 15				
第二	4																			1 2	3 4	4 5	5 6	7 8	10 11	13 14	18 19	24 25				
第一	5															*			0 2	0 3	1 3	1 5	3 6	4 7								
第二	5																		1 2	3 4	4 5	5 6	7 8	10 11								
第一	6														*			0 2	0 3	1 3	1 5	3 6	4 7									
第二	6																	1 2	3 4	4 5	5 6	7 8	10 11									
第一	8													*			0 2	0 3	1 3	1 5	3 6											
第二	8																1 2	3 4	4 5	5 6	7 8											
第一	10												*			0 2	0 3	1 3	1 5	3 6												
第二	10															1 2	3 4	4 5	5 6	7 8												
第一	12											*			0 2	0 3	1 3	1 5	3 6													
第二	12														1 2	3 4	4 5	5 6	7 8													
第一	16										*			0 2	0 3	1 3	1 5	3 6														
第二	16													1 2	3 4	4 5	5 6	7 8														
第一	20									*			0 2	0 3	1 3	1 5	3 6															
第二	20												1 2	3 4	4 5	5 6	7 8															
第一	25								*			0 2	0 3	1 3	1 5	3 6																
第二	25											1 2	3 4	4 5	5 6	7 8																
第一	32							*			0 2	0 3	1 3	1 5	3 6																	
第二	32										1 2	3 4	4 5	5 6	7 8																	
第一	40						*			0 2	0 3	1 3	1 5	3 6																		
第二	40									1 2	3 4	4 5	5 6	7 8																		
第一	50					*			0 2	0 3	1 3	1 5	3 6																			
第二	50								1 2	3 4	4 5	5 6	7 8																			
第一	65				*			0 2	0 3	1 3	1 5	3 6																				
第二	65							1 2	3 4	4 5	5 6	7 8																				
第一	80			*			0 2	0 3	1 3	1 5	3 6																					
第二	80						1 2	3 4	4 5	5 6	7 8																					
第一	100		*			0 2	0 3	1 3	1 5	3 6																						
第二	100					1 2	3 4	4 5	5 6	7 8																						
第一	125	*			0 2	0 3	1 3	1 5	3 6																							
第二	125				1 2	3 4	4 5	5 6	7 8																							

*——使用对应的一次抽样方案；A_c——合格判定数；R_e——不合格判定数。

表7 判别水平I的五次抽样方案

样本	样本量	不合格质量水平(RQL)																														
		1.0	1.2	1.5	2.0	2.5	3.0	4.0	5.0	6.5	8.0	10	12	15	20	25	30	40	50	65	80	100	120	150	200	250	300	400	500	650	800	1 000
		A_c R_e	A_c R_e	A_c R_e	A_c R_e	A_c R_e	A_c R_e	A_c R_e	A_c R_e	A_c R_e	A_c R_e	A_c R_e	A_c R_e	A_c R_e	A_c R_e	A_c R_e	A_c R_e	A_c R_e	A_c R_e	A_c R_e	A_c R_e	A_c R_e	A_c R_e	A_c R_e	A_c R_e	A_c R_e	A_c R_e	A_c R_e	A_c R_e	A_c R_e	A_c R_e	A_c R_e
																			*			*		*	*	*	*	*	*	*	*	*
																		*			*		*	*	*	*	*	*	*	*	*	*
																	*			*		*	*	*	*	*	*	*	*	*	*	
																*			┼┼		┼┼	┼┼	┼┼	┼┼	┼┼	┼┼	┼┼	┼┼	┼┼	┼┼		
															*			┼┼		┼┼	┼┼	┼┼	┼┼	┼┼	┼┼	┼┼	┼┼	┼┼	┼┼			
														*			┼┼		┼┼	┼┼	┼┼	┼┼	┼┼	┼┼	┼┼	┼┼	┼┼	┼┼				
													*			┼┼		┼┼	┼┼	┼┼	┼┼	┼┼	┼┼									
第一	2														# 2		# 2	# 3	# 3	# 4	# 4											
第二	2														# 2		0 3	0 3	0 4	1 5	1 6											
第三	2											*			0 2		0 3	1 4	1 5	2 6	3 6											
第四	2														0 2		1 3	2 5	4 6	4 7	6 8											
第五	2														2 3		3 4	4 5	5 6	6 7	7 8											
第一	3													# 2		# 2	# 3	# 3	# 4	# 4												
第二	3													# 2		0 3	0 3	0 4	1 5	1 6												
第三	3										*			0 2		0 3	1 4	1 5	2 6	3 6												
第四	3													0 2		1 3	2 5	4 6	4 7	6 8												
第五	3													2 3		3 4	4 5	5 6	6 7	7 8												
第一	4												# 2		# 2	# 3	# 3	# 4														
第二	4												# 2		0 3	0 3	0 4	1 5														
第三	4									*			0 2		0 3	1 4	1 5	2 6														
第四	4												0 2		1 3	2 5	4 6	4 7														
第五	4												2 3		3 4	4 5	5 6	6 7														
第一	5											# 2		# 2	# 3	# 3	# 4															
第二	5											# 2		0 3	0 3	0 4	1 5															
第三	5								*			0 2		0 3	1 4	1 5	2 6															
第四	5											0 2		1 3	2 5	4 6	4 7															
第五	5											2 3		3 4	4 5	5 6	6 7															
第一	6										# 2		# 2	# 3	# 3	# 4																
第二	6										# 2		0 3	0 3	0 4	1 5																
第三	6							*			0 2		0 3	1 4	1 5	2 6																
第四	6										0 2		1 3	2 5	4 6	4 7																
第五	6										2 3		3 4	4 5	5 6	6 7																
第一	8									# 2		# 2	# 3	# 3	# 4																	
第二	8									# 2		0 3	0 3	0 4	1 5																	
第三	8						*			0 2		0 3	1 4	1 5	2 6																	
第四	8									0 2		1 3	2 5	4 6	4 7																	
第五	8									2 3		3 4	4 5	5 6	6 7																	

*——使用对应的一次抽样方案；┼┼——使用对应的二次抽样方案；#——这样大小的样本不能判检查批合格；A_c——合格判定数；R_e——不合格判定数。

表8　判别水平Ⅱ的五次抽样方案

样本	样本量	不合格质量水平(RQL)																														
		1.0	1.2	1.5	2.0	2.5	3.0	4.0	5.0	6.5	8.0	10	12	15	20	25	30	40	50	65	80	100	120	150	200	250	300	400	500	650	800	1 000
		A_c R_e	A_c R_e	A_c R_e	A_c R_e	A_c R_e	A_c R_e	A_c R_e	A_c R_e	A_c R_e	A_c R_e	A_c R_e	A_c R_e	A_c R_e	A_c R_e	A_c R_e	A_c R_e	A_c R_e	A_c R_e	A_c R_e	A_c R_e	A_c R_e	A_c R_e	A_c R_e	A_c R_e	A_c R_e	A_c R_e	A_c R_e	A_c R_e	A_c R_e	A_c R_e	A_c R_e
																					*			*	*	*	*	*	*	*	*	*
																				*			*	*	*	*	*	*	*	*	*	*
																			*			*	*	*	*	*	*	*	*	*	*	
																		*			┼┼	┼┼	┼┼	┼┼	┼┼	┼┼	┼┼	┼┼	┼┼	┼┼		
																	*			┼┼	┼┼	┼┼	┼┼	┼┼	┼┼	┼┼	┼┼	┼┼	┼┼			
																*			┼┼	┼┼	┼┼	┼┼	┼┼	┼┼	┼┼	┼┼	┼┼	┼┼				
															*			┼┼	┼┼	┼┼	┼┼	┼┼	┼┼									
第一	2																# 2	# 2	# 3	# 3	# 4	0 4										
第二	2																# 2	0 3	0 3	0 4	1 5	1 6										
第三	2													*			0 2	0 3	1 4	1 5	2 6	3 8										
第四	2																0 2	1 3	2 5	4 6	4 7	5 9										
第五	2																2 3	3 4	4 5	5 6	6 7	9 10										
第一	3															# 2	# 2	# 3	# 3	# 4												
第二	3															# 2	0 3	0 3	0 4	1 5												
第三	3												*			0 2	0 3	1 4	1 5	2 6												
第四	3															0 2	1 3	2 5	4 6	4 7												
第五	3															2 3	3 4	4 5	5 6	6 7												
第一	4														# 2	# 2	# 3	# 3	# 4													
第二	4														# 2	0 3	0 3	0 4	1 5													
第三	4											*			0 2	0 3	1 4	1 5	2 6													
第四	4														0 2	1 3	2 5	4 6	4 7													
第五	4														2 3	3 4	4 5	5 6	6 7													
第一	5													# 2	# 2	# 3	# 3	# 4														
第二	5													# 2	0 3	0 3	0 4	1 5														
第三	5										*			0 2	0 3	1 4	1 5	2 6														
第四	5													0 2	1 3	2 5	4 6	4 7														
第五	5													2 3	3 4	4 5	5 6	6 7														
第一	6												# 2	# 2	# 3	# 3	# 4															
第二	6												# 2	0 3	0 3	0 4	1 5															
第三	6									*			0 2	0 3	1 4	1 5	2 6															
第四	6												0 2	1 3	2 5	4 6	4 7															
第五	6												2 3	3 4	4 5	5 6	6 7															
第一	8											# 2	# 2	# 3	# 3	# 4																
第二	8											# 2	0 3	0 3	0 4	1 5																
第三	8								*			0 2	0 3	1 4	1 5	2 6																
第四	8											0 2	1 3	2 5	4 6	4 7																
第五	8											2 3	3 4	4 5	5 6	6 7																

*——使用对应的一次抽样方案；┼┼——使用对应的二次抽样方案；#——这样大小的样本不能判检查批合格；A_c——合格判定数；R_e——不合格判定数。

表 9　判别水平Ⅲ的五次抽样方案

样本	样本量	不合格质量水平(RQL)																														
		1.0	1.2	1.5	2.0	2.5	3.0	4.0	5.0	6.5	8.0	10	12	15	20	25	30	40	50	65	80	100	120	150	200	250	300	400	500	650	800	1 000
		A_c R_e	A_c R_e	A_c R_e	A_c R_e	A_c R_e	A_c R_e	A_c R_e	A_c R_e	A_c R_e	A_c R_e	A_c R_e	A_c R_e	A_c R_e	A_c R_e	A_c R_e	A_c R_e	A_c R_e	A_c R_e	A_c R_e	A_c R_e	A_c R_e	A_c R_e	A_c R_e	A_c R_e	A_c R_e	A_c R_e	A_c R_e	A_c R_e	A_c R_e	A_c R_e	A_c R_e
																						*			*	*	*	*	*	*	*	*
																					*			*	*	*	*	*	*	*	*	*
																				*			*	*	*	*	*	*	*	*	*	
																			*			┼┼	┼┼	┼┼	┼┼	┼┼	┼┼	┼┼	┼┼	┼┼		
																		*			┼┼	┼┼	┼┼	┼┼	┼┼	┼┼	┼┼	┼┼	┼┼			
																	*			┼┼	┼┼	┼┼	┼┼	┼┼	┼┼	┼┼	┼┼	┼┼				
																*			┼┼	┼┼	┼┼	┼┼	┼┼	┼┼								
第一	2																	# 2	# 2	# 3	# 3	# 4	0 4									
第二	2																	# 2	0 3	0 3	0 4	1 6	2 7									
第三	2														*			0 2	0 3	1 4	1 5	3 6	4 9									
第四	2																	0 2	1 3	2 5	4 6	6 8	6 11									
第五	2																	2 3	3 4	4 5	5 6	7 8	10 11									
第一	3																# 2	# 2	# 3	# 3	# 4											
第二	3																# 2	0 3	0 3	0 4	1 6											
第三	3													*			0 2	0 3	1 4	1 5	3 6											
第四	3																0 2	1 3	2 5	4 6	6 8											
第五	3																2 3	3 4	4 5	5 6	7 8											
第一	4															# 2	# 2	# 3	# 3	# 4												
第二	4															# 2	0 3	0 3	0 4	1 6												
第三	4												*			0 2	0 3	1 4	1 5	3 6												
第四	4															0 2	1 3	2 5	4 6	6 8												
第五	4															2 3	3 4	4 5	5 6	7 8												
第一	5														# 2	# 2	# 3	# 3	# 4													
第二	5														# 2	0 3	0 3	0 4	1 6													
第三	5											*			0 2	0 3	1 4	1 5	3 6													
第四	5														0 2	1 3	2 5	4 6	6 8													
第五	5														2 3	3 4	4 5	5 6	7 8													
第一	6													# 2	# 2	# 3	# 3	# 4														
第二	6													# 2	0 3	0 3	0 4	1 6														
第三	6										*			0 2	0 3	1 4	1 5	3 6														
第四	6													0 2	1 3	2 5	4 6	6 8														
第五	6													2 3	3 4	4 5	5 6	7 8														
第一	8												# 2	# 2	# 3	# 3	# 4															
第二	8												# 2	0 3	0 3	0 4	1 6															
第三	8									*			0 2	0 3	1 4	1 5	3 6															
第四	8												0 2	1 3	2 5	4 6	6 8															
第五	8												2 3	3 4	4 5	5 6	7 8															

*——使用对应的一次抽样方案；┼┼——使用对应的二次抽样方案；#——这样大小的样本不能判检查批合格；A_c——合格判定数；R_e——不合格判定数。

第十章

统计技术及其应用

统计技术是质量管理中进行质量分析、质量控制和质量改进的基本工具和方法。尽管2008版ISO 9001标准结构不再采用20个要素的形式，而是采用过程方法，形成管理职责、资源管理、产品实现以及测量、分析和改进四大版块的结构，统计技术不再作为单独的要素出现，但统计技术将作为贯彻质量管理八项原则的有效手段融合在各项主要过程中，尤其是在监视和测量、不合格品控制、数据分析及改进等过程中都要求尽可能选择适用的统计技术。特别是制造业的质量数据通常具有量大、面广，且有内在波动和相互联系的特点，不使用统计技术难以进行数据分析。

由此可见，随着质量管理的普遍提高，标准对统计技术应用的要求也将会越来越高，统计技术在质量管理中所起的作用也将为各类组织所认识。

第一节　基础知识

一、统计方法简介

统计技术：是以概率论为理论基础，研究随机现象中确定的数学规律，并预示其发展的应用数学。

统计方法：是指收集、整理、分析和解释统计数据，并对所反映的问题做出一定结论的方法。在统计技术的基础上，形成较为固定和模式化的统计方法。

统计工具：是简化的统计方法，是统计技术中的具体方法。

可见，统计工具、统计方法和统计技术，三者之间既有联系又有差异。

统计方法一般分为描述性统计方法和推断性统计方法两种。

描述性统计方法是对统计数据进行整理和描述的方法。描述性统计方法常用折线图、曲线图和频数直方图、散布图、排列图等形式。

推断性统计方法是在描述基础上，进一步对统计数据所反映的问题进行分析、解释和做出推断性结论的方法。如回归分析、方差分析、假设检验等。

统计方法有以下三种性质：

（1）描述性　利用统计方法对统计数据进行整理和描述，展示出统计数据的规律。

（2）推断性　统计方法都要通过详细研究样本，推断总体状况。

（3）风险性　统计方法既然用部分推断整体，就可能有错误，就要担风险。不过，正确使用统计方法，可以最大限度减少风险。

二、产品质量波动

产品质量具有波动性和规律性。在生产实践中，即使操作者、机器、原材料、加工方法、测试手段、生产环境等条件相同，生产出来的一批产品的质量特性数值也并不完全相同，总是存在差异，这就是产品质量波动性。因此，产品质量波动性具有普遍性和永恒性。当生产过程处于统计控制状态时，生产出来的产品质量特性数据，其波动服从一定的分布规律，这就是产品质量的规律性。

从统计学的角度来看，可以把产品质量波动分成正常波动和异常波动两类。

1. 正常波动

正常波动是由随机原因引起的产品质量波动。这些随机因素在生产过程中大量存在，对产品质量经常发生影响，但其所造成的质量特性值波动往往比较小。例如，原材料的成分和性能上的微小差异，机器设备的轻微振动，温、湿度的微小变化，操作方面、测量方法、检测仪器的微小差异等。对这些波动的随机因素的消除，在技术上难以达到，在经济上的代价又很大。因此，一般情况下这些质量波动在生产过程中是允许存在的，所以称为正常波动。公差就是承认这种波动的产物。我们把仅有正常波动的生产过程称为过程处于统计控制状态，简称为受控状态或稳定状态。

2. 异常波动

异常波动是由系统原因引起的产品质量波动。这些系统因素在生产过程中并不大量存在，对产品质量不经常发生影响；一旦存在，对产品质量的影响就比较显著。比如，原材料不符合规定要求，机器设备带病运转，操作者违反操作规程，测量工具带系统性误差等。由于这些因素引起的质量波动大小和作用方向一般具有周期性或倾向性，因此，异常波动比较容易查明，容易预防和消除。又由于异常波动对质量特性值的影响较大，一般说来生产过程中是不允许其存在的。我们把有异常波动的生产过程称为非统计控制状态，简称失控状态或不稳定状态。

质量管理的一项重要工作，就是要找出产品质量波动规律，把正常波动控制在合理范围内，消除系统原因引起的异常波动。

从微观角度看，引起产品质量波动的原因主要来自六个方面，也就是人、机、料、法、测及环，通常把这六方面因素称为引起产品质量波动的六大因素，简称为“5MIE”因素。

三、统计数据及其分类

在工厂、车间、生产现场，经常碰到的统计数据有：职工人数、职工工资总额、产量、产值、工业总产值、重量、尺寸、强度、化学成分、纯度、硬度、浓度、温度、湿度、耗电量、气孔数、疵点数、砂眼数、不合格品数、不合格品率、合格品率、一等品率等。这些统计数据，有的可以直接测量出来，有的可以数出来，有的是由两个数相除得到的。从统计角度来看，一般把上述统计数据分成两大类，即计量数据和计数数据。计数数据又可细分为计件数据和计点数据。

1. 计量数据

凡是可以连续取值的，或可以用测量工具具体测量出小数点以下数值的这类数据，就称为计量数据。如长度、容积、重量、化学成分、温度、产量、职工工资总额等。就拿长度来说，在 1 mm ~ 2 mm 之间，还可以连续测出 1.1，1.2，1.3，1.4 mm 等数值来，而在 1.1 mm ~ 1.2 mm 之间，还可以进一步连续测出 1.11，1.12，1.13，1.14 mm 等数值来。

计量数据常服从正态分布。

2. 计数数据

凡是不能连续取值的，或者说即使用测量工具也得不到小数点以下的数据，而只能得到 0 或 1，2，3…自然数的这类数据，就称为计数数据。计数数据又可细分为计件数据和计点数据。计件数据是指按件计数的数据，如不合格品数、彩色电视机台数、质量检测项目数等。计点数据指按缺陷点（项）计数的数据，如疵点数、气泡数、砂眼数、单位（产品）缺陷数等。

应当指出，当数据以百分率表示时，要判断它是计量数据还是计数数据，应根据给出数据的计算公式的分子。当分子是计量数据时，则求得的百分率数据为计量数据；当分子是计数数据时，即使得到的百分率不是整数，它也应属于计数数据。例如，生产出的1 000台电动机中，有 12 台是不合格品，其不合格品率为

$$\frac{12\text{台}}{1\ 000\text{台}} \times 100\% = 1.2\%$$

从数据 1.2% 来看，它虽然有小数点以下的数值的特征，但因为计算公式中分子 12 台是计数数据，所以电动机不合格品率 1.2% 应是计数数据。

计件数据常服从二项分布，计点数据常服从泊松分布。

四、总体与样本

通常我们并不可能为了掌握一批产品的质量信息而对整批产品全部检测。同时，在大多数情况下也不可能为了了解某道工序的产品质量而把该工序所制造出来的全部产品一一加以测试，只能从中抽取一定数量的样品进行测试，从样品的测试结果来推断整批产品的质量。

什么叫总体？总体又叫“母体”。它是指某一次统计分析中研究对象的全体。总体是提供统计数据的大本营，源源不断地提供原始数据的库。比如，要研究一道工序或一批产品质量的好与坏，那么被研究分析的“这道工序或这批产品”就是总体。总体可以是有限的，也可以是无限的。例如生产一批电子元件 10 万件，尽管它的数量相当大，但总是可以数得清楚的，因此可以说这批被研究的电子元件 10 万件是有限总体。然而，对于这个电子元件厂或某个生产过程，或某道工序来说，过去、现在都生产这种电子元件，而且以后仍将继续生产这种电子元件，这样它的数量就无法数清楚了。因此，可将这个厂、某个生产过程或某道工序的从前、现在、将来的全部产品视为无限总体。组成总体的每个单元（产品）叫做个体。总体中所含的个体数叫做总体含量（总体大小），常用符号 N 表示。

样本也叫“子样”。它是从总体中随机抽取出来并且要对它进行详细研究分析的一部分个体（产品）。样本中所含的样品数目，一般叫做样本大小或样本含量，常用符号 n 表示。比如从一批数量为 1 000 件的产品中随机抽取出 20 件产品，并对它的直径进行检测，则被

抽取出的20件产品组成的样本大小为20。被抽出的样本中每一件产品叫做样品。样本是由1件或若干件样品组成的。

抽样，就是指从总体中随机抽取样品组成样本的活动过程。

随机取样，就是要使总体中的每一个个体（产品）都有同等机会被抽取出来组成样本的活动过程。

抽取样本获得样本的信息不是目的，而是达到研究总体状况的一种手段。在质量管理中，常用这种研究局部去推断全局，研究样本去估计、预测总体的统计方法，达到保证和提高产品质量的目的。当然，运用样本来估计、推断总体不会是百分之百正确的，而且肯定会有误差和判断误差。不过，我们可以根据目的要求让这种错误尽量减少。

下面进一步说明总体和样本的关系。如果收集数据的目的是为了对生产过程中的某道工序进行预防性控制和管理，就应该以这道工序作为研究对象，在生产加工过程中或从已加工出的一批产品中，随机抽取样本进行测试，将所得到的数据进行整理、分析和判断，用来说明这道工序的状况和加工产品的质量趋势。如果收集数据的目的是为了对一批产品进行质量评价和验收，判定这批产品的质量是否合格，产品质量达到什么样的水平、应不应该接收，那么就应该以这批产品作为对象，从中随机抽取一部分产品为样本进行测试，把所得到的质量数据与规定的判定标准进行比较，从而判定该批产品的质量状况（见表10—1）。

表10—1　数据、样本和总体的关系

目　的		总　体	样　本	数　据
对工序进行分析控制	无限总体	工序 →	一批半成品 → 样本 →	数据（判断 → 工序）
对一批产品质量进行判定，确定是否合格	有限总体	一批产品 →	样本 →	数据（判断 → 一批产品）

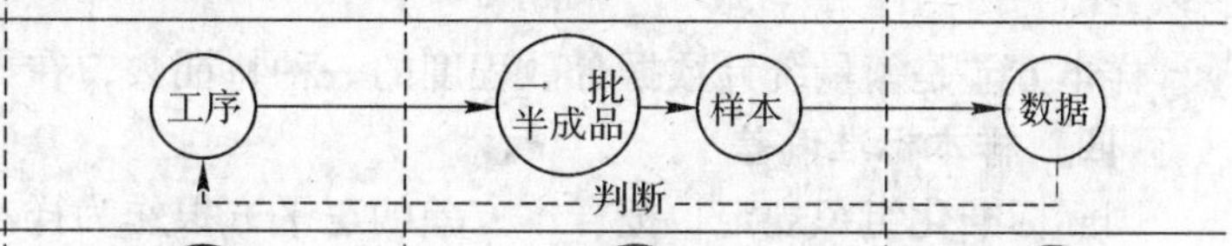

五、统计特征数

统计方法中常用的统计特征数可分为两类，一类是表示数据的集中位置的，如样本平均值、样本中位数等；一类是表示数据的离散程度的，如样本极差、样本标准偏差等。下面介绍几种常用的统计特征数。

（一）样本平均值

样本平均值是表示数据集中位置的统计特征数中最基本的一种，常用符号$\bar{X}$表示，其计算公式为：

$$\bar{X} = \frac{1}{n}\sum_{i=1}^{n} X_i \qquad (10\text{—}1)$$

式中　$\bar{X}$——样本的算术平均值；

n——样本大小。

例如，有2，3，4，5，6五个统计数据，则其平均值 $\bar{X} = \frac{2+3+4+5+6}{5} = 4$。

（二）样本中位数

把收集到的统计数据 X_1，X_2，…，X_n 按大小顺序重新排列，排在正中间的那个数称为中位数，用符号$\tilde{X}$来表示。

当 n 为奇数时，正中间的数只有一个；当 n 为偶数时，正中位置有两个数，此时，中位数为正中两个数的算术平均值。

例如，有 1.2，1.1，1.4，1.5，1.3 五个统计数据，中位数$\tilde{X}=1.3$

又如，有 1.0，1.2，1.4，1.1 四个统计数据，则中位数$\tilde{X}=\dfrac{1.1+1.2}{2}=1.15$

中位数也是表示数据集中位置的一种特征数，只是较样本平均值表示的数据集中位置要粗略一些，但是可以减少计算的工作量。

（三）样本方差

样本方差的计算公式为：

$$s^2=\frac{1}{n-1}\sum_{i=1}^{n}(X_i-\bar{X})^2 \tag{10—2}$$

式中 s^2——样本方差；

$(X_i-\bar{X})$——某一数据与样本平均值之间的偏差。

例如，有 2，3，4，5，6 五个统计数据，则其方差

$$s^2=\frac{1}{5-1}\left[(2-4)^2+(3-4)^2+(4-4)^2+(5-4)^2+(6-4)^2\right]=2.5$$

样本方差是衡量统计数据分散程度的一种特征数，在方差分析中常用到。

（四）样本标准偏差

国际标准化组织规定，把样本方差的正平方根作为样本标准偏差，用符号 s 来表示。所以样本标准偏差的计算公式为：

$$s=\sqrt{\frac{1}{n-1}\sum_{i=1}^{n}(X_i-\bar{X})^2} \tag{10—3}$$

沿用计算样本方差的例子，五个统计数据的标准偏差

$$s=\sqrt{\frac{1}{5-1}\left[(2-4)^2+(3-4)^2+(4-4)^2+(5-4)^2+(6-4)^2\right]}\approx 1.58$$

为什么要用 s^2 或 s 来衡量数据的分散程度呢？由式（10—2）和式（10—3）可知，求和号$\sum$中的每一项（$X_i-\bar{X}$）是表示第 i 个数据同这批数据的平均值$\bar{X}$（它代表这批数据的集中位置）的偏差。如果将这些偏差值单纯地相加，容易证明其和为零，无法用来表示数据的分散程度，因此一般都用偏差的平方和衡量。为什么在计算样本方差时要用（$n-1$）作为除数，而不像计算样本平均值那样用 n 作为除数呢？通俗地说，就是为使计算结果更精确些。

（五）样本极差

极差是一组统计数据中最大值与最小值之差。常用符号 R 表示，其计算公式为：

$$R=X_{\max}-X_{\min} \tag{10—4}$$

式中 $X_{\max}$——一组数据中的最大值；

$X_{\min}$——一组数据中的最小值。

比如，有3，6，7，8，10五个数据组成的一个样本，则极差 $R=10-3=7$。

极差是表示数据分散程度的各种特征值中计算最简单的一种。但是由于只用了一组数据中两头的数据，没有充分利用全部数据所提供的信息，因此极差反映实际情况的准确性较差。例如，2，4，5，7，9与2，3，5，8，9两组数据，它们的极差都是一样的（$R=7$），但是这两组数据的分布情况却不相同。

第二节　随机变量及常用的典型分布

一、概　　述

（一）随机现象

人们在生产活动和科学实验中观察的现象是多种多样的，基本上可以分为两大类。

确定性现象：这一类现象，我们可以预言其在一定的条件必然发生（或必然不发生）。例如，在重力作用下物体必然下落；同性电荷必然不相互吸引，等等。这类现象的基本特点是因果关系呈现出确定性。这类现象称为确定性现象。

偶然性现象：这类现象在一定的条件下可能出现也可能不出现，其因果关系呈现偶然性。例如掷一枚硬币，可能国徽朝上，也可能数字朝上；从不合格品率为10%的产品中抽取一件产品，可能抽到一件合格品，也可能抽到一件不合格品。这类现象称为偶然性现象。

人们经过长期实践和深入研究之后，发现偶然性现象虽然就每次观察或试验的结果来说呈现出不确定性，但是在大量重复观察或试验下其结果却呈现出某种规律性。例如，多次重复抛掷一枚硬币，国徽朝上的次数有一半左右；从不合格品率为10%的产品中抽取一件产品，在多次重复的情况下我们就发现抽到不合格品的次数约占总次数的十分之一左右，等等。这种在大量重复观察和试验中所呈现出的固有规律性称之为统计规律性。这种在个别试验中呈现出不确定性，而在大量重复试验中又具有统计规律性的现象，称之为随机现象。

（二）随机试验

在概率论中我们总是通过研究随机试验来研究随机现象。在这里，试验作为一个广泛的术语，包括各种各样的科学试验，甚至包括对某一事物的某一特征的观察。随机试验是具有某些特征的一类试验。为了说明随机试验的含义，先看下面一些例子。

E_1：掷一枚硬币，观察正面H和反面T出现的情况；

E_2：一枚硬币连续掷两次，观察正、反面出现的情况；

E_3：掷一颗骰子，观察每次出现的点数；

E_4：记录某电话交换台一分钟内接到的呼唤次数；

E_5：在100件产品中有10件是不合格品，90件是合格品，每次取3件，观察这3件中不合格品的件数；

E_6：一名射手进行射击，直到击中目标为止，观察射击的次数。

我们来分析这6个例子的共同特点。例如试验 E_1，它有两种可能的结果，或出现H面或出现T面，但在抛掷硬币之前不能确定出现H面还是出现T面，另外这个试验可以多次重复进行。又如试验 E_3，它有6种可能的结果，即出现的点数为1，2，3，4，5，6中之一，这个试验在投掷之前不能确定出现几点，同样可以多次重复进行。概括起来，这些试验都具有以下特性：

（1）可以在相同条件下重复进行；

（2）每次试验的可能结果不止一个，并且能事先明确试验的可能结果；

（3）进行一次试验之前不能确定哪一个结果一定会出现。

在概率论中，我们把具有上述特性的试验称为随机试验，简称试验。通常记为 E。

（三）随机事件

在没有完成随机试验之前是不能确定这次试验的结果的，但是这个随机试验的全部可能结果是可以知道的。我们把随机试验的每一种可能的结果，都称为这一随机试验的一个基本随机事件，简称基本事件。

例如，在 E_1 中，出现"H 面"、"T 面"就是这一试验的基本事件；在试验 E_3 中，出现"1 点"、"2 点"、……、"6 点"就是这一试验的基本事件。

在一个试验中，基本事件的任何一种组合都称为这个试验的一个随机事件，简称为事件。例如，在 E_3 中由基本事件"1 点"、"3 点"、"5 点"构成的组合就是 E_3 的一个"奇数点"事件。

仅仅由一个基本事件组成的随机事件，实际上就是基本事件。因此，基本事件也是随机事件。由全体基本事件构成的事件叫必然事件，记为 U。例如，在试验 E_3 中，"点数不大于 6"的事件是由基本事件"1 点"、"2 点"、……、"6 点"共同组成的，在任何一次试验中"点数不大于 6"这一事件是必然发生的。在任何一次试验中都不可能发生的事件叫不可能事件，记为 V。例如，在试验 E_3 中，"点数大于 6"的事件不是由基本事件构成的，在任何一次试验中它都不可能发生。

（四）样本空间

为了便于研究随机试验 E，我们将随机试验 E 的所有基本事件组成的集合叫做 E 的样本空间，记为 S。S 中的元素就是试验 E 的基本事件。上面提到过的 6 个试验的样本空间为：

$S_1=\{H, T\}$

$S_2=\{(H, T), (H, H), (T, T), (T, H)\}$

$S_3=\{1, 2, 3, 4, 5, 6\}$

$S_4=\{0, 1, 2, 3, \cdots\}$

$S_5=\{0, 1, 2, 3\}$

$S_6=\{+, -+, --+, ---+, \cdots\}$，其中"+"表示击中，"−"表示没击中，"+"表示第一次便击中，"−+"表示第二次击中……

（五）频率与概率

1. 频率

在研究随机事件的统计规律时，我们希望能将一个随机事件发生的可能性的大小用一个数字表示。由于随机事件是随机试验的某些结果的组合，所以我们就想知道随机试验的每一个结果（基本事件）出现的可能性大小的数量大小（即定量的描述）。为此，引用下面的概念。

假设随机事件 A 在 n 次试验中发生了 m 次，则比值 $\frac{m}{n}$ 叫做随机事件 A 的频率，记为 $f(A)$：

$$f(A)=\frac{m}{n} \tag{10—5}$$

显然，在任何一个试验序列中，事件A发生的次数m（频数）总是介于$0\sim n$之间的一个数，所以任何随机事件的频率都是介于0与1之间的一个数，即$0\leqslant f(A)\leqslant 1$。

如果事件A是必然事件，则有$m=n$，所以必然事件的频率总等于1。如果事件A是不可能事件，则有$m=0$，所以不可能事件的频率总等于零。

一个随机试验的随机事件A，在n次试验中出现的频率为$f(A)$。当试验的次数逐渐增多时，它会在某一个常数附近摆动，而且逐渐稳定于这个常数。现举两个例子加以说明。

[例10—1] 抛掷一枚硬币，规定硬币是均匀的，让硬币自由落在具有弹性的桌面上，考查硬币国徽面朝上的频率。其观察结果记录见表10—2。

表10—2　投掷结果

实验者	投掷次数n	出现H面朝上次数m	频率$f=\frac{m}{n}$
1	2 048	1 061	0.518 1
2	4 040	2 048	0.506 9
3	12 000	6 019	0.501 6
4	24 000	12 012	0.500 5

[例10—2] 从口袋中任取一球，观察颜色后放回，搅匀后再取。口袋中有6只体积、重量、光洁度相同的塑料球，其中4只是白色，2只红色，考查取到白球的频率。试验记录见表10—3。

表10—3　抽取结果

抽取的次数n	100	200	300	400	500	600
取到白球的次数m	69	139	198	261	337	401
$f=\frac{m}{n}$	0.690	0.695	0.660	0.653	0.674	0.668

2. 概率的统计定义

频率的重要意义在于：一方面它能一定程度地反映事件A的可能性大小；另一方面它又比较简单，容易掌握。用频率来刻划事件发生可能性大小直观，但有缺点，这就是它有随机波动性。不过当试验的次数n逐渐增多时，频率$f(A)$将稳定于某个常数P，这个常数是客观存在的。

定义：若在相同的条件下，重复做n次试验，设事件A在n次试验中出现了m次，且当n充分大时，事件A的频率$\frac{m}{n}$稳定地在某一常数P附近摆动，则称这个常数P为事件A的概率，记为$P(A)$。即$P(A)=P$。

概率的统计定义说明了两点：

(1) 指出概率是随机事件在一次试验中发生的可能性大小的数量表示；

（2）给出了概率的近似求法，在大量重复的试验中，可以用事件A出现的频率$\frac{m}{n}$作为概率$P(A)$的近似值。

应该指出，随机事件的频率是与试验进行的次数有关的随机量，而概率是与试验次数无关的常数。概率是试验次数无限增大时频率的极限值，而频率是概率的随机表现。

$$P(A)=\lim_{n\to\infty}f(A) \tag{10—6}$$

3. 概率的性质

（1）因为$P(A)$为$f(A)=\frac{m}{n}$（n很大，且$0<m<n$）的稳定值，所以$P(A)$总是介于0和1之间的一个数，即$0\leqslant P(A)\leqslant 1$；

（2）必然事件的概率等于1，即$P(U)=1$；

（3）不可能事件的概率等于0，即$P(V)=0$；

（4）当事件B的概率非常小，即$P(B)$接近于0时，我们称事件B为“小概率事件”。

二、随机变量及其典型分布

（一）随机变量

随机变量不同于通常所说的“变量”，它是表示随机试验结果的一个变量，与随机试验紧密地联系在一起。

［例10—3］投掷一枚匀称的骰子。每次试验的结果可能出现1，2，3，4，5，6中任何一个点数，但究竟出几点，在试验之前是不能得知的。然而，每次试验之后，就会出现一个确定的点数。显然，这个出现的“点数”，是随试验的结果而定的量。我们说出现的“点数”就是“随机变量”。

［例10—4］从一大批次品率为P的产品中随机抽取6件产品，考查结果是“抽到的次品数”。共有7种可能的抽查结果，即抽到的次品数可以是0，1，2，3，4，5，6中任意一个数。可见，抽到的“次品数”也是一个随机变量。

定义：对于随机试验的每一个可能结果A，都唯一对应着一个实数X，则称X为随机变量。

随机变量分为离散型、连续型两种类型。

（二）离散型随机变量的概率分布

1. 概率分布的定义

在实际问题中，要从大量随机事件组成的总体中，求出某一随机事件出现的概率，归根结底是要寻求随机变量X取值的总体规律性。因此，对于一个随机变量，我们不仅要知道它取哪些可能值，更重要的是知道它取各个值的可能性大小。也就是说，需要知道它以怎样的概率来取这些值，这样就能够知道这个随机变量的规律。这种变化规律可以用“概率分布”来描述。

定义：设X是一个离散型随机变量，它只能取有限个或一串值，其可能的取值为x_1，x_2，…，x_k，…。当X取值为x_k时，它所对应的事件$\{X=x_k\}$的概率记作$P\{X=x_k\}$，则称下列一串概率：$P_1=P\{X=x_1\}$，$P_2=P\{X=x_2\}$，…，$P_k=P\{X=x_k\}$…为随机变量x

的概率分布。

[例 10—5] 掷一个匀称的骰子，求“出现点数”的概率分布。

解：设 X 表示“出现点数”，随机变量 X 的可能取值为 1，2，3，4，5，6，根据古典概型的计算公式得概率分布

$$P_1 = P\{X=1\} = \frac{1}{6}$$

$$P_2 = P\{X=2\} = \frac{1}{6}$$

$$\cdots$$

$$P_6 = P\{X=6\} = \frac{1}{6}$$

[例 10—6] 从合格品率为 90% 的一批产品中任意取出一件，试求抽检结果的概率分布。

解：抽检结果只有两个，要么合格，要么不合格。令随机变量 $X=1$ 表示“抽到合格品”，$X=0$ 表示“抽到不合格品”，则抽检结果的概率分布

$$P_1 = P\{X=1\} = 0.9$$
$$P_0 = P\{X=0\} = 1-0.9 = 0.1$$

[例 10—7] 从 5 件产品（2 件次品，3 件正品）中随机抽取 2 件，求“出现次品数”的概率分布。

解：设随机变量 X 表示抽到次品数，X 取的可能值为 0，1，2，根据古典概型的计算公式得概率分布

$$P_0 = P\{X=0\} = \frac{C_3^2}{C_5^2} = \frac{3}{10}$$

$$P_1 = P\{X=1\} = \frac{C_2^1 \cdot C_3^1}{C_5^2} = \frac{6}{10}$$

$$P_2 = P\{X=2\} = \frac{C_2^2}{C_5^2} = \frac{1}{10}$$

2. 概率分布的表示方法

(1) 概率分布表

将 X 的各种可能取值和相应的概率列成表的形式。

X	x_1	x_2	…	x_k	…
P	P_1	P_2	…	P_k	…

则有，[例 10—5]：

X	1	2	3	4	5	6
P	$\frac{1}{6}$	$\frac{1}{6}$	$\frac{1}{6}$	$\frac{1}{6}$	$\frac{1}{6}$	$\frac{1}{6}$

[例 10—6]：

X	0	1
P	0.1	0.9

[例 10—7]：

X	0	1	2
P	$\frac{3}{10}$	$\frac{6}{10}$	$\frac{1}{10}$

(2) 概率分布图

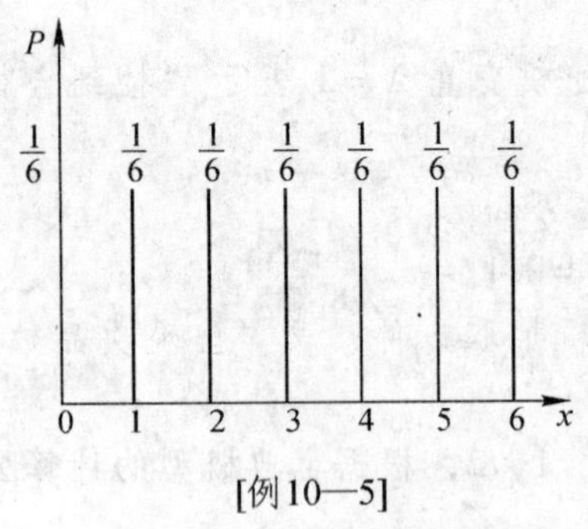

[例10—5]

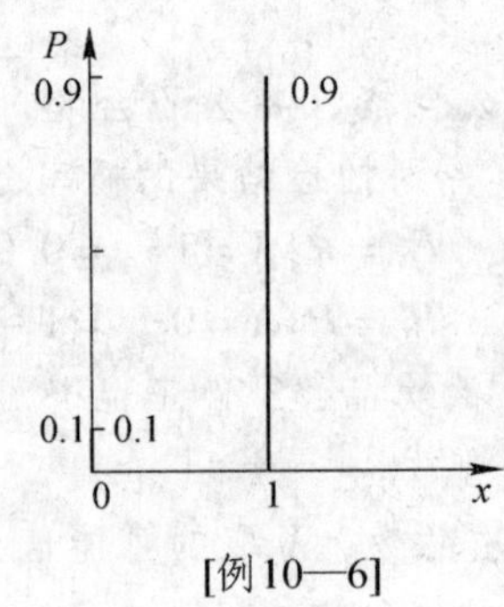

[例10—6]

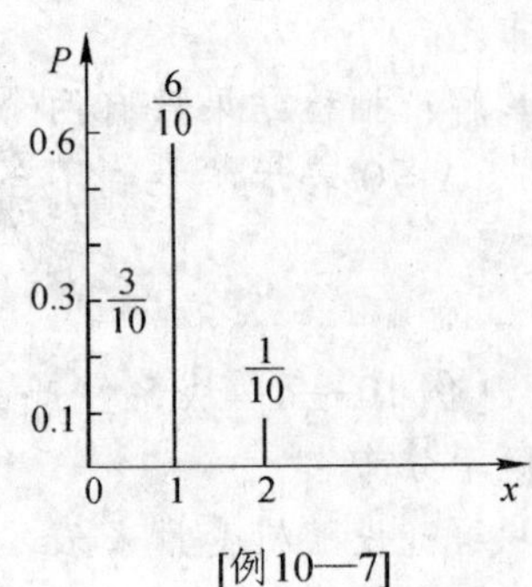

[例10—7]

(3) 公式法

[例 10—5]：$P_k = P\ \{X = k\}\ = \frac{1}{6}\quad (k = 1,\ 2,\ 3,\ 4,\ 5,\ 6)$

[例 10—6]：$P_k = P\ \{X = k\}\ = \begin{cases} 0.9 & k = 1 \\ 0.1 & k = 0 \end{cases}$

[例 10—7]：$P_k = P\ \{X = k\}\ = \frac{C_3^{2-k} C_2^k}{C_5^2}\quad (k = 0,\ 1,\ 2)$

综上所述，根据概率的基本性质，任何概率与分布都具有下述两点性质：

① 因为概率是非负的，所以随机变量 X 取任何值时，均有 $P_1 \geqslant 0, P_2 \geqslant 0, \cdots, P_k \geqslant 0 \cdots$。因此，概率分布图均在横轴的上方。

② 因为全部随机事件 $\{X = x_k\}$（$k = 1,\ 2,\ 3,\ \cdots$）构成一个互不相容的完全事件组，所以当随机变量 x 遍取所有可能值时，其相应的概率之和等于 1，即

$$P_1 + P_2 + \cdots + P_k + \cdots = \sum_k P_k = 1$$

（三）几种常见的离散型分布

常见的离散型分布有超几何分布、二项分布和泊松分布。

1. 超几何分布

假设，在 N 个同类产品构成的总体中，有 M 个是次品，则其余（$N - M$）个是正品。从总体里任意抽出 n 个产品（无放回地抽取），试分析一下其中恰好有 m 件次品的概率 $P_m = P\ \{x = m\}$（$m = 0,\ 1,\ 2,\ \cdots,\ l$，当 $M > n$ 时，$l = n$；当 $M < n$ 时 $l = M$）是多少？

为了求出 P_m，我们还要依据概率的古典定义。在抽出的 n 个产品中，包括 m 个次品和（$n-m$）个正品，从 M 个次品中抽出 m 个次品共有 C_M^m 种不同的抽法，而从（$N-M$）个正品中抽出（$n-m$）个正品共有 C_{N-M}^{n-m} 种不同的抽法。因为 m 个次品的任一种选法都可以和（$n-m$）个正品的任一种选法相搭配，根据乘法原理可知，总的搭配方式为（$C_M^m \cdot C_{N-M}^{n-m}$）种。若令抽到的次品个数为随机变量 X，则 X 的概率分布

$$P_m = P\{X=m\} = \frac{C_M^m \cdot C_{N-M}^{n-m}}{C_N^n}$$

$$m=0,1,2,\cdots,l$$

$$l=\min(M,n) \tag{10—7}$$

我们称此种概率分布为超几何分布。

如果由 N 个产品构成的总体，已知其次品率为 p，则次品数 $M=Np$，正品数 $N-M=N(1-p)=Nq$。那么超几何分布的概率表达式还可以表示为：

$$P_m = P\{X=m\} = \frac{C_{Np}^m \cdot C_{Nq}^{n-m}}{C_N^n}$$

$$m=0,1,2,\cdots,l$$

$$l=\min(Np,n)$$

$$q=1-p \tag{10—8}$$

超几何分布的特点：

（1）概率分布 P_m 是由古典概型的计算公式推导出的，适用于古典概型。

（2）概率分布 P_m 依赖于参数 N，M，n 或 N，p，n，这几个参数称为超几何分布的分布参数。

（3）超几何分布的试验，它的抽取方式是无放回地抽取；若是有放回地抽取，则不属于超几何分布。

（4）总体中元素的个数 N 是有限的。

［例 10—8］某厂生产的一批产品共 100 件，不合格品率为 5%。现从这 100 件产品中任意抽取 20 件作为样本，求样本中没有不合格品的概率。

解：设随机变量 X 为“样本中的不合格品件数”。根据分布可知，X 服从于超几何分布，分布参数为 $N=100$，$p=0.05$，$n=20$。若样本中没有不合格品，显然 $X=0$。根据公式可得

$$P_0 = P\{X=0\} = \frac{C_5^0 \cdot C_{95}^{20-0}}{C_{100}^{20}} = 0.319$$

2. 二项分布

二项分布是概率论和数理统计中一种极为重要且应用十分广泛的概率分布。

假设有一批产品，其次品率为 p，则正品率 $q=1-p$。现在从中有放回地抽取 n 件，试分析其中恰有 k 次抽到次品的概率是多少？

这一试验属于独立试验序列概型。若设随机变量 X 为“抽到次品的次数”，根据独立试验序列概型公式可以计算出事件 $\{X=k\}$ 的概率为

$$P_k = P\{X=k\} = C_n^k p^k q^{n-k}$$

$$k=0,1,2,\cdots,n \tag{10—9}$$

我们称此种概率为二项分布。

二项分布的特点：

（1）概率分布 P_k 是由独立试验序列概型的计算公式推导出的，适用于独立试验序列概型。

（2）概率分布 P_k 依赖于参数 n，p。这两个参数称为二项分布参数。二项分布常记为B（n，p）。

（3）二项分布的试验，它的抽取方式是有放回地抽取。因此，在每次试验时事件发生的概率保持不变，始终等于 p。由此可知，二项分布是以无限总体为基础的，这是与超几何分布的重要区别。

（4）由于超几何分布和二项分布的每次试验结果都只有两种可能性（或发生，或不发生），因此，两种分布又有一定的联系，即二项分布是超几何分布在 n 趋于∞，$\frac{M}{N}$趋于 p 时的极限。

因此，在实际应用中，当总体的数量与样本的数量之比 $\frac{N}{M}>10$ 时，就可以用二项分布去代替超几何分布。

［例 10—9］有 100 件产品，废品率为 5%。现从中任意抽取 6 件（无放回地抽取），求产品中最多出现 1 件废品的概率。

解：已知 $N=100$，$n=6$，$p=5\%$。若设随机变量 X 为“出现废品的件数”，则 X 实际上服从超几何分布。但是$\frac{N}{n}=\frac{100}{6}>10$，可以认为 X 服从二项分布，则有

$$P_0=P\{X=0\}=C_6^0\times 0.05^0\times 0.95^6=0.735\ 1$$

$$P_1=P\{X=1\}=C_6^1\times 0.05^1\times 0.95^{6-1}=0.232\ 1$$

$$P\{X\leqslant 1\}=P\{X=0\}+P\{X=1\}=0.735+0.232\ 1=0.967\ 2$$

服从二项分布的随机变量的概率值，可以从二项分布表上直接查出。表中 p 为事件在一次试验中发生的概率，n 为试验重复的次数，r 为事件在 n 次试验中发生的次数。给定 n，p，r 后，从表中查的数值为概率的累计值，表示事件在 n 次试验中出现 r 次或小于 r 次的概率。对于上例，$n=6$，$p=5\%$，$r=1$，由表上找到 $n=6$ 时 $r=1$ 所在的行及 $p=0.05$ 所在的列，在行列相交处读取数值 0.967 2，即表示事件 $\{X\leqslant 1\}$ 的概率。这与用公式算得的结果是完全一样的。

3. 泊松分布

有些随机变量，如某电话交换台 1 小时之内接到呼唤的次数，电视屏幕上的斑点数，放射性物质在某一段时间内放射出的粒子数等，这些随机变量所对应的随机试验都与时间或空间有关。例如，设 X 为“在 1 小时内接到呼唤的次数”，将试验的时间（1 小时）分成 n 等份，使得每个等份$\left(\frac{1}{n}\text{小时}\right)$内，或事件 $\{X=1\}$ 发生，或事件 $\{X=0\}$ 发生，即事件 $\{X\geqslant 2\}$ 的概率为零。这样，原来的试验是在 1 小时的条件下进行的，而新的试验是在$\frac{1}{n}$小时的条件下进行的，而且每次试验的结果只有两个（要么接到呼唤，事件 $\{X=1\}$ 发生；要么没接到呼唤，事件 $\{X=0\}$ 发生）。若事件 $\{X=1\}$ 的概率为 p，那么事件 $\{X=0\}$ 的概率为 $q=1-p$。将所试验重复 n 次，就是做一次原来的试验；再如，设 Y 为“屏幕上的斑点数”，将屏幕分成 n 等份，使得每一个等份要么有一个斑点，要么没有斑点，而出现两

个以上斑点的概率为零。这样，原来的试验是在整个屏幕上进行的，而新的试验是在整个屏幕的$\frac{1}{n}$等份上进行的。而新的试验的结果只有两个，或$Y=1$，或$Y=0$。若$P\{Y=1\}=p$，那么$P\{Y=0\}=q=1-p$。将新的试验重复n次，就是做一次原来的试验。

通过上述分析可知，新的试验属于独立试验序列概型。所以，随机变量X与Y就可以用二项分布去逼近。

例如，有一块体积为V的放射性物资。设随机变量X为在某一段时间内V中发生核变的粒子的数目，显然X的可能取值为0，1，2，…，首先把体积V分成n等份，每一等份$\Delta V=\frac{V}{n}$，让份数n足够地大，使得每一个ΔV中只有一个粒子。这样，在规定的某一段时间里，对每一个ΔV而言，要么发生核变，要么不发生核变。若发生核变的概率为p，则不发生核变的概率$q=1-p$。这n个等份是否发生核变，彼此是相互独立的。在规定的某一段时间里，观察一个ΔV的核变情况，就是做一次试验。同时观察n个等份，就是重复n次这个试验。如果恰好有k个粒子发生核变，则随机变量X的概率分布可用二项分布来近似计算，即

$$P\{X=k\}\approx C_n^k p^k q^{n-k}$$

若把V无限细分，有

$$P\{X=k\}=\lim_{n\to\infty} C_n^k p^k q^{n-k}$$

当$n\to\infty$时，有$p\to 0$，若$np\to\lambda$（λ为大于零的常数）。

$$C_n^k p^k q^{n-k}\xrightarrow[n\to\infty]{}\frac{\lambda^k}{k!}e^{-\lambda}$$

$$P\{X=k\}=\frac{\lambda^k}{k!}e^{-\lambda}$$

$$k=0,1,2,\cdots \tag{10—10}$$

称此种概率分布为泊松分布，其特点是：

（1）随机试验与时间或空间条件有关；

（2）泊松分布只依赖于参数λ，λ即为泊松分布的分布参数。泊松分布也常记为$\pi(\lambda)$；

（3）泊松分布是二项分布的极限分布。因此，在抽样检查时，当$n\geqslant 10$（n为样本数），且$p\leqslant 0.1$时，可用泊松分布来代替二项分布。

［例10—10］某厂提交不合格品率为5%的产品，每箱装100个，试计算：

① 一箱中含有不合格品数为0，1，2，3四种情况的概率；

② 不合格品数不超过3的概率。

解：① 因$p=0.05<0.1$，且$n=100>10$，所以可以用泊松分布来计算，分布参数$\lambda=np=100\times 0.05=5$。设$X$为“抽到的不合格品数”，则

$$P\{X=0\}=\frac{5^0}{0!}e^{-5}=0.006\,7$$

$$P\{X=1\}=\frac{5^1}{1!}e^{-5}=0.033\,7$$

$$P\{X=2\}=\frac{5^2}{2!}e^{-5}=0.084\,2$$

$$P\{X=3\}=\frac{5^3}{3!}e^{-5}=0.140\,4$$

② 不合格品数不超过3的概率为

$$P\{X \leqslant 3\} = \sum_{k=0}^{3} \frac{5^k}{k!} e^{-5} = 0.2650$$

也可以用泊松分布表来进行计算：

泊松分布表

λ \ k	0	1	2	3	4	5	6	7	8	9	10	11	12	13	14	15	16
0.02																	
⋮																	
5.0				.265													

（四）连续型随机变量的概率密度函数及正态分布

对于离散型随机变量的概率分布，我们可以通过考察随机变量 X 取单个值的概率求出。但是对于连续型随机变量，考察取某个单独值的概率已经没有意义。这正如一根质量连续而不均匀的棒，要问在某一点 x_0 处的质量是多少是没有实际意义的。因此，不能用研究离散型分布的方法来研究连续型分布。为此，就要建立概率密度函数的概念。

1. 频率直方图与频率曲线

［例10—11］测量100个轴承的外径尺寸，记录100个数据列表，这些数据分散在1.28至1.55区间之内，试画直方图。

解：直方图的画法

① 收集数据

一般宜取100个为好，数据个数以 N 表示，本例 $N=100$，实测值见表10—4。

表10—4 实测值

1.36	1.49	1.43	1.41	1.37	1.40	1.32	1.42	1.47	1.39
1.41	1.43	1.36	1.40	1.34	1.42	1.42	1.45	1.35	1.42
1.39	1.44	1.42	1.42	1.39	1.42	1.42	1.30	1.34	1.42
1.37	1.36	1.37	1.44	1.37	1.41	1.37	1.44	1.45	1.32
1.48	1.40	1.45	1.39	1.46	1.39	1.53	1.41	1.36	1.48
1.40	1.39	1.38	1.40	1.39	1.45	1.50	1.40	1.38	1.44
1.43	1.41	1.48	1.39	1.45	1.37	1.37	1.39	1.45	1.31
1.41	1.48	1.44	1.44	1.42	1.47	1.35	1.36	1.39	1.40
1.38	1.35	1.42	1.55*	1.43	1.42	1.42	1.42	1.40	1.41
1.37	1.46	1.36	1.37	1.28*	1.37	1.37	1.38	1.42	1.34

② 找出数据中的最大值和最小值，求 R

本例 $X_{max}=1.55$，$X_{min}=1.28$

$$R = X_{max} - X_{min} = 1.55 - 1.28 = 0.27$$

③ 确定组数 k 和组距 h

组数 k 的确定可根据表10—5选择。

表 10—5　组数 k 的确定

数据个数 N	分组数 k	一般使用 k
50～100	6～10	
100～250	7～12	10
250 以上	10～20	

本例 k 取 10，组距 h 用下列公式计算

$$h=\frac{X_{\max}-X_{\min}}{k}=\frac{R}{k}=\frac{0.27}{10}\approx 0.03$$

④ 确定各组组界

首先要确定第一组的上下界限，用式 $X_{\min}\mp\frac{h}{2}$ 确定。

第一组：$X_{\min}\mp\frac{h}{2}=1.28\mp\frac{0.03}{2}=1.265\sim1.295$

第二组：$1.295\sim1.325$

第三组：$1.325\sim1.355$

……

⑤ 计算各组的组中值（X_i）

$$X_i=\frac{\text{某组的下界值}+\text{某组的上界值}}{2}$$

$$\text{第一组 } X_1=\frac{1.265+1.295}{2}=1.28$$

$$\text{第二组 } X_2=\frac{1.295+1.325}{2}=1.31$$

……

⑥ 计算频数，记入频数分布表 10—6

表 10—6　频数分布表

组　界	频数 f	频率 f/N（%）
1.265～1.295	1	1
1.295～1.325	4	4
1.325～1.355	6	6
1.355～1.385	22	22
1.385～1.415	25	25
1.415～1.445	24	24
1.445～1.475	10	10
1.475～1.505	6	6
1.505～1.535	1	1
1.535～1.565	1	1

⑦ 画直方图

直方图的纵坐标表示频数，横坐标标明分组的各组组界。以各组组界为底边，以各组的

频数为高，画长方形，并标明界限。

从图 10 — 1 可以直观地看出这 100 个数据的分布情况。但是这种直方图受样本数 N 及分组数 k 的影响较大，在 N 一定的情况下，如果缩小分组数 k，频数直方图的高度变大；反之，就会变小。同样，若固定分组数 k，则 N 加大，直方图变高；N 减小，直方图变低。

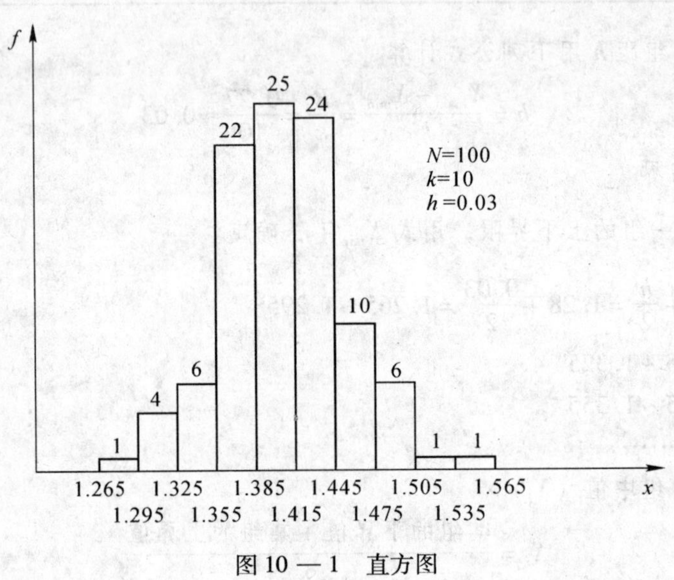

图 10 — 1　直方图

如果将频数直方图中各组的频数 f 除以样本数 N 和组距 h 的积，以纵轴表示$\frac{f}{Nh}$，就可以消除 N 和 k 的影响。这样做出的直方图称为“频率直方图”。频率直方图上的每一个直方图的面积 = 底 × 高 = $h \cdot \frac{f}{Nh} = \frac{f}{N}$，表示样本数据在该区间上出现的频率。

如果使数据不断增加，组距越取越窄，在极限情况下，就会得到一条光滑的曲线，称此曲线为频率分布曲线。反映这条曲线的函数 $y = f(x)$ 称为频率曲线函数。因为在取极限的情况下，频率就称概率，因此，数据落在区间（$a < x < b$）的概率就等于 $x = a$ 与 $x = b$ 两直线间曲边梯形的面积。即有

$$P\{a < x < b\} = \int_a^b f(x)\mathrm{d}x$$

$$P\{-\infty < x < +\infty\} = \int_{-\infty}^{+\infty} f(x)\mathrm{d}x$$

这就是我们研究连续型随机变量 X 概率分布的基本方法。也就是说，我们可以通过一个曲线函数 $y = f(x)$ 来确定一条分布曲线，再用积分方法求出在区间（a，b）上曲边梯形的面积，以此面积值来表示随机变量 X 落入该区间内的概率值。

2. 概率密度函数

定义：对于随机变量 X，如果存在一个非负的可积函数 $P(x)$，使对于 a，$b(a<b)$都有

$$P\{a < x < b\} = \int_a^b P(x)\mathrm{d}x$$

则称 X 为连续型随机变量，称 $P(x)$ 为 X 的概率密度函数（简称概率密度或密度）。

由定义可知，概率密度 $P(x)$ 具有以下性质：

① $P(x) \geqslant 0$

② $\int_{-\infty}^{+\infty} P(x)\,\mathrm{d}x = 1$，即曲线 $P(x)$ 与 x 轴所围成的面积等于1

③ 随机变量 X 的分布函数 $F(x)$ 为

$$F(x) = \int_{-\infty}^{x} P(x)\,\mathrm{d}x$$

则有，$P\{a < x < b\} = P\{a \leqslant x \leqslant b\} = F(b) - F(a) = \int_{a}^{b} P(x)\,\mathrm{d}x$

上式说明，连续型随机变量取某一点的概率 $P\{x = a\} = 0$。可见，对连续型随机变量来说，考察其取某个单独值的概率已没有实际意义。

3. 正态分布

正态分布是数理统计中应用最多的一种概率分布。服从正态分布的随机变量的取值，是许多微小的、独立的随机因素的总结果，其中各种因素都不能起压倒一切的主导作用。另外，服从正态分布随机变量的频率直方图是单峰的，大体上是对称的。

(1) 正态分布的定义

如果随机变量 X 的概率密度函数为

$$P(x) = \frac{1}{\sqrt{2\pi}\sigma} \cdot \mathrm{e}^{-\frac{(x-\mu)2}{2\sigma^2}} \qquad (-\infty < x < +\infty)$$

其中 μ 和 $\sigma > 0$ 为常数，则称 X 服从参数 μ、σ 的正态分布或高斯分布，记为 $X \sim N(\mu, \sigma^2)$。

此式可由 $P\{a < x < b\} = \int_{a}^{b} P(x)\,\mathrm{d}x$，当 $P(x)$ 在 $x = x_0$ 处连续时，利用定积分的性质推出，即

$$\lim_{\Delta x \to 0} \frac{P\left\{x_0 - \dfrac{\Delta x}{2} < x < x_0 + \dfrac{\Delta x}{2}\right\}}{\Delta x} = P(x_0)$$

(2) 正态分布的性质

正态分布在平面直角坐标系中的图像为正态分布曲线，如图 10 — 2 所示，并具有以下性质：

① 分布曲线对称于 $x = \mu$ 的对称轴。

② 当 $x = \mu$ 时，曲线处于最高点；当 x 向左右远离时，曲线不断地降低。整个曲线是中间高，两边低的形状，以横坐标为渐近线。

③ 若曲线与横坐标所围成的面积等于1，则曲线与 $x = \mu \pm \sigma$ 所围成的面积为0.682 5；与 $x = \mu \pm 2\sigma$ 所围成的面积为0.954 4；与 $x = \mu \pm 3\sigma$ 围成的面积为0.997 3。也就是说，在正常生产的情况下，质量特性在区间（$\mu - \sigma$）～（$\mu + \sigma$）的产品有68.26%；在区间（$\mu - 2\sigma$）～（$\mu + 2\sigma$）的产品有95.45%；在区间（$\mu - 3\sigma$）～（$\mu + 3\sigma$）的产品有99.73%。质量特性在 $\mu \pm 3\sigma$ 范围以外的产品很少，不到3‰。

根据正态分布曲线的性质，可以认为，凡是在 $\mu \pm 3\sigma$ 范围内的质量差异都是正常的，不可避免的，是偶然性因素作用的结果。如果质量差异超过了这个界限，则是系统性因素造成的，说明生产过程中发生了异常现象，需要立即查明原因予以改进。实践证明，以 $\mu \pm 3\sigma$

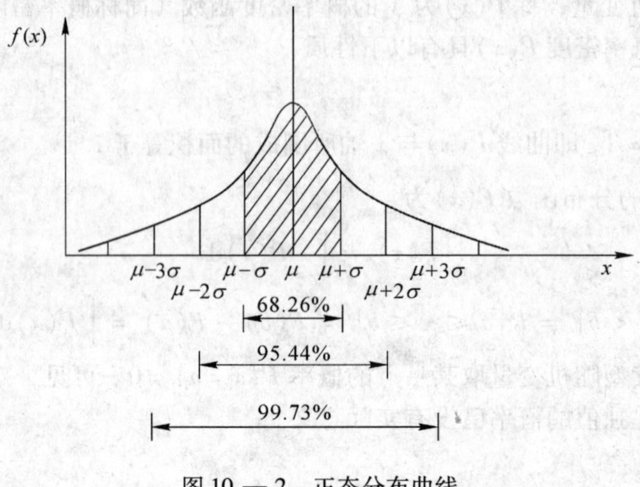

图 10 — 2　正态分布曲线

作为控制界限，既保证产品的质量，又合乎经济原则。

（3）特征值对分布的影响

特征值μ（均值）及特征值σ（标准偏差）对分布的影响，分别如图 10 — 3、10 — 4 所示。

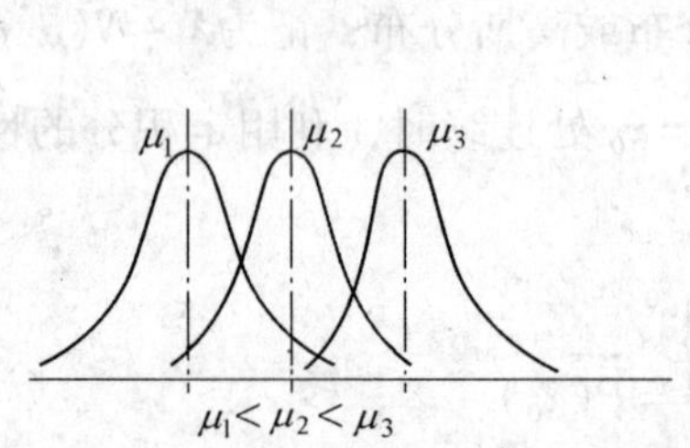

图 10 — 3　特征值μ对分布的影响

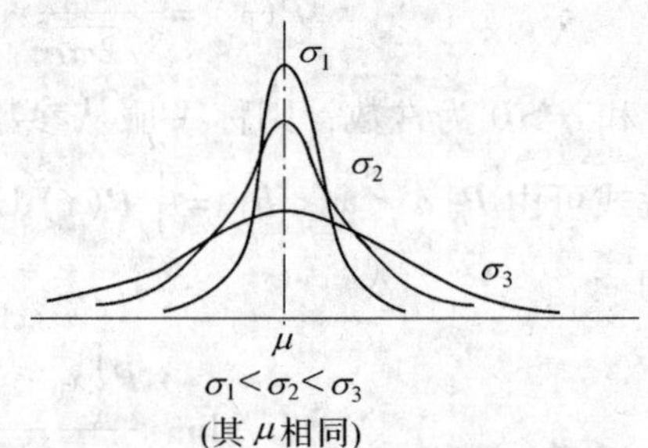

图 10 — 4　特征值σ对分布的影响

第三节　非数字资料统计工具和技术

在质量管理活动中，经常遇到两类资料，一类是可以用数据来表示的资料，称为数字资料；一类是不能用数据来表示的资料，称为非数字资料。数字资料的加工、整理、分析、推断，可以利用数字资料的工具和技术，如排列图、频数直方图、控制图、散布图、方差分析、试验设计、抽样检验、显著性检验、工序能力测定和计算等等。这类工具和技术均属于统计方法范畴，即所谓统计型的工具和技术。其作用是根据样本的质量特征值去推断总体的质量水平，为决策提供数字资料方面的依据。对于非数字资料的加工、整理、分析、判断，应当利用非数字资料的工具和技术，如调查表、分层图、因果图、树图、矩阵图、关联图、流程图等等。这类工具和技术一般属于情理型的工具和技术，其作用是为决策提供非数字资料方面的依据。

一、分层法和分层图

（一）分层法

引起质量波动的原因是多种多样的。因此，收集到的质量数据往往带有综合性。为了能反映产品质量波动的真实原因和变化规律，必须对质量数据进行适当的归纳和整理。

分层法又叫分类法、分组法。它是按照一定的标志，把收集到的有关某一特定主题的大量统计数据加以归类、整理和汇总的一种方法。分层的目的在于把杂乱无章、错综复杂的统计数据通过归纳、整理和汇总，使它们能更确切地反映客观事实。

分层法常用于归纳整理所收集到的统计数据，常同其他工具和技术结合起来应用，比如分层排列图法、分层直方图法、分层因果图法和分层散布图法等。

分层的原则是使同一层次内的数据波动幅度尽可能小，而让层与层之间的波动（差异）尽可能大，否则就起不到归纳汇总的作用。

分层的目的不同，分层的标志也不同，一般来说，分层的标志可采用下列标志：

（1）人员　可按年龄、工种和性别等分层；

（2）机器设备　按设备的类型、新旧程度、不同的生产线和不同工具类型等分层；

（3）材料　按材料的产地、生产厂家、批次成分、规格等分层；

（4）加工方法　按不同的工艺要求、操作参数、操作方法和加工速度等分层；

（5）测量　按测量设备、测量方法、测量人员、取样方法和环境条件等分层；

（6）环境　按照明度、清洁度、温度、湿度等分层；

（7）时间　按不同的班次、日期等分层；

（8）其他　按地区、使用条件、缺陷部位、缺陷内容等分层。

分层的方法很多，可根据具体情况灵活运用。也可以在质量管理活动中不断创新，不断创造出新的分层标志。

图10—5是某工厂对影响产品质量主导因素作进一步分层后画出的电机维修分层排列图。

（二）分层图

分层图可以把杂乱无章的数据加以归纳汇总，按组分类，并能清楚确切地反映客观事实。

分层图是按照一定的标志，把收集到的大量有关某一特定主题的统计数据或意见加以整理、归纳和汇总，以便能更确切地揭示事物波动的实质原因和变化规律的一种方法。

在收集到的有关某一特定主题的大量观点、意见或其他想法等信息之后，用该统计工具把这些信息按它们之间相互关系进行分组。此项活动中要激励每个人创造性地、充分地参与。最好由一定规模的小组进行此项工作（建议最多为8人），这样便于组员们很好地合作。其应用程序为：

（1）用广义的术语阐述将要研究的主题（狭义的术语可能影响主题的提出）；

（2）尽可能多地将每个人的观点、意见、想法记录在卡片上，一条意见一张卡片；

（3）把卡片混合起来随机放在桌子上，准备分组；

（4）将有关卡片按下列方式分组

——看似有关系的卡片放在一组；

——一组最多10张卡片，不应勉强将单张卡片编入某组；

——找出一张能代表该组内容的主卡片；

——将主卡片放在最上面。

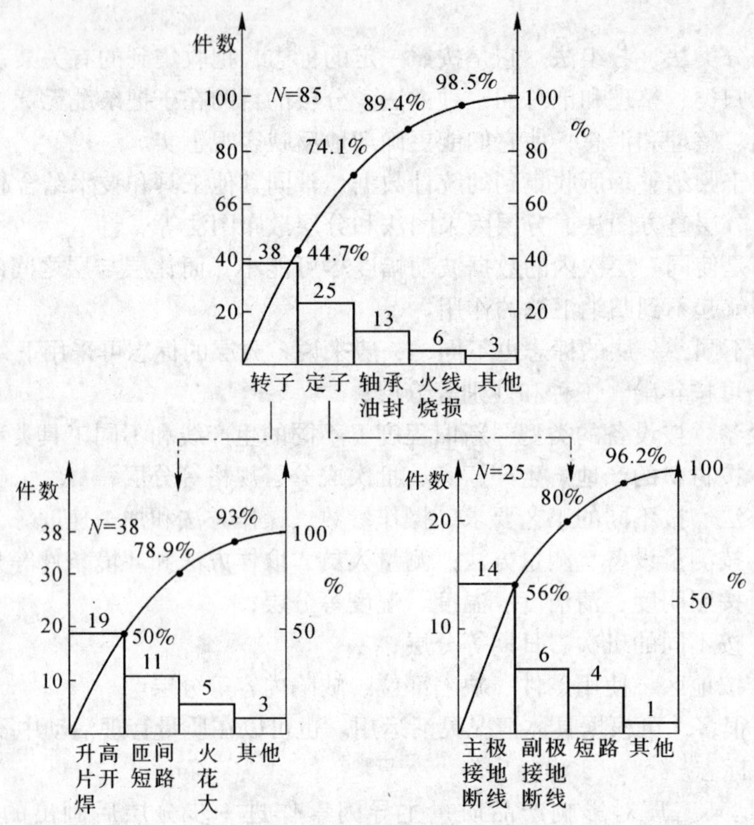

图10—5　电机维修分层排列图

二、头脑风暴法

1. 头脑风暴法的基本概念

头脑风暴法是可以激发人们的创造性思维的方法。

头脑风暴法又叫畅谈法、集思法。它是采用会议的方式，引导参加会议的每个人都围绕中心议题，如质量问题，在自己头脑中掀起思想风暴。广开言路，激发灵感，畅所欲言地发表自己独立见解的一种集体创造思维的方法。

头脑风暴法可以用来识别存在的质量问题并寻求其解决的方法，还可用来识别潜在的质量改进的机会。因此，在质量管理体系中，尤其是质量改进的过程中用途很大。比如，画因果图、树图和亲和图时可以运用这种方法。

2. 头脑风暴法应用步骤

① 引发和产生创造思维阶段

在这个阶段，领导者、质量管理推行者应掌握头脑风暴法的意义、实质和做法及头脑风暴法的目的，为与会者创造激发思想火花的氛围，积极发表自己的意见和看法，做到知无不言，言无不尽。

② 整理阶段

对每个人的观点和意见重温一遍，去掉重复的、无关的观点，对各种见解进行评价、论证，最后集思广益，按问题进行归纳。

3. 头脑风暴法的原则

① 确定组织者；

② 明确头脑风暴法会议的目的；

③ 每位成员依次提出一个观点；

④ 小组成员可以补充他人的观点和看法；

⑤ 既不评价也不议论他人的观点；

⑥ 把所有观点都记录下来；

⑦ 持续到不再有观点为止；

⑧ 重温所有观点并加以明确。

三、水平对比法

水平对比法，就是将过程、产品和服务同公认的领先的竞争者的过程、产品和服务相比较，以识别自身质量改进的机会，认清自己的目标并确定自己在市场竞争中制订赶超计划的重点内容。

水平对比法是一项有系统、持续性的评估过程，通过不断地将企业过程与世界上领先地位的企业相比较，以获得有助于改善经营绩效的信息。

从主观上讲，水平对比法与我国长期以来开展的“比、学、赶、帮、超”活动有相似的地方，都是通过找差距改进工作的活动。然而在客观上却形成完全不相同的效果。“比、学、赶、帮、超”活动以群众运动方式开展，带有一定的强制性。水平对比法是一种工具和技术，容易产生主观能动作用，从而会得到良好的改进效果。

水平对比法对确定组织质量方针、质量目标和质量改进都十分重要。

水平对比法应用的程序：

（1）确定对比的项目

对比项目应是过程及其输出的关键特性，如性能、可靠性、成本、价格等。过程输出的对比应直接同顾客的需要相联系。

（2）确定对比的对象

对比的对象可以是直接的竞争对手，也可以不是直接的竞争对手，但其有关项目、指标却是公认的处于领先水平的组织。

（3）收集资料

可以通过直接接触、考察、访问人员或专家相互交往、广告和报刊等方式，得到有关的信息和资料。

(4) 归纳、整理和分析资料

应用分层图、KJ 法等统计工具对收集的资料进行分类、归纳、分析，以得到有条理的思路。分析的目的是针对有关项目制定最佳的质量目标。

(5) 进行对比

根据顾客的需要和对比对象的绩效确定质量改进的机会，从目前工作状况与顾客的需要以及对比对象工作业绩之间找出差距。

(6) 制定改进工作的措施计划并实施

措施计划应满足 5W1H 要求。通过措施计划的实施、检查和处置，决定是否有必要开展 PDCA 循环，不断循环、改进才能真正达到“赶、超”的目的。

四、因　果　图

因果图又叫石川图、特性要因图、树枝图、鱼刺图等，是表示质量特性波动与其潜在原因的关系，即表达和分析因果关系的一种图。运用因果图有利于找到问题症结，对症下药，解决质量问题。它在质量管理活动中，特别是在 QC 小组活动、质量分析和质量改进过程中有着广泛的用途。

因果图用于分析因果关系，表达因果关系，识别症状、分析原因、确定主要原因。通过采取纠正措施、预防措施，使问题得到解决。

因果图的应用程序：

(1) 明确要分析的质量问题

明确确定问题的结果，规定可能原因的主要类别。如数据和信息系统、环境、设备、材料、测量、方法和人员等。

(2) 广泛、深入地调查

针对要分析的问题，广泛深入地调查研究，以尽可能找到影响质量问题的全部潜在原因，见图 10 — 6。

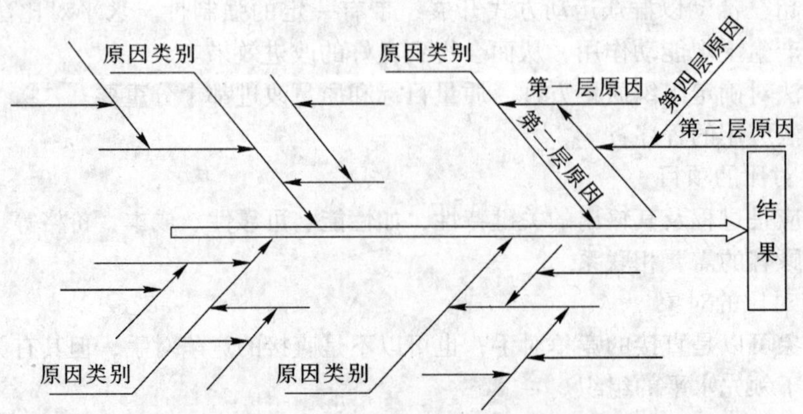

图 10 — 6　因果图层次的划分

(3) 整理取得语言资料

在广泛深入调查研究的基础上，对取得的杂乱无章的语言资料进行整理，获得具有逻辑性的有条理的思路。

(4) 绘制草图

经过整理后的语言资料，按逻辑关系进行图形化，就是因果图。先绘制草图供讨论分析用。

(5) 讨论分析

因果图不完善主要表现为：因素过少，尚未找到全部潜在原因；因素分析不当；因素分层不符合逻辑性等。讨论分析认为不完善的问题应在程序上反复进行。

(6) 绘制图形

把“结果”画在右边方框中，把主要各类原因放在左边，作为“结果”框的输入。

寻找所有下一层次的原因画在相应的原因类别枝上，并继续下去。一个完整的因果图至少应有两层，甚至有三层或更多层（如图 10 — 6 所示）。

(7) 图形分析

从最高层次的原因中选取识别少量的可能对结果有最大影响的原因，作为重要原因（简称要因），用方框框起来，并对它们做进一步的研究，如收集资料、论证、试验、采取措施和控制等。因果图的实例见图 10 — 7。

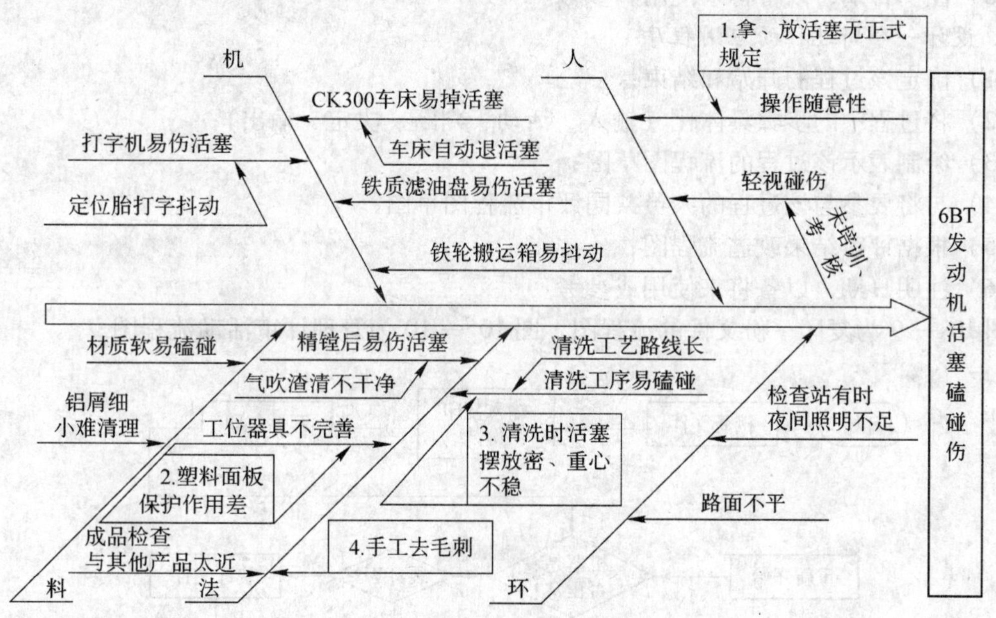

图 10 — 7　6BT 发动机活塞磕碰伤因果图

五、流　程　图

流程图就是将一个过程，如工艺过程、检验过程、质量改进过程等的步骤用图的形式表示出来的一种图示技术。通过对一个过程中各步骤之间关系的研究，一般能发现故障的潜在原因，知道哪些环节需要进行质量改进。流程图可以从材料流向产品销售和售后服务的全过程的所有方面。流程图可以描述现有的过程，也可以用来设计一个新的过程。流程图由一系列容易识别的标志构成。一般使用的标志如图 10 — 8 所示。

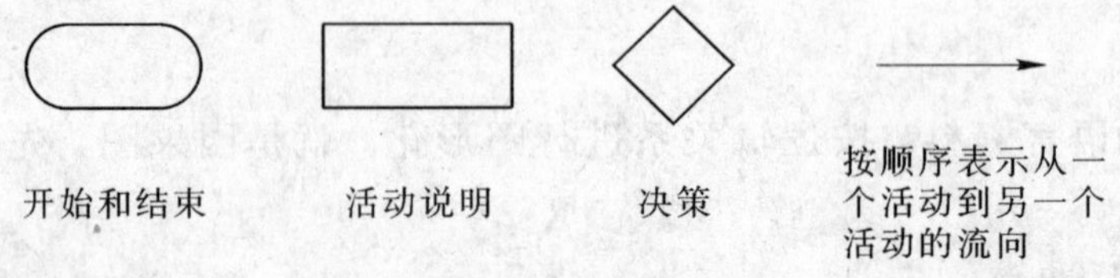

图 10 — 8　流程图标志

1. 描述某一现有过程的程序

（1）确定该过程的开始和结束；

（2）观察从开始到结束的整个过程；

（3）确定该过程的步骤（输入、活动、判断、决定、输出）；

（4）绘制表示该过程的流程图草图；

（5）与该过程中的有关人员共同评审该流程图草图；

（6）根据评审结果改进流程图草图；

（7）与实际过程相比较，验证改进后的流程图；

（8）注明日期，以备将来使用和参考。

2. 设计一个新过程的应用程序

（1）确定该过程的开始和结束；

（2）将过程中的步骤具体化（输入、活动、判断、决定、输出）；

（3）绘制表示该过程的流程图草图；

（4）与将要参与该过程的人员共同评审流程图草图；

（5）根据评审结果改进流程图；

（6）注明日期，以备将来使用或参考。

图 10 — 9 为复印一份文件的流程图，图 10 — 10 为管理评审活动流程图。

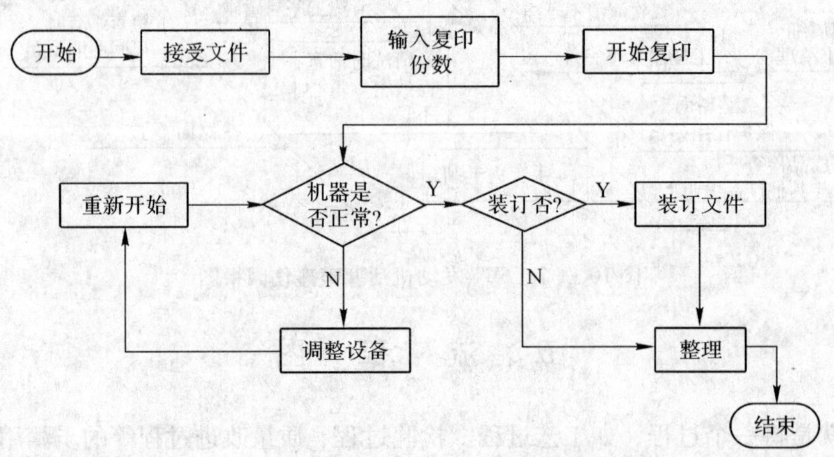

图 10 — 9　复印文件流程图

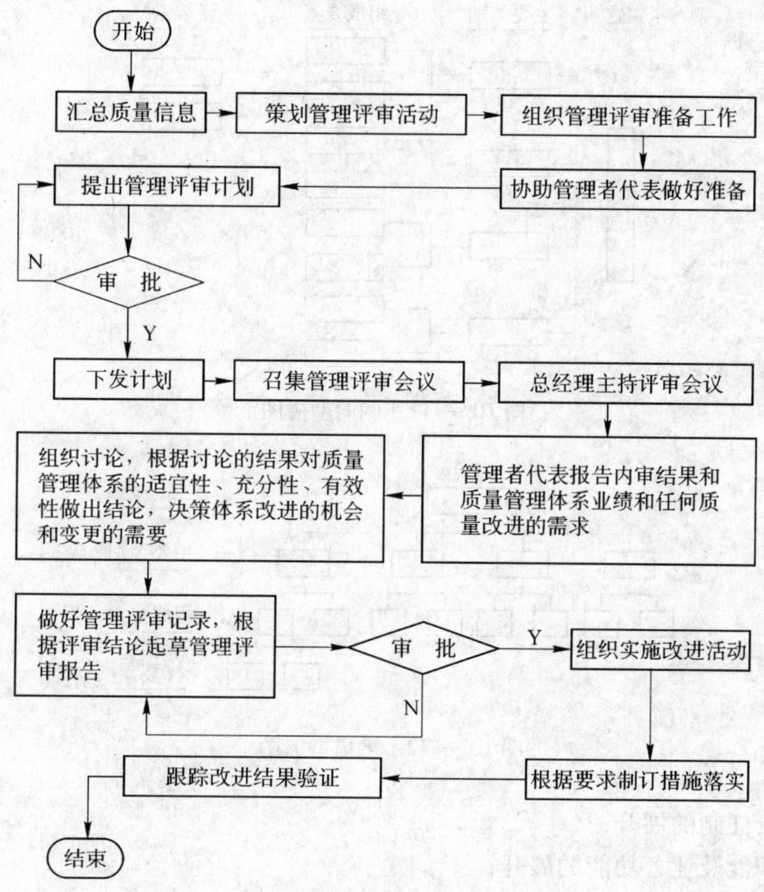

图 10 — 10　管理评审活动流程图

六、树　　图

树图又叫系统图。树图是表示某质量问题与其组成要素之间的关系，明确问题的重点，寻求达到目标所应采取的最适当的手段和措施的一种树枝状示意图，亦是一种倒立树枝状逻辑因果关系图。树图可以系统地把某项质量问题分解成很多组成要素，以显示要素与要素，问题与要素之间的逻辑和顺序关系。比如，可把头脑风暴法、因果图法和分层法形成的见解、意见、观点均转换成树图，以便更加清晰地显示诸要素之间，要素与主题间的逻辑、顺序关系或因果关系。树图可以是单目标，也可以多目标的。一般均自左至右、自上而下展开，见图 10 — 11、图 10 — 12。

树图在质量管理活动中，如质量改进活动中有着广泛的用途。

1. 应用范围

（1）用于新产品开发中的质量设计；

（2）用于质量管理活动的展开；

（3）工厂方针目标的展开；

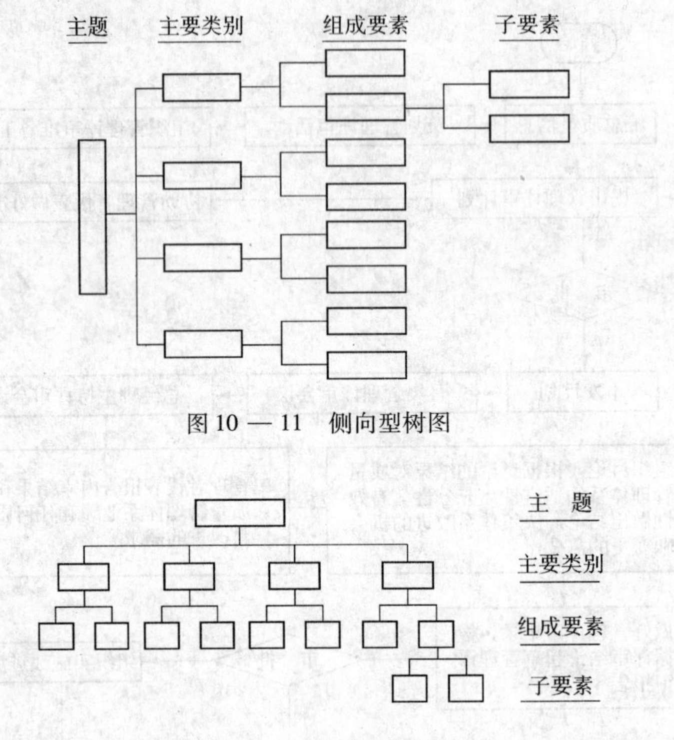

图 10 — 11　侧向型树图

图 10 — 12　宝塔型树图

（4）承包责任制的展开；

（5）质量职能及业务功能的展开；

（6）工序质量控制的展开，确定主导性要素；

（7）价值工程中的功能分析。

2. 应用程序

（1）简要地叙述要研究的主题；

（2）确定该主题的主要类别，即主要层次。可以利用亲和图中的主卡片或头脑风暴法确定主要层次；

（3）构造树图，把主题放在左边框内，把主要类别放在右边方框内；

（4）针对每个主要类别确定组成要素及子要素，逐层展开；

（5）把主要类别的组成要素及子要素放在类别的右边相应的方框内。

第四节　数字资料统计工具和技术

一、控　制　图

控制图又称管理图。它是用来区分由特殊或异常原因引起的质量波动和由过程固有的随机原因引起的偶然质量波动的一种工具和技术。偶然原因引起的波动一般在预计的界限内随机重复，而特殊或异常原因引起的质量波动则表明需要对影响因素进行判断、调查，并使之处于受控状态。

控制图建立在数理统计学的基础上，利用有效数据建立控制界限（上控制界限 UCL 和下控制界限 LCL）。该过程如果不受系统原因影响，那么，进一步得到的观测数据将不会超出控制界限，如图 10 — 13 所示。

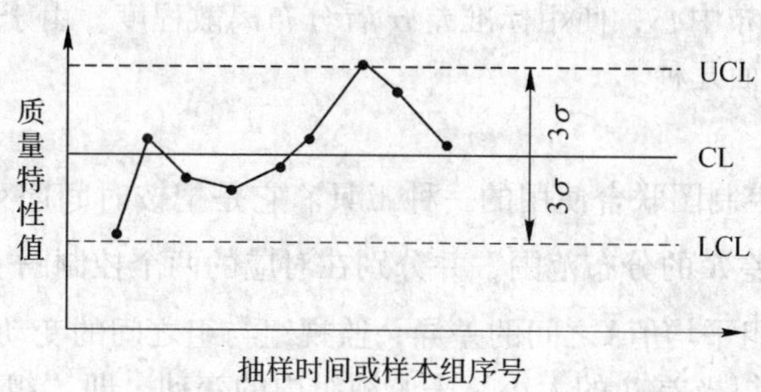

图 10 — 13　控制图基本形式

控制图的种类很多，一般按数据的性质分成计量值控制图和计数值控制图两大类。这两大类中常用的各种控制图见表 10 — 7。

表 10 — 7　控制图类别及特点

类别	名　称	符　号	特　点
计量值控制图	平均值－标准偏差控制图	$\overline{X}-s$	常用判断工序异常的灵敏度很高，但计算 s 的工作量大
	平均值－极差控制图	$\overline{X}-R$	最常用判断工序异常的灵敏度高，计算 R 的工作量小
	中位数－极差控制图	$\widetilde{X}-R$	计算简便，但判断工序异常的灵敏度差
	单值－移动极差控制图	$X-R_S$	简便省事，并能及时判断工序是否处于稳定状态。缺点是不易发现工序分布中心的变化，判断工序异常的准确性较差
计数值控制图	不合格品数控制图	p_n	较常用，计算简单，操作工人易于理解
	不合格品率控制图	p	计算量大，控制线凹凸不平
	缺陷数控制图	c	较常用，计算简单，操作工人易于理解
	单位缺陷数控制图	u	计算量大，控制线凹凸不平

（一）控制图应用程序

（1）选取控制图的质量特性，如重量、不合格品数等；

（2）根据不同的质量特性和收集数据方法，参照控制图适用范围选取适用的控制图；

（3）根据样本大小和抽样间隔，确定分组原则；

（4）收集并记录至少 20 ~ 25 组数据；

（5）计算样本的统计量，如样本平均值、样本极差、样本标准差等；

（6）根据分组样本的统计量计算控制界限；

（7）通常用坐标纸或控制图专用纸绘制控制图，横轴表示数据组号，纵轴表示质量特性值，中心线用实线，上下界限用虚线；

（8）研究在控制界限之外的点并标出异常原因的点，对控制界限之内排列有缺陷的点也应加以研究和分析；

（9）决定下一步行动。

（二）计量值控制图

计量值具有正态分布 $N(\mu, \sigma^2)$ 的质量特性值，用 μ 和 σ 表达其分布状态。因此使用计量值控制图也要用 μ 和 σ 来衡量过程质量。

使用期望值 μ 看分布中心，使用标准差 σ 看分布离散程度。由于 μ 和 σ 使用情况不同，计量值控制图又分成下面几种。

1. $\overline{X}-R$ 控制图

这是用 $\overline{X}$，R 两个控制图联合使用的一种工具。它是把按时间序列取出的每组样本，分别算出其平均值 $\overline{X}$ 和极差 R 的分布范围，并分别在对应的两个控制图上打点。

$\overline{X}$ 图是通过观察每组平均值 $\overline{X}$ 之间的差异，监视组与组之间的变动，即“组间变异”。

R 图是通过观察每组极差 R 的大小，来监视组内的变动，即“组内变异”。

（1）$\overline{X}$ 图

从正态母体中，抽出大小为 n 的 k 个样本，从前面叙述的概率分布知识知道，这 k 个样本的平均值是一个统计量 $\overline{X}_1$，$\overline{X}_2$，$\overline{X}_3$，…，$\overline{X}$，它的分布也是正态分布，见图 10 — 14。

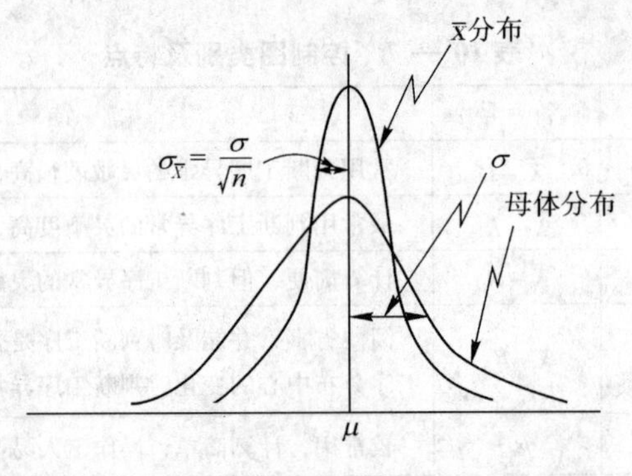

图 10 — 14　$\overline{X}$分布

$\overline{\overline{X}}=\frac{1}{k}\sum_{i=1}^{k}\overline{X}_i$ 与母体的平均值相同；$\sigma_{\overline{X}}^2=\frac{\sigma^2}{n}$，$\sigma_{\overline{X}}=\frac{\sigma}{\sqrt{n}}$ 比母体分布更瘦更集中。因此，其控制图的控制界限为：

$$\mathrm{CL}=\overline{\overline{X}}$$

$$\mathrm{UCL}=\overline{\overline{X}}+3\sigma_{\overline{X}}=\overline{\overline{X}}+3\frac{\sigma}{\sqrt{n}}$$

$$=\overline{\overline{X}}+3\frac{1}{\sqrt{n}}\cdot\frac{\overline{R}}{d_2}\quad\left(\because\ \sigma=\frac{\overline{R}}{d_2}\right)$$

$$=\overline{\overline{X}}+A_2\overline{R}$$

$$\mathrm{LCL}=\overline{\overline{X}}-A_2\overline{R}$$

其中，$A_2=\frac{3}{\sqrt{n}d_2}$ 是与 n 有关的常数，可从表 10—8 中查得。

表 10—8　控制系数选用表

系数 \ n	2	3	4	5	6	7	8	9	10
A_1^*	2.659	1.954	1.628	1.427	1.287	1.182	1.099	1.032	0.975
A_2	1.880	1.023	0.729	0.577	0.483	0.419	0.373	0.337	0.308
B_3	(—)	(—)	(—)	(—)	0.035	0.113	0.185	0.235	0.288
B_4	3.267	2.568	2.266	2.089	1.970	1.882	1.815	1.761	1.716
D_3	(—)	(—)	(—)	(—)	(—)	0.076	0.136	0.184	0.223
D_4	3.267	2.575	2.282	2.115	2.004	1.924	1.864	1.816	1.777
E_2	2.660	1.772	1.457	1.290	1.134	1.109	1.054	1.010	0.975
m_3A_2	1.880	1.187	0.796	0.691	0.549	0.509	0.43	0.41	0.36
d_2	1.128	1.693	2.059	2.326	2.534	2.704	2.847	2.970	3.087
c_4	0.798	0.886	0.921	0.940	0.952	0.959	0.965	0.969	0.973
d_3	0.853	0.888	0.088	0.864	0.848	0.833	0.820	0.808	0.797

（2）R 图

每个组的 R 的分布也是个连续的分布，但不是正态分布，而是一个偏态分布。其期望值 $E(R)=d_2\sigma$；其标准偏差 $\sigma_R=d_3\sigma$。d_2 与 d_3 可由表 10—8 查得。

于是，其控制界限为：

$$\mathrm{CL}=d_2\sigma=\overline{R}$$
$$\mathrm{UCL}=D_4\overline{R}$$
$$\mathrm{LCL}=D_3\overline{R}$$

控制图控制界限计算公式见表 10 —9。

表 10 —9　控制图计算控制界限公式表

控制图类别		中心线（CL）	上控制界限（UCL）	下控制界限（LCL）
$\overline{X}-s$ 图	$\overline{X}$图	$\overline{\overline{X}}$	$\overline{\overline{X}}+A_1^*\bar{s}$	$\overline{\overline{X}}-A_1^*\bar{s}$
	s 图	$\bar{s}$	$B_4\bar{s}$	$B_3\bar{s}$
$\overline{X}-R$ 图	$\overline{X}$图	$\overline{\overline{X}}$	$\overline{\overline{X}}+A_2\overline{R}$	$\overline{\overline{X}}-A_2\overline{R}$
	R 图	$\overline{R}$	$D_4\overline{R}$	$D_3\overline{R}$
$\widetilde{X}-R$ 图	$\widetilde{X}$图	$\overline{\widetilde{X}}$	$\overline{\widetilde{X}}+m_3A_2\overline{R}$	$\overline{\widetilde{X}}-m_3A_2\overline{R}$
	R 图	$\overline{R}$	$D_4\overline{R}$	$D_3\overline{R}$
$X-R_S$ 图	X 图	$\overline{X}$	$\overline{X}+2.659\overline{R}_S$	$\overline{X}-2.659\overline{R}_S$
	R_S 图	$\overline{R}_S$	$3.267\overline{R}_S$	不考虑
p 图		$\bar{p}$	$\bar{p}+3\sqrt{\dfrac{\bar{p}(1-\bar{p})}{n}}$	$\bar{p}-3\sqrt{\dfrac{\bar{p}(1-\bar{p})}{n}}$
p_n 图		$\bar{p}_n$	$\bar{p}_n+3\sqrt{\bar{p}(1-\bar{p})}$	$\bar{p}_n-3\sqrt{\bar{p}(1-\bar{p})}$
c 图		$\bar{c}$	$\bar{c}+3\sqrt{\bar{c}}$	$\bar{c}-3\sqrt{\bar{c}}$
u 图		$\bar{u}$	$\bar{u}+3\sqrt{\dfrac{\bar{u}}{n}}$	$\bar{u}-3\sqrt{\dfrac{\bar{u}}{n}}$

在这里，由于 $3\dfrac{d_3}{d_2}$ 有时可能大于 1，这样 LCL 就会出现负值。而极差出现负值就没有意义，此时将 LCL 视为零。因此，一般都把"0"线当做 R 图的控制下限。但是当样本大小 $n>6$ 时，极差 R 就不是偏态分布，而近似于正态分布。因此，当样本 $n>6$ 时，LCL 就不为零了。在实际应用时，都把 n 选为 3 ~ 5。

$\overline{X}-R$ 控制图，理论根据比较充足，也较灵敏，它适用于获得样本较多的大批量生产。

表 10 — 10 是控制图数据表，图 10 — 15 是凿岩机上某零件工序管理的控制图。

（3）$\overline{X}-R$ 控制图的作法

① 收集数据。原则上收集 100 个以上生产过程稳定，用几个生产作业班均衡抽取的数据，见表 10—10。

② $n=5$，$k=20$。

③ 计算每组的样本统计量 $\overline{X}$ 和 R

如，第一组：$\overline{X}_1=\dfrac{82.54+82.50+82.53+82.52+82.51}{5}=82.520$

$$R=82.54-82.50=0.04$$

余类推，并将各组的 $\overline{X}$ 和 R 值记入表 10 — 10 中。

表 10 — 10　数据表

组号	月	日	时	x_1	x_2	x_3	x_4	x_5	s	$\overline{X}$	R
1	7	5	10	82.54	82.50	82.53	82.52	82.51	0.015 8	82.520	0.04
2	7	5	14	82.53	82.55	82.54	82.49	82.52	0.023 8	82.526	0.06
3	7	6	10	82.55	82.56	82.51	82.57	82.56	0.023 4	82.550	0.06
4	7	6	14	82.53	82.50	82.51	82.52	82.54	0.015 8	82.514	0.04
5	7	7	10	82.58	82.52	82.49	82.51	82.58	0.041 5	82.536	0.09
6	7	7	14	82.56	82.55	82.57	82.55	82.54	0.011 4	82.554	0.03
7	7	10	10	82.52	82.57	82.56	82.54	82.50	0.028 6	82.538	0.07
8	7	10	14	82.46	82.51	82.58	82.59	82.55	0.053 5	82.538	0.13
9	7	11	10	82.56	82.51	82.50	82.57	82.54	0.030 4	82.536	0.06
10	7	11	14	82.56	82.53	82.57	82.56	82.54	0.014 6	82.552	0.04
11	7	12	14	82.53	82.52	82.55	82.54	82.56	0.015 8	82.540	0.04
12	7	13	14	82.59	82.57	82.55	82.58	82.55	0.017 8	82.568	0.04
13	7	16	10	82.57	82.54	82.51	82.55	82.55	0.021 9	82.544	0.06
14	7	16	14	82.60	82.57	82.56	82.53	82.54	0.027 3	82.560	0.07
15	7	17	14	82.52	82.53	82.54	82.53	82.56	0.015 1	82.536	0.04
16	7	18	14	82.47	82.49	82.50	82.52	82.52	0.021 2	82.500	0.05
17	7	19	14	82.56	82.53	82.52	82.52	82.54	0.016 7	82.534	0.04
18	7	22	10	82.53	82.51	82.55	82.58	82.55	0.026 0	82.544	0.07
19	7	22	14	82.48	82.50	82.54	82.51	82.53	0.023 8	82.512	0.06
20	7	23	14	82.51	82.53	82.57	82.56	82.55	0.024 0	82.544	0.06
合计									0.468 4	1 650.746	1.05
平均									$\bar{s}=0.023\ 42$	$\overline{\overline{X}}=82.537\ 3$	$\overline{R}=0.052\ 5$

④ 计算各统计量的控制界限

$\overline{X}$图：　　$CL=\overline{\overline{X}}=82.5373$

$$UCL=\overline{\overline{X}}+A_2\overline{R}=82.5373+0.577\times0.0525=82.5676$$

$$LCL=\overline{\overline{X}}-A_2\overline{R}=82.5373-0.577\times0.0525=82.5070$$

R 图：　　$CL=\overline{R}=0.0525$

$$UCL=D_4\overline{R}=2.115\times0.0525=0.1110$$

$$LCL=D_3\overline{R}=0$$

⑤ 画控制图，如图 10 — 15 所示。

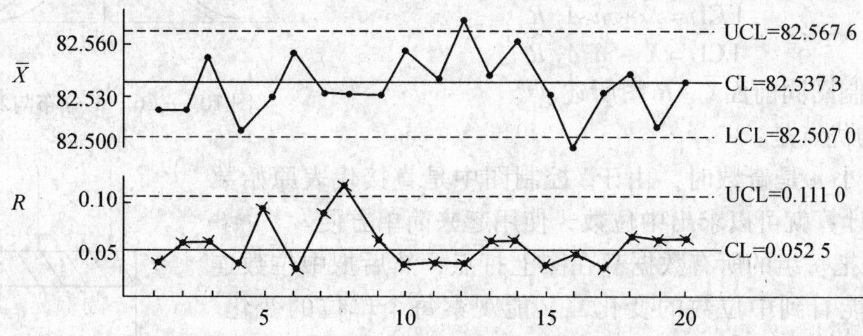

图 10 — 15　$\overline{X}-R$ 控制图

2. $\overline{X}-s$ 控制图

$\overline{X}-s$ 控制图即平均值 - 标准偏差控制图。衡量数据分散程度，用标准差 s 要比极差 R 更准确更灵敏。因为 R 只是一组中最大和最小的两个数的信息，s 则是组中所有数据的信息。

在计算这种图的控制界限时，平均值分布的标准偏差 $\sigma_{\overline{X}}$，可以用 s 来估计。

$\because\ \sigma_{\overline{X}}=\frac{1}{\sqrt{n}}\hat{\sigma}$　而 $\hat{\sigma}=\frac{1}{C_2^*}\overline{s}$

$\therefore\ \sigma_{\overline{X}}=\frac{\overline{s}}{\sqrt{n}C_2^*}$

（1）$\overline{X}$图

按上例，$CL=\overline{\overline{X}}=82.5373$

$$UCL=\overline{\overline{X}}+3\sigma_{\overline{X}}=\overline{\overline{X}}+3\cdot\frac{\overline{s}}{\sqrt{n}C_2^*}=\overline{\overline{X}}+A_1^*\overline{s}$$

$$=82.5373+1.427\times0.02342=82.570$$

$$LCL=\overline{\overline{X}}-A_1^*\overline{s}=82.5373-1.427\times0.02342=82.504$$

（2）s 图

按上例，$CL=\overline{s}=0.02342$

$$UCL=B_4\overline{s}=2.089\times0.02342=0.0489$$

$$LCL=B_3\overline{s}=0$$

式中 B_4、B_3 均可在表 10 — 8 中查出。

这种控制图灵敏度，检出力强，但在计算上相当麻烦，只在精度高而较重要的过程中使用。

3. $\widetilde{X}-R$ 控制图

把子样的数据由小到大按顺序排列后，位于中央的那个数，就是中位数，用$\widetilde{X}$表示。

中位数$\widetilde{X}$的分布也是服从正态分布的，其平均值 $\overline{\widetilde{X}}$ 的大小与 X 分布的平均值$\overline{X}$是一样的。但$\widetilde{X}$的分散将比$\overline{X}$的分散大些，见图 10 — 16。因此控制界限的幅度就变宽了。一般也是把$\widetilde{X}$控制图与 R 控制图合起来使用。

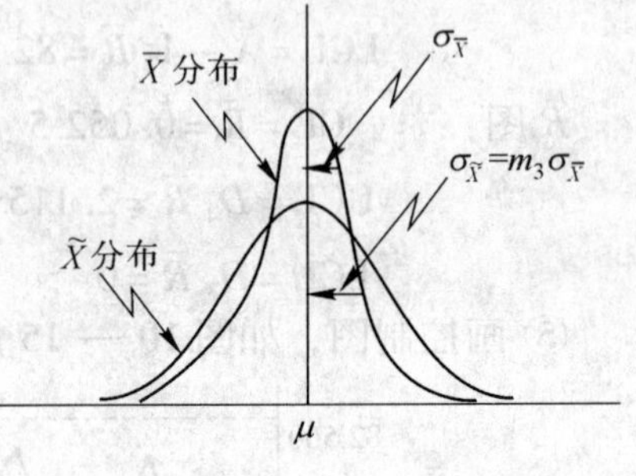

图 10 — 16　$\widetilde{X}$ 分布与$\overline{X}$分布

$\widetilde{X}$图的控制界限如下：

$$\mathrm{CL}=\overline{\widetilde{X}}$$
$$\mathrm{UCL}=\overline{\widetilde{X}}+m_3A_2\,\overline{R}$$
$$\mathrm{LCL}=\overline{\widetilde{X}}-m_3A_2\,\overline{R}$$

极差 R 控制图同前面$\overline{X}-R$ 图所述。

$\widetilde{X}-R$ 图的优点是：

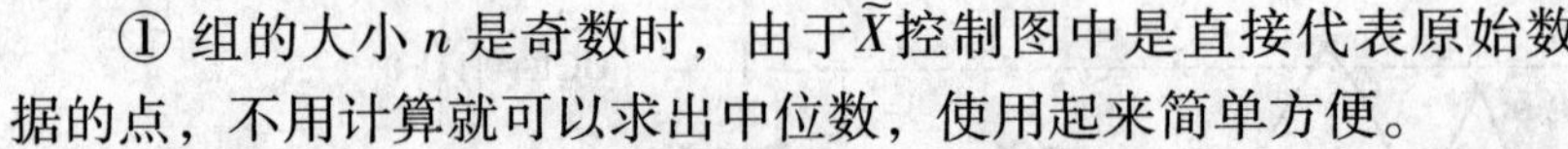

① 组的大小 n 是奇数时，由于$\widetilde{X}$控制图中是直接代表原始数据的点，不用计算就可以求出中位数，使用起来简单方便。

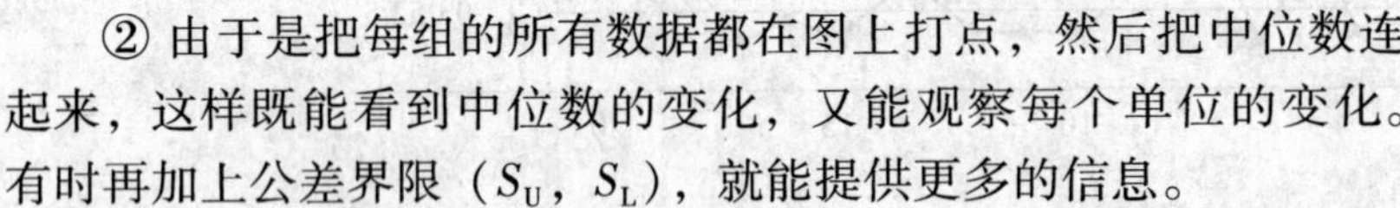

② 由于是把每组的所有数据都在图上打点，然后把中位数连起来，这样既能看到中位数的变化，又能观察每个单位的变化。有时再加上公差界限（S_U，S_L），就能提供更多的信息。

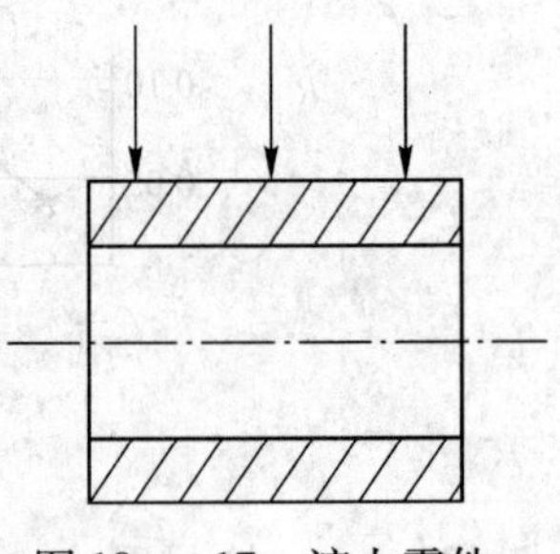
图 10 — 17　淬火零件硬度测定

例如，淬火零件硬度的测定（如图 10 — 17 所示），在一个零件上测量数个点，取其平均值作为淬火硬度。表 10 — 11 是$\widetilde{X}-R$ 控制图质量特性值数据表，其$\widetilde{X}-R$ 控制图见图 10 — 18。

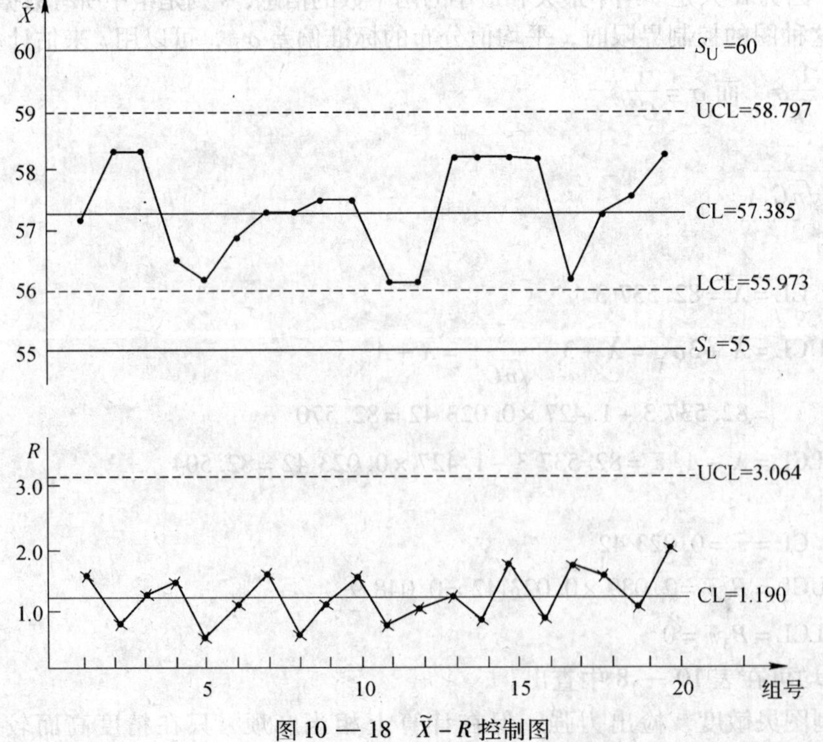

图 10 — 18　$\widetilde{X}-R$ 控制图

表 10—11 $\widetilde{X}-R$ 图数据表

组 号	月	日	x_A	x_B	x_C	$\widetilde{X}$	R
1	6	12	56.7	58.3	57.2	57.2	1.6
2	6	13	58.3	57.5	58.3	58.3	0.8
3	6	14	59.2	58.5	58.0	58.5	1.2
4	6	15	56.5	57.3	55.8	56.5	1.5
5	6	16	56.2	55.8	56.2	56.2	0.4
6	6	17	56.9	56.2	57.3	56.9	1.1
7	6	18	58.3	56.7	57.2	57.2	1.6
8	6	19	57.2	57.0	57.5	57.2	0.5
9	6	20	58.3	57.2	57.5	57.5	1.1
10	6	21	56.7	58.2	57.5	57.5	1.5
11	6	22	55.8	56.2	56.5	56.2	0.7
12	6	23	55.7	56.2	56.7	56.2	1.0
13	6	24	58.0	58.3	59.2	58.3	1.2
14	6	25	58.3	57.5	58.3	58.3	0.8
15	6	26	59.2	58.3	57.5	58.3	1.7
16	6	27	58.2	57.5	58.3	58.2	0.8
17	6	28	56.2	55.8	57.5	56.2	1.7
18	6	29	57.2	58.3	56.7	57.2	1.6
19	6	30	57.3	58.3	57.5	57.5	1.0
20	7	1	57.5	59.5	58.3	58.3	2.0
合	计					1 147.7	23.8
平	均					$\overline{\widetilde{X}}=57.385$	$\overline{R}=1.190$

$\widetilde{X}$控制图：

$$\mathrm{CL}=\overline{\widetilde{X}}=57.385$$

$$\mathrm{UCL}=\overline{\widetilde{X}}+m_3A_2\overline{R}=57.385+1.187\times1.190=58.797$$

$$\mathrm{LCL}=\overline{\widetilde{X}}-m_3A_2\overline{R}=57.385-1.187\times1.190=55.973$$

R 控制图：

$$\mathrm{CL}=\overline{R}=1.190$$

$$\mathrm{UCL}=D_4\overline{R}=2.575\times1.190=3.064$$

$$\mathrm{LCL}=D_3\overline{R}=0\text{（不考虑）}$$

4. $X-R_S$ 控制图

在产量很小，不易得到较多的质量数据；或者测量的费用较高，时间较长，不宜做较多次数的测量的场合，前面讲过的$\overline{X}-R$，$\overline{X}-s$，$\widetilde{X}-R$控制图已无法使用。这时若想及时发现估计不到的原因，采取措施，就要采取单值X控制图。

单值X图就是把得到的每一个数据都如实表示出来，所以能很快地反映过程的状态。

由于X图使用的不是平均值，如果某种偶然原因（如毛坯的个别缺陷，机床的突发故障）导致过程出现了异常值，就会造成点子一时越过了控制界限。如果根据这种偶然情况，即判断过程失调，就去调整工艺过程或机床，而实际上生产过程的稳定性并未发生变化，这样就会耽误生产，造成不应有的时间浪费。

为了避免这种判断上的错误，一般常将X控制图和R_S控制图联用，称为单值－移动极差控制图（$X-R_S$控制图）。

单值可以看成$n=1$的样本，因此，对每一个样本本身来说，没有极差而言。为了反映它们之间随时间顺序变化的情况，就按顺序把相邻的两个数看成一个组，从而相当于$n=2$的样本，故称为移动极差。

X图的控制界限为：

$$\mathrm{CL}=\overline{X}$$

$$\mathrm{UCL}=\overline{X}+3\sigma=\overline{X}+3\frac{1}{d_2}\overline{R}_S=\overline{X}+E_2\overline{R}_S$$

$$\mathrm{LCL}=\overline{X}-E_2\overline{R}_S$$

其中，E_2可从表10—8中查到（$n=2$）。

R_S图的控制界限为：

$$\mathrm{CL}=\overline{R}_S$$

$$\mathrm{UCL}=D_4\overline{R}_S$$

$$\mathrm{LCL}=D_3\overline{R}_S$$

（三）计数值控制图

这类控制图的理论基础是建立在二项分布（计件值）和泊松分布（计点值）上的，是建立在一定的条件下计数值分布近似于正态分布的基础上的。这类控制图都是单独使用的。

1. p_n控制图

p_n控制图叫不合格品数控制图。在生产过程相当稳定的条件下，产品不合格品率有一个稳定的数值。设$\overline{p}$表示平均不合格品率，用n表示子样中的样本数，p_n是子样中的不合格品个数，$\overline{p_n}=n\overline{p}$就是平均的不合格品数。

处于稳定状态的过程，其不合格品率及不合格品数，是在很小的范围内波动的；如果不合格品率或不合格品数在某一个时间，超过了一定的限度，就说明生产过程发生了较大的变化，需要进行调整，这就是不合格品率及不合格品数控制图的基本想法。

p_n控制图都是在样本n大小一样时使用，如果n大小不一样，就没有可比条件，不能用p_n控制图，而只能用不合格品率p控制图。

前面讲过，计量值控制图的样本n一般都选3～5。对于p_n图来说，样本数若太小，就是二项分布；只有当$n\overline{p}>5$时，不合格品数的分布才近似于正态分布。因此要求这一类样本的不合格品数要大于5，这时n都很大。

由于属于二项分布，其分布的平均值和方差为：

$$E(x)=n\bar{p},\ \sigma(x)=n\bar{p}q=n\bar{p}(1-\bar{p})$$

其控制界限为：

$$\mathrm{CL}=n\bar{p}=\frac{\sum_{i=1}^{k}n_i p_i}{k}$$

$$\mathrm{UCL}=n\bar{p}+3\sigma_{np}=n\bar{p}+3\sqrt{n\bar{p}(1-\bar{p})}$$

$$\mathrm{LCL}=n\bar{p}-3\sqrt{n\bar{p}(1-\bar{p})}$$

式中　p——样本不合格品率；

$\bar{p}$——样本平均不合格率；

$\sum_{i=1}^{k}np_i$——所有子样中不合格品数的总和。

在实际应用中，当$\bar{p}<0.01$时，可以认为$1-\bar{p}\approx1$，于是p_n控制图上下控制界限的计算公式可简化为：

$$\mathrm{UCL}=n\bar{p}+3\sqrt{n\bar{p}}$$

$$\mathrm{LCL}=n\bar{p}-3\sqrt{n\bar{p}}$$

［例10—12］已知在均衡生产的情况下，每班锻件的不合格品数数值表见表10—12。试画出p_n控制图。

表10—12　每班锻件不合格品数数值表

样本号	样本含量（n）	样本中不合格品数（p_n）	样本号	样本含量（n）	样本中不合格品数（p_n）
1	240	21	17	240	19
2	240	19	18	240	22
3	240	17	19	240	22
4	240	20	20	240	18
5	240	25	21	240	24
6	240	23	22	240	17
7	240	23	23	240	20
8	240	29	24	240	20
9	240	19	25	240	16
10	240	17	26	240	19
11	240	20	27	240	21
12	240	19	28	240	27
13	240	23	29	240	19
14	240	21	30	240	20
15	240	14	$\sum$	7 200	612
16	240	18	均值	240	20.4

解： $$\mathrm{CL}=n\bar{p}=\frac{\sum_{i=1}^{k}n_i p_i}{k}=\frac{612}{30}=20.4$$

$$\mathrm{UCL}=n\bar{p}+3\sqrt{n\bar{p}(1-\bar{p})}=20.4+3\sqrt{20.4(1-0.085)}$$
$$=20.4+3\times4.320=33.36$$

$$\mathrm{LCL}=n\bar{p}-3\sqrt{n\bar{p}(1-\bar{p})}=20.4-3\times4.320=7.44$$

画出 p_n 控制图见图 10 — 19。

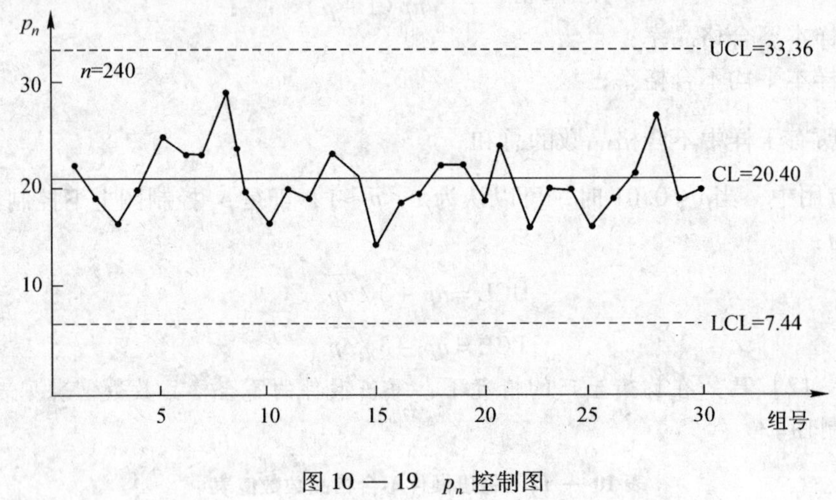

图 10 — 19　p_n 控制图

2. p 控制图

p 控制图又叫不合格品率控制图，它是通过观察产品的不合格品率 p 的变化来进行过程控制的，其原理与 p_n 图相同，在样本大小 n 不固定时使用。除不合格品率外，凡属于二项分布的计数值，如出勤率，合格品率，交货延迟率等均可使用。

其控制界限如下：

$$\mathrm{CL}=\bar{p}=\frac{\sum_{i=1}^{k}p_n}{\sum_{i=1}^{k}n_i}$$

$$\mathrm{UCL}=\bar{p}+3\sqrt{\frac{\bar{p}(1-\bar{p})}{n_i}}$$

$$\mathrm{LCL}=\bar{p}-3\sqrt{\frac{\bar{p}(1-\bar{p})}{n_i}}$$

从上式中可以看出，随着各个样本 n_i 的变化，控制界限也随之变化。所以不合格品率控制界限不是一条直线，而是一条阶梯状的线。

为了避免控制界限线的复杂化，一般采取修匀方法，即用 n_i 的平均值 $\bar{n}$ 代替 n_i，将控制界限绘成直线。但这种修匀方法必须满足下面条件才是可行的，即

$$n_{\max}<2\bar{n}$$

$$n_{\min} > \frac{1}{2}\bar{n}$$

式中，$n_{\max}$为最大样本容量值；$n_{\min}$为最小样本容量值。

上述计算表明，绘制不合格品率控制图很麻烦。每个样本都有其自己的控制界限，所以应该从样本上想办法，使 n 值相等，采用 p_n 控制图。

使用 p 控制图时，一般要求样本含量 n 要大些。n 太小，不仅满足不了 $n\bar{p}' \geqslant 5$ 的条件，而且往往抽不到不合格品。这不能反映不合格品率 p 的波动情况，因而失去控制图的意义。但是 n 取得太大，又容易增加检验（鉴别）费用和管理费。一般来说，p 图应满足 LCL≥0 的条件，即

$$\bar{p} - 3\sqrt{\frac{\bar{p}(1-\bar{p})}{n}} \geqslant 0$$

$$n \geqslant \frac{q}{\bar{p}} - q \qquad (\bar{p} \neq 0)$$

因此，可根据产品的$\bar{p}$值不同，利用此公式来选取 n 值；或者根据实际生产中投入批量不固定，直接将投入批量定为 n 值。

对于 p_n 和 p 控制图来说，实际起控制作用的是上控制界限。下控制界限只用来检查生产过程是否发生变化。如果点子超出下控制界限，经查实并非测量有误或读值失误所致，此时，只能说明生产过程更加稳定，加工精度进一步提高了。

［例 10—13］在硅棒的生产中，是以测定硅棒的电阻率来判断合格与不合格的。因为接收的硅棒每批数量不同，因此采用 p 控制图进行控制，其检测数据见表 10 — 13，试绘制 p 控制图。

表 10 — 13　数据表

组编号	组的大小	不合格品数（p_n）	不合格品率/%	UCL/%	LCL/%
1	115	9	7.8	14.7	0.1
2	220	18	8.2	12.7	2.1
3	210	17	8.1	12.8	2.0
4	220	21	9.5	12.7	2.1
5	220	18	8.2	12.7	2.1
6	255	15	5.9	12.3	2.5
7	340	27	7.9	11.6	3.1
8	365	32	8.8	11.5	3.3
9	255	13	5.1	12.3	2.5
10	300	19	6.3	11.9	2.9
11	280	21	7.5	12.1	2.7
12	330	18	5.4	11.7	3.1
13	320	15	4.7	11.8	3.0
14	225	14	6.2	12.6	2.2
15	290	26	9.0	12.0	2.8
16	170	16	9.4	13.4	1.4
17	65	5	7.7	17.1	0
18	100	7	7.0	15.2	0
19	135	11	8.1	14.2	0.6
20	280	24	8.6	12.1	2.7

续表

组编号	组的大小	不合格品数（p_n）	不合格品率/%	UCL/%	LCL/%
21	250	25	10.0	12.4	2.4
22	220	17	7.7	12.7	2.1
23	220	10	4.5	12.7	2.1
24	220	15	6.8	12.7	2.1
25	220	18	8.2	12.7	2.1
合计	5 825	431			

解：由于质量特性及数据已给出，故本例的求解可直接从确定控制图中心线及上、下控制界限入手。中心线的计算，可以根据公式求出。

$$\mathrm{CL}=\bar{p}\approx\frac{\sum np}{\sum n}=\frac{431}{5\,828}=0.074\,0\approx7.40(\%)$$

上、下控制界限的计算，由于每个样本的容量 n 都不同，所以计算比较麻烦。计算时，首先应算出 $\sqrt{\bar{p}\ (1-\bar{p})}=\sqrt{0.074\,0\ (1-0.074\,0)}\approx0.261\,8$

其次分别求出 $A_i=\frac{3}{\sqrt{n_i}}$，然后求出每个样本的上、下控制界限。现以第 1 号样本为例：

$$A_1=\frac{3}{\sqrt{n_1}}=\frac{3}{\sqrt{115}}=0.279\,75$$

$$\mathrm{UCL}_1=\bar{p}+A_1\sqrt{\bar{p}\ (1-\bar{p})}=14.7\ (\%)$$

$$\mathrm{LCL}_1=\bar{p}-A_1\sqrt{\bar{p}\ (1-\bar{p})}=0.1\ (\%)$$

依照同样办法可计算出第 2 号至第 25 号样本的上、下控制界限。将计算结果列入表 10 — 13。

求出上下控制界限之后，就可以进行绘图描点。图 10 — 20 就是由计算出的中心线和上下控制界限及已给出的数据绘出的 p 控制图。

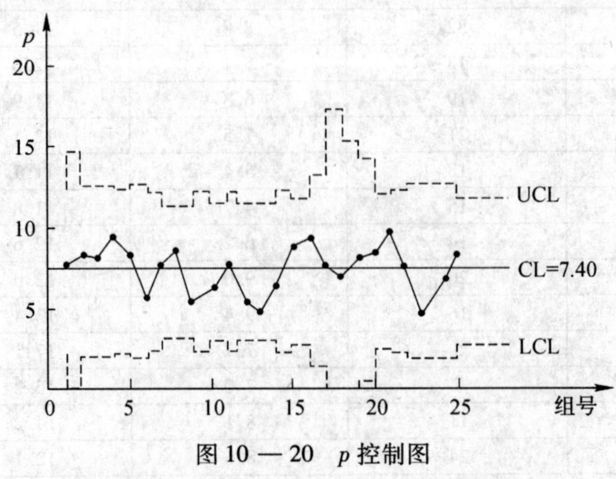

图 10 — 20 p 控制图

3. c 控制图

c 控制图叫缺陷数控制图。当子样的大小 n 始终一定时，用来对铸件表面砂眼，喷漆表面脏污，电镀表面有麻点以及其他产品上的疵点进行控制。这些计点值的分布都属于泊松分布，其期望值和方差都是 λ，在这里用 $\bar{c}$ 表示。故其控制界限为：

$$\mathrm{CL} = \bar{c} = \frac{1}{k}\sum_{i=1}^{k} c_i$$

$$\mathrm{UCL} = \bar{c} + 3\sigma_c = \bar{c} + 3\sqrt{\bar{c}}$$

$$\mathrm{LCL} = \bar{c} - 3\sigma_c = \bar{c} - 3\sqrt{\bar{c}}$$

式中　$\bar{c}$——缺陷数的平均值；

　　k——子样数。

［例 10 — 14］在服装生产中，为了进行过程控制，将完检工序上每件衣服的检查结果统计数据制成表 10 — 14，试绘制 c 控制图。

表 10 — 14　数据表

样本号	疵点数 c	样本号	疵点数 c	样本号	疵点数 c
1	3	11	5	21	4
2	7	12	1	22	3
3	2	13	6	23	2
4	6	14	2	24	4
5	1	15	4	25	5
6	3	16	5	26	7
7	3	17	8	27	2
8	2	18	1	合计	$\sum c = 99$
9	4	19	0	平均	$\bar{c} = 3.67$
10	4	20	5		

解：
$$\mathrm{CL} = \bar{c} = \frac{\sum_{i=1}^{k} c_i}{k} = \frac{99}{27} = 3.67$$

$$\mathrm{UCL} = \bar{c} + 3\sqrt{\bar{c}} = 3.67 + 3\sqrt{3.67} = 9.42$$

$$\mathrm{LCL} = \bar{c} - 3\sqrt{\bar{c}} = 3.67 - 3\sqrt{3.67} = -2.08$$（无意义）

绘制的 c 控制图见图 10 — 21。

4. u 控制图

u 控制图叫做单位缺陷数控制图。当子样大小 n 不固定时（如每次喷漆的表面积不一

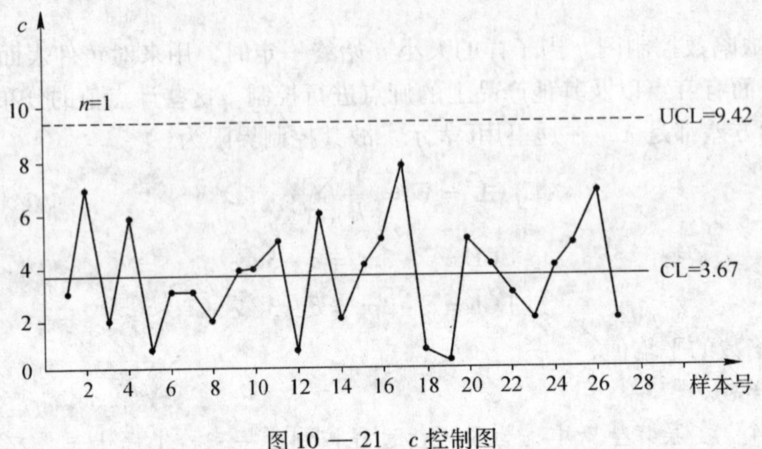

图 10 — 21　c 控制图

样），就需要换算为单位（面积、长度、体积、单位产品等）缺陷数来进行控制，这时就要用 u 控制图。

单位缺陷数：

$$u=\frac{c}{n}$$

式中　c——某一样本缺陷总数；

n——该样本的单位总数。

其总平均：

$$\overline{u}=\frac{\sum c_i}{\sum n_i}$$

其控制界限为：

$$\mathrm{CL}=\overline{u}=\frac{\sum c_i}{\sum n_i}$$

$$\mathrm{UCL}=\overline{u}+3\sigma_u=\overline{u}+3\sqrt{\frac{\overline{u}}{n}}=\overline{u}+A\sqrt{\overline{u}}$$

$$\mathrm{LCL}=\overline{u}-3\sqrt{\frac{\overline{u}}{n}}=\overline{u}-A\sqrt{\overline{u}}$$

式中　$A=\frac{3}{\sqrt{n}}$。

下控制界限经计算为负值时，取 0 为下控制限。

u 图的控制界限也随 n 的大小不同而发生变化，形成一段段折线。因此也可以用 $\overline{n}$ 来近似地计算上下控制界限，使其成为直线。其前提条件为 $n_{\max}<2\overline{n}$，$n_{\min}>\frac{1}{2}\overline{n}$，$n=\frac{\sum n}{k}$。此时，$\mathrm{UCL}=\overline{u}+3\sqrt{\frac{\overline{u}}{\overline{n}}}$，$\mathrm{LCL}=\overline{u}-3\sqrt{\frac{\overline{u}}{\overline{n}}}$。

［例 10 — 15］在车辆的外表涂漆过程中，因为车型不同，涂漆面积也不同，对每个

单位面积的缺陷数进行控制。对于面积，决定把某车型的面积作为1.0，其他车辆的面积大小用其对于这种车辆面积的比值表示。涂漆面缺陷数数据表见表10—15，试画出u控制图。

表10—15　数据表

车辆序号	面积的大小n	缺陷类c	单位面积的缺陷数	$\frac{1}{\sqrt{n}}$	UCL	LCL
1	1.0	4	4.0	/	8.10	(—)
2	1.0	5	5.0	/	8.10	—
3	1.0	3	3.0	/	8.10	—
4	1.0	3	3.0	/	8.10	—
5	1.0	5	5.0	/	8.10	—
6	1.3	2	1.5	0.877	7.47	—
7	1.3	5	3.8	0.877	7.47	—
8	1.3	3	2.3	0.877	7.47	—
9	1.3	2	1.5	0.877	7.47	—
10	1.3	1	0.8	0.877	7.47	—
11	1.3	5	3.8	0.877	7.47	—
12	1.3	2	1.5	0.877	7.47	—
13	1.3	4	3.1	0.877	7.47	—
14	1.3	2	1.5	0.877	7.47	—
15	1.2	6	5.0	0.913	7.65	—
16	1.2	4	3.3	0.913	7.65	—
17	1.2	0	0.0	0.913	7.65	—
18	1.7	8	4.7	0.767	6.90	—
19	1.7	3	1.8	0.767	6.90	—
20	1.7	8	4.7	0.767	6.90	—
合计	$\sum n=25.4$	$\sum c=75$	$\overline{u}=2.95$			

解：① 收集数据，如表10—15所示。

② 计算u_i

$$u_i=\frac{c_i}{n_i}$$

第一组：$u_1=\frac{c_1}{n_1}=\frac{4}{1.0}=4.0$，其余类推，见表10—15。

③ 计算单位缺陷数的平均值$\overline{u}$

$$\overline{u}=\frac{\sum_{i=1}^{k}c_i}{\sum_{i=1}^{k}n_i}=\frac{75}{25.4}=2.95$$

④ 确定控制界限

第一组：　　$CL=\bar{u}=2.95$

$$UCL_1=\bar{u}+3\sqrt{\frac{\bar{u}}{n_1}}=2.95+3\sqrt{\frac{2.95}{1.0}}=8.10$$

$$LCL_1=\bar{u}-3\sqrt{\frac{\bar{u}}{n_1}}=2.95-3\sqrt{\frac{2.95}{1.0}}=(-)$$

其余类推，见表10—15。

⑤ 画控制图，见图10—22。

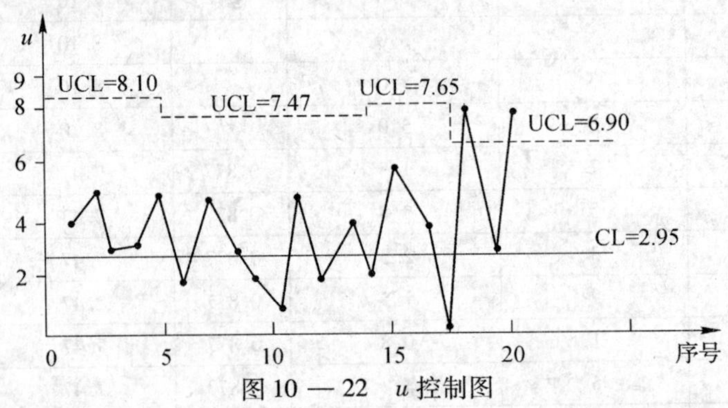

图10—22　u 控制图

（四）控制图的观察与分析

观察与分析控制图上点的波动状态与过程质量分布的对应关系，有助于我们识别过程中是否存在不正常的波动和波动的性质。然而在实际的过程管理中，不仅需要我们清醒地分析，更需要做出准确的判断。需要对控制图上各种各样的点子波动状态，及时地判别出哪些点是说明过程发生了异常。这就是说，要有充分的理论依据和明确的判别标准。

因此，要根据控制图的原理，对控制图上的“异常”有一个明确的认识，并按照过程发生异常时，点子变动状态上必然会出现的各种特征，制定出判断异常的标准，使得在使用控制图时，不致发生判断上的错误。

根据确定控制界限的3σ法则知识，当过程处于稳定状态时，点子是不容易越出控制界限的，其发生的概率只有0.003。由于点子是用随机取样的方法得到的，因而点子的分布就是一种随机排列状态。因此，处于稳定状态下的过程，其控制图上的点子，应当在控制图界限以内，在分布中心线的两侧随机地分布着。如果在有数的一些点子中，有的点越出了控制界限，或者一些点子的变动状态出现了某种特殊的趋势，破坏了随机分布的规则，就可以判断过程发生了异常。

为了判断上的方便，总结规定下述的一些异常标准。

（1）点子在控制界限以外，判断发生了异常；

（2）点子虽然在控制界限以内，但不是随机排列，有某些特殊的倾向，判断发生了异常。

点子在控制图中排列有缺陷的情况主要有下列几种：

1. 链

把点在中心线的一侧连续出现的现象叫做“链”，据此判断发生了异常。

（1）连续链

点在中心线一侧连续出现 7 个以上时，见图 10 — 23。

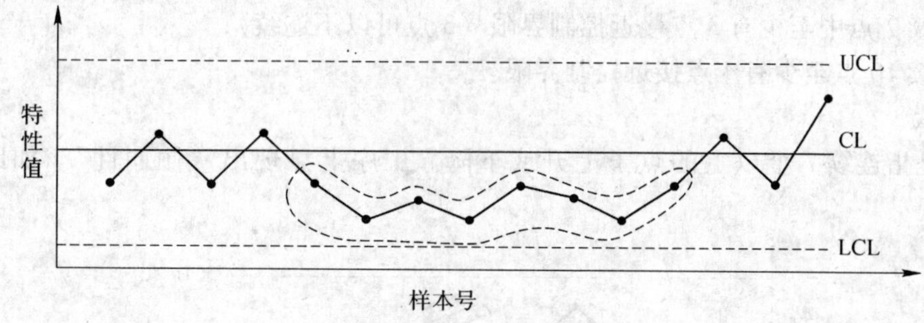

图 10 — 23 连续链

（2）间断链

点在中心线的同一侧多次出现时，判断发生了异常。一般有以下几种情况：

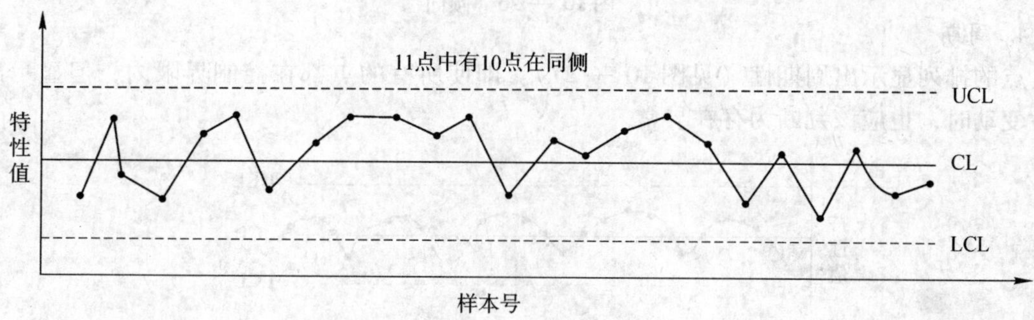

图 10 — 24 间断链

① 在连续的 11 点中至少有 10 点（图 10 — 24）；

② 在连续的 14 点中至少有 12 点；

③ 在连续的 17 点中至少有 14 点；

④ 在连续的 20 点中至少有 16 点。

2. 接近控制界限

什么叫做“点子接近控制界限”？就是指点子频频地在样本统计量的 $2\sigma_{\bar{x}}$ 和 $3\sigma_{\bar{x}}$ 的区域内出现。一般有下列几种情况（见图 10 — 25）：

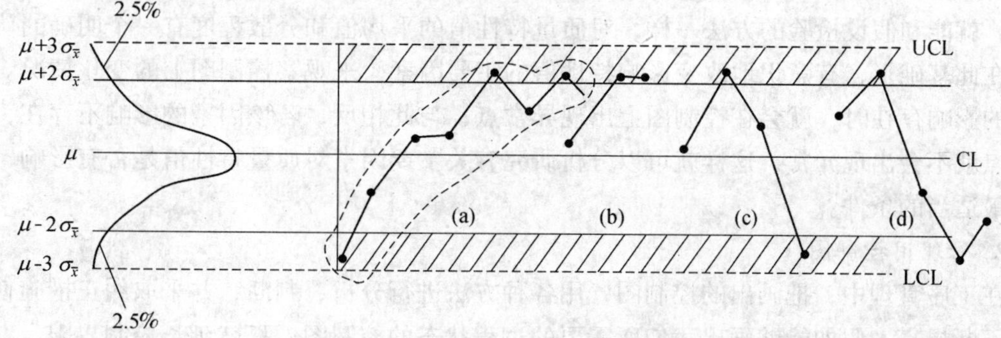

图 10 — 25 接近控制界限

① 连续 3 点中至少有 2 点接近控制界限（2 点可以不连续）；

② 连续 7 点中至少有 3 点接近控制界限（3 点可以不连续）；

③ 连续 10 点至少有 4 点接近控制界限。

3. 倾向

倾向是指连续 7 个以上的点子上升或下降。工序上显现出“倾向性”。如图10 — 26 所示。

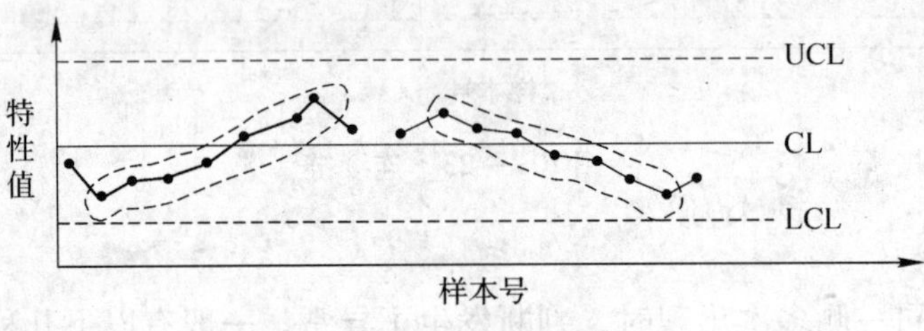

图 10 — 26　倾向

4. 周期

点的排列显示出周期性（见图 10 — 27）。即使所有的点都在控制界限内，但显示出周期性变动时，也应该判断为存在异常。

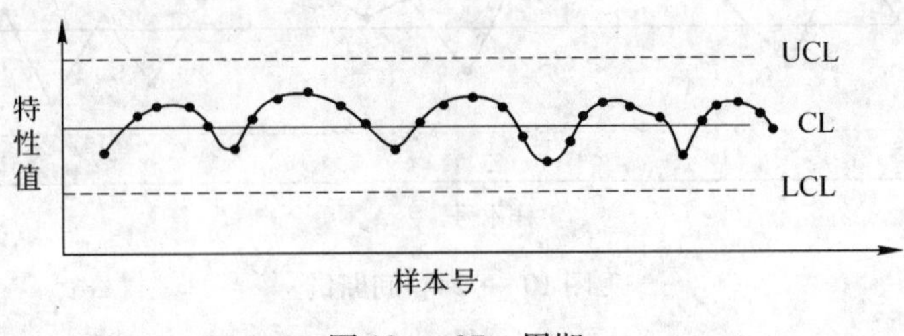

图 10 — 27　周期

（五）控制图的使用

控制图上的点，不仅由于时间的变化而波动，还会由于有关质量因素的影响而改变波动状态。根据这个性质，我们可以把控制图用于分析过程和管理。这就是所谓分析用控制图和管理用控制图。

1. 分析用控制图

在质量分析活动中，当我们根据从过程中抽取的质量数据，给定控制界限并画出控制图以后，就能和假设检验的方法一样，对质量特性值的平均值和分散程度有一个明确的认识。

在此基础上，有意识地改变影响特性值的主要因素，来观察控制图上的变化情况。若该因素的影响存在时，就会在控制图上出现异常点；与此相反，若该因素的影响不存在，控制图的点就不会出现异常，这样就可以分析研究有关主要因素对质量特性值是否有影响，从而找出最适当的条件。

2. 管理用控制图

在工序管理中，把画出的控制图，用各种方法进行分析、判断，并采取纠正措施使过程能力不断提高。假如能够画出我们所需要的过程状态的控制图，那就延长控制界限，继续把日常的数据点在控制图上进行管理。假如点在控制界限以内，而且没有发现点有特殊排列的现象，那就可以认为这样的状态处于受控状态。若点超出控制界限以外，或出现特殊的排列状态，则判断过程中某些因素发生变化而影响了特性值的结果，就要进一步调查原因，采取纠正措施，使其恢复受控状态。

二、直　方　图

直方图是频数直方图的简称。它是用一系列宽度相等、高度不等的长方形表示数据的图（参见本章第二节）。

三、排　列　图

排列图又叫帕累托图，它是将质量改进项目从最重要到最次要进行排列而采用的一种简单的图示技术。排列图由一个横坐标、两个纵坐标、几个按高低顺序排列的矩形和一条累计百分比折线组成。

排列图建立在帕累托原理的基础上。所谓帕累托原理，就是意大利经济学家帕累托在分析意大利社会财富分布状况时得到的“关键的少数和次要的多数”的结论。应用这一原理，就意味着在质量改进的项目中，往往少数的项目起着主要的、决定性的影响。通过区分最主要和最次要的项目，就可以用最少的努力获得最大的改进。

（一）排列图的作用

（1）按重要顺序显示出每个质量改进项目对整个质量问题的作用；

（2）识别进行质量改进的机会。

（二）排列图应用的程序

（1）选择要进行质量分析的项目；

（2）选择用于质量分析的量度的质量单位，如出现的次数（频数）、成本、金额或其他单位；

（3）选择用于质量分析的数据的时间间隔（周期）；

（4）画横坐标　按度量单位量值递减的顺序自左至右在横坐标上列出项目，含有最小项目的类别可归到“其他”一栏，把此栏放到最右端；

（5）画纵坐标　在纵坐标的两端画两个纵坐标，左边纵坐标按度量单位标定，其高度等于所有项目的量值总和，右边的纵坐标应与左纵坐标等高，并从0～100%进行标定；

（6）在每个质量项目上画长方形，其高度表示该项目度量单位的量值；

（7）从左至右累加每一项的量值，画累计百分数曲线，又叫帕累托曲线或累计频数线；

（8）图形分析　图形分析时，确定A类因素即关键的少数，确定质量改进的最关键项目。按右纵坐标刻度，分别在100%、90%、80%处作水平线，称为A线、B线、C线。在排列图内A线下覆盖的百分点所代表的项目称为A类因素（关键的少数）。

［例10—16］某厂某年4月至9月492球铁曲轴机加工废品数调查表如表10—16所示，根据此表画出该曲轴的废品项目排列图。

表 10 — 16　调查表

序　号	项　目	数　量	百分比	累计百分比
1	精车主颈	920	33.7%	33.7%
2	精磨主颈	702	25.7%	59.4%
3	精车轴承孔	598	21.9%	81.32%
4	精磨拐颈	205	7.5%	88.3%
5	钻斜油孔	130	4.74%	93%
6	精磨 $\phi 40$	75	2.74%	96.3%
7	精磨 $\phi 38$	15	0.54%	96.9%
8	其　他	85	3.1%	100%
累计		2 730		100%

从曲轴机加工废品排列图（图 10 — 28）看出，精车主颈、精磨主颈、精车轴承孔三项废品数占总废品数的 81.32%，是造成曲轴废品率超标的主要原因。

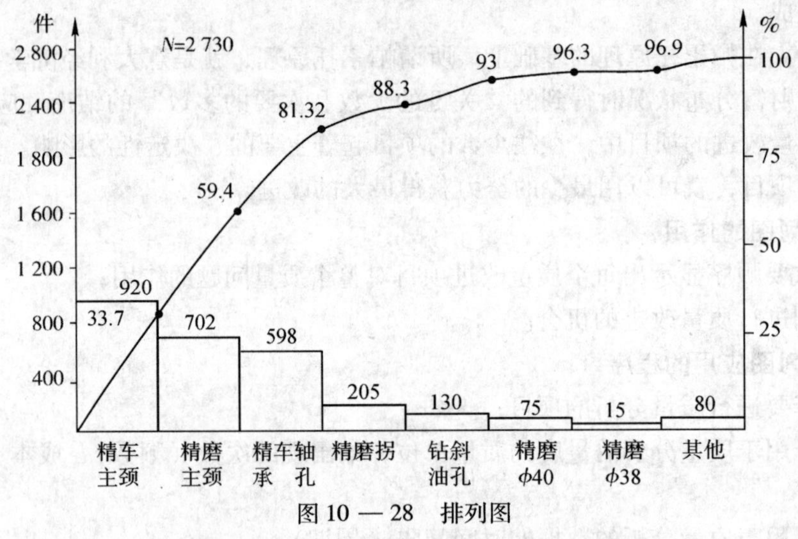

图 10 — 28　排列图

四、散　布　图

散布图是研究成对出现［如（x，y），每组为一个点］的两种相关数据之间的关系的图示法。

在散布图中，成对的数据形成点子云。研究点子云的分布状态，便可推断成对数据之间的相关程度。当 x 值增加，相应 y 值也增加，就称 x 和 y 之间是正相关；当 x 值增加，相应 y 值减少，则称 x 和 y 之间是负相关。图 10 — 29 是 6 种常见的点子云形状。

散布图可以用来发现、显示和确认两种数据之间的相关程度，常在质量改进活动中得到应用。

（一）散布图应用程序

（1）收集成对的（x，y）数据　从将要对其关系进行研究的相关数据中收集对应关系

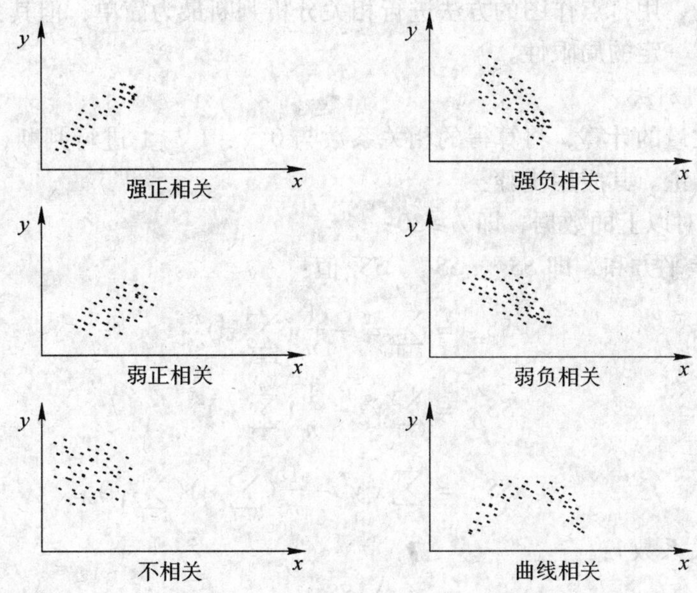

图 10 — 29　散布图中点子云的形状

为（x，y）的数据，数据要大于 30 对。当数据少于 20 对时，分析误差明显增大。

（2）建立平面直角坐标系　标出 x 轴和 y 轴。

（3）标定 x 轴和 y 轴　找出 x 轴和 y 轴的最大值和最小值，并用这两个值标定横轴（x）和纵轴（y），两轴的长度大致相等。

（4）描点　描出成对的（x，y）数据点，当两组数据重合时，可在数据点画出同心圆或在第一个点近处画上第二个点。

（5）分析判断　研究点子云的形状，找出相关关系的类型和程度

（二）散布图的分析与判断

散布图的分析与判断的方法很多，有对照典型图例法、简单象限法和相关系数法等。

1. 对照典型图例法

这是最简单的方法。把实际画出的散布图与典型图例对照，就可得到两个变量之间是否相关及相关程度的结论。

2. 象限判断法

又叫中值判断法。使用此法的步骤：

（1）在图上画一条与 y 轴平行的 P 线，使 P 线左右两侧的点数相等或大致相等；

（2）在图上再画一条与 x 轴平行的 Q 线，使 Q 线上、下的点子数相等或大约相等；

（3）P、Q 两线把散布图分为 4 个象限区域，分别计算各象限区域内的点数（线上的点不计）；

（4）分别计算对角象限区域内的点数：$n_{\text{I}}+m_{\text{III}}$，$n_{\text{II}}+n_{\text{IV}}$

若 $n_{\text{I}}+n_{\text{III}}>n_{\text{II}}+n_{\text{IV}}$，则为正相关；

若 $n_{\text{I}}+n_{\text{III}}<n_{\text{II}}+n_{\text{IV}}$，则为负相关；

若 $n_{\text{I}}+n_{\text{III}}=n_{\text{II}}+n_{\text{IV}}$，则为不相关。

应该指出的是，用打点作图的方法进行相关分析判断最为简单，但其分析较为粗糙，在生产实践中应用有一定的局限性。

3. 相关系数判别法

必须要进行大量的计算，将算得的相关系数与0，-1与1进行判断，从而得出相关类型和相关程度的结论。其应用步骤：

（1）收集30对以上的数据，即 $n \geqslant 30$；

（2）计算偏差平方和，即 SS_{xx}、SS_{yy}、SS_{xy} 值：

$$SS_{xx} = \sum_{i=1}^{n} x_i^2 - \frac{1}{n}(\sum_{i=1}^{n} x_i)^2$$

$$SS_{yy} = \sum_{i=1}^{n} y_i^2 - \frac{1}{n}(\sum_{i=1}^{n} y_i)^2$$

$$SS_{xy} = \sum_{i=1}^{n} x_i y_i - \frac{1}{n}(\sum_{i=1}^{n} x_i)(\sum_{i=1}^{n} y_i) \tag{10—11}$$

（3）计算相关系数 r：

$$r = \frac{SS_{xy}}{\sqrt{SS_{xx} \cdot SS_{yy}}} \tag{10—12}$$

（4）判断

$r=1$，完全正相关；

$r=-1$，完全负相关；

$r=0$，无线性相关关系，但可能有非线性相关关系。

一般地，$1>|r|\geqslant 0.8$，强相关；$0.8>|r|\geqslant 0.5$，相关；$0.5>|r|\geqslant 0.3$，弱相关；$0.3>|r|$，不相关。

［例10—17］在某产品的表面进行腐蚀刻线试验，得到腐蚀深度 y 与腐蚀时间 x 间成对的一组数据，如表10—17所示，用相关系数法对其相关性及相关程度进行分析与判断。

表10—17　数据表

序　号	x_i	y_i	x_i^2	y_i^2	$x_i y_i$
1	5	6	25	36	30
2	10	10	100	100	100
3	15	10	225	100	150
4	20	13	400	169	260
5	30	16	900	256	480
6	40	17	1 600	289	680
7	50	19	2 500	361	950
8	60	23	3 600	529	1 380
9	70	25	4 900	625	1 750
10	90	29	8 100	841	2 610
11	120	46	14 400	2 116	5 520
$\sum$	510	214	36 750	5 422	13 910

解：计算 SS_{xx}、SS_{yy}、SS_{xy} 值

$$SS_{xx} = \sum x_i^2 - \frac{1}{n}(\sum x_i)^2 = 36\ 750 - \frac{510^2}{11} = 13\ 285$$

$$SS_{yy} = \sum y_i^2 - \frac{1}{n}(\sum x^2) = 5\ 422 - \frac{214^2}{11} = 1\ 249$$

$$SS_{xy} = \sum xy - \frac{1}{n}(\sum x)\cdot(\sum y) = 13\ 910 - \frac{510 \times 214}{11} = 3\ 988$$

$$= \frac{SS_{xy}}{\sqrt{SS_{xx}\cdot SS_{yy}}} = \frac{3\ 988}{\sqrt{13\ 285 \times 1\ 249}} = 0.979$$

$$1 > |r| = 0.979 > 0.8$$

说明腐蚀时间与腐蚀深度的关系为强正相关关系，如图 10—30 所示。

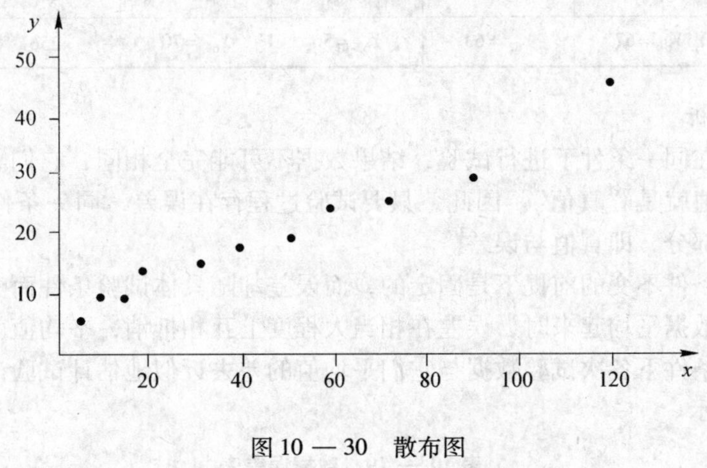

图 10 — 30　散布图

第五节　方差分析与回归分析

一、方 差 分 析

方差分析又称“离差分析”，是分析试验数据差异性质的一种常用的统计技术。

我们在进行试验时，试验结果或观测值存在着随机误差和系统误差两种误差的影响。产品质量特性受到人、机、料、法、环和测试等诸多因素的综合影响，而呈现出产品质量的差异和波动。在进行质量改进决策时，要根据试验或观测到的结果数据分析判断哪个或哪几个因素对质量特性的波动有显著影响，就需借助方差分析对随机误差和系统误差予以区分和比较，从而解决显著性判断问题。

（一）单因素试验的方差分析

我们先从单因素试验方差分析入手，建立概念，进而讨论多因素试验的方差分析。

进行方差分析的任务是：

（1）分析试验误差对结果数据的影响；

（2）分析因素位级的改变对结果数据影响；

(3) 两者进行比较，以判断因素对结果（指标）数据影响是否显著。

例如，对一个因素 A，取 6 个位级，各做了 4 次重复试验，测得结果数据见表 10—18。

表 10—18 数据表

因素位级 \ 试验号	1	2	3	4	合计	平均值
A_1	$Y_{11}=68$	$Y_{12}=64$	$Y_{13}=77$	$Y_{14}=59$	268	$\overline{Y}_1=67$
A_2	$Y_{21}=42$	$Y_{22}=59$	$Y_{23}=36$	$Y_{24}=55$	192	$\overline{Y}_2=48$
A_3	$Y_{31}=53$	$Y_{32}=62$	$Y_{33}=63$	$Y_{34}=62$	240	$\overline{Y}_3=60$
A_4	$Y_{41}=50$	$Y_{42}=53$	$Y_{43}=41$	$Y_{44}=40$	184	$\overline{Y}_4=46$
A_5	$Y_{51}=70$	$Y_{52}=43$	$Y_{53}=47$	$Y_{54}=68$	228	$\overline{Y}_5=57$
A_6	$Y_{61}=67$	$Y_{62}=63$	$Y_{63}=56$	$Y_{64}=70$	256	$\overline{Y}_6=64$

1. 误差的分析

我们知道，在同一条件下进行试验，结果数据不可能完全相同，它们总是围绕某一数值上下波动，这个值就是"真值"。因此，只要试验过程存在误差，同一条件下试验结果数据总是可以分为两部分，即真值与误差。

真值在试验条件不变的前提下是固定的，而误差却随具体试验条件而变化。当把在同一试验下大量试验数据平均起来时，误差在相当大程度上互相抵消，平均值就接近于真值。这样就可以用同一条件下各次试验数据与它们平均值的差去近似地估计试验误差，各数据误差如表 10—19 所示。

表 10—19 数据误差表

因素 \ 误差 \ 试验号	1	2	3	4	合计
A_1	$Y_{11}-\overline{Y}_1=1$	$Y_{12}-\overline{Y}_1=-3$	$Y_{13}-\overline{Y}_1=10$	$Y_{14}-\overline{Y}_1=-8$	0
A_2	$Y_{21}-\overline{Y}_2=-6$	$Y_{22}-\overline{Y}_2=11$	$Y_{23}-\overline{Y}_2=-12$	$Y_{24}-\overline{Y}_2=7$	0
A_3	$Y_{31}-\overline{Y}_2=-7$	$Y_{32}-\overline{Y}_3=2$	$Y_{33}-\overline{Y}_3=3$	$Y_{34}-\overline{Y}_3=2$	0
A_4	$Y_{41}-\overline{Y}_4=4$	$Y_{42}-\overline{Y}_4=7$	$Y_{43}-\overline{Y}_4=-5$	$Y_{44}-\overline{Y}_4=-6$	0
A_5	$Y_{51}-\overline{Y}_5=13$	$Y_{52}-\overline{Y}_5=-14$	$Y_{53}-\overline{Y}_5=-10$	$Y_{54}-\overline{Y}_5=11$	0
A_6	$Y_{61}-\overline{Y}_6=3$	$Y_{62}-\overline{Y}_6=-1$	$Y_{63}-\overline{Y}_6=-8$	$Y_{64}-\overline{Y}_6=6$	0

可以看出误差合计都是零，这是用平均值代替真值的结果。

我们又知道，试验误差是一个随机变量。因此，单看各项试验误差，是无法了解整个试验过程误差的性质的。因此，要获得对误差规律性的认识，就需引出误差变动平方和（离差平方和），在此称为误差的变动，以 $S_{误}$ 表示。

$$S_{误}=(Y_{11}-\overline{Y}_1)^2+(Y_{12}-\overline{Y}_1)^2+\cdots+(Y_{61}-\overline{Y}_6)^2+(Y_{62}-\overline{Y}_6)^2+(Y_{63}-\overline{Y}_6)^2+(Y_{64}-\overline{Y}_6)^2=1^2+(-3)^2+\cdots+3^2+(-1)^2+(-8)^2+6^2=1\,412$$

所以，$S_{误}$ 为各试验条件下（数据—平均值）平方之和。

要弄清误差的性质，还要计算出误差对每次试验的结果数据造成的变动有多大。虽然有24个试验数据，但不能用24去除，因为这24个误差值并不是彼此都是自由的，而是受6个条件的约束。因此，只能用24－6＝18来除 $S_{误}$，于是得误差的平均变动

$$V_{误}=S_{误}/18=78.44$$

该式中的18叫做误差的自由度，记作 $f_{误}$，

$$f_{误}=6\times(4-1)=18$$

于是，$V_{误}=S_{误}/f_{误}=78.44$

实际上 $V_{误}$ 就是试验误差的方差。

2. 因素的分析

如前所述，一般用各试验条件下数据的平均值去近似地估计真值。因此，本例的24次试验的真值可以用它们相对应的平均值来估计，其数据如表10—20所示。

表10—20　数据表

因素＼平均值＼试验号	1	2	3	4
A_1	$\overline{Y}_1=67$	$\overline{Y}_1=67$	$\overline{Y}_1=67$	$\overline{Y}_1=67$
A_2	$\overline{Y}_2=48$	$\overline{Y}_2=48$	$\overline{Y}_2=48$	$\overline{Y}_2=48$
A_3	$\overline{Y}_3=60$	$\overline{Y}_3=60$	$\overline{Y}_3=60$	$\overline{Y}_3=60$
A_4	$\overline{Y}_4=46$	$\overline{Y}_4=46$	$\overline{Y}_4=46$	$\overline{Y}_4=46$
A_5	$\overline{Y}_5=57$	$\overline{Y}_5=57$	$\overline{Y}_5=57$	$\overline{Y}_5=57$
A_6	$\overline{Y}_6=64$	$\overline{Y}_6=64$	$\overline{Y}_6=64$	$\overline{Y}_6=64$
总平均	$\overline{\overline{Y}}=57$	$\overline{\overline{Y}}=57$	$\overline{\overline{Y}}=57$	$\overline{\overline{Y}}=57$

因为同一试验条件下真值一样，所以每一横行（相同位级）数值都相同。可以想象，如果不同试验条件下的真值都一样的话，那么每一纵列的数值也应该相等，都应是平均值。实际上每一纵列内的数值并不相同，这就反映出试验条件（位级）不同造成的影响。我们把各位级下的数据平均值与总平均之差列出，如表10—21所示。

表10—21　差值表

因素＼差值＼试验号	1	2	3	4
A_1	$\overline{Y}_1-\overline{\overline{Y}}=10$	$\overline{Y}_1-\overline{\overline{Y}}=10$	$\overline{Y}_1-\overline{\overline{Y}}=10$	$\overline{Y}_1-\overline{\overline{Y}}=10$
A_2	$\overline{Y}_2-\overline{\overline{Y}}=-9$	$\overline{Y}_2-\overline{\overline{Y}}=-9$	$\overline{Y}_2-\overline{\overline{Y}}=-9$	$\overline{Y}_2-\overline{\overline{Y}}=-9$
A_3	$\overline{Y}_3-\overline{\overline{Y}}=3$	$\overline{Y}_3-\overline{\overline{Y}}=3$	$\overline{Y}_3-\overline{\overline{Y}}=3$	$\overline{Y}_3-\overline{\overline{Y}}=3$
A_4	$\overline{Y}_4-\overline{\overline{Y}}=11$	$\overline{Y}_4-\overline{\overline{Y}}=11$	$\overline{Y}_4-\overline{\overline{Y}}=11$	$\overline{Y}_4-\overline{\overline{Y}}=11$
A_5	$\overline{Y}_5-\overline{\overline{Y}}=0$	$\overline{Y}_5-\overline{\overline{Y}}=0$	$\overline{Y}_5-\overline{\overline{Y}}=0$	$\overline{Y}_5-\overline{\overline{Y}}=0$
A_6	$\overline{Y}_6-\overline{\overline{Y}}=7$	$\overline{Y}_6-\overline{\overline{Y}}=7$	$\overline{Y}_6-\overline{\overline{Y}}=7$	$\overline{Y}_6-\overline{\overline{Y}}=7$

将这24个差值汇总成平方和得到：

$$S_A=(\overline{Y}_1-\overline{Y})^2+(\overline{Y}_1-\overline{Y})^2+(\overline{Y}_1-\overline{Y})^2+(\overline{Y}_1-\overline{Y})^2+(\overline{Y}_2-\overline{Y})^2+(\overline{Y}_2-\overline{Y})^2+\cdots+(\overline{Y}_6-\overline{Y})^2+(\overline{Y}_6-\overline{Y})^2+(\overline{Y}_6-\overline{Y})^2+(\overline{Y}_6-\overline{Y})^2$$
$$=4\ [10^2+(-9)^2+3^2+(-11)^2+0^2+7^2]=1\ 440$$

这个 S_A 实际上就是因素 A 的变动平方和或离差平方和，简称因素 A 的变动。

从表 10 — 21 可以看出，从每一列看实际上是把 6 个不同的数值各重复 4 遍，而且仅从这 6 个数值来看还各满足一个约束条件：

$$(\overline{Y}_1-\overline{Y})+(\overline{Y}_2-\overline{Y})+(\overline{Y}_3-\overline{Y})+(\overline{Y}_4-\overline{Y})+(\overline{Y}_5-\overline{Y})+(\overline{Y}_6-\overline{Y})$$
$$=10+(-9)+3+(-11)+0+7=0$$

所以因素 A 的平均变动（方差）应为

$$V_A=S_A/f_A=1\ 440/(6-1)=288$$

其中，$f_A=6-1=5$，f_A 称因素 A 的自由度。

于是，

$$S_{\text{因}}=\sum\text{因素各位级}[\text{重复数}\times(\text{平均值}-\text{总平均})^2]$$
$$f_{\text{因}}=\text{因素位级数}-1$$
$$V_{\text{因}}=\frac{S_{\text{因}}}{f_{\text{因}}} \tag{10 — 13}$$

3. 总变动的分析

求 24 个数据对总平均 $\overline{Y}=57$ 的偏离，如表 10 — 22 所示。

表 10 — 22　数据对总平均偏离表

因素 \ 偏离 \ 试验号	1	2	3	4
A_1	$Y_{11}-\overline{Y}=11$	$Y_{12}-\overline{Y}=7$	$Y_{13}-\overline{Y}=20$	$Y_{14}-\overline{Y}=2$
A_2	$Y_{21}-\overline{Y}=-15$	$Y_{22}-\overline{Y}=2$	$Y_{23}-\overline{Y}=-21$	$Y_{24}-\overline{Y}=-2$
A_3	$Y_{31}-\overline{Y}=-4$	$Y_{32}-\overline{Y}=5$	$Y_{33}-\overline{Y}=6$	$Y_{34}-\overline{Y}=5$
A_4	$Y_{41}-\overline{Y}=-7$	$Y_{42}-\overline{Y}=-4$	$Y_{43}-\overline{Y}=-16$	$Y_{44}-\overline{Y}=-17$
A_5	$Y_{51}-\overline{Y}=13$	$Y_{52}-\overline{Y}=-14$	$Y_{53}-\overline{Y}=-10$	$Y_{54}-\overline{Y}=11$
A_6	$Y_{61}-\overline{Y}=10$	$Y_{62}-\overline{Y}=6$	$Y_{63}-\overline{Y}=-1$	$Y_{64}-\overline{Y}=13$

于是，将它们平方和汇总起来，得 24 个数的离差平方和

$$S_{\text{总}}=11^2+7^2+20^2+2^2+(-15)^2+\cdots+13^2=2\ 852$$

由于它描述了 24 个数据围绕总平均值的变动的总的情况，所以将 $S_{\text{总}}$ 叫做总变动。

$$S_{\text{总}}=\sum(\text{各数据}-\text{总平均})^2 \tag{10—14}$$

对本例而言可以看出，

$$S_A+S_{\text{误}}=1\ 440+1\ 412=2\ 852=S_{\text{总}}$$

$S_{\text{总}}=S_A+S_{\text{误}}$，叫做变动的分解公式，即试验结果数据的总变动可以分解为两部分，一个是因素的变动，另一个是误差的变动。前者反映因素位级不同对试验结果造成的影响，后者反映试验误差造成的影响。同理，总变动自由度 $f_{\text{总}}$ = 试验数据总数 − 1，自由度分解为：

$$f_{总} = f_{因} + f_{误} \tag{10—15}$$

对于本题

$$f_{总} = 5 + 18 = 23 = 24 - 1$$

今后，凡是运用正交试验做多因素对比试验时，上述两个重要公式都是成立的，不过可以改写为一般形式：

$$\begin{cases} S_{总} = \sum S_{因} + S_{误} \\ f_{总} = \sum f_{因} + f_{误} \end{cases} \tag{10—16}$$

这两个式子是我们讨论正交试验统计分析问题的重要出发点。为了今后运算方便，经推导，得如下实用公式：

$$\begin{aligned} &\text{CT(修正项)} = (\sum \text{各数据})^2 / \text{数据总数} \\ &S_{总} = \sum(\text{各数据})^2 - \text{CT} \\ &S_{总} = \left[\sum \text{因素各位级} \frac{\sum \text{对应数据}}{\text{重复数}}\right] - \text{CT} \end{aligned} \tag{10—17}$$

而 $S_{误}$ 计算则直接利用：

$$S_{误} = S_{总} - \sum S_{因} \tag{10—18}$$

4. 显著性检验

判断因素 A 对指标影响是否显著。所谓显著，是指因素位级改变时，确实使试验结果数据的真值有所改变。

已知 $V_{误}$反映试验误差的影响大小，V_A 反映因素位级改变影响大小，因此可以选统计量

$$F = \frac{V_A}{V_{误}} = \frac{S_A/f_A}{S_{误}/f_{误}} \tag{10—19}$$

由假设检验知识可知，当 V_A 较 $V_{误}$ 大到一定程度，就表明因素位级的改变确实超过试验误差干扰的影响，于是就可以说因素 A 的影响是显著的；否则，不显著。而这个统计量 F 是服从第一自由度为 f_A、第二自由度为 $f_{误}$ 的 F 分布的。若我们选显著水平 $\alpha = 0.05$（也可选 $\alpha = 0.01$），查表可得其相应的临界值 λ。

对于本题，已知 $f_A = 5$，$f_{误} = 18$，经查表得 $\lambda = 2.77$，计算统计量 $F = 3.67$，由于

$$F = 3.67 > \lambda = 2.77$$

有 95% 的把握可以判断因素 A 对结果数据的影响是显著的。

若选显著水平 $\alpha = 0.01$，得临界值 $\lambda' = 4.25$。这时，$F = 3.67 < 4.25 = \lambda'$。所以，我们没有 99% 的把握断言因素 A 对结果数据影响是显著的。

一般为了表示明确起见，临界值可以用 $F_{0.05}(5, 18) = 2.77$ 或 $F_{0.01}(5, 18) = 4.25$ 表示。

（二）两因素试验的方差分析

在实际中，影响产品质量、产量的因素往往不止一个因素，常常需要进行多因素方差分析。多因素方差分析与单因素方差分析没有原则性区别。这里只给出两因素方差分析的计算公式和方差分析表。

1. 不考虑交互作用的方差分析

两因素试验最常见的交叉分组方式为：

第一因素 A 取 p 个位级：A_1，A_2，A_3，…，A_p；

第二因素 B 取 q 个位级：B_1，B_2，B_3，…，B_q。

根据单因素方差分析，可令

R = 全部数据的平方和

Q_A = 因素 A 的同一位级数据之和的平方除以参加求和的数据个数再求和

Q_B = 因素 B 的同一位级数据之和的平方除以参加求和的数据个数再求和

P = 全部数据之和的平方除以总的数据个数 （10—20）

则有

$$S_{总} = R - P$$
$$S_A = Q_A - P$$
$$S_B = Q_B - P$$
$$S_e = S_{总} - S_A - S_B = R - Q_A - Q_B + P \qquad (10—21)$$

相应的方差分析表见表 10 — 23。

表 10 — 23 方差分析表

方差来源	平方和 S	自由度	均方 $\overline{S}$	F 值	显著性
因素 A	$S_A = Q_A - P$	$p-1$	$S_A/(p-1)$	$\overline{S}_A/\overline{S}_e$	
因素 B	$S_B = Q_B - P$	$q-1$	$S_B/(q-1)$	$\overline{S}_B/\overline{S}_e$	
试验误差	$S_e = R - Q_A - Q_B + P$	$(p-1)(q-1)$	$S_e/(p-1)(q-1)$		
总　和	$S_{总} = R - P$	$pq-1$			

2. *考虑交互作用的两因素方差分析*

所谓交互作用，简单的讲就是不同因素对试验结果数据（考察指标）的复合作用。

若因素 A 取 p 个位级，因素 B 取 q 个位级，每组试验条件下 A_iB_j 重复做 r 次试验，得到试验结果 X_{ijk}（$i=1, 2, 3, \cdots, p$；$j=1, 2, 3, \cdots, q$；$k=1, 2, 3, \cdots, r$）。

令

$$R = [全部数据的平方和] = \sum_{i=1}^{p}\sum_{j=1}^{q}\sum_{k=1}^{r} X_{ijR}^2$$

$$P = [全部数据之和的平方除以总的数据个数] = \frac{1}{pqk}[\sum_{i=1}^{p}\sum_{j=1}^{q}\sum_{k=1}^{r} X_{ijk}]^2$$

$$Q_A = \begin{bmatrix}因素A的同一位级数据之和的平方\\除以参加求和的数据个数再求和\end{bmatrix} = \sum_{i=1}^{p}[\frac{1}{qr}(\sum_{j=1}^{q}\sum_{k=1}^{r} X_{ijk})^2]$$

$$Q_B = \begin{bmatrix}因素B的同一位级数据之和的平方\\除以参加求和的数据个数再求和\end{bmatrix} = \sum_{i=1}^{p}[\frac{1}{pr}(\sum_{i=1}^{p}\sum_{k=1}^{r} X_{ijk})^2]$$

$$Q_{A\times B} = \begin{bmatrix}同一试验条件下各数据之和的\\平方除以试验重复次数再求和\end{bmatrix} = \sum_{i=1}^{p}\sum_{j=1}^{q}[\frac{1}{r}(\sum_{k=1}^{r} X_{ijk})^2]$$

则有

$$S_{总} = R - P$$
$$S_H = Q_{A\times B} - P$$

$$S_A = Q_A - P$$
$$S_B = Q_B - P$$
$$S_e = R - Q_{A\times B}$$
$$S_{A\times B} = Q_{A\times B} - Q_A - Q_B + P \qquad (10—22)$$

得方差分析表如表 10 — 24 所示。

表 10 — 24 方差分析表

方差来源	平方和 S	自由度 f	均方 $\overline{S} = S/f$	F 值	显著性
因素 A	$S_A = Q_A - P$	$p-1$	$\overline{S}_A = S_A/(p-1)$	$\overline{S}_A/\overline{S}_e$	
因素 B	$S_B = Q_B - P$	$q-1$	$\overline{S}_B = S_B/(q-1)$	$\overline{S}_B/\overline{S}_e$	
交互作用 $A\times B$	$S_{A\times B} = Q_{A\times B} - Q_A - Q_B + P$	$(p-1)(q-1)$	$\overline{S}_{A\times B} = S_{A\times B}/(p-1)(q-1)$	$\overline{S}_{A\times B}/\overline{S}_e$	
试验误差	$S_e = R - Q_{A\times B}$	$pq(r-1)$	$\overline{S}_e = S_e/pq(r-1)$		
总的	$S_{总} = R - P$	$pqk-1$			

二、回归分析

变量与变量之间的关系大致可分为两类，一类是确定性的，这类关系也称为函数关系；另一类变量与变量之间的关系则是不确定的，通常也称为相关关系。

回归分析是处理变量间相关关系的有力工具。它不仅提供了建立变量关系的数学表达式（通常称为经验公式），而且利用概率统计知识进行分析讨论，从而帮助工作者判明所建立的经验公式的有效性，以及如何利用经验公式去达到预测和控制的目的。

研究两个因素间的相关关系称为一元回归分析，研究两个以上的变量间的相关关系称为多元回归分析。经验公式的函数表达式称为回归函数。这里着重讨论一元线性回归，对多元回归只做简单的介绍。

（一）一元线性回归

在散布图中讲过对某种产品的表面进行腐蚀刻度试验，腐蚀时间 x 与腐蚀深度 y 之间关系大致成线性关系，因此可用线性回归分析的方法找出它们之间的关系：

$$\hat{y} = a + bx$$

要真正找出线性公式，就需要确定上式中的 a 和 b。这里 b 叫做回归系数，$\hat{y} = a + bx$ 叫做回归方程。

要确定 a，b 并不困难，只要在散布图上划一条线，使该直线总的来看最接近这 11 个点。于是，这条直线在 y 轴上的截距就是所求的 a，它的斜率就是所求的 b。

按给定的公式计算系数 a 和 b：

$$b = \frac{\sum x_i y_i - \frac{1}{n}(\sum x_i)(\sum y_i)}{\sum x_i^2 - \frac{1}{n}(\sum x_i)^2} = \frac{13\,910 - \frac{1}{11}\times 510\times 214}{36\,750 - \frac{1}{11}\times 510^2} = 0.304$$

$$a = \frac{\sum y_i}{n} - b\frac{\sum x_i}{n} = \frac{214}{11} - 0.304\times\frac{510}{11} = 5.36$$

则回归方程为:

$$\hat{y}=a+bx=5.36+0.304x$$

相关系数 r 是反映两个变量之间相关性质和相关程度的数据,

$$r=\frac{SS_{xy}}{\sqrt{SS_{xx}\cdot SS_{yy}}}=\frac{3\,988}{\sqrt{13\,285\times 1\,249}}=0.979$$

对于完全不相关($r=0$)的变量没有研究和应用价值。但此例,$|r|>0$ 是否就有应用价值呢?由于 r 的计算是根据样本数据得到的,确切地讲,r 为样本相关系数,是否有实用价值应以总体关系数 ρ 作为判断依据。当所有的样本点(x_t,y_t),$t=1$,2,…,n,都落在一条直线上时,即 y 与 x 为线性相关时,$|r|=1$;当 y 与 x 的线性关系介于中间状态时,$0<|r|<1$。由此可见,$|r|$ 接近于1的程度可用来刻划 y 与 x 之间是否有密切的线性相关关系。

对于具体问题,在给定检验水平 α($\alpha=0.05$ 或 $\alpha=0.01$)后,再根据变量的个数(一元线性回归的变量个数为2),以及误差自由度 $n-2$(即等于数据的组数 n 减去变量的个数),在"相关关系临界表"(表10—25)上查出其临界值 $r(n-2,\alpha)$ 来。

表10—25 临界值 $r(n-2,\alpha)$

$n-2$ \ α	0.001	0.01	0.02	0.05	0.10
1	0.999 9	0.998 7	0.999 5	0.996 9	0.987 7
2	0.999 0	0.990 0	0.988 0	0.950 0	0.900 0
3	0.991 16	0.958 7	0.984 8	0.878 8	0.805 4
4	0.974 06	0.917 2	0.882 2	0.811 4	0.729 3
5	0.950 74	0.874 5	0.832 9	0.754 5	0.669 4
6	0.924 98	0.834 3	0.788 7	0.706 7	0.621 5
7	0.898 2	0.797 7	0.749 8	0.666 4	0.582 2
8	0.872 1	0.764 6	0.715 5	0.631 9	0.549 4
9	0.847 1	0.734 8	0.685 1	0.602 1	0.521 4
10	0.823 3	0.707 9	0.658 1	0.576 0	0.497 3
11	0.801 0	0.683 5	0.633 9	0.552 9	0.476 2
12	0.780 0	0.661 4	0.612 0	0.532 4	0.457 5
13	0.760 3	0.641 1	0.592 3	0.513 9	0.440 9
14	0.742 0	0.622 6	0.574 2	0.497 8	0.425 9
15	0.724 6	0.605 5	0.557 7	0.482 1	0.412 4
16	0.708 4	0.589 7	0.542 5	0.468 3	0.400 0
17	0.693 2	0.575 1	0.528 5	0.455 5	0.388 7
18	0.678 7	0.561 4	0.515 5	0.443 8	0.378 3
19	0.665 2	0.548 7	0.503 4	0.432 9	0.368 7
20	0.652 4	0.536 8	0.492 1	0.422 7	0.359 8
25	0.597 4	0.486 9	0.445 1	0.380 9	0.323 3
30	0.554 1	0.448 7	0.409 3	0.349 4	0.296 0

续表

$n-2$ \ α	0.001	0.01	0.02	0.05	0.10
35	0.518 9	0.418 2	0.381 0	0.324 6	0.274 6
40	0.489 6	0.393 2	0.357 8	0.304 4	0.257 3
45	0.464 8	0.372 1	0.338 4	0.287 5	0.242 8
50	0.443 3	0.354 1	0.321 8	0.273 2	0.230 6
60	0.407 8	0.324 8	0.294 8	0.250 0	0.210 8
70	0.379 9	0.301 7	0.273 7	0.231 9	0.195 4
80	0.356 8	0.283 0	0.256 5	0.217 2	0.182 9
90	0.337 5	0.267 3	0.242 2	0.205 0	0.172 6
100	0.321 1	0.254 0	0.230 1	0.194 6	0.163 8

当根据样本值计算出相关系数 $r_{计}$ 后，若 $|r_{计}| > r_{(n-2,\alpha)}$，则 y 与 x 之间有明显的线性关系；若 $|r_{计}| < r_{(n-2,\alpha)}$，则 y 与 x 没有明显的线性关系。

本例 $r_{计}=0.979$，$r_{(9,0.01)}=0.734\ 8$，$r_{计}=0.979>r_{(9,0.01)}=0.734\ 8$，故腐蚀深度 y 与腐蚀时间 x 之间线性关系是显著的，得出的回归方程确实是可以表达线性相关关系的。因此，判断为具有实用价值。

回归方程式是假设变量（x，y）之间的函数关系式。而实际上相关关系并非函数关系，与变量 x 某一个值所对应的是变量 y 的均值$\bar{y}$，即与变量 x 某一个值所对应的是变量 y 的分布，也就是以回归线上的值为中心的一个区域。因此，关键在于确定这一区域的大小。

计算预测区间的标准偏差 s 值：

$$s=\sqrt{\frac{(1-r^2)\left[\sum y_i^2-\frac{1}{n}(\sum y_i)^2\right]}{n-2}}$$

对于任一 x_0，相应的 y 的观测值是一个随机变量，一般它是以回归直线上对应的值$\hat{y}=a+bx_0$ 为中心的正态随机变量，假设其方差为 σ^2，则由正态分布可知，

$$P\ \{a+bx_0-2\sigma<a+bx_0+2\sigma\}\ =95.44\%$$

这个式子说明当 x 取 x_0 时，对应的 y 值以 0.954 4 的概率落在区间（$\hat{y}_0-2\sigma$，$\hat{y}_0+2\sigma$）之间，通常称 0.954 4 为置信区间，而称这个区间为 y 的置信区间（或预测区间）。

（二）曲线转化为线性回归

在实际应用中，并非所有的回归分析都可以用线性回归分析处理。但非线性问题可以通过数学变换将曲线回归转化为线性回归。

例如，炼钢厂钢包容积与使用次数关系的数据如表 10 — 26 所示。

表 10 — 26 数据表

使用次数 x	容积 Y	使用次数 x	容积 Y	使用次数 x	容积 Y
2	106.42	4	109.58	7	110.00
3	108.20	5	109.50	8	109.93

续表

使用次数 x	容积 Y	使用次数 x	容积 Y	使用次数 x	容积 Y
10	110.49	15	110.90	19	110.20
11	110.59	16	110.76		
14	110.60	18	110.00		

从散布图（图 10 — 31）可见，并非线性关系。根据图 10 — 31 的特点，可认为属双曲线关系，方程为：

$$\frac{1}{y}=a\frac{1}{x}+b$$

令

$$y'=\frac{1}{y},\ x'=\frac{1}{x}$$

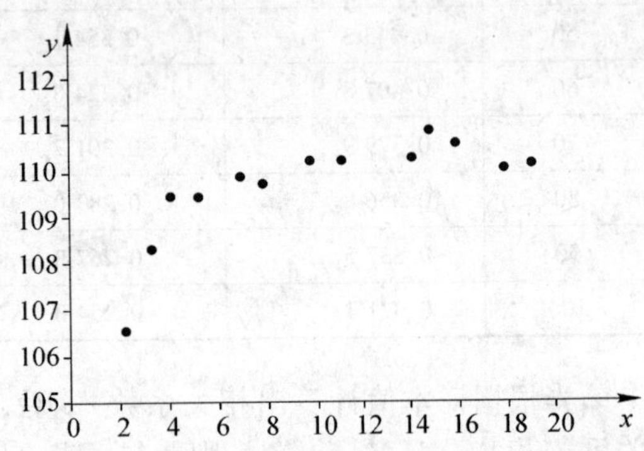

图 10 — 31　钢包容积与使用次数散布图

则双曲线方程转化为线性方程：

$$y'=ax'+b$$

对于线性方程，完全可以采用一元线性回归分析的方法。表 10 — 27 为转换后的数据表。

计算结果：$n=13$，$a=0.008\ 302$，$b=0.008\ 966$。

经验回归方程为：

$$y'=0.008\ 302x'+0.008\ 966$$

还原为 x 与 y 的关系，得

$$y=\frac{x}{0.008\ 966x+0.008\ 302}$$

可以求出线性相关系数 $r=0.99$，说明相关性很强。

表 10 — 27　转换后的数据表

编号	x'	y'	编号	x'	y'
1	0.500 000	0.009 396 73	8	0.090 909	0.009 042 41
2	0.333 333	0.009 242 14	9	0.071 429	0.009 045 19
3	0.250 000	0.009 125 75	10	0.066 667	0.009 028 53
4	0.200 000	0.009 132 42	11	0.062 500	0.009 017 13
5	0.142 857	0.009 090 91	12	0.055 556	0.009 009 01
6	0.125 000	0.009 090 70	13	0.052 632	0.008 992 81
7	0.100 000	0.009 090 59	$\sum$	2.050 883	0.118 266 72

（三）多元线性回归分析的基本思路

若变量 y 存在多个自变量 x_1，x_2，…，x_p（$p>2$），则其回归分析属于多元线性回归分析。其基本原理、分析过程、预测等基本上与一元回归分析相似，只是计算要复杂很多。如可设计为 $y=ax_1+bx_2+c$ 等。

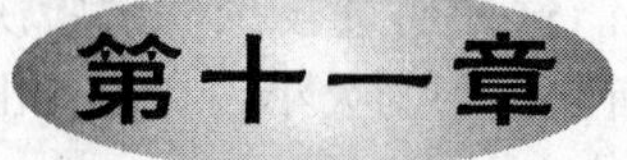

第十一章 正交试验法

第一节 正交试验法概述

一、正交试验法简要介绍

正交试验法又称正交设计。在生产和科学研究活动中，如果改变了工艺参数或者原料配方，通常会产生不同的效果。例如，磨床的转数或砂轮的粒度不同，生产效率和产品质量都会不同；不同的药物与用量，治病的效果也不同，等等。在实际试验项目中，影响效果的因素往往有多种，如温度、压力、时间、速度、原料、用量、配比等，一般称作多因素项目。

为了达到优质、高产、低消耗的目的，应该找到合理的工艺方案或优良的配方，这样就离不开做试验。如何安排多因素试验，也就是选择在哪些操作条件下做试验，是值得研究的问题。如果试验工作安排的好，试验次数不多就能得到满意的结果。

正交试验法是安排多因素试验比较有效的一种数学方法。用它安排试验，既可以减少试验次数，又可以找到比较满意的结果。

二、优选法与正交试验法的关系

人们在安排试验时，为了达到优质、高产、低消耗等目的，需要对有关因素的最佳点进行选择。所有这些选择最佳点的问题，都称为优选问题。例如，单因素优选法，有 0.618 法、分数法、对半法等；双因素优选法，有平行线法、交替法、调优法等。这些方法已得到应用与推广，都收到较好的效果。但三因素以至更多因素的试验问题，用什么方法安排试验，才既能减少试验次数，又能找出比较满意的结果呢？大量的实践证明，正交试验法是安排多因素试验问题比较有效的一种数学方法。在开展质量管理、应用统计技术和数理统计方法时，对于多因素试验，可以广泛应用正交试验法。

三、正交试验法

正交试验法是指利用数理统计学的观点，应用正交性原理，从大量的试验点中挑选适量的具有代表性、典型性的试验点，用正交表来合理安排试验的一种方法。

应用正交试验法，在试验前借助于事先设计好的正交表，科学、有计划有目的地安排试验方案；试验后，再经过简单的表格运算，正确地分析试验结果。这样通过较少的试验次数，就可以分清各因素在试验中的主次作用，以及各因素对指标所起作用的大小，从而找出最好的生产工艺条件，达到“多、快、好、省”的目的。

四、正 交 表

正交表是指利用“均衡分散性”和“整齐可比性”这两条正交性原理，从大量的试验点中挑选适量的具有代表性、典型性的试验点，按照有规律的顺序排列成的表格。

以 $L_8(2^7)$ 正交表（表 11 —1）作为例子来说明。

“L”表示正交表；L 下角的“8”表示该表有 8 行，即需要做 8 次试验；括号内的指数“7”表示有 7 列，即利用这个表最多可安排的因素个数是 7 个；括号内的“2”表示每个因素有两个水平。

归纳起来，就是：

$L_8(2^7)$
- 7：表中有7列，在这张表上最多可以安排 7 个(二水平)因素
- 2：表中只出现“1”“2”两种数字，可以安排二水平的因素
- 8：表中有8行，用这张表安排的方案要做 8 次试验
- L：正交表

或简写作：

$L_8(2^7)$ $\rightarrow L_{试验次数}$（$水平数^{因素数}$）

对于其他的正交表也可以作相同的理解。例如，正交表 $L_{16}(2^{15})$，L 的下角“16”表示该表有 16 行，即需要做 16 次试验；括号内的指数“15”表示有 15 列，表示这张表安排因素的个数最多 15 个；括号内的“2”表示每个因素有两个水平。

表 11 —1　$L_8(2^7)$ 正交表

行＼列	1	2	3	4	5	6	7
1	1	1	1	1	1	1	1
2	1	1	1	2	2	2	2
3	1	2	2	1	1	2	2
4	1	2	2	2	2	1	1
5	2	1	2	1	2	1	2
6	2	1	2	2	1	2	1
7	2	2	1	1	2	2	1
8	2	2	1	2	1	1	2

类似的正交表 $L_9(3^4)$ 表示这样的一张表：它有 9 行，4 列，表中只有“1”、“2”、“3”三种数字。用这张表安排试验，要作 9 次试验，最多只能安排 4 个因素、每个因素只考核三个水平。

每个正交表中都有如下两个特点：

（1）每一列中各种数字出现相同的次数。例如表 11 — 1 中，每一列“1”出现四次，“2”也出现四次。

（2）每两列中各种数字对出现相同的次数。例如表 11 — 1 中第 1、2 两列每种数字对（1，1），（1，2），（2，1），（2，2）都出现两次，其他任意两列都如此。

第二节　水平数相同试验的安排方法

在安排多因素水平数相同的试验时，可按下述步骤进行准备：

（一）挑因素，选水平，确定因素水平表

1. 因素

在试验过程中所要考虑的各种条件叫做因素。各种因素对试验的结果都可能产生程度不同的影响。在试验前如果对各种因素不加选择，选的因素多，试验的次数也将要增加。这样就要求，在试验前，根据各因素对试验的需要情况，结合平时的经验，在多种因素当中挑出较主要的因素，科学地安排试验。

2. 水平

在安排试验时，对于已经挑选出的每个因素在试验范围内找几个不同情况的试验点，我们把它称为因素的水平。

在一项多因素试验中，对于每个因素选多少个水平为合适，这要根据试验的目的和各因素的影响程度而定。

挑选因素和确定水平，具有很大的灵活性。试验的成败，与挑因素选水平有密切关系。因此，因素与水平的选择，是安排多因素试验时极为重要的问题。

（二）选择合适的正交表

按挑选的因素和水平，来选择合适的正交表。一般可按以下两点选用正交表：

（1）按照多因素试验的目的，首先要确定试验时要考虑的因素。

（2）确定每个因素的水平数。各因素的水平个数，既可以相等，也可以不等。对试验结果影响比较大的因素，水平数可多取一些；而影响不大的次要因素，则水平数可少取一些。

根据已经确定的因素数和水平数，即可选取合适的正交表。

（三）制订试验方案

首先，要看是几个水平，如果是三个水平的话，先找三个水平的正交表，例如，$L_9(3^4)$，$L_{18}(3^7)$，$L_{27}(3^{13})$ 等。如果是四个水平的话，先找四个水平的正交表，例如，$L_{16}(4^5)$，$L_{32}(4^9)$，$L_{64}(4^{21})$ 等。

然后，再根据所确定的因素以及试验的条件，选择合适的正交表。例如，一项试验有 6 个要考虑的因素，选择两个水平，则可选用 $L_8(2^7)$ 正交表，用这个正交表可安排两个水平的因素 7 个（当然 6 个因素更没有问题），要进行 8 次试验。

有了合适的正交表，将所挑选的各因素分别放到正交表的各列上，试验的方案就算制订完成了。

［例 11 — 1］为了提高某一化工产品的质量，选择了三个直接有关的因素：反应温度 A，反应时间 B 和用碱量 C。各因素所选取的水平如表 11 — 2 所示。如何对试验进行安

排呢?

表 11 — 2　因素水平表

因素 水平	A 反应温度/℃	B 反应时间/min	C 用碱量/%
1	80	90	5
2	85	120	6
3	90	150	6

解：我们可以看到，如果进行全面试验，则需要做 $3^3=27$ 次试验。能否少做几次试验，就能得到最优方案呢?

下面利用正交表来安排这项试验，具体步骤如下：

1. 选择合适的正交表

由于此例为三因素和三个水平的试验，选用 $L_9(3^4)$ 正交表比较合适。$L_9(3^4)$ 正交表，详见表 11 — 3。

表 11 — 3　$L_9(3^4)$

列号 试验号	1	2	3	4
1	1	1	1	1
2	1	2	2	2
3	1	3	3	3
4	2	1	2	3
5	2	2	3	1
6	2	3	1	2
7	3	1	3	2
8	3	2	1	3
9	3	3	2	1

2. 表头设计

把 *A*，*B*，*C* 三个因素放到 $L_9(3^4)$ 表头的任意三列上。比如放在前三列，如表 11 — 4 所示。把试验因素放入正交表的表头上叫做表头设计。

表 11 — 4　试验方案表

列号 试验号	1 (*A*)	2 (*B*)	3 (*C*)
1	1 (80)	1 (90)	1 (5)
2	1	2 (120)	2 (6)
3	1	3 (150)	3 (7)
4	2 (85)	1	2
5	2	2	3
6	2	3	1
7	3 (90)	1	3
8	3	2	1
9	3	3	2

3. 制订试验方案

从表 11 — 4 可得出 9 次试验的具体方案，例如：

第一次试验的工艺条件是，反应温度 80 ℃，反应时间 90 min，用碱量为 5%；

第二次试验工艺条件是，反应温度仍然是 80 ℃，反应时间为 120 min，用碱量为 6%；

第三次试验工艺条件是，反应温度仍然是 80 ℃，反应时间为 150 min，用碱量则增加到 7%；

第九次试验工艺条件是，反应温度 90 ℃，反应时间为 120 min，用碱量 6%。

各次试验工艺方案从表 11 — 4 中均可以查到。

4. 试验结果的分析

根据表 11 — 4 所做出的试验结果（即转化率），数据列于表 11 — 5 的最后边转化率一栏内。

对各次试验结果分析如下：

(1) 找出转化率较高的水平组合

先直接比较 9 次试验的转化率，（见表 11 — 5），可以看出转化率最高的为 64，即第 9 次试验的结果，它的水平组合是：A_3，B_3，C_2，即（90 ℃、150 min、6% 用碱量）。

表 11 — 5 转化率试验结果分析表

试验号 \ 因素	A	B	C	转化率
1	1（80）	1（90）	1（5）	31
2	1	2（120）	2（6）	54
3	1	3（150）	3（7）	38
4	2（85）	1	2	53
5	2	2	3	49
6	2	3	1	42
7	3（90）	1	3	57
8	3	2	1	62
9	3	3	2	64
K_1	123	141	135	
K_2	144	165	171	
K_3	183	144	144	
k_1	41	47	45	
k_2	48	55	57	
k_3	61	48	48	
极差 R	20	8	12	
优水平	A_3	B_2	C_2	

(2) 计算平均转化率并进行比较

第 9 次试验的转化率最高，是否就是最好的试验方案呢？这当然不一定。其理由是，我们只做了9次试验，其余18个方案未进行过试验。那么能否从这第9次试验来分析出未经试验的方案情况呢？

从表11—5可以看到：因素A（温度）取第一水平（80 ℃）的试验有三次，即第1，2，3次试验。相应的转化率之和为：$K_1=31+54+38=123$。其平均转化率为：$k_1=K_1\div3=123\div3=41$。把上列已求出的数值，分别填入表11—5中A的K_1及k_1行里。

上述计算方法用公式列出则为：

$$K_i=\sum 某因素第\ i\ 水平的试验指标$$

该因素第i水平下的平均试验指标为：

$$k_i=\frac{K_i}{该因素第\ i\ 水平所做的试验次数}$$

按照上面的公式，可以算出因素A取第二、三水平以及因素B和C取各水平的转化率之和及其平均转化率，并分别填入表11—5中相应各列的K及k行里。

从表11—5可以看出，因素A以A_3（90 ℃）的平均转化率61为最高，我们称A_3为因素A的优水平，把它填入优水平栏内。

用同样方法可以选出因素B和C的优水平是B_2（120 min）和C_2（6%）。

如果把A_3、B_2、C_2三个因素的优水平组合起来，就可以得到一个较好的水平组合，称为优水平组合。

（3）计算各因素的极差并进行分析

是否每个因素都要取使平均转化率最高的水平呢？这需要做具体分析。因为在多因素的情况下，每个因素对试验指标所起的作用不一定相同。对每个因素，令R为k_1，k_2，k_3中最大的值减去最小的值所得的差，称R为这个因素的极差。

将各因素的极差填入表11—5的极差R栏内。我们发现，A的极差最大，C居中，B最小。通常用图表示：

R　　大⟶小

因素　A　C　B

由于A的极差最大，说明它取不同水平时，对平均转化率的影响最大；而C，B的极差较小一些，说明它们取不同的水平，对转化率的影响相对来说次要一些。

在选取水平时，对极差大的因素必须控制在能取得较高水平转化率的水平上，所以反应温度应优先采用90 ℃的工艺条件。对于极差小的因素可根据实际情况作适当的调整。例如，B的极差最小，可以从节约时间的角度，考虑改用水平B_1，即90 min的工艺条件。这样即可得到一个新的水平组合$A_3B_1C_2$，它也可能是一个比较好的水平组合。

（4）确定最优水平组合

经过上述分析，得到两个较好的水平组合：$A_3B_2C_2$和$A_3B_1C_2$，但它们都是未经过试验的。

这时我们将$A_3B_2C_2$和$A_3B_1C_2$两个水平组合进行试验，得出试验结果与已做过的9次试验进行对比。试验结果$A_3B_2C_2$的转化率最高，为74%。这样即可得到更优的工艺条件。

我们将上述正交试验的分析方法称为直观分析法。

［例11—2］某弹簧厂为提高弹簧质量，使弹簧的弹性越大越好。根据以往的生产经验，确

定了如表 11 — 6 所列的因素和水平。试用正交表来安排弹簧回火工艺的试验，并分析试验结果。

表 11 — 6　因素水平表

因素 / 水平	A 回火温度（℃）	B 保温时间（min）	C 工件重量（kg）
1	440	3	7.5
2	460	4	9.0
3	500	5	10.5

解：1. 选择正交表并确定试验方案

由于本例系三因素三水平的试验，因此选用 $L_9(3^4)$ 正交表。仍将 A，B，C 三因素放在 $L_9(3^4)$ 表头的前三列。试验方案及其结果分析列于表 11 — 7。计算各因素的 K，k 与 R 值，确定优水平，分别填入表 11 — 7 的各栏内。

表 11 — 7　试验方案与结果分析表

因素 / 试验号	A	B	C	弹 性
1	1（440）	1（3）	1（7.5）	377
2	1	2（4）	2（9.0）	391
3	1	3（5）	3（10.5）	362
4	2（460）	1	2	350
5	2	2	3	330
6	2	3	1	320
7	3（500）	1	3	326
8	3	2	1	302
9	3	3	2	318
K_1	1 130	1 053	999	
K_2	1 000	1 023	1 059	
K_3	946	1 000	1 018	
k_1	377	351	333	
k_2	333	341	353	
k_3	315	333	339	
R	62	18	20	
优水平	A_1	B_1	C_2	

2. 对试验结果的分析

从表 11 — 7 的上部可以直观地看出，第 2 次试验的结果（391）最好，其工艺条件为 $A_1B_2C_2$。通过计算各因素的 K，k 与 R 值后，还可以得到一个优水平组合 $A_1B_1C_2$。而各因素按极差大小的顺序排列为：

R　大⟶小

因素　A　C　B

从上述排列顺序可看出，因素 A 取不同水平时对弹簧的弹性影响较大，在生产过程中

应严格控制在水平 A_1 上。

3. 选择与确定最优工艺条件

然后，将优水平组合 $A_1B_1C_2$ 与第 2 次试验 $A_1B_2C_2$ 进行对比试验。$A_1B_1C_2$ 的优水平组合的试验结果为 400，达到了最佳水平，于是决定用 $A_1B_1C_2$ 为工艺条件投入生产。

在上面的例子中，每个因素的水平都是由小到大，按顺序排列。根据正交表安排试验，所有的 1 水平要碰在一起，而这种极端的情况有时是不希望出现的。因此在安排试验的时候，要灵活地安排各因素的试验，最好不要完全按由小到大（或由大到小）顺序排列因素水平。试验的顺序可以按试验号逐个做，也可以挑着做，而如果条件允许还可以好几个试验同时做。如果试验的目的只是为了寻找好的生产条件，可以先挑预计效果好的试验做，找到了满意的结果就不再往下做了，可以达到多快好省的目的。

第三节　水平数不同试验的安排方法

在上一节中我们所介绍的是水平数相同的试验，即在试验中所要考察的各因素都取同样数量的水平数。然而，在有的试验中，由于受条件的限制，某些因素不能多取水平，或者试验时偏重考察某些因素而多取几个水平，这样就会遇到水平数不同的试验问题。

安排水平数不同的试验有两种方法，即混合型正交表与拟水平法。

混合型正交表，用以直接套用不同水平数的正交表；拟水平法，即在同水平的正交表内安排不同水平的试验。

一、利用混合型正交表

所谓混合型正交表，就是水平数不同的试验所使用的正交表。

例如，$L_{12}(3\times2^4)$ 正交表，用这张正交表安排试验时，需要做 12 次试验，可以考察一个三水平和四个二水平的因素。

又如，$L_8(4\times2^4)$ 正交表，用这个正交表安排试验时，需要做 8 次试验，最多可以考察一个四水平和四个二水平的因素。

[例 11—3] 某农业科学试验站，为了在比较晚稻品种的同时摸索出合适的栽培措施，进行一项正交试验，考虑的因素和水平如表 11 —8 所示。试用混合型正交表安排试验，并分析试验结果。

表 11 —8　因素水平表

因素 / 水平	A 品种	B 栽种规格 (cm×cm)	C 每穴株数 (株)	D 追肥量 (kg/亩)	E 穗肥量 (kg/亩)
1	73 桂 3 号	13.2×9.9	7~8	7.5	1.5
2	316	13.2×13.2	4~5	10	0
3	矮利 3 号				
4	二四粳				

解：从给定的试验条件和因素水平表（表 11 —8）可知，这是一个四水平因素和四个

二水平因素的试验，故可以选用混合型正交表 $L_{16}(4\times2^{12})$ 来安排试验。因素 A 为四水平，应放在第 1 列，其余各因素皆为二水平，可任意在后 11 列中进行安排。依次将 B，C，D，E 安排在 2，6，11，12 各列。试验方案及结果分析见表 11 — 9。

表 11 — 9 试验方案与结果分析

试验号 \ 因素	A	B	C	D	E	亩产量 (kg)
1	1（73 桂）	1（13.2 ×9.9）	1（7 ~8）	1（7.5）	1（1.5）	347
2	1	1	2（4 ~5）	2（10）	2（0）	332
3	1	2（13.2 ×13.2）	1	2	2	357
4	1	2	2	1	1	325
5	2（316）	1	1	1	2	325
6	2	1	2	2	1	323
7	2	2	1	2	1	335
8	2	2	2	1	2	326
9	3（矮利）	1	1	1	1	323
10	3	1	2	2	2	300
11	3	2	1	2	2	315
12	3（二四粳）	2	2	1	1	335
13	4	1	1	1	2	330
14	4	1	2	2	1	335
15	4	2	1	2	1	335
16	4	2	2	1	2	325
K_1	1 361	2 615	2 667	2 608	2 658	
K_2	1 309	2 653	2 601	2 660	2 610	
K_3	1 273					
K_4	1 325					
k_1	340.3	326.9	333.4	326.0	332.3	
k_2	327.3	331.7	325.2	332.5	326.3	
k_3	318.3					
k_4	331.3					
R	44	9.5	16.5	13.0	12.0	
优水平	A_1	B_2	C_1	D_2	E_1	

在进行的 16 次试验中，亩产量最高的水平组合为第 3 号试验（357 kg），即 $A_1B_2C_1D_2E_2$，而经统计分析和计算出的优水平组合为 $A_1B_2C_1D_2E_1$，它没有试验过。$A_1B_2C_1D_2E_2$ 及 $A_1B_2C_1D_2E_1$ 这两个水平组合仅在穗肥量 E 水平的选取上不同。

各因素极差大小顺序为：

R 大⟶小

因素 $A\ C\ D\ E\ B$

从各因素极差大小的顺序看，不施穗肥与只施 1.5 kg/亩穗肥对亩产量影响不大，因此可以把第 3 次试验作为较好的生产条件加以推广。

二、拟水平法

假如在现成的混合型正交表中找不到合适的表，或者即使能找到，但需要做较多次的试验，这时则可采用拟水平法。

［例 11—4］某制药厂为提高一种药品的合格率，决定对缩合工序安排试验。考察的因素与水平详见表 11—10。试用拟水平法安排试验，并分析试验结果。

表 11—10　因素水平表

因素 / 水平	A 温度（℃）	B 甲醇含量（ml）	C 醛的状态	D 缩合剂量（ml）
1	35	3	固态	0.9
2	25	5	液态	1.2
3	45	4	（液态）	1.5

解：从给定条件可看出这是一个二水平和三个三水平的试验，可以直接套用混合型正交表 $L_{18}(2\times3^7)$。不过这样试验次数太多，能否少做些试验呢？

为减少些试验次数的目的，我们将因素 C 的某一个水平，比如希望着重考察的水平又重复一次充当第三水平，在表 11—10 的空格中用“（　）”表示，这样因素 C 就在形式上变成了三水平。于是这个四水平的试验就可以直接用正交表 $L_9(3^4)$ 来安排了。因素 C 的第三个水平由于是形式上的水平（实际不存在），称为拟水平。这种安排试验的方法叫拟水平法。其试验方案及结果分析详见表 11—11。

表 11—11　试验方案与结果分析表

因素 / 试验号	A	B	C	D	合格率 %
1	1（35）	1（3）	1（固）	1（0.9）	69.2
2	1	2（5）	2（液）	2（1.2）	71.8
3	1	3（4）	3（液）	3（1.5）	78.0
4	2（25）	1	2	3	74.1
5	2	2	3	1	77.6
6	2	3	1	2	66.5
7	3（45）	1	3	2	69.2
8	3	2	1	3	69.7
9	3	3	2	1	78.8
K_1	219.0	212.5	205.4	225.6	
K_2	218.2	219.1	449.5	207.5	
K_3	217.7	223.3		221.8	
k_1	73.0	70.8	68.5	75.2	
k_2	72.7	73.0	74.9	69.2	
k_3	72.6	74.4		73.9	
R	0.4	3.6	6.4	6.0	
优水平	A_1	B_3	C_2	D_1	

拟水平因素的试验，其计算分析方法与前面的类似，而需要注意的是，拟水平的列按实际水平计算就可以了。

例如，第三列就只需计算 K_1 与 K_2 以及 k_1 与 k_2 就可以了，K_2 由六个数相加，即

$$K_2 = 71.8 + 78.0 + 74.1 + 77.6 + 69.2 + 78.8 = 449.5$$

$$\text{故}\quad k_2 = \frac{K_2}{6} = \frac{449.5}{6} = 74.9$$

而 K_1 由三个数相加，即

$$K_1 = 69.2 + 66.5 + 69.7 = 205.4$$

$$k_1 = \frac{K_1}{3} = \frac{205.4}{3} = 68.5$$

在总计进行的 9 次试验中，以第 9 次试验，即 $A_3B_3C_2D_1$ 的结果为最好，而优水平组合为 $A_1B_3C_2D_1$。由于因素 A 的极差很小，因此对试验的结果影响不大。这样可按上述两种水平组合中的任何一种水平试验进行生产。

第四节 有交互作用试验的安排方法

一、交互作用

可用一个例子来说明什么叫交互作用。比如，某一工人使用某一部机器时，其产量特别高，或者说，这个工人特别适用于操作某部机床。我们把这种因素间联合搭配对试验结果所起的作用称为交互作用。人们通常将两个因素的交互作用以乘号表示。例如，因素 A 和 B 的交互作用，可用 $A \times B$ 表示。

严格说来，因素间总是存在或大或小的交互作用。在具体的试验中，所谓某两个因素间没有交互作用，是指和因素的单个作用比较起来，这两个因素间的交互作用很小，可以忽略不计。

二、两列间的交互作用表

我们在使用正交表安排做试验时，有时希望了解各因素之间的交互作用。在有些正交表的后面都附有一张相应的两列间交互作用表，它是专门用来分析交互作用的。例如表 11 — 12 就是一种对应于 $L_3(2^7)$ 的两列间交互作用表。

从交互作用表上可以查出正交表中任意两列的交互作用列，其查法如下：

在表 11 — 12 上，第一个列号是带（ ）的列号，从左往右看，第二个列号是不带括号的列号，从上往下看，交点处的数字就是交互作用列。例如，第 1 列和第 2 列的交互作用列，相交处写的是 3 字，故为第 3 列；第 2 列和第 4 列的交互作用列是第 6 列等等。

因此，当我们采用 $L_8(2^7)$ 表来安排试验时，如果因素 A 放在第 1 列，因素 B 放在第 2 列，则 $A \times B$ 就放在第 3 列，$A \times B$ 对试验指标的影响大小，可由第 3 列计算出来。而如果把 A 放在第 2 列，B 放在第 4 列，则 $A \times B$ 便是第 6 列。

表 11 — 12　$L_8(2^7)$ 两列间交互作用表

列号(　) \ 列号	1	2	3	4	5	6	7
	(1)	3	2	5	4	7	6
		(2)	1	6	7	4	5
			(3)	7	6	5	4
				(4)	1	2	3
					(5)	3	2
						(6)	1
							(7)

其他正交表的两列间交互作用表，与 $L_8(2^7)$ 的用法一样。

这里需要提出自由度问题。所谓自由度，就是独立的数据（或变量）的个数。关于自由度的概念，这里不再做更详细介绍。

将自由度的概念应用到两列间交互作用表，如果是两个水平因素的交互作用只占一列位置，两个三水平因素的交互作用就要占两列；而水平数相同的两个因素，其交互作用所占的列数为水平数减 1。

这样就存在如下的情况：

(1) 正交表每列的自由度以 f 列表示，则有

$$f\text{列} = \text{该列水平数} - 1$$

因而

$$\text{某因素的自由度} = \text{该因素的水平数} - 1$$

(2) 两因素交互作用的自由度 = 两因素自由度之积，如：

$$f_{A\times B} = f_A \times f_B$$

在具体应用上述原则时，有如下几种情况：

① 考察两个二水平因素的交互作用时，由于二水平正交表每列的自由度为1，而两列的交互作用的自由度等于两列的自由度之积，即

$$1\times 1 = 1$$

而且也只占一列。

② 考察两个三水平因素的交互作用时，由于三水平正交表每列的自由度为2，而两列的交互作用的自由度等于两列的自由度之积，即

$$2\times 2 = 4$$

所以要占两个三水平列。

③ 同理，n 水平正交表每列的自由度为 $n-1$，两列的交互作用的自由度为 $(n-1)(n-1)$，因此两个 n 水平的因素其交互作用所占的列数为 $(n-1)$。

三、有交互作用试验的安排方法

以具体实例说明有交互作用试验的安排方法。

[例 11 — 5] 某工厂零件在镀锌前需用酸洗工艺去锈，为了提高酸洗去锈的效率，缩短酸洗时间，需要进行试验，以寻求较好的酸洗工艺配方。选取的因素与水平详见表 11 — 13，并希望考察因素间的交互作用。

表 11 — 13　因素水平表

水平 \ 因素	A H_2SO_4/(g/L)	B CH_4N_2S/(g/L)	C 洗涤剂/(g/L)
1	300	12	70
2	200	4	100

注：H_2SO_4——硫酸；CH_4N_2S——硫脲。

1. 题目分析

本例是一个三因素二水平的试验。在用正交表安排试验时，除了要考察三个因素的作用外（即需要占三列），还要考虑交互作用，即 $A \times B$，$B \times C$ 和 $A \times C$，这样一共就要占六列。

2. 选择正交表

由于是二水平、六列，可以选用 $L_8(2^7)$ 来安排试验。若将 A 因素放在正交表的第 1 列，B 放在第 2 列，则由表 11 — 12 可看出，$A \times B$ 的交互作用放在第 3 列，因素 C 依次下排放入第 4 列，$A \times C$ 放在第 5 列，$B \times C$ 放入第 6 列。

3. 表头设计

按已选择的正交表及各因素的排列情况，表头设计如表 11 — 14 所示。

表 11 — 14　表头设计

列　号	1	2	3	4	5	6	7
因　素	A	B	$A \times B$	C	$A \times C$	$B \times C$	

4. 试验方案

利用表 11 — 14 即可得出试验方案（见表 11 — 15）。此试验方案表中不包含交互作用列，交互作用列在分析试验结果时方能考虑到。

表 11 — 15　试验方案表

试验号 \ 因素	A	B	C
1	1 (300)	1(12)	1(70)
2	1	1	2(100)
3	1	2(4)	1

续表

试验号＼因素	A	B	C
4	1	2	2
5	2(200)	1	1
6	2	1	2
7	2	2	1
8	2	2	2

5. 考虑交互作用时试验结果的分析

试验结果的分析表详见表11—16。考虑交互作用的试验，其试验结果的分析与前面讲的方法基本相同，只要将每个交互作用当为一个“因素”看待（占一列）。其分析计算方法与不考虑交互作用时基本相同。

表11—16 试验结果分析表

试验号＼因素	A	B	$A\times B$	C	$A\times C$	$B\times C$	酸洗时间(min)
1	1	1	1	1	1	1	30
2	1	1	1	2	2	2	32
3	1	2	2	1	1	2	20
4	1	2	2	2	2	1	25
5	2	1	2	1	2	1	32
6	2	1	2	2	1	2	25
7	2	2	1	1	2	2	17
8	2	2	1	2	1	1	20
K_1	107	119	99	99	95	107	
K_2	94	82	102	102	106	94	
k_1	26.75	29.75	24.75	24.75	23.75	26.75	
k_2	23.50	20.50	25.50	25.50	26.50	23.50	
R	3.25	9.25	0.75	0.75	2.75	3.25	

6. K 值、k 值及 R 的计算

表11—16中 K 值及 k 值的计算方法：

因素 A（即 H_2SO_4）取第一水平计有四个，即第1，2，3，4次试验。上述四次试验，酸洗时间之和为 K_1：

$$K_1 = 30 + 32 + 20 + 25 = 107$$

其平均酸洗时间为 k_1：

$$k_1 = \frac{K_1}{4} = \frac{30 + 32 + 20 + 25}{4} = 26.75$$

因素 A 取第二水平也有四个，即第5，9，7，8次试验。上述各次试验酸洗时间之和为 K_2：

$$K_2 = 32 + 25 + 17 + 20 = 94$$

其平均酸洗时间为 k_2：

$$k_2 = \frac{K_2}{4} = \frac{32 + 25 + 17 + 20}{4} = 23.50$$

用同样道理可以算 B 因素（CH_4N_2S）取第一水平也有四个，即第 1，2，5，9 次试验，上述各次试验酸洗时间之和为 K_1：

$$K_1 = 30 + 32 + 32 + 25 = 119$$

其平均酸洗时间为 k_1：

$$k_1 = \frac{K_1}{4} = \frac{30 + 32 + 32 + 25}{4} = 29.75$$

用同样的计算方法算出 B 因素第二水平的 $K_2 = 82$，$k_2 = 20.50$。

已算出的 K，k 值代入表 11 — 16。

各因素极差大小 R 的计算：

因素 A 的极差为 R_1：

$$R_1 = k_1 - k_2 = 26.75 - 23.50 = 3.25$$

因素 B 的极差为 R_2：

$$R_2 = k_1 - k_2 = 29.75 - 20.50 = 9.25$$

用同样方法，可以计算出因素 $A \times B$，C，$A \times C$，$B \times C$ 的极差 R 值，并列入表 11 — 16 中。

各因素按极差大小顺序排列为：

R　　　大 ——————————→ 小

因素　　B　$B \times C$　A　$A \times C$　$A \times B$　C

从极差的大小顺序看，B，$B \times C$，A 三项因素影响较大，选择酸洗配方时要认真考虑。对于酸洗时间来说是越短越好，即 B 应取 B_2，A 应取 A_2。至于 C 应取什么水平为宜，应考虑尽管 C 本身的影响较小，但 $B \times C$ 的影响却很大。它表明，对 C 本身来说虽然取哪级水平均可，但 C 以什么水平与 B 搭配却不能任意安排。为了考察 B 与 C 以什么水平搭配最好，可列成 B，C 搭配表，见表 11 — 17。

从表 11 — 17 可看到，B_2C_1 的搭配为最好，故 C 应取 C_1。

表 11 — 17　B，C 搭配表

因素水平搭配	平均酸洗时间/min
B_1C_1	$\frac{30+32}{2} = 31$
B_1C_2	$\frac{32+25}{2} = 28.5$
B_2C_1	$\frac{20+17}{2} = 18.5$
B_2C_2	$\frac{25+20}{2} = 22.5$

7. 选定较好的酸洗配方

综合以上所讲的各点，得到 $A_2B_2C_1$ 为较好的水平组合，这恰好是第 7 号试验，从试验结果来看，它的效果也确实较好。

这样即选定：H_2SO_4 为 200 g/L，CH_4N_2S 为 4 g/L，洗涤剂为 70 g/L，作为酸洗液的配方。

经常应用的正交表列于本章附表，供使用时参考。

附表 部分常用正交表

表1 $L_4(2^3)$

试验号 \ 列号	1	2	3
1	1	1	1
2	1	2	2
3	2	1	2
4	2	2	1

注：任两列的交互列为第三列。

表2 $L_{12}(2^{11})$

试验号 \ 列号	1	2	3	4	5	6	7	8	9	10	11
1	1	1	1	1	1	1	1	1	1	1	1
2	1	1	1	1	1	2	2	2	2	2	2
3	1	1	2	2	2	1	1	1	2	2	2
4	1	2	1	2	2	1	2	2	1	1	2
5	1	2	2	1	2	2	1	2	1	2	1
6	1	2	2	2	1	2	2	1	2	1	1
7	2	1	2	2	1	1	2	2	1	2	1
8	2	1	2	1	2	2	2	1	1	1	2
9	2	1	1	2	2	2	1	2	2	1	1
10	2	2	2	1	1	1	1	2	2	1	2
11	2	2	1	2	1	2	1	1	1	2	2
12	2	2	1	1	2	1	2	1	2	2	1

表3 $L_{16}(2^{15})$

试验号 \ 列号	1	2	3	4	5	6	7	8	9	10	11	12	13	14	15
1	1	1	1	1	1	1	1	1	1	1	1	1	1	1	1
2	1	1	1	1	1	1	1	2	2	2	2	2	2	2	2
3	1	1	1	2	2	2	2	1	1	1	1	2	2	2	2
4	1	1	1	2	2	2	2	2	2	2	2	1	1	1	1
5	1	2	2	1	1	2	2	1	1	2	2	1	1	2	2
6	1	2	2	1	1	2	2	2	2	1	1	2	2	1	1
7	1	2	2	2	2	1	1	1	1	2	2	2	2	1	1
8	1	2	2	2	2	1	1	2	2	1	1	1	1	2	2
9	2	1	2	1	2	1	2	1	2	1	2	1	2	1	2
10	2	1	2	1	2	1	2	2	1	2	1	2	1	2	1

续表

列号 / 试验号	1	2	3	4	5	6	7	8	9	10	11	12	13	14	15
11	2	1	2	2	1	2	1	1	2	1	2	2	1	2	1
12	2	1	2	2	1	2	1	2	1	2	1	1	2	1	2
13	2	2	1	1	2	2	1	1	2	2	1	1	2	2	1
14	2	2	1	1	2	2	1	2	1	1	2	2	1	1	2
15	2	2	1	2	1	1	2	1	2	2	1	2	1	1	2
16	2	2	1	2	1	1	2	2	1	1	2	1	2	2	1

表4 $L_{16}(2^{15})$ 两列间的交互作用表

列号 / 列号( )	1	2	3	4	5	6	7	8	9	10	11	12	13	14	15
	(1)	3	2	5	4	7	6	9	8	11	10	13	12	15	14
		(2)	1	6	7	4	5	10	11	8	9	14	15	12	13
			(3)	7	6	5	4	11	10	9	8	15	14	13	12
				(4)	1	2	3	12	13	14	15	8	9	10	11
					(5)	3	2	13	12	15	14	9	8	11	10
						(6)	1	14	15	12	13	10	11	8	9
							(7)	15	14	13	12	11	10	9	8
								(8)	1	2	3	4	5	6	7
									(9)	3	2	5	4	7	6
										(10)	1	6	7	4	5
											(11)	7	6	5	4
												(12)	1	2	3
													(13)	3	2
														(14)	1
															(15)

表5 $L_{27}(3^{13})$

列号 / 试验号	1	2	3	4	5	6	7	8	9	10	11	12	13
1	1	1	1	1	1	1	1	1	1	1	1	1	1
2	1	1	1	1	2	2	2	2	2	2	2	2	2
3	1	1	1	1	3	3	3	3	3	3	3	3	3
4	1	2	2	2	1	1	1	2	2	2	3	3	3
5	1	2	2	2	2	2	2	3	3	3	1	1	1
6	1	2	2	2	3	3	3	1	1	1	2	2	2
7	1	3	3	3	1	1	1	3	3	3	2	2	2

续表

列号 / 试验号	1	2	3	4	5	6	7	8	9	10	11	12	13
8	1	3	3	3	2	2	2	1	1	1	3	3	3
9	1	3	3	3	3	3	3	2	2	2	1	1	1
10	2	1	2	3	1	2	3	1	2	3	1	2	3
11	2	1	2	3	2	3	1	2	3	1	2	3	1
12	2	1	2	3	3	1	2	3	1	2	3	1	2
13	2	2	3	1	1	2	3	2	3	1	3	1	2
14	2	2	3	1	2	3	1	3	1	2	1	2	3
15	2	2	3	1	3	1	2	1	2	3	2	3	1
16	2	3	1	2	1	2	3	3	1	2	2	3	1
17	2	3	1	2	2	3	1	1	2	3	3	1	2
18	2	3	1	2	3	1	2	2	3	1	1	2	3
19	3	1	3	2	1	3	2	1	3	2	1	3	2
20	3	1	3	2	2	1	3	2	1	3	2	1	3
21	3	1	3	2	3	2	1	3	2	1	3	2	1
22	3	2	1	3	1	3	2	2	1	3	3	2	1
23	3	2	1	3	2	1	3	3	2	1	1	3	2
24	3	2	1	3	3	2	1	1	3	2	2	1	3
25	3	3	2	1	1	3	2	3	2	1	2	1	3
26	3	3	2	1	2	1	3	1	3	2	3	2	1
27	3	3	2	1	3	2	1	2	1	3	1	3	2

表6 $L_{27}(3^{13})$ 两列间的交互作用表

列号 / 列号( )	1	2	3	4	5	6	7	8	9	10	11	12	13
	(1)	3	2	2	6	5	5	9	8	8	12	11	11
		4	4	3	7	7	6	10	10	9	13	13	12
		(2)	1	1	8	9	10	5	6	7	5	6	7
			4	3	11	12	13	11	12	13	8	9	10
			(3)	1	9	10	8	7	5	6	6	7	5
				2	13	11	12	12	13	11	10	8	9
				(4)	10	8	9	6	7	5	7	5	6
					12	13	11	13	11	12	9	10	8
					(5)	1	1	2	3	4	2	4	3
						7	6	11	13	12	8	10	9
						(6)	1	4	2	3	3	2	4
							5	13	12	11	10	9	8
							(7)	3	4	2	4	3	2

续表

列号 / 列号( )	1	2	3	4	5	6	7	8	9	10	11	12	13
								12 (8)	11 1 10 (9)	13 1 9 1 8 (10)	9 2 5 4 7 3 6 (11)	8 3 7 2 6 4 5 1 13 (12)	10 4 6 3 5 2 7 1 12 1 11 (13)

表7 $L_{16}(4^5)$

列号 / 试验号	1	2	3	4	5
1	1	1	1	1	1
2	1	2	2	2	2
3	1	3	3	3	3
4	1	4	4	4	4
5	2	1	2	3	4
6	2	2	1	4	3
7	2	3	4	1	2
8	2	4	3	2	1
9	3	1	3	4	2
10	3	2	4	3	1
11	3	3	1	2	4
12	3	4	2	1	3
13	4	1	4	2	3
14	4	2	3	1	4
15	4	3	2	4	1
16	4	4	1	3	2

注：任两列的交互列是另外三列。

表8 $L_8(4\times2^4)$

列号 / 试验号	1	2	3	4	5
1	1	1	1	1	1
2	1	2	2	2	2
3	2	1	1	2	2
4	2	2	2	1	1
5	3	1	2	1	2
6	3	2	1	2	1
7	4	1	2	2	1
8	4	2	1	1	2

表 9　$L_{12}(3\times2^4)$

试验号 \ 列号	1	2	3	4	5
1	1	1	1	1	1
2	1	1	1	2	2
3	1	2	2	1	2
4	1	2	2	2	1
5	2	1	2	1	1
6	2	1	2	2	2
7	2	2	1	1	1
8	2	2	1	2	2
9	3	1	2	1	2
10	3	1	1	2	1
11	3	2	1	1	2
12	3	2	2	2	1

表 10　$L_{12}(6\times2^2)$

试验号 \ 列号	1	2	3
1	2	1	1
2	5	1	2
3	5	2	1
4	2	2	2
5	4	1	1
6	1	1	2
7	1	2	1
8	4	2	2
9	3	1	1
10	6	1	2
11	6	2	1
12	3	2	2

表 11　$L_{16}(4\times2^{12})$

试验号 \ 列号	1	2	3	4	5	6	7	8	9	10	11	12	13
1	1	1	1	1	1	1	1	1	1	1	1	1	1
2	1	1	1	1	1	2	2	2	2	2	2	2	2
3	1	2	2	2	2	1	1	1	1	2	2	2	2
4	1	2	2	2	2	2	2	2	2	1	1	1	1
5	2	1	1	2	2	1	1	2	2	1	1	2	2
6	2	1	1	2	2	2	2	1	1	2	2	1	1
7	2	2	2	1	1	1	1	2	2	2	2	1	1
8	2	2	2	1	1	2	2	1	1	1	1	2	2
9	3	1	2	1	2	1	2	1	2	1	2	1	2
10	3	1	2	1	2	2	1	2	1	2	1	2	1

续表

试验号＼列号	1	2	3	4	5	6	7	8	9	10	11	12	13
11	3	2	1	2	1	1	2	1	2	2	1	2	1
12	3	2	1	2	1	2	1	2	1	1	2	1	2
13	4	1	2	2	1	1	2	2	1	1	2	2	1
14	4	1	2	2	1	2	1	1	2	2	1	1	2
15	4	2	1	1	2	1	2	2	1	2	1	1	2
16	4	2	1	1	2	2	1	1	2	1	2	2	1

表 12　$L_{16}(4^3 \times 2^6)$

试验号＼列号	1	2	3	4	5	6	7	8	9
1	1	1	1	1	1	1	1	1	1
2	1	2	2	1	1	2	2	2	2
3	1	3	3	2	2	1	1	2	2
4	1	4	4	2	2	2	2	1	1
5	2	1	2	2	2	1	2	1	2
6	2	2	1	2	2	2	1	2	1
7	2	3	4	1	1	1	2	2	1
8	2	4	3	1	1	2	1	1	2
9	3	1	3	1	2	2	2	2	1
10	3	2	4	1	2	1	1	1	2
11	3	3	1	2	1	2	2	1	2
12	3	4	2	2	1	1	1	2	1
13	4	1	4	2	1	2	1	2	2
14	4	2	3	2	1	1	2	1	1
15	4	3	2	1	2	2	1	1	1
16	4	4	1	1	2	1	2	2	2

表 13　$L_{16}(8 \times 2^8)$

试验号＼列号	1	2	3	4	5	6	7	8	9
1	1	1	1	1	1	1	1	1	1
2	1	2	2	2	2	2	2	2	2
3	2	1	1	1	1	2	2	2	2
4	2	2	2	2	2	1	1	1	1
5	3	1	1	2	2	1	1	2	2
6	3	2	2	1	1	2	2	1	1
7	4	1	1	2	2	2	2	1	1
8	4	2	2	1	1	1	1	2	2
9	5	1	2	1	2	1	2	1	2
10	5	2	1	2	1	2	1	2	1
11	6	1	2	1	2	2	1	2	1
12	6	2	1	2	1	1	2	1	2
13	7	1	2	2	1	1	2	2	1

续表

试验号＼列号	1	2	3	4	5	6	7	8	9
14	7	2	1	1	2	2	1	1	2
15	8	1	2	2	1	2	1	1	2
16	8	2	1	1	2	1	2	2	1

表 14　$L_{18}(2\times3^7)$

试验号＼列号	1	2	3	4	5	6	7	8
1	1	1	1	1	1	1	1	1
2	1	1	2	2	2	2	2	2
3	1	1	3	3	3	3	3	3
4	1	2	1	1	2	2	3	3
5	1	2	2	2	3	3	1	1
6	1	2	3	3	1	1	2	2
7	1	3	1	2	1	3	2	3
8	1	3	2	3	2	1	3	1
9	1	3	3	1	3	2	1	2
10	2	1	1	3	3	2	2	1
11	2	1	2	1	1	3	3	2
12	2	1	3	2	2	1	1	3
13	2	2	1	2	3	1	3	2
14	2	2	2	3	1	2	1	3
15	2	2	3	1	2	3	2	1
16	2	3	1	3	2	3	1	2
17	2	3	2	1	3	1	2	3
18	2	3	3	2	1	2	3	1

表 15　$L_{18}(6\times3^6)$

试验号＼列号	1	2	3	4	5	6	7
1	1	1	1	1	1	1	1
2	1	2	2	2	2	2	2
3	1	3	3	3	3	3	3
4	2	1	1	2	2	3	3
5	2	2	2	3	3	1	1
6	2	3	3	1	1	2	2
7	3	1	2	1	3	2	3
8	3	2	3	2	1	3	1
9	3	3	1	3	2	1	2
10	4	1	3	3	2	2	1
11	4	2	1	1	3	3	2
12	4	3	2	2	1	1	3

续表

试验号 \ 列号	1	2	3	4	5	6	7
13	5	1	2	3	1	3	2
14	5	2	3	1	2	1	3
15	5	3	1	2	3	2	1
16	6	1	3	2	3	1	2
17	6	2	1	3	1	2	3
18	6	3	2	1	2	3	1

第十二章

食品质量安全检验实施

第一节　食品质量安全检验概述

我国政府坚持以人为本，高度重视食品安全，一直把加强食品质量安全摆在重要的位置。食品质量安全状况是一个国家经济发展水平和人民生活质量的重要标志。多年来，我国立足从源头抓质量的工作方针，建立健全食品安全监管体系和制度，全面加强食品安全立法和标准体系建设，对食品实行严格的质量安全监管，积极推行食品安全的国际交流与合作，全社会的食品安全意识明显提高。经过努力，我国食品质量总体水平稳步提高，食品安全状况不断改善，食品生产经营秩序显著好转。

一、食品质量安全的重要意义

1. 食品质量安全的概念

食品质量安全是指食品质量状况对食用者健康、安全的保证程度。作为用于消费者最终消费的食品，不得出现因食品原料、包装问题或生产加工、运输、储存过程中存在的质量问题而对人体健康、人身安全造成或者可能造成任何不利的影响。食品的质量必须符合国家法律、行政法规和强制性标准的要求，不得存在危及人体健康和人身财产安全的不合理危险。

2. 影响食品质量安全的因素

随着新的食品资源的不断发展，食品品种的不断增加，生产规模的扩大，加工、储藏、运输等环节的增多，消费方式的多样化，使人类食物链变得更为复杂。食品中诸多不安全因素可能存在于食物链的各个环节，主要表现在以下几个方面。

(1) 微生物、寄生虫、生物毒素等生物污染

在整个生产、流通和消费过程中，都可能因管理不善而使病原菌、寄生虫滋生及生物毒素进入人类食物链中。微生物及其毒素导致的传染病流行，是多年来危害人类健康的顽症。据世界卫生组织公布的资料，在过去的20多年间，在世界范围内新出现的传染病已得到确认的有30余种。此外，我国海域辽阔，海洋中寄生吸虫及其他寄生虫类繁多，这些自然疫源性寄生虫一旦侵入人体，不仅能造成危害，甚至可能导致死亡。人类历史上一些猖獗一时的传染性疾病如结核病、脑膜炎等，在医药卫生及生活条件改善的情况下，已得到一定程度的控制。但现实证明人类在与病原微生物较量中的每一次胜利，都远非一劳永逸，一些曾已得到有效控制的结核病如今在一定范围内又有蔓延的趋势。由霍乱导致的饮水和环境卫生恶化又开始出现。登革热、鼠疫、脑膜炎等也在世界一些国家或地区接连发生。一种能引起肠道出血的大肠杆菌在欧洲、美国、日本、香港等地先后多次危害人类，在世界上引起了很大

的震动。微生物和寄生虫污染是造成食品不安全的主要因素，也始终是各国行政部门和社会各界努力控制的重中之重。

（2）环境污染

环境污染物在食品中的存在，有其自然背景和人类活动影响两方面的原因。其中，无机污染物如汞、镉、铅等重金属及一些放射性物质，在一定程度上受食品产地的地质地理条件所影响，但是更为普遍的污染源则是主要的工业、采矿、能源、交通、城市排污及农业生产等带来的，通过环境及食物链而危及人类健康。有机污染物中的二恶英、多环芳烃、多氯联苯等工业化合物及副产物，都具有可在环境和食物链中富集、毒性强等特点，对食品安全性威胁极大。在人类环境持续恶化的情况下，食品中的环境污染物可能有增无减，必须采取更有效的对策加强治理。核试验、核爆炸、核泄漏及辐射等能使食品受到放射性核素污染，对食品安全性造成威胁。前苏联发生的切尔诺贝利核泄漏事故，使几乎整个欧洲都受到核沉降的危害。

（3）营养不平衡

营养不平衡就其涉及人群之多和范围之广而言，在当代食品安全性问题中已居于发达国家的首位。因过多摄入能量、脂肪、蛋白、糖、盐和低摄入膳食纤维、某些矿物质和维生素等，近年来患高血压、冠心病、肥胖症、糖尿病、癌症等慢性病的病人显著增多。人类要保持健康，所需的任何营养素都有适当的限量，而且还要求各种营养素之间保持平衡。

（4）农药与兽药残留

农药、兽药、饲料添加剂对食品安全性产生的影响，已成为近年来人们关注的焦点。在美国，由于消费者的强烈反映，35 种有潜在致癌性的农药已列入禁用的行列。我国有机氯链在环境和人体可长期残留，目前在许多食品中仍有较高的检出量。随之代替的有机磷类，氨基甲酸酯类，拟除虫菊酯类等农药，虽然残留期短、用量少、易于降解，但农业生产中滥用农药，导致害虫抗药性增强，这又使人们加大了农药的用量，并采用多种农药交替使用的方式进行农业生产，这样的恶性循环，对食品安全性以及人类健康构成了很大的威胁。

为了预防和治疗家畜、家禽、鱼类等的疾病，促进生长，大量投入抗生素、磺胺类和激素等药物，造成了动物性食品中的药物残留，尤其是在饲养后期、宰杀前施用，药物残留更为严重。因此，兽药的残留是目前及未来影响食品安全性的重要因素。

（5）食品添加剂

为了有助于加工、包装、运输、贮藏过程中保持食品的营养成分，增强食品的感官性状，适当使用一些食品添加剂是必要的。但要求使用量控制在最低有效量的水平。否则会给食品带来毒性，影响食品的安全性，危害人类健康。食品添加剂对人体的毒性概括起来有致癌性、致畸性和致突变性。这些毒性的共同特点是要经历较长时间才能显露出来，即可对人体产生潜在的毒害。目前在食品加工厂中广泛存在着滥用食品添加剂的现象，如使用量过多、使用不当或使用禁用添加剂等。另外，食品添加剂还具有积贮和叠加毒性，本身含有的杂质和在体内进行代谢转化后形成的产物等，也给食品添加剂带来了很大的安全性问题。

（6）食品加工、贮藏和包装过程

食品烹饪过程中因高温而产生的多环芳烃、杂环胺都是毒性极强的致癌物质。食品加工过程中使用的机械管道、锅、白铁管、塑料管、橡胶管、铝制容器及各种包装材料等，也有可能将有毒物质带入食品，如单体苯乙烯可从聚苯乙烯塑料包装进入食品；当采用陶瓷器皿盛放酸性食品时，其表面釉料中所含的铅、镉和锑等能溶解出来；用荧光增白剂处理的纸作包装材料，纸上残留有毒的胺类化合物易污染食品；不锈钢器皿存放酸性食品时间较长溶出的镍、铬等也可污染食物。即便使用无污染的食品原料，加工的食品也并不一定都是安全的。因为很多动物、植物和微生物体内存在着天然毒素，如蛋白抑制剂、生物碱、氰苷、有毒蛋白和肽等，其中有一些是致癌物或可转变为致癌物。另外，食品贮藏过程产生的过氧化物、龙葵素和醛、酮类化合物等，也给食品带来了很大的安全性问题。

(7) 新型食品和其他

随着生物技术的发展，转基因食品陆续出现，如转基因大豆、番茄、玉米、马铃薯等。它们具有产量高、富于营养、抗病虫害、在不利气候条件下可获得好收成等优点，具有良好的发展前景。但转基因食品携带的抗生素基因有可能使动物与人的肠道病原微生物产生耐药性；抗昆虫农作物体内的蛋白酶活性抑制剂和残留的抗昆虫内毒素，可能对人体健康有害；随着基因改造的抗除草剂农作物的推广，可能会造成除草剂用量增加，导致食品中除草剂残留量加大，危害食用者的健康。欧洲一些国家规定，基因工程食品应在食品标签上注明。这一点也反映了人类对基因工程的安全性问题至今还了解不多，其安全性问题还需进一步研究确证。

辐照食品在杀灭食品中的有害微生物和寄生虫，延长食品的保藏时间，并提供不经高温处理即可保持食品新鲜状态等方面发挥了很大的作用。目前对辐照食品的安全性研究结果认为，在规定剂量的条件下，基本上不存在安全性问题。但剂量过大的放射线照射食品可造成致癌物、诱变物及其他有害物质的生成，并使食品营养成分被破坏，伤残微生物产生耐放射性等，可对人类健康产生新的危害，这方面的安全性应引起关注。

保健食品是具有某些特定功能的食品，它们既不是药品也不是一般食品，对其食用有特定的针对性，只适用于某些人群。随意或盲目食用对自身无益的药膳或保健食品，可能会带来不良后果。

此外，假冒伪劣食品、过量饮酒、不良的饮食习惯等对人体健康的危害是有目共睹的。

综上所述，食品不安全因素可能产生于人类食物链的不同环节。其中的某些有害物质或成分，特别是人工合成的化学品，可因生物富集作用而使处在食物链顶端的人类受到高浓度毒物危害。研究和认识处在人类食物链不同环节的不安全因素及其可能引发的饮食风险，掌握其发生发展的规律，是有效控制食品风险，提高食品安全性的前提和基础。

3. 食品危害残留物来源

(1) 生物性危害

常见的生物性危害包括细菌、病毒、寄生虫以及霉菌。

①细菌

细菌个体很小，肉眼直接看不见，须用显微镜放大数百倍才能看见。按其形态，细菌分为球菌、杆菌和螺形菌；按其致病性，细菌又可分为致病菌、条件病菌和非致病菌。食品中的细菌可以来源于食品的种植和养殖过程，也可以来源于食品生产加工过程中所接触的各种物体。食品中细菌对食品安全和质量的危害表现在两个方面：引起食品腐败变质；引起食源性疾病或食物中毒。若食品中含致病菌，将会造成严重的食品安全问题。

②病毒

病毒非常微小，不仅眼看不见，而且在光学显微镜下也看不见，需用电子显微镜才能观察到。病毒对食品的污染不像细菌那么普遍，但一旦发生污染，产生的后果将非常严重。例如某市某小学，为了节约用水，将学生洗碗池的下流口堵住，让学生反复用水池的水洗碗，结果导致100多名学生感染甲肝。

③寄生虫

在生物圈中，生物与生物之间关系比较复杂，如果两种生物生活在一起，一方得利，而另一方受害，这就构成了寄生关系。在寄生关系中，把得利的一方叫寄生虫，把受害的一方叫宿主。寄生虫的生活史多种多样，一般比较复杂，有的需要两宿主，即中间宿主和终末缩主。中间宿主为寄生虫幼虫的宿主，终末宿主为寄生虫成虫的宿主。寄生虫的中间宿主具有重大的食品安全意义。因为畜禽、水产是许多寄生虫的中间宿主，人食用了含有寄生虫的畜禽和水产品后，就会感染寄生虫。例如吸虫的中间宿主是淡水鱼，龙虾等节肢动物，生吃或烹调不适，就会使人感染吸虫。

④霉菌

霉菌属真菌的多细胞型，呈丝状，分支交织成团，故称霉菌。霉菌可以破坏食品的品质，有的产毒素，造成严重的食品安全问题。例如黄曲霉素、染曲霉素、构巢曲霉毒素可以造成肝损坏，具有很强的致病作用。

（2）化学性危害

常见的化学性危害有重金属、自然毒素、农用化学药物以及洗消剂等其他化学性危害。

①重金属

重金属是指对食品安全有危害的金属元素，如汞、镉、铅、砷等，通常称有毒金属。食品中的重金属主要来源于三个途径：农用化学物质的使用，工业三废的污染；食品加工过程所使用不符合卫生要求的机械、管道、容器以及食品添加剂中含有毒金属，并浸入食品中；食物在生长过程中从含高金属的地质中吸取了有毒重金属。世界各国对重金属危害都很重视，制定了严格的限量标准。

②自然毒素

许多食品含有自然毒素，例如发芽的马铃薯（土豆）含有大量的龙葵毒素，可引起中毒或致人死亡；鱼胆中含的5－α鲤醇，能损害人的肝肾和心脑，造成中毒和死亡；霉变甘蔗中含3－硝基丙醇，可致人死亡。自然毒素有的是食物本身就带有，有的则是细菌或霉菌在食品中繁殖过程中所产生的。

③农用化学药物

食物在生长过程中，使用的农药杀虫剂、除草剂、抗氧化剂、抗菌素、促生长素、抗霉剂以及消毒剂等，这些化学药物都可以对食物带来危害。因此，世界各国对农用化学药物的品种、使用范围以及残留残量作了严格限制。例如欧盟规定，我国出口到欧洲的蜂蜜中氯霉素的残留不得超过0.1ppb。

④洗消剂

洗消剂是一个常被忽视的食品安全危害。问题产生的原因有：使用非食品用的洗消剂，造成对食品及食品用具的污染；不按科学方法使用洗消剂，造成洗消剂在食品及用具的残留。例如，有些餐馆使用洗衣粉清洗餐具、蔬菜或水果，造成洗衣粉中的有毒、有害物，如增白剂等，对食品及餐具造成污染。

⑤其他化学危害

化学性危害情况比较复杂，污染途径较多，上面讲的是一些常见的、主要的化学性危害，还有滥用食品添加剂、机械润滑油等其他化学性危害。

（3）物理性危害

物理性危害与化学性危害和生物性危害相比，有其特点，消费者往往看得见。因而，也是消费者经常表示不满和投诉的事由。物理性危害包括碎骨头、碎石头、铁屑、木屑、头发、蟑螂等昆虫的残体、碎玻璃以及其他可见的异物。物理性危害不仅令食品造成污染，而且时常也损坏消费者的健康，例如割破嘴唇、磕破牙齿等。

4. 重要意义

（1）食品质量安全是一个世界性的问题

1986 年英国首次发现“疯牛病”，引起世界公众的恐慌，也敲响了世界食品质量安全的警钟。相继发生的欧洲“二恶英”事件，比利时发生的可口可乐污染事件，法国发生的李斯特菌污染肉罐头事件，日本发生的大肠杆菌污染事件和雪印奶金葡菌污染事件等一连串的食品安全事件，给世界许多国家带来不同程度的恐慌。中国也不例外，各种食品安全事件时有发生。1998 年 5 月，香港《东方日报》用大幅面刊登了一则惊人的消息：17 名香港居民食用大陆供港猪肉内脏，发生严重中毒，调查结果表明，猪内脏含有禁用药物“盐酸克伦特罗”（俗称“瘦肉精”）。香港当局采取紧急措施，销毁市场上所有的猪内脏，限制大陆供港猪肉的出口。无独有偶，近两年在我国南方城市曾多次发生“瘦肉精”中毒事件。其他质量安全事故也频频发生，广东的有毒大米事件；江西、湖北等地在粮食制品中非法掺入非食用原料甲醛、二氧化硫以及工业漂白剂甲醛次硫酸氢钠（吊白块）事件；河北等地发生在火锅中加入罂粟壳事件；河南、青岛等地发生给大米添加矿物油及人工合成色素事件，以及病死畜禽肉和注水肉事件等，让人们大有“谈食色变”的感觉。

（2）食品质量安全关系到人类健康和生命安全

食品的安全性是食品必备的基本要素，然而在食品科技不断进步的今天，食品却变得越来越不安全了。近年来，在人民生活水平提高的同时，食品质量安全问题也日益突出。食品生产工艺水平低，产品抽样合格率不高，假冒伪劣屡禁不止，因食品质量安全造成的中毒和伤亡事件不断发生，已经严重威胁到人民群众的安全和健康。人们至今对山西假酒案仍心有余悸，山西杏花村的假酒案暴发，造成上千人中毒，200 多人无辜死亡，涉案人员受处理的近 100 人，使山西杏花村的白酒生产全部处于瘫痪。几乎每年都有食品质量安全的事件发生，“毒从口入”，这样的案例令人痛心疾首。全国人大代表姜德明三度提出议案，在议案里列举了上百个食品安全方面触目惊心的例子：用劣质霉变的“原料米”，经去皮、漂白和矿物油抛光后摇身变成有毒的“高级精米”；用“吊白块”制作米粉等粮食制品；用硫磺熏制增白的银耳；掺入工业滑石粉制作豆制品；用甲醛浸泡海鲜和毛肚等。

（3）食品质量安全是加入 WTO 的迫切需要

我国加入世贸组织以后，关税降低，市场开放，畜禽食品市场竞争将会更加激烈，市场占有情况将发生较大的变化。目前，我国猪、牛、羊的国内价格与国际市场价格相比：猪肉低 57 %，牛肉低 84 %，羊肉低 54 %。我国的畜禽食品成本虽然较低，但卫生安全达不到进口国的要求，这一因素成为我国畜禽食品进入国际市场的致命障碍，据不完全统计，我国畜产品进入国际市场因药残超标等安全卫生问题而被退货、销毁、索赔的损失每年达几十个亿。从 2000 年以来，我国食品出口遭堵的现象几乎涉及方方面面，如我国出口德国的蜂蜜中杀虫脒残留超标、出口日本的鸡肉中氯羟吡啶超标、出口日本的菠菜农药残留量超标等事件，致使欧盟、韩国、日本等对我国的出口农产品进行严格限制，严重影响我国食品业和国际贸易发展，经济损失巨大。

（4）食品质量安全是影响经济发展和社会稳定的重要因素

食品作为一个较大的行业，它影响到经济社会的诸多方面，食品经济推动农业、机械业、电子业、运输业、服务业等行业的良性发展，促进经济发展和维护社会稳定。比利时的“二恶英”事件不仅造成25亿欧元的直接经济损失，还导致了一届政府的集体辞职。在我国的食品加工和流通领域中，降低标准、偷工减料、以次充好、以假充真、滥用食品添加剂的违法行为比较猖獗，严重影响了经济运行的良好环境。2002年1月31日，欧盟已从我国出口的水产品、禽肉等中检出氯霉素，禁止我国近8亿美元的所有动物源性食品对欧盟出口，且目前仍未解禁。以不符合欧盟规定为由，荷兰销毁了从我国进口的兔肉、禽肉和水产品。由此，已导致我国山东近170多家肉类、水产品等生产、加工企业停工或倒闭、8万多人下岗；导致浙江2500余艘渔船、数十家企业被迫处于停产、半停产状态，数万工人、渔民受影响。由此可见，食品安全也会影响经济发展和社会稳定。

5. 监管体制和监管工作

为保障食品安全，我国政府树立了全程监管的理念，坚持预防为主、源头治理的工作思路，形成了“全国统一领导，地方政府负责，部门指导协调，各方联合行动”的监管工作格局。根据我国国情，2004年国务院发布了《国务院关于进一步加强食品安全监管工作的决定》，按照一个监管环节由一个部门监管的分工原则，采取分段监管为主、品种监管为辅的方式，进一步理顺了有关食品安全监管部门的职能，明确了责任。该决定将食品安全监管分为四个环节，分别由农业、质检、工商、卫生等四个部门实施。其中初级农产品生产环节的监管由农业部门负责；食品生产加工环节的质量监督和日常卫生监管由质检部门负责；食品流通环节的监管由工商部门负责；餐饮业和食堂等消费环节的监管由卫生部门负责；食品安全的综合监督、组织协调和依法组织查处重大事故由食品药品监管部门负责；进出口农产品和食品监管由质检部门负责。各食品安全监管部门分工明确，密切配合，相互衔接，形成了严密、完整的监管体系。

加强食品安全监管是一项长期艰巨的任务，必须立足当前，规划长远，标本兼治，着力治本，建立健全监管制度和长效机制。我国政府坚持从源头狠抓食品质量安全，完善食品监管的各项基本制度，强化食品安全监管。

（1）强化农产品质量安全工作

2001年我国启动实施了“无公害食品行动计划”，以蔬菜中高毒农药残留和畜产品中“瘦肉精”污染控制为重点，着力解决人民最为关心的高毒农药、兽药违规使用和残留超标问题；以农业投入品、农产品生产、市场准入三个环节管理为关键点，推动从农田到市场的全程监管；以开展例行监测为切入点，推动各地增强质量安全意识，落实管理责任；以推进标准化为载体，提高农产品质量安全生产和管理水平。目前，农产品质量安全保障体系日益完善，监管能力逐步增强，农业标准化水平显著提高，以确保农产品质量安全为目标的服务、管理、监督、处罚、应急五位一体的工作机制逐步形成。

（2）建立并严格实施食品质量安全市场准入制度

我国政府于2001年建立了食品质量安全市场准入制度。这项制度主要包括三项内容：

一是生产许可制度，即要求食品生产加工企业具备原材料进厂把关、生产设备、工艺流程、产品标准、检验设备与能力、环境条件、质量管理、储存运输、包装标识、生产人员等保证食品质量安全的必备条件，取得食品生产许可证后，方可生产销售食品；二是强制检验制度，即要求企业履行食品必须经检验合格方能出厂销售的法律义务；三是市场准入标志制度，即要求企业对合格食品加贴 QS（质量安全）标志，对食品质量安全进行承诺。按照分步实施的原则，截止到2007年上半年，共向生产企业颁发了10.7万张食品生产许可证，获证企业食品的市场占有率达到同类食品的90%以上。同时，加强对获得食品生产许可证企业的监管。截止到2007年6月底，共撤回、撤销、吊销和注销了1276张达不到标准的食品生产许可证。根据食品生产企业取得生产许可证的进度，国家质检总局分批公布了获证产品的生产企业名单，分期公告了未获证和无 QS 标志食品不得进入市场销售，警示消费者不要使用。

（3）加大食品质量国家监督抽查力度

我国对食品实行以抽查为主要方式的监督检查制度。这项制度自1985年建立以来，不断加大力度，突出重点，提高有效性。近年来，重点抽查了乳制品、肉制品、茶叶、饮料、粮油等日常消费的主要食品，重点对食品生产集中地的企业、小作坊进行了抽查，重点检验了食品的微生物、添加剂、重金属等卫生指标，并对质量不稳定的小企业重点进行了跟踪抽查。通过加大抽查频次，扩大抽查覆盖面，基本实现了抽查一类产品、整顿一个行业的目标。2006年至2007年上半年，共对7 880家企业的11 104批次食品进行了国家监督抽查。同时，对抽查中发现有问题的产品和生产企业，加大了整改、处罚的力度。一是严格执行公告制度。对抽查中发现质量问题严重的355家企业355批次产品公开曝光，同时积极宣传“优秀企业、优质产品、优良品牌”，240家获得“中国名牌”的产品得到消费者的普遍赞誉。二是严格执行整改制度。对不合格产品的生产企业，督促严格整改，按时复查，复查不合格的，责令停产整顿，整顿期满后再次复查仍不合格的，吊销营业执照。三是严格实行处罚制度。对在食品中掺杂、掺假、以假充真、以次充好的，责令停止生产，没收违法生产的食品，情节严重的移送司法机关追究法律责任。

（4）加强对食品小作坊的专项整治力度

我国存在的地区差异、城乡差异等决定了对食品生产加工小作坊的监管是一项长期、艰巨的工作。目前，10人以下的食品生产加工小作坊是食品质量安全监管的重点和难点。对从事传统、低风险食品加工的小作坊，坚持“监管、规范、引导、便民”的工作原则，一方面通过关停并转等方式，让小作坊尽快达到市场准入条件；另一方面强化监管措施，防止食品安全事故发生。近年来对小企业小作坊重点实施了四个方面的监管：一是基本条件改造，达不到要求的不得生产；二是限制销售范围，小作坊生产加工的食品销售范围不得超出乡镇行政区域，不准进入商场、超市销售；三是严格限制预包装，小作坊生产的食品在获得市场准入资格之前不得使用相应包装，防止其乔装打扮混入市场；四是公开承诺，小作坊必须向社会公开承诺不使用非食品原料，不滥用添加剂，不使用回收食品作原料，产品不进入商场、超市销售，不超出承诺区域销售，确保食品达到最基本的安全卫生要求。

（5）推行食品安全区域监管责任制

建立并实施了以“三员四定、三进四图、两书一报告”为主要内容的食品安全区域监管责任制。“三员四定”即按照定人、定责、定区域、定企业的方式，确定质检部门食品安全监管员到乡镇（办事处）负责食品生产加工企业的具体监管工作，乡镇政府协管员协助开展食品质量安全监管工作，社会信息员收集提供各种食品质量安全违法信息。“三进四图”即进村、进户、进企业，调查摸底，建立食品生产加工企业档案，制定企业变化动态图、食品行业分布图、监管责任落实图、食品安全警示图，实施动态监管。“两书一报告”即政府签订责任书，企业签订承诺书，质检部门定期写出食品安全报告。截至 2007 年 6 月底，全国 31 个省、自治区、直辖市共建立食品安全监管责任区 16 030 个，确定食品安全专职监督员 25 346 人，聘请政府协管员 72 474 人，聘请社会信息员 106 573 人。2006 年，各级质检部门共对食品生产加工企业进行了 90 万次巡查。

（6）加强食品流通领域的监管

深入实施以“提倡绿色消费、培育绿色市场、开辟绿色通道”为主要内容的“三绿工程”，倡导现代流通组织方式和经营方式，大力发展连锁经营和物流配送；推进经销企业落实进货检查验收、索证索票、购销台账和质量承诺制度，以及市场开办者质量责任制；全面落实市场巡查制度，完善食品质量监测制度，严格实行不合格食品的退市、召回、销毁、公布制度；加强畜禽屠宰行业管理；打破地方封锁，鼓励质量优、信誉好、品牌知名度高的食品在全国流通；健全社区食品加工流通服务体系；强化食品安全标识和包装管理，集中力量整治食品假包装、假标识、假商标印制品。

（7）加大餐饮等消费环节的食品安全监管力度

餐饮卫生是食品安全的重要环节。我国政府在餐饮业卫生监管方面所做的主要工作包括，一是加大对餐饮卫生的监管力度，制定并落实《餐饮业和集体用餐配送单位卫生规范》，实施食品卫生监督量化分级管理制度，加强餐饮环节监管。二是推进餐饮业、食堂全面实施食品卫生监督量化分级管理制度，完善和加强食品污染物监测和食源性疾病监测体系建设。三是加大对违法犯罪行为的打击力度，查处大案要案，并及时向社会通报。据不完全统计，2006 年全年，卫生部门检查各类餐饮单位和学校集体食堂 204 万余户次，查处涉嫌非法生产经营食品案件 4.5 万余件，取缔无卫生许可证生产经营单位 2.5 万余户。四是加强学校卫生工作，部署开展全国学校食品卫生、饮用水卫生、传染病防治专项检查工作，预防食物中毒和肠道传染病。五是开展食品危险性评估，科学发布食品安全预警和评估信息。

（8）全面开展食品质量安全专项整治

为解决一些地区、一些食品的假冒伪劣问题，全面开展了食品质量安全区域整治。组织实施了“百千万工程”，围绕确定的重点区域、重点加工点、重点加工户及加工的食品，采取构建食品安全监管网络、加强标准和检测等技术力量建设、加强对企业的技术服务、推动组建食品行业协会、加大执法打假力度等措施，解决了一批区域性制售假冒伪劣问题。同时，工商、质检部门不断加大食品执法打假工作力度，以食品质量安全为主线，突出生产加工源头，部署开展专项执法打假行动，严厉打击使用非食品原料生产加工食品和滥用食品添加剂的违法行为，严厉打击证照皆无的制假制劣黑窝点。2006 年，质检部门立案查处食品违法案件 4.9 万起，查获假冒伪劣食品货值金额 4.5 亿元人民币。工商部门在食品安全专项整治中，共出动执法人员 560 万人次，检查重点食品市场 1.6 万个，检查食品经营主体 1 040万户次，取缔无照经营 15.18 万户，吊销营业执照 4 629 户，查处制售假冒伪劣食品案件 6.8 万件，移送司法机关处理案件 48 件，对 1.55 万吨不合格食品实施了退市。

（9）强化风险预警和应急反应机制建设

建立了全国食品安全风险快速预警与快速反应系统，积极开展食品生产加工、流通、消费环节风险监控，通过动态收集和分析食品安全信息，初步实现了对食品安全问题的早发现、早预警、早控制和早处理。建立了一套行之有效的快速反应机制，包括风险信息的收集、分析、预警和快速反应，做到立即报告、迅速介入、科学判断、妥善处置。

（10）建立健全食品召回制度

这项制度分为主动召回和责令召回两种形式，规定食品生产加工企业是食品召回的责任主体，要求食品生产者如果确认其生产的食品存在安全危害，应当立即停止生产和销售，主动实施召回；对于故意隐瞒食品安全危害、不履行召回义务或生产者过错造成食品安全危害扩大或再度发生的，将责令生产者召回产品。近年来，国家质检总局在开展食品监督抽查和执法检查中，对发现存在致病菌、化学性污染、使用非食品原料等重大安全隐患的食品加大了召回力度，对于造成严重后果的，吊销了生产企业的食品生产许可证，降低了不安全食品可能带来的危害，切实维护了广大消费者的健康安全。

（11）加强食品安全诚信体系建设

我国政府重视食品质量安全诚信体系建设，初步建立了企业食品安全诚信档案，建立了食品生产加工企业红黑榜制度，并充分发挥各类商会、协会的作用，促进食品行业的自律。大力实施扶优扶强措施，采取政策、行政、经济的手段，对重信誉、讲诚信的企业给予激励，努力营造食品安全的诚信环境，创造食品安全诚信文化，增强全社会食品安全诚信意识。逐步完善食品安全诚信运行机制，全面发挥食品安全诚信体系对食品安全工作的规范、引导、督促功能。加强企业食品安全诚信档案建设，推行食品安全诚信分类监管，重点建立食品生产经营主体登记档案信息系统和食品生产经营主体诚信分类数据库，广泛收集食品生产经营主体准入信息、食品安全监管信息、消费者申诉举报信息，做到掌握情况，监管有效。近年来，采用最新网络技术，对食品质量安全实施电子监管网终端查询，及时、方便、快捷、有效地辨别食品真伪，维护了消费者利益，打击了假冒伪劣行为，促进了企业诚信建设。

多年来，我国食品生产种类不断增加，数量不断扩大，质量不断提高，保障了人民日益增长的消费需求，提高了人民的生活水平，促进了国民经济的发展。同时我国政府也清楚地看到由于受发展水平的制约，我国食品安全仍存在一些问题，今后将重点打击生产加工中偷工减料，掺杂使假，以假充真，以非食品原料、发霉变质原料加工食品，不按标准生产，滥用添加剂等违法行为，不断提高食品质量安全保障水平。

二、食品质量安全涉及的范围

1. 初级产品（食用农产品）

《中华人民共和国食品安全法》（以下简称《食品安全法》）第二条规定，供食用的源于农业的初级农产品（以下称食用农产品）的质量安全管理，遵守农产品质量安全法的规定。但是，制定有关食用农产品的质量安全标准、公布食用农产品安全有关信息，应当遵守本法的有关规定。第三十五条规定，食用农产品生产者应当依照食品安全标准和国家有关规定使用农药、肥料、生长调节剂、兽药、饲料和饲料添加剂等农业投入品。食用农产品的生产企业和农民专业合作经济组织应当建立食用农产品生产记录。县级以上人民政府农业行政主管部门应当加强对农业投入品使用的管理和指导，建立健全农业投入品的安全使用制度。《农产品质量安全法》第三条规定，县级以上人民政府农业行政主管部门负责农产品质量安全的监督管理工作。

2. 食品的生产和加工过程

食品的生产和加工过程是保证食品安全的关键环节。

《食品安全法》第二十七条规定，食品生产经营应当符合食品安全标准，并符合下列要求：

（1）具有与生产经营的食品品种、数量相适应的食品原料处理和食品加工、包装、贮存等场所，保持该场所环境整洁，并与有毒、有害场所以及其他污染源保持规定的距离；

（2）具有与生产经营的食品品种、数量相适应的生产经营设备或者设施，有相应的消毒、更衣、盥洗、采光、照明、通风、防腐、防尘、防蝇、防鼠、防虫、洗涤以及处理废水、存放垃圾和废弃物的设备或者设施；

（3）有食品安全专业技术人员、管理人员和保证食品安全的规章制度；

（4）具有合理的设备布局和工艺流程，防止待加工食品与直接入口食品、原料与成品交叉污染，避免食品接触有毒物、不洁物；

（5）餐具、饮具和盛放直接入口食品的容器，使用前应当洗净、消毒，炊具、用具用后应当洗净，保持清洁；

（6）贮存、运输和装卸食品的容器、工具和设备应当安全、无害，保持清洁，防止食品污染，并符合保证食品安全所需的温度等特殊要求，不得将食品与有毒、有害物品一同运输；

（7）直接入口的食品应当有小包装或者使用无毒、清洁的包装材料、餐具；

（8）食品生产经营人员应当保持个人卫生，生产经营食品时，应当将手洗净，穿戴清洁的工作衣、帽；销售无包装的直接入口食品时，应当使用无毒、清洁的售货工具；

（9）用水应当符合国家规定的生活饮用水卫生标准；

（10）使用的洗涤剂、消毒剂应当对人体安全、无害；

（11）法律、法规规定的其他要求。

《食品安全法》第二十八条规定，禁止生产经营下列食品：

（1）用非食品原料生产的食品或者添加食品添加剂以外的化学物质和其他可能危害人体健康物质的食品，或者用回收食品作为原料生产的食品；

（2）致病性微生物、农药残留、兽药残留、重金属、污染物质以及其他危害人体健康的物质含量超过食品安全标准限量的食品；

（3）营养成分不符合食品安全标准的专供婴幼儿和其他特定人群的主辅食品；

（4）腐败变质、油脂酸败、霉变生虫、污秽不洁、混有异物、掺假掺杂或者感官性状异常的食品；

（5）病死、毒死或者死因不明的禽、畜、兽、水产动物肉类及其制品；

（6）未经动物卫生监督机构检疫或者检疫不合格的肉类，或者未经检验或者检验不合格的肉类制品；

（7）被包装材料、容器、运输工具等污染的食品；

（8）超过保质期的食品；

(9) 无标签的预包装食品；

(10) 国家为防病等特殊需要明令禁止生产经营的食品；

(11) 其他不符合食品安全标准或者要求的食品。

3. 食品添加剂的生产

《食品安全法》明确规定，不得在食品生产中使用食品添加剂以外的化学物质和其他可能危害人体健康的物质。食品添加剂应当在技术上确有必要且经过风险评估证明安全可靠，方可列入允许使用的范围；不得在食品生产中使用食品添加剂以外的化学物质和其他可能危害人体健康的物质。《食品安全法》对于食品添加剂的相关标准、说明书内容以及惩罚措施均有明确规定，内容全面细致。这对于规范食品生产企业、促进食品市场健康快速发展、保障消费者的人身财产安全均有积极意义。

《食品安全法》第四十三条规定，国家对食品添加剂的生产实行许可制度。申请食品添加剂生产许可的条件、程序，按照国家有关工业产品生产许可证管理的规定执行。

《食品安全法》第四十六条规定，食品生产者应当依照食品安全标准关于食品添加剂的品种、使用范围、用量的规定使用食品添加剂；不得在食品生产中使用食品添加剂以外的化学物质和其他可能危害人体健康的物质。

《食品安全法》第四十七条规定，食品添加剂应当有标签、说明书和包装。标签、说明书应当载明本法第四十二条第一款第一项至第六项、第八项、第九项规定的事项，以及食品添加剂的使用范围、用量、使用方法，并在标签上载明“食品添加剂”字样。

《食品安全法》第四十八条规定，食品和食品添加剂的标签、说明书，不得含有虚假、夸大的内容，不得涉及疾病预防、治疗功能。生产者对标签、说明书上所载明的内容负责。

食品和食品添加剂的标签、说明书应当清楚、明显，容易辨识。食品和食品添加剂与其标签、说明书所载明的内容不符的，不得上市销售。

4. 用于食品的包装材料、容器、洗涤剂、消毒剂和用于食品生产经营的工具、设备的生产

食品相关产品是指用于食品的包装材料、容器、洗涤剂、消毒剂和用于食品生产经营的工具、设备。用于食品的包装材料和容器，是指包装、盛放食品或者食品添加剂用的纸、竹、木、金属、搪瓷、陶瓷、塑料、橡胶、天然纤维、化学纤维、玻璃等制品和直接接触食品或者食品添加剂的涂料。用于食品的洗涤剂、消毒剂，指直接用于洗涤或者消毒食品，用于食品生产经营的工具、设备，或者食品包装材料和容器的物质。用于食品生产经营的工具、设备，指在食品或者食品添加剂生产、流通、使用过程中直接接触食品或者食品添加剂的机械、管道、传送带、容器、用具、餐具等。

第二节　食品质量安全所依据的法律法规及相关政策

一、食品相关法律法规

(1)《食品安全法》于2009年6月1日起正式施行，该法共10章104条，届时《食品卫生法》同时废止。这标志着新的食品安全监管体制在我国确立。只有正确适用《食品安

全法》等法律、法规、规章，准确分清各食品安全监管部门的职责，才能保证食品安全监管做到依法行政，不越位、不缺位，责权一致，维护人民群众生命安全和身体健康，确保食品安全。

（2）《中华人民共和国食品安全法实施条例》于2009年7月8日国务院第七十三次常务会议通过。该条例是为了进一步明确企业作为食品安全第一责任人的责任，强化对食品安全的事前预防和生产经营过程的控制。通过进一步明确各级、各部门在食品安全监管方面的职责，完善分段监管工作中的协调、衔接与配合，力图将《食品安全法》确定的有关规定加以具体化，以增强食品安全法的可操作性。实施条例共64条。

（3）《中华人民共和国产品质量法》（以下简称《产品质量法》）于1993年2月22日第七届全国人民代表大会常务委员会第三十次会议审议通过，根据2000年7月8日第九届全国人民代表大会常务委员会第十六次会议《关于修改 < 中华人民共和国产品质量法 > 的决定》修正，自2000年9月1日起施行。《产品质量法》属于产品质量基本法，是调整产品的生产者、销售者、用户和消费者以及政府有关行政管理部门之间，因产品质量问题而形成的权利义务关系的重要法律规范。产品质量法调整的社会关系主要有两大范畴：一是在国家对企业的产品质量进行监督管理过程中所生产的产品质量管理关系；二是产品的生产者、销售者与产品的用户和消费者之间因产品不合格（包括食品）或者产品缺陷而产生的产品质量责任关系。

（4）《中华人民共和国农产品质量安全法》（以下简称《农产品质量安全法》）于2006年4月29日经第十届全国人民代表大会常务委员会第二十一次会议通过，自2006年11月1日起施行。该法的颁布，为农产品质量安全水平的整体提升提供了法律保障，标志着我国农产品质量安全工作进入了依法管理轨道。《农产品质量安全法》从我国农业生产的实际出发，遵循农产品质量安全管理的客观规律，针对保障农产品质量安全的主要环节和关键点，确立了7项相关的基本制度，主要包括：①政府统一领导，农业主管部门依法监管，其他有关部门分工负责的农产品质量安全管理体制。②农产品质量安全标准的强制实施制度。政府有关部门应当按照保障农产品质量安全的要求，依法制定和发布农产品质量安全标准并监督实施；禁止销售不符合农产品质量安全标准的农产品。③防止因农产品产地污染而危及农产品质量安全的农产品产地管理制度。④农产品的包装和标识管理制度。⑤农产品质量安全监督检查制度。⑥农产品质量安全的风险分析、评估制度和农产品质量安全的信息发布制度。⑦对农产品质量安全违法行为的责任追究制度。上述各项基本制度的具体内容，在《农产品质量安全法》中都有明确规定。这些法定基本制度具有很强的针对性和可操作性，只要严格贯彻执行，我国的农产品质量安全就能够得到保障。

（5）《中华人民共和国计量法》于1985年9月6日经第六届全国人民代表大会常务委员会第十二次会议通过，自1986年7月1日起正式施行。计量工作是经济建设中一项重要的技术基础，包括的内容相当广泛，涉及工农业生产、健康、安全等各个方面。计量立法的宗旨就是为了加强计量监督管理，健全计量法制，解决国家计量单位制的统一和全国量值的准确可靠问题。

（6）《中华人民共和国标准化法》（以下简称《标准化法》）于1988年12月29日经第七届全国人民代表大会常务委员会第五次会议通过，自1989年4月1日起施行。1990年4月6日国务院又颁布了《中华人民共和国标准化法实施条例》；1990年7月23日国家技术监督局制定了《中华人民共和国标准化法条文解释》。制定标准化法的目的就是为了发展社会主义市场经济，促进技术进步，改进产品质量，提高社会经济效益，维护国家和人民的利益。标准化立法的作用是，通过标准化立法，使标准化工作适应社会主义现代化建设和发展对外经济关系的需要。《标准化法》共五章二十六条，包括标准化工作的管理、标准的制定、标准的实施与监督及法律责任等内容。

(7)《中华人民共和国商标法》(以下简称《商标法》) 于1982年8月29日经第五届全国人民代表大会常务委员会第二十四次会议审议通过，自1983年3月1日起实施。第九届全国人大常委会第二十四次会议于2001年10月27日通过了《全国人民代表大会常务委员会关于修改<中华人民共和国商标法>的决定》，该决定2001年12月1日起施行。为与修改后的《商标法》相配套，2002年3月8日国务院发布第358号令，颁布了《中华人民共和国商际法实施条例》，该条例自2002年9月15日起施行，其主要内容包括：商标注册的申请、商标注册的审查和核准、注册商标的续展、转让和使用许可、注册商标争议的裁定、商标使用的管理、注册商标专用权的保护等。

(8)《中华人民共和国进出口商品检验法》(以下简称《商检法》) 于1989年2月第七届全国人民代表大会常务委员会第六次会议审议通过。《中华人民共和国进出口商品检验法修正案》已于2002年4月28日经第九届全国人民代表大会常务委员会第二十七次会议审议通过，于2002年10月1日起正式施行。《商检法》规定了商品检验的宗旨是确保进出口商品质量，促进对外贸易的发展，明确了商检机构对进出口商品实施法定检验。

(9)《中华人民共和国进出境动植物检疫法》(以下简称《动植物检疫法》) 于1991年经第七届全国人民代表大会常务委员会第二十二次会议审议通过，并正式发布施行。《动植物检疫法》是我国颁布的第一部动植物检疫法律，是我国动植物检疫史上一个重要的里程碑，它以法律的形式明确了动植物检疫的宗旨、性质、任务，为口岸动植物检疫工作提供了法律依据和保证。1996年12月，国务院颁布《动植物检疫法实施条例》，细化了动植物检疫法中的原则规定，如进出境动植物检疫范围，确定了国家动植物检疫机关的职能，完善了检疫审批程序和检疫监督制度，进一步规范了实施行政处罚的规则和尺度。《动植物检疫法》及其实施条例颁布施行后，农业部、国家动植物检疫局根据工作需要，先后制定了一系列配套规章及规范性文件。如《进境动物一二类传染病、寄生虫病名录》、《禁止携带、邮寄进境的动物、动物产品和其他检疫物名录》、《进境植物检疫危险性病、虫、杂草名录》、《进境植物检疫禁止进境物名录》等。这些规章及规范性文件的执行，对于实现进出境动植物检疫"把关、服务、促进"的宗旨发挥了重要的作用。

(10)《中华人民共和国国境卫生检疫法》(以下简称《国境卫生检疫法》) 于1986年12月2日经第六届全国人民代表大会常务委员会第十八次会议审议通过并发布实施。1989年卫生部根据《国境卫生检疫法》的授权，制定了《中华人民共和国国境卫生检疫法实施细则》。《国境卫生检疫法》及其实施细则规定了新形势下卫生检疫机构的职责、检疫的对象、主要工作内容、疫情通报、发生疫情时的应急措施以及处理程序。同时，对出入境人员、运输工具检验检疫、物品检疫查验、临时检疫、国际间传染病检测、卫生监督和法律责任也做了相应的规定。《国境卫生检疫法》的发布施行标志着我国国境卫生检疫工作进入了法制化管理的轨道。

(11)《中华人民共和国消费者权益保护法》(以下简称《消费者权益保护法》) 于1993

年10月31日经第八届全国人民代表大会常务委员会第四次会议通过公布，自1994年1月1日起施行。《消费者权益保护法》是我国有关消费者权益保护的专门立法，是保护消费者的合法权益，维护社会经济秩序，促进社会主义市场经济健康发展的法律规范。

二、食品相关行政法规、部门规章

1. 行政法规

行政法规是我国最高行政机关，即国务院根据宪法和法律或者全国人大常务委员会的授权决定，依照法定权限和程序，制定颁布的有关行政管理的规范性文件。行政法规的法律效力次于法律，是国家通过行政机关行使政权、实行国家行政管理的一种重要形式。

我国现行的食品行政法规主要有13个：

（1）《中华人民共和国工业产品生产许可证管理条例》（2005年7月9日国务院令第440号公布，自2005年9月1日起施行）；

（2）《中华人民共和国认证认可条例》（2003年8月20日国务院令第390号公布，自2003年11月1日起施行）；

（3）《突发公共卫生事件应急条例》（2003年5月9日国务院令第376号公布，自公布之日起施行）；

（4）《粮食收购条例》（1998年6月6日国务院令第244号公布，自1998年6月6日起施行）；

（5）《粮食流通管理条例》（2004年5月26日国务院令第407号公布，自公布之日起施行）；

（6）《农业转基因生物安全管理条例》（2001年5月23日国务院令第304号公布，自公布之日起施行）；

（7）《中华人民共和国进出境动植物检疫法实施条例》（1996年12月2日国务院令第206号公布，自1997年1月1日起施行）；

（8）《生猪屠宰管理条例》（1997年12月19日国务院令第238号公布，自1998年1月1日起施行）；

（9）《食盐专营办法》（1998年5月27日国务院令第197号公布，自公布之日起施行）；

（10）《食品加碘消除碘缺乏危害管理条例》（1994年8月23日国务院令第163号公布，自1994年10月1日起施行）；

（11）《中华人民共和国农药管理条例》（1997年5月8日国务院令第216号公布，自1997年5月8日起施行）；

（12）《兽药管理条例》（2004年4月9日国务院令第404号公布，自2004年11月1日起施行）；

（13）《国务院关于加强食品等产品安全监督管理的特别规定》（2007年7月26日国务院令第503号公布并实施）。

2. 部门规章

部门规章是指国务院各部门（包括具有行政管理职能的直属机构）根据法律和国务院

的行政法规、决定、命令，在本部门的权限内所指定的规定办法、实施办法、规则等规范性文件的总称。在我国的行政管理工作中，部门规章发挥着重要作用。一方面，部门规章将法律、行政法的规定进一步具体化，以利于更好地贯彻法律和法规；另一方面，部门规章作为法律、行政法规的重要补充形式，对公民及组织做出具体规范，为行政管理行为提供了相应的依据。政府管理活动要做到规范化、法制化，离不开规章的作用。

我国现行的食品部门规章主要有：

《食品生产加工企业质量安全监督管理办法》（2003 年 7 月 18 日国家质量监督检验检疫总局令第 52 号公布，自公布之日起施行）；

《食品召回管理规定》（2007 年 8 月 27 日国家质量监督检验检疫总局令第 98 号公布，自公布之日起施行）；

《食品添加剂卫生管理办法》（2002 年 3 月 18 日卫生部令第 98 号发布，自公布之日起施行）；

《出口食品生产企业卫生注册登记管理规定》（2002 年 4 月 19 日国家质量监督检验检疫总局令第 20 号公布，自 2002 年 5 月 20 日起施行）；

《有机食品认定管理办法》（2001 年 6 月 19 日国家环境保护总局令第 10 号发布，自发布之日起施行）；

《无公害农产品管理办法》（2002 年 4 月 29 日农业部、国家质量监督检验检疫总局令第 12 号发布，自发布之日起施行）；

《保健食品管理办法》（1996 年 2 月 15 日卫生部令第 46 号发布，自发布之日起施行）；

《辐照食品卫生管理办法》（1996 年 4 月 5 日卫生部令第 47 号发布，自发布之日起施行）；

《辐照加工装置放射卫生防护管理规定》（1991 年 4 月 26 日卫生部令第 12 号发布，自发布之日起施行）；

《转基因食品卫生管理办法》（2002 年 4 月 8 日卫生部令第 28 号发布，自 2002 年 7 月 1 日起施行）；

《农业转基因生物标识管理办法》（2002 年 1 月 5 日农业部令第 9 号发布，自 2002 年 3 月 20 日起施行）；

《农业转基因生物进口安全管理办法》（2002 年 1 月 5 日农业部令第 10 号发布，自 2002 年 3 月 20 日起施行）；

《农业转基因生物安全评价管理办法》（2002 年 1 月 5 日农业部令第 8 号发布，自 2002 年 3 月 20 日起施行）；

《水产品卫生管理办法》（1990 年 11 月 20 日卫生部令第 5 号发布施行）；

《粮食卫生管理办法》（1990 年 11 月 20 日卫生部令第 5 号发布施行）；

《蜂蜜卫生管理办法》（1990 年 11 月 20 日卫生部令第 5 号发布施行）；

《豆制品、酱腌菜卫生管理办法》（1990 年 11 月 20 日卫生部令第 5 号发布施行）；

《酒类卫生管理办法》（1990 年 11 月 20 日卫生部令第 5 号发布施行）；

《肉与肉制品卫生管理办法》（1990 年 11 月 20 日卫生部令第 5 号发布施行）；

《调味品卫生管理办法》（1990 年 11 月 20 日卫生部令第 5 号发布施行）；

《蛋与蛋制品卫生管理办法》（1990 年 11 月 20 日卫生部令第 5 号发布施行）；

《食用植物油卫生管理办法》(1990年11月20日卫生部令第5号发布施行);

《食用氢化油及其制品卫生管理办法》(1990年11月20日卫生部令第5号发布施行);

《糖果卫生管理办法》(1990年11月20日卫生部令第5号发布施行);

《冷饮食品卫生管理办法》(1990年11月20日卫生部令第5号发布施行);

《食糖卫生管理办法》(1990年11月20日卫生部令第5号发布施行);

《新资源食品卫生管理办法》(1990年7月28日卫生部令第4号发布,自发布之日起施行);

《食品包装用纸卫生管理办法》(1990年11月26日卫生部令第8号发布施行);

《食品用橡胶制品卫生管理办法》(1990年11月26日卫生部令第8号发布施行);

《食品用塑料制品及原材料卫生管理办法》(1990年11月26日卫生部令第8号发布施行);

《食品容器内壁涂料卫生管理办法》(1990年11月26日卫生部令第8号发布施行);

《食品罐头内壁环氧酚醛涂料卫生管理办法》(1990年11月26日卫生部令第8号发布施行);

《铝制食具容器卫生管理办法》(1990年11月26日卫生部令第8号发布施行);

《陶瓷食具容器卫生管理办法》(1990年11月26日卫生部令第8号发布施行);

《搪瓷食具容器卫生管理办法》(1990年11月26日卫生部令第8号发布施行);

《食品广告管理办法》(1993年8月30日国家工商行政管理局、卫生部令第15号公布,自1993年10月1日起施行);

《流通领域食品安全管理办法》(2006年12月20日商务部第10次部务会议审议通过,商务部令2007年第1号公布,自2007年5月1日起施行);

《超市食品安全操作规范(试行)》(中华人民共和国商务部2006年12月实施);

《食品广告发布暂停规定》(1996年12月30日国家工商行政管理局令第72号公布、1998年12月3日国家工商行政管理局令第86号修订);

《酒类广告管理办法》(1995年11月17日国家工商行政管理局令39号公布,自1996年1月1日起施行);

《进出口食品标签管理办法》(2000年2月15日国家出入境检验检疫局令第19号发布,自2000年4月1日起施行);

《食品标识管理规定》(2009年8月28日国家质量监督检验检疫总局令第123号发布施行);

《进境水生动物检验检疫管理办法》(1990年11月20日卫生部令第5号发布施行);

《水产养殖质量安全管理规定》(2003年7月24日农业部令第31号发布,自2003年9月1日起实施);

《农作物种子资源管理办法》(2003年7月8日农业部令第30号公布,自2003年10月1日起施行);

《食品卫生许可证管理办法》(2005年12月25日卫生部发布,自2006年6月1日起施行);

《生活饮用水卫生监督管理办法》(1996年7月9日建设部、卫生部令第53号发布,自1997年1月1日起施行);

《防止黄曲霉毒素污染食品卫生管理办法》（1990 年 11 月 26 日卫生部令第 8 号发布施行）；

《食品卫生监督程序》（1997 年 3 月 15 日卫生部令第 50 号发布，自 1997 年 6 月 1 日起施行）；

《卫生监督员管理办法》（1992 年 5 月 11 日卫生部令第 20 号发布，自发布之日起施行）；

《食品卫生行政处罚办法》（1997 年 3 月 15 日卫生部令 49 号发布，自发布之日起施行）；

《食物中毒事故处理办法》（1999 年 12 月 24 日卫生部令第 8 号发布，自 2000 年 1 月 1 日起施行）；

《消毒管理办法》（2002 年 3 月 28 日卫生部令第 27 号发布，自 2002 年 7 月 1 日起施行）；

《学生集体用餐卫生监督办法》（1996 年 8 月 27 日卫生部部长令第 48 号发布，自发布之日起实施）；

《餐饮业食品卫生管理办法》（2000 年 1 月 16 日卫生部令第 10 号发布，自 2000 年 6 月 1 日起施行）；

《学校卫生工作条例》（1990 年 6 月 4 日国家教育委员会令第 10 号、卫生部令第 1 号发布，自发布之日起施行）。

其中与食品安全监管工作比较密切的主要有以下 13 个：

（1）《食品生产加工企业质量安全监督管理办法》

于 2003 年 7 月 18 日由国家质量监督检验检疫总局第 52 号令发布。此办法分九章七十条，主要内容有：①阐述了本办法的立法宗旨和适用范围，提出了食品质量安全的基本要求，规定了食品质量安全生产准入制度的基本内容，确立了组织实施食品质量安全生产准入制度的工作体制，建立了社会监督机制。②规定了食品生产加工企业应当符合法律、行政法规及国家有关政策规定的企业设立条件；规定了食品生产加工企业必须具备的环境、生产设备设施、加工工艺及过程、原材料、产品标准、人员、检验设备、质量管理、包装标识和储运要求 10 个条件。③对食品生产许可证及其申请程序等内容进行了规定。食品生产许可证制度是食品质量安全市场准入制度的三个组成部分之一，没有取得食品生产许可证的企业不得生产食品，任何企业和个人不得销售无证的食品。④规定了食品生产企业必须对食品生产加工过程中使用的原材料、添加剂、包装材料和容器等进行验货和对食品进行出厂检验。没有能力进行出厂检验的，要委托有资质的食品检验机构进行出厂检验。⑤明确了食品质量安全市场准入制度中关于标志制度的有关规定。实施食品质量安全市场准入制度的食品，经出厂检验合格后，必须加印（贴）食品质量安全市场准入标志，即“QS”标志。印（贴）有“QS”标志的食品出现质量问题，由生产者、销售者依法承担相应的法律责任。⑥明确了质量技术监督部门实施食品质量安全监督中的职责、义务，获得食品生产许可证的企业在实施质量安全监督中的义务，以及食品检验机构承担食品检验工作的责任。⑦对在食品质量安全方面的行政违法行为规定了行政处罚和行政处分两种主要的行政制裁措施，并对制裁的前提、制裁的对象以及实施制裁的部门做出了明确的规定。

（2）《食品添加剂卫生管理办法》

为加强食品添加剂卫生管理，防止食品污染，保护消费者身体健康，卫生部根据《食品卫生法》制定了《食品添加剂卫生管理办法》，并于 2001 年 12 月 11 日以卫生部令第 26 号予以发布，自 2002 年 7 月 1 日起施行。《食品添加剂卫生管理办法》分七章三十条。主要内容有：①界定了食品添加剂的定义，食品添加剂是指为改善食品品质和色、香、味，以及为防腐和加工工艺的需要而加入食品中的化学合成或天然物质；复合食品添加剂是指由两种以上单一品种的食品添加剂经物理混匀而成的食品添加剂。②食品添加剂必须符合国家卫生标准和卫生要求。③生产经营或者使用食品添加剂必须获得卫生部门批准。食品添加剂生产企业必须取得省级卫生行政部门发放的卫生许可证后方可从事食品添加剂生产。食品添加剂的生产、经营者必须按照有关规定要求进行生产、销售。食品添加剂的使用必须符合《食品添加剂使用卫生标准》或卫生部公告名单规定的品种及其使用范围、使用量。禁止以掩盖食品腐败变质或以掺杂、掺假、伪造为目的使用食品添加剂。④食品添加剂必须有包装标识和产品说明书，内容包括品名、产地、厂名、卫生许可证号、规格、配方或者主要成分、生产日期、批号或者代号、保质期限、使用范围与使用量、使用方法等。⑤生产经营或者使用不符合食品添加剂使用卫生标准或本办法有关规定的食品添加剂的，食品添加剂的包装标识或者产品说明书上不标明或者虚假标注生产日期、保质期限等规定事项的，或者不标注中文标识的，按照《食品安全法》有关规定，予以处罚。违反《食品安全法》或其他有关卫生要求的，依照相关规定进行处罚。

（3）《转基因食品卫生管理办法》

由卫生部制定，自 2002 年 7 月 1 日起施行。转基因食品是指利用基因工程技术改变基因构成的动物、植物和微生物生产的食品和食品添加剂，包括：转基因动植物、微生物产品、转基因动植物、微生物直接加工品，以转基因动植物、微生物或者其直接加工品为原料生产的食品和食品添加剂。《转基因食品卫生管理办法》共分六章二十六条，主要内容有：①制定本办法的目的、基本概念及生产转基因食品的基本条件。②食用安全性与营养质量评价。③申报与批准，包括申报方法、所需材料及受理部门。④标识，包括标注方式禁止标注的内容。⑤对转基因食品的生产经营进行定期或不定期监督抽查，并向社会公布监督抽查结果。

（4）《无公害农产品管理办法》

无公害农产品是指产地环境、生产过程和产品质量符合国家有关标准和规范的要求，经认证合格获得认证证书并允许使用无公害农产品标志的未经加工或者初加工的食用农产品。为加强对无公害农产品的管理，维护消费者权益，提高农产品质量，保护农业生态环境，促进农业可持续发展，2002 年 1 月 30 日国家认证认可监督管理委员会第七次主任办公会议审议通过的《无公害农产品管理办法》，经 2002 年 4 月 3 日农业部第五次常务会议、2002 年 4 月 11 日国家质量监督检验检疫总局第二十七次局长办公会议审议通过，2002 年 4 月 29 日以中华人民共和国农业部、中华人民共和国国家质量监督检验检疫总局第 12 号令发布，自发布之日起施行。无公害农产品管理办法对无公害农产品产地条件与管理、产地认定、产品认证、标志管理、监督管理以及违反管理办法应承担的责任等都做出了明确的规定。

（5）《无公害农产品标志管理办法》

为加强对无公害农产品标志的管理，保证无公害农产品的质量，维护生产者、经营者和消费者合法权益，根据《无公害农产品管理办法》，农业部、国家认证认可监督管理委员会联合制定了《无公害农产品标志管理办法》，于2002年11月25日公布并于公布之日实施。办法规定无公害农产品标志是全国统一的无公害农产品认证标志，是加施于获得无公害农产品认证的产品或者其包装上的证明性标记。农业部和国家认证认可监督管理委员会对全国统一的无公害农产品标志实行统一监督管理，县级以上地方人民政府农业行政主管部门和质量技术监督部门按照职责分工依法负责本行政区域内无公害农产品标志的监督检查工作。

(6)《绿色食品标志管理办法》

绿色食品是指无污染的安全、优质、营养食品。绿色食品工程是我国发展生态农业的战略措施之一，对于保护农业生态环境、推动环境保护工作、提高全民族环保意识、提高我国食品质量、保障人民群众身心健康、增强我国食品对外出口创汇能力等均有十分重要的战略意义。为进一步加强对这项工作的管理，农业部对《农业部"绿色食品"标志管理暂行办法》做了全面修订，制定出新的《绿色食品标志管理办法》，并于1993年1月正式颁布。

(7)《有机产品认证管理办法》

有机食品是指生产环境无污染，在原料的生产和加工过程中不使用农药、化肥、生长激素和色素等化学合成物质，不采用基因工程技术，应用天然物质和环境无害的方式生产、加工形成的环保型安全食品。目前，国际贸易市场上有机食品的种类主要有粮食、油菜、肉类、乳制品、蛋、饮料、酒类、咖啡、可可、茶叶、草药、调味品、甜味品，以及动物饲料、种子、棉花、花卉等有机产品。为实现有机产品的统一管理，2004年11月5日国家质量监督检验检疫总局正式发布了《有机产品认证管理办法》，并规定自2005年4月1日起施行。它规定国家认证认可监督管理委员会负责有机产品认证活动的统一管理、综合协调和监督工作，地方质量技术监督部门和各地出入境检验检疫机构按照各自的职责依法对所辖区域内有机产品认证活动实施监督检查，负责有机产品的认证证书有效期限，以及有关违反本办法的处罚和法律责任等工作。

(8)《出口食品生产企业卫生注册登记管理规定》

为加强对出口食品生产企业的监督管理，保证出口食品的安全和卫生质量，根据《食品卫生法》、《进出口商品检验法》及其实施条例的有关规定。2002年4月19日国家质量监督检验检疫总局令第20号发布了《出口食品生产企业卫生注册登记管理规定》，自2002年5月20日起施行。其主要内容有：①国家对出口食品生产、加工、储存企业实施卫生注册、登记制度。凡在我国境内生产、加工、储存出口食品的企业，必须取得卫生注册证书或者卫生登记证书后方可生产、加工、储存出口食品。②国家认证认可监督管理委员会主管全国出口食品生产企业卫生注册、登记工作；国家质量监督检验检疫总局设在各地的直属出入境检验检疫局负责所辖地区出口食品生产企业的卫生注册、登记工作。未经卫生注册或者登记企业的出口食品，国家质量监督检验检疫总局设在各地的出入境检验检疫机构不予受理报检。⑧国家认证认可监督管理委员会根据出口食品的风险程度，公布和调整《实施出口食品注册、登记的产品目录》。对注册目录内食品的生产企业，实施卫生注册管理；对注册目录以外食品的生产企业实施卫生登记管理。④出口食品生产企业在生产出口食品前，应当向直属检验检疫局申请卫生注册或者卫生登记。申请卫生注册或登记的出口食品生产企业，应当按照《出口食品生产企业卫生要求》建立卫生质量体系。列入《卫生注册需评审HACCP体系的产品目录》的出口食品生产企业，必须按照国际食品法典委员会《危害分析和关键控制点（HACCP）体系及其应用准则》的要求建立和实施HACCP体系。

(9)《新资源食品卫生管理办法》

于1990年7月28日由卫生部以第4号令发布施行。该办法是对在我国新研制、新发现、新引进的无食用习惯或仅在个别地区有食用习惯，符合食品基本要求的物品即新资源食品的研究、试生产、审批、卫生监督等进行的规范。其主要内容为：新资源食品的试生产、正式生产由卫生部审批；新资源食品在获准正式生产前，必须经过为期2年的试生产阶段后经审批方可正式生产；新资源食品在试生产和生产时，不得改变产品配方及生产工艺；食品卫生监督机构应加强对新资源食品的经常性卫生监督，对违反本办法规定及出现卫生安全问题的，可根据情节轻重给予相应的处罚。

(10)《辐照食品安全管理办法》

为了加强辐照食品卫生管理，保障消费者的健康和安全，卫生部1996年4月5日发布实施了《辐照食品卫生管理办法》。管理办法规定，从事食品辐照加工的单位和个人，必须按所在省、自治区、直辖市卫生行政管理部门制定的卫生许可证发放管理办法，取得食品卫生许可证和放射工作许可证方可开展工作。从事食品辐照加工的单位必须具备良好的防护条件。从事辐照加工的放射工作人员必须进行放射防护知识培训，经考试或考核及格的，由省级卫生行政部门发给《放射工作人员证》。新研制的辐照食品品种，由辐照加工单位或个人向卫生行政部门提出申请，经审批后发给辐照食品品种批准文号。管理办法还规定辐照食品在包装上必须贴有卫生部统一制定的辐照食品标志。

(11)《保健食品注册管理办法》

由国家食品药品监督管理局审议通过，并于2005年7月1日开始实施。该办法对保健食品的申请与审批、原料与辅料、标签与说明书、实验与检验、再注册、复审、法律责任等做出了具体规定。有关保健食品注册的规定不符合《保健食品注册管理办法》规定的，自2005年7月1日起停止执行。

(12)《产品质量仲裁检验和产品质量鉴定管理办法》

于1999年3月10日经国家质量技术监督局局务会议通过。产品质量仲裁检验和产品质量鉴定是在处理产品质量争议时判定产品质量状况的重要方式。《产品质量仲裁检验和产品质量鉴定管理办法》共五章四十条，主要包括仲裁检验、质量鉴定、监督管理等内容。

(13)《食品召回管理规定》

于2007年8月27日经国家质量监督检验检疫总局以第98号令公布，自公布之日起施行。管理规定共五章四十五条，主要内容包括：食品安全危害调查和评估；食品召回实施，包括主动召回、责令召回和召回结果评估与监督，以及召回食品后的处理、法律责任。

三、食品生产许可证制度

食品生产许可证制度是工业产品许可证制度的一个组成部分，是为保证食品的质量安全，由国家主管食品生产领域质量监督工作的行政部门制定并实施的一项旨在控制食品生产加工企业生产条件的监控制度。该制度规定：从事食品生产加工的公民、法人或其他组织，必须具备保证产品质量安全的基本生产条件，按规定程序获得《食品生产许可证》，方可从事食品生产。没有取得《食品生产许可证》的企业不得生产食品，任何企业和个人不得销售无证食品。

1. 申请食品生产许可证的必备条件

（1）食品生产加工企业应当符合法律、行政法规及国家有关政策规定的企业设立条件。

（2）食品生产加工企业必须具备保证产品质量安全的环境条件。

（3）食品生产加工企业必须具备保证食品质量安全的生产设备、工艺装备和相关辅助设备，具有与保证产品质量相适应的原料处理、加工、贮存等厂房或者场所。以辐射加工技术等特殊工艺设备生产食品的，还应当符合计量等有关法规、规章规定的条件。

（4）食品加工工艺流程应当科学、合理，生产加工过程应当严格、规范，防止生物性、化学性、物理性污染以及防止生食品与熟食品，原料与半成品、成品，陈旧食品与新鲜食品等的交叉污染。

（5）食品生产加工企业生产食品所用的原材料、添加剂等应当符合国家有关规定。不得使用非食用性原辅材料加工食品。

（6）食品生产加工企业必须按照有效的产品标准组织生产，食品安全必须符合法律法规和相应的强制性标准要求，无强制性标准规定的，应当符合企业明示采用的标准要求。

（7）食品生产加工企业负责人和主要管理人员应当了解与食品质量安全相关的法律法规知识；食品企业必须具有与食品生产相适应的专业技术人员、熟练技术工人和质量工作人员。从事食品生产加工的人员必须身体健康、无传染性疾病和影响食品质量安全的其他疾病。

（8）食品生产加工企业应当具有与所生产产品相适应的质量检验和计量检测手段。企业应当具备产品出厂检验能力，检验、检测和计量检测手段。企业应当具备产品出厂检验能力，检验、检测仪器必须经计量检定合格后方可使用。不具备出厂检验能力的企业，必须委托国家质检总局统一公布的、具有法定资格检验机构进行产品出厂检验。

（9）食品生产加工企业应当在生产的全过程建立标准体系，实行标准化管理，建立健全企业质量管理体系，实施从原材料采购、产品出厂检验到售后服务全过程的质量管理，建立岗位质量责任制，加强质量考核，严格实施质量否决权。鼓励企业根据国际通行的质量管理标准和技术规范获取质量体系认证或者 HACCP 认证，提高企业质量管理水平。

（10）用于食品包装的材料必须清洁，对食品无污染。食品的包装和标签必须符合相应的规定和要求。裸装食品在其出厂的大包装上能够标注使用标签的，应当予以标注。

（11）贮存、运输和装卸食品的容器、包装、工具设备必须安全，保持清洁，对食品无污染。

2. 发证机关

食品生产许可证发证机关为国家质量监督检验检疫总局。国家质量监督检验检疫总局可以授权省级质量技术监督部门组织开展本辖区食品生产许可证的受理、企业必备条件审查、产品质量检验和食品生产许可证发证工作。省级质量技术监督部门也可以授权市（地）级质量技术监督部门承担食品生产许可证的受理和审查等具体工作。

3. 食品生产许可证申请、受理及审查

（1）食品生产加工企业按照地域管辖和分级管理的原则，到所在地的市（地）级以上的质量技术监督部门提出办理食品生产许可证的申请。企业经营范围应当覆盖申请取证的产品。

新建和新转产的食品企业，应当及时向质量技术监督部门申请食品生产许可证。除法律、行政法规规定的限制性条件外，任何单位不得另行附加条件，限制企业申请食品生产许可证。

（2）省级、市（地）级质量技术监督部门在接到企业申请材料后，应当在15个工作日内组成审查组，完成对申请书和资料等文件的审查。企业材料符合要求的，发给《食品生产许可证受理通知书》。企业申报材料不符合要求的，质量技术监督部门应当通知企业在20个工作日内补正，逾期未补正的，视为撤回申请。

（3）对于书面材料审查合格的企业，审查组按照食品生产许可证审查规则，在40个工作日内完成对企业必备条件和出厂检验能力的现场审查，并对现场审查合格的企业，由审查组现场抽封样品。

（4）审查组或者申请取证企业应当在封样后10个工作日内（有特殊规定的除外）将样品送达指定的检验机构。检验机构收到样品后，应当按照规定的标准和要求进行检验，并应当在规定的期限内完成检验工作。

（5）经必备条件检查和发证检验合格而符合发证条件的，质量技术监督部门应当在10个工作日内对审查报告进行核审，确认无误后，由省级质量技术监督部门统一汇总符合发证条件的企业的材料，并在15个工作日内将符合发证条件的企业名单及相关材料报送国家质检总局。

（6）经必备条件审查或者发证检验不合格而不符合发证条件的，质量技术监督部门应当向企业发出《食品生产许可证审查不合格通知书》并说明理由。自《食品生产许可证审查不合格通知书》发出之日起，企业原《食品生产许可证受理通知书》自行作废。企业自接到《食品生产许可证审查不合格通知书》之日起，应当立即整改，2个月后方可再次提出去取证申请。

4. 食品生产许可证的颁发和管理

（1）国家质量监督检验检疫总局收到省级质量技术监督部门上报的符合发证条件的企业材料后，应当在10个工作日内审核批准。国家质量监督检验检疫总局负责公告获得食品生产许可证的企业名单。

（2）省级质量技术监督部门跟据国家质检总局的批准，应当在15个工作日内完成对符合发证条件的生产企业发放食品生产许可证及其副本的工作。

（3）出口食品生产加工企业生产的食品在中华人民共和国境内销售的，也应当按照规定，申请办理食品生产许可证。已获得出入境检验检疫机构颁发的出口食品卫生注册证、登记证的企业，或者已经通过HACCP体系认证、验证的企业，在申请食品生产许可证时，免于企业必备条件审查。

获得国家质量监督检验检疫总局认定的食品认证企业，在申请食品生产许可证时，按照不重复的原则，简化或者免于企业必备条件审查。

（4）食品生产许可证的有效期一般不超过5年。不同食品其生产许可证的有效期限在相应的规范文件中规定。

（5）企业应当在食品生产许可证有效期满前6个月内，向原受理食品生产许可证申请的质量技术监督部门提出换证申请。质量技术监督部门应当按规定的申请程序进行审查换证。

（6）对食品生产许可证实行年审制度。取得食品生产许可证的企业，应当在证书的有效期内，每满1年前的1个月向所在地的市（地）级以上质量技术监督部门提出年审申请。年审工作由受理年审申请的质量技术监督部门组织实施。年审合格的，质量技术监督部门应在企业生产许可证的副本上签署年审意见。

（7）食品生产加工企业在食品原材料、生产工艺、生产设备等生产条件发生重大变化，或者开发生产新种类食品的，但应在变化发生后的3个月内，向原受理食品生产许可证申请的质量技术监督部门提出食品生产许可证变更申请。受理变更申请时，质量技术监督部门应当审查企业是否仍然符合食品生产企业必备条件的要求。

企业名称发生变化时，应当在变更名称后的3个月内向原受理食品生产许可证的质量技术监督部门提出食品生产许可证更名申请。

（8）企业应当妥善保管食品生产许可证证书，因毁坏或者不可抗力等原因造成许可证证书遗失或无法辨认的，应当及时在省级以上报纸上刊登声明，同时报省级质量技术监督部门。省级质量技术监督部门应当及时受理企业补领食品生产许可证申请，按规定办理补领证书手续，并报国家质量监督检验检疫总局备案。

（9）食品生产许可证采用英文字母QS加12位阿拉伯数字编号方法。QS为英文Quality Safety的缩写，编号前4位为受理机关编号，中间4位为产品类别编号，后4位为企业序号。凡取得生产许可证的产品，企业必须在产品的包装和标签上标注生产许可证编号。

《食品安全法》第二十九条规定，国家对食品生产经营实行许可制度。从事食品生产、食品流通、餐饮服务，应当依法取得食品生产许可、食品流通许可、餐饮服务许可。

取得食品生产许可的食品生产者在其生产场所销售其生产的食品，不需要取得食品流通的许可；取得餐饮服务许可的餐饮服务提供者在其餐饮服务场所出售其制作加工的食品，不需要取得食品生产和流通的许可；农民个人销售其自产的食用农产品，不需要取得食品流通的许可。

食品生产加工小作坊和食品摊贩从事食品生产经营活动，应当符合本法规定的与其生产经营规模、条件相适应的食品安全要求，保证所生产经营的食品卫生、无毒、无害，有关部门应当对其加强监督管理，具体管理办法由省、自治区、直辖市人民代表大会常务委员会依照本法制定。

第三节　食品生产经营企业的法律责任

《食品安全法》明确了食品生产经营者是保证食品安全的第一责任人，《食品安全法》明确规定食品生产经营者应当依照法律、法规和食品安全标准从事生产经营活动，对社会和公众负责，保证食品安全，接受社会监督，承担社会责任。同时确立了以下制度，以进一步强化食品生产经营者作为保证食品安全第一责任人的法定义务：生产经营许可制度、索票索证制度、不安全食品召回制度、不安全食品的停止经营制度、从业人员健康管理制度、企业食品安全管理制度，按照食品安全标准进行生产经营，积极建立良好生产规范，并实施危害分析与关键控制点体系，不断提高食品安全管理水平，加大对食品生产经营违法行为的处罚力度。

本法对于食品生产经营者是食品安全的第一责任人的规定，可以从正反两方面理解：从正面来说，食品生产经营者应当依照法律、法规和食品安全标准从事生产经营活动。食品企业追求利润无可厚非，但前提是一定要承担起保证食品安全的社会责任。食品企业应该努力提供安全、丰富、优质的产品，以保障消费者的身心健康，满足广大消费者的需求，增进社会的福利，这样才称得上是对社会和公众负责。在保证食品安全的前提下进行生产经营活动的过程中，还要尊重消费者权利、维护消费者利益，接受广泛的社会监督，即新闻媒体等的舆论监督和其他组织、个人的监督等。从反面来说，如果食品生产经营者出现违法行为，违反了保证食品安全的社会责任，危害到公众的身体健康和生命安全，就理应受到法律制裁，并对受害者承担起损害赔偿等相应的法律责任。

一、食品生产企业的法律责任

企业从事食品生产活动或者从事生产食品添加剂必须严格执行《食品安全法》的相关规定。

在从事生产经营活动中，严格禁止下列情形：

（1）用非食品原料生产食品或者在食品中添加食品添加剂以外的化学物质和其他可能危害人体健康的物质，或者用回收食品作为原料生产食品；

（2）生产致病性微生物、农药残留、兽药残留、重金属、污染物质以及其他危害人体健康的物质含量超过食品安全标准限量的食品；

（3）生产营养成分不符合食品安全标准的专供婴幼儿和其他特定人群的主辅食品；

（4）生产国家为防病等特殊需要明令禁止生产经营的食品；

（5）利用新的食品原料从事食品生产或者从事食品添加剂新品种、食品相关产品新品种生产，未经过安全性评估；

（6）生产无标签的预包装食品、食品添加剂或者标签、说明书不符合本法规定的食品、食品添加剂；

（7）食品生产者采购、使用不符合食品安全标准的食品原料、食品添加剂、食品相关产品；

（8）食品生产经营者在食品中添加药品；

（9）未对采购的食品原料和生产的食品、食品添加剂、食品相关产品进行检验；

（10）未建立并遵守查验记录制度、出厂检验记录制度；

（11）制定食品安全企业标准未依照本法规定备案；

（12）未按规定要求贮存、销售食品或者清理库存食品；

（13）进货时未查验许可证和相关证明文件；

（14）生产的食品、食品添加剂的标签、说明书涉及疾病预防、治疗功能；

（15）安排患有本法第三十四条所列疾病的人员从事接触直接入口食品的工作；

（16）进口不符合我国食品安全国家标准的食品；

（17）进口尚无食品安全国家标准的食品，或者首次进口食品添加剂新品种、食品相关产品新品种，未经过安全性评估；

（18）出口商未遵守本法的规定出口食品。

二、食品经营企业的法律责任

企业从事经营、销售活动，或者从事食品添加剂的经营、销售，必须严格执行《食品安全法》的相关规定。

在从事食品经营、销售活动中，严格禁止经营、销售下列情形的食品。在销售中一旦发现下列情形之一的食品，立即停止销售，并向有关主管部门报告。

（1）用非食品原料生产食品或者在食品中添加食品添加剂以外的化学物质和其他可能危害人体健康的物质，或者用回收食品作为原料生产食品；

（2）经营致病性微生物、农药残留、兽药残留、重金属、污染物质以及其他危害人体健康的物质含量超过食品安全标准限量的食品；

（3）经营营养成分不符合食品安全标准的专供婴幼儿和其他特定人群的主辅食品；

（4）经营腐败变质、油脂酸败、霉变生虫、污秽不洁、混有异物、掺假掺杂或者感官性状异常的食品；

（5）经营病死、毒死或者死因不明的禽、畜、兽、水产动物肉类，或者生产经营病死、毒死或者死因不明的禽、畜、兽、水产动物肉类的制品；

（6）经营未经动物卫生监督机构检疫或者检疫不合格的肉类，或者生产经营未经检验或者检验不合格的肉类制品；

（7）经营超过保质期的食品；

（8）经营国家为防病等特殊需要明令禁止生产经营的食品；

（9）经营被包装材料、容器、运输工具等污染的食品；

（10）经营无标签的预包装食品、食品添加剂或者标签、说明书不符合本法规定的食品、食品添加剂；

（11）食品生产者在食品中添加药品；

（12）未对采购的食品原料和生产的食品、食品添加剂、食品相关产品进行检验；

（13）未建立并遵守查验记录制度、出厂检验记录制度；

（14）制定食品安全企业标准未依照本法规定备案；

（15）未按规定要求贮存、销售食品或者清理库存食品；

（16）进货时未查验许可证和相关证明文件；

（17）生产的食品、食品添加剂的标签、说明书涉及疾病预防、治疗功能；

（18）安排患有本法第三十四条所列疾病的人员从事接触直接入口食品的工作；

（19）进口不符合我国食品安全国家标准的食品；

（20）进口尚无食品安全国家标准的食品，或者首次进口食品添加剂新品种、食品相关产品新品种，未经过安全性评估；

（21）出口商未遵守本法的规定出口食品。

三、食用农产品生产者的法律责任

《食品安全法》第三十五条规定，食用农产品生产者应当依照食品安全标准和国家有关规定使用农药、肥料、生长调节剂、兽药、饲料和饲料添加剂等农业投入品。食用农产品的生产企业和农民专业合作经济组织应当建立食用农产品生产记录制度。

县级以上农业行政部门应当加强对农业投入品使用的管理和指导，建立健全农业投入品的安全使用制度。

四、食品生产企业相关人员的质量职责与权限

1. 总经理（或厂长）

（1）负责传达和贯彻有关法规、法律要求；

（2）负责公司有关质量安全方面的重大决策、承担法律法规规定的食品生产经营企业应承担的法律责任；

（3）设置合理的组织机构，确定和分配各级人员的质量职能，任命管理者代表和各部门主管人员，检查并考核各职能主管的质量职责和权限的实施；

（4）负责制订和组织实施公司质量方针和目标、安全方针和目标；

（5）负责组织质量体系（包括 HACCP 体系）的建立、实施和保持工作，并适时主持管理评审；

（6）负责体系文件的审核批准，为质量体系的实施和运行提供必须的资源和条件；

（7）检查合同执行情况，必要时组织特殊合同评审；

（8）对公司产品质量安全问题全权负责。

2. HACCP 小组

（1）负责 HACCP 体系文件，包括危害分析单和 HACCP 计划的建立和定期评审（确认）；

（2）负责策划 HACCP 体系的培训、并组织 HACCP 计划的贯彻实施；

（3）负责监督、检查 GMP、SSOP 等 HACCP 必备程序的落实；

（4）负责 HACCP 监控、纠偏行动、HACCP 测量设备校准等及记录的审核；

（5）负责 HACCP 的验证；

（6）负责产品召回的控制和模拟召回。

3. 销售部经理

（1）负责市场调研，探究顾客期望，提供准确的市场信息，广泛开发市场，建立客户档案；组织健全外部质量信息反馈系统。

（2）与顾客沟通和交流，包括顾客投诉的处理，负责顾客满意度测量控制。

（3）负责销售各项数据的统计及分析（包括投诉）。

（4）负责交付及产品防护，负责产品召回的具体实施。

（5）负责合同管理及合同评审，及评审后的合同信息传递，并做好特殊合同评审工作。

（6）负责进出口业务，贷款回笼。

4. 公司办公室主任（财务部经理）

（1）协助总经理宣传贯彻质量及安全方针、目标，使全体员工都能得到理解。

（2）负责做好文件的收发、编目、登记等工作，并对管理类文件进行控制，负责档案管理。

（3）负责制订公司培训计划并组织实施，以满足公司实际质量工作需要。

（4）制订部门质量目标及工作要求并负责实施考核。

（5）负责对公司产品成本进行核算、控制，并参加特殊合同评审。

（6）负责厂区的环境卫生的管理。

5. 生产部经理

（1）根据总经理下达的生产指令组织产品实现的策划，并组织生产，及时完成公司下达的生产任务。

（2）检查、考核其下属车间、部门的质量职责和权限的实施。

（3）负责组织实施包装物采购，保证采购质量，完成采购任务。

（4）负责客户提供产品的控制，并对搬运、贮存、包装、防护等负总体管理责任。

（5）负责组织制订工艺规程，负责生产系统的质量管理和安全卫生管理。

（6）负责生产系统 SSOP 的组织实施。

（7）负责对产品的标识和可追溯性方案的组织实施。

（8）负责对所有仓库的监督、管理。

（9）协同进行供方的评定工作。

（10）协同参与特殊合同的评审。

（11）协同管理安全文明生产。

6. 质技部经理

（1）协助管理者代表建立质量管理体系，具体负责本部门质量文件的编制和管理工作。

（2）负责日常质量管理，独立行使产品质量的控制和评定职权，组织、指导和检查各部门、车间的质量职能，并负责质量考核工作。

（3）负责监视、测量装置的控制。

（4）负责不合格品的评审工作和组织实施纠正、预防措施。

（5）负责组织产品的监视和测量工作。

（6）负责生产检验、技术、CCP 监控、SSOP 控制等记录的归档、保管。

（7）负责确定产品标识和可追溯性方案。

（8）负责公司的技术管理，编制质量计划和工艺、检验等技术文件。

（9）负责组织数据分析工作。

（10）协助做好合格供方评定，参加特殊合同评审。

（11）负责顾客对产品质量投诉的鉴定。

（12）负责进行员工的操作技能、业务知识、质量管理的培训。

7. 原料部经理

（1）负责基地管理工作，做好农药残留控制。

（2）负责组织实施原料采购，保证采购产品符合规定的要求，完成采购任务。

（3）负责组织合格供方的评定和重新评定工作。

（4）负责对供方实施监督、控制。

（5）负责与供方的沟通，确保规定的采购要求充分适当。

（6）保持必要的采购信息和记录。

8. 动力设备部经理

（1）负责制订设备操作规程及管理制度，并督促实施。

（2）负责水、电、汽的供给，定期检查，督促做好日常记录。

（3）负责设备的更新与改装，编制维修计划，并组织实施。

（4）负责日常设备运转的巡查工作，发现问题及时解决，确保安全生产。

（5）负责建立编制公司设备台账。

9. 生产车间主任（班长）

（1）负责组织车间生产，负责 GMP、SSOP、HACCP 计划在本车间（班组）的实施。

（2）负责督促、指导各工种严格按工艺要求、作业指导书和操作规程作业，严格控制产品质量，做好巡回监督工作。

（3）负责合理配置劳动力及调配好生产过程中的所有资源，组织搞好设备的保养工作，确保正常生产。

（4）搞好现场管理和收集，整理各类生产记录。

（5）做好产品标识，顾客提供产品的控制、产品防护、检验状态标识、不合格品控制等。

（6）对生产过程中出现的所有不合格情况直接负责。

（7）负责产品的包装工作，提高产品包装质量。

（8）宣传贯彻公司质量方针、目标、开展员工培训教育活动。

10. 专检员（卫生监督员）

（1）按技术要素和质量标准认真实施检验。

（2）负责产品及过程检验，做出合格与否的判定及记录，并对检验结果负责。

（3）负责检验状态标识及不合格品隔离的监督工作。

（4）负责分管理区域环境卫生的监督、检查；对发现卫生操作不符合 SSOP 要求时，有权要求责任部门整改，必要时反馈主管部门，并做好相关记录。

（5）负责 CCP 的控制和记录，发现关键限值偏离时及时上报。

11. 化验员

（1）按要求严格抽样。

（2）按技术要求认真化验，按规程操作。

（3）对化验结果做出评判，并对化验结果负责，同时及时报送记录。

12. 操作人员

（1）负责按作业指导书和 GMP 和 SSOP 要求进行操作。

（2）负责搞好本岗位的现场管理。

（3）负责搞好相关设备的维护保养工作。

（4）保护好产品标识和检验状态标识。

13. 仓库管理员

（1）负责做好进仓物资的验收、贮存及发放工作，及时做好台帐。

（2）负责做好库存物品的标识、防护等工作，严格遵照 GMP 及 SSOP 要求。

（3）做好仓库的月报工作。

（4）定期对库存物资进行质量评价。

14. 机修、电工

（1）负责做好全公司机械设备的维修工作。

（2）负责指导操作工做好设备日常的维护保养工作，以确保生产正常运转。

（3）按要求做好电力供应和线路及电气设备的维护工作。

15. 采购员

（1）协助部门领导做好合格供方评定工作。

（2）协助部门领导对供方的监督、管理工作。

（3）负责按质量要求做好物资采购工作。

16. 销售员

（1）负责本职范围内业务、顾客沟通及服务工作，做好相关信息传递。

（2）做好业务记录，参与合同评审工作。

（3）协同相关部门做好售前准备工作及产品交付及交付后的防护、产品召回实施协助等工作。

17. 内审员

（1）负责质量体系（包括 HACCP）的内部审核和系统验证。

（2）对内审的公正性、独立性、客观性负责。

（3）指导责任部门落实不符合项的纠正措施，并负责不符合项的跟踪。

18. 管理者代表

（1）确保公司的质量体系所需的过程得到建立、实施和保持。

（2）向总经理报告公司在建立质量与安全方针、目标并使其实现方面所取得的业绩，以及有关质量体系所需的改进。

（3）负责对相关职能人员的体系培训、考核。

（4）就质量体系有关事宜与外部沟通和联络。

第四节 食品安全标准和检验规范

食品安全标准是指为了保证食品安全，对食品生产经营过程中影响食品安全的各种要素以及各关键环节所规定的统一技术要求。其内容主要涉及：食品、食品相关产品中危害人体健康物质的限量规定；食品添加剂的品种、使用范围、用量；专供婴幼儿的主辅食品的营养成分要求；对食品安全、营养有关的标签、标识、说明书的要求；食品生产经营过程的卫生要求；与食品安全有关的质量要求；食品检验方法与规程等。

国家标准化管理委员会统一管理全国食品标准化工作，国务院有关行政主管部门分工管理本部门、本行业的食品标准化工作。食品安全国家标准由各相关部门负责草拟，国家标准化管理委员会统一立项、统一审查、统一编号、统一批准发布。目前，我国已初步形成了门类齐全、结构相对合理、具有一定配套性和完整性的食品质量安全标准体系。食品安全标准包括了农产品产地环境，灌溉水质，农业投入品合理使用准则，动植物检疫规程，良好农业操作规范，食品中农药、兽药、污染物、有害微生物等限量标准，食品添加剂及使用标准，食品包装材料卫生标准，特殊膳食食品标准，食品标签标识标准，食品安全生产过程管理和控制标准，以及食品检测方法标准等方面，涉及粮食、油料、水果蔬菜及制品、乳与乳制品、肉禽蛋及制品、水产品、饮料酒、调味品、婴幼儿食品等可食用农产品和加工食品，基本涵盖了从食品生产、加工、流通到最终消费的各个环节。目前，我国已发布涉及食品安全的国家标准 1 800 余项，食品行业标准 2 900 余项，其中强制性国家标准 634 项。

为解决食品安全标准之间存在的交叉重复、层次不清等问题，共对 1 800 余项国家标准、2 500 余项行业标准、7 000 余项地方标准及 14 万多项企业标准进行了清理，废止了 530 多项国标和行标。与此同时，加快了标准制修订工作，对 2 460 余项国家和行业标准组织开展了修订，新制定了 200 多项国家标准，下达了 280 余项国家标准制定计划，加大标准的宣传、推行力度，促进食品生产企业严格执行标准。

食品安全标准，是食品生产经营者从事食品生产经营，保证食品安全的基础，是食品安全监督管理部门履行职权的根据之一，是保证公众身体健康的根本。

一、食品安全标准的性质

《食品安全法》第三章共九条，明确了统一制定食品安全国家标准的原则。要求国务院卫生行政部门对现行的食用农产品质量安全标准、食品卫生标准、食品质量标准等予以整合，统一公布为食品安全国家标准。

食品安全法第十八条规定，制定食品安全标准，应当以保障公众身体健康为宗旨，做到科学合理、安全可靠。

食品安全法第十九条规定，食品安全标准是强制执行的标准。除食品安全标准外，不得制定其他的食品强制性标准。根据本条的规定，食品安全标准是强制执行的标准，即属于强制性标准。作为强制性标准，食品安全标准必须严格执行，即凡从事食品生产经营的单位和个人，必须严格执行食品安全标准，不得生产经营不符合食品安全标准的食品。同时，国家严厉禁止不符合食品安全标准的食品的生产、销售和进口活动，发现生产、销售或者进口不符合食品安全标准的食品的，依法予以查处。本条进一步规定，在食品方面，强制性标准只有一种，即食品安全标准，除此之外，不得有任何其他的食品强制性标准。

二、食品安全标准应包括的内容

（1）食品、食品相关产品中的致病性微生物、农药残留、兽药残留、重金属、污染物质以及其他危害人体健康物质的限量规定；

（2）食品添加剂的品种、使用范围、用量；

（3）专供婴幼儿和其他特定人群的主辅食品的营养成分要求；

（4）对与食品安全、营养有关的标签、标识、说明书的要求；

（5）食品生产经营过程的卫生要求；

（6）与食品安全有关的质量要求；

（7）食品检验方法与规程；

（8）其他需要指定为食品安全标准的内容。

其中，人体摄入致病性微生物、农药残留、兽药残留、重金属、污染物质以及其他危害人体健康物质会危害人体健康，因此必须制定一个保障人体健康允许的最大值，规定食品中各种危害物质的限量。

食品添加剂是为改善食品品质和色、香、味以及防腐、保鲜和加工工艺的需要而加入食品中的人工合成或天然物质。食品添加剂是食品生产加工中不可缺少的基础原料，但是，滥用食品添加剂会危害人体健康，必须制定标准严格限定其品种、使用范围和限量。

婴幼儿和其他特定人群主辅食的营养成分不仅关系到食品的营养，而且关系到他们的身体健康和生命安全，对主辅食的营养成分有特殊要求，需要制定标准。

食品的标签、标识和说明书具有指导、引导消费者购买、食用食品的作用，许多内容都直接或间接关系到消费者食用时的安全，这些内容的标示应该真实准确、通俗易懂、科学合法，需要制定标准统一的要求。

食品的生产经营过程是保证食品安全的重要环节，其中的每一个流程都有一定的卫生要求，对保护消费者身体健康、预防疾病具有重要意义，都需要制定标准统一要求。

与食品安全有关的质量要求，主要包括营养要求；食品的物理或化学要求，如酸、碱等指标；食品的感觉要求，如味道、颜色等，这些也属于食品安全标准的内容。

检验方法是指对食品进行检测的具体方式或方法，检验规程是指对食品进行检测的具体操作流程或程序，采用不同的检验方法或规程会得到不同的检验结果，所以要对检测或试验的原理、抽样、操作、精度要求、步骤、数据计算、结果分析等检验方法或规程做出统一规定。

三、食品检验规范

食品检验工作是加强食品安全监管，保证消费者食用安全的关键环节。卫生部 2010 年 3 月 17 日在其网站公布了《食品检验工作规范》，重点围绕检验人的道德素质、技术素养和其承担的法律责任，食品检验工作中尤其是食品安全突发事件时非标方法的建立和使用，检验数据和检验报告的管理，食品检验中计算机系统的功能要求，以及检验机构怎样为各级食品安全政府监管部门提供更好的技术支持等方面提出相关要求。另外，为及时发现食品安全隐患，制定和调整食品安全风险评估和监测方案，根据《食品安全法》的规定，《检验规范》明确了检验机构在食品检验中发现非食用物质时，应当及时向食品检验机构所在辖区县级以上食品安全综合协调部门报告，并保留书面报告的复印件、检验报告和原始记录。

第五节　食品检验机构和检验人员

《食品检验机构资质认定管理办法》中食品检验机构，是指依法设立或者经批准，从事食品检验活动并向社会出具具有证明作用的检验数据和结果的实验室。食品检验机构分为第一方、第二方和第三方实验室。第一方实验室是企业或者制造商（供方）的实验室，检验自己生产的产品，数据为自己所用，目的是提高和控制自己生产产品的质量，一般采用企业标准或行业标准；第二方（需方）实验室是需方自己的实验室，或者是委托的某检验实验室，数据为需方所用，目的是提高和控制供方产品质量，一般采用约定标准；第三方实验室是国家授权的实验室，独立于第一方和第二方实验室，为社会提供检验测试业务的实验室，数据为社会所用，目的是提高和控制社会产品质量，一般采用国家标准或国际标准。

食品检验人员，是指能够运用物理、化学以及生物学的方法，对食品的感官、理化、微生物等指标进行检验，并对食品安全、卫生及质量进行判定的人员。食品检验人员应当具备与食品检验活动相适应的检验能力和水平，并符合国家有关食品检验人员资质要求的规定。

食品检验机构及其检验人员从事食品检验活动，应当依照国家有关法律、法规和食品安全标准、检验规范和程序的规定，尊重科学，恪守职业道德，并保证向社会出具的检验数据和结果客观、公正和准确。

一、食品检验机构的资质认定

（一）食品检验机构资质条件必须符合法律要求

食品检验是加强产品质量安全监管，保证消费者食用安全的关键环节，不仅是对市场销售食品实施质量安全监控的重要手段，更是对食品原料及加工过程进行质量安全控制、确保合格产品进入市场的必不可少的重要措施。

规定食品检验机构的资质条件是保证食品检验“科学性、公正性和权威性”的前提。食品检验机构是符合《食品安全法》资质要求的从事食品检验的机构。而食品检验广义上来讲是指研究和评定食品质量及其变化的一门科学，它依据物理、化学、生物化学的一些基本理论和各种技术，按照相应的技术标准，对原料、辅助材料、成品的质量进行检验。其内容十分广泛，包括食品营养成分分析、食品中污染物质分析、食品辅助材料及食品添加剂分析、食品感官鉴定等。狭义的食品检验通常是指食品检验机构依据食品安全法规定的卫生标准，对食品质量所进行的检验，包括对食品的外包装、内包装、标志、标识和商品外观的特性、理化指标以及其他一些卫生指标所进行的检验。

（二）如何认定食品检验机构的资质

我国与食品行业相关的科研、教学、生产及专门实验室等均能提供食品检测的仪器设备和满足相应的检测条件，但其实际检测能力和管理水平差异很大，如果没有一个权威的机构对其建立的质量保证体系和能力进行专门的确认，其检验结果的科学性、公正性和权威性就很难保证。因此，从事食品检验的机构，应经国务院认证认可监督管理部门或者其依法确定的认证认可机构按照国家有关认证认可管理的规定进行资质认定。国务院卫生行政部门依《中华人民共和国食品安全法》的要求规定食品检验机构的资质认定条件，确认其能力，提出对机构设置、组织管理、质量体系、人员、仪器设备、环境设施、检测工作等方面的具体要求。

《食品安全法》第五十七条明确规定：

（1）食品检验机构按照国家有关认证认可的规定取得资质认定后，方可从事食品检验活动。但是，法律另有规定的除外。

（2）食品检验机构的资质认定条件和检验规范，由国务院卫生行政部门规定。

（3）本法施行前经国务院有关主管部门批准设立或者经依法认定的食品检验机构，可以依照本法继续从事食品检验活动。

根据《食品安全法》及其实施条例和《中华人民共和国认证认可条例》等法律、行政法规的规定，国家认证认可监督管理委员会制定《食品检验机构资质认定管理办法》。

2010 年 3 月 4 日颁布实施卫生部制定公布的《食品检验机构资质认定条件》共八章、

二十八条，是从事食品检验的机构“入门”条件，规定了食品检验机构在组织机构、检验能力、质量管理、人员、设施和环境、仪器设备和标准物质等方面应当达到的基本要求。其重点在于推动食品检验机构及其检验人员提高技术能力，规范检验工作行为，保证检验的诚信和公正性。

二、食品检验机构的资质认定条件

《食品检验机构资质认定条件》中规定：

第四条　申请食品检验机构资质认定的机构应当能够保证检验活动的独立、诚信和公正性，符合《实验室资质认定评审准则》和本认定条件的要求。

第五条　食品检验机构应当是依法设立（注册）或相对独立的检验机构，能够承担法律责任。

第六条　非独立法人食品检验机构应当由其法人机构的法定代表人或其授权人员负责并承担责任。

第七条　食品检验机构应当使用正式聘用的检验人员，检验人员只能在一个食品检验机构中执业。

食品检验机构不得聘用法律法规规定禁止从事食品检验工作的人员。

第八条　开展动物试验的食品检验机构，应当取得省级以上实验动物管理部门颁发的《实验动物环境设施合格证书》；自产自用动物的检验机构必须具有《实验动物生产许可证》和《实验动物质量合格证》。

第九条　食品检验机构应当具备下列一项或多项检验能力：

（一）能对某类或多类食品相关食品安全标准所规定的检验项目进行检验，包括物理、化学与全部微生物项目，也包括对食品中添加剂与营养强化剂的检验；

（二）能对某类或多类食品添加剂相关食品安全标准所规定的检验项目进行检验，包括物理、化学与全部微生物项目；

（三）能对某类或多类食品相关产品的食品安全标准所规定的检验项目进行检验，包括物理、化学与全部微生物项目；

（四）能对食品中污染物、农药残留、兽药残留等通用类食品安全标准或相关规定要求的检验项目进行检验；

（五）能对食品安全事故致病因子进行鉴定；

（六）能为食品安全风险评估和行政许可进行食品安全性毒理学评价；

（七）能开展《食品安全法》规定的其他检验活动。

《产品质量法》第十九条规定，产品质量检验机构必须具备相应的检测条件和能力。所谓具备相应的检测条件和能力，要逐步向ISO/IEC 17025中规定的基本条件和要求的方向发展，主要是指机构人员、仪器设备、环境条件、管理制度等。

(1) 机构应是相对独立的专职机构，由熟悉产品标准、抽样方法、懂得生产工艺，熟练掌握检测仪器设备的人员进行工作。

(2) 仪器设备应与检验业务相适应，其性能和准确度应满足相应的国际标准、国家标准或有关标准的要求，保证检测数据的准确可靠。

（3）实验室内外的环境条件，如粉尘、振动、噪声、温湿度、电磁辐射等，均不得影响检测精度。

（4）建立健全必要的管理制度，如工作计划、检查和总结制度；技术责任和岗位责任制度；检验报告审查制度；样品抽取、保管、处理制度；原始数据、技术资料档案制度等。

三、食品生产企业质量检验部门应具备的条件

在中华人民共和国境内从事以销售为目的的食品生产加工活动，必须遵守《食品生产加工企业质量安全监督管理办法》（国家质检总局2003年第52号令）。进出口食品按照国家进出口商品检验检疫及监督管理规定办理。食品检验机构设置，既要符合相关法律要求，又要尽可能在管理方面符合本书第三章第一节中质量检验机构设置的基础要求。

《食品质量安全市场准入审查通则》（2004版）规定，企业应当具有相应的审查细则规定的产品出厂检验设备，检验设备必须经检定或者校准合格并在有效期内使用。企业检验部门、检验人员应当能够独立行使职权。

食品生产企业质量检验部门应具备的条件：

（1）具有独立的检验场所，独立行使权利；

（2）具有产品检验所需的仪器、设备、试剂材料等；

（3）具有专（兼）职质量检验人员，并具有相应的检验资格和能力；

（4）具有产品质量检验制度；

（5）具有检测设备管理制度；

（6）具有检验人员的管理制度；

（7）检测设备应检定或校准并在有效期内使用。

《食品生产加工企业质量安全监督管理办法》第十四条规定，食品生产加工企业应当具有与所生产产品相适应的质量检验和计量检测手段。企业应当具备产品出厂检验能力，检验、检测仪器必须经计量检定合格后方可使用。不具备出厂检验能力的企业，必须委托国家质检总局统一公布的、具有法定资格的检验机构进行产品出厂检验。

四、企业食品检验人员应具备的条件

检验人员素质是提高食品企业产品质量的关键。劳动部、国家质检总局等多个部门都对食品检验人员素质提出了明确要求，从事食品检验的人员必须具备相关产品的检验能力。熟悉化学、物理、微生物检测、质量监控等知识。

企业食品检验人员应具备的条件：

（1）《食品生产加工企业质量安全监督管理办法》第五十一条规定，食品检验人员应当具有规定的学历或者具有初级专业技术职务任职资格（含质量专业初级资格），从事过食品检验或者相关专业的检验工作，并经考核合格，方可承担食品质量检验工作。

（2）检验人员上岗前应当经过培训考核，检验人员应持证上岗。

（3）检验人员应能进行下列操作：

①检验设备、器皿的准备；

②培养基、溶液的配制；
③检验样品的制备；
④检验设备的使用与维护；
⑤食品卫生微生物的检验；
⑥检验结果的分析；
⑦传授技艺与技术管理等工作。

第六节　食品质量检验

一、企业食品质量安全检验制度

《食品质量安全市场准入审查通则》第三条质量管理要求中规定，企业应当根据有关法律法规要求，建立健全企业质量管理制度。实施从原材料到最终产品的全过程质量管理，严格岗位质量责任，加强质量考核。

(1)《食品安全法》第四章第三十二条规定，食品生产经营企业应当建立健全本单位的食品安全管理制度。

《食品安全法》中规定的食品安全管理制度包括：
①食品安全专业技术人员、管理人员和保证食品安全的规章制度；
②原料、食品添加剂、食品相关产品进货查验制度；
③从业人员健康管理制度；
④食品出厂检验记录制度；
⑤食品进货查验记录制度；
⑥食品召回制度；
⑦食用农产品生产者应当建立食用农产品生产记录制度。

(2)《食品生产加工企业落实质量安全主体责任监督检查规定》（以下简称《检查规定》）第八条规定，企业应建立进货查验记录制度。

①企业采购食品原料、食品添加剂、食品相关产品应建立和保存进货查验记录，向供货者索取许可证复印件（指按照相关法律法规规定，应当取得许可的）和与购进批次产品相适应的合格证明文件；

②对供货者无法提供有效合格证明文件的食品原料，企业应依照食品安全标准自行检验或委托检验，并保存检验记录；

③企业采购进口需法定检验的食品原料、食品添加剂、食品相关产品，应当向供货者索取有效的检验检疫证明；

④企业生产加工食品所使用的食品原料、食品添加剂、食品相关产品的品种应与进货查验记录内容一致。

《检查规定》第九条规定，企业应建立生产过程控制制度。

①企业应定期对厂区内环境、生产场所和设施清洁卫生状况自查，并保存自查记录；
②企业应定期对必备生产设备、设施维护保养和清洗消毒，并保存记录，同时应建立和

保存停产复产记录及复产时生产设备、设施等安全控制记录;

③企业应建立和保存各种购进食品原料、食品添加剂、食品相关产品的贮存、保管、领用出库等记录;

④企业应建立和保存生产投料记录，包括投料种类、品名、生产日期或批号、使用数量等;

⑤企业应建立和保存生产加工过程关键控制点的控制情况，包括必要的半成品检验记录、温度控制、车间洁净度控制等;

⑥企业生产现场，应避免人流、物流交叉污染，避免原料、半成品、成品交叉污染，保证设备、设施正常运行，现场人员应进行卫生防护，不应使用回收食品等。

《检查规定》第十条规定，企业应建立出厂检验记录制度。

①企业应建立和保存出厂食品的原始检验数据和检验报告记录，包括查验食品的名称、规格、数量、生产日期、生产批号、执行标准、检验结论、检验人员、检验合格证号或检验报告编号、检验时间等记录内容;

②企业自行进行产品出厂检验的，应按规定进行实验室测量比对，建立并保存比对记录;

③企业应按规定保存出厂检验留存样品。产品保质期少于2年的，保存期限不得少于产品的保质期;产品保质期超过2年的，保存期限不得少于2年。

《检查规定》第十一条规定企业应建立不合格品管理制度。

①企业应建立和保存采购的不合格食品原料、食品添加剂、食品相关产品的处理记录;

②企业应建立和保存生产的不合格产品的处理记录。

二、食品检验依据

检验依据是进行食品检验的根据，也是据以衡量食品是否合格的标准。对食品实施检验，首先要明确检验依据，然后严格按照检验依据进行检验，对符合检验依据规定要求的评定合格，不符合检验依据规定要求的评定不合格。

法律、行政法规规定有强制性标准或者其他必须执行的检验标准的食品，必须依照规定的强制性标准执行检验。未规定强制性标准的食品，依照对合同约定的检验标准检验。

食品检验依据包括以下几方面:

(1) 强制性检验依据:

①国家颁布的法律、法规中的规定标准;

②国家政府间的双边协议的规定;

③我国有关卫生质量标准;

④其他规定，除规定的检验项目外，不能含有有害物质或恶性杂质等。

(2) 合法检验依据:

①合同;

②信用证等。

(3) 对于其他的新商品、尚未制定包装标准的商品按有关法令规定和实际情况处理。

食品安全标准是目前国家公布的强制性检验依据，是国家为保证食品质量安全，保障公众身体健康和生命安全，防止食源性疾病发生，对食品、食品相关产品、食品添加剂的卫生要求及其在生产、加工、贮存和销售等方面所规定的技术要求和措施。食品安全标准是对国家原有的食用农产品质量安全标准、食品卫生标准、食品质量标准和食品行业标准中强制性条款的整合，它是市场准入的最基本要求，不符合食品安全标准的食品、食品相关产品及食品添加剂不能在市场流通。食品安全标准按属性分为国家标准、行业标准、地方标准和企业标准。

《食品安全法》第三章规定了食品安全标准：

第十九条 食品安全标准是强制执行的标准。除食品安全标准外，不得指定其他的食品强制性标准。

第二十条 食品安全标准包括下列内容：

（一）食品、食品相关产品中的致病性微生物、农药残留、兽药残留、重金属、污染物质以及其他危害人体健康物质的限量规定；

（二）食品添加剂的品种、使用范围、用量；

（三）专供婴幼儿和其他特定人群的主辅食品的营养成分要求；

（四）对与食品安全、营养有关的标签、标识、说明书的要求；

（五）食品生产经营过程的卫生要求；

（六）与食品安全有关的质量要求；

（七）食品检验方法与规程；

（八）其他需要制定为食品安全标准的内容。

第二十一条 食品安全国家标准由国务院卫生行政部门负责制定、公布，国务院标准化行政部门提供国家标准编号。

食品中农药残留、兽药残留的限量规定及其检验方法与规程由国务院卫生行政部门、国务院农业行政部门制定。

屠宰畜、禽的检验规程由国务院有关主管部门会同国务院卫生行政部门制定。

有关产品国家标准涉及食品安全国家标准规定内容的，应当与食品安全国家标准相一致。

第二十二条 第二款 食品安全国家标准公布前，食品生产经营者应当按照现行食用农产品质量安全标准、食品卫生标准、食品质量标准和有关食品的行业标准生产经营食品。

第二十三条 第一款 食品安全国家标准应当经食品安全国家标准审评委员会审查通过。

第二十四条 没有食品安全国家标准的，可以制定食品安全地方标准。

省、自治区、直辖市人民政府卫生行政部门组织制定食品安全地方标准，应当参照执行本法有关食品安全国家标准制定的规定，并报国务院卫生行政部门备案。

第二十五条 企业生产的食品没有食品安全国家标准或者地方标准的，应当制定企业标准，作为组织生产的依据。国家鼓励食品生产企业制定严于食品安全国家标准或者地方标准的企业标准。企业标准应当报省级卫生行政部门备案，在本企业内部适用。

第二十六条 食品安全标准应当供公众免费查阅。

每类标准还可分强制性标准和推荐性（非强制性）标准。保障人体健康，人身、财产安全的标准和法律、行政法规规定强制执行的标准是强制性标准，其他标准为推荐性标准。

强制性国家标准的代号为“GB”，推荐性国家标准的代号为“GB/T”。

强制性标准，必须执行。从事科研、生产、经营的单位和个人，必须严格执行强制性标准。不符合强制性标准的产品，禁止生产、销售和进口。推荐性标准，国家鼓励企业自愿采用。

食品安全标准是强制执行的标准，意味着食品生产经营者、检验机构以及监管部门必须严格执行。不符合食品安全标准的食品，禁止生产经营；违法生产经营的，必须承担相应的民事、行政甚至刑事责任。例如，按照食品安全法的规定，生产经营致病性微生物、农药残留、兽药残留、重金属、污染物质以及其他危害人体健康的物质含量超过国家标准限量的食品，生产经营营养成分不符食品安全标准的专供婴幼儿和其他特定人群的主辅食品等违法行为，将被处以没收违法所得、最高达货值金额五倍的罚款、吊销许可证等行政处罚；构成犯罪的，依法追究刑事责任。

食品检验依据除国家强制性安全标准外，还可以采用购销合同和订货合同中约定的检验依据。

三、食品原料、食品添加剂及食品相关产品的检验

食品原料、食品添加剂、食品相关产品的检验，又称进货检验。国务院十分重视食品生产企业的进货检验。2007 年 7 月 26 日公布的国务院 503 号令《关于加强食品等产品安全监督管理的特别规定》（以下简称《特别规定》）中对生产经营者和销售者做了特别规定。

（一）生产企业进货检验

生产企业进货检验，主要是指企业购进的原材料、外购配套件和外协件入厂时的检验，这是保证生产正常进行和确保产品质量的重要措施。为了确保外购物料的质量，入厂时的验收检查应配备专门的质检人员，按照规定的检查内容、检查方法及检验数量进行严格认真的检验。

从原则上说，供应厂所供应的物料应该是“件件合格、台台合格、批批合格”。如果不能使用全检，而只能使用抽样检验时，也必须预先规定有科学可靠的抽检方案和验收制度。

（二）经营销售企业进货检验

《特别规定》对食品经营企业进货查验做出明确规定，食品经营者必须严格遵守：

第三条　生产经营者应当对其生产、销售的产品安全负责，不得生产、销售不符合法定要求的产品。

第五条　销售者必须建立并执行进货检查验收制度，审验供货商的经营资格，验明产品合格证明和产品标识，并建立产品进货台账，如实记录产品名称、规格、数量、供货商及其联系方式、进货时间等内容。从事产品批发业务的销售企业应当建立产品销售台账，如实记录批发的产品品种、规格、数量、流向等内容。在产品集中交易场所销售自制产品的生产企业应当比照从事产品批发业务的销售企业的规定，履行建立产品销售台账的义务。进货台账和销售台账保存期限不得少于2 年。销售者应当向供货商按照产品生产批次索要符合法定条件的检验机构出具的检验报告或者由供货商签字或者盖章的检验报告复印件；不能提供检验报告或者检验报告复印件的产品，不得销售。

四、食品出厂检验

出厂检验是食品生产中的最后一道工序，是食品生产者能够控制的最后一道关卡。食品生产者如果不能严格把关，就有可能使不符合食品安全标准的食品流入市场。出厂后出现问题，食品生产企业即使召回食品，也会对其声誉造成不同程度的影响。检验出厂食品，更是对消费者的身体健康负责。企业作为食品安全的第一责任人，有责任、有义务对自己生产的食品进行检验，确保出厂食品合格、安全。

《食品安全法》第三十八条规定，食品、食品添加剂和食品相关产品的生产者，应当依照食品安全标准对所生产的食品、食品添加剂和食品相关产品进行检验，检验合格后方可出厂或者销售。

由于受生产工艺、原材料、食品从业人员素质等局限，食品、食品添加剂和食品相关产品生产过程中难免会生产出一些不符合食品安全标准的食品、食品添加剂和食品相关产品。企业通过对出厂食品进行检验，及时发现这些不合格食品、食品添加剂和食品相关产品，防止流入社会，损害消费者健康。这既是对消费者健康负责，也是对食品生产企业自身的品牌和信誉负责，真正体现企业是食品安全的第一责任人。

食品出厂必须经过检验，未经检验或者检验不合格的，不得出厂销售。具备出厂检验能力的企业，可以按要求自行进行出厂检验。不具备产品出厂检验能力的企业，必须委托有资质的检验机构进行出厂检验。实践中，一些中小食品生产者欠缺检验能力，以委托其他有资质的检验机构等方式来检验。质量监督部门应积极引导和帮助企业完善产品出厂检验能力。

《食品质量安全市场准入审查通则》对出厂检验和委托出厂检验做了规定：

第四条　出厂检验。生产企业应当具备审查细则中规定的必备的出厂检验设备，并有符合要求的实验室和检验人员，能完成审查细则中规定的出厂检验项目。企业应当按照生产批逐批进行出厂检验。企业同一批投料、同一条生产线、同一班次的产品为1个生产批。企业可以使用其他的检测设备、检验方法完成出厂检验，但必须能够证明其检验方法与标准检验方法间具有良好的一致性和相关性。自行出厂检验的企业，应当每年参加1次质量技术监督部门组织的出厂检验能力比对试验。

第五条　委托出厂检验。不具备产品出厂检验能力的企业，或部分出厂检验项目尚不能自检的企业，应当委托国家质检总局统一公布的检验机构，按生产批逐批进行出厂检验。企业应当与检验机构签订书面委托合同，合同中要规定如何组成生产批、依据标准和方法、检验完成时限、检验项目及收费、合同期限等。企业生产批的组成，由生产企业和检验机构根据实际情况确定（审查细则另有规定的除外）。审查组在现场审查时，应当对生产批组批的合理性和合同期限进行审查，对明显不合理的，应当要求予以调整。承担委托出厂检验的检验机构对委托方不履行合同或者合同期间中止的，应当及时书面报告质量技术监督部门。

五、食品合格证

食品合格证是证实食品在卫生、营养等方面合乎国家所规定各项标准的证件。《食品安全法》第三十六条规定，食品生产者采购食品原料、食品添加剂、食品相关产品，应当查验供货者的许可证和产品合格证明文件；对无法提供合格证明文件的食品原料，应当依照食品安全标准进行检验。第三十七条规定，食品生产企业应当建立食品出厂检验记录制度，查验出厂食品的检验合格证和安全状况，并如实记录食品的名称、规格、数量、生产日期、生产批号、检验合格证号、购货者名称及联系方式、销售日期等内容。第三十九条规定，食品经营者采购食品，应当查验供货者的许可证和食品合格的证明文件。实行统一配送经营方式的食品经营企业，可以由企业总部统一查验供货者的许可证和食品合格的证明文件，进行食品进货查验记录。

六、食品检验记录

根据《食品安全法》第三十七条的规定，食品生产者应建立食品检验记录。食品生产者必须如实记录食品的名称、规格、数量、生产日期、生产批号、检验合格证号、购货者名称及联系方式、销售日期等内容，这是食品生产者的法律义务。通过查验并如实记录，第一，可以及时发现没有食品检验合格证的不合格食品，或发现虽有检验合格证、但安全状况明显有问题的食品，防止将不合格食品作为合格食品上市，损害公众身体健康；第二，出厂查验并记录是食品召回制度的基础和前提，当发现食品出现问题时，通过查找食品出厂检验记录，可以迅速找到是哪些购货者购买了该批食品，有利于进行食品召回；第三，食品生产者日后如果与购货者因为食品安全、质量等发生法律纠纷，食品出厂检验记录是重要证据。

食品出厂检验记录应当真实。食品生产者不得凭空捏造、涂改食品出厂检验记录。为了日后查询方便，出现问题及时追溯，法律规定食品出厂检验记录的保存期限不得少于二年。食品生产经营者未建立并遵守查验记录制度、出厂检验记录制度的，由有关主管部门依据各自职责，责令立即改正，给与警告；拒不改正的，处二千元以上二万元以下罚款；情节严重的，责令停产停业，直至吊销许可证。

第七节　食品生产经营的质量安全管理

食品生产加工企业应当持续地具备保证食品质量安全的必备条件，保证持续稳定地生产合格的食品。食品生产加工企业应当对所生产加工食品的质量安全负责，并应当明确承诺不滥用食品添加剂、不使用非食品原料生产加工食品、不用有毒有害物质生产食品、不生产假冒伪劣食品。

一、食品生产经营必须符合的要求

食品生产经营必须符合的要求，在《食品安全法》第四章第二十七条规定了食品生产经营应当符合食品安全标准，并符合下列十一项要求：

（一）具有与生产经营的食品品种、数量相适应的食品原料处理和食品加工、包装、贮存等场所，保持该场所环境整洁，并与有毒、有害场所以及其他污染源保持规定的距离；

（二）具有与生产经营的食品品种、数量相适应的生产经营设备或者设施，有相应的消毒、更衣、盥洗、采光、照明、通风、防腐、防尘、防蝇、防鼠、防虫、洗涤以及处理废水、存放垃圾和废弃物的设备或者设施；

（三）有食品安全专业技术人员、管理人员和保证食品安全的规章制度；

（四）具有合理的设备布局和工艺流程，防止待加工食品与直接入口食品、原料与成品交叉污染，避免食品接触有毒物、不洁物；

（五）餐具、饮具和盛放直接入口食品的容器，使用前应当洗净、消毒，炊具、用具用后应当洗净，保持清洁；

（六）贮存、运输和装卸食品的容器、工具和设备应当安全、无害，保持清洁，防止食品污染，并符合保证食品安全所需的温度等特殊要求，不得将食品与有毒、有害物品一同运输；

（七）直接入口的食品应当有小包装或者使用无毒、清洁的包装材料、餐具；

（八）食品生产经营人员应当保持个人卫生，生产经营食品时，应当将手洗净，穿戴清洁的工作衣、帽；销售无包装的直接入口食品时，应当使用无毒、清洁的售货工具；

（九）用水应当符合国家规定的生活饮用水卫生标准；

（十）使用的洗涤剂、消毒剂应当对人体安全、无害；

（十一）法律、法规规定的其他要求。

二、国家禁止生产经营的食品

国家禁止生产经营的食品，在《食品安全法》第二十八条中明确规定禁止生产经营的十种食品：

（1）用非食品原料生产的食品或者添加食品添加剂以外的化学物质和其他可能危害人体健康物质的食品，或者用回收食品作为原料生产的食品；

（2）致病性微生物、农药残留、兽药残留、重金属、污染物质以及其他危害人体健康的物质含量超过食品安全标准限量的食品；

（3）营养成分不符合食品安全标准的专供婴幼儿和其他特定人群的主辅食品；

（4）腐败变质、油脂酸败、霉变生虫、污秽不洁、混有异物、掺假掺杂或者感官性状异常的食品；

（5）病死、毒死或者死因不明的禽、畜、兽、水产动物肉类及其制品；

（6）未经动物卫生监督机构检疫或者检疫不合格的肉类，或者未经检验或者检验不合格的肉类制品；

（7）被包装材料、容器、运输工具等污染的食品；

（8）超过保质期的食品；

（9）无标签的预包装食品；

（10）国家为防病等特殊需要明令禁止生产经营的食品；

（11）其他不符合食品安全标准或者要求的食品。

此外，《食品安全法》还规定禁止经销下列食品：

（1）用非食品原料生产食品或者在食品中添加食品添加剂以外的化学物质和其他可能危害人体健康的物质，或者用回收食品作为原料生产食品；

（2）生产经营致病性微生物、农药残留、兽药残留、重金属、污染物质以及其他危害人体健康的物质含量超过食品安全标准限量的食品；

（3）生产经营营养成分不符合食品安全标准的专供婴幼儿和其他特定人群的主辅食品；

（4）经营腐败变质、油脂酸败、霉变生虫、污秽不洁、混有异物、掺假掺杂或者感官性状异常的食品；

（5）经营病死、毒死或者死因不明的禽、畜、兽、水产动物肉类，或者生产经营病死、毒死或者死因不明的禽、畜、兽、水产动物肉类的制品；

（6）经营未经动物卫生监督机构检疫或者检疫不合格的肉类，或者生产经营未经检验或者检验不合格的肉类制品；

（7）经营超过保质期的食品；

（8）生产经营国家为防病等特殊需要明令禁止生产经营的食品；

（9）利用新的食品原料从事食品生产或者从事食品添加剂新品种、食品相关产品新品种生产，未经过安全性评估；

（10）食品生产经营者在有关主管部门责令其召回或者停止经营不符合食品安全标准的食品后，仍拒不召回或者停止经营的。

三、食品生产经营企业应当建立健全并实施本企业的食品质量安全管理制度

（一）对食品质量安全管理制度的要求

（1）食品生产经营企业，应当建立健全本单位的食品质量安全管理制度，加强对职工食品质量安全知识的培训，配备专职或者兼职食品质量安全管理人员，做好对所生产经营食品的检验工作，依法从事食品生产经营活动。

（2）食品生产经营者，应当建立并执行从业人员健康管理制度。患有痢疾、伤寒、病毒性肝炎等消化道传染病的人员，以及患有活动性肺结核、化脓性或者渗出性皮肤病等有碍食品安全的疾病的人员，不得从事接触直接入口食品的工作。

（3）食用农产品生产者，应当依照食品安全标准和国家有关规定使用农药、肥料、生长调节剂、兽药、饲料和饲料添加剂等农业投入品。食用农产品的生产企业和农民专业合作经济组织应当建立食用农产品生产记录制度。

（4）食品生产者采购食品原料、食品添加剂及食品相关产品，应当查验供货者的许可证和产品合格证明等文件。

（5）食品生产企业应当建立食品原料、食品添加剂及食品相关产品进货查验记录制度。

（6）食品生产企业应当建立食品出厂检验记录制度，查验出厂食品的检验合格证和安全状况，并如实记录食品的名称、规格、数量、生产日期、生产批号、检验合格证号、购货者名称及联系方式、销售日期等内容。

（二）食品质量安全管理制度参考案例

下面提供几个食品生产经营企业必须建立的食品质量安全方面的管理制度案例供食品生产经营企业参改。

1. 食品进货查验制度

第一条　凡是本单位购进食品，都必须遵守本食品进货查验制度。

第二条　购进的任何食品一律应当进行实地查验。

第三条　在购进食品时，应查验证明供货方主体资格合法的有效证件，并按批次向供货方索取证明食品质量符合标准或规定，以及证明食品来源的票证，并保存原件或者复印件。

第四条　经营包装食品的，要对食品包装标识进行查验核对，主要查验内容包括：

①查验食品包装是否有中文标明的商品名称、生产厂家厂名、厂址；是否在包装上显著位置清晰标明食品名称、配料清单、配料定量、净含量和沥干物（固形物）含量。特殊膳食用食品是否在显著位置予以清晰标示能量营养素、食用方法和适宜人群的。

②是否标明生产日期、保质期、贮藏说明、产品执行标准、质量等级。

③对使用不当，容易造成损害及可能危及人身、财产安全的食品是否标警示标记或中文警示语。

④经感官鉴别是否存在已经腐败变质、油脂酸败、霉变、生虫、污秽不洁、混有异物、有异味或者有其他感官性状异常，可能对人体健康有害的。

⑤食品是否符合产品说明书的质量情况。

⑥是否存在应当检验、检疫而未检验、检疫，或者伪造检验、检疫结果，或者检验、检疫不合格的；

⑦进口食品是否用中文标明原产国国名或者地区名以及在中国依法登记注册的代理商、进口商或者经销商名称和地址的。

⑧辐照食品、转基因食品是否在显著位置予以清晰标示的。

第五条　法律法规规定必须检验或者检疫的，必须查验其有效检验检疫证，未经检验检疫的，不得上市销售。法律、法规没有明确规定的，应经有关产品质量检测机构或市场设立的检测点检测合格才能上市销售。

第六条　应加强检查食品的外观质量，对包装不严实或不符合卫生要求的，应及时予以处理，对过期、腐烂变质的食品，不得进入仓库，并立即停止销售，并进行无害化处理。

第七条　审查食品是否与其广告宣传相一致，是否存在有虚假和误导宣传的内容。

第八条　在进货时，对查验不合格和无合法来源的食品，应拒绝进货。发现有假冒伪劣食品时，应及时报告当地工商行政管理部门。

2. 食品索证索票制度

第一条　索证索票制度是指为保证食品安全，在购进食品时，本单位员工必须向供货方索取有关票证，以确保食品来源渠道合法、质量安全。

第二条　与初次交易的供货单位交易时，应索取证明供货者和生产加工者主体资格合法的证明文件：营业执照、生产许可证、卫生许可证等法律法规规定的其他证明文件，每年核对一次。

第三条　在购进食品时，应当按批次向供货者或生产加工者索取以下证明食品符合质量标准或上市规定，以及证明食品来源的票证：

①食品质量合格证明；

②检验（检疫）证明；

③销售票据；

④有关质量认证标志、商标和专利等证明；

⑤强制性认证证书（国家强制认证的食品）；

⑥进口食品代理商的营业执照、代理资料、进口食品标签审核证书、报关单、注册证。

第四条　下列食品进货时必须按批次索取证明票证：

①活禽类：检疫合格证明、合法来源证明；

②牲畜肉类：动物产品检疫合格证明或畜产品检验合格证明、进货票据；

③粮食及其制品、奶制品、豆制品、饮料、酒类：检验合格证明、进货票据。

第五条　对获得驰名商标、著名商标或者省级以上安全食品、无公害食品、绿色食品、有机食品、名牌产品称号的优质食品，可凭以上称号相应标识和凭证直接销售，免予索取其他票证。

第六条　对实行购销挂钩的食品，可凭购销挂钩协议和供货方的销售凭证直接销售，免予索取其他票证。

第七条　对索取的票证要建立档案，并接受市场服务中心和有关行政执法部门的监督检查。

3. 进销货台帐制度

第一条　由专职员工（质量检查员）负责填写《商品进货台帐》、《商品销售台帐》，督促销售人员填好《销售流水帐》，并按工商部门的要求装订成册，建好档案。（上述两套台帐一式二份，一份本店存档，一份送报工商部门，涉及商业秘密的名目不予报送）

第二条　《进货台帐》主要内容有：

①进货时间；

②商品名称；

③商品规格；

④商品数量；

⑤商品来源（供货单位、联系电话）；

⑥索证种类（营业执照、检疫检验报告、商品合格证、税票或进货单等）。

第三条　《销售流水帐》主要内容有：

①产品名称；

②产品规格；

③产品数量；

④产品单价；

⑤销售去向（购货单位、联系电话）；

⑥售后服务记载；

⑦质量跟踪情况。

4. 不合格食品退市管理制度

第一条　对不合格食品实施退市制度，是指对销售不符合国家、地方或者行业标准，或存在其他安全卫生隐患的食品，采取停止销售，并在经营场所或市场公示栏上公告召回、退出市场的管理制度。

第二条　下列食品为不合格食品，应停止销售，退出市场：

①腐烂变质、污秽不洁的；

②包装破损和其他不符合食品卫生要求的；

③超过安全使用期或者保质日期的；

④应当检验、检疫而未检验、检疫，或检验、检疫不合格的；

⑤掺杂、掺假，以假充真、以次充好，偷工减料的；

⑥使用非食用色素或其他非食用物质加工的；

⑦伪造产地，伪造或者冒用他人厂名、厂址，在商品上伪造或冒用认证标志、名优标志、国际标准采用标志、防伪标志等质量标志等，对商品质量作引人误解的虚假表示或使用绝对宣传用语的；

⑧假冒他人的注册商标，或者擅自使用知名商品特有的名称、包装、装潢、造成和他人的知名商品相混淆，使购买者误认为是该知名商品的；

⑨其他违反法律、法规规定的。

第三条 发现所销售的食品属本制度所列的不合格食品，应立即下架停止销售该食品，召回已售出的食品（条件允许时），并按有关规定进行处理。

第四条 本单位员工发现不合格食品时要立即停止销售，退出市场，并向有关行政管理部门报告。

第五条 本单位在出售食品时向消费者提供商品质量信誉卡。

5. 食品质量检验制度

第一条 对所有进货食品都要进行检验，并定期对库存食品进行抽查或检测。

第二条 对包装不严实或不符合卫生要求的，过期、腐烂变质的食品应及时予以处理，发现有假冒伪劣食品时，应及时报告就近当地工商行政管理部门。

第三条 抽样检验或检测，采取随机抽样的方式。抽样时，填写抽样记录单，并签字、盖章。

第四条 对检测结果有异议时，可另取样品进行检测或根据实际情况送法定检验机构检测。

第五条 食品质量检验应按规定的操作规则、工作规程进行操作，确保检测准确、有效。

6. 食品用具管理制度

第一条 食品用具、容器、包装材料应符合有关卫生标准，无毒无害，便于洗刷、消毒、保洁。

第二条 食品用具每天班前、班后要清洗、消毒一次，运行过程要有序、保持清洁、无污垢、见本色。

第三条 食品用具要有专人保管，不混用不乱用。

第四条 食品冷藏、冷冻工具应每天保洁一次，每周洗刷、消毒一次，专人负责、专人管理。

第五条 食品用具清洗、消毒应定期检查、不定期抽查，对不符合卫生标准要求的用具及时更换。

7. 从业人员健康管理制度

第一条 食品从业人员每年必须按规定经过健康检查及卫生知识培训合格，同时取得健康体检合格证及培训合格证后，方可上岗工作。

凡患有：①伤寒；②痢疾；③病毒性肝炎；④活动性肺结核；⑤化脓性或渗出性皮肤病；⑥其他有碍食品卫生的疾病，必须立即调离食品工作岗位，在未彻底治愈前，不得从事食品生产经营活动。

第二条　配备食品卫生专（兼）职卫生管理人员，负责日常卫生检查工作，实行责任制，将卫生任务进行分解，具体责任到人。开展定期与不定期的卫生检查，对发现问题的环节和个人做好记录，并给予相应的处理。

第三条　从业人员凡有发热、腹泻、皮肤伤口或感染、咽部炎症等有碍食品卫生病症的，应立即脱离生产、销售岗位，待查明原因、排除有碍食品卫生的病症或治愈后，方可重新上岗。

第四条　建立健全从业人员健康档案。

8. 消费者投诉处理制度

第一条　为了构筑入市商品质量安全防线，保护消费者的合法权益，及时公正处理消费者投诉，特制定投诉处理制度。

第二条　本店特设立投诉处，在市消费者协会指导下开展工作。具体工作由本店质检员负责承担。

第三条　质检员负责消费者投诉接待、记录、调查、处理、反馈等投诉事宜。

第四条　要认真作好投诉记录，并开展调查工作，及时向店主汇报情况，主动处理投诉事件。

第五条　对于消费者投诉应登记投诉者的姓名、性别、年龄、职业、单位名称、联系方式、投诉事件等一切与投诉事件有关的资料。

第六条　对于投诉事件，质检员能自行处理的，要及时处理并予以答复，不能处理的，要及时向店主请示，在做出处理意见后再作处理。

第七条　对投诉者的书面答复应载明下列事项：

①被投诉事由；

②调查核实过程；

③基本事由及证据；

④责任及处理意见。

第八条　消费者投诉处理情况要定期向工商部门报告。

第九条　消费者直接投诉到市消费者协会的，质检员应积极配合市消协妥善处理，不留后患。

9. 环境卫生检查制度

第一条　制定定期或不定期卫生检查计划，将全面检查与不定期抽查及问查相结合，着重检查各项制度的贯彻落实情况。

第二条　卫生管理人员负责各项卫生管理制度的落实，每天在生产操作前、生产过程中及下班前，检查或抽查各岗是否有违反制度的情况，发现问题，及时指导改进，并做好卫生检查记录备查。

第三条　各岗负责人应跟随检查、指导，严格从业人员卫生操作程序，逐步养成良好的个人卫生习惯和卫生操作习惯。

第四条　单位卫生管理人员，每周1~2次全面现场检查及不定期抽查，对发现的问题及时反馈，提出限期改进意见，做好检查记录。

第五条　检查中发现的同一类问题，经两次发现提出仍未改进的，按有关规定严肃处理。

第十三章

质量检验信息管理

第一节　质量信息的概念与作用

一、质量信息的概念

管理信息中反映质量动态或质量要求的数据、情报、报表、图样等属于质量信息。换句话说，在产品质量形成的全过程中反映质量要求或质量动态的管理信息统称为质量信息。质量信息为质量决策、质量控制、质量计划与质量改进提供可靠的依据。

反映质量动态的质量信息，是反映产品、过程和工作质量实际状态的原始资料，为正确识别影响质量各种因素及相互作用，掌握质量波动提供依据。如，产品使用过程的质量记录和数据；原材料、外协外购件进厂检验和取样的质量记录；工序质量控制的原始记录；设备、工具、工装、计量器具的使用、调整、检修、管理点的点检记录；国内外同行业质量情报等资料。反映质量要求的信息，是衡量产品质量、过程质量、工作质量的尺度，为生产技术准备和各项管理工作提供依据。

产品在生产过程中的每个环节都会产生质量信息。伴随着物流产生的质量信息流，是通过质量信息反馈而进行的。高效、灵敏的质量信息反馈，是提高产品、过程质量的必要条件。质量信息流要求传递及时、流转速度快、流程短、准确可靠，并应及时掌握及时发送，以便及时采取措施，保持质量稳定。

二、质量信息的作用

企业的管理活动是通过信息流来实现的，通过信息流的作用实现企业对人、财、物等资源的协调与控制。2008 版 GB/T 19001 的第 8 章“测量、分析和改进”提出了一种基于事实的决策方法，其中 8.4“数据分析”提出了数据分析的作用和方法。GB/T 19004 的第 8 章“测量、分析和改进”中，特别是 8.1“通用指南”的 8.1.1“引言”和 8.1.2“需考虑的事项”中，对信息的收集、分析、汇总和沟通以及据此采取的适当措施也作了详细的阐述。8.4“数据分析”中对数据分析的方法和作用以及与决策的关系也作了详细的说明。因此，信息是现代企业的重要资源，发挥着越来越重要的作用，必须像人、财、物一样严格管理。

（一）为质量决策提供依据

企业在制定质量方针目标、开发新产品和改进老产品、编制质量计划以及处理质量问题的决策和预测中，都需要掌握有关的历史和现状的质量信息。开展系统的质量信息管理的主要目的，就是要为各级管理层的决策者提供准确、可靠的信息，以便做出适时、正确的决策。

（二）为质量持续改进提供依据

企业的质量管理可以被看做一个调节系统（见图13—1）。把所获得的实际质量与期望（目标）质量相比较，如果发现偏差，就把偏差信息反馈到影响产品、过程或工作质量的有关部门，通过质量信息中心及时发出调节指令，影响产品、过程或工作质量部门采取纠正措施，把质量始终控制在期望（目标）质量水平的范围内。不断地收集信息，及时反馈，就能不断地调节控制质量的偏差，为质量持续改进提供依据。

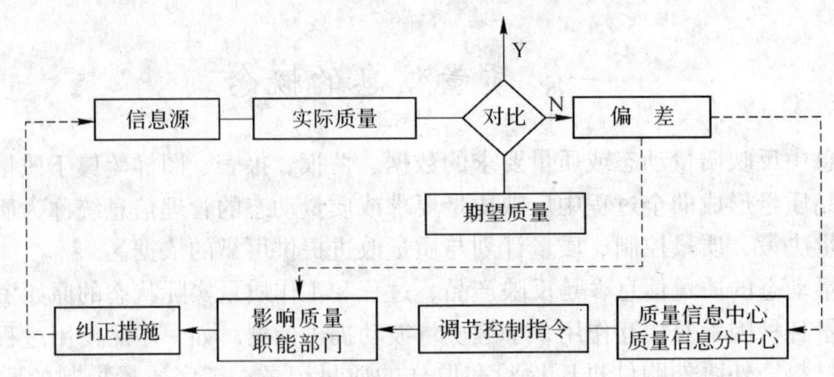

图13—1　质量调节控制示意图

由图13—1可知，质量信息网点（各职能部门）发生的一般质量问题由网点自行采取纠正措施，改进质量。信息网点发生的属于其他网点的一般质量问题由质量信息分中心调节，把采取纠正措施落实到责任部门加以改进。质量分中心或网点发生的涉及面较广或重大质量问题，由厂级质量信息管理中心通过质量调度会、质量例会或专题会议，发出调节控制指令，由责任部门制订纠正措施加以改进，并在下次会议检查执行情况。就这样，不断地收集信息，及时反馈信息，经常地调节控制质量偏差，使产品、过程或工作质量不断得到改进和提高。

（三）为质量的检查与考核提供依据

企业质量管理必须和企业的经济责任制紧密结合，进行严格的考核。要进行严格的考核，就必须完整地掌握能正确反映日常生产经营活动的质量动态信息（如统计资料），并使之和质量要求信息（计划、指标、标准）相比较，才能鉴别优劣，才能奖罚分明。因此，通过质量信息管理活动，为质量的检查与考核提供依据。

企业的各项质量指标和质量工作，通过质量计划下达到企业各部门。各部门的执行情况可通过产品质量情况报告和质量管理正常信息目录规定的内容和时间一起反馈到质量信息管理中心，经汇总后报经济责任制管理部门进行考核。这样，质量管理计划、质量指标、质量成本、工序控制、工艺纪律、市场调查与预测、新产品开发、用户意见以及设备、工具、工装、计量的管理现状等均以质量信息形式在企业内部进行传递。

（四）为建立质量档案提供资料

质量信息资料要分类、分级建立质量信息档案，以便随时查询。质量信息档案是质量档案的重要组成部分，是质量信息管理的一项十分重要的工作。它不仅为调节控制当前的实际质量提供资料，还为今后指导工作提供方便。企业质量信息管理中心、各质量信息分中心及各信息网点都要建立质量信息档案。一般的质量信息档案包括：产品质量情况报告、质量信息汇总报告单、质量信息反馈单、质量信息反馈登记表、质量信息措施完成报告单、走访用户情况报告、用户服务报表、综合统计报表、产品质量用户意见事例处理反馈单、用户意见征求书、市场调查报告、工序质量表、作业指导书、设备定期检查记录卡、设备月点检记录卡、工装周期检查记录卡、量检具周期检定卡、质量成本分析报告等。

第二节　质量检验与质量信息的管理

检验质量信息工作是质量检验部门重要的工作内容。质量检验的信息中心是企业质量信息管理系统中一个重要的分中心。在产品质量检验的整个过程中，大量的质量信息需要质量检验部门进行分析、处理、传递、报告，使原始的数据资料变成有用的信息，从而获得大量的有关产品、过程质量的信息和数据资料，为企业的质量持续改进和提高，提供大量可靠的决策依据。因此，做好质量检验的信息管理工作，有效的发挥其职能作用是一项十分重要的工作。为了实施检验部门的质量信息管理，首先必须明确直接信息和间接信息的概念。

直接质量信息，就是直接可作为质量信息传递和保存的质量检验资料。如，用户产品使用情况和用户对产品质量的要求意见；行业质量检验评比资料；上级主管部门对企业产品质量抽检原始记录等。

间接质量信息，是必须经过处理后才能作为质量信息传递和保存的检验原始记录。如，产品质量特性测试记录；外购、外协件进厂检验记录；生产工序检验记录；零部件入库检验记录；成品装配检验记录以及产品和零部件试验记录等。

一、质量检验信息的分类及内容

（一）按质量信息的来源分

1. 企业内部质量信息

流通于企业内各部门之间，生产制造各环节的各类质量检验信息。如，生产制造过程的工序质量、零部件质量、整机装配质量等；企业内部门质量指标完成情况；工艺纪律执行情况；质量事故分析报告等。

2. 企业外部质量信息

来自企业外部的质量信息。如，外购、外协、原材料生产厂家产品质量水平、质量保证能力等质量信息；产品使用过程的质量情况信息以及如国家和上级机关制定的各项质量政策、法律、法规、质量要求、质量标准等。它是质量检验人员开展检验工作的重要依据。

（二）按质量信息的时序分

1. 日常信息

主要是指各类定期质量统计报表，如，质量日报、月报、季报和年报；要求按事先规定的时间定期发出并逐级传递的质量统计报表等。

2. 突发信息

生产制造或产品使用过程中发现的质量问题，由于发生的时间、地点难以预料，只能按质量信息的主要程度采取不同渠道进行传递。如，A、B、C 级或一类、二类、三类质量信息反馈单、质量事故报告单、用户信息反馈单等。

（三）按质量信息处理方法分

1. 储存归档信息

指具有储存价值又需要经常查询和必须储存起来的信息。如上级产品质量监督抽查情况、各类质量检验报表、质量指标完成情况报表等。

2. 反馈信息

指生产过程中出现的产品、过程和工作质量问题的传递和反馈信息。如不合格品的处理情况、日常信息处理情况、质量检验情况和用户信息反馈单等。

3. 上报信息

主要指质量检验部门向企业领导、信息管理中心、企业各有关业务部门及上级主管部门上报的各类质量信息。如质量分析报告、质量事故报告、产品一等品率、产品一次交检合格率、废品率、产品抽查合格率、产品错漏检率等。

二、质量检验信息流程

质量检验信息流程，即对某信息按接收者的先后顺序，用文字或符号表述的始末过程，亦即信息流转的顺序。也就是根据企业质量管理的需要对质量检验信息事先规定流转的顺序。

一般来说，对质量检验信息流程有以下四项要求：

（1）要求质量检验信息必须真实、准确，不允许人为失真。否则，输入失真的信息只能干扰系统的功能。所以，搜集、整理、分析、处理、传递、储存的质量信息一定要真实、准确。

（2）对信息要求及时，及时发现、及时登记、及时分析处理、及时传递、及时反馈。否则，信息将会失去原有的价值。

（3）要求每个信息的内容要完整，并具有可追踪性。

（4）要求信息在传递过程中要符合质量信息管理要求。

质量信息流程，要反映出检验部门信息的来源、接受及传递反馈的流转全过程。当然，由于每个企业的生产经营方式、企业规模及生产的产品不同，质量检验信息流程也不可能完全相同。但是，每个企业质量检验部门都应根据企业的特点及管理需要设计符合企业实际的质量检验信息流程图，以防检验信息出现“短路”或“断路”的现象。质量检验信息流程，参见图 13 — 2。

三、质量检验信息的管理及作用

（一）质量检验信息的管理

质量检验信息的管理是企业质量信息管理的一个重要组成部分。只有强化质量检验信息

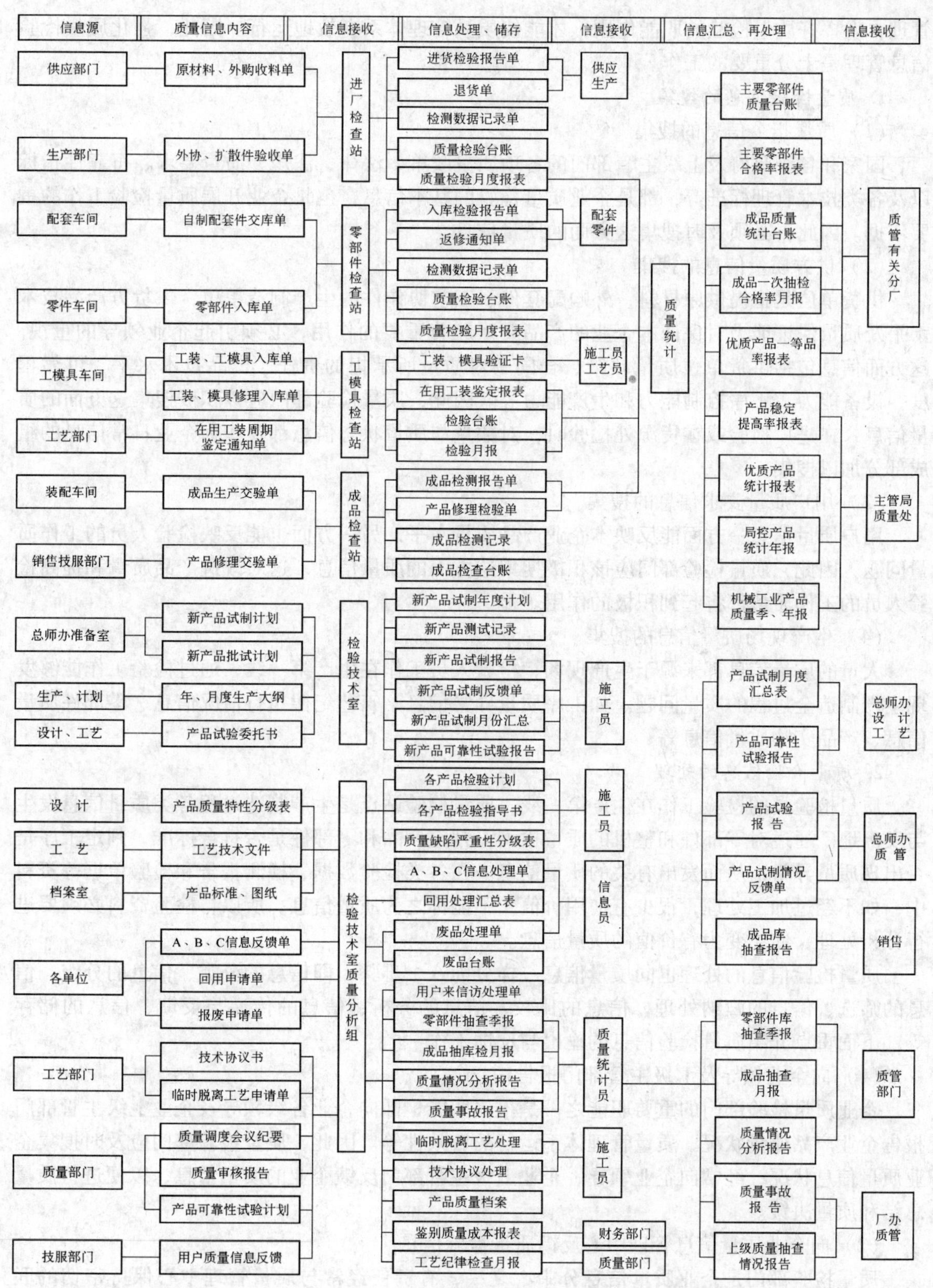

图 13—2　质量检验信息流程图

管理，发挥好质量检验的职能作用，才能使质量管理体系有效地运行。因此，强化质量检验信息管理是十分重要的工作。

1. 质量检验信息的搜集

（1）质量指令信息的搜集

国家和各级政府及上级主管部门的各项质量政策、法律、法规、质量要求、可靠性指标以及各类技术管理标准等，都是企业质量检验的基本信息，也是企业开展质量检验工作的重要依据。因此，必须及时搜集这方面的质量信息。

（2）供方质量信息的搜集

供货单位是指提供原材料、外购配套件、工艺协作件的生产制造单位，供货方产品技术水平及质量保证能力对保证本企业的产品质量起着重要的作用，必须引起企业领导的重视。这方面信息包括供货单位质量政策、合同中对质量所承担的责任、产品技术水平、可靠程度、设备能力、工序控制能力和生产能力等。因此，质量检验部门应该积极搜集这方面的质量信息，在进厂检验或在货源处检验时，对数量与质量状态信息都要作为企业日常信息的组成部分加以搜集。

（3）用户质量要求信息的搜集

用户质量信息一方面能反映本企业产品质量水平，另一方面也能反映检验人员的工作质量问题。因此，质量检验部门应该积极搜集这方面的质量信息，这对改进产品质量和提高检验人员的工作质量都将起到积极的作用。

（4）生产现场质量信息的搜集

大量的质量信息都来源于生产现场，检验人员工作在生产第一线，通过检验工作能够发现生产制造全过程的质量问题。如工序质量异常信息、工艺纪律执行情况信息、零部件质量信息、产品实物质量信息等。

2. 质量检验信息的处理

质量检验员的检验工作在生产第一线，质量检验站点是生产制造过程各类质量信息发生与发出地。通过对零部件和整机的质量检测，判定产品和零部件是否符合标准，判定工序是否出现质量异常，从而发出有关的质量信息。在各类检验数据、检测报告和检验单据等资料中，如不经过加工处理，很少有使用价值，不能称之为质量信息。所以，检验资料必须要进行分析处理，使之变为有价值的质量信息。

质量检验信息的处理也同质量信息一样分为八个步骤，即信息的分类、信息的分级、信息的筛选、信息的归纳处理、信息的比较、信息的分析、信息的传递与反馈、信息的储存等。下面重点介绍质量检验信息的输出与反馈工作。

（1）向企业领导及上级主管部门报告信息

企业质量检验部门的重要职能之一是报告职能，即向企业各级领导及企业上级主管部门报告企业产品质量状况、质量管理体系运行的有效性等。因此，质量检验部门应及时搜集企业质量信息状况，经常向企业领导、企业上级主管部门反馈企业的质量信息，以便进行质量总结和质量决策。

（2）向企业质量信息管理中心反馈质量检验信息

质量检验部门是企业质量信息分中心之一，有责任经常与质量管理中心保持密切的联系，必须经常向质量信息管理中心反馈生产现场包括质量事故在内的重要的质量信息，以便及时处理生产现场发生的质量问题及进行质量改进。

(3) 向企业有关业务部门发出质量检验信息

为了提高企业各职能部门的工作质量，促进质量管理体系有效运行，实现质量方针目标，质量检验部门必须向各业务部门反馈该部门的工作质量缺陷，因为这些工作质量缺陷常常是在检验部门对零部件或产品的质量检验中发现的。如，向财务部门反馈产品检测结果的数据，财务部门在进行质量成本核算时可作为依据；向生产部门发出反馈质量信息，将真实的质量状况向生产部门做出报告，以便更强有力的组织生产；向供应单位发出质量信息，经常向供应部门发出对原材料、外购配套件、外协件进厂检验的质量信息，以利于原材料、外协外购件质量的稳定。同时，也能促进供货单位的优质服务和提高产品质量。

(二) 质量检验信息的作用

在产品质量检验的整个过程中，可以获得大量的有关产品、过程质量的数据资料。经过加工处理，使原始资料变为有价值的信息，从而指导企业的质量持续改进并提高产品、过程质量。因此，质量检验信息本身就是企业的宝贵财富，为企业质量决策提供可靠的依据。它有以下几个主要作用：

1. 为企业领导进行质量决策提供依据

企业在制定质量方针目标、质量政策、质量计划以及开发新产品和质量改进的决策或预测中，都离不开质量检验部门提供的有关质量信息，如用户的质量要求和意见、产品质量评比和抽查的质量情况、产品创名牌的产品质量水平，国内外同类产品的质量动态、新产品的试制情况等质量信息，企业决策层可根据这些质量信息为质量持续改进、产品开发做出有效的决策。

2. 为调节控制产品质量提供依据

质量检验信息中的零部件和成品的质量状态、一次交检合格率、零部件抽查合格率、成品一等品率、产品可靠性试验结果、工艺性试验结果等作为实际质量水平，与期望质量比较，根据比较的结果可以提出质量持续改进的意见和建议；再经过质量调节，把产品质量控制在期望质量水平范围内，从而使零部件、成品的质量不断地提高。因此，质量检验信息可以为调节控制产品、过程质量提供依据。

3. 为质量考核提供依据

质量检验信息不但能反映产品质量水平，而且还能反映部门和各类人员的工作质量水平，其中包括检验人员的检验质量；不但能反映制造、装配车间的质量，也能反映职能部门的工作质量，从而为质量检查与考核提供有力的依据。通过奖优罚劣，不断提高企业整体素质和产品质量水平。

4. 为建立健全质量档案提供资料

质量检验部门能够直接掌握大量的质量信息，为建立和健全质量档案直接提供各类质量信息资料，也为真实地反映企业产品质量水平和工作质量状态提供材料。

第三节　质量检验信息的统计分析与处理

质量检验信息的统计与分析，就是将搜集到的质量检验信息，运用质量管理手段和统计技术进行统计与分析，将统计与分析的结果定期向企业领导、有关部门传递，并及时将重要的质量问题向质量改进归口管理部门反馈，使企业内部和外部形成信息流，形成“闭路”信息系统。通过开展质量检验信息的统计与分析，使质量检验信息充分发挥作用。利用质量检验质量信息的统计与分析，找出质量缺陷和质量事故发生的真正原因及责任者，采取防止质量问题再发生的纠正措施，从而使产品质量和产品可靠性得到进一步的提高。

一、质量检验信息的统计与分析

质量检验信息统计与分析工作必须以专业队伍为主，专群结合。企业质量管理综合部门及质量检验部门必须设专职质量信息统计人员，其余职能部门及各生产单位可设兼职质量信息统计人员，形成质量信息统计分析网络。

质量检验信息统计分析的主要工作有：

(1) 质量检验信息分中心，对输入及输出的质量信息定期进行统计分析、登记、建档；并对质量检验信息统计工作进行组织、监督、检查与考核。

(2) 质量检验分中心，发现质量问题及时召开分析会，寻找发生质量问题的原因，制定改进质量措施，使产品质量问题控制在萌芽状态，防止不合格品的发生。

(3) 质量检验信息统计人员要积极参加各级质量分析会议，协助有关部门分析质量缺陷的特征，寻找产生原因及责任者，为质量改进和质量检查与考核提供依据。

(4) 质量检验信息统计人员要及时准确地统计生产过程中出现的质量偏差，并按企业标准制定的各种质量统计报表填写，定期把原始记录传递给有关部门。

(5) 为企业财务部门、计划部门计算质量成本、废品损失和等级品率等质量指标提供必要的统计数据。

(6) 严格执行不合格品报废和返修等管理标准，对不合格品要及时妥善隔离，严格控制不合格品流入下道工序。

(7) 对质量检验信息统计数据应用统计技术进行分析，及时揭示工序质量和产品质量的变化趋势，并提供有关单位参考，把质量水平控制在期望质量的范围内。

(8) 收集积累国内外同类产品的质量水平，为企业编制质量发展规划和质量计划及产品创名牌提供资料。

二、异常质量信息处理的内容及程序

异常质量信息也称质量反馈信息，又称突发质量信息。无论在生产过程或产品使用过程发生质量异常，都会给企业带来一定的损失。因此，我们质检部门应对异常质量信息及时快速地进行处理，把损失减少到最低限度。

质量信息统计与分析是手段不是目的，其目的是及时快速地将统计分析的结果传递给有关领导和有关职能部门，形成“闭路”信息系统。质量信息反馈是质量信息流中的关键环节。只有信息流能正常地流动，才能使企业内、外部出现的大量质量问题，及时、准确、快速地反馈到有关部门和人员，然后进行分析，掌握发展规律，才能把质量水平控制在标准范围内，起到预防的质量职能作用。

（一）内反馈信息的内容及程序

质量信息反馈一般分为企业内部质量信息反馈和企业外部质量信息反馈。

将企业内部发生的质量偏差向有关部门反馈，简称内反馈。企业内部各生产单位之间、各工序之间、生产单位与职能部门之间以及各职能部门之间的质量信息反馈统称为企业内部质量信息反馈。质量信息反馈的主要目的，一是经过质量信息的协调与处理，及时纠正质量偏差。二是为企业领导和质量信息管理中心及时提供质量动态，进行质量改进与质量决策。

企业内部质量信息反馈按信息主要程度的不同级别向相应的管理层次传递。生产过程中异常质量按质量信息流程进行反馈，其方式一般分为三大类：

1. 一类质量信息

由本单位填写一式两份“一类信息储存单”（见表13—1），并负责登记、分析、处理和储存；较重要的质量信息处理情况和数据纳入“月份产品质量情况报告单”（见表13—2），集中反馈到质量信息管理中心。“质量信息反馈登记表”见表13—3。

表13—1　一类信息储存单

储存单位

序号	发出小组或工段	发出时间	处理人	主要问题和原因分析	处理结果和时间	备注

表13—2　月份产品质量情况报告单

一、本月质量信息奖惩统计

质量信息类别	姓　　名	奖惩原因	奖惩金额	奖惩凭证

二、一类信息统计

本月收集项数	累计项数	本月处理项数	备　　注

三、产品、工作质量动态

1. 重点分析（因果分析）、采取的措施、处理的结果

2. 关于贯彻质量政策质量通令等

四、质量事故处理情况

注：次月5日前报质管处（科）　　质量管理领导小组签字　　填报人　　年　月　日

表 13 — 3　质量信息反馈登记表

信息类别　　　　　　信息编号

提出单位签名、日期	主要问题	执行单位发收单位签名、日期	处理措施及结果	中心分中心发给措施完成报告单	接收单位签名、日期
信息中心分中心收发单位签名、日期				中心分中心收发单位签字、日期	执行单位发收单位签字、日期
转给提出单位签名、日期					

2. 二类质量信息

由信息发出单位填写一式三份“二类信息反馈单”（其格式见表 13 — 4），按分类分别反馈给各有关质量信息分中心进行登记、分析、处理、反馈。责任单位接到信息反馈单后进行登记、分析、处理，并要认真填好采取措施的内容及完成日期再反馈给质量信息分中心。分中心登记认定后，自留一份，再反馈责任单位和提出单位各一份，登记储存备查。如遇措施完成日期超过反馈时间（提出单位时限一天，信息分中心时限一天，责任单位时限两天）的，质量信息分中心要按信息单的份数发给责任单位“质量信息措施完成报告单”（其格式见表 13 — 5），责任单位待措施完成后及时按原反馈程序进行“闭路反馈”。处理的情况和数据纳入“月份产品质量情况报告单”，集中反馈到质量信息管理中心。质量信息分中心填写的“月份产品质量情况报告”，其格式见表 13 — 6。

表 13 — 4　二类信息反馈单

填报单位　　　　　　编号

产品型号	件　号	名　称	件　数	责任单位	损失工时	损失金额	造成后果	其　他		

主要问题与要求 质量领导小组组长　　　提出者　　　年　月　日	责任单位分析意见，改进措施和实现日期 质量领导小组组长 处理者　　　年　月　日
分中心意见 质量领导小组组长　　　处理者　　　年　月　日	

表 13—5　质量信息措施完成报告单

填报单位　　　　　　　　　　　　信息编号　　　　决议文号

<table>
<tr><td>产品型号</td><td></td><td>件　号</td><td></td><td>名　称</td><td></td><td>数　量</td><td></td><td>其　他</td><td></td></tr>
<tr><td colspan="2" rowspan="2">主要问题</td><td colspan="4">措施项目

填写人　　　　年　月　日</td><td colspan="4">完成情况及日期

主管单位
处理人　　　　年　月　日</td></tr>
<tr><td colspan="8">核实认定部门意见

姓名　　　　年　月　日</td></tr>
</table>

表 13—6　月份产品质量情况报告单

填报单位

<table>
<tr><td colspan="8">一、分中心内、外一类信息考核表</td><td rowspan="5">五、产品工作质量动态　其中重点问题的质量分析、产生原因（因果分析）、采取的措施、处理结果</td></tr>
<tr><td>单　位</td><td>接收信息次　数</td><td>按期返回次　数</td><td>信息返回准期率%</td><td>接收信息件　数</td><td>按期处理件　数</td><td>质量信息处理率%</td><td>考　核评　定</td></tr>
<tr><td></td><td></td><td></td><td></td><td></td><td></td><td></td><td></td></tr>
<tr><td></td><td></td><td></td><td></td><td></td><td></td><td></td><td></td></tr>
<tr><td></td><td></td><td></td><td></td><td></td><td></td><td></td><td></td></tr>
<tr><td colspan="9">二、质量信息奖惩统计</td></tr>
<tr><td>质量信息类　别</td><td>单　位</td><td colspan="5">奖　惩　原　因</td><td>奖惩金额</td><td>奖惩凭证</td></tr>
<tr><td></td><td></td><td colspan="5"></td><td></td><td></td></tr>
<tr><td></td><td></td><td colspan="5"></td><td></td><td></td></tr>
<tr><td colspan="9">三、一类信息统计</td></tr>
<tr><td colspan="2">本月收集项数</td><td colspan="2">累计项数</td><td colspan="2">本月处理项数</td><td colspan="2">累计处理项数</td><td>备　注</td></tr>
<tr><td colspan="2"></td><td colspan="2"></td><td colspan="2"></td><td colspan="2"></td><td></td></tr>
<tr><td colspan="9">四、贯彻质量政策、质量通令及改进工作提高质量等情况</td></tr>
</table>

每月 5 日前报质管处（科）　　　　单位主管　　填表人　　　　　　年　月　日

3. 三类质量信息

除质量信息发生单位填写一式四份“三类质量信息反馈单（其格式见表 13—7）外，其他处理程序同“二类质量信息”。涉及技术业务较强的质量问题，由质量信息管理中心组织协调各有关技术部门制定措施，并负责组织实施；重大质量问题经质量信息管理中心协调不了的，要及时呈报企业有关领导，由企业决策层协调处理，质量信息管理中心负责监督、检查、考核。凡已形成“决议”或纪要的质量问题，各责任单位必须按进度要求组织实施，实施情况由质量信息管理中心督促、检查考核。

表 13 — 7　质量信息反馈单

填报单位

<table>
<tr><td>产品型号</td><td>件　号</td><td>名　称</td><td>件　数</td><td>责任单位</td><td>损失工时</td><td>损失金额</td><td>造成后果</td><td>其　他</td></tr>
<tr><td></td><td></td><td></td><td></td><td></td><td></td><td></td><td></td><td></td></tr>
<tr><td colspan="5">产生的质量问题和改进建议

质量领导小组组长　提出者　年　月　日</td><td colspan="4">责任单位分析意见，改进措施和完成日期

质量领导小组组长　处理者　年　月　日</td></tr>
<tr><td colspan="4">质管部门意见

单位负责人　处理者　年　月　日</td><td>返回质管部门时间</td><td colspan="4">领导批示

批示者　年　月　日</td></tr>
</table>

除上述反馈单、处理单、验证单三单合一的格式外，企业亦可采用分开的格式。

质量信息反馈时，由发出信息单位填写质量信息的内容和要求后，反馈给管理中心或分中心；管理中心或分中心经分析处理后填写协调意见或指令再反馈给责任部门，质量信息反馈单格式见表 13 — 8，质量信息处理单格式见表 13 — 9。责任单位接到信息管理中心或分中心转来的质量信息反馈单后，在此单上填写纠正措施及完成日期并返回信息管理中心或分中心。如认为信息不实或中转不当，亦可在此处理单上填拒收意见。质量信息单起到信息反馈的签收回执的作用，要求责任单位限期返回信息管理中心。质量信息验证单，由责任部门当作纠正措施完成后，按此单要求填写处理结果报信息管理中心或分中心及发出单位各一份，以便对处理结果共同进行验证，其格式见表 13 — 10。

（二）企业外部质量信息反馈的内容与程序

企业外部质量信息主要指用户对产品质量及服务质量的意见和要求，供应与协作厂家的意见，以及国内外同行业质量情报资料等，由企业技术服务分中心负责搜集、分析和处理。

对用户的意见质量信息，除正常服务要填写“月、季用户服务报表”和“月、季综合统计报表”外，要进行分析对比，对有价值和可能引起用户投诉的质量信息要立即反馈处理。对同类产品一般质量缺陷重复发生两次以上的用户意见，由该分中心填写外反馈“产品质量用户意见事例反馈单”（二类信息）一式三份，以内反馈“二类信息”的登记、传递、处理、储存和反馈方式办理。用“二类质量信息”方式处理不了的或重要产品质量问题，采用“三类质量信息”的方式进行反馈。

走访用户由企业领导带队，每年至少走访两次，由技术服务部门编走访计划，安排出访人员和路线并组织实施。在走访和服务过程中，除为用户服务和处理质量问题外，还要请用户填写“用户意见征求书”。走访返回后除按限定日期写出走访总结上报有关领导和部门外，还要按“用户意见征求书”要求对用户意见进行分析、处理，对存在的质量问题，责任单位分别填写“二类质量信息反馈单”交技术服务部门进行反馈处理，其中属重大质量问题的按“三类质量信息”反馈处理。

对供应、协作厂家的质量保证能力的调查，分别由供应、生产部门负责，并写出调查报告存档备查。销售部门在产品销售过程中负责收集用户对产品质量的意见和要求。企业技术情报部门负责搜集国内外同类产品质量水平的情报资料，其信息的处理过程同上。

表 13—8　质量信息反馈单

填报单位

产品型号	件　号	名　称	件　数	责任单位	损失金额	造成后果

一、质量信息内容和要求

质量领导小组组长　　提出者　　年　月　日

二、协调意见

单位负责人　　处理者　　年　月　日

三、决策指令

决策人签字　　年　月　日

表 13—9　质量信息处理单

填报单位

产品型号	件号及名称	回执日期	收到日期	其　他

一、责任单位对策措施及完成日期

二、对其他单位的要求

三、结果

质量领导小组组长　　处理人　　年　月　日

表 13 — 10　质量信息处理验证单

填报单位

产 品 型 号	件 号 及 名 称	申 请 日 期	其　他

一、质量信息处理结果

质量领导小组组长　　处理人　　年　月　日

二、质量信息发出部门的意见

质量领导小组组长　　处理人　　年　月　日

三、质量信息管理中心或质量信息分中心意见

单位领导　　处理人　　年　月　日

附录一

中华人民共和国产品质量法

（1993年2月22日第七届全国人民代表大会常务委员会第三十次会议通过

根据2000年7月8日第九届全国人民代表大会常务委员会第十六次会议《关于修改〈中华人民共和国产品质量法〉的决定》修正）

第一章　总　　则

第一条　为了加强对产品质量的监督管理，提高产品质量水平，明确产品质量责任，保护消费者的合法权益，维护社会经济秩序，制定本法。

第二条　在中华人民共和国境内从事产品生产、销售活动，必须遵守本法。

本法所称产品是指经过加工、制作，用于销售的产品。

建设工程不适用本法规定；但是，建设工程使用的建筑材料、建筑构配件和设备，属于前款规定的产品范围的，适用本法规定。

第三条　生产者、销售者应当建立健全内部产品质量管理制度，严格实施岗位质量规范、质量责任以及相应的考核办法。

第四条　生产者、销售者依照本法规定承担产品质量责任。

第五条　禁止伪造或者冒用认证标志等质量标志；禁止伪造产品的产地，伪造或者冒用他人的厂名、厂址；禁止在生产、销售的产品中掺杂、掺假，以假充真，以次充好。

第六条　国家鼓励推行科学的质量管理方法，采用先进的科学技术，鼓励企业产品质量达到并且超过行业标准、国家标准和国际标准。

对产品质量管理先进和产品质量达到国际先进水平、成绩显著的单位和个人，给予奖励。

第七条　各级人民政府应当把提高产品质量纳入国民经济和社会发展规划，加强对产品质量工作的统筹规划和组织领导，引导、督促生产者、销售者加强产品质量管理，提高产品质量，组织各有关部门依法采取措施，制止产品生产、销售中违反本法规定的行为，保障本法的施行。

第八条　国务院产品质量监督部门主管全国产品质量监督工作。国务院有关部门在各自的职责范围内负责产品质量监督工作。

县级以上地方产品质量监督部门主管本行政区域内的产品质量监督工作。县级以上地方人民政府有关部门在各自的职责范围内负责产品质量监督工作。

法律对产品质量的监督部门另有规定的，依照有关法律的规定执行。

第九条　各级人民政府工作人员和其他国家机关工作人员不得滥用职权、玩忽职守或者徇私舞弊，包庇、放纵本地区、本系统发生的产品生产、销售中违反本法规定的行为，或者阻挠、干预依法对产品生产、销售中违反本法规定的行为进行查处。

各级地方人民政府和其他国家机关有包庇、放纵产品生产、销售中违反本法规定的行为的，依法追究其主要负责人的法律责任。

第十条 任何单位和个人有权对违反本法规定的行为，向产品质量监督部门或者其他有关部门检举。

产品质量监督部门和有关部门应当为检举人保密，并按照省、自治区、直辖市人民政府的规定给予奖励。

第十一条 任何单位和个人不得排斥非本地区或者非本系统企业生产的质量合格产品进入本地区、本系统。

第二章 产品质量的监督

第十二条 产品质量应当检验合格，不得以不合格产品冒充合格产品。

第十三条 可能危及人体健康和人身、财产安全的工业产品，必须符合保障人体健康和人身、财产安全的国家标准、行业标准；未制定国家标准、行业标准的，必须符合保障人体健康和人身、财产安全的要求。

禁止生产、销售不符合保障人体健康和人身、财产安全的标准和要求的工业产品。具体管理办法由国务院规定。

第十四条 国家根据国际通用的质量管理标准，推行企业质量体系认证制度。企业根据自愿原则可以向国务院产品质量监督部门认可的或者国务院产品质量监督部门授权的部门认可的认证机构申请企业质量体系认证。经认证合格的，由认证机构颁发企业质量体系认证证书。

国家参照国际先进的产品标准和技术要求，推行产品质量认证制度。企业根据自愿原则可以向国务院产品质量监督部门认可的或者国务院产品质量监督部门授权的部门认可的认证机构申请产品质量认证。经认证合格的，由认证机构颁发产品质量认证证书，准许企业在产品或者其包装上使用产品质量认证标志。

第十五条 国家对产品质量实行以抽查为主要方式的监督检查制度，对可能危及人体健康和人身、财产安全的产品，影响国计民生的重要工业产品以及消费者、有关组织反映有质量问题的产品进行抽查。抽查的样品应当在市场上或者企业成品仓库内的待销产品中随机抽取。监督抽查工作由国务院产品质量监督部门规划和组织。县级以上地方产品质量监督部门在本行政区域内也可以组织监督抽查。法律对产品质量的监督检查另有规定的，依照有关法律的规定执行。

国家监督抽查的产品，地方不得另行重复抽查；上级监督抽查的产品，下级不得另行重复抽查。

根据监督抽查的需要，可以对产品进行检验。检验抽取样品的数量不得超过检验的合理需要，并不得向被检查人收取检验费用。监督抽查所需检验费用按照国务院规定列支。

生产者、销售者对抽查检验的结果有异议的，可以自收到检验结果之日起十五日内向实施监督抽查的产品质量监督部门或者其上级产品质量监督部门申请复检，由受理复检的产品质量监督部门做出复检结论。

第十六条 对依法进行的产品质量监督检查，生产者、销售者不得拒绝。

第十七条 依照本法规定进行监督抽查的产品质量不合格的，由实施监督抽查的产品质量监督部门责令其生产者、销售者限期改正。逾期不改正的，由省级以上人民政府产品质量监督部门予以公告；公告后经复查仍不合格的，责令停业，限期整顿；整顿期满后经复查产品质量仍不合格的，吊销营业执照。

监督抽查的产品有严重质量问题的，依照本法第五章的有关规定处罚。

第十八条 县级以上产品质量监督部门根据已经取得的违法嫌疑证据或者举报，对涉嫌违反本法规定的行为进行查处时，可以行使下列职权：

（一）对当事人涉嫌从事违反本法的生产、销售活动的场所实施现场检查；

（二）向当事人的法定代表人、主要负责人和其他有关人员调查、了解与涉嫌从事违反本法的生产、销售活动有关的情况；

（三）查阅、复制当事人有关的合同、发票、账簿以及其他有关资料；

（四）对有根据认为不符合保障人体健康和人身、财产安全的国家标准、行业标准的产品或者有其他严重质量问题的产品，以及直接用于生产、销售该项产品的原辅材料、包装物、生产工具，予以查封或者扣押。

县级以上工商行政管理部门按照国务院规定的职责范围，对涉嫌违反本法规定的行为进行查处时，可以行使前款规定的职权。

第十九条 产品质量检验机构必须具备相应的检测条件和能力，经省级以上人民政府产品质量监督部门或者其授权的部门考核合格后，方可承担产品质量检验工作。法律、行政法规对产品质量检验机构另有规定的，依照有关法律、行政法规的规定执行。

第二十条 从事产品质量检验、认证的社会中介机构必须依法设立，不得与行政机关和其他国家机关存在隶属关系或者其他利益关系。

第二十一条 产品质量检验机构、认证机构必须依法按照有关标准，客观、公正地出具检验结果或者认证证明。

产品质量认证机构应当依照国家规定对准许使用认证标志的产品进行认证后的跟踪检查；对不符合认证标准而使用认证标志的，要求其改正；情节严重的，取消其使用认证标志的资格。

第二十二条 消费者有权就产品质量问题，向产品的生产者、销售者查询；向产品质量监督部门、工商行政管理部门及有关部门申诉，接受申诉的部门应当负责处理。

第二十三条 保护消费者权益的社会组织可以就消费者反映的产品质量问题建议有关部门负责处理，支持消费者对因产品质量造成的损害向人民法院起诉。

第二十四条 国务院和省、自治区、直辖市人民政府的产品质量监督部门应当定期发布其监督抽查的产品的质量状况公告。

第二十五条 产品质量监督部门或者其他国家机关以及产品质量检验机构不得向社会推荐生产者的产品；不得以对产品进行监制、监销等方式参与产品经营活动。

第三章　生产者、销售者的产品质量责任和义务

第一节　生产者的产品质量责任和义务

第二十六条 生产者应当对其生产的产品质量负责。

产品质量应当符合下列要求：

（一）不存在危及人身、财产安全的不合理的危险，有保障人体健康和人身、财产安全的国家标准、行业标准的，应当符合该标准；

（二）具备产品应当具备的使用性能，但是，对产品存在使用性能的瑕疵做出说明的除外；

（三）符合在产品或者其包装上注明采用的产品标准，符合以产品说明、实物样品等方式表明的质量状况。

第二十七条 产品或者其包装上的标识必须真实，并符合下列要求：

（一）有产品质量检验合格证明；

（二）有中文标明的产品名称、生产厂厂名和厂址；

（三）根据产品的特点和使用要求，需要标明产品规格、等级、所合主要成分的名称和含量的，用中文相应予以标明；需要事先让消费者知晓的，应当在外包装上标明，或者预先向消费者提供有关资料；

（四）限期使用的产品，应当在显著位置清晰地标明生产日期和安全使用期或者失效日期；

（五）使用不当，容易造成产品本身损坏或者可能危及人身、财产安全的产品，应当有警示标志或者中文警示说明。

裸装的食品和其他根据产品的特点难以附加标识的裸装产品，可以不附加产品标识。

第二十八条 易碎、易燃、易爆、有毒、有腐蚀性、有放射性等危险物品以及储运中不能倒置和其他有特殊要求的产品，其包装质量必须符合相应要求，依照国家有关规定做出警示标志或者中文警示说明，标明储运注意事项。

第二十九条 生产者不得生产国家明令淘汰的产品。

第三十条 生产者不得伪造产地，不得伪造或者冒用他人的厂名、厂址。

第三十一条 生产者不得伪造或者冒用认证标志等质量标志。

第三十二条 生产者生产产品，不得掺杂、掺假，不得以假充真、以次充好，不得以不合格产品冒充合格产品。

第二节 销售者的产品质量责任和义务

第三十三条 销售者应当建立并执行进货检查验收制度，验明产品合格证明和其他标识。

第三十四条 销售者应当采取措施，保持销售产品的质量。

第三十五条 销售者不得销售国家明令淘汰并停止销售的产品和失效、变质的产品。

第三十六条 销售者销售的产品的标识应当符合本法第二十七条的规定。

第三十七条 销售者不得伪造产地，不得伪造或者冒用他人的厂名、厂址。

第三十八条 销售者不得伪造或者冒用认证标志等质量标志。

第三十九条 销售者销售产品，不得掺杂、掺假，不得以假充真、以次充好，不得以不合格产品冒充合格产品。

第四章　损害赔偿

第四十条　售出的产品有下列情形之一的，销售者应当负责修理、更换、退货；给购买产品的消费者造成损失的，销售者应当赔偿损失：

（一）不具备产品应当具备的使用性能而事先未作说明的；

（二）不符合在产品或者其包装上注明采用的产品标准的；

（三）不符合以产品说明、实物样品等方式表明的质量状况的。

销售者依照前款规定负责修理、更换、退货、赔偿损失后，属于生产者的责任或者属于向销售者提供产品的其他销售者（以下简称供货者）的责任的，销售者有权向生产者、供货者追偿。

销售者未按照第一款规定给予修理、更换、退货或者赔偿损失的；由产品质量监督部门或者工商行政管理部门责令改正。

生产者之间，销售者之间，生产者与销售者之间订立的买卖合同、承揽合同有不同约定的，合同当事人按照合同约定执行。

第四十一条　因产品存在缺陷造成人身、缺陷产品以外的其他财产（以下简称他人财产）损害的，生产者应当承担赔偿责任。

生产者能够证明有下列情形之一的，不承担赔偿责任：

（一）未将产品投入流通的；

（二）产品投入流通时，引起损害的缺陷尚不存在的；

（三）将产品投入流通时的科学技术水平尚不能发现缺陷的存在的。

第四十二条　由于销售者的过错使产品存在缺陷，造成人身、他人财产损害的，销售者应当承担赔偿责任。

销售者不能指明缺陷产品的生产者，也不能指明缺陷产品的供货者的，销售者应当承担赔偿责任。

第四十三条　因产品存在缺陷造成人身、他人财产损害的，受害人可以向产品的生产者要求赔偿，也可以向产品的销售者要求赔偿。属于产品的生产者的责任，产品的销售者赔偿的，产品的销售者有权向产品的生产者追偿。属于产品的销售者的责任，产品的生产者赔偿的，产品的生产者有权向产品的销售者追偿。

第四十四条　因产品存在缺陷造成受害人人身伤害的，侵害人应当赔偿医疗费、治疗期间的护理费、因误工减少的收入等费用；造成残疾的，还应当支付残疾者生活自助具费、生活补助费、残疾赔偿金以及由其扶养的人所必需的生活费等费用；造成受害人死亡的，并应当支付丧葬费、死亡赔偿金以及由死者生前扶养的人所必需的生活费等费用。

因产品存在缺陷造成受害人财产损失的，侵害人应当恢复原状或者折价赔偿。受害人因此遭受其他重大损失的，侵害人应当赔偿损失。

第四十五条　因产品存在缺陷造成损害要求赔偿的诉讼时效期间为两年，自当事人知道或者应当知道其权益受到损害时起计算。

因产品存在缺陷造成损害要求赔偿的请求权，在造成损害的缺陷产品交付最初消费者满十年丧失；但是，尚未超过明示的安全使用期的除外。

第四十六条 本法所称缺陷，是指产品存在危及人身、他人财产安全的不合理的危险；产品有保障人体健康和人身、财产安全的国家标准、行业标准的，是指不符合该标准。

第四十七条 因产品质量发生民事纠纷时，当事人可以通过协商或者调解解决。当事人不愿通过协商、调解解决或者协商、调解不成的，可以根据当事人各方的协议向仲裁机构申请仲裁；当事人各方没有达成仲裁协议或者仲裁协议无效的，可以直接向人民法院起诉。

第四十八条 仲裁机构或者人民法院可以委托本法第十九条规定的产品质量检验机构，对有关产品质量进行检验。

第五章　罚　　则

第四十九条 生产、销售不符合保障人体健康和人身、财产安全的国家标准、行业标准的产品的，责令停止生产、销售，没收违法生产、销售的产品，并处违法生产、销售产品（包括已售出和未售出的产品，下同）货值金额等值以上三倍以下的罚款；有违法所得的，并处没收违法所得；情节严重的，吊销营业执照；构成犯罪的，依法追究刑事责任。

第五十条 在产品中掺杂、掺假，以假充真，以次充好，或者以不合格产品冒充合格产品的，责令停止生产、销售，没收违法生产、销售的产品，并处违法生产、销售产品货值金额百分之五十以上三倍以下的罚款；有违法所得的，并处没收违法所得；情节严重的，吊销营业执照；构成犯罪的，依法追究刑事责任。

第五十一条 生产国家明令淘汰的产品的，销售国家明令淘汰并停止销售的产品的，责令停止生产、销售，没收违法生产、销售的产品，并处违法生产、销售产品货值金额等值以下的罚款；有违法所得的，并处没收违法所得；情节严重的，吊销营业执照。

第五十二条 销售失效、变质的产品的，责令停止销售，没收违法销售的产品，并处违法销售产品货值金额二倍以下的罚款；有违法所得的，并处没收违法所得；情节严重的，吊销营业执照；构成犯罪的，依法追究刑事责任。

第五十三条 伪造产品产地的，伪造或者冒用他人厂名、厂址的，伪造或者冒用认证标志等质量标志的，责令改正，没收违法生产、销售的产品，并处违法生产、销售产品货值金额等值以下的罚款；有违法所得的，并处没收违法所得；情节严重的，吊销营业执照。

第五十四条 产品标识不符合本法第二十七条规定的，责令改正；有包装的产品标识不符合本法第二十七条第（四）项、第（五）项规定，情节严重的，责令停止生产、销售，并处违法生产、销售产品货值金额百分之三十以下的罚款；有违法所得的，并处没收违法所得。

第五十五条 销售者销售本法第四十九条至第五十三条规定禁止销售的产品，有充分证据证明其不知道该产品为禁止销售的产品并如实说明其进货来源的，可以从轻或者减轻处罚。

第五十六条 拒绝接受依法进行的产品质量监督检查的，给予警告，责令改正；拒不改正的，责令停业整顿；情节特别严重的，吊销营业执照。

第五十七条 产品质量检验机构、认证机构伪造检验结果或者出具虚假证明的，责令改正，对单位处五万元以上十万元以下的罚款，对直接负责的主管人员和其他直接责任人员处一万元以上五万元以下的罚款；有违法所得的，并处没收违法所得；情节严重的，取消其检验资格、认证资格；构成犯罪的，依法追究刑事责任。

产品质量检验机构、认证机构出具的检验结果或者证明不实，造成损失的，应当承担相应的赔偿责任；造成重大损失的，撤销其检验资格、认证资格。

产品质量认证机构违反本法第二十一条第二款的规定，对不符合认证标准而使用认证标志的产品，未依法要求其改正或者取消其使用认证标志资格的，对因产品不符合认证标准给消费者造成的损失，与产品的生产者、销售者承担连带责任；情节严重的，撤销其认证资格。

第五十八条 社会团体、社会中介机构对产品质量做出承诺、保证，而该产品又不符合其承诺、保证的质量要求，给消费者造成损失的，与产品的生产者、销售者承担连带责任。

第五十九条 在广告中对产品质量做虚假宣传，欺骗和误导消费者的，依照《中华人民共和国广告法》的规定追究法律责任。

第六十条 对生产者专门用于生产本法第四十九条、第五十一条所列的产品或者以假充真的产品的原辅材料、包装物、生产工具，应当予以没收。

第六十一条 知道或者应当知道属于本法规定禁止生产、销售的产品而为其提供运输、保管、仓储等便利条件的，或者为以假充真的产品提供制假生产技术的，没收全部运输、保管、仓储或者提供制假生产技术的收入，并处违法收入百分之五十以上三倍以下的罚款；构成犯罪的，依法追究刑事责任。

第六十二条 服务业的经营者将本法第四十九条至第五十二条规定禁止销售的产品用于经营性服务的，责令停止使用；对知道或者应当知道所使用的产品属于本法规定禁止销售的产品的，按照违法使用的产品（包括已使用和尚未使用的产品）的货值金额，依照本法对销售者的处罚规定处罚。

第六十三条 隐匿、转移、变卖、损毁被产品质量监督部门或者工商行政管理部门查封、扣押的物品的，处被隐匿、转移、变卖、损毁物品货值金额等值以上三倍以下的罚款；有违法所得的，并处没收违法所得。

第六十四条 违反本法规定，应当承担民事赔偿责任和缴纳罚款、罚金，其财产不足以同时支付时，先承担民事赔偿责任。

第六十五条 各级人民政府工作人员和其他国家机关工作人员有下列情形之一的，依法给予行政处分；构成犯罪的，依法追究刑事责任：

（一）包庇、放纵产品生产、销售中违反本法规定行为的；

（二）向从事违反本法规定的生产、销售活动的当事人通风报信，帮助其逃避查处的；

（三）阻挠、干预产品质量监督部门或者工商行政管理部门依法对产品生产、销售中违反本法规定的行为进行查处、造成严重后果的。

第六十六条 产品质量监督部门在产品质量监督抽查中超过规定的数量索取样品或者向被检查人收取检验费用的，由上级产品质量监督部门或者监察机关责令退还；情节严重的，对直接负责的主管人员和其他直接责任人员依法给予行政处分。

第六十七条 产品质量监督部门或者其他国家机关违反本法第二十五条的规定，向社会推荐生产者的产品或者以监制、监销等方式参与产品经营活动的，由其上级机关或者监察机关责令改正，消除影响，有违法收入的予以没收；情节严重的，对直接负责的主管人员和其他直接责任人员依法给予行政处分。

产品质量检验机构有前款所列违法行为的，由产品质量监督部门责令改正，消除影响，有违法收入的予以没收，可以并处违法收入一倍以下的罚款；情节严重的，撤销其质量检验资格。

第六十八条 产品质量监督部门或者工商行政管理部门的工作人员滥用职权、玩忽职守、徇私舞弊，构成犯罪的，依法追究刑事责任；尚不构成犯罪的，依法给予行政处分。

第六十九条 以暴力、威胁方法阻碍产品质量监督部门或者工商行政管理部门的工作人员依法执行职务的，依法追究刑事责任；拒绝、阻碍未使用暴力、威胁方法的，由公安机关依照治安管理处罚条例的规定处罚。

第七十条 本法规定的吊销营业执照的行政处罚由工商行政管理部门决定，本法第四十九条至五十七条、第六十条至第六十三条规定的行政处罚由产品质量监督部门或者工商行政管理部门按照国务院规定的职权范围决定。法律、行政法规对行使行政处罚权的机关另有规定的，依照有关法律、行政法规的规定执行。

第七十一条 对依照本法规定没收的产品，依照国家有关规定进行销毁或者采取其他方式处理。

第七十二条 本法第四十九条至第五十四条、第六十二条、第六十三条所规定的货值金额以违法生产、销售产品的标价计算；没有标价的，按照同类产品的市场价格计算。

第六章 附 则

第七十三条 军工产品质量监督管理办法，由国务院、中央军事委员会另行制定。

因核设施、核产品造成损害的赔偿责任，法律、行政法规另有规定的，依照其规定。

第七十四条 本法自 1993 年 9 月 1 日起施行。

附录二

国务院关于进一步加强产品质量工作若干问题的决定

（1999年12月5日　国发［1999］24号）

各省、自治区、直辖市人民政府，国务院各部委、各直属机构：

为认真贯彻落实党的十五大精神和十五届四中全会通过的《中共中央关于国有企业改革和发展若干重大问题的决定》，全面实施《中华人民共和国产品质量法》和《质量振兴纲要（1996年—2010年）》，提高我国产品质量总体水平，促进国民经济持续快速健康发展，现就进一步加强产品质量工作若干问题作如下决定：

一、充分认识加强产品质量工作的重要性

（一）加强产品质量工作，对振兴我国经济具有非常重要的意义。当前，我国经济已进入一个新的发展阶段，主要商品已由卖方市场转为买方市场，面临经济结构调整的关键时期，质量工作正是主攻方向。提高产品质量，既是满足市场需求、扩大出口、提高经济运行质量和效益的关键，也是实现跨世纪宏伟目标、增强综合国力和国际竞争力的必然要求。没有质量就没有效益。放任假冒伪劣，国家就没有希望。改革开放以来，特别是近年来，我国质量管理工作有所加强，产品质量的总体水平有了较大提高，部分产品质量已达到或接近国际先进水平。但是，目前我国产品质量的状况与经济发展要求和国际先进水平相比，仍有比较大的差距，许多产品档次低、质量差，抽查合格率较低，假冒伪劣商品屡禁不止，优难胜、劣不汰相当普遍，重大质量事故时有发生，影响经济健康发展和人民生活质量的提高。各地区、各部门和各企业要从改革和发展的全局出发，充分认识加强质量工作的重要性和紧迫性，增强做好质量工作、提高产品质量的使命感和责任感，牢固树立“质量第一”、“以质取胜”的观念，抓住当前国际国内经济结构调整和产业升级的有利时机，进一步加强产品质量工作，严厉打击制造和经销假冒伪劣产品（以下简称制假售假）违法犯罪行为，推动我国产品质量总体水平跃上新台阶。

二、企业要面向市场，加强质量工作

（二）以市场为导向，加快产品更新换代。企业要面向市场，以满足用户和消费者的需要为目标，建立技术创新体系，推进产学研结合，促进科技成果向现实生产力转化，通过加强技术改造、加快技术进步，切实攻克一批重要产品的关键技术，努力开发一批适应国内外市场需求的新产品，全面提高产品的档次和质量水平。

（三）制定切实可行的质量发展目标。大型企业和企业集团要瞄准世界先进水平，积极采用国际标准和国外先进标准，形成一批高质量、高档次的名优产品，提高市场占有率。中小型企业要根据自身特点和市场需求，制定质量工作目标和改进措施，加强技术基础工作，增强产品市场竞争力。

（四）建立完善的质量保证体系。产品质量是企业的生命。企业的经理（厂长）是质量工作的第一责任者。企业要建立从产品设计到售后服务全过程的运转有效的质量保证体系，严格执行标准，重视计量检测，加强工艺纪律，搞好全员全过程的质量管理。要从严管理企业，认真实行质量否决制度，实现管理创新，切实解决有些企业管理制度形同虚设的问题，确保不合格产品不出厂。

（五）全面推行售后服务质量国家标准。要把售后服务作为企业提高产品市场竞争力的重要手段，严格服务制度，加强售后服务力量，建立健全服务网络，忠实履行对用户的服务承诺，实现售后服务的规范化。

三、加强基础性工作，促进产品质量的提高

（六）建立健全科学先进的产品质量标准。要密切跟踪国际标准和国外先进标准，及时修订国家标准。工业企业必须按标准组织生产，严禁无标准或不按标准生产。凡生产涉及人体健康和人身、财产安全产品的企业，必须严格执行国家强制性标准。要积极引导企业采用国际标准或国外先进标准，鼓励企业制定具有竞争力、高于现行国家标准的企业内控标准。引进设备和利用外资生产的一般工业产品，质量水平不得低于国际标准或国外先进标准。否则，设备不准引进，项目不得审批。

（七）加强计量检测体系建设。要不断提高计量基准、标准的国际等效性，完善计量检测手段，严格对计量设备的定期检定，充分发挥计量在提高质量、降低消耗、增加效益方面的作用。要加强计量测试手段和方法的研究，为高新技术产业化提供必要的计量测试保证。

（八）抓好全面质量管理。要继续开展全面质量管理、质量改进和降废减损活动，认真宣传贯彻质量管理和质量保证系列国家标准，积极推进质量认证工作。要借鉴国外企业科学的质量管理方法，推行“零缺陷”和可靠性管理，提高企业的质量管理水平。要不断总结、推广质量管理的先进经验，表彰质量先进企业和个人。

（九）认真开展质量培训教育。质量主管部门要加强对企业经营者的质量管理知识和质量法律、法规知识的培训。企业要加强对职工的质量知识教育，积极开展劳动技能培训。学校要重视对学生的质量意识教育，有关院校要设置质量管理课程，实施不同层次的质量教育和培训。

（十）增强企业技术创新和产品更新换代能力。各地区、各部门要围绕增加品种、改进质量、提高效益和扩大出口，采取有效措施，加大投入，改造落后装备、完善技术保障手段，引导和促进企业采用新技术、开发新产品，提高现有产品的质量水平。同时，要坚决淘汰技术落后、浪费资源、质量低劣、污染严重的工艺设备和产品。

四、遵循市场经济规则，切实加强质量监管

（十一）实行重要产品质量监管制度。对涉及人体健康和人身、财产安全的产品，质量技术监督部门要通过严格生产许可证、产品质量安全认证制度和试行开业审查，加强监督管理。凡不具备基本生产条件、不能保证生产出合格产品的企业，一律不准开工生产。进入市场的商品必须具备规范化的质量标识。商业企业要严格执行进货检查验收制度，认真实行商品质量先行负责制。要加强对各类商品专业市场商品质量的监督检查，对阻挠监督检查的要严厉查处，并追究当事人责任。凡质量不符合国家有关标准或者无证生产的产品，禁止列入政府采购目录。

（十二）建立符合市场经济要求的公平竞争机制。坚决制止利用报验、准销证、准用证、公路设卡等手段分割市场，坚决杜绝各种虚假宣传和质量欺诈行为，保证公平竞争，实现优胜劣汰。除国家明确规定外，严禁各地区、各部门、社会团体、新闻单位、企事业单位及民间组织开展对企业产品、服务等的综合评价，以及带有排序、评比、推荐性质的企业和商品信息发布活动。要研究和探索产品质量用户满意度指数评价方法，向消费者提供真实可靠的产品质量信息。

（十三）加强对质量中介机构的管理和监督。要按照客观、真实、公正的原则，统一资格评定要求，明确责任和义务，规范中介机构的活动，确保其公正性。要对现有的各类质量中介机构，特别是质量认证机构进行认真的清理整顿。凡有弄虚作假行为的，要依法严厉查处；情节严重的，要撤销其资格；触犯刑律的，要依法追究刑事责任。各类质量中介机构要建立自律性运行机制，依法承担相应责任。

五、加强监督抽查工作，加大处罚力度

（十四）完善产品质量监督抽查制度。国家质量技术监督局要把涉及人体健康及人身和财产安全的产品、关系国计民生的重要产品、消费者反映强烈的产品，作为监督抽查的重点，公布监督抽查产品目录，及时组织对生产和流通领域的产品质量的跟踪监督抽查。要适当增加抽查频次，并公布抽查结果。

（十五）加大处罚力度。质量技术监督部门对监督抽查不合格的产品及其生产企业，要及时向社会公告，并通报当地政府及有关部门，责令生产企业限期整改。其中，对已取得生产许可证、安全认证的产品，要暂停证书使用；整改到期复查仍不合格的，要会同有关部门责令其停产整顿，并吊销其生产许可证、安全认证证书。在国家监督抽查中，企业的主导产品连续两次不合格的，由质量技术监督部门向工商行政管理部门提出吊销企业营业执照的建议，并向社会公布企业及其主要负责人名单，按法定程序免去其法定代表人或负责人职务，并自免职之日起三年内任何企业不得再聘任其担任法定代表人。凡拒绝监督抽查的企业，其产品按不合格论处，并对其实施强制监督抽查，所需一切费用由拒检企业承担。

（十六）实行免检制度。对产品质量长期稳定、市场占有率高、企业标准达到或严于国家有关标准的，以及国家或省、自治区、直辖市质量技术监督部门连续三次以上抽查合格的产品，可确定为免检产品。列为免检产品的目录由省级以上质量技术监督部门确定，定期向社会公告，并使用免检标志，其产品在一定时间内免于各地区、各部门各种形式的检查。免检产品一旦出现质量问题，即取消其免检资格，并依法从严处罚。

六、突出重点，严厉打击制假售假违法犯罪行为

（十七）认真落实打击制假售假违法犯罪行为（以下简称打假）的工作责任。国家质量技术监督局要会同有关部门，针对制假售假违法犯罪行为严重的重点产品、重点市场、重点地区，提出全国打假工作的总体要求，并组织开展打假的专项斗争和联合行动，依法查处一批大案要案，坚决遏制住制假售假猖獗的势头。各省、自治区、直辖市人民政府要切实承担起本行政区域内的打假工作责任，结合本地实际，制定打假工作的具体方案并组织实施。上级政府要对下级政府的打假工作情况进行督促检查，对打假不力、限期内达不到整治目标的，要追究当地行政负责人的责任；造成重大损失和恶劣影响的，要给予行政处罚，触犯刑律的，要依法追究刑事责任。

（十八）依法打击制假售假违法行为。按照《中华人民共和国产品质量法》的有关规定，对发现的每一起制假售假案件都要彻底查处；对发现的假冒伪劣产品一律封存、扣押，并予以没收，不得进入市场；对为制假售假提供场地、设备、仓储、运输、物资、资金等手段和条件的单位或个人，要依法从严处罚；对经销者和经营性使用者有意采购和在经营性活动中使用假冒伪劣产品的，要视同制假售假行为予以处罚。制假售假行为一经查实，应吊销有关生产者和经营者的营业执照、生产许可证、经营许可证；对有过制假售假行为的经理（厂长）和直接责任者，一律不得以其名义注册任何新的企业；触犯刑律的，依法移送司法机关，追究刑事责任。要采取有效措施从严整治假冒伪劣产品屡禁不止的市场；严禁危害人体健康和人身、财产安全的旧物资和设备再次投入使用。质量技术监督行政执法人员必须严格依法行政，对违规执法的要严肃处理。

（十九）坚持“打击假冒、保护名优”。要加强对产品标识的管理，加大对假冒名优企业产品的违法行为的打击力度。企业要运用法律手段同假冒侵权行为作斗争，依法对制假售假者进行经济索赔。各地可制定打假奖励办法，对举报制假售假有功的单位和个人予以重奖，并采取有效措施保护举报人。推行创建“放心一条街”活动，确保在“放心一条街”区域内销售的产品不发生质量、计量、商标、标识等方面的违法行为。

七、发挥舆论宣传作用，提高全民质量意识

（二十）电视、广播、报刊、网络等媒体，要重视对质量工作的宣传，采取喜闻乐见、丰富多彩的形式，引导全社会重视质量，支持质量工作。要大力宣传质量管理的先进经验和为质量振兴做出贡献的单位和个人，介绍有关质量知识，解答消费者提出的质量疑问，形成“质量振兴人人有责”、“假冒伪劣人人喊打”的良好社会环境，提高全民质量意识。

（二十一）国家和省级的主要新闻媒体，特别是电视台，要以专栏、专题的形式，定期公布产品质量监督抽查结果；对制假售假的单位和个人，以及监督抽查不合格的涉及人体健康及人身和财产安全的产品、关系国计民生的重要产品、消费者反映强烈的产品及其生产企业和责任人，要坚决予以曝光，形成强有力的舆论监督氛围。

（二十二）各地区、各有关部门及有关社会团体，要继续组织开展好“质量月”、“质量万里行”、“3·15”、“百城万店无假货”、“假如我是消费者”等活动，动员全社会为质量振兴做贡献。

八、加强领导，狠抓落实

（二十三）地方各级人民政府要把提高产品质量纳入本行政区域的国民经济和社会发展规划，将质量工作和打假工作列入议事日程，加强对质量技术监督工作的领导，切实保证质量标准建设、计量检测体系和质量监督抽查所必需的投资和经费，定期研究和及时解决提高产品质量和打假工作中存在的问题。对质量工作领导或监管不力，致使制假售假问题严重或出现重大质量事故的，要依法追究有关负责人及责任人的责任。

（二十四）国务院有关部门要把提高产品质量作为一项重要工作任务，通过制定相关政策和具体措施，认真加以落实；要严格履行职责，做好行政执法和有关国家法定产品监管工作。国家质量技术监督局要切实履行好统一管理和组织协调标准化、计量、质量工作职责，认真做好综合管理和行政执法等工作，加强执法队伍建设，制定和完善执法人员守则、过错责任追究制、培训考核及奖惩等制度，确保做到有法必依、执法必严、违法必究。

（二十五）各级质量技术监督部门要定期向同级人民政府和上级主管部门报告当地产品质量状况和打假工作情况，地方各级人民政府和国务院有关部门要积极支持质量技术监督部门做好管理体制改革工作，充分发挥质量技术监督部门在质量工作综合管理、行政执法、维护市场秩序、提高产品质量等方面的作用。

提高产品质量是一项长期而艰巨的任务，各地区、各部门一定要切实加强领导，狠抓落实。国务院责成国家质量技术监督局会同监察部等有关部门督促检查本决定的贯彻执行情况，每年向国务院做出报告。

附录三

国务院关于加强产品质量和食品安全工作的通知

（2007 年 8 月 5 日　国发［2007］23 号）

各省、自治区、直辖市人民政府，国务院各部委、各直属机构：

为加强产品质量和食品安全工作，全面提升我国产品质量水平，现就有关问题通知如下：

一、提高认识，增强做好产品质量和食品安全工作的紧迫感和责任感

（一）产品质量和食品安全关系人民群众切身利益，关系企业的生存和发展，关系国家形象。党中央、国务院历来高度重视产品质量和食品安全工作。通过各地区、各部门和广大企业的不懈努力，我国产品质量水平稳步提高，主要农产品和食品质量总体上安全放心，出口商品的质量安全有保障。同时也要看到，我国一些企业管理水平不高、生产条件差，产品质量还存在产品档次和标准水平低、可靠性不高等问题，特别是有的农产品农兽药残留量超标问题突出、食品生产加工小企业小作坊存在质量安全隐患。少数企业缺乏诚信，违法违规现象严重，有的甚至逃避检验监管，致使不合格商品流入国外市场，授人以柄。在对外开放的条件下，产品质量出问题，不仅损害人民群众利益，影响企业信誉，而且影响中国产品在国际市场的整体形象。各地区、各部门要进一步提高认识，增强做好产品质量和食品安全工作的紧迫感和责任感。

二、以食品安全为重点，全面加强产品质量监管

（二）坚持从源头抓质量。运用生产许可、强制认证等手段，严格市场准入。特别是对涉及人身健康和安全的产品，要依法依规提高生产许可条件和市场准入门槛。要建立严密的食品和食用农产品安全监管网络，种植养殖、生产加工、包装、储运、销售等各个环节，都要加强监管，逐步做到规范化、制度化。对农产品，要着重加强产地环境和农药、兽药、饲料、饲料添加剂等投入品及包装、贮存、运输等环节的监管；对工业品，要着重加强原料进厂、生产加工和产品出厂等环节的控制。要严防不合格食品进入市场，一经发现，坚决退市和召回，

（三）严把货架关和餐桌关。全面实行食品进货检查验收、索证索票、购销台帐制度，严格查验和标识标签管理。对所有食品经营户实行实名登记制，特别要加强对农村食品进货渠道的管理。进一步强化餐饮卫生监督量化分级管理制度，完善食品卫生索证管理和卫生监督结果公示制度。以食品、农资、日用消费品为重点，加快产品质量电子监管网和信息化建设，不断改进监管手段。

（四）加强进出口商品检验检疫。要加快推进电子口岸建设，尽快实现质检、海关之间的通关单联网核查，依法严厉打击逃漏检行为，严防有问题的商品进出境，特别是有毒有害物质和疫病进入我国。要推行出口食品“公司 + 基地 + 标准化”生产管理模式，严格实施疫情疫病、农兽药残留监控制度。

（五）开展集中整治。重点整治农村和城乡结合部等重点区域、食品生产加工小作坊等重点单位、食品等涉及人身健康和安全的重点产品。要把小作坊作为整治的重中之重，对达不到质量安全卫生基本条件的必须限期改造。严厉查处使用非食品物质和回收食品作原料、滥用添加剂等行为。同时，鼓励大企业帮助小企业、小作坊提高生产水平；积极开展食品安全示范县和食品放心乡镇、食品放心社区建设。

（六）引导企业提高产品质量。所有企业都要依法从事生产经营活动，使用的原料、辅料、添剂、农业投入品必须符合法律法规和国家强制性标准。凡生产涉及人身健康和安全产品的企业，必须严格执行国家强制性标准。引导企业根据国内外市场变化趋势，建立健全从产品设计到售后服务全过程的质量管理体系，全面加强质量管理；围绕提高产品质量，增强自主创新能力，加快技术进步。要运用自主创新、品牌经营、商标注册、专利申请等手段，努力培育一批具有自主知识产权的世界知名品牌，让“中国制造”真正成为优质产品的标志。

三、强化基础，加快标准体系和监管能力建设

（七）加快标准体系建设。要及时跟踪和掌握国外先进标准情况，健全技术标准服务平台和标准制订修订快速应急机制，完善国家标准，涉及健康和安全的主要指标要符合国际标准。要抓好食品标准的制订修订工作，尽快形成科学统一权威的食品标准体系。鼓励企业制订具有竞争力、高于现行国家标准的企业内控标准。

（八）加强监管能力建设。各监管部门要重心下移，抓基层，强基础，充实一线执法力量，加强一线监管工作。各级财政要增加投入，加强以各监管部门一线为重点的装备建设，配备一批先进设备，解决监管工作中存在的“检不了、检不出、检不准、检得慢”等突出问题。各监管部门要加强合作，充分利用现有的检验检测资源，提高检测技术水平和监管能力。

四、加强对外工作，妥善应对贸易保护和歧视

（九）加大对外交涉力度。要旗帜鲜明地反对那些借产品质量和食品安全之名，行贸易保护和歧视之实的行为。有关部门、进出口商会、行业协会和企业应及时澄清事实，正面回应，必要时运用法律手段维护合法权益。

（十）加强国际交流合作。加强与有关国家对口部门的对话与磋商，积极开展同国外相关产业协会和企业的交流与合作，尊重国际规则，消除在产品质量和食品安全问题上的分歧。加强与出口目的地国政府，以及世界贸易组织、联合国粮农组织和世界卫生组织等国际组织的信息通报；充分利用行业协会、进出口商会和企业等多种渠道，广泛沟通，扩大交流，增进理解，争取支持。

五、完善应急机制，妥善应对突发事件

（十一）完善风险预警和快速反应机制，切实防范和妥善处置产品质量和食品安全突发事件。产品质量和食品安全突发事件发生后，有关地方和部门要切实做到立即报告、迅速介入、科学研判、妥善处置。重点加强食品安全事件应急处理、食源性疾病防治等工作，尤其要防控学校、建筑工地等集体食堂群体食物中毒事件。

六、全面加强舆论信息工作，坚持正确的舆论导向

（十二）加强舆论宣传，树立中国产品的良好形象。尽快起草和发布《中国食品安全白皮书》，实事求是地全面介绍中国政府和广大企业为提高食品安全保障水平做出的努力和取得的成效。组织各类媒体到名优企业和检验机构采访，更多地了解中国企业和中国产品的主流面，形成积极的舆论声势。

（十三）建立统一、科学、权威、高效的产品质量和食品安全信息发布制度。有关监管部门要主动发布产品质量和食品安全信息，及时发布查处问题、改进工作的信息，保障公众的知情权和监督权。抓紧建立统一的食品安全信息发布和会商制度，定期联合发布信息。一旦发生产品质量和食品安全突发事件，要按照职责分工，快速反应，核准事实，统一口径，迅速稳妥发布信息。对反映比较集中的问题，要逐一查实，及时澄清，不回避问题。

（十四）发挥舆论监督作用。要鼓励和支持新闻媒体开展舆论监督，对制售假冒伪劣产品的行为予以曝光，推动改进产品质量和食品安全工作，及时解决问题。加强对各级各类媒体的管理，强化新闻从业人员的职业道德教育。对个别恶意炒作、制造和传播虚假信息的媒体和个人，要依法处理。

七、以产品质量诚信体系为重点，加强质量法制建设和宣传教育

（十五）认真实施《国务院关于加强食品等产品安全监督管理的特别规定》。要通过贯彻落实《国务院关于加强食品等产品安全监督管理的特别规定》，增强法律法规之间的系统性和协调性，堵塞漏洞，严密监管；实现行政执法和刑事司法紧密衔接，加大对违法行为的惩处力度，增加违法成本，依法打击各种质量违法违规行为。同时加快完善产品质量和食品安全工作的法律法规行为。同时加快完善产品质量和食品安全工作的法律法规体系，研究修订食品卫生法、计量法、国境卫生检疫法等法律法规。

（十六）落实执法责任追究制度。加强行政监察和执法监督检查，纠正和查处重审批、轻监管和少数执法部门及人员不作为、乱作为的问题；构成犯罪的要依法追究有关人员的责任；监管不力、造成严重后果的，要依法追究其主要负责人、直接负责的主管人员和其他直接责任人员的责任。对实行地方保护、地区封锁的，要予以纠正；造成严重后果或恶劣影响的，要追究有关地方政府领导和有关部门负责人的责任。要结合治理商业贿赂，依法打击纵容包庇质量违法违规行为的单位和个人。

（十七）加强诚信体系建设。以产品质量和食品安全为重点，加强诚信体系建设和宣传教育。发布质量竞争力指数，并纳入地方经济社会发展评价体系。积极发挥各类商会、协会的作用，促进行业自律。加强对企业的管理和培训，增强法制观念，树立质量和信誉意识，培养社会责任感。把企业产品质量状况作为衡量诚信水平的重要指标，建立诚信档案。对守法经营、质量过硬的企业要加强宣传，提供优质服务和便利；对管理薄弱的企业，要加大监管和巡查力度；对制假售假的企业，要依法处理，并列入“黑名单”，向社会曝光。要大力普及产品质量和食品安全知识，提高人民群众的质量意识和防假辨假能力；建立健全投诉举报制度，发挥社会监督作用。

八、加强领导，明确产品质量和食品安全监督管理责任

（十八）加强对产品质量和食品安全工作的领导。成立国务院产品质量和食品安全领导小组，统筹协调产品质量和食品安全工作中的重大问题，统一部署有关重大行动。地方各级人民政府也要切实加强对本地区产品质量和食品安全工作的组织领导，主要负责人要亲自抓。要大力支持各监管部门依法履行职责，为他们开展工作创造良好条件。

（十九）强化地方人民政府和监管部门的责任。县级以上地方人民政府对本行政区域内的产品质量和食品安全监督管理负总责。各地方、各有关部门都要各负其责，各司其职，管好本行政区和本行业的产品。各监管部门要在职责范围内实行全面监管，不仅要管有证照的生产经营者，也要管无证照的生产经营者；权利与监管责任必须一致，谁发证，谁监管，谁负责。企业要对其生产销售产品的质量和安全负责，依照法律法规从事生产经营活动，接受监管部门的监督检查。检验检测机构要对出具的检验检测报告负法律责任。